Reiner Groß

Geschichte Sachsens

Edition Leipzig

Umschlagmotive:
Wandbild (Ausschnitt) aus Meissener Porzellanfliesen am Langen Gang des Stallhofes zu Dresden,
Das große Majestätswappen des Königreiches Sachsen

Bildnachweis Farbteil:
Karpinski, Jürgen, Dresden: 3, 17
Staatlicher Schlossbetrieb Schloss Augustusburg: 9, 10
Staatlicher Schlossbetrieb Schloss Weesenstein: 26
Verlagsarchiv: 1, 2, 4–8, 11–16, 18–25, 27–36
Walter, Uwe, Berlin: 37

Rechtevertreter:
© VG Bild-Kunst, Bonn 2007: 30, 35, 36, 37
© by Dr. Wolfgang & Ingeborg Henze-Ketterer, Wichtrach/Bern: 29

Bibliografische Information der Deutschen Nationalbibliothek:
Die Deutsche Nationalbibliothek verzeichnet diese Publikation in der Deutschen Nationalbibliografie;
detaillierte bibliografische Daten sind im Internet unter http://dnb.d-nb.de abrufbar.

ISBN 978-3-361-00623-2

www.edition-leipzig.de
3., erweiterte und aktualisierte Auflage 2007

Umschlaggestaltung: Morian & Bayer-Eynck, Coesfeld
Layout und Satz: Sabine Golde und Otto Reitsperger, Leipzig
Karten: Kartographisches Büro Borleis & Weis, Leipzig
Farbreproduktionen: Förster & Borries GmbH, Zwickau
Druck und buchbinderische Verarbeitung: Westermann Druck GmbH, Zwickau
Printed in Germany

Gedruckt auf alterungsbeständigem Papier mit chlorfrei gebleichtem Zellstoff.
Die Schreibweise folgt den Regeln der neuen Rechtschreibung.

Inhalt

Schloss Meissen,
der Burgberg von Westen gesehen.
Radierung von Ludwig Richter, 1829

Einführung

In diesem gerade zu Ende gegangenen Jahrhundert ist die sächsische Landesgeschichte mehrfach Gegenstand von Gesamtdarstellungen gewesen. Zu Beginn des 20. Jahrhunderts veröffentlichte Konrad Sturmhoefel seine Illustrierte Geschichte Sachsens in zwei Bänden mit je zwei Teilbänden, gefolgt von einer knappen Übersichtsdarstellung des Gymnasiallehrers Otto Kaemmel. Nach etwa drei Jahrzehnten intensiver und ergebnisreicher Forschungs- und Publikationstätigkeit, maßgeblich getragen durch das landesgeschichtliche Seminar an der Leipziger Universität und die Sächsische Kommission für Geschichte, verfassten Rudolf Kötzschke, Ordinarius für Landesgeschichte an der Universität Leipzig, und Hellmut Kretzschmar, Archivrat am Sächsischen Hauptstaatsarchiv in Dresden, eine zweibändige Sächsische Geschichte. Sie erlebte 1965 eine Neuauflage und danach mehrfach Nachdrucke. Noch heute ist sie eine gültige Gesamtdarstellung, die man getrost zur Hand nehmen kann, auch wenn sie den Forschungsstand nur bis etwa 1930 reflektiert. Dann folgen wiederum Jahrzehnte der Forschungen und Publikationen zur sächsischen Landesgeschichte, wesentlich bestimmt durch die Arbeiten an der Leipziger Universität, am Sächsischen Hauptstaatsarchiv in Dresden sowie an Dresdner musealen Einrichtungen. Die Historische Kommission bei der Sächsischen Akademie der Wissenschaften zu Leipzig führte die Vorhaben der Sächsischen Kommission für Geschichte fort und trug damit ebenfalls zur weiteren Erforschung und Aufarbeitung sächsischer Landesgeschichte bei. Sie war es auch, die zu Beginn der Achtzigerjahre zum Ausgangspunkt einer erneuten Gesamtdarstellung wurde. Die in einem längeren Arbeits- und Diskussionsprozess entstandene, von zehn Autoren verfasste Geschichte Sachsens erschien 1989, zu einem Zeitpunkt, als sich grundlegende Veränderungen auch im sächsischen Raum ankündigten. Etwa zeitgleich mit dieser von dem Leipziger Landeshistoriker Karl Czok herausgegebenen Gesamtdarstellung, deren Auflage von 10 000 Exemplaren binnen weniger Wochen vergriffen war, erschien die von Karlheinz Blaschke verfasste Geschichte Sachsens im Mittelalter als erster Band einer von ihm konzipierten mehrbändigen sächsischen Geschichte.

Gesamtdarstellungen zur sächsischen Geschichte

Wenn nun zehn Jahre später der Versuch gewagt wird, erneut eine, wenn auch nur einbändige, Überblicksdarstellung zur Geschichte Sachsens einem breiteren interessierten Leserkreis vorzulegen, dann kann dies mehrfach begründet werden. Zum einen scheint der Bedarf nach einer solchen Publikation nach wie vor zu bestehen, zumal nach der Wiederbildung des Freistaates Sachsen am 3. Oktober 1990 im Rahmen des deutschen Einigungsprozesses die Fragen an die eigene Vergangenheit und die Vergangenheit des Landes, in dem man lebt, größere Bedeutung erlangt haben. Zum andern hat die landesgeschichtliche Forschung im vergangenen Jahrzehnt zu vertieften und zum Teil neuen Fragestellungen und Ergebnissen geführt, die der Einordnung und der verallgemeinerten Darstellung bedürfen. Schließlich hat sich zum Dritten durch die grundlegenden gesellschaftlichen Veränderungen ab 1989/90 der Blick auf die Vergangenheit geschärft, vor allem in Bezug auf das 19. und das 20. Jahrhundert. Dies und die eigentlich immer bestehende Notwendigkeit, Geschichte als Anschauung, Erfahrung, Weisheit und Belehrung aufzuschreiben und zu vermitteln, haben den Plan entstehen lassen, wiederum eine sächsische Geschichte zu schreiben.

Anliegen des Buches

Das Schwergewicht der Darstellung wurde bewusst auf die politische Geschichte Sachsens und den Anteil der Wettiner gelegt; zwei Bereiche, die in den vergangenen fünf Jahrzehnten stark vernachlässigt worden sind, vor allem bei der Vermittlung des Geschichtsbildes an die junge Generation in den Schulen.

Andere Felder der breitgefächerten geschichtlichen Vergangenheit wie etwa die Kunst- und Kulturgeschichte, die Musik-, die Alltags- und Kirchengeschichte wurden nur beispielhaft in die Darstellung einbezogen, wenn es Grundlegendes zu berichten gab.

Neben der versuchten Verarbeitung neuer Forschungsergebnisse sollten auch in jahrzehntelanger Archivarbeit gewonnene Erkenntnisse und Ansichten über den historischen Verlauf niedergeschrieben werden. Dabei ist bewusst auf einen umfangreichen wissenschaftlichen Anmerkungsapparat verzichtet worden. Zwar ist der wissenschaftliche Anspruch gewahrt worden; im Vordergrund standen aber in gleichem Maße Verständlichkeit der Darstellung, eine natürlich subjektiv bedingte Themenauswahl aus dem Gesamtumfang sächsischer Geschichte und eine unterschiedlich intensive Behandlung der einzelnen Zeitabschnitte.

Besonders ist darauf hinzuweisen, dass die konzeptionelle Anlage der vorliegenden Darstellung die Neuzeit zum Hauptgegenstand vorgesehen hatte. Im Verlauf der Bearbeitung hat es sich jedoch als notwendig erwiesen, auch den vorhergehenden Jahrhunderten Aufmerksamkeit zu schenken, da in der Gesamtbetrachtung Entwicklungen und Erscheinungen in der sächsischen Geschichte erkennbar sind, die ihren Ausgangspunkt im hohen, teilweise im späten Mittelalter haben. Der in der Gesamtkonzeption für die Darstellung der mittelalterlichen sächsischen Geschichte verfügbare Raum war jedoch äußerst begrenzt, so dass in dem ersten, gleichsam einleitenden Kapitel nur ein kurzer, an die Neuzeit heranführender Überblick geboten werden kann. Es wird des-

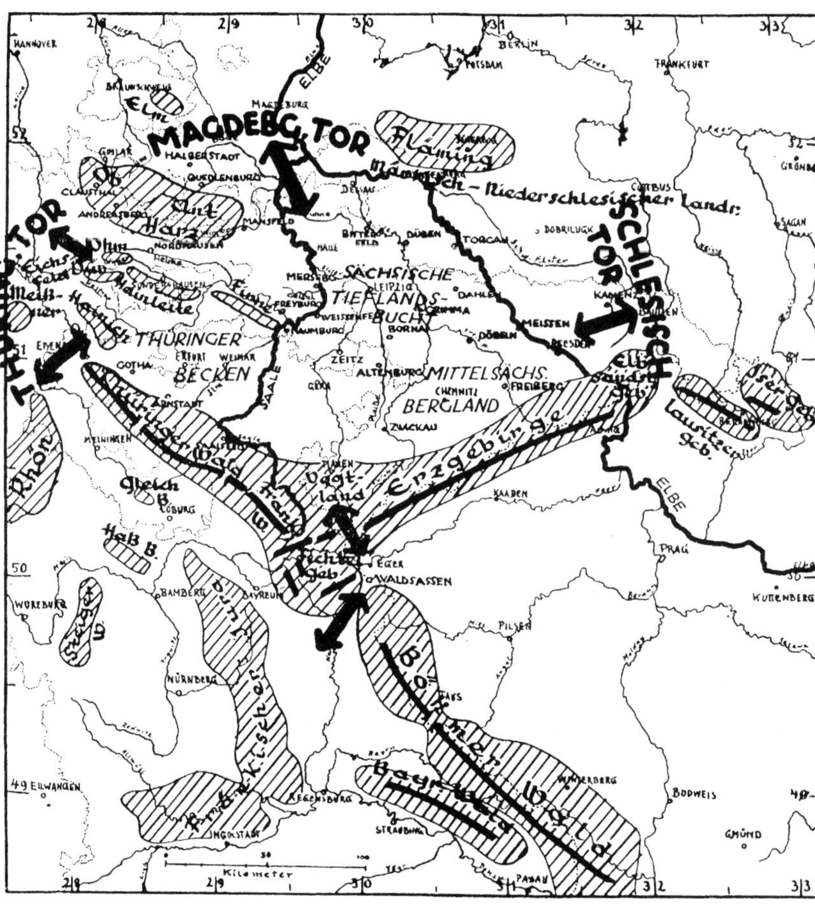

Übersichtskarte des Obersächsisch-Thüringischen Raumes

halb ausdrücklich auf die schon genannten Gesamtdarstellungen verwiesen; dort findet der Leser in Ausführlichkeit, was an dieser Stelle nur in wenigen Sätzen skizziert werden konnte.

Territorialstaatliche Gegebenheiten

Bevor auf den konkreten Verlauf der historischen Ereignisse eingegangen wird, sollen einige wichtige Rahmenbedingungen angesprochen werden. Das sind die territorialstaatlichen sowie die geographischen und geologischen Grundlagen und die Rolle der Menschen, die in diesem Raum lebten, wohnten und arbeiteten.

Sächsische Geschichte hat sich im weitesten Sinne in dem historischen Raum zwischen Harz, Thüringer Wald, Fläming und Erzgebirge, zwischen Werra, Bober und Queis vollzogen. Dafür trifft zu, was Friedrich Ratzel 1907 feststellte: »Zunächst wollen wir an das Naturgesetz erinnern, daß alle Staaten aus kleinen Ansätzen hervorgehen. Die Zersplitterung in kleinere Gebiete ist der Anfang aller politischen Entwicklung, die Zusammenfassung zu größeren Gebieten folgt erst später, und alles Staatswachstum ist ein Ringen.«[1] Diese Feststellung kann anhand des Raumes, in den 1089 das Geschlecht der Wettiner durch die Belehnung mit der Markgrafschaft Meißen hineingestellt wurde, konkret belegt werden. Dies ist seit dem 12. Jahrhundert vor allem in Gebieten der Ostkolonisation mit der Ausbildung von Landesherrschaft verbunden, eine für die deutsche Geschichte typische und eigenständige Form der Herrschaftsausübung, die die Wettiner bewusst mitgestaltet und mitgeprägt haben. Von da führte der Weg zum Ständestaat des 15. Jahrhunderts und im 16. Jahrhundert zum frühneuzeitlichen Flächenstaat.

Wettiner als Landesherren

Begünstigt wurde diese Entwicklung in Sachsen dadurch, dass eine Dynastie existierte, die von Generation zu Generation kontinuierlich am Werk blieb. Grundbesitz, Reichsämter aus der allgemeinen Reichsverwaltung, Gerichtsbarkeitsbefugnisse, Landfriedensbewahrung, Erwerb von Vogteirechten und Regalien über Bergbau, Münze, Zoll und Markt wurden von den Wettinern zu einem Machtkomplex zusammengefügt, unter stetiger Zurückdrängung anderer Gewalten.

Natürliche Grundlagen

1927 schrieb Johannes Walther, Haeckel-Schüler, Geologe und Paläontologe an der Universität Halle und Präsident der Leopoldina Halle von 1924 bis 1931, in einem Geleitwort zu dem Sammelband »Deutschland. Die natürlichen Grundlagen seiner Kultur«: »Der Lebensgang und die Weltgeltung eines Volkes werden dadurch bestimmt, wie es die natürlichen Bedingungen eines Volkes auszunützen versteht und dem Wechsel seiner Umwelt im Laufe der Geschichte Rechnung zu tragen vermag. Auch seine Führer sind Kinder derselben geographisch bedingten Rasse und können nur dann dauernden Einfluß auf seine Schicksale haben, ... soweit solche Ziele im Rahmen der natürlichen Umwelt erreichbar sind ... In einer Zeit, wo die Zukunft des deutschen Volkes schwer bedroht und von dunklen Wolken beschattet wird, erscheint es uns wertvoll, einmal die natürlichen Wurzeln aufzudecken, auf denen sich die deutsche Kultur im Laufe von Jahrtausenden entfaltet hat, um zu prüfen, welcher Anteil an seiner früheren Blüte durch die Hilfsquellen seines Landes bedingt war und was die Eigenkraft der Nation auf dieser Grundlage geleistet hat.«[2]

In unmittelbarem Zusammenhang mit der staatlichen Entwicklung stehen also die natürlichen Ressourcen und wirtschaftlichen Potenzen dieses von den Wettinern beherrschten historischen Raumes und ihre Nutzung für die Gestaltung des Lebens. Das kursächsische Territorium wies für die Menschen und die allgemeine gesellschaftliche Entwicklung relativ günstige natürliche Bedingungen auf. Mit der großen bäuerlichen Besiedlung des Landes im 12. und 13. Jahrhundert ist im Grunde die heute noch existierende Kulturlandschaft entstanden. Fruchtbares Ackerland in der Leipziger Tieflandsbucht, in der Meißen-Lommatzscher Gegend, in Thüringens Goldener Aue und in der Elbelandschaft nördlich der Linie Leipzig-Torgau stand der Bevölkerung ebenso zur Verfügung wie weniger fruchtbarer, für die landwirtschaftliche Produktion aber trotzdem geeigneter Boden. Der bereits seit dem 16. Jahrhundert bewusst genutzte, bewahrte und gepflegte Holzreichtum des Landes sicherte bis weit in das 18. Jahrhundert hinein den Rohstoff für das Bauen in der Stadt, im Dorf und in der Produktionssphäre. Ebenso bildete er bis nahezu ans Ende des 18. Jahrhunderts die Energiegrundlage des Landes für die Wärmebereitung im Winter und für die gewerblichen Unternehmen im Bergbau und Hüttenbetrieb sowie im metallverarbeitenden Wirtschaftszweig. Es ist ein besonderes Verdienst feudaler staatlicher Planungs- und Fürsorgetätigkeit, dass diese Quelle der Brennstoffversorgung erhalten blieb, bis weitergehende Erkenntnisse und neu aufschließbare Rohstoffvorkommen an Steinkohle, bekannt in Zwickau seit 1400 und im Plauenschen Grund seit 1542, den Ende des 18. Jahrhunderts rapide wachsenden Bedarf deckten, ohne dass am Waldbestand Sachsens Raubbau betrieben werden musste.

Bodenschätze

Weitere natürliche Ressourcen des Landes waren die Bodenschätze, die über Jahrhunderte hinweg eine wichtige Grundlage der wirtschaftlichen Entwicklung bildeten. Eisen, Silber, Kupfer, Blei und Zinn im Erzgebirge, das mit dem Fündigwerden 1168 bei Freiberg ein Zentrum des mitteleuropäischen Erzbergbaues wurde, waren die ergiebigsten abgebauten Erze. Kupfer wurde im Mansfeldischen Gebiet seit 1199 gewonnen, wovon Kursachsen mindestens seit dem frühen 16. Jahrhundert profitierte. Dazu kamen vielfältige mineralische Rohstoffvorkommen wie Kaolin, Tone, Sand, Marmor, Serpentin, Salze, die mit ihrer Entdeckung und ihrem Abbau zu neuen Handwerken und Gewerben, zu profilierten Wirtschaftszweigen und gewinnbringenden Handelsgeschäften führten. Die sächsischen Steinkohlevorkommen begünstigten ganz entscheidend die industrielle Revolution in Sachsen seit der Wende vom 18. zum 19. Jahrhundert. Dazu kamen die Braunkohlevorkommen im Leipzig-Bornaer Raum und in den beiden Lausitzen, die ebenfalls schon recht frühzeitig erschlossen und abgebaut wurden.

Relativ günstige Bedingungen bestanden weiterhin im Vorhandensein fließender Gewässer vom Erzgebirge nordwärts in die Flusseinzugsbereiche von Oder, Elbe und Saale. Vor allem deren Nutzung als Antriebsmittel für Mühlen unterschiedlichster Art bis zum Betreiben von Antriebssystemen und Maschinen für die gewerbliche Produktion begünstigte die allgemeine gesellschaftliche Entwicklung. In Kursachsen gingen die Menschen dann bald dazu über, die wasserwirtschaftlichen Möglichkeiten dort, wo sie im natürlichen Vorkommen nicht mehr den wachsenden Anforderungen entsprachen, durch sinnvolle künstliche Anlagen zu erweitern. Das betraf den erzgebirgischen Bergbau seit dem 15./16. Jahrhundert mit Wasserzuführung und Wasserableitung ebenso wie Flussregulierungen und Kanalbauten für Transport und Handel sowie die landeskulturelle Arbeit mit der Anlage von Stauseen und Teichen.

Diesem frühzeitig erkennbaren Bemühen der Menschen, die vorhandenen natürlichen Ressourcen für die Sicherung der Lebensbedürfnisse effektiv zu nutzen, trat bald die systematische Erkundung der Rohstoffvorkommen zur Seite. Das ist in frühkapitalistischer Zeit mit dem Wirken von Ulrich Rülein von Calw, Georgius Agricola, Simon Bogner, Martin Planer und den vielen erzgebirgischen Markscheidern ebenso verbunden wie zu Beginn der manufakturellen Entwicklungsphase am Ausgang des 17. Jahrhunderts etwa mit dem Wirken von Ehrenfried Walther von Tschirnhaus. Es trifft schließlich in gleichem Maße auf die erste Phase der industriellen Revolution in

Sachsen mit dem Erfassen, Erkunden und Aufschließen von effektiv nutzbaren Rohstoffvorkommen des Landes zu. Dabei ist immer von dem Grundsatz ausgegangen worden, keinen Raubbau zu betreiben.

Entstehen der sächsischen Bevölkerung durch Zuwanderungen

Die im historischen Raum zwischen Saale und Elbe lebenden Menschen, die heute schlechthin als »Sachsen« bezeichnet werden, haben sich in ihren Charaktereigenschaften, Gewohnheiten, Gebräuchen und sprachlichen Gegebenheiten im Grunde seit dem 12./13. Jahrhundert herausgebildet. Dabei ist immer zu beachten, dass man von keiner geschlossenen ethnographischen Einheit sprechen kann. Im Verlauf der bäuerlichen Besiedlung kamen seit dem 12. Jahrhundert Menschen aus unterschiedlichen westlichen Gebieten des deutschen Staates in die Rodungsgebiete. Die ansässige slawische Bevölkerung wurde weitgehend und, soweit feststellbar, relativ problemlos assimiliert. Zu dieser sich daraus entwickelnden bäuerlichen Bevölkerung kamen in den folgenden Jahrhunderten zum Teil bemerkenswerte und den Charakter der Sachsen vom 16. bis 19. Jahrhundert mitprägende, zugewanderte Bevölkerungsteile. Sie hatten an der ersten bergbaulichen Erschließung im 12. und 13. Jahrhundert im Erzgebirge einen ebenso gewichtigen Anteil wie an der städtischen Ansiedlung und der Ausprägung von Handel und Handwerk.

Das in der frühkapitalistischen Entwicklungsphase erneut entstehende zweite »Berggeschrei«, verbunden mit der Gründung beispielsweise von Schneeberg, Annaberg und Marienberg, führte zahlreiche Menschen aus benachbarten Territorien und von weiter her ins Land. In ihrem Gefolge siedelten sich in den Städten neue Handwerke an, zum Beispiel Tuchmacherei und Schmiede in Zwickau. Soziale Zustände, wie sie Nikolaus Hausmann für Zwickau im Jahre 1529 schildert, müssen als die Regel in dieser Phase gesellschaftlicher Entwicklung angesehen werden. In den folgenden Jahrhunderten sind weitere bevölkerungspolitisch bedeutsame, in ihren Auswirkungen auf das Land noch nicht umfassend untersuchte Bevölkerungszuwanderungen erfolgt: Ende des 16. Jahrhunderts und in der ersten Hälfte des 17. Jahrhunderts die Exulanten, am Ausgang des 17. Jahrhunderts die Hugenotten und in der ersten Hälfte des 18. Jahrhunderts die mährischen Brüder, letztere Bevölkerungsgruppen allerdings in zahlenmäßig geringerer Größe. In der zweiten Hälfte des 19. Jahrhunderts ist dann eine weitere Zuwanderung in die wirtschaftlich prosperierenden sächsischen Gebiete zu verzeichnen, vor allem aus Böhmen und Schlesien, aber auch aus thüringischen Landesteilen. Eine nochmalige bedeutende Zuwanderung erfolgte im Ergebnis des Zweiten Weltkriegs. Unzählige Trecks von Deutschen strömten von Osten, Südosten und Süden Europas in das Land. Sachsen erhielt schließlich einen Bevölkerungszuwachs von etwa 1,2 Millionen Menschen. Sie konnten den kriegsbedingten Bevölkerungsschwund mehr als ausgleichen. 1948 besaß Sachsen knapp sechs Millionen Einwohner. Die mit diesen unterschiedlichen Bevölkerungsteilen neu in das Land gebrachten wirtschaftlichen, sozialen und geistig-kulturellen Anregungen haben in entscheidendem Maße die gesellschaftliche Entwicklung beeinflusst und mitgeprägt.

Traditionsverständnis

Die Wirkungen und Leistungen in allen gesellschaftlichen Bereichen blieben erhalten und gehören zu unserem Erbe, zu unseren Traditionen. Aus dieser unserer sächsischen Geschichte ist das Besinnen auf die eigenen Möglichkeiten, das maßvolle Nutzen der Ressourcen des Landes für die eigene Bevölkerung und deren Bedürfnisse, das Durchsetzen der als notwendig erkannten Maßnahmen bei der Schaffung weitreichender Lösungen – auch unter schwierigen wirtschaftlichen Bedingungen – unter Nutzung von Schöpferkraft und Einfallsreichtum immer wieder neu zu lernen.

Genealogische Übersicht

Wettinische Markgrafen, Landgrafen und Kurfürsten vom 11. bis 15. Jahrhundert

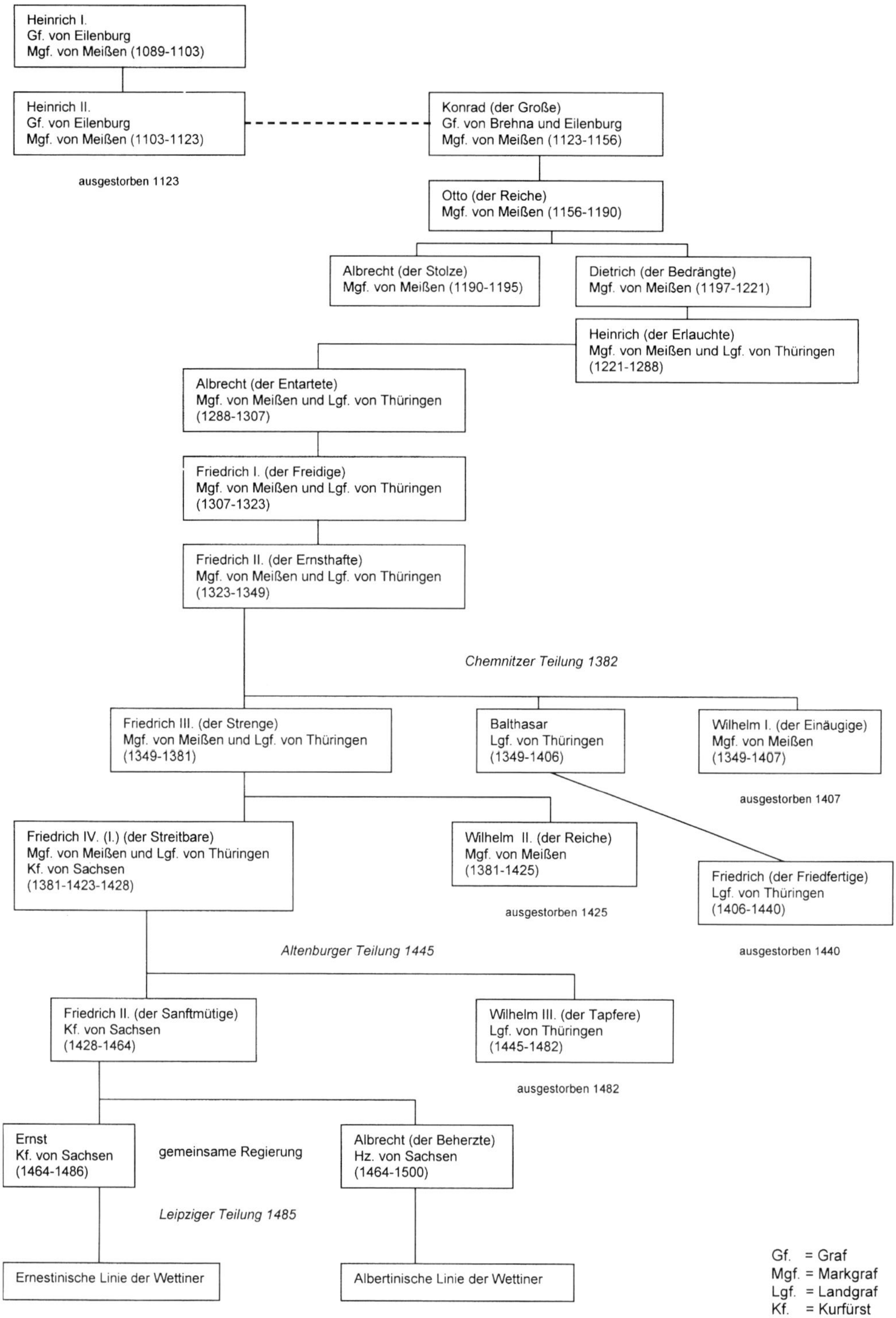

Genealogische Übersicht

Herzöge, Kurfürsten und Könige von Sachsen vom 16. bis 20. Jahrhundert
Albertinische Linie der Wettiner

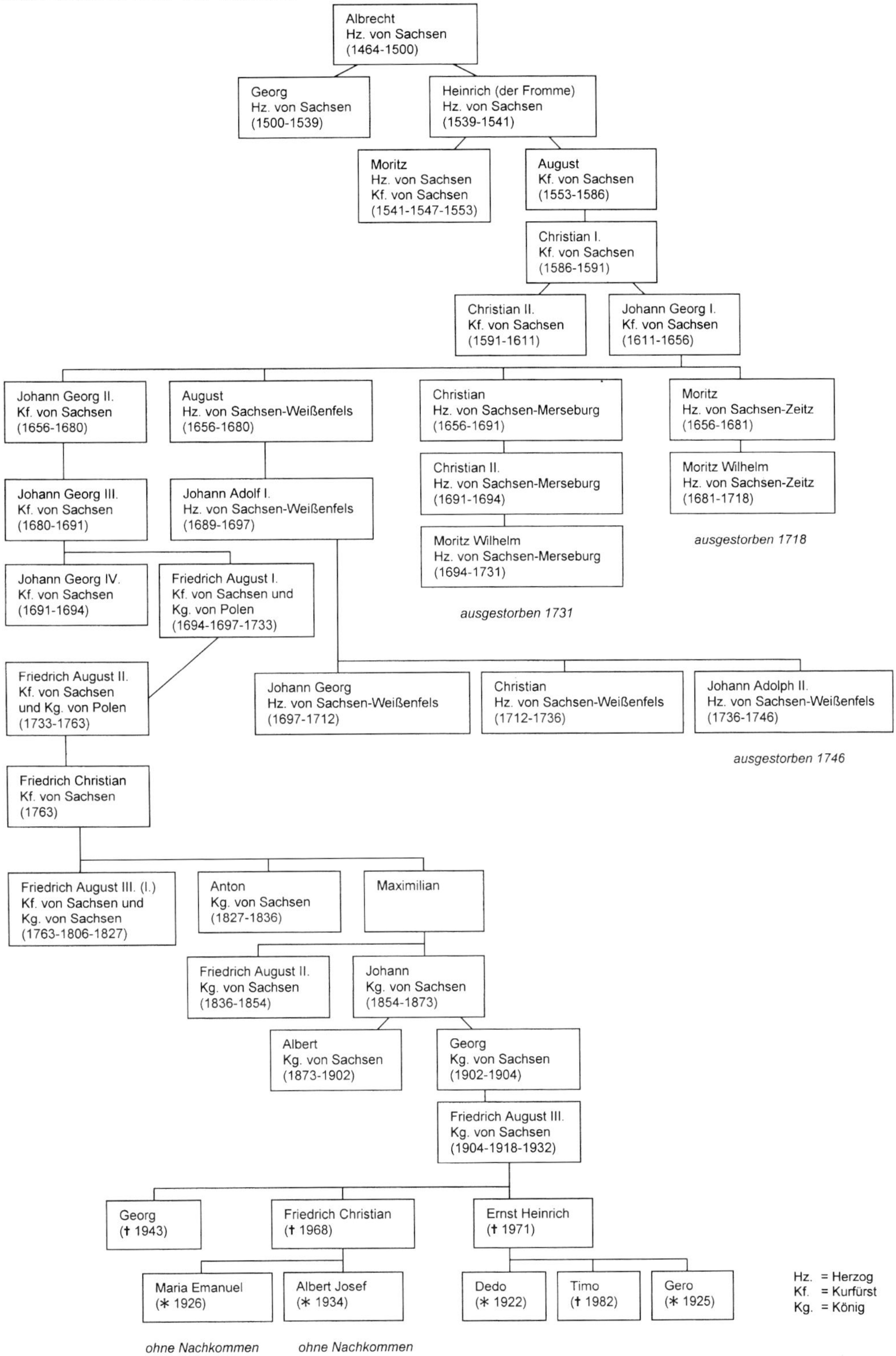

Worte des Dankes gebühren seitens des Autors dem Verlag Edition Leipzig und seiner Cheflektorin Christina Müller für nie versiegende Geduld und viele kritische Hinweise sowie der Landeszentrale für politische Bildung des Freistaates Sachsen für Förderung und Unterstützung. Meinen Mitarbeiterinnen Ines Görg, Britta Günther und Nina Krüger an der Technischen Universität Chemnitz bin ich für die technische Herstellung des Manuskriptes zu großem Dank verpflichtet. Helmut Bräuer und Karl Czok, die sich bereitwillig der mühevollen Durchsicht des Manuskriptes unterzogen und mir manch wertvollen Hinweis gegeben haben, bin ich gleichfalls großen Dank schuldig.

Diese sächsische Geschichte zu bewahren und weiter zu erforschen wird letztlich zu engagiertem und bewußtem Handeln führen. In diesem Sinne widme ich das Buch meinem verehrten akademischen Lehrer und danach langjährigen Kollegen Karl Czok, dem ich mich im jahrzehntelangen Bemühen um die sächsische Geschichte verbunden weiß.

Danken möchte der Autor den aufmerksamen Lesern für Hinweise auf fehlende Sachverhalte und offensichtliche Fehler. Die Fehler wurden in dieser Auflage korrigiert, für wichtig erachtete Sachverhalte neu aufgenommen. Trotzdem konnten nicht alle Hinweise berücksichtigt werden. Dafür wird um Verständnis und Nachsicht gebeten.

I

Grenzmark – Markgrafschaft Meißen – Kurfürstentum Sachsen 929 bis 1485. Von der militärischen Eroberung des Slawenlandes bis zur Leipziger Teilung

Slawische Stämme zwischen Saale und Elbe – Militärische Eroberung durch das deutsche Königtum – Mark Meißen im 10. und 11. Jahrhundert – Belehnung der Wettiner mit der Mark Meißen – Landesausbau und Territorialstaatsbildung – Reichsterritorium Pleißenland – Erzgebirgischer Silberbergbau – Kulturelle Entwicklung im 13. Jahrhundert – Erwerb der Landgrafschaft Thüringen – Krise der wettinischen Landesherrschaft – Aufstieg zu neuer Bedeutung: Das 14. Jahrhundert – Erlangung der Kurwürde 1423 – Wettinischer Ständestaat – Altenburger Teilung, Bruderkrieg und Prinzenraub – Egerer Hauptvergleich – Gemeinsame Regierung von Ernst und Albrecht bis 1482

Slawische Stämme zwischen Saale und Elbe

Noch bis zum 4. Jahrhundert waren der erweiterte Elberaum und das Pleiße-Elstergebiet als »sächsische« Hauptsiedlungsgebiete von den zum hermundurischen Thüringerreich zu zählenden Elbgermanen und die Oberlausitz von einer burgundisch-wandalischen Mischgruppe der Odergermanen besiedelt.

Völkerwanderungszeit

Diese Stämme verließen im Verlauf der Völkerwanderungszeit ihre Siedlungsräume westwärts, obgleich in Westsachsen und im Elbegebiet, beispielsweise bei Riesa sowie in Nickern bei Dresden, auch noch im 7. Jahrhundert eine germanische Besiedlung in archäologischen Einzelfunden feststellbar ist. In diesen am Ende der Völkerwanderungszeit von den germanischen Stämmen verlasse-

Besiedlung nach 600

nen Raum zwischen Saale und mittlerer Elbe wanderten slawische Stämme auf

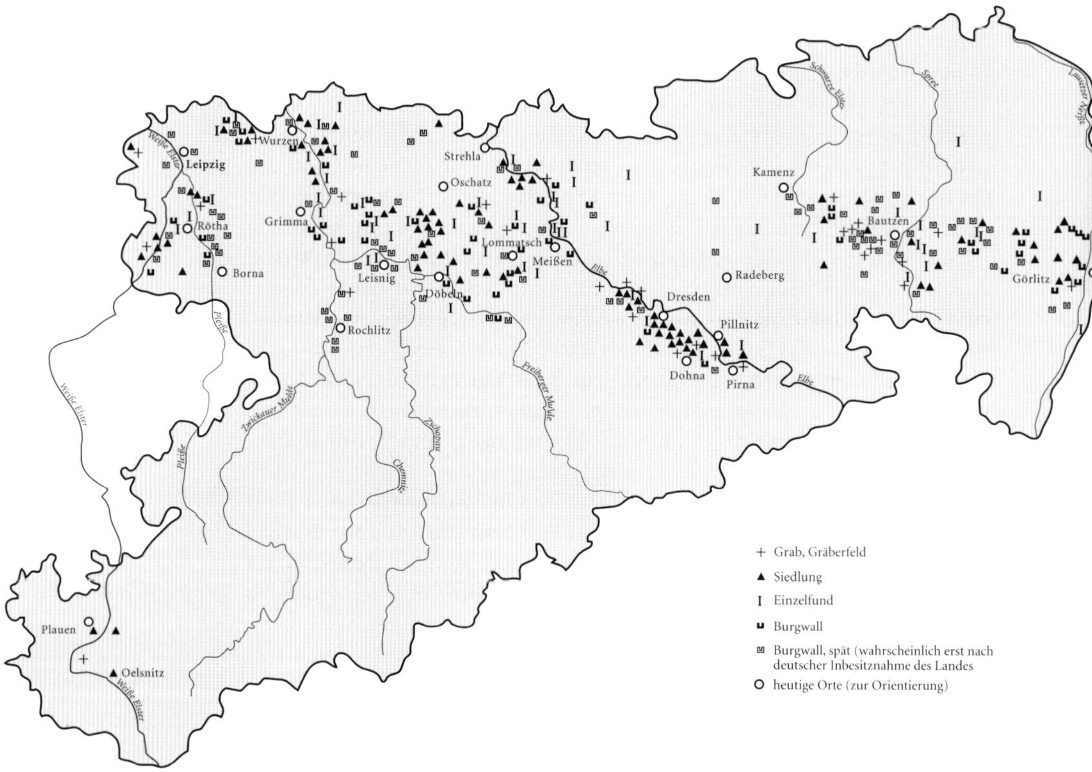

Die slawische Besiedlung nach den Bodenfunden (nach Werner Coblenz)

zwei Wegen und aus verschiedenen Regionen ein. Aus Böhmen kamen in mehreren Schüben slawische Ackerbauern zum einen über das Osterzgebirge in den Dresdner Elbtalkessel und weiter bis westlich der Saale und elbabwärts, zum anderen kamen sie über das obere Odergebiet in die Lausitzen und weiter in nördlicher Richtung. Zwischen den slawischen Stämmen der Daleminzer, Nisaner, Chutizi und Diedesi einerseits und den Lusizern und Milzenern andererseits lag ein für lange Zeit unbesiedelter Landstreifen von annähernd 50 Kilometer Breite. Die wohl meistens in Familienverbänden organisierten Bauernkrieger, mit einer aus Stammesadel, Priestern, Heerführern und Kleinkönigen bestehenden Führungsschicht, siedelten an den Talrändern der Flussauen, auf hochwasserfreiem Gelände und in den Offenlandschaften der Lössgebiete, die 200-Meter-Höhenlinie nicht überschreitend. Die weilerartig angelegten Siedlungen bestanden wohl meistens aus bis zu fünf Bauernstellen und gehörten vermutlich zum Verband einer Großfamilie, wie aus dem Ortsnamengut vielfach zu schließen ist. Neben Ackerbau bestritten sie mit Viehzucht, Bienenzucht und Fischfang ihren Lebensunterhalt. Stammesgebunden verehrten die Sorben Seen, Quellen und Haine als Heiligtümer, brachten Opfergaben dar und erhofften sich davon Beistand und Hilfe. Handwerklich betriebene Töpferei mit der Töpferscheibe und die Fertigung metallener Gegenstände waren ebenso bekannt wie Handel und Märktewesen.

Sie selbst bezeichneten sich als »Zrbia (Srbia)«, ein Name, der für 631 erstmals überliefert ist. Die einzelnen Gruppen schlossen sich im Verlauf des 8. Jahrhunderts zu größeren Stammesverbänden zusammen. Damit war die Herausbildung von Abhängigkeitsverhältnissen zwischen einer herrschaftlich geprägten Oberschicht und der bäuerlichen Bevölkerung verbunden, die am Ende des 8. und im 9. Jahrhundert immer konkretere Gestalt annahmen. Mit dem Bau von Verteidigungs- und Versammlungsanlagen bildete sich ein Burgbezirkssystem heraus, das aus größeren Volks- oder Stammesburgen sowie kleineren Herrenburgen bestand.

TRIBUTABHÄNGIGKEIT VOM FRÄNKISCHEN REICH

805/806 besiegte Karl der Große die Daleminzer und die anderen slawischen Stämme zwischen Saale und mittlerer Elbe. Sie mussten Tribute zahlen und Truppenkontingente für das fränkische Heer stellen. 805 erließ Karl der Große das so genannte Diedenhofener Kapitular, ein Reichsgesetz, das den Handel mit den Slawen und seine Überwachung regelte. Zu diesem Zeitpunkt bildete die Saale die politische Grenze zwischen dem Frankenreich und den slawischen Stämmen östlich bis zur Elbe. Eine Grenzmark, 849 als Limes Sorabicus erwähnt, sicherte das Frankenreich, zumal um 850 die slawischen Stämme wieder größere Macht gewannen und ihrerseits in das Frankenreich einfielen. Nach 880 lehnten sie sich enger an das Großmährische Reich an und versuchten, größere politisch-militärische Unabhängigkeit zu erlangen. Dieses Bemühen war zugleich Ausdruck einer in den Anfängen befindlichen eigenen Staatsbildung.

Die weitere Entwicklung dieser politischen Organisationsstrukturen, die Eigenständigkeit der Sorben und ihre kulturellen Leistungen wurden urplötzlich beendet, als das neu gegründete deutsche Königtum unter Heinrich I. im ersten Drittel des 10. Jahrhunderts im Zusammenhang mit Ungarneinfällen und der Verweigerung von Tributleistungen seitens der Slawen seinen unmittelbaren Herrschaftsbereich bis an Havel, Oder und Elbe auszudehnen versuchte.

Militärische Eroberung durch das deutsche Königtum

GANA UND MEISSEN 929

Nach einem erfolgreichen Feldzug gegen die Heveller im Havelland im Winter 928/929 zog das deutsche Heeresaufgebot südwärts in das Land der Daleminzer. In Widukinds »Sächsischer Geschichte« ist dies mit den Worten beschrieben: »Und da er mit jener Burg [Brennaburg] das ganze Land in seine Gewalt bekommen, wandte er seinen Marsch gegen Dalamantien, dessen Bekriegung ihm schon vor Zeiten sein Vater überlassen hatte, belagerte eine Burg, Gana genannt, und nahm sie endlich am zwanzigsten Tage. Die Beute aus der Burg überließ er den Kriegern, alle Erwachsenen wurden niedergemacht, die Knaben und Mädchen in Gefangenschaft aufbewahrt.«[3] Die zuletzt auf den Burgberg in Hof im Kreis Oschatz lokalisierte Hauptburg der Daleminzer war das entscheidende Bollwerk der sorbischen Stämme im Saale-Elbe-Gebiet, das der deutschen Herrschaft entgegengestanden hatte. Danach zog Heinrichs Heerbann weiter bis an die Elbe. Darüber berichtet Bischof Thietmar von Merseburg ein dreiviertel Jahrhundert später in seiner »Chronik«: »An der Elbe ließ er auf einem damals dicht mit Bäumen bestandenen Berge Bauten errichten; hier schuf er die Burg, die er nach einem nördlich davon fließenden Bache

Meißen nannte. Er versah sie mit einer Besatzung und mit Befestigungswerken, wie sie heute üblich sind. Von da aus zwang er die seiner Herrschaft unterworfenen Milzener zur Tributzahlung.«[4] Drei Jahre später war auch das Land der Milzener um Bautzen in die Abhängigkeit vom deutschen Königtum gekommen. Damit hatte sich das deutsche Königreich unter Heinrich I. von seinen sächsischen Stammlanden vom Harz über Thüringen bis nach Franken weit nach Osten ausgedehnt. Dieses Territorium war zunächst militärisch zu sichern. Zu diesem Zweck wurde das neue Grenzland in Marken eingeteilt, die aber in ihrer Abgrenzung zueinander noch durchaus fließend waren.

Mark Meißen im 10. und 11. Jahrhundert

Die Burg Meißen mit ihrem Umland wurde das Zentrum einer solchen Grenzmark im slawisch-sorbischen Land. Sie wurde, wie die anderen Marken auch, von treu ergebenen Markgrafen als militärische Befehlshaber und oberste Verwaltungsbeamte im unmittelbaren Auftrag des deutschen Königs regiert. Einer der bekanntesten Markgrafen aus dieser Zeit war Gero, Markgraf der Ostmark, Stifter des Klosters Gernrode am Harz, der 965 starb. Danach teilte Kaiser Otto I. die Ostmark in mehrere Markengebiete auf, darunter auch die Mark Meißen. Als Markgrafen sind Adelige aus thüringischen und sächsischen Geschlechtern nachweisbar. Dazu zählte das Geschlecht der Ekkehardinger, das seinen Stammsitz in Großjena an der Mündung der Unstrut in die Saale besaß. 985 wurde Ekkehard I. Markgraf von Meißen und eroberte die Mark noch im gleichen Jahr vom Böhmenherzog Boleslaw II. zurück, der 984 die Burg Meißen besetzt hatte. Er stellte zum polnischen Herzogtum gute Beziehungen her und sicherte sie dynastisch ab, indem sein Sohn eine Tochter des Polenherzogs Boleslaw Chrobry heiratete. Trotzdem blieb die Mark Meißen bis in das 11. Jahrhundert hinein zwischen dem deutschen Königtum, dem polnischen Herzogtum und dem böhmischen Herzogtum heftig umkämpft. Seit 1002 bestand der Kriegszustand mit Boleslaw Chrobry von Polen, der bald alle rechtselbischen Gebiete eingenommen hatte. Die 1002 eroberte Burg Meißen wurde 1015 von Mieszko, dem Sohn von Boleslaw Chrobry, erneut belagert. 1018 mussten im ersten Frieden von Bautzen die Niederlausitz und das Land um Bautzen dem Polenherzog überlassen werden. Das Ringen um die Mark Meißen dauerte bis 1031. Der in diesem Jahr geschlossene zweite Frieden von Bautzen bestätigte dann die deutsche Herrschaft in der Mark Meißen und auch in der Lausitz endgültig. Mitte des 11. Jahrhunderts waren Grafen von Weimar-Orlamünde die Markgrafen von Meißen. Mit der Belehnung von Ekbert I. aus dem Hause der Grafen von Braunschweig im Jahre 1067 begann für 30 Jahre die allerdings unter Ekbert I. wenig glückliche Regentschaft des Geschlechts der Brunonen in der Mark Meißen, in der sie sich jedoch nicht behaupten konnten.

Einsetzung von Markgrafen

Friede von Bautzen 1031

Burgwardbezirke bildeten im Rahmen der Markenverfassung kleinere Verwaltungseinheiten um eine wehrhafte Burg herum. Zur Festigung seiner weltlichen Macht gründete Kaiser Otto I. 968 das Erzbistum Magdeburg mit den Bistümern Merseburg, Zeitz und Meißen. Damit war eine verstärkte Christianisierung des Sorbenlandes verbunden, die aber immer wieder von Rückschlägen begleitet war. Mit der Bistumsgründung und einer intensivierten Missionstätigkeit wurde das militärisch eroberte und beherrschte Gebiet in das ottonische Reichskirchensystem einbezogen.

Bistum Meissen 968

1046 marchia Misnensis

Für das Jahr 1046 ist erstmals die Bezeichnung »marchia Misnensis« im Zusammenhang mit dem Tod von Markgraf Ekkehard II. schriftlich überliefert. Diese Mark Meißen wurde zum Ausgangspunkt territorialstaatlicher Entwicklung in den folgenden Jahrhunderten.

Belehnung der Wettiner mit der Mark Meißen

Schon einmal, am Ausgang des 10. Jahrhunderts, ist ein Wettiner als Markgraf von Meißen erwähnt. Von 983 bis 985 übte Rikdag aus einem mainfränkischen Geschlecht, das im 9. Jahrhundert im Harzgau nachweisbar ist, das Markgrafenamt aus. Ein Jahrhundert später, im Februar 1089, belehnte auf dem Reichstag zu Regensburg Kaiser Heinrich IV. den Markgrafen der Niederlausitz Heinrich I. von Eilenburg aus dem Hause Wettin mit der Mark Meißen. Der Wettiner trat an die Stelle von Markgraf Ekbert II. von Meißen aus dem Hause der Brunonen, den der Kaiser 1086 geächtet hatte und der 1088 auf dem Fürstentag zu Quedlinburg wegen wiederholten Treuebruchs der Mark Meißen und seiner Würden für verlustig erklärt worden war. Damit sicherte sich die Zentralgewalt in den Auseinandersetzungen des Investiturstreits und mit dem Gegenkönigtum des Grafen Hermann von Salm eine weitere Stütze. Dieser Tatbestand des Wechsels der Herrschaftsausübung in königlichem Auftrag war im deutschen Königreich des 11. Jahrhunderts kein ungewöhnlicher Vorgang. Er begründete aber in diesem Fall im Jahre 1089 für die folgenden 829 Jahre eine kontinuierliche Herrschaftsausübung im Saale-Elbe-Raum durch ein Grafengeschlecht, das von der Markgrafenwürde über das Kurfürstentum zur Königswürde aufsteigen sollte. Die Belehnung Heinrichs I. von Eilenburg war zugleich ein Bestandteil des Ringens der Reichsgewalt mit den erstarkenden Partikulargewalten im Reich.

Reichstag Regensburg 1089

Zur gleichen Zeit war Wiprecht von Groitzsch, einer höheren Adelsfamilie der Nordmark entstammend, als Parteigänger Kaiser Heinrichs IV. im Gebiet zwischen Saale, Pleiße und Mulde ebenfalls um Herrschaftsintensivierung, Landesausbau und Territoriumsbildung bemüht. Wiprecht II., in den Urkunden Wigbert genannt, hatte um 1070 von seinem Pflegevater Udo II., Markgraf der Nordmark, den Burgward Groitzsch mit der Burg Groitzsch und etwa 20 Dörfer übertragen bekommen. Wiprecht trat in Verbindung zum Böhmenherzog Wratislaw II., der 1076 die Mark Meißen von Kaiser Heinrich IV. zu Lehen erhalten hatte. Er heiratete Judith, die Tochter von Wratislaw, und sicherte so seine enge Beziehung zu einem der mächtigsten weltlichen Fürsten jener Zeit. Das bildete die Voraussetzung für den frühzeitigen Aufbau einer eigenen Landesherrschaft. Vom Burgward Groitzsch aus erhielt er durch Schenkungen und Belehnungen östlich der Elster aus Reichs- und Kirchenbesitz den Reichsgutkomplex um Leisnig, mit der Burg Leisnig als Zentrum, den ehemaligen Gau Nisan im Elbtalkessel zwischen Meißen und Pirna sowie das Land Budissin. Westlich der Elster ging er nach 1080 mit Erfolg gegen die Edelfreien in diesem Gebiet vor und gliederte deren Herrensitze in seinen Herrschaftsbereich ein. Nach 1098 erreichte Wiprecht die Gründung des Benediktinerklosters Pegau, dessen Mönche die von ihm ins Werk gesetzte bäuerliche Besiedlung seines Herrschaftsgebietes betreuten. Als Wiprecht 1113 der Fürstenopposition gegen Heinrich V. beitrat, wurde er vom Kaiser gefangen genommen und drei Jahre lang in Haft gehalten. Nach der Aussöhnung mit Heinrich V. erhielt Wiprecht zwar nahezu alle seine Besitzungen zurück und wurde sogar 1123 mit der Mark Meißen belehnt. Doch diese landesherrschaftliche Territorialbildung mit Ansiedlung von Bauern in Rodungsgebieten, Burgenbau, Klostergründung und Anlegung von Marktflecken, beispielsweise in Pegau und Lausick, hatte nach seinem Tod 1124 in

Wiprecht von Groitzsch

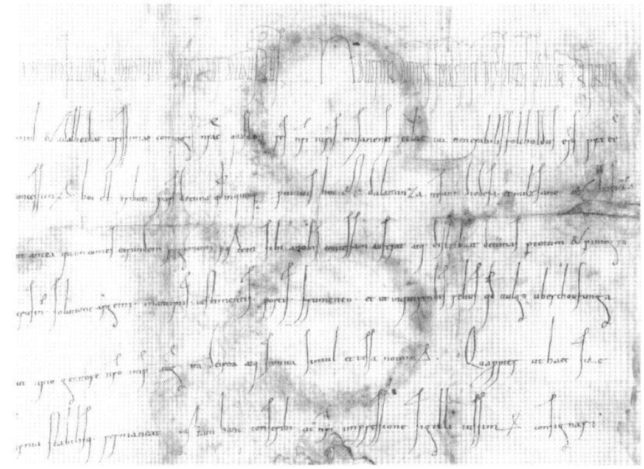

Heinrich IV. übereignet Königsgut an den Ritter Vitic, einen Dienstmann Wiprechts. Urkunde vom 14. Juni 1097

Auseinandersetzung mit gleichen Bestrebungen anderer Grafengeschlechter, allen voran den Markgrafen von Meißen, keinen Bestand.

Im Wettstreit um die Mark Meißen blieben zu Beginn des 12. Jahrhunderts die Wettiner als Parteigänger der sächsischen Fürstenopposition unter dem späteren König Lothar von Süpplingenburg, Gegner des salischen Königshauses, Sieger. Nach dem Tod von Markgraf Heinrich II. von Eilenburg wurde Konrad von Wettin, ein Vetter von Heinrich, durch den Sachsenherzog als Markgraf von Meißen eingesetzt. Das geschah gegen die Ansprüche Wiprechts von Groitzsch, der ebenfalls mit der Mark Meißen belehnt worden war. Im

KONRAD VON WETTIN 1123 MARKGRAF VON MEISSEN

Jahre 1125 erlangte jedoch Konrad von Wettin die reichsrechtliche Bestätigung seiner Belehnung mit der Mark Meißen durch den 1125 zum deutschen König gewählten Lothar. Damit begann eine dreißigjährige Regierungszeit, in deren Verlauf Konrad den gesamten wettinischen Allodialbesitz in seiner Hand vereinigte. Dazu gehörten die Herrschaften Wettin, Zörbig, Brehna, Eilenburg, Torgau, Belgern, Camburg, die Ostmark (Niederlausitz), ab 1135 die Grafschaft Groitzsch und das Gebiet um Weißenfels, ab 1143 das Rochlitzer Land, ebenso das Land Bautzen und natürlich das Territorium der Markgrafschaft Meißen.

AUSBILDUNG DER WETTINISCHEN LANDESHERRSCHAFT

Dieser Besitzstand bildete die Grundlage für die Ausprägung und Festigung der Landesherrschaft. Die eigenständige Form der Herrschaftsausübung haben die Wettiner bewusst mitgestaltet und mitgeprägt. »Die Landesherrschaft stellt eine Summe von Rechten dar, die eine selbständige Ausübung der Macht in einem bestimmten Gebiet des Reiches gewährleisten, beruht also auf dem Territorialprinzip. Die Rechte im einzelnen und in ihrer Summe, daher auch der Grad der Machtausübung sind von Fall zu Fall verschieden ... Die Landesherrschaft entsteht weniger auf Kosten des Reiches ... als an den freien Stellen, welche die lockere Reichsverfassung für lokale und regionale Machthaber reichlich bietet.«[5] Aus einer solchen eigenen Leistung, begünstigt durch die Schwäche der Reichsgewalt, erwuchs die wettinische Landesherrschaft im 12. und 13. Jahrhundert. Das wurde für die nachfolgenden Jahrhunderte bedeutsam, führte es doch über den Territorialstaat im 15. Jahrhundert zum neuzeitlichen Flächenstaat im 16. Jahrhundert. Die seit Konrad von Wettin von den Wettinern mitgeschaffene Form des Landesstaates blieb ein prägendes Element deutscher Geschichte über Jahrhunderte hinweg. Konrad, der Markgraf von Meißen, wurde zum Begründer des wettinischen Territorialstaates. Als er sich im Alter von etwa 60 Jahren 1156 in das von ihm gegründete Augustinerchorherrenstift Petersberg bei Halle zurückzog, teilte er den von ihm als erbliches Eigentum betrachteten Besitz unter seine fünf Söhne auf. Damit begann die

ERSTE LANDESTEILUNG

lange Reihe der Landesteilungen bei den Wettinern, die letztlich die Entwicklung des wettinischen Territorialstaates immer wieder negativ beeinflussten. Bei der ersten Teilung 1156 erhielten Otto die Mark Meißen, die Markgrafenwürde und die Grafschaft Camburg, Dietrich die Markgrafschaft in der Niederlausitz und die Herrschaft Eilenburg, Heinrich die Grafschaft Wettin, Dedo V., der Feiste, die Grafschaft Groitzsch-Rochlitz und Friedrich die Grafschaft Brehna.

Landesausbau und Territorialstaatsbildung

Am Ausgang des 11. Jahrhunderts setzten der Landesausbau und eine beschleunigte Christianisierung ein, die zur Grundlage der Herrschaftsbildung

PHASEN DES LANDESAUSBAUS

im Verlauf der ersten Hälfte des 12. Jahrhunderts wurde. In einer ersten Phase von etwa 1100 bis 1140 wurde der Raum zwischen Saale und Pleiße vom Landesausbau erfasst. Noch unter Konrad von Wettin setzte um 1140 die zweite Phase der Siedlungsbewegung ein, die als Hauptphase dieser Entwicklung gelten kann. In den Jahrzehnten bis etwa 1200 wurde der geographische Raum bis zur Elbe erreicht. Es entstand die Kulturlandschaft der nächsten Jahrhunderte. Im Zuge des bäuerlichen Landesausbaues, durch den Siedleraufruf von 1108 verstärkt, wurden deutsche Bauern aus Ostfranken und anderen westlichen Reichsteilen in planvollen dörflichen Neusiedlungen ansässig gemacht. Zugleich entstanden um die Wende vom 11. zum 12. Jahrhundert frühstädtische Kaufmannsniederlassungen, die von Frühmärkten und entsprechenden Handelsplätzen über die Bebauung ihrer Randzonen zu Wurzeln der Städtegründungen im wettinischen Herrschaftsbereich wurden.

Stiftskirche Wechselburg, erbaut 1160 bis 1180, als Augustinerchorherrenstift von Graf Dedo von Groitzsch-Rochlitz gegründet

Mit dieser ersten großen Besiedlungsphase gewann die Christianisierung vor dem Hintergrund der im 10. Jahrhundert in Merseburg, Zeitz und Meißen erfolgten Bistumsgründungen neue Dimensionen. Im Verlauf des 11. Jahrhunderts nahmen die Kirchengründungen zu, obwohl die Missionierung der sorbischen Bevölkerung nur langsam Fortschritte gemacht hatte. Erst der umfassende Landesausbau brachte einen qualitativen Umschwung. Dazu trugen zahlreiche Klostergründungen bei, so u. a. 1091/96 Pegau, 1119 Riesa, 1136 Chemnitz, 1143 Remse bei Waldenburg, 1160 Wechselburg und 1162 Altzella bei Nossen. Diese Klöster, zumeist den Orden der Benediktiner und Zisterzienser angehörend, leisteten beim Landesausbau wesentliche Unterstützung.

CHRISTIANISIERUNG

Im Rahmen der Kolonisationsbewegung zogen die Inhaber der Landesgewalt im Saale-Elbe-Gebiet den Bevölkerungsüberschuss der westlichen Reichsteile, vor allem Frankens und Sachsens, aber auch Flanderns, in ihren Herrschaftsbereich. Es waren vor allem die Markgrafen von Meißen und die ihnen untergebenen edelfreien Herren, die auf markgräflichem Grund und Boden die zuwandernden Bauern aufnahmen. Die Markgrafen von Meißen setzten für Heeresdienst und Verwaltung eigene Ministeriale ein, statteten sie mit Grundbesitz aus und förderten ihre Rodungsunternehmungen. Die Zuziehenden wurden zu günstigen Bedingungen auf Rodungsland angesiedelt: als persönlich freie Bauern mit erblichem Besitzrecht an Grund und Boden und genau festgelegten Geld- und Naturalabgaben. Dies wird aus einer Urkunde von 1186 ersichtlich, in der ein Streit zwischen Adalbert von Taubenheim und seinen in Taubenheim, Sora, Ullendorf und Hasela bei Meißen angesiedelten Bauern durch Markgraf Otto den Reichen geschlichtet wurde. Aber auch die Bischöfe und die Ministerialen der Reichsgewalt, vornehmlich im pleißenländischen Reichsterritorium, förderten aktiv die bäuerliche Besiedlung. Rodungen erschlossen weite Waldflächen, die noch von keiner dauerhaften Besiedlung erfasst gewesen waren, als bäuerlichen Siedlungsraum. Rundangerdörfer, Straßendörfer und Waldhufendörfer wurden je nach Geländegegebenheiten angelegt. Zugleich wurden sorbische Altsiedlungsräume durch neue Ansiedlungen verdichtet.

BÄUERLICHE LANDNAHME

Straßendorf (Waldhufendorf) Altmittweida bei Mittweida (nach Rudolf Kötzschke)

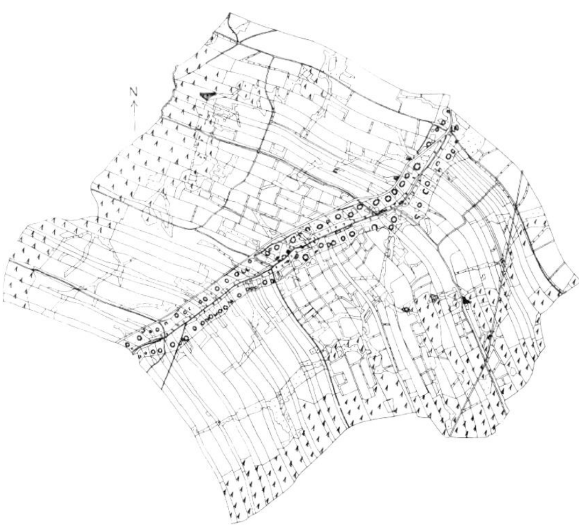

Neben den deutschen Kolonisten war auch die alteingesessene sorbische Bevölkerung am Landesausbau beteiligt. Nur in wenigen Fällen kam es zur Verdrängung oder Abwanderung der sorbischen Bauern. Die deutsche Besiedlung des Landes zwischen Saale und Elbe schuf in ethnischer Hinsicht eine neue Lage. Östlich der Elbe blieben die Kerngebiete sorbischer Siedlungen weitgehend unberührt. Das trug wesentlich zur Erhaltung des sorbischen Ethnikums in den Lausitzen bei. Deutsche und sorbische Bauern wurden gleichermaßen in die feudalen Herrschaftsstrukturen integriert, so dass sich seit dem 12. Jahrhundert eine zunehmend einheitliche bäuerliche Bevölkerung ausbildete. Siedlung, Herrschaftsbildung und Christianisierung mit Kloster- und Kirchengründungen gingen dabei Hand in Hand.

Landesausbau durch Sorben

Zweite Phase des Landesausbaus nach 1140

Zweihundert Jahre nach der militärischen Eroberung wurde das meißnische Land auch in die Wirtschaft und Kultur des deutschen Kaiserreichs in vollem Umfang einbezogen. Rechnete man um 850 etwa 25 000 Menschen, die im Saale-Elbe-Neiße-Gebiet lebten, so war ihre Zahl um 1100 auf ca. 90 000 bis 100 000 angewachsen. Am Ende des 13. Jahrhunderts werden es knapp 400 000 gewesen sein. Der Landesausbau war nach der Jahrhundertmitte in seine zweite und wichtigste Phase eingetreten. Er erreichte mit Rodungen, Dorf- und Städtegründungen seinen Höhepunkt. Bauern und Bürger legten den Grund zu einem umfassenden und dichten Ortsnetz für die nachfolgenden Jahrhunderte. Dieser Landesausbau drang noch im 12. Jahrhundert bis in die Kammlagen des Erzgebirges vor. Da die Ansiedlung der bäuerlichen Bevölkerung unter günstigen rechtlichen Bedingungen geschah, entstanden im Vergleich mit anderen deutschen Landschaften gerade in der Markgrafschaft Meißen und der Landgrafschaft Thüringen Verhältnisse, die vorteilhafte bäuerliche Besitzrechte garantierten, die Leibeigenschaft nicht aufkommen ließen oder aber wesentlich in ihren Wirkungen minderten, so dass später die mitteldeutsche Grundherrschaft entstehen konnte.

Als neue gesellschaftliche Kraft trat das Städtebürgertum in Erscheinung. Städtegründungen durch weltliche und geistliche Herren förderten deren Entwicklung. Stadtrechtsverleihungen durch die Wettiner sicherten den Städte-

Territoriale Gliederung des markmeißnischen Raumes um 1200. Nach: Karlheinz Blaschke, Geschichte Sachsens im Mittelalter

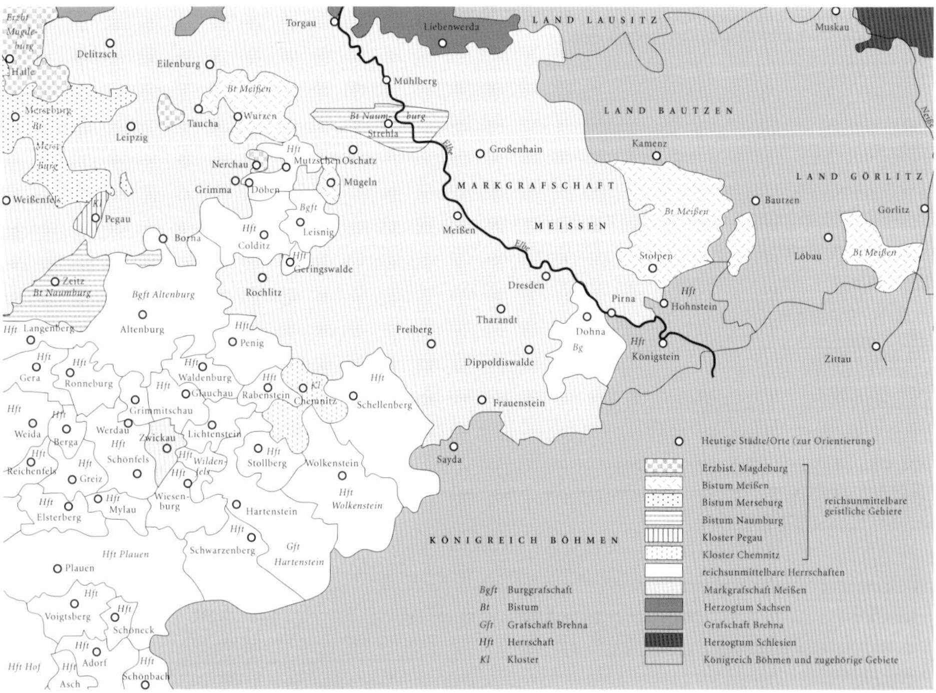

bürgern, Handwerkern und Kaufleuten wichtige Privilegien. Darauf aufbauend erreichten die Städte unter Nutzung ihrer wachsenden wirtschaftlichen Kraft die Erweiterung ihrer Rechte und vor allem die städtische Selbstverwaltung. Zu solchen städtischen Ansiedlungen zählten im 12. und 13. Jahrhundert beispielsweise Bischofswerda, Chemnitz, Dippoldiswalde, Dresden, Freiberg, Großenhain, Leipzig, Meißen, Pirna, Strehla und Waldheim.

STADTENTSTEHUNG UND STÄDTEBÜRGERTUM

Ältestes Siegel der Stadt Leipzig von 1287

Schließlich entstand auch auf landesherrlicher Ebene, von der Entwicklung auf Reichsebene mit der Reichsministerialität abgeleitet, für Kriegsdienst und Verwaltung der Dienstadel. Mit dieser Ministerialität hängt die Errichtung vieler Burgen und Herrensitze im Lande zusammen, so u. a. Schellenberg, Bärenstein, Bieberstein, Elstra, Hirschstein, Nossen, Reinhardtsgrimma und Taubenheim.

DIENSTADEL UND VÖGTE

Vögte als markgräfliche Beamte sorgten in allen Landesteilen für Recht und Gesetz sowie für geregelte landesherrliche Einnahmen.

Reichsterritorium Pleißenland

Die wettinischen Markgrafen erhielten ab Mitte des 12. Jahrhunderts in ihrer unmittelbaren Nachbarschaft Konkurrenz durch das deutsche Königtum. Der Staufer Konrad III. und vor allem Friedrich I., Barbarossa, schufen sich das eigene Reichsterritorium Pleißenland. Es entstand 1158 mit der Überweisung der Burgen Leisnig, Colditz, Lausick, des Hofes Schkölen, des Gleisberges, des Jenzigs sowie des Morungen an das Reich als Reichsgut und dessen Vereinigung mit dem Reichsbesitz um Altenburg. Die planmäßige Besiedlung des Westerzgebirges und des Vogtlandes vergrößerte die »terra Plisnensis« entlang der Pleiße. Klostergründungen in Chemnitz und Remse, Stadtgründungen und Stadtrechtsverleihungen sowie die Einrichtung von Burggrafenämtern in Altenburg, Leisnig, Döben und Groitzsch waren wichtige Bestandteile des territorialen Ausbaus. Im Mittelpunkt stand jedoch die bäuerliche Besiedlung, die im königlichen Auftrag vor allem von Reichsministerialen vorangetrieben wurde. Von Altenburg aus, dem Verwaltungszentrum des Pleißenlandes, setzte Friedrich I. Reichsministeriale ein, die in das völlig unbesiedelte Waldland des Westerzgebirges und des Vogtlandes vordrangen. Von neuen Herrschaftsmittelpunkten aus entstanden neue reichsunmittelbare Herrschaften. Die Reichsministerialen von Wartha errichteten zwischen 1165 und 1172 die Burg Waldenburg an der Zwickauer Mulde, nach der sie sich bald darauf nannten. Sie schufen die Herrschaft Waldenburg, errichteten um 1200 die Burg Wolkenstein als Ausgangspunkt einer eigenen Herrschaft und nach 1250 die Herrschaft Scharfenstein. Die Reichsministerialen von Schellenberg bauten die gleichnamige Burg hoch über dem Zschopautal und schufen die reichsunmittelbare Herrschaft Schellenberg, zu der auch die Herrschaft Lauterstein gehörte. Um 1170 gründeten die reichsministerialischen Herren von Schönburg die Burg Glauchau und errichteten die Herrschaften Glauchau und Lichtenstein. Im Vogtland waren es die Vögte von Weida, Gera und Plauen, die den königlichen Auftrag vollzogen. Als sich dieses pleißenländische Reichsterritorium infolge der Schwäche der Reichsgewalt im Verlauf des 13. Jahrhunderts langsam auflöste, verselbstständigten sich die Herrschaften und wurden ihrerseits im Streben nach eigener Landesherrschaft zu Konkurrenten der wettinischen Markgrafen. Erst das 14. und 15. Jahrhundert brachte ihre Eingliederung in den wettinischen Territorialstaat.

REICHSGUT 1158

Rittersaal der Burg Gnandstein

REICHSMINISTERIALE IM PLEISSENLAND

Goldene Pforte am Dom zu Freiberg, entstanden um 1230

Erzgebirgischer Silberbergbau

Freiberger Silber ab 1168

Die Entdeckung von Silbererz im Jahre 1168 in der Dorfflur von Christiansdorf führte bald zur Entstehung der Bergstadt Freiberg und einer raschen Entwicklung der Region. Der erzgebirgische Silberbergbau um Freiberg erlebte seine erste Blütezeit. Der sagenhafte Reichtum, der den Markgrafen Otto und später Heinrich zugeschrieben wird, lässt außerordentlich ergiebige Silberausbeuten vermuten. Sie dienten nicht nur den schnell wachsenden Ware-Geld-Beziehungen des Landesausbaus, sondern auch der Schatzbildung beim Landesherrn. Für den markmeißnischen Bergbau wurde die Einführung der Bergbaufreiheit entscheidend. Sie stellte das Recht dar, überall zu graben und sich das gewonnene Erz anzueignen. Damit wurden für den Bergbau günstige gesellschaftliche Bedingungen geschaffen. Das Bergregal und die landesherrliche Grundherrschaft schlossen von vornherein jegliche grundherrschaftlich-feudale Bindung für die Berg- und Hüttenleute aus. Diese in die Zukunft weisende Privilegierung der Bergleute spannte für deren Leistungen einen weiten Rahmen und war für den glanzvollen Aufstieg der markmeißnischen Landesherrschaft mitausschlaggebend. Die Markgrafen von Meißen nutzten die wirtschaftlichen und finanziellen Erfolge zur Sicherung und Erweiterung ihres Territoriums. In der Gewährung und Sicherung der Bergbaufreiheit erwies sich die territorialstaatliche Macht auch als eine ökonomische Potenz.

Chor mit Stifterfiguren im Dom zu Meißen

Kulturelle Entwicklung im 13. Jahrhundert

Wirtschaftskraft, gewerbliche Vielfalt, intensiver Handelsverkehr, eine geordnete und ertragreiche Landwirtschaft und der Reichtum aus dem erzgebirgischen Silberbergbau bildeten im 13. Jahrhundert die Grundlage für eine große Kulturblüte in den wettinischen Landen. Minnesang und Turniere wurden besonders gepflegt. Walther von der Vogelweide und Wolfram von Eschenbach waren zu Beginn des 13. Jahrhunderts mit Sicherheit auf der Wartburg am Hofe des Landgrafen Hermann I. Markgraf Heinrich der Erlauchte dichtete selbst Minnelieder und komponierte geistliche Lieder. Er stand in dieser Beziehung in der Tradition des Minnesänger-Kreises um Reinmar von Zweter und Gottfried von Neiffen. Auch Heinrich von Morungen und Ulrich von Lichtenstein weilten am Meißner Hof.

Die großen Turnierkampfspiele in Nordhausen 1263, in Meißen 1265 und in Merseburg 1268 bildeten Höhepunkte der höfisch-ritterlichen Kultur im Reich. Sakralbauten mit früh-

und hochgotischen Formen wuchsen empor, allen voran der Meißner Dom in der Formensprache der französischen Gotik, aber auch der Naumburger Dom mit den Stifterfiguren und der Freiberger Dom mit der Goldenen Pforte sowie die Stiftskirche in Wechselburg. Dazu ließen die größeren und wohlhabenderen Städte große Kirchenbauten als kreuzförmige Basiliken errichten, so die Nikolaikirche in Freiberg, die in Görlitz und die Johanniskirche in Plauen. Die Baumeister, Steinmetze, Bildhauer, Maurer und Zimmerleute blieben anonym, doch ihre Werke dokumentieren noch heute die Glanzleistungen spätromanischer und frühgotischer Kunst.

Erwerb der Landgrafschaft Thüringen

Die anderthalb Jahrhunderte von der Mitte des 12. Jahrhunderts bis zum Beginn des 14. Jahrhunderts waren nicht nur eine Zeit bedeutender wirtschaftlicher und kultureller Leistungen in der Markgrafschaft Meißen, sondern auch eine Zeit großer Auseinandersetzungen der jungen wettinischen Landesherrschaft mit der Reichsgewalt. Unter Markgraf Heinrich erfolgte die bis dahin größte wettinische Machtentfaltung, die mit dem Erwerb der Landgrafschaft Thüringen und der Pfalzgrafschaft Thüringen im Jahre 1247 gekrönt wurde, auch wenn sie erst 1264 in den unangefochtenen Besitz der Landgrafschaft kamen. Damit reichte die wettinische Macht vom Thüringer Wald und der Wartburg bis zu den östlichen Gebieten der Lausitzen. 1247 war Landgraf Heinrich Raspe, seit 1246 zugleich deutscher Gegenkönig zu Kaiser Friedrich II., kinderlos gestorben. Damit wurde die 1243 erfolgte Eventualbelehnung Heinrichs des Erlauchten mit der Landgrafschaft Thüringen durch Friedrich II. Realität, doch die Übernahme erfolgte nicht kampflos. Erbansprüche von Seiten Heinrichs (das Kind) von Hessen und der Widerstand thüringischer Grafen und Herren gegen die wettinische Herrschaft führten zu heftigen militärischen Kämpfen, die erst mit dem Weißenfelser Vertrag vom 1. Juli 1249 beendet wurden. Vierzehn thüringische Grafen erkannten darin Markgraf Heinrich den Erlauchten als Landgrafen von Thüringen an. Die Landgrafschaft Thüringen bis zur Werra und die Pfalzgrafschaft Sachsen blieben bei Heinrich, während die landgräflich-thüringischen Teile westlich der Werra an Heinrich von Hessen fielen. Aber erst 1263 wurden die bewaffneten Auseinandersetzungen mit einem Sieg Heinrichs über Herzog Albrecht von Braunschweig endgültig beendet und 1264 durch einen Friedensschluss bestätigt. Heinrich war damit auf dem Höhepunkt seiner Machtentfaltung. Mit der Markgrafschaft Meißen, der Ostmark, der Landgrafschaft Thüringen und der Pfalzgrafschaft Sachsen vereinigte er vier Reichsfürstentümer in seiner Hand. Aber noch im Jahr 1264 gab er diese Ganzheit des wettinischen Territorialbesitzes durch eine Landesteilung mit seinen Söhnen wieder auf. Er selbst behielt die Markgrafschaft Meißen und die Ostmark, seinem Sohn Albrecht übertrug er die Landgrafschaft Thüringen, die Pfalzgrafschaft Sachsen und das Pleißenland. Dietrich erhielt die von Heinrich neu gebildete Mark Landsberg. Die mit dieser Teilung verbundenen Gefahren einer Schwächung der politischen Positionen Meißen-Thüringens sollten sich bald zeigen.

Weissenfelser Vertrag 1249

Landesteilung 1264

Krise der wettinischen Landesherrschaft

Nach 1288 geriet die wettinische Landesherrschaft in eine Krise. Innere Auseinandersetzungen nach dem Tod von Heinrich dem Erlauchten und die Bemühungen deutscher Könige um den Wiederaufbau einer Hausmacht im thüringisch-meißnischen Raum, in Anknüpfung an das Reichsterritorium Pleißenland, vor allem durch Rudolf von Habsburg, Adolf von Nassau und Albrecht von Habsburg, stellten die Existenz des wettinischen Staates am Ende

Tod Heinrichs des Erlauchten 1288

Lucka 1307

des 13. Jahrhunderts zeitweise ernsthaft in Frage. Erst der Sieg von Markgraf Friedrich dem Freidigen und Diezmann über die in der Markgrafschaft Meißen stationierte königliche Streitmacht unter Heinrich von Nortenberg in der Schlacht bei Lucka, Ende Mai 1307, sicherte die wettinische Landesherrschaft und bildete einen Wendepunkt in der sächsischen Landesgeschichte.

Aufstieg zu neuer Bedeutung: Das 14. Jahrhundert

Markgraf Friedrich II., der Ernsthafte

Chemnitzer Teilung 1382

Mit der Schlacht bei Lucka wurde deutlich, daß die königliche Zentralgewalt nicht mehr in der Lage war, die markmeißnische Landesherrschaft zurückzudrängen. 1307 wurde Diezmann in Leipzig ermordet. Als 1308 auch König Albrecht I. einem Mordanschlag zum Opfer fiel, ergriff Friedrich der Freidige die Initiative und besetzte das Pleißenland. Die Städte Chemnitz, Zwickau und Altenburg öffneten ihm die Stadttore. Im Vertrag von Prag vom 19. September 1309 wurde ihm durch König Johann von Luxemburg die erbliche Herrschaft über die Markgrafschaft Meißen und das Osterland bestätigt. 1311 erwarb er das Pleißenland wiederkäuflich für zehn Jahre und erhielt es dann 1323 dauerhaft als Reichslehen. Mit dem Rückhalt der Reichsgewalt gelang es dann seinem Sohn Markgraf Friedrich II. von Meißen, dem Schwiegersohn von König Ludwig IV. von Bayern, die markgräflichen Positionen in Meißen und Thüringen zu festigen. Die sich nach dem Tod von Ludwig dem Bayern für den wettinischen Markgrafen eröffnende Möglichkeit, die Würde und die Bürde eines deutschen Königs zu übernehmen, nahm er nicht wahr. Auch unter der Regentschaft von Kaiser Karl IV. konnten die Wettiner ihre Politik der territorialen Abrundung und der Unterwerfung weiterer Grafengeschlechter fortsetzen. Das Lehnbuch Markgraf Friedrichs des Strengen von 1349/50 und das »Registrum dominorum marchionum Misnensium« von 1378 verzeichnen Einkünfte und Besitzstand der Meißner Markgrafen. Zwar brachte dann die Chemnitzer Teilung von 1382 mit der Trennung der wettinischen Lande in Thüringen, das Osterland und Meißen erneut eine Zerschlagung des Ganzen, aber sie hinderte nicht an einer weiteren Festigung der Markgrafschaft Meißen. Mit der Gewinnung der Burggrafschaft Dohna 1402 sowie der Erwerbung von Pirna 1404 und von Gottleuba 1405 im Osterzgebirge rundeten die Markgrafen ihren Herrschaftsbereich gegen das benachbarte Königreich Böhmen wesentlich ab. Die Landesgrenze zu Böhmen wurde weiter nach Süden verlagert.

Bulle von Papst Alexander V. mit der Bestätigung des »studium generale« in Leipzig, ausgestellt in Pisa am 9. September 1409

Universität Leipzig 1409

Erhebliche Bedeutung besaß die Gründung der ersten sächsischen Universität in Leipzig im Jahre 1409. Die Auseinandersetzungen um die Lehren von John Wyclyf an der Prager Universität ließen Gegensätze zwischen Tschechen und Deutschen aufbrechen und führten zum Auszug der deutschen Studenten und Professoren. Ein großer Teil von ihnen begab sich nach Leipzig, wo sie an dem von den Markgrafen Friedrich und Wilhelm von Meißen gestifteten »studium generale« eine neue Heimstatt fanden.

Belehnung Friedrichs des Streitbaren mit dem Herzogtum Sachsen-Wittenberg und der Kurwürde. Urkunde vom 6. Januar 1423

Erlangung der Kurwürde 1423

Nachdem sich König Sigmund, vom hussitischen Aufstand stark in Bedrängnis gebracht, nach seiner Thronbesteigung 1419 hilfesuchend auch an den nördlichen Nachbarn gewandt hatte, beteiligte sich Markgraf Friedrich IV., der Streitbare, an der militärischen Niederschlagung dieser Bewegung. Der Wettiner stand dabei in engem Bündnis mit den rheinischen Kurfürsten. Dafür erhielt er 1420 zunächst die Belehnung mit den böhmischen Lehen der Wettiner, die ihm König Wenzel 1417 in Konstanz verweigert hatte. Als 1422 der Askanier Herzog Albrecht von Sachsen-Wittenberg ohne einen männlichen Erben gestorben war, zog der deutsche König das Herzogtum als erledigtes Reichslehen ein. Dies stand im Einklang mit der Goldenen Bulle Kaiser Karls IV. von 1356, in der die Askanier eine der sieben Kurstimmen erhalten hatten. Danach war bei Aussterben eines Kurhauses das Land mit der Kurstimme sowie allen Reichslehen vom König neu zu vergeben.

Belehnung mit dem Herzogtum Sachsen-Wittenberg

Das geschah am 6. Januar 1423. König Sigmund belehnte mit dem Herzogtum Sachsen-Wittenberg und der Kurwürde den Markgrafen Friedrich IV. von Meißen, der von Stund an den Titel Kurfürst Friedrich I. von Sachsen trug. Damit stiegen die Wettiner in den Kreis der ranghöchsten deutschen Reichsfürsten auf, die den deutschen

Bronzedeckplatte der Tumba Kurfürst Friedrichs I. von Sachsen in der Fürstenkapelle des Domes zu Meißen, um 1430

König wählten. Die Belehnung umfasste zugleich die halbe Pfalz Thüringen, die Grafschaft Brehna, die Burggrafschaft Magdeburg und die Grafengedinge zu Magdeburg und Halle. Mit der Kurwürde kam gleichfalls das Reichserzmarschallamt an die Wettiner. Mit diesem Reichsamt waren das Reichsvikariat in den Territorien mit sächsischem Recht, das Kreisoberstenamt des obersächsischen Reichskreises und die Ausübung der Hohen Gerichtsbarkeit in seinen Kurlanden verbunden. Der Reichserzmarschall hatte bei Abwesenheit des Königs die Reichsarmee zu befehligen. Er führte die Hauptfahne des Römischen Reiches und trug bei der Kaiserwahl und den Krönungsfeierlichkeiten das Krönungsschwert voran. Mit dieser bedeutsamen Rangerhöhung übertrug sich in den folgenden Jahrzehnten der Name Sachsen von dem Herzogtum Sachsen-Wittenberg auf die Markgrafschaft Meißen, das Oster- und das Pleißenland, letztlich auf den gesamten wettinischen Territorialstaat.

Wettinischer Ständestaat

Dem Erwerb der Kurwürde folgte sowohl unter Kurfürst Friedrich I. als auch unter seinem 1428 an die Regierung gekommenen Sohn Friedrich II., dem Sanftmütigen, das zielstrebige Bemühen, den wettinischen Staat im Innern zu festigen und nach außen zu vergrößern. Das war bereits 1426 Friedrich I. gelungen, als Burggraf Heinrich II. von Meißen aus dem Hause der Meinheringer in der Schlacht bei Aussig gegen die Hussiten fiel und das Burggrafengeschlecht damit erlosch. Der Kurfürst setzte sich sofort in den Besitz der burggräflichen Rechte und beseitigte auf diese Weise die letzte Vertretung der Reichsgewalt in seinem Territorium. Durch Kauf, Tausch und Heirat wurde diese Politik fortgesetzt. 1482 wurde mit dem Anfall der thüringischen Landesteile nach dem Tod von Herzog Wilhelm der gesamte wettinische Besitz unter den Brüdern Ernst und Albrecht, seit 1464 gemeinsam die Regierung ausübend, noch vereinigt. Es war damit ein nahezu geschlossener Territorialkomplex vorhanden, der neben der kaiserlichen Hausmacht der Habsburger im Reich das größte und bedeutendste der Kurfürstentümer darstellte. Anwartschaften auf die niederrheinischen Herzogtümer Jülich und Berg, Schutzgerechtigkeiten über Quedlinburg und Erfurt sowie wettinische Familienmitglieder als geistliche Würdenträger von Magdeburg, Halberstadt und Mainz wiesen auf weitere Ausdehnungsbestrebungen hin.

Im neu entstandenen Kurfürstentum Sachsen entwickelten und profilierten sich Adel, Geistlichkeit und Städte zu einflussreichen Ständen, die an Politik und Verwaltung des Landes wachsenden Anteil nahmen. Das hatte seinen Grund darin, dass die erheblichen finanziellen Aufwendungen des Kurfürsten für die Ausrüstung und Unterhaltung des Heeresaufgebots, für das zahlenmäßig wachsende Beamtentum in der Hofverwaltung und auf lokaler Ebene nicht mehr allein von den landesherrlichen Einkünften zu bestreiten waren. Es bedurfte neuer Finanzquellen, die in der Erhebung von Steuern gefunden wurden. Dies war aber nur durch Bewilligung der Stände möglich, wozu immer häufiger Landtage einberufen wurden. Im Laufe dieses Prozesses entstand nach 1430 der wettinische Ständestaat, in dem die wettinischen Kurfürsten des 15. Jahrhunderts nicht mehr völlig allein, sondern in Abstimmung und wohl auch mit Zustimmung ihrer Landstände regierten. 1438 traten die Stände erstmals in fester organisierter Form zusammen. Behördenorganisation und landesherrliche Verwaltung wurden ausgebaut. Die Landesordnungen des 15. Jahrhunderts, basierend auf der ersten wettinischen Landesordnung von 1384, waren dabei ebenfalls wichtige Elemente. Zu dieser Entwicklung gehörte auch die Ausbildung einer Residenz als ständiger Aufenthaltsort des Kurfürsten, seiner Räte und Verwaltungsbeamten, zu der, nach 1464, Dresden erkoren wurde.

LANDTAG 1438

Altenburger Teilung, Bruderkrieg und Prinzenraub

Die politische Entwicklung im Kurfürstentum Sachsen wurde zwischen 1423 und 1485 durch drei Ereignisse beeinflusst: die Altenburger Teilung, den »sächsischen Bruderkrieg« und die Entführung der jungen Prinzen Ernst und Albrecht vom Altenburger Schloss durch den Ritter Kunz von Kauffungen. Kurfürst Friedrich I., der Streitbare, hatte bei seinem Tod drei Söhne hinterlassen: Kurfürst Friedrich II., den Sanftmütigen, Sigmund und Wilhelm. Für die Erbfolge fiel ab 1436 Sigmund aus, da er in den geistlichen Stand eintrat. Als im Mai 1440 der Landgraf von Thüringen, Friedrich der Friedfertige, Sohn von Balthasar, kinderlos starb, fiel Thüringen an die Brüder Friedrich und Wilhelm, womit die Chemnitzer Teilung wieder aufgehoben war. Kurfürst Friedrich II. regierte in Meißen und im Osterland, Wilhelm in Thüringen im Namen seines älteren Bruders. Letzterer hatte durch seine Ehe mit Anna von Österreich eine Anwartschaft auf Luxemburg und die Grafschaft Chiny, woraus sich 1441 eine Besetzung Luxemburgs durch meißnisch-thüringische Truppen ergab. Drei Jahre später war durch einen Vergleich mit Philipp dem Guten von Burgund das luxemburgische Unternehmen erledigt. Die vom thüringischen Hochadel, insbesondere von Apel Vitzthum und Bernhard von Kochberg, verfolgte Politik führte auf eine endgültige Landesteilung hin. Auf einer Zusammenkunft der beiden wettinischen Brüder vom 13. bis 18. Mai 1445 in Leipzig wurde über eine Landesteilung beraten, die am 16. Juli 1445 in Altenburg beschlossen wurde, wobei Wilhelm als Jüngerer entgegen den Bestimmungen des sächsischen Rechts den Teilungsplan aufstellte. Da Friedrich am 26. September 1445 in Leipzig Thüringen und nicht Meißen wählte, verweigerte Wilhelm die Teilung. Daraufhin brach 1446 der »sächsische Bruderkrieg« aus. Nach fünf Jahren Krieg war schließlich der gleiche Zustand erreicht wie 1446, aber weite Landstriche waren verwüstet. Der Krieg wurde schließlich mit dem Frieden zu Pforta am 27.Januar 1451 beendet.

ALTENBURGER TEILUNG 1445

Als Auswirkung dieses Krieges kann der Prinzenraub zu Altenburg von 1455 angesehen werden. Der sich als Parteigänger des Kurfürsten Friedrich nach 1451 und besonders durch den Schiedsspruch vom 25. Juni 1455 ungerecht behandelt fühlende Kunz von Kauffungen begann eine persönliche Fehde gegen den Wettiner, in dessen Verlauf er in der Nacht vom 7. zum 8. Juli 1455 die beiden Prinzen Ernst und Albrecht aus dem Altenburger Schloss entführte. Im Erzgebirge bei Grünhain von Köhlern gestellt, wurde er am 14. Juli 1455 auf dem Freiberger Obermarkt enthauptet, sein Vetter Dietrich von Kauffungen in Altenburg. Vier seiner Helfershelfer, darunter der Küchenjunge Hans Schwalbe, wurden am 24. Juli 1455 in Zwickau gevierteilt.

PRINZENRAUB 1455

Egerer Hauptvergleich

VERTRAG VON EGER 1459

Von großer Bedeutung für die Landesentwicklung war die in der Regierungszeit von Kurfürst Friedrich II. 1459 in Eger erzielte Einigung mit Georg Podiebrad, König von Böhmen, und Herzog Wilhelm von Sachsen. Die Regelung der gegenseitigen Lehnsrechte und Territorialansprüche, eine Erbeinigung zwischen beiden Fürstenhäusern und die damit verbundene eindeutige Grenzziehung im Egerer Hauptvergleich hatten bleibenden Bestand und beeinflussten die weitere politische Entwicklung Sachsens. Mit diesem Vertrag wurden die Herrschaften Riesenburg, Dux, Brüx und die Landeskrone bei Görlitz an das Königreich Böhmen überwiesen. Dafür verzichtete der böhmische König auf die Landeshoheit der böhmischen Lehen in dem Herrschaftsbereich der Wettiner. Zur Absicherung des Vergleichs wurden zwei Ehen geschlossen: Albrecht heiratete Zedena, die Tochter Georg Podiebrads, und Katharina, die Tochter Herzog Wilhelms, wurde mit Hinko (Heinrich), einem Sohn von Podiebrad, verlobt.

Gemeinsame Regierung von Ernst und Albrecht bis 1482

BAUBEGINN DER ALBRECHTSBURG IN MEISSEN

Als Kurfürst Friedrich II. am 7. September 1464 in Leipzig starb, trat der älteste Sohn Ernst im Alter von 23 Jahren dessen Nachfolge an. Damit begann, geprägt durch ihre Entführung, eine fast zwanzigjährige Zeit gemeinsamer Regierung mit Albrecht. Die Absprache aller politischen Handlungen und Entscheidungen wurde durch eine gemeinsame Hofhaltung beider Familien im Dresdner Schloss ergänzt. Ab 1471 ließen beide auf dem Burgberg in Meißen ein neues Schloss nach französischem Vorbild bauen, das 1676 den Namen »Albrechtsburg« erhielt. Der Baumeister Arnold von Westfalen errichtete hoch über der Elbe anstelle der Markgrafenburg einen Schlossbau, der 1521 vollendet wurde und seinesgleichen in Deutschland suchte. In ihrer Politik verfolgten die Brüder einen weiteren Ausgleich mit Böhmen und leisteten dem Reich aktive militärische Hilfe gegen das Osmanische Reich und gegen Burgund. 1476 unternahm Albrecht eine »Fahrt in das Heilige Land«. Um 1480 deuteten sich aber erste Zerwürfnisse zwischen Kurfürst Ernst und Herzog Albrecht an, die in den familiären Verhältnissen ihren Ursprung hatten. Als Ernst 1480 seine Romreise antrat, übergab er die Regierungsgewalt nicht Albrecht, wie man es allgemein erwartete und wie es in der gemeinsamen Regierungsausübung üblich gewesen wäre, sondern an seine Räte. Im gleichen Jahr gab Albrecht die gemeinsame Hofhaltung auf und zog mit Familie und Hofstaat nach Torgau in das Schloss Hartenfels um. Da starb am 21. Oktober 1482 im Alter von 57 Jahren in Weimar Herzog Wilhelm der Tapfere, der Onkel von Ernst und Albrecht. Da es keine männlichen Erben gab, fielen die von Wilhelm regierten wettinischen Landesteile in Thüringen an seine beiden Neffen. Damit war wieder einmal der gesamte wettinische Territorialbesitz vereinigt.

Blick auf die Hofseite der Albrechtsburg Meißen mit Großem Wendelstein, erbaut nach 1471

II

Das albertinische Herzogtum Sachsen 1485 bis 1547. Von der Leipziger Teilung bis zum Schmalkaldischen Krieg

Beginn einer neuen Zeit – Leipziger Teilung – Neue staatliche Verfasstheit – Reichspolitik von Herzog Albrecht – Friesländische Angelegenheit – Väterliche Ordnung von 1499 – Herzog Heinrich und das »Freiberger Ländchen« – Regierung Herzog Georgs bis 1539 – Bergbau – Städte – Handel – Finanzwesen – Verhältnis zu den Schönburgischen Herrschaften – Kirchenpolitik Herzog Georgs – Reformation und albertinisches Herzogtum – Thomas Müntzer in Zwickau – Bauernkriegsereignisse in Sachsen – Sonderbündnisse und Pack´sche Händel – Erbfolge beim Tod von Herzog Georg – Regierung Herzog Heinrichs von 1539 bis 1541 – Regierungsantritt von Herzog Moritz: Persönlichkeit und erstes politisches Wirken – Wurzener Fehde – Reichspolitik und Verhältnis zu Kaiser Karl V.

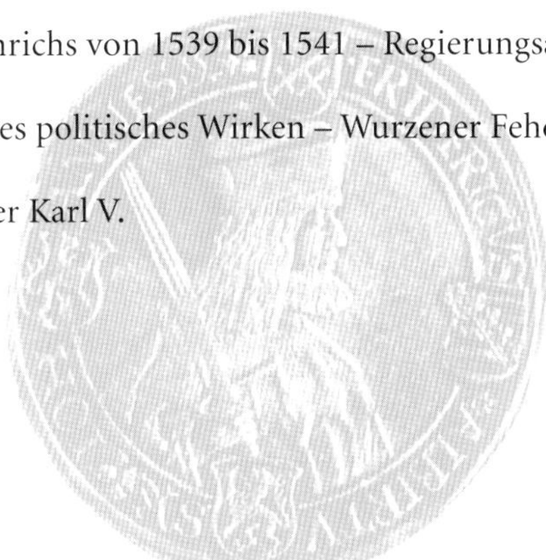

Beginn einer neuen Zeit

Veränderungen in Wirtschaft und Gesellschaft In der zweiten Hälfte des 15. Jahrhunderts, als sich der Übergang vom Spätmittelalter zur frühen Neuzeit vollzog, kam es zu quantitativen und qualitativen Veränderungen in der Gesellschaft, im Großen wie im Kleinen. Im gewerblich-handwerklichen Bereich bildete sich das Verlagswesen aus, im Bergbau kündigte sich eine neue Blütezeit an, die Geldwirtschaft prägte sich mit den oberdeutschen Handelshäusern und deren Bankgeschäften voll aus und der jahrhundertelange traditionelle Fernhandel von Süd nach Nord erfuhr eine Umorientierung von West nach Ost. Zugleich waren es Jahrzehnte mit Erfindungen und Entdeckungen, die ein neues Weltbild in den Köpfen der Menschen entstehen ließen. Gutenbergs Erfindung des Druckens mit beweglichen Lettern trug entscheidend zur schnelleren Verbreitung von Nachrichten bei, die so zu weit mehr Menschen gelangten als bisher. Die Entdeckung Amerikas und die Erreichung Indiens auf dem Seeweg, die Umschiffung des Kaps der Guten Hoffnung und die Herausbildung des spanischen Kolonialreiches auf dem amerikanischen Kontinent ließen neue Wirtschaftsbeziehungen entstehen. Die traditionellen Handelswege über Land zwischen Europa und Asien wurden durch die Handelsschifffahrt verdrängt. Spanien, Portugal und die Niederlande als Seehandelsmächte erlebten eine Blütezeit. Das alles blieb nicht ohne Auswirkungen auf die gesellschaftlich-staatlichen Verhältnisse in Europa. **Neue staatliche Verhältnisse** Überall entwickelte sich der mittelalterliche Lehensstaat zum frühneuzeitlichen Ständestaat. Es kam zur Ausbildung von kompakten flächendeckenden Territorialstaaten, in denen sich auf mehreren Ebenen die Verwaltungsorganisation ausbildete und mit der Erhebung von Steuern ein neuer Weg der Finanzierung der staatlichen Bedürfnisse beschritten wurde. Während sich diese Entwicklung in Ländern wie Frankreich, Spanien, England und Dänemark auf nationalstaatlicher Ebene vollzog, erfolgte sie im Heiligen Römischen Reich deutscher Nation auf der Grundlage der verfassungsrechtlichen Bestimmungen der Goldenen Bulle Kaiser Karls IV. zunehmend auf territorialstaatlicher Ebene.

Die Landesherrschaft der Wettiner war im 15. Jahrhundert in diesen Prozess voll integriert. Die frühneuzeitliche Entwicklung hatte im wettinischen Kurfürstentum Sachsen zu Anfang der Siebzigerjahre begonnen. In jenen Jahren verlagerte sich der Schwerpunkt des Silberbergbaus von Freiberg in das mittlere und das Westerzgebirge. Die Gewinne versetzten die Wettiner in die Lage, innen- und außenpolitisch aktiv zu werden. Der Ankauf von Herrschaften innerhalb ihres Herrschaftsgebietes diente der flächenhaften Staatsbildung ebenso wie die Versuche territorialstaatlicher Ausdehnung nach Norden und Osten (Fürstentum Sagan 1472, Herrschaften Beeskow und Storkow 1477, Schutzhoheit über das Stift Quedlinburg 1477). Handwerk und Gewerbe, erste verlagsmäßig organisierte Unternehmen, Handel, kulturelles Leben, Bildung und soziale Verhältnisse erhielten immer wieder neue Impulse. 1477 wurde die erste Schneeberger Bergordnung erlassen, die am Beginn der sächsischen Berggesetzgebung der Neuzeit stand. **Buchdruck in Leipzig 1480** 1480 ließ sich der Buchdrucker Konrad Kachelofen, aus Nürnberg kommend, in Leipzig nieder und begründete mit seiner Buchdruckpresse die Leipziger Tradition des Buchdrucks. Noch im gleichen Jahr erschien nahezu logisch als erstes gedrucktes Buch in Leipzig Wiedemanns Anweisung zum Rechnen.

Landesordnung 1482 Landesordnungen regelten die Aufrechterhaltung des Landfriedens, die rechtlichen und sozialen Verhältnisse im Lande und normierten teilweise das öffentliche Leben, so etwa zur Verhinderung eines übertriebenen Aufwands bei Kleidung, Speisen und Getränken. Die am 15. April 1482 in Dresden von Kurfürst Ernst und Herzog Albrecht in Kraft gesetzte Landesordnung enthielt ausführliche Kleidervorschriften, weitgehend auf die ständische Gliederung abgestimmt. Frauen und Töchtern der Ritter war es erlaubt, Röcke zu tragen, die bis zu 150 Gulden kosteten, während das Kleid einer Bürgersfrau nicht mehr als 30 Gulden wert sein durfte. Schließlich heißt es: »Es soll auch kein Bürger weder Schnüre noch Nähte oder anders von Untzen Golde oder Silber tragen, was den Mannen zu tragen erlaubet ist; deßgleichen und nicht mehr soll sein Weib und Töchter tragen.«

An den sächsischen Schulen und der Landesuniversität Leipzig hielten humanistische Bildungsinhalte Einzug. Das Weltbild der Sachsen wurde in seinen Grundlagen für die folgenden Generationen gelegt. Das wettinische Kurfürstentum Sachsen erlangte in dieser, im letzten Drittel des 15. Jahrhunderts einsetzenden, frühkapitalistischen Entwicklung mit Geldwirtschaft, Bergbau, verlegerischem Unternehmertum, ersten Anfängen manufaktureller Erzeugung von Waren und agrarischer Marktproduktion eine führende Stellung in deutschen Landen.

Leipziger Teilung

Die Teilung des sich bis zum Ende des Spätmittelalters herausgebildeten wettinischen Territorialstaates im mitteldeutschen Raum, vom Thüringer Wald, Vogtland und Erzgebirge im Süden, Harz und Fläming im Norden, Werra und Rhön im Westen sowie Elbe und Schwarzer Elster im Osten, zu Beginn der frühen Neuzeit ist eines der einschneidendsten Ereignisse in der sächsischen Geschichte.

Dabei hätte es des Fortbestandes des wettinischen Kurfürstentums Sachsen in seiner Ganzheit bedurft, um zum einen die staatliche und wirtschaftliche Aufwärtsentwicklung zu gewährleisten und zum anderen, um die Kräfte und die damit verbundene Bedeutung des Kufürstentums als zweitmächtigster Territorialstaat im Reich, nächst der Hausmacht der Habsburger, in den Dienst der Reichsentwicklung zu stellen. Aber das Gegenteil trat ein.

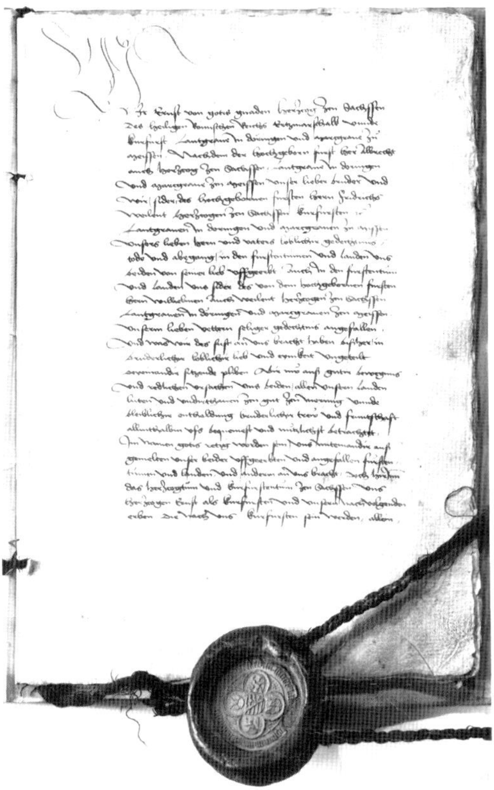

Teilzettel des »Meißnischen Teils« von Kurfürst Ernst für die Landesteilung mit Herzog Albrecht, 1485

Nach 1482 steuerte Ernst, von seinem engsten Ratgeber, dem Obermarschall Hugold von Schleinitz nachhaltig unterstützt, auf eine Landesteilung zu. Sie wurde in einem Vertrag zwischen den Brüdern vom 7. Juli 1484 angekündigt, in dem Albrecht für zehn Jahre auf die Teilnahme an der Regierung verzichtete. Am 17. Juni 1485 verabredeten schließlich Ernst und Albrecht in Leipzig die Teilung, obwohl ihr Vater Kurfürst Friedrich II. in seinem Testament von 1459 die Unteilbarkeit des Landes bestimmt und festgelegt hatte, dass Ernst zugleich im Namen von Albrecht die Regierung führen solle. Die Teilung wurde nach sächsischem Recht vorgenommen: Der Ältere, Kurfürst Ernst, hatte die zwei Landesteile zu bestimmen und der Jüngere, Herzog Albrecht, musste einen der Teile wählen. Das Herzogtum Sachsen-Wittenberg, mit dem die Kurwürde verbunden war, blieb entsprechend den Festlegungen der Goldenen Bulle Kaiser Karls IV. ungeteilt bei dem Ältesten der Fürstenfamilie. Der andere Territorialbesitz wurde geteilt, wobei die historischen

Räume der Landgrafschaft Thüringen und der Markgrafschaft Meißen die Grundlage der Teilung abgaben. Die Räte von Kurfürst Ernst entwarfen dementsprechend einen »Thüringischen Teilzettel« und einen »Meißnischen Teilzettel«. Sie wurden Albrecht am 27. August übergeben. Danach hatte er neun Wochen Zeit, um zu wählen. Das geschah auf einem für den 9. bis 11. November nach Leipzig einberufenen Landtag. Vor den versammelten Grafen und Herren, landtagsfähigen Adligen und Abgeordneten der Städte wies Albrecht nochmals eindringlich auf die Gefahren hin, die der wettinischen Herrschaft durch die Teilung entstehen würden. Dann wählte er schließlich, entgegen den Wünschen und Erwartungen seines Bruders Ernst, den »Meißnischen Teil«. Damit fiel der »Thüringische Teil« an Ernst, der mit dem Herzogtum Sachsen-Wittenberg zusammen das neue ernestinische Kurfürstentum Sachsen bildete. Ernst musste sein geliebtes Dresden verlassen. Er wählte dafür Torgau bzw. Wittenberg als neue Residenz. Albrecht begründete mit seinem gewählten Teil das albertinische Herzogtum Sachsen. Er zog von Torgau wieder nach Dresden, wodurch die Stadt Residenz blieb und bald weiter an Bedeutung gewann.

Landesteilung im November 1485

Neue staatliche Verfasstheit

Am 11. November 1485 unterschrieben die Brüder die Teilzettel. Die Teilung war damit rechtsgültig und zwei neue Territorialstaaten erschienen auf der politischen Bühne: das Kurfürstentum Sachsen und das Herzogtum Sachsen. Dauerhaft trennte sich das Haus Wettin in zwei Linien, die Ernestiner und die Albertiner. Diese Trennung war, das sollte die weitere Geschichte zeigen, endgültig. Sächsische Geschichte verbindet sich seitdem mit dem albertinischen Herzogtum Sachsen, das 1547 zum Ausgangspunkt des albertinischen Kurfürstentums wurde. Das neue Herzogtum bestand aus den meißnischen Ämtern Annaberg, Augustusburg, Delitzsch, Dippoldiswalde, Dresden, Frankenberg, Frauenstein, Freiberg, Grillenburg, Großenhain, Hohnstein, Lauterstein, Leipzig, Lichtenwalde, Lohmen, Meißen, Mühlberg, Nossen, Oschatz, Pegau, Pirna,

Ernestinische und albertinische Linie

Albertinisches Herzogtum Sachsen

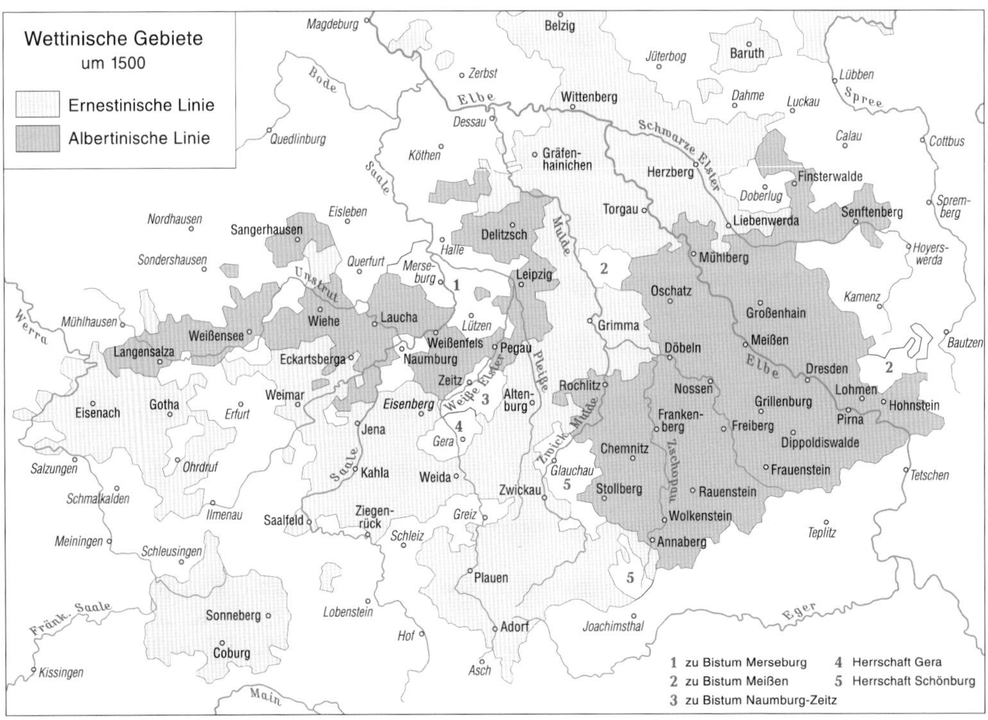

1 Wiprecht von Groitzsch, ab 1070/75 Begründer der Herrschaft Groitzsch, ab 1123 Markgraf von Meißen. Mit ihm beginnt der Landesausbau im Territorium zwischen Weißer Elster, Pleiße und Mulde. Grabplatte, Anfang 13. Jahrhundert, Stein, mit Edelsteinen besetzt, in der Kirche von Pegau (s. S. 17,18)

2 Dresdner Bilderhandschrift des Sachsenspiegels des Eike von Repgow, um 1350.
Illustration und Textseite aus dem 1. Buch des Landrechts. Sächsische Landes- und Universitätsbibliothek Dresden

3 rechts Kurschwert für Kurfürst Friedrich I. (der Streitbare) von Sachsen, 1423. Rüstkammer, Dresden

4 Matrikel der Universität Leipzig, Einträge für das Wintersemester 1515. Universität Leipzig

5 Herzog Albrecht (der Beherzte) von Sachsen, Ewiger Gubernator von Friesland, Begründer der albertinischen Linie der Wettiner. Gemälde eines flämischen Meisters, um 1490. Gemäldegalerie Alte Meister, Dresden (s. S. 26 ff.)

6 Annaberger Bergaltar (Rückseite) von Hans Hesse, Mitteltafel
mit Darstellungen des bergmännischen Lebens, nach 1521.
St. Annenkirche in Annaberg-Buchholz

7 Bergmannsgarnitur für Kurfürst Johann Georg II., bestehend aus bergmännischen Arbeitsgeräten wie Barte, Froschlampe mit Dochtkratzer, Bügel und Haken, Tscherpertasche zur Aufbewahrung von Unschlitt und Geleucht, dem an der Tasche zu befestigenden kurzen Messer sowie einem Säbel und kleineren modischen Zubehörteilen wie Hutzier oder Sporen. Goldschmiedearbeit von Samuel Klemm, 1677. Grünes Gewölbe, Dresden (s. S. 121)

8 Herzog/Kurfürst Moritz von Sachsen, Begründer des albertinischen Kurfürstentums Sachsen. Lucas Cranach d.J. (auch Tizian zugeschrieben). Gemäldegalerie Alte Meister, Dresden (s. S. 54 ff.)

Radeberg, Rauenstein, Rochlitz, Rochsburg, Sachsenburg und Wolkenstein sowie aus den thüringischen Ämtern Langensalza, Weißensee, Eckartsberga und Weißenfels. Dazu gehörten die in diesen Ämtern liegenden Städte, die amts- und schriftsässigen Grundherrschaften und die Klöster, aber auch die eine Reichsstandschaft beanspruchenden Grafen und Herren sowie das Bistum Merseburg. Ungeteilt und damit in gemeinsamer Verwaltung blieben die Herrschaften Beeskow, Storkow, Sorau und Sagan ebenso wie der erzgebirgische Silberbergbau, insbesondere der von Schneeberg und Neustädtel. Die Schutzherrschaft über das Stiftsgebiet des Bistums Meißen, über Erfurt, Nordhausen, Mühlhausen und Görlitz wurde gemeinsam ausgeübt. Dieser gemeinsame Besitz, die verzahnte Lage der Gebiete sowie Besitzungen von Adeligen in beiden Territorialstaaten sorgten bald für Misshelligkeiten, Diskrepanzen und Streitigkeiten, die in Verhandlungen zwischen beiden Staaten geschlichtet werden mussten. Bereits ein Jahr nach der Teilung kam man in Naumburg zusammen, um in einem »Schied« vom 25. Juni erste Zwistigkeiten beizulegen.

Gemeinsamer Besitz

Nach der Teilung musste Albrecht die Verwaltung seines Herzogtums den neuen Verhältnissen anpassen. Auf lokaler Ebene waren keine Änderungen notwendig. Aber auf landesstaatlicher Ebene mussten die im Hofrat zusammengefassten Aufgaben ebenso für das neue Herzogtum festgelegt werden wie die Finanzverwaltung und die Rechtsprechung neu zu ordnen waren. Albrecht berief eigene Räte, so u. a. Hans von Minkwitz, Heinrich von Schleinitz, Dietrich von Schleinitz, Dr. Johann Erlt, Jakob Blasbalg, Georg von Widebach und Caspar von Schönberg. Das Leipziger Oberhofgericht hatte infolge der Teilung seine Tätigkeit eingestellt. Mitte des Jahres 1486 richtete Albrecht zwei neue Hofgerichte ein, eines in Dresden und eines in Eckartsberga, die zum 31. August 1486 ihre Spruchtätigkeit aufnahmen. Doch bereits zwei Jahre später hob Albrecht diese Gerichte wieder auf und gründete erneut ein eigenes Oberhofgericht in Leipzig, für das am 7. Mai 1488 eine Oberhofgerichtsordnung erlassen wurde.

Hofrat und Hofgericht

Wie das Land, so wurden auch die Landstände geteilt. Nach der Leipziger Teilung hielt Albrecht eigene Landtage ab. Im August 1486 traten die Landstände des albertinischen Herzogtums Sachsen erstmals in Leipzig zusammen. Der Herzog erließ eigene Mandate, Patente und Generale. Eine auf der Landesordnung von 1482 beruhende gemeinsame Ordnung für beide Staaten als verfassungsmäßige und verwaltungsmäßige Grundlage zum Zusammenhalt kam letztlich nicht zustande. Schließlich nahm Albrecht die Belehnung der in seinem Territorialstaat ansässigen Vasallen selbst vor und dokumentierte auch auf diese Weise neue staatliche Eigenständigkeit.

Teilung der Landstände

Reichspolitik von Herzog Albrecht

Friedrich der Weise, nach dem Tod seines Vaters Ernst am 26. August 1486 in Colditz Kurfürst, entfernte sich nach dem Wormser Reichstag von 1495 immer mehr von Kaiser Maximilian und stand etwa ab 1506 den Habsburgern ablehnend gegenüber. Dagegen blieb Albrecht bei seiner positiven Haltung zu Kaiser und Reich. Bereits vor 1485 hatte er sich entschieden für die Belange des Reiches eingesetzt. Nach dem Tod des böhmischen Königs Podiebrad, 1471, versuchte Albrecht, das Königreich Böhmen für sich und das Reich zu gewinnen. Er marschierte mit einem Militäraufgebot in Böhmen ein, besetzte Prag, musste aber dem ungarischen König Matthias Corvinus weichen. Er erreichte jedoch, dass böhmische Lehensansprüche auf Städte und Herrschaften im sächsischen Raum von Corvinus aufgegeben wurden. Bei den entscheidenden Verhandlungen 1479 in Olmütz zwischen dem polnischen und dem ungarischen König über die Herrschaft in Böhmen und die Nebenländer der böhmi-

Anspruch auf das Königreich Böhmen 1471

schen Krone (Mähren, Schlesien, die Lausitz) spielte Albrecht eine entscheidende Rolle und vertrat die Interessen des Reiches. Als deutsche Fürsten 1474/75 gegen den Herzog von Burgund, Karl den Kühnen, militärisch vorgingen, stellte sich Albrecht demonstrativ auf die Seite des Kaisers. Mit einem eigenen Aufgebot nahm er am Feldzug Friedrichs III. teil. 1483 war Albrecht dann der einzige deutsche Reichsfürst, der dem Kaiser in dessen Kampf gegen das Osmanische Reich, das sich auf seinem Eroberungszug über den Balkan in Richtung Österreich und das Reich bewegte, zu Hilfe eilte. Dafür erhielt er von Kaiser Friedrich III. in Form der Eventualbelehnung schriftlich die Anwartschaft auf die niederrheinischen Herzogtümer Jülich und Berg zuerkannt.

Anwartschaft auf Jülich und Berg

Die reichstreue Politik setzte Albrecht auch nach der Leipziger Teilung fort. 1485 hatte der ungarische König Wien erobert, sich in der Wiener Hofburg niedergelassen und den Kaiser aus der Stadt und aus Österreich vertrieben. In dieser Situation übernahm 1487 Herzog Albrecht den Oberbefehl über das Reichsheer. Auf dem Reichstag zu Nürnberg hatte er dafür die Zustimmung der anwesenden Reichsfürsten unter Zusicherung einer jährlichen Besoldung von 10 000 Gulden erhalten. Er warb 5 000 Söldner an und zog gegen Matthias Corvinus. Obwohl wenig erfolgreich, führten seine Bemühungen doch zum Abschluss eines Waffenstillstands. Diese Auseinandersetzung im Osten des Reiches war noch nicht beendet, als auch im Westen die Habsburger in eine bedrohliche Lage gerieten. Der am 16. Februar 1486 gewählte und am 9. April 1486 in Aachen zum römisch-deutschen König gekrönte Maximilian, Sohn von Kaiser Friedrich III., wurde am 5. Februar 1488 von den Bürgern von Brügge und den von Frankreich unterstützten flandrischen Ständen gefangen genommen. Aus der dreimonatigen Haft befreite ihn Albrecht, der mit dem Reichsheer von Österreich in die Niederlande gezogen war. 1489 wurde er als allgemeiner Statthalter der Niederlande eingesetzt. Seine erfolgreiche Einnahme von Brüssel sicherte dann die habsburgische Herrschaft in Brabant und Flandern. Den 1491 erneut dagegen aufflammenden Widerstand in Haarlem und Alkmaar unterdrückte Albrecht gewaltsam. Zwei Jahre später übergab er in Maastricht die befriedeten niederländischen Provinzen Seeland, Brabant und Flandern an Maximilian, der im August jenes Jahres die Nachfolge seines in Linz verstorbenen Vaters antrat. Albrecht wurde vom Kaiser mit dem Goldenen Vlies und von Papst Alexander VI., der ihn als »die rechte Hand des Reiches« bezeichnete, mit der Goldenen Rose und einem Schwert geehrt.

Einnahme von Brügge 1488 und Statthalter der Niederlande

Diese Erfolge waren ihm nur möglich gewesen, weil er erhebliche finanzielle Mittel aus dem erzgebirgischen Silberbergbau für seine Politik einsetzte. Allein 1488/89 standen 412 000 Gulden und 1493 272 757 Gulden zu Buche, die das Reichsoberhaupt auch offiziell als Reichsschulden anerkannte. Etwa die Hälfte der jährlichen Einnahmen des Herzogtums Sachsen wandte Albrecht für die Niederlande auf. Auf dem Reichstag zu Worms von 1495, der die Reichsreform mit wichtigen Beschlüssen zum Reichslandfrieden, zu Reichssteuern, Reichsbehörden und zum Reichsregiment voranbrachte, wurde der sächsische Herzog zum obersten Reichshauptmann für das Reichsheer ernannt, ein ebenfalls 1495 neu eingerichtetes Reichsamt.

Habsburgische Schulden

Friesländische Angelegenheit

Zunächst nicht an Friesland interessiert, hatte Albrecht sein Augenmerk auf den Erwerb des Herzogtums Jülich mit Berg und Ravensberg gerichtet. Erst als seine Heirats- und Erbprojekte 1496 gescheitert waren, unterstützte er die Versuche Maximilians I., Friesland als reichsunmittelbare Herrschaft verstärkt in das Reich einzubeziehen. Dazu diente das Privileg von 1493, in dem den Friesen die Wahl ihres Fürsten gestattet wurde, zugleich jedoch, im Falle des Nichtzustandekommens der Wahl, der Kaiser das Recht erhielt, einen Gubernator einzusetzen. Im Verlauf des Geldernkrieges, den Albrecht ab 1497 für Maximilian führte, rückte Friesland mehr in seinen Gesichtskreis, da er für seinen zweitgeborenen Sohn Heinrich eine eigenständige Landesherrschaft suchte. Das politische Ziel für ihn war dabei die Wahl zum Gubernator von Friesland durch die friesischen Stände. Dies erreichte Albrecht 1498. Im Vertrag von Scheveningen vom 30. April 1498 erhielt er viele landesherrliche Rechte übertragen, die es ihm ermöglichen sollten, ein Staatswesen nach sächsischem Vorbild zu schaffen. Wahl und Vertrag wurden von Maximilian gebilligt. Im Vertrag vom 6. Juni 1498 wurde Albrecht als Ewiger Gubernator von Friesland bestätigt. Dieses Amt wurde ausdrücklich als erblich bezeichnet und es wurde ein eigenes Wappen dafür gestiftet. 1499 verzichtete Albrecht auf eine Schuldforderung in Höhe von 250 648 Gulden zugunsten des Hauses Burgund und erwarb dafür noch Groningen und die Ommelanden. Er beherrschte damit das friesische Land von der Zuidersee bis zur Wesermündung.

Geldernkrieg 1497

Gubernator von Friesland 1498

Das Land wurde in Verwaltungsbezirke eingeteilt. Drei sächsische Statthalter übten in den friesischen Provinzen die Regierung aus: Burggraf Hugo von Leisnig, Graf Heinrich von Stolberg und Graf Everwein von Benthen. Ein Kanzler sowie je drei sächsische und friesische Räte bildeten die zentrale Verwaltungsbehörde. Dazu kam für die Finanzverwaltung der Rentmeister Johann Ratthalter. Polizeimannschaften und Steuerbeamte in den Städten, »wie es die unbotmäßige Bevölkerung erforderte«, sorgten auf lokaler Verwaltungsebene für einigermaßen geordnete Verhältnisse.

Sächsische Verwaltung in Friesland

Dazu wurde eine eigene militärische Streitmacht aufgebaut. 1499 trat das römische Recht an die Stelle des friesischen Gewohnheitsrechts. Ein Hofgericht wurde etabliert, das alle Streitfälle nach römischem Recht zu entscheiden hatte.

Groningen erkannte 1499 Albrecht als neuen Landesherrn nicht an und unterstellte sich dem Schutz des Bischofs von Utrecht. Als Albrecht kurz danach Heinrich als seinen Stellvertreter in Friesland einsetzte, begann der allgemeine Aufstand der Friesen. Heinrichs Härte im Vorgehen gegen die Friesen führte schließlich dazu, dass er in seiner sächsischen Residenz in Franecker von den aufständischen Friesen eingeschlossen wurde. Die Friesen hatten schon eine Kette geschmiedet, an der sie den Verhassten aufhängen wollten. Die führten sie ihm bei der Belagerung ständig vor. Das muss für Heinrich ein Alptraum gewesen sein, bis ihn sein herbeieilender Vater aus der misslichen Lage befreite, die Belagerung durchbrach, den Aufstand niederschlug und wieder persönlich die Regierung übernahm.

Aufstand der Friesen 1499

Als Albrecht am 12. September 1500 in Emden starb, hätte Herzog Heinrich das väterliche Erbe in Friesland antreten müssen. Er weigerte sich jedoch, dorthin zurückzukehren und überließ die Regentschaft lieber seinem älteren Bruder Georg. Dieser hatte aus der Sicht des Herzogtums Sachsen zwei Möglichkeiten: Entweder er schaffte es, Friesland so schnell wie möglich zu verkaufen, um in diesen nach wie vor unsicheren Territorialbesitz von Sachsen aus nicht noch mehr Geld investieren zu müssen, oder er versuchte, das Land unter allen Umständen zu halten und von Dresden aus eine straffe Verwaltung zu führen, um künftig große finanzielle Verluste zu vermeiden. Georg versuchte beide Wege nebeneinander zu gehen.

Tod von Herzog Albrecht 1500

Herzog Georg Gubernator von Friesland 1500

Von 1500 bis 1515 stand er ständig in Verkaufsverhandlungen mit den Herzögen von Burgund, da Philipp der Schöne ein Rückkaufsrecht besaß. Zu Georgs Verhandlungspartnern gehörten aber auch der Graf von Ostfriesland, der Landgraf Wilhelm von Hessen, Kaiser Maximilian I. und selbst König Heinrich VIII. von England. Alle Verhandlungen scheiterten aber an den 600 000 Gulden, die Georg als Verkaufspreis erzielen wollte. Parallel dazu versuchte er mit Energie, Friesland effektiv zu verwalten und vor allem das Steuereinkommen zu erhöhen. Trotzdem überstiegen jedes Jahr die Ausgaben die Einnahmen, so dass der dadurch ständig vorhandene Fehlbetrag aus Dresden zu decken war. 1504 erließ Georg eine Landesordnung für Friesland, die »sächsische Ordinanz«, die bis in das 18. Jahrhundert hinein geltendes Recht in Friesland war. Er ließ Amtserbbücher und Landsteuerregister anlegen und versuchte, das Lehnswesen einzuführen, um auf diese Weise rechtlich gesichert Landesherrschaft ausüben zu können. Aber auch Georg scheiterte letztlich am

Widerstand der friesischen Stände nach 1513

Widerstand der friesländischen Städte und des friesländischen Adels mit Graf Edzard von Ostfriesland als Führer. Er erwirkte zwar unter dem 16. Januar 1514 eine kaiserliche Achtserklärung gegen die friesländischen Aufständischen. Aber nach anfänglich erfolgreichem Kriegsverlauf für Herzog Georg neigte sich im Herbst 1514 das Kriegsglück auf die Seite der Friesen. Im April 1515 kapitulierten die letzten von sächsischen Truppen gehaltenen Befestigungen: Georg von Carlowitz in Appingedam, Seifried von Lüttichau und Fritz von Grumbach in Harlingen, Hessel Martena in Franecker und Hans von Grumbach

Vertrag von Middelburgh 19. Mai 1515

in Leeuwarden. Im Vertrag von Middelburgh vom 19. Mai 1515 verkaufte Georg Friesland schließlich für nur 200 000 Gulden an Karl von Burgund, den späteren Kaiser Karl V. Noch über Jahrzehnte musste Georg dem Kaiser wegen der Schuldentilgung hinterherlaufen, zumal dem Kaufpreis etwa 800 000 Gulden an Aufwendungen Georgs für Friesland gegenüberstanden. Erst im August 1535 ist die Gesamtschuld des Hauses Habsburg bei Herzog Georg getilgt worden.

1515 war also der Versuch der albertinischen Wettiner, im Nordwesten des Reiches festen Fuß zu fassen, gescheitert. Aber für Friesland erwies sich die wettinische Herrschaft, auch wenn sie nur 17 Jahre dauerte, als Gewinn. In jenen Jahren vollzog das Land den Sprung vom Mittelalter in die Neuzeit. Eine sozialökonomische Modernisierung, die Einführung des schriftlich fixierten Rechts und der Aufbau einer Verwaltungsorganisation führten zu einem Wendepunkt in der friesländischen Geschichte.

Väterliche Ordnung von 1499

Da sich Albrecht nach der Leipziger Teilung bald wieder der Reichspolitik widmete, überließ er seinem ältesten Sohn Georg 1488 die Regentschaft. 1499 weilte Albrecht nach längerer Abwesenheit wieder in seinem Herzogtum. Auf dem Landtag im November in Leipzig ließ er sein Testament öffentlich vor den versammelten Ständen verlesen. Dieser »letzte Wille« ist als »Väterliche Ordnung« in die Geschichte eingegangen. Albrecht untersagte darin zukünftig eine Teilung des Herzogtums. Der älteste Sohn sollte das ganze Land erben, war aber verpflichtet, seine jüngeren Geschwister ausreichend zu versorgen. Heinrich sollte Friesland als Gubernator erben. Für den Fall allerdings, dass Friesland für Heinrich wieder verloren gehen sollte, hatte Georg seinem jüngeren Bruder die Ämter Freiberg und Wolkenstein mit allen Zugehörigkeiten und Gerechtigkeiten zur alleinigen Regierung zu überlassen und dazu noch ein Viertel der jährlichen Landeseinkünfte nach Abzug aller Verwaltungskosten zu zahlen. Die Bedeutung dieser »Väterlichen Ordnung« bestand letztlich darin, dass für die albertinischen Wettiner das Prinzip der Primogeniturerbfolge in einem rechtlich gültigen Dokument festgelegt war und der mittelalterliche Brauch der Landesteilung aufgegeben wurde.

Herzog Heinrich und das »Freiberger Ländchen«

Brüderlicher Vertrag vom 30. Mai 1505

Nachdem Herzog Heinrich seinem Bruder Georg auch Friesland überlassen hatte, regelten beide im »Brüderlichen Vertrag« vom 30. Mai 1505 ihr Verhältnis zueinander. Heinrich erhielt Schloss Freudenstein in Freiberg und Schloss

Wolkenstein mit den beiden Ämtern als selbstständiges Herrschaftsgebiet. Der jährliche Zuschussbetrag wurde später auf 12 500 Gulden, ab 1510 auf 13 000 Gulden festgelegt. Dafür verzichtete Heinrich zugunsten des 1498 geborenen Johann, dem ältesten Sohn von Georg, auf die Erbfolge. So entstand für 34 Jahre innerhalb des albertinischen Herzogtums ein kleines eigenständiges staatliches Gebiet mit eigener Gerichtsbarkeit, eigener Verwaltung und eigenständigem Bergwerkswesen, das »Freiberger Ländchen«.

Herzog Herinrich von Sachsen und seine Frau Katharina von Mecklenburg. Gemälde von Lucas Cranach d. Ä., 1514

Der 1473 im Dresdner Schloss geborene Heinrich war der zweite Sohn von Herzog Albrecht und dessen Frau Zedena, einer Tochter des 1458 von den Utraquisten gewählten böhmischen Königs Georg Podiebrad. Wie sein zwei Jahre älterer Bruder Georg wuchs Heinrich wesentlich unter dem Einfluss seiner Mutter auf, die Zeit ihres Lebens unter dem Makel litt, dass ihr Vater Georg Podiebrad 1471 als Anhänger der Hussiten im päpstlichen Bann gestorben war. Heinrich war wohl nicht in dem Maße geistig begabt wie sein älterer Bruder. Er galt als ein gutmütiger, leutseliger, gutem Essen und Trinken zugetaner Mann, der sich lieber bei Bergleuten und Handwerkern oder im Wald aufhielt als schwierige Regierungsgeschäfte zu erledigen. Heinrichs langjähriger Sekretär Bernhard Freydinger schrieb in einem zeitgenössischen Lebensbild über seinen Herrn, dass er keinen anderen Fürsten gekannt habe, welcher so ungern geschrieben hätte wie Heinrich und dass man ihm hätte nachschleichen und gute Bequemlichkeit hätte abwarten müssen, bis er endlich bereit gewesen wäre, ein Schriftstück zu unterzeichnen. Dagegen entwickelte er eine Vorliebe für Handfeuerwaffen und kunstvoll gegossene Kanonen. Im Freiberger Gießhaus von Martin und Wolf Hilliger ließ Heinrich prachtvolle Bronzekanonen gießen, für die Lucas Cranach der Ältere aus Wittenberg die Verzierungen entwarf. Die Kanonenrohre mit den Namen »Scherenteufel«, »Wilde Männer«, »Sachsenländerin«, »Tod« stellte Herzog Heinrich im Freiberger Zeughaus auf, erfreute sich an ihnen und entfernte höchst eigenhändig den Staub von den glänzenden und kunstvoll verzierten Bronzerohren. Ernsthaft benötigt wurden sie nie, aber sie verschlangen einen erheblichen Teil des Geldes, das ihm zur Verfügung stand. Im Ausgeben von Geld übertraf ihn noch seine Frau Katharina, jüngste Tochter von Herzog Magnus II. von Mecklenburg, mit der er sich im Alter von 40 Jahren am 5. Juli 1512 vermählte. Herzog Heinrich hielt mit seiner 15 Jahre jüngeren Frau im Freiberger Schloss Freudenstein Hof. Dort wurden auch vier ihrer sechs Kinder geboren. Die drei Töchter wurden standesgemäß verheiratet: Emilie 1533 mit dem protestantischen Markgrafen Georg von Brandenburg-Ansbach-Bayreuth aus der fränkischen Linie des Hauses Hohenzollern, Sibylla 1540 mit Herzog Franz I. von Sachsen-Lauenburg aus askanischem Hause und Sidonia 1545 mit Herzog Erich II. von Braunschweig-Kahlenberg. Von den drei Söhnen starb Severin elfjährig als Leibpage Kaiser Karls V. 1533 in Innsbruck. Moritz und August traten die Nachfolge des Vaters an.

Bei aller Bequemlichkeit nahm Herzog Heinrich doch nachhaltig Einfluss auf die Entwicklung in diesem seinem »Ländchen«. Das bekam bald die größte Stadt seines Herrschaftsgebietes, Freiberg, zu spüren. Deren politische Selbstständigkeit wurde nach und nach beschnitten: Das Stadtregiment wurde eingeschränkt, es gab Eingriffe in die Rechtsprechung der Stadt und 1526 wurden Viertelsmeister eingesetzt, was die Herrschaft des Stadtrates wesentlich einengte. Bei seiner Bergstadt Marienberg hatte Heinrich solche Maßnahmen nicht nötig, denn sie entstand nach seinem Willen und erhielt von ihm Stadtprivilegien, entsprechend der unter dem 27. April 1521 ausgestellten Gründungsurkunde und dem unter dem 19. Dezember 1523 verliehenen Stadt- und Bergrecht. Die Gründung von eigenen Bergämtern in Marienberg und Wol-

Gründung der Bergstadt Marienberg 1521

kenstein mit Drebach zeigen Herzog Heinrich als einen Fürsten, der durchaus wusste, mit welchen Mitteln Eigenständigkeit zu erlangen und zu sichern war.

Unruhen im Mai 1525 in Marienberg und Wolkenstein

Das galt auch 1525 bei der Erhebung der Bauern und Bergleute im Amt Wolkenstein. Seit dem 14. Mai 1525 nahm die bäuerliche Erhebung, unterstützt von Marienberger Bergknappen unter Führung von Wolf Göftel und Andreas Ziener, ständig zu. Es wurden eigenständige Artikel formuliert und als Forderungen dem Amtmann von Wolkenstein am 17. Mai übergeben. Energisch ließ Heinrich den Aufstand unterdrücken, die Anführer verhaften, verhören und dann auch hinrichten.

Einführung der Reformation im Freiberger Ländchen

Die von Heinrich in Abgrenzung zu Herzog Georg bewusst eigenständige Politik fand seit etwa 1523 ständig neue Nahrung in der großen geistigen und politischen Auseinandersetzung der von Luther ausgelösten reformatorischen Bewegung. Während Katharina nachweislich seit 1525 eine Anhängerin Luthers war, kann dies bei Heinrich seit etwa 1529 in Ansatz gebracht werden, wobei er die Annäherung an die lutherische Lehre schrittweise vollzog. Dabei bildete das Jahr 1531 mit einem Aufenthalt in Torgau und dem Anhören von Luthers Predigten einen wichtigen Einschnitt. Die Entscheidung in diesem Prozess, der von Wittenberg aus durch Kurfürst Johann Friedrich den Großmütigen, seine Räte und seine Theologen tatkräftig gefördert wurde, fiel 1536. Am 1. Juli trat Jakob Schenk als evangelischer Prediger in Freiberg sein Amt an, zunächst nur in der Schlosskapelle predigend, ab Neujahr 1537 auch im Dom. Dort reichte er das Abendmahl in beiderlei Gestalt. Das war praktisch die Einführung der Reformation im Freiberger Ländchen, mitten im Herzogtum Georgs, einem der treuesten Anhänger des Papstes.

Beitritt Heinrichs zum Schmalkaldischen Bund 1537

Diesen Erfolg baute der ernestinische Verwandte mit Zustimmung der Mitglieder des Schmalkaldischen Bundes weiter aus. Pfingsten 1537 hielt sich der ernestinische Kurfürst in Freiberg auf. Dorthin hatte er auch seinen Colditzer Amtmann Dr. von Greussen und den Altenburger Superintendenten Georg Spalatin befohlen, die gemeinsam mit Anton von Schönberg, Jakob Schenk und Bürgermeister Andreas Alnpeck über die Fortführung der Reformation im Freiberger Ländchen mit Visitation und Säkularisation, einer neuen Kirchenordnung, der deutschen Predigt und der reformatorischen Abendmahlsgestaltung berieten. Als Kurfürst Johann Friedrich am 27. Mai 1537 Freiberg verließ, nahm er seinen sechzehnjährigen Neffen Moritz mit nach Torgau, um ihm eine evangelische Erziehung angedeihen zu lassen. Dem folgte bald die Aufnahme Herzog Heinrichs und seines Sohnes Moritz in den Schmalkaldischen Bund. Der Beitritt wurde mit der von den Bundeshauptleuten Kurfürst Johann Friedrich und Landgraf Philipp von Hessen am 7. Juli 1537 unterschriebenen Urkunde rechtskräftig. Heinrich trat aber nur dem Hauptvertrag und nicht zugleich dem Nebenvertrag bei, womit er zwar den Schutz des Bundes erhielt, aber keine Verpflichtungen übernahm. Deshalb wurde er nicht zu den Bundestagen eingeladen, erhielt nicht deren Beschlüsse zugestellt und war damit eigentlich nur ein Schutzverwandter des Bundes. Das war die einzige so getroffene Regelung einer Mitgliedschaft, die bald auch den Widerspruch anderer Bundesmitglieder herausforderte. Da dies in Rücksichtnahme auf die besondere Stellung des Freiberger Ländchens im albertinischen Herzogtum Sachsen geschehen war, wurde nichts geändert, zumal es sich um einen protestantischen Pfahl inmitten eines katholischen Reichsstandes handelte.

Regierung Herzog Georgs bis 1539

Der am 27. August 1471 in Meißen geborene Georg hatte eine gute Schulbildung erhalten, war im Kindesalter einige Jahre am Kaiserhof in Wien gewesen und wurde mit 13 Jahren Domherr in Mainz. Da er aber nicht die geistliche

Laufbahn einschlagen durfte, wie es der Wunsch seiner Mutter war, sondern in Vertretung seines Vaters nach 1485 das Herzogtum Sachsen zu regieren hatte, stand sein weiterer Weg im Zeichen eines weltlichen Regentenlebens. Mit 25 Jahren heiratete Georg die polnische Königstocher Barbara. Zwei Söhne und zwei Töchter hatte das herzogliche Paar in seiner achtunddreißigjährigen Ehe. Die Söhne Johann und Friedrich sowie eine Tochter starben noch vor dem Vater. Diese Schicksalsschläge überschatteten die letzten Lebens- und Regierungsjahre Georgs, der ein halbes Jahrhundert lang die Geschicke des albertinischen Herzogtums bestimmt hatte.

Herzog Georg der Bärtige und seine Frau Barbara mit ihren Schutzheiligen. Altargemälde (Ausschnitte) von Lucas Cranach d. Ä. im Dom zu Meißen, 1526

Im Mittelpunkt von Georgs Innenpolitik – sowohl in der Zeit der Regentschaft für seinen Vater als auch in seiner eigenen Regierungszeit – standen die weitere Verbesserung der Verwaltung des Landes sowie die Wirtschafts- und Finanzentwicklung. Dabei war er bemüht, in allen Fragen eine Übereinstimmung mit seinen Ständen herbeizuführen. Deshalb berief er die Stände nahezu regelmäßig jährlich, meistens nach Leipzig, zu einem Land- oder Ausschusstag ein. Allein 1537 gab es zwei Ausschusstage und einen Landtag in Leipzig und Teillandtage in Meißen, Oschatz, Weißenfels und Weißensee. Es war das Jahr, in dem sein ältester Sohn Johann ohne Erben starb und Georg seine Stände darauf einschwor, im Falle seines Ablebens das Herzogtum unter allen Umständen bei der römisch-katholischen Kirche zu belassen.

Die Zusammensetzung der Landstände hatte sich im 15. Jahrhundert herausgebildet. Die Prälaten, Grafen und Herren gehörten ebenso dazu wie die schrift- und amtssässigen Grundherren sowie die Städte. Fürstliche Amtleute und neue Städte wie beispielsweise Annaberg oder Schneeberg wurden gleichfalls als landtagsfähig angesehen. Landtagsfähigkeit bedeutete zugleich Landtagspflicht, wobei sich durch die Häufigkeit der Zusammenkünfte gerade in der Regierungszeit von Herzog Georg Normen der Zusammenarbeit zwischen Landesherr und Ständen herausbildeten. Das betraf das Steuerbewilligungsrecht der Landstände, die ständische Zustimmung bei Rechtsänderungen sowie beim Aufbau der Gerichtsorganisation und schließlich das ständische Recht, Beschwerden und Wünsche der Landschaft dem Landesherrn zu unterbreiten. Im Zusammenwirken von Ständen und Herzog wurde der Münzkonflikt mit den Ernestinern im Sinne von Georgs Münzpolitik insbesondere im Grimmaischen Machtspruch vom 17. Juli 1531 ebenso bewältigt wie die laufend notwendigen Rüstungen gegen die Türkengefahr. Diese gemeinsame Interessenslage wurde auch dadurch gefördert, dass die herzoglichen Räte aus dem einheimischen Adel kamen, so etwa Georg von Carlowitz, Heinrich von Schleinitz oder Hans von Minkwitz.

GRIMMAISCHER MACHTSPRUCH 1531

Großes Augenmerk legte Georg auf die Verwaltung. Er war es, der den Gedanken einer dreistufigen Verwaltungsorganisation in die Tat umsetzte. Die Hofordnung von 1502 regelte nicht nur die Hofhaltung, sondern auch die Zentralverwaltung. Der Hofrat mit dem Obermarschall, dem Hofmeister und dem Kanzler war das Gremium, in dem alle innen- und außenpolitischen Fragen zusammenliefen. Je nach Bedarf wurden Hofräte dazugenommen, wobei es eine geringe Zahl »wesentlicher Räte«, d. h. immer am Hofe anwesender Räte, gab und eine größere Zahl von Räten »von Haus aus«, die nur temporär und für einzelne Angelegenheiten herangezogen wurden. Die damit verbundene Arbeitsteilung zwischen den Räten geschah nach persönlicher Eignung. Das noch bei Herzog Albrecht getrennte Finanzwesen für das Land und den Hof wurde von Georg zusammengefasst. Rentmeisteramt und Kammermeister wurden zur Kammer zusammengelegt, die als vereinigte Landes- und Hofkasse fungierte. Als weitere selbstständige Verwaltungszweige existierten die Justiz mit dem Oberhofgericht und die Hofverwaltung mit dem Hofmarschall.

HOFORDNUNG 1502

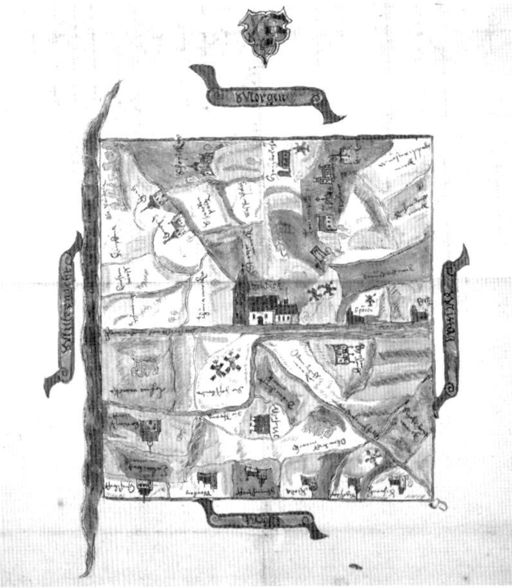

Darstellung des kursächsischen Amtes Zörbig im 16. Jahrhundert

Die Aufsicht im Lande und die damit verbundene Verwaltung oblag den Amtleuten, die an der Spitze eines jeweiligen Amtes standen. Georg hatte dazu die seit dem 14. Jahrhundert gewachsene Ämterorganisation übernommen. Die auf lokaler Ebene zunehmenden Verwaltungsgeschäfte führten dazu, dass sich allgemeine Verwaltungsaufsicht und Finanzverwaltung trennten und dass deshalb dem Amtmann ein Amtsschösser beigegeben wurde. Insgesamt 43 Ämter nennt ein entsprechendes Verzeichnis aus Georgs Regierungszeit. Schließlich schuf er eine zwischen der Zentralverwaltung in Dresden und den Ämtern stehende Verwaltungsgliederung in Gestalt der Kreise, nämlich die fünf Meißner Kreise Rochlitz, Meißen, Großenhain, Pirna und Freiberg sowie die vier thüringischen Kreise Salza, Sangerhausen, Weißenfels und Leipzig. Auf dem Landtag von 1513 wurde diese Neugliederung des Herzogtums erstmals fassbar. Zu dieser intensivierten Verwaltungstätigkeit gehörten die Anlegung von Türken- und Landsteuerregistern, die die Steuerzahler erstmals namentlich erfassten, weiterhin Abgabeverzeichnisse in Gestalt von Erbbüchern und schließlich allgemein eine vermehrte amtliche Schriftlichkeit. Georg selbst bearbeitete intensiv wichtige Verwaltungsvorgänge, fertigte eigenhändig Entwürfe und führte in seinen Kanzleien ein strenges Regiment. Sein Neffe Moritz, der auch bei Georg in die »Lehre« ging, sollte dies später übernehmen.

Bergbau

Schon lange hatte man im Hohenforst und im Gelände am »Snehberg« in der Herrschaft Wiesenburg nach Silber geschürft. Am 6. Februar 1471, folgt man der Chronik von Christian Meltzer, stießen unermüdlich am Schneeberg grabende Bergleute auf eine mächtige Silberader. Buchstäblich über Nacht begann damit das »Zweite Berggeschrei«, das neue Städte entstehen ließ und Menschen aus allen Teilen des Heiligen Römischen Reiches deutscher Nation in das Erzgebirge zog. Noch 1471 entstand die städtische Ansiedlung Schneeberg. Die nahe gelegene Stadt Zwickau, schon lange ein wirtschaftliches, geistiges und verwaltungsmäßiges Zentrum des südwestsächsischen Raumes im sächsischen Kurfürstentum, profitierte als erstes städtisches Gemeinwesen vom westsächsischen Silberbergbau. Noch 1471 investierten die Zwickauer Patrizierfamilien Römer, Polner, Federangel und Sangner ihr Kapital in Schneeberger Gruben. Die Stadt wurde jahrzehntelang das Zentrum einerseits für die Versorgung der erzgebirgischen Bergbaugebiete und andererseits für die Verwertung des Erzes. Bald folgten Leipziger und Magdeburger, Augsburger und Nürnberger Handelsherren, die ihr Geld ebenfalls im Bergbau jenes Gebirges gewinnbringend arbeiten ließen, das Petrus Albinus in seiner 1589 erschienenen Bergchronik erstmals mit dem Namen »Erzgebirge« belegte. Das Silbererzausbringen war über Jahre hinweg gewaltig. 1487 war die Silberausbeute am Schneeberg so groß, dass der Kurfürst nicht alles Silbererz in seiner in Zwickau eingerichteten Münze vermünzen lassen konnte. So verkaufte man unvermünztes Silber nach Frankfurt a. M., Nürnberg und Venedig.

Silberfunde am Schneeberg 1471

Name: »Erzgebirge« 1589

Die Arbeit des Bergmannes war schwer. In einem arbeitsteiligen Prozess musste in den Gruben das erzhaltige Gestein aus den Erzadern gebrochen und zum Förderschacht transportiert werden. Haspelknechte förderten das Erz zutage. Ausschläger schieden Silbererz vom tauben Gestein. Das Erz musste gewaschen, geröstet und geschmolzen werden. Die Entlohnung der Bergleute war relativ gering. Mit Streiks, »Versammlungen« und anderen Maßnahmen versuchten sie, ihre wirtschaftlichen Forderungen nach höherem Lohn, geregelter Arbeitszeit und bezahlten Feiertagen durchzusetzen und damit ihre soziale Lage zu verbessern.

Silberfunde am Schreckenberg 1492

Zwanzig Jahre nach den reichen Silberfunden am Schneeberg entdeckten Bergleute im Gebiet um den Pöhlberg, wo seit der Mitte des 15. Jahrhunderts Bergbau betrieben wurde, am Schreckenberg einen mächtigen Silbergang. Danach eilten aus verschiedenen Regionen des Reiches Bergleute in diesen Teil des Erzgebirges. Auch hier war die Silberausbeute beträchtlich. Von 1500 bis 1539 wurde allein von den Annaberger Fundgruben ein durchschnittlicher jährlicher Gewinn für den Landesherrn von 24 180 Gulden errechnet. Der erzgebirgische Silberbergbau erbrachte zwischen 1470 und 1550 ein Ausbringen von 1 004 Tonnen Silber. Daran waren neben den Gruben von Annaberg die von Schneeberg, Buchholz, Marienberg sowie die von weiteren kleineren Städten beteiligt. Die Reineinnahme, d. h. der Überschuss der Einnahmen über die Ausgaben hinaus, betrug in den erzgebirgischen Silbergruben von Schneeberg, Freiberg, Glashütte, Geyer, Annaberg und Buchholz beispielsweise:

1503	22 428 Mark Silber
1517	22 162 Mark Silber
1522	11 589 Mark Silber
1529	10 823 Mark Silber
1538	26 020 Mark Silber.

Verbesserte Abbautechnik

Diese enormen Ausbeuteergebnisse wurden nicht nur durch das Fündigwerden immer neuer Gruben erzielt, sondern auch durch eine verbesserte Abbautechnik. Am Ausgang des 15. Jahrhunderts fanden Pferde- und Ochsengöpel Verwendung, womit man aus bis zu 250 Metern Tiefe fördern konnte. Als Mitte des 16. Jahrhunderts der Wassergöpel mit dem Kehrrad als Kernstück in Anwendung kam, erreichte man noch größere Abbautiefen. Für das dazu notwendige Aufschlagwasser wurde in den Bergbaugebieten ein Netz von Gräben und Röschen angelegt. Schließlich vervollkommneten Kunstgezeuge und Feldgestänge das System der Wasserhaltung für den Bergbau. Diesen imponierenden technischen Fortschritt hat der 1494 in Glauchau geborene und seit 1531 in Chemnitz lebende Georgius Agricola in seinem die Montanwissenschaft begründenden Werk »De re metallica libri XII« dokumentiert.

Georgius Agricola. Anonymer Kupferstich, 1603

Ebenso wichtig wurde die rechtliche Regelung der bergbaulichen Tätigkeit. Hervorgegangen aus der Aufzeichnung bergmännischer Gewohnheitsrechte, die nachträglich in den Rang landesherrlicher Verordnungen erhoben wurden, entwickelte sich mit den fünf Schneeberger Bergordnungen (1477 bis 1500) und der St. Annaberger Bergordnung in ihren Fassungen aus den Jahren 1493/99 bis 1509 die sächsische Berggesetzgebung der Neuzeit, die große Bedeutung für die Ausbreitung des Bergrechts im deutschsprachigen Raum erlangte.

Annaberger Bergordnung 1493

1492, bald nach dem Fündigwerden der Silbergänge am Schreckenberg, hatte Herzog Georg den Entwurf einer Bergordnung an Richter und Schöppen von Geyer zur Stellungnahme gesandt. Diese brachten das bei ihnen geltende bergmännische Gewohnheitsrecht in den Entwurf ein, der noch durch hinzugefügte Artikel über die Stellung der Schichtmeister bereichert wurde. Als »Reformacio der bergwerk ufm Geyer und Schreckenberge« erlangte die erste Annaberger Bergordnung am 11. Februar 1493 Gesetzeskraft.

Gründung von Annaberg 1497

Die rasche Zunahme des Silberbergbaus und seiner gewinnbringenden Ausbeute führte 1497 zur Gründung der Neuen Stadt am Schreckenberg – seit

1501 St. Annaberg genannt –, die eigene kommunale und berggerichtliche Organe erhielt. Rasch wurde mit der Ausarbeitung einer weiteren Bergordnung begonnen, die über mehrere Fassungen schließlich zur Annaberger Bergordnung von 1509 führte. Auch diese beeinflusste die landesherrlichen Bergordnungen nicht nur in Böhmen und in vielen deutschen Territorien nachhaltig. Sächsische Bergsachverständige und sächsische Bergleute gingen nach Polen, Russland, Ungarn, 1536 nach Norwegen und 1578 nach Südamerika. So wurden sächsisches Bergrecht und sächsische Bergtechnik zum Vorbild für den Bergbau in fremden Ländern.

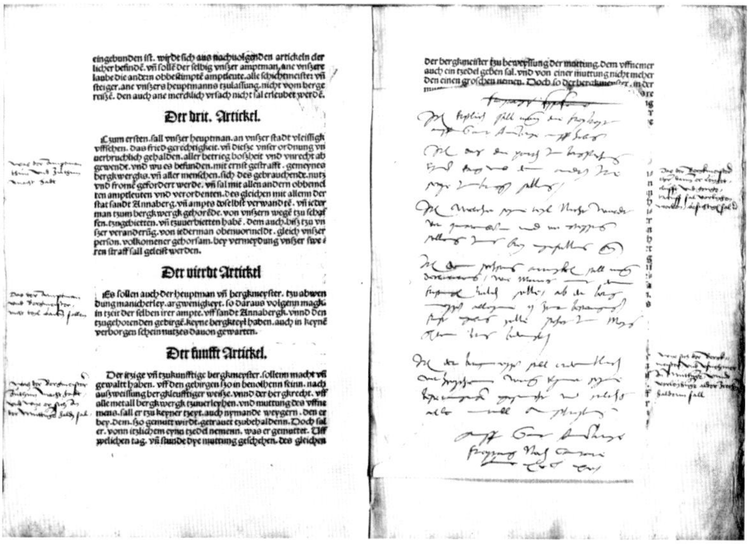
Der drit. Artickel

Der vierde Artickel

Der funfft Artickel.

Annaberger Bergordnung vom 5. Februar 1509. Druck mit eigenhändigen Bemerkungen von Herzog Georg

Einrichtung von Bergämtern

Das »zweite Berggeschrei« führte ebenso zum Ausbau der Bergverwaltung, an deren Organisation Herzog Georg großen persönlichen Anteil nahm. Neben Freiberg war bereits 1466 ein zweites Bergamtsrevier eingerichtet worden, dem alle Bergwerke außerhalb Freibergs, Geyers und Ehrenfriedersdorfs zugeordnet worden waren. Die Bergämter wurden personell erweitert. Dem Bergmeister, dem Gegenschreiber, dem Rezessschreiber und dem Zehntner wurden nunmehr ein Unterbergmeister, Gehülfen und Bergschreiber zugeordnet. Bereits 1477 entstand das Bergamt Schneeberg. Neue Bergämter wurden in der Regierungszeit von Georg eingerichtet: 1500 Annaberg und 1521 Marienberg. Die Annaberger Bergordnung legte fest, dass jedes Bergamt von einem Berghauptmann als Vertreter des Landesherrn geleitet wurde. Ihm waren ein Bergmeister, acht Geschworene, zwölf Zehntner, zwei Hüttenreiter, ein Ausleiher, ein Gegenschreiber und ein Bergschreiber zugeordnet. Damit war die sächsische Bergverwaltung auf unterer Verwaltungsebene ausgeprägt. Die auf den Bergwerksbetrieb, seine Überwachung, Inganghaltung und technische Leistungsfähigkeit gerichteten Funktionen sicherten die Durchsetzung des landesherrlichen Direktionsprinzips und damit einen insgesamt ertragreichen Erzbergbau auch für die folgenden Jahrhunderte.

Münzpolitik und Münzordnung von 1510

Das enorme Silberausbringen hatte unmittelbare Auswirkungen auf die herzogliche Münzpolitik. Neben der Münzstätte in Freiberg entstanden nach 1470 Münzstätten in Zwickau, Schneeberg, Annaberg und Buchholz. Um die sächsischen Silbergroschen gegenüber der Goldwährung konkurrenzfähig zu machen, begann Georg 1498 mit der Prägung des »Schreckenbergers«, der für drei Zinsgroschen galt. Schließlich ging man 1500 zur Großsilberwährung über und prägte den Taler. Die sächsischen Münzen wurden zu einem festen

Rückhalt des deutschen Münzwesens. Die Einführung der Talerwährung erfolgte mit der Münzordnung Herzog Georgs vom 17. Mai 1500, die auch den Engelgroschen, den Guldengroschen und den Halbguldengroschen als Silbermünzen festschrieb.

Gulden (Taler). Revers mit den Bildnissen von Kurfürst Ernst und Herzog Albrecht, um 1500

Städte

Die Städte besaßen für das sächsische Herzogtum eine erhebliche Bedeutung. Da die wettinische Landesherrschaft die Entwicklung eines »freien« Städtewesens verhindert hatte, gab es nur die landesherrliche Stadt, die schriftsässig oder amtssässig sein konnte, und die grundherrliche Stadt. Die Ratsverfassung bedurfte der landesherrlichen Bestätigung, wobei weitgehend eine Reglementierung vermieden und die Vielfalt der städtischen Verfassungen respektiert wurden. Die Ratsherren bedurften für die Ausübung ihres Amtes der Bestätigung der Stadtherren, die der landesherrlichen schriftsässigen Städte der des Landesfürsten, die der landesherrlichen amtssässigen Städte der des Amtmannes als Beauftragten des Landesherrn und die grundherrlichen Städte der des Grundherrn. Ebenso wurde die Ratsverwaltung, insbesondere die regelmäßige Teilnahme der Ratsherren an den Ratssitzungen und die Rechnungslegung am Ende einer Amtsperiode, seitens des Landesherrn beaufsichtigt.

Bei Konflikten in der Stadt, etwa zwischen dem Rat und den Zünften, griff der Landesherr energisch ein. Eine von vielen solcher innerstädtischen Auseinandersetzungen ist die Revolte Chemnitzer Bürger gegen den Rat, die als »Bierkrawall« überliefert ist. Am 15. Februar 1524 versammelten sich etwa 200 Bürger auf dem Marktplatz von Chemnitz und verlangten vom Rat eine Haussuchung bei allen Geistlichen nach fremdem, nicht in der Stadt gebrautem Bier. Für Herzog Georg war dies eine gegen Rat und Geistlichkeit gerichtete Empörung, deren tiefere Gründe er in reformatorischen Einflüssen sah und gegen die er mit drakonischen Maßnahmen vorging. Sein Urteilsspruch vom 12. Mai 1524 verurteilte die ganze Stadtgemeinde zur Reparatur der Straßen innerhalb des Weichbildes der Stadt auf eigene Kosten und verbot Zusammenkünfte der Handwerker ohne Zustimmung des Rates. An genehmigten Versammlungen hatten zudem einige Ratsherren teilzunehmen, die »vleyssig uffachtung haben sollen, das da under inen nit unpillich hendel für genomen« werden.

Chemnitzer Bierkrawall 1524

In ihrer Finanzpolitik besaßen die Städte eine große Selbstständigkeit, solange sie regelmäßig und pünktlich ihre Steuern, das Geschoss, an den Landesherrn entrichteten. Dafür konnten sie auf landesherrliche Hilfe bei besonderen Anlässen rechnen, etwa bei der Behebung von großen Brandschäden oder bei angeordneten Stadtbefestigungsbauten.

Das städtische Wirtschaftsleben verlief weitgehend in geordneten Bahnen. Innungsordnungen, Marktordnungen und Preistaxen sicherten Kaufleuten, Handwerkern und Gewerbetreibenden ihr unternehmerisches Tun. Für den Landesherrn stand dabei die ausreichende Versorgung der städtischen Bevölkerung mit preiswertem Getreide im Mittelpunkt der Einflussnahme. Dazu gehörten das Anlegen von Kornhäusern in den Städten sowie Getreideausfuhrverbote bei Missernten und in Teuerungszeiten. Herzog Georg erließ solche Verbote in den Jahren 1506, 1530, 1531 und 1534.

Insgesamt gelangten die Städte in der Regierungszeit von Herzog Georg zu wirtschaftlichem Wohlstand, ohne dass die großen sozialen Unterschiede und auch die städtische Armut beseitigt worden wären.

Erwerb der Gerichtsbarkeit durch Städte

Das Selbstbewusstsein der Bürger zeigte sich in ihrem Bestreben, die volle Gerichtsbarkeit vom Landesherrn zu erlangen, wofür man erhebliche Geldbeträge aufbrachte. Ebenso waren die Städte bestrebt, Rittergüter zu erwerben. So kaufte Döbeln 1491 das Vorwerk Greusnig und Oschatz 1519 mehrere Vorwerke. Leipzig erwarb 1527 das Rittergut Lindenau. Im Dezember des gleichen Jahres kam es zwischen Ritterschaft und Städten auf dem Ausschusstag in Dresden zu Auseinandersetzungen über die Frage, ob Städte und Bürger überhaupt Rittergüter erwerben durften. Die landesherrliche Entscheidung fiel positiv aus, unter der Bedingung, dass die auf dem Rittergut liegenden Ritterdienste nach wie vor geleistet wurden. Für das herzoglich sächsische Städtewesen waren die Neugründungen im Ergebnis des »zweiten Berggeschreis« von besonderem Gewicht. Überall da, wo man auf ergiebige Silberadern stieß, entstanden Siedlungen wie Schneeberg, Annaberg, Buchholz, Marienberg, Jöhstadt und Oberwiesenthal, denen vom Landesherrn dann bald Stadtrecht verliehen wurde. Planmäßige Stadtanlage, Stadtrecht und stetig wachsende Bevölkerungszahlen sowie große Kirchenbauten und Schulen charakterisierten diese Stadtgründungen. Als Adam Ries, der aus dem oberfränkischen Staffelstein stammende Rechenmeister, Annaberg 1515 erstmals besuchte, waren auf rund 900 Zechen 3200 Bergarbeiter beschäftigt. Bald wurde er Leiter der Rechenschule und hoher sächsischer Bergbeamter. Als Verfasser mehrerer Rechenbücher, darunter der »Coß« (Bezeichnung für Algebra), gilt er als bedeutendster Rechenmethodiker des 16. Jahrhunderts.

Gründung von Bergstädten

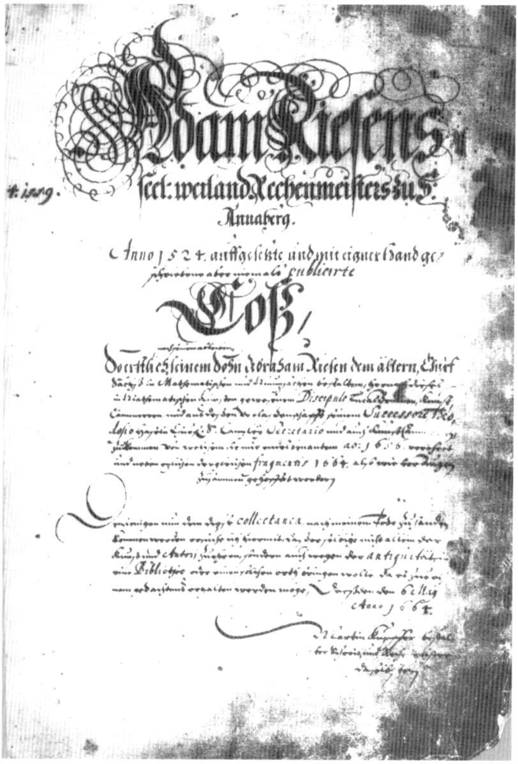

Titelblatt der »Coß« von Adam Ries (1524), Abschrift von 1664

Handel

Zu der von Georg betriebenen Wirtschaftspolitik im Bereich von Bergbau und Handwerk in den Städten gehörte die bewusste Förderung des Handels. Dies geschah in Ausnutzung der günstigen geographischen Lage des Herzogtums. Im Mittelpunkt der Bemühungen stand Leipzig. Mit dem ausgehenden 15. Jahrhundert begann der Aufstieg der Stadt zum Handelszentrum des mitteldeutschen Wirtschaftsraumes, in dem Bergbau und Textilherstellung zu den wichtigsten Produktionszweigen gehörten. Die Lage am Schnittpunkt bedeutender Fernwege des Ost-West-Handels wie auch des Nord-Süd-Verkehrs, die Konzentration von Handelskapital innerhalb seiner Mauern und das Interesse der wettinischen Landesfürsten am Gewinn des Messegeschäfts führten zu einem bis dahin nicht gekannten wirtschaftlichen Aufschwung der Stadt, die in der Zeit des Humanismus und der Reformation großes Ansehen auch als Büchermarkt errang.

Leipziger Messeprivilegien 1497, 1507 und 1514

Bereits 1497 hatte Kaiser Maximilian I. auf Betreiben Herzog Albrechts den Jubilate-, Michaelis- und Neujahrsmarkt bestätigt, das Privileg Kaiser Friedrichs III. von 1469 erneuert und die Abhaltung neuer Jahrmärkte in den Bistümern Magdeburg, Halberstadt, Meißen, Merseburg und Naumburg untersagt. In dem Bestreben, Erfurt als Handelskonkurrent Leipzigs auszuschalten, setzte Herzog Georg von Sachsen 1507 bei Kaiser Maximilian I. ein zweites großes Privileg für Leipzig durch, das Niederlags- und Stapelrecht verlieh, die Abhaltung von Jahrmärkten im Umkreis von 15 Meilen um Leipzig – Magdeburg und Erfurt eingeschlossen – verbot sowie die Behinderung von Warenzügen von und nach Leipzig auf allen Straßen des Reiches unter Strafe stellte. Das der Stadt Erfurt gegebene Privileg erklärte der Kaiser für nichtig.

Um ihre handelspolitischen Ziele in Interessengemeinschaft mit dem Landesfürsten gegenüber den geistlichen Territorien, der Stadt Erfurt und anderen Konkurrenten noch besser durchsetzen zu können, erwirkten die Leipziger Großkaufleute mit Fürsprache Georgs 1514 eine Bestätigung ihrer kaiserlichen Privilegien auch durch Papst Leo X., während Maximilian 1517 noch ein drittes Privileg über die Leipziger Fernhandelsmärkte ausstellte, diesmal für Herzog Georg selbst. Damit wurde seine Stellung gegenüber der Stadt gefestigt.

Finanzwesen

Trotz aller Bemühungen um Wirtschaftsförderung, Steuereinnahmen und Ämtereinkünfte und trotz der nicht unerheblichen Gewinne aus dem Silber-, Zinn- und Kupferbergbau war es um die Staatsfinanzen in den ersten zwei Jahrzehnten der Regierung Georgs nicht besonders gut bestellt, auch wenn einmal gesagt worden ist, dass in der ersten Hälfte des 16. Jahrhunderts gegenüber dem wettinischen Herrscherhaus die meisten anderen deutschen Fürsten arme Leute gewesen seien. Nöte und Schwierigkeiten waren für das albertinisch-sächsische Finanzwesen nach 1500 kennzeichnend. Baraufwendungen für Friesland in Höhe von etwa 750 000 Gulden, jährliche Zahlungen an Heinrich ab 1505, einmalige Zahlungen an die ernestinischen Wettiner und Zinszahlungen für aufgenommene Kredite, u. a. bei den Fuggern, stellten Herzog, Rent- und Kammermeister vor nahezu unlösbare Probleme. Zur Bekämpfung der Finanznot wurde ab 1515 eine wirksame Sparpolitik begonnen, in deren Folge ab 1523 eine wesentliche Erleichterung der finanziellen Lage eintrat, so dass selbst verpfändete Ämter wieder eingelöst werden konnten. Nach 1530, als erneut ein außerordentlicher Aufschwung des Bergbaus einsetzte, der die Gesamteinnahmen des Staates steigen ließ, wurde Herzog Georg selbst zum Kreditgeber: 22 000 Gulden an Heinrich von Braunschweig, über 36 000 Gulden an das Stift Münster sowie 5 000 Gulden an König Ferdinand von Böhmen gab er als Darlehen. Als Georg 1539 starb, hinterließ er trotzdem etwa eine halbe Million Gulden Schulden, der etwa 300 000 Gulden an Bargeld und anderem Vermögen gegenüberstanden. Die Kreditwürdigkeit des albertinischen Herzogtums hatte nicht gelitten.

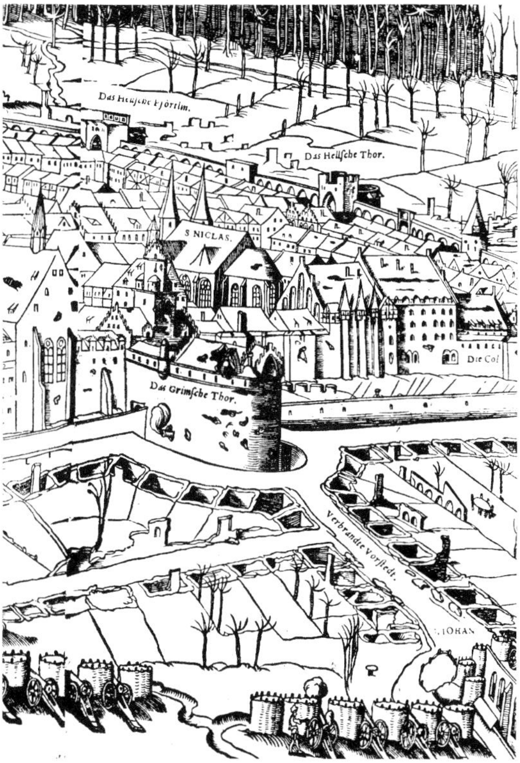

Ausschnitt einer Stadtansicht von Leipzig, 1547. Anonymer Kupferstich.

Verhältnis zu den Schönburgischen Herrschaften

Seit der Leipziger Teilung von 1485 grenzten die Schönburgischen Herrschaften im Westen und Norden an das ernestinische Kurfürstentum Sachsen und im Osten an das albertinische Herzogtum Sachsen. Altenburg, Schmölln, Crimmitschau, Zwickau, Grünhain und Schwarzenberg waren ernestinisch; Geithain, Stollberg, Chemnitz und Annaberg lagen im Herzogtum Sachsen. Das Schönburgische Territorium war seit 1485 dem albertinischen Herzogtum Sachsen zugeordnet. In dieser territorialen Zugehörigkeit am Ende des 15. Jahrhunderts befanden sich die Herren von Schönburg mit ihren Territorien in einer Doppelstellung: Sie zählten zu den Reichsständen und waren damit unmittelbar dem Reich unterstellt und sie waren Landstände und somit Herren der Herzöge und Kurfürsten von Sachsen. In ihrer Dienststellung am Hofe waren sie den herzoglichen Räten gleichgestellt, fungierten also als landesherrliche Beamte und nicht mehr als freie Ratgeber. Einer der Schönburger, die in der ersten Hälfte des 16. Jahrhunderts diese Stellung einnahmen, gleichermaßen für ihr Territorium und das albertinische Herzogtum Sachsen wirkten, war Ernst II. von Schönburg. Er hatte als Besitzer der Herrschaft Hartenstein 1526 am Fichtelberg ein Bergwerk eingerichtet, das bald guten Ertrag bringen sollte, und das Bergstädtchen Oberwiesenthal gegründet, welches um 1550 570 Einwohner zählte. Um dieses Gebiet entstand 1529 ein Streit zwischen den Schönburgern, den Ernestinern, den Albertinern, den Herren von Tettau und den Grafen von Schlick als böhmische Lehnsträger, der vor dem Oberhofgericht in Leipzig anhängig wurde und in dem sich die Schönburger durchsetzen. Ernst II. von Schönburg, regierender Herr des Hauses von 1521 bis 1534, erwarb auch weitere wettinische Lehen: 1523 die Herrschaften Lohmen und Wehlen, 1525 Hohnstein und 1531 Kriebstein. An deren Stelle traten 1543 durch Kauf und Tausch die Herrschaften Wechselburg, Rochsburg, Penig und Remse. Diesen Gebietstausch nahm Herzog Moritz vor, der auf diese Weise den landesherrlichen Besitz um seine Residenz Dresden abrundete und andererseits die Schönburger, die dadurch zu einem größeren zusammenhängenden Territorium entlang der Zwickauer Mulde kamen, für einen Teil der Besitzungen aber in sächsische Lehnsabhängigkeit brachte. In der Reformationszeit bestanden enge Verbindungen zwischen Ernst II. von Schönburg und Herzog Georg von Sachsen. Der Schönburger stand jahrelang im Dienst bei dem Albertiner und fühlte sich ihm auch in seinen Ansichten verbunden, so z. B. bei der Niederschlagung des Bauernaufstandes und bei der Ablehnung der lutherischen Lehre. 1529 schlossen Wolf und Ernst von Schönburg mit Herzog Georg einen Vertrag über die gemeinsame Ausübung der Berggewalt in den Bergwerken der Schönburger im Erzgebirge. Als Inhaber von sächsischen Lehen nahmen die Schönburger an den Landtagen teil. Als Reichsstand waren sie Teilnehmer der Reichstage, dies auch gegen den erklärten Willen und trotz aller Proteste der albertinischen Herzöge in Dresden. 1521 erhielten Wolf und Ernst von Schönburg auf dem Wormser Reichstag von Kaiser Karl V. das Recht, von den die Herrschaft Hartenstein durchfahrenden Frachtwagen Wegegeld zu erheben. Im gleichen Jahr standen die Schönburger in der Reichsmatrikel. Da sie Kaiser und Reich unmittelbar unterstellt waren, wurden sie auch zur Türkensteuer herangezogen, die sie wiederum von ihren Untertanen erhoben und unmittelbar an das Reich abführten.

Ernst II. von Schönburg

Vertrag zwischen den Schönburgern und Herzog Georg 1529

Gesamthaus Schönburg 1524

1524 wurde das »Gesamthaus« Schönburg eingerichtet, das bei allen Teilungen zwischen den Brüdern eine einheitliche Vertretung nach außen erhalten und einen tatsächlichen Zerfall der Schönburgischen Herrschaften verhindern sollte. Glauchau wurde für das Gesamthaus der Regierungsmittelpunkt. Die Stadt war Sitz der Gesamtregierung und des Lehnhofes sowie des Lehngerichts und seit 1556 des gemeinschaftlichen Archivs des Gesamthauses. Nach Ernsts Tod 1534 veränderte sich das Verhältnis zu Ungunsten des Hauses Schönburg. Seine Kinder waren noch unmündig. Die Vormünder Herzog Georg und der Burggraf Hugo von Leisnig als Obervormund sowie Dr. Ludwig Fachs, Bürgermeister von Leipzig und Geheimer Rat, nahmen in der Rechtsstellung der Schönburgischen Herrschaften den sächsischen Standpunkt ein, der aber erst im 18. Jahrhundert praktisch durchgesetzt werden konnte.

Kirchenpolitik Herzog Georgs

Einen besonderen Schwerpunkt in der Regierungszeit von Georg bildete seine Kirchenpolitik. Der tief im Glauben verwurzelte Herzog versuchte im Verlauf seiner Regierung, die offen zutage liegenden negativen Erscheinungen des kirchlichen Lebens zu überwinden und auf diese Weise die Kirche zu reformieren. Bei der praktischen Umsetzung seiner Ideen im Sinne eines landesherrlichen Kirchenregiments geriet er mit den Bischöfen von Meißen und Merseburg in Zwiespalt. Neben der Gründung eines Franziskanerklosters 1512 in seiner Bergstadt Annaberg und eines Coelestinerklosters 1515 auf dem Königstein verwendete Georg viel Aufmerksamkeit und Energie auf die Einhaltung der Ordensregeln in den Klöstern seines Territoriums. Klostervisitationen sowie schriftliche Ermahnungen an die Klostervorsteher und Ordensleute waren an der Tagesordnung. Dem geschäftsmäßig betriebenen Ablasshandel stand er kritisch gegenüber. Den 1498 verkündeten Kreuzzugsablass versuchte er, allerdings vergeblich, im Herzogtum Sachsen zu verhindern. Dagegen förderte er den 1504 genehmigten Ablass zugunsten eines Heerzuges des Deutschen Ritterordens in Livland gegen Russland, war doch Friedrich, der Hochmeister in Preußen, sein Bruder. Sein kirchenreformatorisches Bemühen galt ebenso der Beseitigung von Auswüchsen der geistlichen Gerichtsbarkeit und sah die Beschränkung der geistlichen Gerichte auf ihre eigentlichen Aufgaben vor, nämlich Entscheidungen in Ehefragen sowie die Rechtsprechung über Vergehen von Geistlichen. Schließlich war es sein Ziel, den Lebenswandel der Ordens- und Weltgeistlichkeit in seinem Lande zu verbessern. Mit Eifer ließ Georg die Klagen über den Lebenswandel des Klerus verfolgen. 1517 musste der Amtmann des Amtes Schellenberg gegen die Pfarrer von Euba und Flöha gerichtlich vorgehen, da sie im Konkubinat mit ihren Köchinnen lebten. Ebenso ging er gegen Trunkenheit von Geistlichen und gegen den Verkauf der Sakramente vor. Letztlich scheiterte Georg aber mit seinen Reformbestrebungen, da er in der Kirche keinen aktiven Partner fand und weil er Symptome bekämpfte, nicht aber die Gründe der Krisenerscheinungen. So wirkten seine Maßnahmen in der Öffentlichkeit wie eine Bestätigung aller reformatorischen Forderungen und nicht wie das unumstößliche Festhalten an der Papstkirche.

Aufsicht über die Klöster

Kritik am Ablasshandel

Diese Haltung manifestierte er nach 1517 bei dem Vorhaben einer Heiligsprechung von Bischof Benno von Meißen, der in der zweiten Hälfte des 11. Jahrhunderts außerordentlich viel für die Christianisierung des Landes und die beginnende Kolonisation geleistet hatte und dessen Grabmal auf dem Meißner Burgberg seit dem 12. Jahrhundert bald eine Stätte der frommen Verehrung geworden war. 1497 beantragte das Domkapitel von Meißen bei Papst Alexander VI. die Heiligsprechung Bennos. Herzog Georg verwandte sich in Rom immer wieder dafür und ließ schließlich mehrere tausend Gulden nach Rom bringen, die dann auch zu einem positiven Abschluss verhalfen. Papst Hadrian VI. führte am 31. Mai 1523 die Heiligsprechung Bennos durch. Am 16. Juni 1524 wurde sie mit großem Prunk im Dom zu Meißen gefeiert. Dies sollte die altkirchliche Heiligenverehrung demonstrativ herausstreichen. Luther sah in dem Vorgang ein Gaukel- und Narrenspiel, das er in seiner Schrift »Wider den neuen Abgott und alten Teufel, der zu Meißen soll erhoben werden« scharf kritisierte. Das vertiefte die Kluft zwischen ihm und Herzog Georg, aber auch zwischen dem albertinischen Herzogtum und dem ernestinischen Kurfürstentum Sachsen, zwischen reformatorischer und altkirchlicher Bewegung. Als nach dem Tode Georgs 1539 dessen jüngerer Bruder Heinrich die Reformation einführte, verbrachte man die Gebeine Bennos bei Nacht und Nebel auf die Burg Stolpen, dem neuen Sitz des Meißner Bischofs, von dort 1559 nach Wurzen und schließlich 1576 nach München, wo sie bald große Verehrung fanden, zumal der heilige Benno in München erst zum Stadtpatron und ab 1604 zum Landespatron erkoren wurde.

Heiligsprechung von Bischof Benno 1523

Martin Luther. Gemälde aus der Werkstatt von Lucas Cranach d. Ä., 1546

Zu einem Höhepunkt der reformerischen Bemühungen Georgs wurden die Religionsgespräche von 1534 und 1539. Vom 29. April bis 3. Mai 1534 berieten im Leipziger Paulinerkloster Vertreter des Erzbischofs von Mainz, des Bischofs von Meißen und kursächsische Theologen über die Beilegung der unterschiedlichen Religionsauffassungen. Über die Gestaltung der heiligen Messe konnten sie sich jedoch nicht einigen. Ab 1. Januar 1539 wurde in Leipzig in einem weiteren Religionsgespräch zwischen Gregor Brück, Philipp Melanchthon, Johann Feige, Martin Bucer, Georg von Carlowitz, Ludwig Fachs und Gregor Witzel erneut versucht, einen Kompromiss in den Religionsauffassungen zu finden. Dazwischen lagen die Beratungen und Vorbereitungen auf das von Papst Paul III. 1537 nach Mantua einberufene Konzil und die Verhandlungen mit den Ständen 1538 in Leipzig. Das alles blieb ohne Ergebnisse.

Reformation und albertinisches Herzogtum

Seit dem zweiten Jahrzehnt des 16. Jahrhunderts vollzogen sich im mitteldeutschen Raum Ereignisse von weltgeschichtlicher Bedeutung. Das ernestinische Kurfürstentum Sachsen mit seiner Residenz und die Universitätsstadt Wittenberg wurden zur Wiege der reformatorischen Bewegung. Insgesamt war für ihre weitere Entwicklung die Haltung des Landesfürsten entscheidend. Nachdem Luthers 95 Thesen über Ablass und Gnade vom 31. Oktober 1517 als Abschrift auch in die Hände Georgs gelangt waren und er sich über ihren Inhalt informiert hatte, tolerierte er sie, ja er erlaubte indirekt ihre Verbreitung in seinem Herzogtum. Am 26. oder 27. November 1517 schickte Georg seinen Rat Cäsar Pflug mit einer Abschrift der Thesen und mit dem Auftrag zu Bischof Adolf von Anhalt nach Merseburg, über die Möglichkeiten der Verbreitung der Thesen zu beraten. Am 27. November berichtete Pflug an Georg, dass man übereingekommen sei, »die conclusiones, die der augustinermonch zu Wittenberg gerathen, an vil ortern ...« anschlagen zu lassen.

Leipziger Disputation 1519

Folgerichtig setzte es Georg gegenüber dem Merseburger Bischof und dem Rektor der Leipziger Universität durch, dass die zwischen dem Ingolstädter Theologieprofessor Johann Eck, der Luther im Frühjahr 1518 scharf angegriffen hatte, und dem Wittenberger Theologieprofessor Andreas Bodenstein von Karlstadt vereinbarte Disputation in Leipzig stattfinden konnte. Nachdem am 26. Juni 1519 das Disputationsverfahren zwischen den Disputanten unter Leitung von Cäsar Pflug vereinbart worden war, erfolgte am 27. Juni die feierliche Eröffnung in der Thomaskirche. Im Anschluss daran begann in der Großen Hofstube der Pleißenburg in Anwesenheit von Herzog Georg das Streitgespräch zwischen Eck und Karlstadt über die Kirchenväter, die Konzilien und die Macht des Papstes. Am 4. Juli 1519 früh um sieben standen sich Eck und Luther erstmals und von da an bis zum 14. Juli täglich gegenüber, zum Teil in Anwesenheit von Herzog Georg. Als Luther am Nachmittag des 5. Juli auf Ecks provokatorische Frage – immer den tödlichen Vorwurf der Ketzerei im Hintergrund –, warum er nicht gegen die ketzerische Huß´sche Lehre schreibe, in Erregung antwortete, dass auch unter den Artikeln

Johannes Eck.
Anonymer Kupferstich

des Jan Hus »viele echt christliche und evangelische« seien, da hatte nach Augenzeugenberichten der in der Hofstube der Pleißenburg anwesende Georg empört gerufen: »Das walt die Sucht!« Und als Luther zwei Tage später gar noch in ähnlicher Situation äußerte, dass auch Konzilien irren könnten, womit er zugleich sagte, dass das Primat des Papstes nicht göttliches, sondern weltliches Recht sei, war der endgültige Bruch nicht nur mit Herzog Georg, sondern auch mit dem Papsttum vollzogen. Die Unvereinbarkeit der Auffassungen stellten sich aus Georgs Sicht in drei entscheidenden Punkten dar: im unbedingten Festhalten an der Geschlossenheit und Einheit der römisch-katholischen Kirche, in der konsequenten Ablehnung jedes nur irgendwie als hussitisch und damit ketzerisch verdächtigen Gedankens sowie in der festen Verteidigung der Autorität der Kirche gegenüber den Untertanen in Stadt und Land. Trotz des Bruchs mit Luthers Auffassungen fügte er auf dem Reichstag zu Worms 1521 entgegen allen Erwartungen und zum Entsetzen von Kurie und Kaiser Karl V. den Beschwerden der deutschen Nation eigene zwölf »Gravamina« gegen den Missbrauch geistlicher Ämter und den Ablasshandel hinzu.

Aber bereits zu diesem Zeitpunkt befand sich Georg in einem unüberbrückbaren Gegensatz zu Luther und damit auch zu seinem Vetter Friedrich dem Weisen. So nimmt es nicht Wunder, dass Herzog Georg bald mit weiteren energischen Maßnahmen versuchte, die Verbreitung der reformatorischen Bewegung zu verhindern. Diese Haltung hatte weitreichende politische Folgen. Das albertinische Herzogtum Sachsen wurde eine Stütze des römisch-katholischen Glaubens und der Politik von Kaiser Karl V. Im Gegensatz dazu wurde das ernestinische Kurfürstentum Sachsen zur protestantischen Führungsmacht im Reich und zum größten Gegner der kaiserlichen Politik. Nach 1525 nutzte die kaiserliche Politik diesen offensichtlichen Gegensatz zwischen Ernestinern und Albertinern aus. Der fast zwei Jahrzehnte währende Zwiespalt in der Religionsfrage verhärtete das politische Verhältnis zwischen den beiden Territorialstaaten, was sich zunächst in dem Bündnissystem im Reich niederschlug, aber auch nach 1539 anhielt und zum Schmalkaldischen Krieg führte.

Thomas Müntzer in Zwickau

Durch die 1485 gewollt vorgenommene geographische Verzahnung des wettinischen Herrschaftsbereiches war es nahezu natürlich, dass sich wichtige Ereignisse im ernestinischen Kurfürstentum auch im albertinischen Herzogtum auswirkten. Das betraf nicht nur die lutherische Reformation, sondern auch die Vorgänge um Thomas Müntzer in Zwickau. Als der Zwickauer Stadtrat im Frühjahr 1520 eine Vertretung für den Pfarrer an St. Marien Johannes Sylvius Egranus (eigentlich Wildenauer) aus Eger suchte, schlug dieser Thomas Müntzer, den Beichtvater im Kloster Beuditz, vor, den ihm Luther bei den Zusammenkünften im Verlauf der Leipziger Disputation empfohlen hatte. Im Mai 1520 trat Müntzer das Amt des Predigers in St. Marien an und hielt am 17. Mai in Vertretung von Egranus seine erste Predigt. Er ging, wie es überliefert ist,

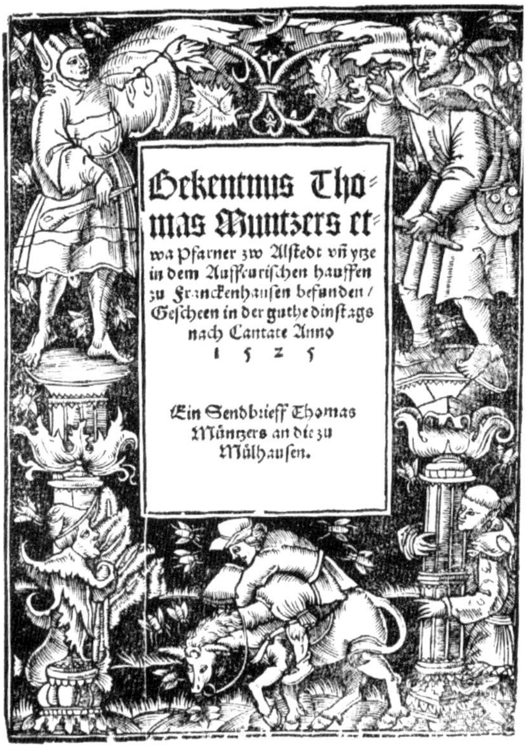

Titelblatt »Bekenntnis Thomas Müntzers«. Druck, 1525

»sofort mit dem wütendsten Ingrimm von der Kanzel herab wider jeden Gegner los«. Vor allem gegen die Franziskaner in der Stadt richtete er scharfe Angriffe, nannte sie Heuchler, Witwenfresser und Schanddeckel der Kirche. Kein Wunder, dass jene sich wehrten und Müntzer bei ihrem Ordensgeneral in Breslau verklagten. In dieser Situation wandte sich Müntzer brieflich an Luther und bat um dessen Rat. Als Müntzers Vertrag zu Michaelis 1520 auslief, der Rat ihn aber in der Stadt halten wollte, trat er im Oktober 1520 die Predigerstelle an der Katharinenkirche an, die Monate vorher durch den Weggang von Magister Johann Pultz nach Wolkenstein frei geworden war. Im Kirchgemeindeviertel von St. Katharinen kam Müntzer in unmittelbaren Kontakt mit den Tuchknappen und ihren sozialen Sorgen und Nöten. Mit seiner zunehmend stärkeren Parteinahme für die ärmeren städtischen Schichten und durch die Verbindung zu den Zwickauer »Propheten« mit Tuchmachermeister Nicolas Storch, der sich längere Zeit in Böhmen aufgehalten hatte und dort vermutlich Mitglied der Sekte der Nicolaiten geworden war, radikalisierten sich Müntzers reformatorische Auffassungen. Sie ließen ihn in zunehmenden Gegensatz zu Luther geraten, der wenige Jahre später zum völligen Bruch führen sollte. Im Frühjahr 1521 trieben die Auseinandersetzungen um die Reformation in der Stadt einem ersten Höhepunkt zu. Als Ermahnungen des Rates nichts halfen, Egranus weiter gegen Müntzer und Müntzer mit Erbitterung gegen Egranus predigte, Flugblätter in der Stadt verbreitet wurden und die Bürger in Aufregung versetzten, handelte der Rat. Am

Entlassung von Müntzer April 1521

16. April 1521 wurde Müntzer entlassen, zumal sein Gönner, Bürgermeister Stella, am 2. April verstorben war. Als seine Anhänger unter Führung von Hans von der Freystadt und Stadtschreiber Burghard noch am gleichen Tag gegen die Entlassung protestierten und einen Tumult verursachten, schritt der kurfürstliche Amtshauptmann von Weißenbach mit Waffengewalt ein. 56 Tuchknappen wurden verhaftet, die Anführer flüchteten aus der Stadt. Die Anhänger Müntzers schlossen sich danach noch enger um Storch und Freystadt zusammen und praktizierten gemeinsam – mit Gütergleichheit, Verweigerung der Übernahme öffentlicher Ämter und vor allem mit der Spättaufe, die zum Symbol der Bewegung werden sollte – ihre eigenen Auffassungen vom

Begründung der Wiedertäuferbewegung

kirchlichen Leben. So entstand von Zwickau aus die Wiedertäuferbewegung. Als der Rat der Stadt von Herzog Johann, der wiederum von Herzog Georg auf dieses »Treiben« aufmerksam gemacht worden war, aufgefordert wurde, über diese Vorgänge zu berichten, erreichten die Zustände in der Stadt einen Höhepunkt. Für den 16. und 17. Dezember 1521 hatte der Rat zahlreiche »Storchianer« zum Verhör bestellt. Hans von der Freystadt und Leonhard Koppinger wurden ins Gefängnis geworfen. Nicolaus Storch floh mit Marcus Stübner

Flucht der Storchianer aus Zwickau Dezember 1521

und Thomas Drechsel. Sie wandten sich nach Wittenberg, wo sie Weihnachten 1521 ankamen. Dort trugen sie zur Radikalisierung der reformatorischen Bewegung, zu Bilderstürmerei und Unruhe bei. Das war ein Anlass für Luthers Reise nach Wittenberg.

Bauernkriegsereignisse in Sachsen

Der Thüringer Aufstand der Bauern, Bergarbeiter und Handwerksgesellen kulminierte am 15. Mai 1525 in der Schlacht bei Frankenhausen, in der die Bauernhaufen von den Landsknechten der Fürsten Landgraf Philipp von Hessen, Herzog Georg von Sachsen und Kurfürst Johann von Sachsen vernichtend geschlagen wurden. Zu gleicher Zeit hatten die Unruhen auch das Vogtland, das Erzgebirge und die Schönburgischen Herrschaften erfasst.

Schlacht von Frankenhausen 15. Mai 1525

Am 7. Mai erhoben sich die Bauern von Reinsdorf, Wildbach, Langenbach, St. Egidien und einer Reihe schönburgischer Orte, stürmten und plünderten das Kloster Grünhain, Klösterlein Zelle und Aue, verlangten vom Zwickauer Rat Munition und bedrohten das Schloss Hartenstein. Anführer waren Nikolaus Fucher aus Grünhain, Nikolaus Gaulenhöfer aus Zwickau und Georg Schindler aus Dippoldiswalde. Viele Adelige aus der Umgebung flüchteten mit Familie und Habe nach Zwickau. Nach dem Sieg des vereinigten Fürstenheeres zog Kurfürst Johann am 2. Juli, begleitet von seinem Sohn Johann Friedrich, Herzog Philipp von Braunschweig, den Herzögen Otto und Franz von Lüneburg und Fürst Wolf von Anhalt, mit 1500 Mann Reiterei und 700 Fußknechten nebst vielem Geschütz und Rüstwagen in das Zwickauer Aufstandsgebiet. Tags darauf mussten sämtliche Dorfschaften vor ihm erscheinen. Von etwa 80 gefänglich Eingebrachten, darunter auch zwei Priester und ein Schulmeister aus der Crimmitschauer Gegend, wurde eine bedeutende Anzahl der Folter unterworfen und zum Tode verurteilt, aber auf Verwenden vor allem des Pfarrers Nikolaus Hausmann begnadigt. Am blutigsten war die Reaktion in den Schönburgischen Herrschaften. Die Anführer Gaulenhöfer und Schindler ließ Ernst II. von Schönburg in Joachimsthal hinrichten. Fucher konnte sich mit 700 Gulden loskaufen.

Verfolgung der Aufständischen

Sonderbündnisse und Pack'sche Händel

Anerkennung oder Ablehnung der lutherischen Lehre führte nach dem Bauernkrieg zum Abschluss von Bündnissen weltlicher und geistlicher Fürsten. Herzog Georg war einer derjenigen Landesherren, die mit Nachdruck den Plan eines Bündnisses zu gegenseitigem Beistand bei künftigen Unruhen und zur Abwehr religiöser Neuerungen verfolgten. Schon im Feldlager zu Görmar bei Mühlhausen waren am 25. Mai 1525 erste Absprachen getroffen worden. Als Landgraf Philipp von Hessen, Kurfürst Johann von Sachsen und Herzog Georg Ende Mai vor Mühlhausen auseinander gingen, waren konkrete Absprachen über den Unterhalt einer größeren Anzahl Söldner und Reiterpatrouillen entlang der Landesgrenzen, die Entwaffnung der Bauern und die Unterstützung bei der Bekämpfung neuerlicher Erhebungen getroffen. Gleichzeitig sagte man sich gegenseitig zu, weitere Fürsten für diese Übereinkunft zu gewinnen, wie den Kurfürsten von Brandenburg, die Herzöge Erich und Heinrich von Braunschweig, den Bischof von Paderborn und den Erzbischof von Mainz, Kardinal Albrecht.

Bündnisabsprachen im Feldlager von Görmar 1525

Von den beteiligten Fürsten verfolgte nur Herzog Georg mit Nachdruck den Plan eines Bündnisses zur Abwehr religiöser Neuerungen, das schließlich in persönlicher Beratung zwischen Herzog Georg, Kurfürst Joachim I. von Brandenburg, den Herzögen Erich und Heinrich II. von Braunschweig sowie Kardinal Albrecht zustande kam und am 19. Juli 1525 in Dessau geschlossen wurde. Das Dessauer Bündnis erlangte keine praktische Wirksamkeit, es bildete aber den Anlass für die evangelischen Reichsstände, ein eigenes Bündnis zu schließen. Landgraf Philipp von Hessen, der 1524 unter dem Einfluss Melanchthons zum lutherischen Bekenntnis übergetreten war, ergriff die Initiative. Als entschiedener Verfechter einer Fürstenreformation traf er mit Kursachsen

Dessauer Bündnis 1525

Gotha-Torgauisches Bündnis 1526

am 8. November 1525 erste Absprachen, die dann am 27. Februar 1526 in Gotha zum Abschluss eines Bündnisses führten, das am 2. Mai 1526 in Torgau besiegelt wurde. Die beiden evangelischen Fürsten betonten ihren Gehorsam gegenüber dem Kaiser, verpflichteten sich aber zur gegenseitigen Hilfeleistung für den Fall eines Angriffes auf ihre Territorien. Das Gotha-Torgauische Bündnis war der Beginn der evangelischen Religionspartei als einer eigenständigen politischen Kraft im Reich.

Nach dem Speyerer Reichstag von 1526, auf dem in der Religionsfrage ein Kompromiss geschlossen worden war, versuchten Philipp von Hessen und Johann von Sachsen weitere Reichsfürsten sowie oberdeutsche Städte für die »Luthersache« zu gewinnen. Daraus erwuchsen im Reich neue politische Spannungen, die 1527 an den Rand einer militärischen Auseinandersetzung führten. Einer der Hauptvertreter der Gegenpartei war Otto von Pack, Vizekanzler von Herzog Georg und von diesem vielfach mit geheimen politischen Aufträgen betraut.

Breslauer Zusammenkunft 1527

Im Mai 1527 hatte in Breslau eine Zusammenkunft katholischer Reichsfürsten mit König Ferdinand von Böhmen, der in Vertretung seines Bruders Karl V. die Reichsgeschäfte führte, stattgefunden, an der Herzog Georg maßgeblich beteiligt war. Eines der wesentlichsten Gesprächsthemen war das weitere Vorgehen in der »Luthersache« und die Haltung gegenüber Philipps Reichspolitik. Als sich Mitte Januar 1528 Otto von Pack in Kassel aufhielt, offenbarte er dem Landgrafen von Hessen in einer persönlichen Unterredung

»Breslauer Vertrag« 1527

das angeblich am 12. Mai 1527 in Breslau geschlossene Bündnis gegen die protestantischen Reichsstände und die bevorstehenden militärischen Maßnahmen gegen sie. Am 18. Februar 1528 händigte Pack auf Verlangen Philipps die Kopie des Vertrages aus (die aber später als eine Fälschung angesehen worden ist). Daraufhin leiteten Hessen und das Kurfürstentum Sachsen Rüstungsmaßnahmen ein, schlossen am 9. März 1528 in Weimar ein Offensivbündnis und nahmen Verhandlungen mit Frankreich, Ungarn und Dänemark auf. Im letzten Moment konnten Luther und Melanchthon den Kriegsausbruch verhindern.

Hinrichtung von Otto von Pack 1537 in Brüssel

Herzog Georg ließ seinen Vizekanzler und Vertrauten Pack nebst seiner Familie danach jahrelang verfolgen, bis er im Sommer 1536 in den Niederlanden ergriffen und nach vielen Verhören am 8. Februar 1537 in Brüssel hingerichtet wurde.

Ein solcher Bund, wie er 1528 von Herzog Georg und König Ferdinand noch geleugnet worden war, kam nach mehr als zweijährigen Verhandlungen unter aktiver Beteiligung von Herzog Georg in Reaktion auf den Schmalkaldischen Bund doch noch zustande. Am 10. Juni 1538 wurde in Nürnberg der

Nürnberger Bund 1538

Bund katholischer Reichsstände zur Abwehr des Schmalkaldischen Bundes zwischen dem Kaiser, Herzog Georg von Sachsen, den Herzögen von Braunschweig und Bayern und den Erzbischöfen von Salzburg und Magdeburg geschlossen. Das Bündnis blieb aber praktisch wirkungslos, da ihm keiner der Kurfürsten und nur zwei geistliche Fürsten angehörten.

Erbfolge beim Tod von Herzog Georg

Für die politische Rolle des albertinischen Herzogtums im Reich und in der Glaubensauseinandersetzung gewann die Erbfolge beim Tod von Herzog Georg grundsätzliche Bedeutung. Die besondere Gestaltung der Mitgliedschaft Heinrichs und seines Sohnes Moritz im Schmalkaldischen Bund hatte auch darin ihre Ursache, zumal die mögliche Erbfolge im Jahre 1537 offen geworden war.

Tod von Georgs Sohn Johann 1537

Am 11. Januar 1537 starb der älteste Sohn Georgs, Herzog Johann. Die Ehe Johanns mit Elisabeth, der Schwester des Landgrafen Philipp von Hessen, war kinderlos geblieben. Nun blieb noch Georgs zweiter Sohn Friedrich, um die Erbfolge von Heinrich auszuschließen. Der 1504 geborene und unverheiratete Friedrich litt an einer fortschreitenden Geisteskrankheit, so dass seine Regierungsfähigkeit infrage gestellt wurde. Georg verheiratete Friedrich in aller Eile am 27. Januar 1539 mit Gräfin Elisabeth von Mansfeld. Aber bereits einen Monat später, am 26. Februar 1539, starb auch Friedrich. Alle Hoffnungen auf einen Nachfolger waren damit für Georg verflogen. Nun trat das ein, was er immer hatte verhindern wollen, die Nachfolge seines jüngeren Bruders Heinrich. Das hatte Dr. Gregor Brück, einer der einflussreichsten Räte des sächsischen Kurfürsten und maßgebender Jurist, bereits in einem Gutachten vom 19. April 1537 niedergeschrieben: Nur wenn Georg keine Erben hinterließe, spräche der Brüderliche Vertrag nach Georgs Tod Heinrich die Regierung zu. Herzog Georgs letzte verzweifelte Maßnahme, um das Herzogtum vor Luthers Lehre zu bewahren, war sein eigenhändig geschriebenes Testament vom März 1539. Darin hatte er bestimmt, dass das albertinische Herzogtum Sachsen an den Kaiser fallen sollte, würden Herzog Heinrich und sein Sohn Moritz nicht dem Nürnberger Bund beitreten. Noch bevor Georg die Zustimmung der Landstände erlangte und das Testament mit seiner Unterschrift rechtsgültig machen konnte, starb er am 17. April 1539.

Tod von Georgs Sohn Friedrich 1539

Letztes Testament Herzog Georgs 1539

Tod von Herzog Georg am 17. April 1539

Regierung Herzog Heinrichs von 1539 bis 1541

Noch am Abend des 17. April trafen Herzog Heinrich und sein Gefolge im Dresdner Residenzschloss ein. Bereits am 21. April huldigten Rat und Bürgerschaft von Dresden dem neuen Landesherrn. Danach folgte eine Stadt der anderen. Mit dem Regierungsantritt Heinrichs war die Entscheidung über die Anerkennung des Luthertums im albertinischen Herzogtum Sachsen gefallen. Im Verlauf von April, Mai, Juni und Juli 1539 wurde die Reformation im Lande eingeführt. In der Residenz hielt Pfarrer Lindenau schon seit dem 23. April in der Schlosskapelle evangelische Gottesdienste ab. In den folgenden Tagen wurden der Johannisablass abgeschafft sowie die Fronleichnamsprozession untersagt. Dem Stadtpfarrer Eisenberg wurde die Abhaltung aller Sing- und Lesemessen sowie anderer kirchlicher Feiern verboten, so dass er im Juli 1539 sein Amt niederlegte und die Stadt verließ. Ein feierlicher Gottesdienst zu Pfingsten 1539 in Leipzig bedeutete den ersten offiziellen Schritt bei der Anerkennung der lutherischen Lehre. Am 6. Juli 1539 wurde dann in einem feierlichen Gottesdienst in der Kreuzkirche in Dresden, an dem neben Herzog Heinrich auch Kurfürst Johann Friedrich teilnahm, offiziell die Einführung der Reformation vollzogen. Nach der engen Anlehnung Herzog Heinrichs von Sachsen an den kursächsischen Hof in den Monaten unmittelbar vor und nach seinem Regierungsantritt 1539 kam es dann bald wieder zu einer Verselbstständigung der albertinischen Politik, insbesondere in der Verwendung des säkularisierten Kirchengutes und im Verhältnis zum Schmalkaldischen Bund.

Einführung der Reformation 1539

Bald nach Heinrichs Regierungsübernahme wurde auf Drängen des Kurfürsten Johann Friedrich und der Wittenberger Theologen eine erste Visitation im albertinischen Herzogtum in die Wege geleitet. Vom 15. Juli bis zum 26. August besuchten die kurfürstlichen Visitatoren Justus Jonas, Georg Spalatin, Melchior von Greussen, Caspar von Schönberg und Rudolf von Rechenberg unter bewusster Auslassung der ländlichen Gebiete nur die Städte, um zumindest in den zentralen Orten des sächsischen Herzogtums die lutherische Lehre durchzusetzen. In Dresden wurde Johannes Cellarius als Kreuzpfarrer berufen. 1542 übernahm diese Stelle auf Empfehlung des Landgrafen Philipp von Hessen der Prediger zu Gießen, Daniel Greser. Er hatte das Amt des Stadtpfarrers und Superintendenten bis 1587 inne und beeinflusste wesentlich die sächsische Kirchenorganisation.

Erste Visitation im Herzogtum 1539

Während der zweiten, umfassenderen Visitation vom 21. Dezember 1539 bis 7. Juli 1540 wurden die kirchlichen Besitztümer säkularisiert und die Klös-

Zweite Visitation vom Dezember 1539 bis zum Juli 1540

ter aufgelöst. Allerdings überließ Heinrich die Entscheidung über die Verwendung des Kirchengutes seinen Landständen, indem er im November 1539 auf dem Landtag in Chemnitz einen ständischen Ausschuss zur Verwendung des säkularisierten Kirchengutes einsetzte. Mit zwei Visitationen, der Säkularisation des gesamten Kirchenvermögens und der Einführung der Heinrichs-Agende als neuer Gottesdienstordnung legte Heinrich den Grundstein für künftige Entwicklungen. Mehr konnte der kränkliche Herzog nicht mehr bewältigen. Noch zu Lebzeiten, und zwar am 7. August 1541, übergab er die Regierung in die Hände seines tatkräftigen Sohnes Moritz. Elf Tage später starb Heinrich im 68. Lebensjahr. Zwei Jahre nur hatte er das Herzogtum seines Vaters regiert. Seine Söhne Moritz und August schufen nach ihm Bedeutendes und Bleibendes für Sachsen.

Tod von Herzog Heinrich am 18. August 1541

Regierungsantritt von Herzog Moritz: Persönlichkeit und erstes politisches Wirken

Als Moritz am 7. August 1541 die Regierung übernahm, war er 20 Jahre alt. Es ist wohl unbestreitbar, dass der am 21. März 1521 im Freiberger Schloss Freudenstein geborene älteste Sohn von Herzog Heinrich zu den widersprüchlichsten Persönlichkeiten des politischen Lebens im Heiligen Römischen Reich deutscher Nation in der Mitte des 16. Jahrhunderts gehörte. Erziehung und Einflüsse im Kindes- und Jugendalter haben diesen Charakter ebenso geprägt wie erste bittere Erfahrungen beim Eintritt in das unmittelbare politische Geschehen. Moritz, von 1541 bis 1547 Herzog von Sachsen und von 1547 bis zu seinem frühen Tode 1553 Kurfürst von Sachsen, gehörte zu den Vertretern des Hauses Wettin, die ehrgeizig und den Einsatz der ihnen zu Gebote stehenden Machtmittel nicht scheuend große politische Ziele anstrebten. Dabei stand ihm der kluge und erfahrene, vielleicht auch manchmal auf diplomatischem Feld verschlagene herzogliche Rat Georg von Carlowitz, ein entschiedener Anhänger des Hauses Habsburg, zur Seite. Er lernte aus den Erfahrungen mit der kaiserlichen Diplomatie Kaiser Karls V. und dessen beiden Räten Nicolas und Antoine Granvelle und verband bald ehrgeiziges politisches Handeln und Machtstreben mit bewusstem Maßhalten und kühler Berechnung der Möglichkeiten. Betrachtet man unter diesem Aspekt seine 13 Jahre währende Regierungsherrschaft, dann muss man zweierlei feststellen: Von etwa 1543 an hatte der junge Wettiner wesentlichen Anteil an der Zerschlagung des Schmalkaldischen Bundes als der politischen und militärischen Organisation des Protestantismus im Reich. Als er damit seine politischen Ziele mit der Begründung des albertinischen Kurfürstentums Sachsen erreicht hatte, stellte er sich auf die Seite der gegen den Kaiser rebellierenden protestantischen Reichsfürsten. Auf dieser Seite war Moritz wiederum maßgeblich an der reichsrechtlichen Anerkennung der lutherischen Lehre beteiligt. Objektiv führte das zur Abkehr von den Bemühungen um die Schaffung eines deutschen Nationalstaates und damit zur entscheidenden Festigung der deutschen Landesfürstentümer.

Jugendjahre von Herzog Moritz

Einschätzung von Moritz

Diese Politik des Albertiners brachte ihm sowohl von Zeitgenossen als auch von den folgenden Generationen bis zu den Historikern der Gegenwart eine unterschiedliche, ja gegensätzliche Beurteilung ein. Die einen nannten ihn noch zu seinen Lebzeiten ob seiner Haltung vor und während des Schmalkaldischen Krieges den Judas von Meißen. Die anderen betrachteten ihn in den Monaten und Jahren nach dem Passauer Vertrag als den Erretter des evangelischen Glaubens im Heiligen Römischen Reich deutscher Nation. Eine Reihe zeitgenössischer Äußerungen über die Politik und die Person von Herzog/Kurfürst Moritz haben sich erhalten. Dazu gehören aus dem Zeitraum zwischen 1546 und 1554 u. a. zahlreiche Flugschriften, Pamphlete und Schmähbilder.

Kurfürst Moritz von Sachsen und seine Frau Agnes von Hessen. Gemälde von Lucas Cranach d. J., 1559

Innenpolitische Massnahmen von Moritz

Mit dem Regierungsantritt von Herzog Moritz am 7. August 1541 begann eine neue Periode in der politischen und wirtschaftlichen Entwicklung des albertinischen Herzogtums Sachsen. Der einundzwanzigjährige Herzog ging mit Tatkraft daran, seine machtpolitischen Vorstellungen unter klarer Einbeziehung der religionspolitischen Verhältnisse seiner Zeit in die Wirklichkeit umzusetzen. Zur Gewinnung der dazu erforderlichen finanziellen und materiellen Mittel veranlasste er neben einer Neuordnung der Einnahmen aus Ämtern, Städten, Bergwerken und Münzstätten sowie der Erhebung neuer Steuern auch die vollständige und geordnete Erfassung des Kirchen- und Klostervermögens. Mit der von ihm durchgesetzten Verfügungsgewalt über das säkularisierte Kirchen- und Klostergut ging er dazu über, dieses entweder durch landesherrliche Vögte verwalten zu lassen oder zu verkaufen.

Bald sah sich der junge Moritz in die deutsche und europäische Machtpolitik zwischen Kaiser Karl V., dem Schmalkaldischen Bund und den west- und nordeuropäischen Mächten eingebunden. Dabei war er bemüht, seine eigenen Ziele zu erreichen: die Leipziger Teilung von 1485 rückgängig zu machen und das wettinische Territorium unter seiner alleinigen Regentschaft wieder zu vereinigen. Das war aber nur gegen die ernestinischen Verwandten möglich. Deshalb verfolgte Moritz bald eine eigene Politik, wachte aufmerksam über seine Rechte und nahm auf bestehende Bündnisse wenig Rücksicht.

Wurzener Fehde

Die zunehmenden Differenzen mit den ernestinischen Verwandten eskalierten zum ersten Mal in der Wurzener Fehde, dem so genannten Fladenkrieg, beeinflusst durch die Empörung des Meißner Adels über die Amtsenthebung des Naumburger Bischofs Julius Pflug und die Einsetzung von Nikolaus von Amsdorf durch den sächsischen Kurfürsten. Es kam im März 1542 zur bewaffneten Konfrontation zweier Territorialstaaten, die gleicher Konfession waren und dem Schmalkaldischen Bund angehörten.

Besetzung von Wurzen durch Kurfürst Johann Friedrich im März 1542

Kurfürst Johann Friedrich ließ, auf Abrundung seines Territoriums bedacht, am 22. März Wurzen als Verwaltungsmittelpunkt des zum Bistum Meißen gehörenden Stiftsamtes von seinen Truppen besetzen, da sich der Meißner Bischof geweigert hatte, die Türkensteuer anteilig nach Wittenberg abzuliefern und die Reformation einzuführen. Dieses einseitige Vorgehen widersprach den Bestimmungen der Leipziger Teilung von 1485 und stellte eine erhebliche Beeinträchtigung der Verbindungen zwischen den albertinischen Landesteilen dar, da der strategisch bedeutsame Muldenübergang in Wurzen nun von den Ernestinern blockiert war. Anfang April standen sich 12 000 ernestinische und 3 500 albertinische Reiter und Fußknechte an der Mulde zwischen Grimma und Oschatz kampfbereit gegenüber. Nur das schnelle Eingreifen von Landgraf Philipp von Hessen in den Tagen vom 7. bis 9. April 1542 verhinderte den Beginn der Kriegshandlungen. Am 10. April 1542 schlossen Johann Friedrich, Philipp und Moritz den Oschatzer Vertrag, der die Wiederherstellung des Status quo zum Inhalt hatte, allerdings unter der Bedingung der Teilung der Verwaltungsbefugnisse zwischen den beiden wettinischen Staaten.

Oschatzer Vertrag 10. April 1542

Reichspolitik und Verhältnis zu Kaiser Karl V.

Nach seiner Rückkehr vom Türkenfeldzug in Ungarn im Oktober 1542 richtete Moritz seine Politik auf die Vermittlung zwischen den Religionsparteien, um damit sowohl beim Kaiser als auch beim Schmalkaldischen Bund größeren Einfluss zu erlangen. Mit diesen Bemühungen ging eine Annäherung an den Kaiser und die Habsburger einher. Nach den 1542 von Christoph von Carlowitz in Nürnberg mit dem kaiserlichen Rat Granvelle geführten Verhandlungen beteiligte sich Moritz 1543 am Feldzug des Kaisers gegen Frankreich. Aus diesem Anlass begegneten sich beide erstmals persönlich. Eine vertragliche Zusicherung über seine territorialen Erwerbungspläne der Stifte Magdeburg und Halberstadt sowie der Oberlausitz bekam Moritz zwar nicht. Aber mit Andeutungen gegenüber Carlowitz, bei entsprechenden Diensten des Albertiners für den Kaiser könnte die sächsische Kurwürde übertragen werden, geizte Granvelle nicht.

Erste persönliche Begegnung von Kaiser Karl V. und Herzog Moritz 1543

Nach dem Frieden von Crépy vom 18. September 1544, der den vierten Krieg zwischen den Habsburgern und Frankreich beendete, konnte sich Kaiser Karl V. mit ganzer Kraft den inneren Reichsangelegenheiten zuwenden. Die kaiserlichen Truppenbewegungen traten nach erfolgreichen Finanzierungsverhandlungen vor allem mit dem Fuggerschen Bankhaus und der Kurie um 1544/45 in ihr entscheidendes Stadium. Am spanischen Hof sprach man offen vom bevorstehenden Feldzug gegen die »Ketzer«, allen voran Kursachsen und Hessen. Ein 1545 mit dem Osmanischen Reich geschlossener fünfjähriger Waffenstillstand hatte die Bedrohung des habsburgischen Imperiums im Osten zunächst beseitigt. Zudem war es Kaiser Karl V. seit Beginn der Vierzigerjahre gelungen, den Schmalkaldischen Bund zu spalten und damit dessen politische und militärische Kraft zu schwächen. Landgraf Philipp von Hessen hatte wegen seiner Nebenehe mit dem sächsischen Hoffräulein Margarethe von der Sale geheime Absprachen über die Unterstützung der kaiserlichen Politik treffen müssen. Herzog Moritz wurde nach mehrjähriger Neutralitätspolitik durch Zusage der Schutzherrschaft über die Stifte Magdeburg und Halberstadt sowie der sächsischen Kurwürde für die kaiserliche Politik gewonnen. Am 20. Juli 1546 verhängte Karl V. über Kurfürst Johann Friedrich von Sachsen und Landgraf Philipp von Hessen wegen Verweigerung des Gehorsams die Reichsacht. Der daraufhin vom Schmalkaldischen Bund überraschend geführte militärische Vorstoß nach Oberdeutschland blieb ohne Wirkung. In dieser Situation erließ Karl V. von Regensburg aus an Moritz den Befehl zur Vollstreckung der Acht. Der Befehl machte den sächsischen Herzog auf seine gegenüber dem Reichsoberhaupt eingegangene Verpflichtung in aller Deutlichkeit aufmerksam und drohte ihm im Falle der Verweigerung selbst die Acht an. Als ihm dann im Prager Vertrag vom 14. Oktober 1546 alle Reichs- und Bischofslehen des sächsischen Kurfürsten zugesagt worden waren, trat Moritz offen in das kaiserliche Lager über.

Frieden von Crépy 18. September 1544

Reichsacht gegen Kurfürst Johann Friedrich und Landgraf Philipp

Prager Vertrag vom 14. Oktober 1546

III

Das albertinische Kurfürstentum Sachsen 1547 bis 1648. Von der Wittenberger Kapitulation bis zum Westfälischen Frieden

Wittenberger Kapitulation und Begründung des albertinischen Kurfürstentums Sachsen – Staatliche Konstituierung und Verwaltungsaufbau – Auseinandersetzung mit Böhmen und dem Reich – Landesherrliches Kirchenregiment unter Moritz – Ringen um das evangelische Glaubensbekenntnis – Fürstenopposition, Passauer Vertrag und Sievershausen – Kurfürst August: Persönlichkeit und erste Regierungsjahre – Ausprägung der mitteldeutschen Grundherrschaft – Wirtschaftliche Entwicklung unter Kurfürst August – Entwicklung des kursächsischen Staates – »Grumbach'sche Händel« – Kultur, Wissenschaft und Technik – Einführung der Constitutiones – Kirchenpolitik, Kryptocalvinismus und orthodoxes Luthertum – Zweite Reformation, Kurfürst Christian I. und Kanzler Krell – Vormundschaft für Christian II. und Verfahren gegen Krell – Politik zwischen Union und Liga – Am Vorabend des Dreißigjährigen Krieges – Kursachsen im Dreißigjährigen Krieg

Die wettinischen Länder 1485–1554

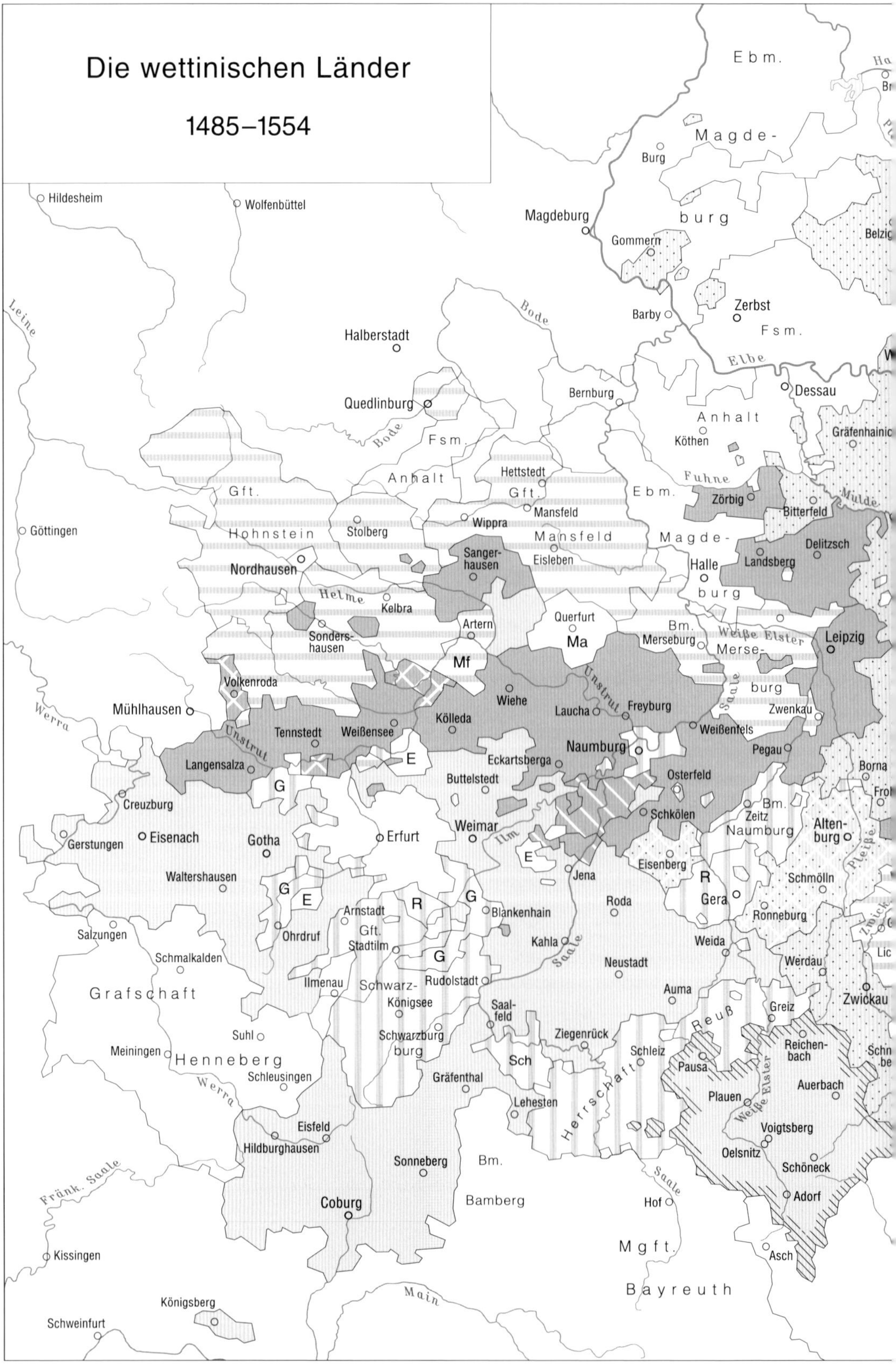

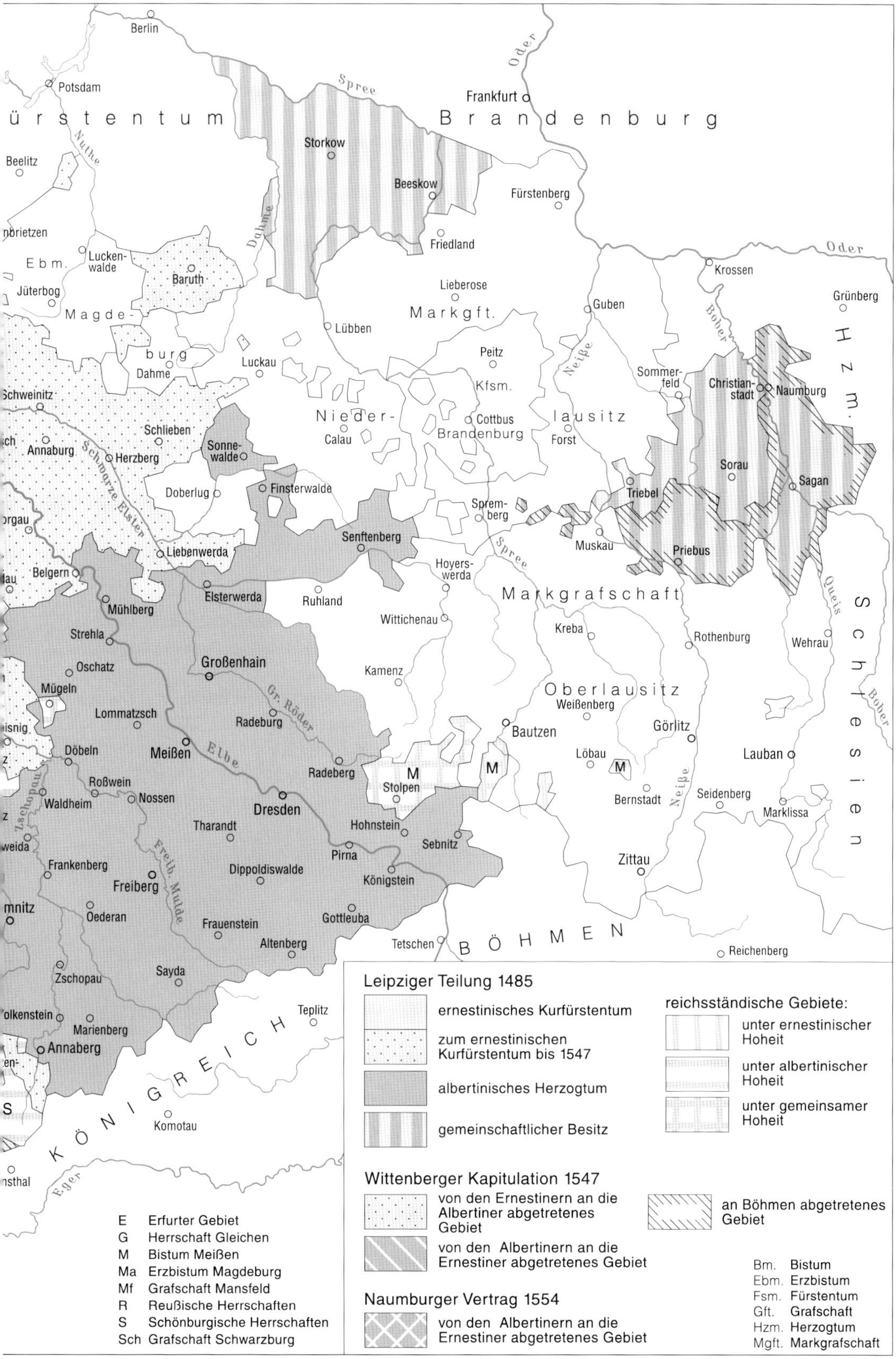
Berlin
Potsdam
Frankfurt
Spree
Oder
ürstentum Brandenburg
Storkow
Beeskow
Fürstenberg
Friedland
Beelitz
Nuthe
Dahme
nbrietzen
Ebm. Magdeburg
Luckenwalde
Baruth
Jüterbog
Lieberose
Markgft. Niederlausitz
Guben
Krossen
Grünberg
Lübben
Luckau
Dahme
Peitz
Kfsm. Brandenburg
Cottbus
Calau
Forst
Neiße
Bober
Sommerfeld
Christianstadt
Naumburg
Hzm. Schlesien
Schweinitz
Schlieben
Annaburg
Herzberg
Schwarze Elster
Sonnewalde
Doberlug
Finsterwalde
Sorau
Sagan
Triebel
Spremberg
Muskau
Priebus
rgau
Liebenwerda
Senftenberg
Belgern
Elsterwerda
Ruhland
Hoyerswerda
Markgrafschaft Oberlausitz
Mühlberg
Wittichenau
Strehla
Kreba
Rothenburg
Wehrau
Queis
Oschatz
Großenhain
Kamenz
Mügeln
Gr. Röder
Weißenberg
Lommatzsch
Radeburg
Bautzen
Görlitz
Lauban
Döbeln
Meißen
Elbe
Radeberg
M
Stolpen
Löbau
Roßwein
Nossen
Zschopau
Waldheim
Dresden
Bernstadt
Seidenberg
Marklissa
Tharandt
Hohnstein
Sebnitz
Pirna
weida
Frankenberg
Freib. Mulde
Dippoldiswalde
Königstein
Zittau
Freiberg
mnitz
Oederan
Gottleuba
Frauenstein
Tetschen
BÖHMEN
Reichenberg
Altenberg
Sayda
Zschopau
Teplitz
olkenstein
Marienberg
Annaberg
KÖNIGREICH
Komotau
Eger
nsthal
Leipziger Teilung 1485
ernestinisches Kurfürstentum
zum ernestinischen Kurfürstentum bis 1547
albertinisches Herzogtum
gemeinschaftlicher Besitz
reichsständische Gebiete:
unter ernestinischer Hoheit
unter albertinischer Hoheit
unter gemeinsamer Hoheit
Wittenberger Kapitulation 1547
von den Ernestinern an die Albertiner abgetretenes Gebiet
von den Albertinern an die Ernestiner abgetretenes Gebiet
an Böhmen abgetretenes Gebiet
Naumburger Vertrag 1554
von den Albertinern an die Ernestiner abgetretenes Gebiet
E Erfurter Gebiet
G Herrschaft Gleichen
M Bistum Meißen
Ma Erzbistum Magdeburg
Mf Grafschaft Mansfeld
R Reußische Herrschaften
S Schönburgische Herrschaften
Sch Grafschaft Schwarzburg
Bm. Bistum
Ebm. Erzbistum
Fsm. Fürstentum
Gft. Grafschaft
Hzm. Herzogtum
Mgft. Markgrafschaft

Wittenberger Kapitulation und Begründung des albertinischen Kurfürstentums Sachsen

Einfall von Moritz am 30. Oktober 1546

Am 30. Oktober 1546 fiel Herzog Moritz, unterstützt von böhmischen Truppen, in das ernestinische Kurfürstentum Sachsen ein. Binnen weniger Wochen konnte er es mit Ausnahme der Festungen Wittenberg und Gotha erobern. Als diese Nachricht beim Heer des Schmalkaldischen Bundes in Oberdeutschland eintraf, zog Kurfürst Johann Friedrich der Großmütige im Dezember 1546 mit seinen Truppen von Giengen aus über Neckarsulm, Aschaffenburg und Fulda in Eilmärschen nach Thüringen und nahm nahezu kampflos sein Kurfürstentum wieder in Besitz. In den ersten Januartagen 1547 griff er nun seinerseits das albertinische Herzogtum Sachsen an. Am 5. Januar stand er vor Leipzig, das Moritz wenige Tage zuvor in Verteidigungszustand versetzt hatte, und begann mit der Belagerung der Stadt. Da er Leipzig nicht einnehmen konnte, brach Johann Friedrich am 27. Januar die Belagerung erfolglos ab und zog in das Vogtland, das er im Februar 1547 zurückgewann. Im März musste Moritz, dem die zugesagten Hilfstruppen und finanziellen Hilfeleistungen seitens Kaiser Karls V. und König Ferdinands fehlten, zusehen, wie sein kurfürstlicher Vetter das ganze Erzgebirge mit den reichen Bergstädten Annaberg und Marienberg besetzte. Als Johann Friedrich dann weiter ins Böhmische nach Joachimsthal vordrang, leiteten Karl V. und Ferdinand endlich energische militärische Schritte ein. Am 1. April 1547 zog Karl V. mit einem kleinen Heer unter Herzog Alba über die Oberpfalz und Franken nach Böhmen, um sich in Eger mit den Truppen von König Ferdinand und Herzog Moritz zu vereinigen. Am 5. April war ein kaiserliches Heer von etwa 27000 Mann versammelt, das kurz darauf über Adorf, Plauen, Reichenbach, Werdau, Gnandstein, Colditz und Leisnig in Richtung Meißen zog, wo sich Kurfürst Johann Friedrich mit etwa 4000 Mann Fußvolk und 2000 Reitern aufhielt. Als sich das kaiserliche Heer Meißen näherte, ließ Johann Friedrich am 21. April die Elbbrücke in Meißen abbrennen und zog langsam rechts der Elbe in Richtung Wittenberg. Auf der linken Flussseite bewegten sich die Kaiserlichen ebenfalls elbabwärts.

Belagerung von Leipzig ab 5. Januar 1547 durch Kurfürst Johann Friedrich

Belagerung von Leipzig durch Kurfürst Johann Friedrich den Großmütigen im Januar 1547. Anonymer Kupferstich

Am 24. April standen sich auf der Höhe von Mühlberg die beiden Heere gegenüber. Es war der Sonntag Misericordias Domini. In der Kirche erhielt Johann Friedrich die Meldung, dass der Feind am anderen Ufer sei und den Flussübergang versuche. Nach dem Gottesdienst eilte Johann Friedrich mit der Reiterei in Richtung Torgau und Wittenberg. Moritz mit seiner Reiterei ging nun durch eine Furt, die der Mühlberger Bürger Barthel Strauchmann aus Rache gegen den Kurfürsten verraten hatte. Moritz und Alba erreichten das andere Ufer als Erste, setzten sofort dem sich zurückziehenden Feinde nach und brachten ihn in der Lochauer Heide zum Stehen. Bei Koßdorf begann das Gefecht, in dem Moritz einer der Tapfersten war. Die Reiterei des Kurfürsten floh zuerst und riss das Fußvolk mit sich, so dass es bald keinen geordneten Widerstand mehr gab. Johann Friedrich, von vielen seiner Adeligen verlassen und nur von wenigen Getreuen umgeben, ergab sich erst nach verzweifeltem Kampf, aus tiefer Wunde und im Gesicht blutend, dem meißnischen Edelmann Thilo von Trotha. Der führte ihn zu Alba, dieser vor den Kaiser: »Herr erbarme dich meiner, nun bin ich hier!« betete der Gefangene. Seine Anrede »Gnädigster Kaiser« unterbrach Karl mit den Worten: »Bin ich nun der gnädige Kaiser?« und übergab ihn nach harter Gegenrede auf seine Bitte um ein fürstliches Gefängnis dem Spanier Alfons von Vives. Dieses Ereignis bedeutete auch die militärische Niederlage des Schmalkaldischen Bundes.

Gefecht von Mühlberg am 24. April 1547

Einen Tag später wurde Torgau eingenommen. Kurz darauf errichtete Kaiser Karl V. sein Feldlager vor Wittenberg. Eine Belagerung der gut befestigten Residenz des ernestinischen Kurfürstentums Sachsen hätte viel Zeit in Anspruch genommen. Um die Übergabe der Stadt ohne lange Belagerung zu erzwingen, setzte Karl V. ein Kriegsgericht unter Leitung von Herzog Alba ein, das am 10. Mai das Todesurteil über den Kurfürsten sprach. Als Alternative gab es für Johann Friedrich bei Zusicherung seines Lebens nur die Unterzeichnung des von Karl V. aufgesetzten Vertragstextes, der als Wittenberger Kapitulation in die Geschichte eingegangen ist. Am 19. Mai nahm Johann Friedrich den Vertrag an. Er musste für sich und seine Nachkommen auf die Kurwürde verzich-

Wittenberger Kapitulation vom 19. Mai 1547

Wittenberger Kapitulation. Urkunde vom 19. Mai 1547

Kurfürst Moritz von Sachsen. Gemälde von Tizian, 1547

ten, die Festungen Wittenberg und Gotha ausliefern, seinen Anteil an der Markgrafschaft Meißen und an den sächsischen Bergwerken aufgeben und die böhmischen Lehen Kursachsens abtreten. Bis 1552 Gefangener des Kaisers, behielt er nur ein wesentlich verkleinertes Herzogtum, dessen Gebiete ausschließlich in Thüringen lagen.

Die von Karl V. diktierten Friedensbedingungen zur Beendigung des Schmalkaldischen Krieges brachten eine grundlegende Änderung der politischen Machtkonstellation in der Mitte des Heiligen Römischen Reiches deutscher Nation. Für den jungen Herzog Moritz bedeutete der mit seiner Hilfe zustande gekommene Erfolg des Kaisers über die protestantischen Reichsstände die Übertragung des Herzogtums Sachsen-Wittenberg mit der lange erstrebten Kurwürde. Am 1. Juni stellte Johann Friedrich einen förmlichen Überweisungsbrief für Moritz aus, in dem die ernestinischen Untertanen und Vasallen aus ihrem Eid gegenüber Johann Friedrich entlassen wurden. Die konfiszierten Gebiete, vor allem aber die Kurwürde als ranghöchstes Reichslehen und das Herzogtum Sachsen-Wittenberg sowie das Erzmarschallamt wurden von Karl V. am 4. Juni auf der Wiese bei Blesern vor den Toren Wittenbergs förmlich an Herzog Moritz, den eigentlichen Gewinner der Auseinandersetzungen, übergeben. Aus den übertragenen ehemaligen ernestinischen Gebieten und dem albertinischen Herzogtum Sachsen entstand das neue albertinische Kurfürstentum Sachsen. Damit war die Leipziger Teilung nach reichlich 60 Jahren zu einem großen Teil überwunden und eine neue Situation in Mitteldeutschland entstanden, die für zweieinhalb Jahrhunderte Bestand haben sollte.

Moritz wird Kurfürst von Sachsen 4. Juni 1547

Feierliche Belehnung von Moritz in Augsburg am 24. Februar 1548

Im Rahmen des Augsburger Reichstages von 1547/48 erfolgte dann am 24. Februar 1548, dem 49. Geburtstag von Kaiser Karl V., auf dem Weinmarkt in Augsburg die feierliche Belehnung von Moritz. Zehn Fahnen wurden gereicht und anschließend unter das Volk geworfen: Kurwürde, Herzogtum Sachsen, Landgrafschaft Thüringen, Markgrafschaft Meißen, Burggrafschaft Magdeburg, Pfalz Sachsen, Grafschaft Brehna, Pleißenland, Burggrafschaft Altenburg und eine rote Fahne für den Blutbann. Das albertinische Kurfürstentum Sachsen mit seiner Residenz Dresden als Zentrum des Staates und der politischen Machtausübung wurde nächst der österreichisch-habsburgischen Hausmacht zum zweitmächtigsten deutschen Territorialstaat und zur Führungsmacht der evangelischen Reichsstände.

Staatliche Konstituierung und Verwaltungsaufbau

Für das durch kaiserlichen Machtspruch geschaffene albertinische Kurfürstentum ergaben sich nun zwei grundsätzliche Aufgaben. Nach innen musste der Staat neu organisiert und zu einem einheitlichen Ganzen zusammengefügt werden. Nach außen bedurfte es der politischen Absicherung. Karl V. war nach dem 4. Juni 1547 von Wittenberg aus nach Halle gezogen. Der neue Kurfürst, 26 Jahre alt, blieb mit Anhängern, Gegnern und neuer Bevölkerung im Lande. Die militärische Kraft des Schmalkaldischen Bundes war noch nicht endgültig gebrochen. In Nordwestdeutschland operierte ein Bundesheer recht erfolgreich unter dem Befehl von Graf Christoph von Oldenburg und Wilhelm von Thumshirn. Magdeburg reagierte überhaupt nicht auf die Aufforderung von Moritz, sich ihm als neuem Schutzherrn zu ergeben. Es bedurfte der offiziellen Anerkennung durch die Reichsstände und vor allem durch die ernestinischen Verwandten.

Zunächst ging es Moritz um die Neuordnung des erheblich vergrößerten Staatsgebietes und die innere Konsolidierung der politischen und wirtschaftlichen Zustände. Der Kurfürst brauchte die Unterstützung des ganzen Landes. Den ersten entscheidenden Schritt dazu unternahm er auf dem am 13. Juli 1547 in Leipzig eröffneten ersten Landtag für das gesamte neue Land. Auf diesem Landtag, an dem mit Cruciger, Bugenhagen und Melanchthon die bedeutendsten protestantischen Theologen des Landes teilnahmen, waren die Haltung von Moritz im Krieg, die Kirchen- und Schulsachen, die Ordnung der Finanzen und die Hilfe der Stände zur Landesverteidigung sowie eine Erklärung zur Friedens- und Einigungsbereitschaft gegenüber den Nachbarn die Hauptthemen der Beratung. Moritz sicherte die Erhaltung des evangelischen Glaubensbekenntnisses im Lande ebenso zu wie die Förderung von Schulen und Universitäten, strebte eine größere Rechtssicherheit durch vierteljährliches Zusammentreten des Hofgerichts in Leipzig an, versprach die Einrichtung einer neuen Zentralbehörde in Gestalt des Hofrates und erreichte die allgemeine Anerkennung der Konsistorien als geistliche Gerichte. Der neue Kurfürst erlangte insgesamt die ständische Zustimmung zu seiner Politik und seine Anerkennung als Landesherr. Damit war ihm in einem ersten Anlauf die Bewältigung grundlegender Aufgaben gelungen.

Leipziger Landtag Juli 1547

Mit der verwaltungsmäßigen Neuordnung seines Staates hatte Moritz schon kurz nach seinem Regierungsantritt begonnen. Bereits an der Schwelle vom Kindes- zum Mannesalter hatte er am Hofe seines Onkels Georg in Dresden bleibende Eindrücke und vielfältige Anregungen für eine geordnete Verwaltungstätigkeit als Voraussetzung erfolgreicher Herrschaftsausübung gewonnen. Der erstaunliche Fleiß des Onkels in täglicher langer Arbeit mit seinen Räten und bei der eigenhändigen Führung des Briefwechsels mit Fürsten, Bankiers, Kaufleuten, Theologen und Professoren beeindruckten Moritz sehr. Als er die Aufgaben des Landesherrn für ein großes Territorium übernahm, setzte er diese Erfahrungen um: die enge Zusammenarbeit mit kenntnisreichen und verantwortungsbewussten hohen Verwaltungsbeamten, die Einteilung des Landes in kleinere, überschaubare und besser zu beeinflussende Verwaltungsbezirke, die ständige Kommunikation mit den Ständen mit dem Ziel der Verminderung einer innerstaatlichen Opposition und der Mobilisierung einer breiteren Mitwirkung der bestimmenden gesellschaftlichen Kräfte für seine außen- und innenpolitischen Vorhaben, die Schaffung von fachlich orientierten Behörden für wichtige Verwaltungsbereiche, die Führung exakter Aufzeichnungen für die dem Landesherrn zustehenden Gerechtsame und Einkünfte. Moritz hatte nach 1541 auch die maßgeblichen Räte von Herzog Georg übernommen, so Georg von Carlowitz, Dr. Ludwig Fachs und Dr. Simon Pistoris.

Lehrjahre bei Herzog Georg

Bereits am 1. Juli 1542 hatte Moritz eine neue Münzordnung erlassen, die er mit Kurfürst Johann Friedrich dem Großmütigen inhaltlich genau abstimmte, um das Einschleppen »böser« Münzen in die beiden wettinischen Staaten zu verhindern. Diese Münzordnung erneuerte die von Herzog Georg 1503 vorgenommene Einteilung in neun Kreise, vor allem für die Einberufung der Landtage, deren »Aufseher und Exekutoren« jetzt auch für die Einhaltung der Münzordnung in die Pflicht genommen wurden. Zum anderen tauchten 1542 erstmals Amtsverweser auf, und zwar in den Bergstädten, die mit Bergrevieren verbunden waren, so für Annaberg, Marienberg und Schneeberg. Sie

Münzordnung vom 1. Juli 1542

Mittlere Bergverwaltung ab 1542

standen am Beginn einer eigenständigen mittleren Bergverwaltung. Aus dem »Amtsverweser« Hans Röhling wurde im Herbst 1545 der »Bergamtsverwalter«, der gemeinsam mit dem Freiberger Bergmeister Simon Bogner die Aufsicht über den Bergbau im albertinischen Herzogtum Sachsen führte. Die mittlere Bergverwaltungsbehörde war geboren, aus der dann nach 1547 das Oberbergamt hervorging.

Diese Bestrebungen des Herzogs mündeten nach der Begründung des albertinischen Kurfürstentums in eine umfassendere Verwaltungsreform in den Jahren 1547 und 1548. Es kam zu einer Neuordnung der Verwaltung von der zentralen über die regionale bis zur lokalen Verwaltungsebene und zum Aufbau fachspezifischer Verwaltungszweige, natürlich in Anknüpfung bereits vorhandener Erfahrungen und Einrichtungen im wettinischen Herrschaftsbereich seit dem Ausgang des 15. Jahrhunderts. Dieser wohlorganisierte frühneuzeitliche Landesstaat garantierte die Erreichung solcher Staatsziele wie die Friedenssicherung, den Landesschutz und die Rechtswahrung. Noch während des Leipziger Landtages 1547 regelte Moritz die offenen Visitationsfragen und die Einsetzung von kurfürstlichen Kommissaren. Mit einem »Ausschreiben« an die Schriftsassen und Amtleute ordnete er landesweit Bierbrauen, Bierschank und Tranksteuer neu.

Kanzleiordnung vom 5. August 1547

Bereits wenige Tage nach dem Ende dieses Landtages erließ Moritz die Kanzleiordnung vom 5. August 1547, das entscheidende Dokument für den Neuaufbau einer zentralen Verwaltungsbehörde wie auch für die Einteilung in Verwaltungsbezirke. Die Kanzleiordnung regelte die Zusammensetzung des Hofrates und der ihm zugeordneten Kanzlei. Der Kanzler und die für die fünf Kreise verantwortlichen Räte bildeten den Hofrat, die unter Aufsicht des Kanzlers arbeitenden Sekretäre, Schreiber, Kopisten und Konzipisten bildeten die Kanzlei. Prägend wurde die Geschäftsverteilung nach den fünf Kreisen, und zwar dem Kurkreis, dem Thüringischen Kreis, dem Leipziger Kreis, dem Gebirgischen Kreis und dem Meißnischen Kreis, für die wiederum die territoriale Zuständigkeit auf der Grundlage der Ämtereinteilung auf lokaler Ebene maßgebend war. Gesondert behandelt wurden die Lehenssachen, die Religions- und Bündnisfragen und »unserer jungen vedtern sachen«, d. h. die schwierigen Verhältnisse zu den ernestinischen Verwandten. Der Geschäftsablauf wurde gleichfalls exakt festgelegt. Eine Person registrierte täglich eingegangene Schreiben, die Räte hatten sich gemeinsam mit den Sekretären unter Leitung des Kanzlers im Sommer früh um sechs Uhr, im Winter ab sieben Uhr zu versammeln, zu beratschlagen und zu entscheiden. Der Kanzler und bis zu zwei Räte erhielten zwischen acht und neun Uhr sowie nachmittags um vier Uhr, »wue wier vorhanden seindt«, die Möglichkeit des Vortrags beim Kurfürsten. Die Kanzleiordnung verbot das »synngen, seyttenspiell und dergleichen« und regelte das Betreten der Kanzleiräume: »Die cantzley soll stets zugehalten und niemandt hinyn gelassen werden, dan die hineyn verordent, wer aber den cantzler antzusprechen, denen soll ehr in dem rathstüblein hören und abfertigen.«[6] Schließlich wurden die Gebühren für das Tätigwerden vor allem in Lehensangelegenheiten festgelegt.

Erste Konstituierung des Hofrates am 7. August 1547

Zwei Tage nach der Verabschiedung der Kanzleiordnung unterzeichnete Moritz am 7. August 1547, kurz vor seiner Abreise nach Augsburg zum Reichstag, eine Instruktion für seinen Bruder Herzog August sowie die Räte Wolf vom Ende, Georg von Carlowitz auf Kriebstein, Kanzler Simon Pistoris, Melchior von Ossa, Caspar von Schönberg auf Purschenstein, Dietrich von Starschedel auf Mutzschen, Heinrich von Einsiedel auf Gnandstein und Bernhard von Hirschfeld. Sie bildeten den Hofrat, hatten sich in Torgau aufzuhalten, nach der Kanzleiordnung zusammenzukommen und das Land zu verwalten. Zugleich wurde in den fünf Kreisen je ein Oberhauptmann eingesetzt. Als Moritz am 9. August 1547 Heinrich von Gersdorf zum Oberhauptmann im Gebirgischen Kreis bestallte, wurde schon ein Formular verwendet, das generell Pflichten und Vergütungen enthielt. Zwischen Hofrat und den Amtleuten als kurfürstliche Beauftragte in den kursächsischen Ämtern war eine Mittelinstanz in Gestalt der Kreishauptleute geschaffen worden. Die von Moritz unter dem 23. September 1548 abgegebene »Erklärung über die Bestallung der Landesregierung« stand praktisch am Ende der Neuorganisation der Verwaltungsbehörden des Landes.

EINSETZUNG VON KREISHAUPTLEUTEN

Eine wichtige Voraussetzung für die Wirksamkeit der Verwaltung waren arbeitsfähige lokale Behörden. Diese bestanden in den Ämtern. Ihre effektive Einbeziehung in die Gesamtverwaltung erfolgte in der Regierungszeit von Moritz. Dadurch wurde das Finanzwesen arbeitsfähig, die Amtseinnahmen und das Steueraufkommen gesichert sowie die militärischen Leistungen erbracht und damit die wirtschaftliche und finanzielle Leistungsfähigkeit der Ämter erhöht. Am 9. Juli 1548 wurden alle Ämter und Städte durch ein »Ausschreiben« verpflichtet, ein Verzeichnis der Einkommen und der Unterhaltung von Pfarrern und Kirchendienern anzufertigen sowie eine Abschrift davon in die Kanzlei des Hofrates zu senden. So entstanden die Amtserbbücher, die einmal als die »wohl ... wichtigste und wertvollste praktische Leistung«[7] der Verwaltungstätigkeit in der Regierungszeit von Moritz bezeichnet worden sind.

ANLEGUNG VON AMTSERBBÜCHERN

Wichtig wurde ebenso die Reformierung des Gerichtswesens, zumal nach 1541 laufend gegenüber Moritz darüber geklagt wurde. So sagte er auf dem Leipziger Landtag 1547 die Neuorganisation des Hofgerichts zu, denn mit der Wittenberger Kapitulation hatten die Ernestiner das Mitbesetzungsrecht am Oberhofgericht Leipzig und am Hofgericht Wittenberg verloren. Deshalb wurden die Oberhofgerichtsordnung vom 22. Dezember 1548 erlassen und die personelle Besetzung mit neun Beisitzern, neue Tagungszeiten, Kompetenzen und territoriale Zuständigkeiten festgelegt. 1550 stellte Moritz das Hofgericht Wittenberg wieder her und erließ dafür eine neue Hofgerichtsordnung. Damit war die Rechtsprechung den neuen staatlichen Verhältnissen angepasst. Beide Ordnungen blieben bis in das 19. Jahrhundert in Kraft.

OBERHOFGERICHTSORDNUNG VOM 22. DEZEMBER 1548

Moritz hatte mit der Neuordnung der drei Verwaltungsebenen einen geordneten Instanzenzug installiert, territoriale und sachliche Kompetenzen in der Verwaltung klar abgegrenzt, die Entscheidungsbefugnisse eindeutig festgelegt und für einzelne wichtige Verwaltungszweige wie Kirche, Justiz, Berg- und Münzwesen obere Fachbehörden geschaffen. Innerhalb von wenigen Jahren war damit der Grundstein für die Verwaltung eines frühneuzeitlichen Landesstaates gelegt.

Auseinandersetzung mit Böhmen und dem Reich

Der Vertrag, den Moritz am 14. Oktober 1546 in Prag mit König Ferdinand I. von Böhmen geschlossen und den Kaiser Karl V. am 27. Oktober im Lager zu Sontheim unterzeichnet hatte, führte zu territorialen Auswirkungen, da bei einem Sieg über den ernestinischen Kurfürsten dessen böhmische Lehen mit Ausnahme der Ämter Eilenburg, Colditz und Leisnig an Ferdinand fallen sollten. Für letztere sollte Moritz die Ämter Naumburg am Bober, Sagan und Priebus dem Böhmenkönig ebenso überlassen wie einen Teil des Amtes Schwarzenberg. Erst nach langen Verhandlungen, Taxierungen und Besichtigungen in den Jahren 1548 und 1549 einigte man sich über die Abtretung des südöstlichen Teils des Amtes Schwarzenberg an Böhmen. Der Vertrag wurde schließlich am 8. Juni 1549 in Prag geschlossen, aber erst 1551 realisiert.

VERTRAG ÜBER GEBIETSAUSTAUSCH MIT BÖHMEN VOM 8. JUNI 1549

Ein gleich schwieriges Unterfangen war die Neufestsetzung der albertinischen Reichsabgaben. Moritz weigerte sich, mit der Übernahme der Kurwürde auch die Reichssteuern der Ernestiner einfach zu übernehmen. Zur Klärung dieser Probleme wurde Kurfürst Joachim von Brandenburg zum kaiserlichen Kommissar ernannt. Auf den Kreistagen in Jüterbog 1549 und 1550 wurde lange verhandelt, bevor am 14./16. April 1550 eine Übereinkunft erzielt werden konnte. Es mussten diejenigen Reichsfürsten, die Teile des ehemaligen ernestinischen Kurfürstentums erhalten hatten, die darauf liegenden Reichssteuern übernehmen. Der Reichstag von 1550 brachte dann die allgemeine Anerkennung dieser Neuverteilung der Reichsabgaben.

Neuverteilung der Reichsabgaben 1550

Landesherrliches Kirchenregiment unter Moritz

Auf seinem ersten Ausschusstag der Landstände, der ab 18. November 1541 in Dresden stattfand, erklärte Moritz die von seinem Vater verfügte Einsetzung eines ständischen Ausschusses zur Verwendung säkularisierten Kirchengutes für ungültig. Die geistlichen Güter wurden eingezogen, der Landesherr veräußerte danach einen Teil, einen anderen Teil verpachtete er und den größeren Teil verwendete er selbst im Interesse des Staates. Es wurden damit Ämter vergrößert, die Universität Leipzig materiell besser ausgestattet und der Unterhalt der 1543 gegründeten Fürstenschulen, die zur Heranbildung vor allem von Juristen und Theologen dienen sollten, abgesichert. Die Einziehung der geistlichen Güter und ihre Verwertung führte dazu, dass Moritz bis 1544 ohne Geldbewilligung der Stände regieren konnte.

Gründung von Konsistorien in Leipzig 1543 und Meissen 1545

Für die geistlichen Angelegenheiten, in denen der evangelische Landeskirchenherr wirksam werden musste, wurde 1543 ein Konsistorium in Leipzig eingerichtet, dem 1545 ein solches in Meißen folgte. Diese neue zentrale Behörde innerhalb der Landesverwaltung blieb dauerhaft erhalten. Zugleich hatte sich Moritz ein Instrument geschaffen, das ihm in schwierigen Zeiten des Ringens um den Bestand des evangelisch-lutherischen Glaubensbekenntnisses, in den Auseinandersetzungen mit Kaiser und Papsttum Rat, Hilfe und Halt geben konnte.

Ringen um das evangelische Glaubensbekenntnis

Nach dem Sieg über den Schmalkaldischen Bund befand sich Kaiser Karl V. im Reich auf dem Höhepunkt seiner Macht. Diese wollte er nutzen, um die Verfassungsverhältnisse des Reiches im Sinne eines Zentralstaates neu zu ordnen und die Religionsfrage endgültig zu klären, auch wenn das in Bologna tagende Konzil aufgrund von Differenzen zwischen Kaiser und Papst nicht die endgültige Lösung herbeiführen konnte. Dazu berief Karl V. erneut einen Reichstag nach Augsburg ein, den er persönlich am 1. September 1547 eröffnete. Auch Kurfürst Moritz nahm, begleitet von seinen Räten Christoph von Carlowitz und Ludwig Fachs, daran teil. Zur Lösung der Religionsfrage unterbreitete Karl V. ein von den katholischen Bischöfen Julius Pflug und Michael Helding sowie dem evangelischen Theologen Johann Agricola verfasstes Dokument, das in Form einer Kirchenordnung allgemein eingeführt werden sollte. Darüber kam es bald zu heftigen Auseinandersetzungen zwischen den Reichsständen und dem Kaiser. Anfang Dezember 1547 verließ Moritz Augsburg, um sich zu Neujahr 1548 in Torgau mit seinen Ständen und Theologen zu beraten. Mit dem Versprechen an seine Stände, beim evangelischen Glauben zu bleiben, kehrte er im Januar nach Augsburg zurück. Mitte März unterbreitete König Ferdinand I. dem sächsischen Kurfürsten den Entwurf zu einem »Interim«, zu dem Moritz jede verbindliche und endgültige Stellungnahme ablehnte. Das Gutachten der sächsischen Theologen vom 22. April 1548 lehnte das Interim insgesamt ab, stimmte aber zu, im Reichsrat nicht gegen das Interim aufzutreten. Die durch kaiserliche Deklaration am 15. Mai verkündete Fassung der einstweiligen Kir-

Reichstag in Augsburg 1547

Augsburger Interim 1548

chenordnung für alle Reichsstände entsprach aber nicht mehr der Fassung vom März 1548, weil kaiserliche Beauftragte den Text entsprechend den Wünschen katholischer Reichsstände verändert hatten und seine Gültigkeit nur noch die evangelischen Reichsstände betreffen sollte. Für Moritz ergab sich daraus notwendig, seine bedingte Zustimmung in einer schriftlichen Erklärung an den Kaiser am 18. Mai im Rahmen einer Audienz zurückzuziehen. Die Versuche Karls V., den Albertiner umzustimmen, misslangen; Moritz verließ am 24. Mai Augsburg. Kaiser Karl V. und Kurfürst Moritz begegneten sich danach nicht mehr persönlich.

Dreifaltigkeitsmedaille, im Auftrag von Moritz entstanden und die Versöhnung beider Konfessionen versinnbildlichend, 1544

Da am 30. Juni 1548 das »Augsburger Interim« gemeinsam mit dem Reichstagsabschied veröffentlicht wurde, befanden sich Kurfürst Moritz, seine Räte und die kursächsischen Theologen in einer äußerst schwierigen Situation. Sie mussten auf das Reichsgesetz reagieren, aber auch die Glaubwürdigkeit im evangelischen Lager erhalten, zumal die kursächsische Bevölkerung die Haltung ihres Landesherrn im Schmalkaldischen Krieg noch nicht vergessen hatte. Vor einem Ständeausschuss im Sommer 1548 wiederholten die Wittenberger Theologen ihre Ablehnung des Interims trotz Anerkennung mancher annehmbarer Formulierungen. Sie erklärten, dass das Interim in vielen Artikeln von der »rechten Lehre« abweiche und von vielen evangelischen Reichsständen verworfen werde. Sie erinnerten an die Pflicht der Obrigkeit zum Schutze der Kirche und warnten davor, Luthers Lehre in Sachsen zu verändern, selbst wenn der Kaiser mit Krieg drohe.

Zur Überwindung dieser komplizierten Situation, in der Karl V. von Moritz die Durchsetzung des Interims verlangte, war man ab Juli 1548 zu einem Kompromiss bereit. Die Hauptpunkte der evangelischen Auffassung und die möglich erscheinenden Konzessionen in der Lehre von den Mitteldingen, z. B. Fasten, Kleidung, Bilderfrage, Fronleichnamsfest, einschließlich eines positiven Ansatzes der guten Werke, flossen in einem Entwurf zusammen, den die Theologen dem Leipziger Landtag im Dezember 1548 zur Annahme empfahlen.

Leipziger Artikel Ende 1548

Da die »Leipziger Artikel« nicht als neue Kirchenordnung empfunden wurden, ging man dazu über, das Interimsproblem durch die »Georgsagende« als neue Kirchenordnung, ausgearbeitet von Fürst Georg von Anhalt im Januar und Februar 1549, zu entschärfen. Den Abschluss des Ringens um das Interim bildete die »Confessio Saxonica«, die im Sommer 1551 in Vorbereitung auf das Trienter Konzil entstanden war, sich als eine Wiederholung der »Augsburgischen Konfession« verstand und als solche von vielen evangelischen Reichsständen anerkannt wurde. Der Passauer Vertrag von 1552 hob das Interim auf.

Confessio Saxonica, 1551

Fürstenopposition, Passauer Vertrag und Sievershausen

Im Verlauf des Augsburger Reichstages von 1547/48 wurde für Kurfürst Moritz und seine engsten Ratgeber immer deutlicher, dass das neue albertinische Kurfürstentum sowohl gegenüber den Zentralisationsbestrebungen des Kaisers als auch gegenüber den Ernestinern und den nicht freundlich gesinnten protestantischen Reichsständen abgesichert werden musste. Als Moritz nach der Wittenberger Kapitulation den Magdeburger Rat aufgefordert hatte, sich zu ergeben, verweigerte dieser dem Kaiser den Gehorsam. Daraufhin verhängte Kaiser Karl V. am 27. Juli 1547 über die Stadt die Reichsacht in strengster Form. Alle städtischen Privilegien wurden aufgehoben und Moritz erhielt den Auftrag zum Vollzug der Reichsacht. Neben der Hypothek des »Augsburger Interims« belastete ihn das Vorgehen gegen Magdeburg als Symbol evangelischer Standhaftigkeit und Bekenntnistreue in besonderem Maße. 1548 und 1549 wartete Moritz die Entwicklung ab, ließ sich von seinen Ständen ersuchen, nicht gegen Magdeburg kriegerisch vorzugehen, und vertrat die Mei-

Reichsacht gegen Magdeburg am 27. Juli 1547

nung, die Stadt mit einem Handelsembargo zum Aufgeben zwingen zu können. Durch die Auseinandersetzungen um Magdeburg und das zunehmend gespannter werdende Verhältnis zwischen Moritz und Karl V. um die Freilassung von Landgraf Philipp von Hessen – er war entgegen allen kaiserlichen Zusagen gegenüber Moritz am 19. Juni 1547 in Halle nach seinem Fußfall vor dem Kaiser von Herzog Alba verhaftet worden – wurde das Jahr 1550 zu einem Schlüsseljahr. Im Januar 1550 hatten sich norddeutsche Fürsten zu einem evangelischen Bündnis gegen den Kaiser zusammengeschlossen. Da Moritz fürchten musste, dass sich dieses Bündnis auch gegen ihn richten könnte, nahm er Verbindung mit dessen Vertretern auf. Mitte 1550 führte er mit dem Markgrafen Albrecht Alkibiades geheime Verhandlungen in Zwickau. Sie vereinbarten gemeinsames Handeln und ein mögliches Bündnis mit Frankreich. Das war eine Allianz, die sich gegen den Kaiser richtete, da beim sächsischen Kurfürsten die Überzeugung wuchs, dass Karl V. nur mit militärischer Gewalt zum Nachgeben gezwungen werden konnte. 1550 wurden die Truppen, mit denen Moritz Magdeburg belagerte, ständig verstärkt. Das Kriegsvolk wurde vom Reich bezahlt, Moritz erhielt im September 1550 für seine bisherigen Aufwendungen 100 000 Gulden und zum Unterhalt der Truppen danach für jeden weiteren Monat je 60 000 Gulden. Ende November 1550 stürmte Moritz die Magdeburger Neustadt und setzte danach die Belagerung fort. Das sich im Stift Verden sammelnde Kriegsvolk unter dem Kommando von Johann von Heideck brachte Moritz im Vertrag von Verden vom 7. Januar 1551 unter seine Kommandohoheit. Das alles sollte Karl V. ein Gefühl der Sicherheit geben, während Moritz zugleich an dem antikaiserlichen Bündnis weiterarbeitete. Nach geheimen Verhandlungen, in denen Moritz dem Magdeburger Rat milde Kapitulationsbedingungen, einschließlich der Beibehaltung des lutherischen Bekenntnisses, ihrer Privilegien und der Stadtbefestigungen, zusicherte, kapitulierte die Stadt am 6. November 1551 und am 9. November zog Moritz feierlich in Magdeburg ein. Die Söldnertruppen hielt er aber weiter unter Waffen.

Vertrag von Verden 7. Januar 1551

Fürstenopposition gegen Kaiser Karl V.

Parallel dazu schmiedete der sächsische Kurfürst die Fürstenopposition, nachdem die universalen Herrschaftspläne Karls V. reichspolitische Gestalt annahmen. Durch die Vereinbarungen vom März 1551 in Augsburg zwischen Karl V. und den Mitgliedern der habsburgischen Familie sollten die absolute Stellung des Hauses Habsburg gesichert und mit der Einführung des Erbkaisertums der politische Einfluss der Kurfürsten eingeschränkt werden. Moritz schaffte es, im Laufe des Jahres 1551 alle antikaiserlichen Kräfte zu vereinen. Kursachsen stellte sich an die Spitze der Fürstenopposition, um die reichsständische Libertät und das evangelische Glaubensbekenntnis dauerhaft zu gewährleisten. Der Widerstand gegen das Reichsoberhaupt reichte vom katholischen Herzog von Bayern über Markgraf Hans von Küstrin und Herzog Johann Albrecht von Mecklenburg sowie Herzog Albrecht von Preußen bis zu den protestantischen Landesfürsten. Den Vereinbarungen der Reichsfürsten folgten Unterhandlungen mit dem französischen König Heinrich II., der die antihabsburgische Politik seines Vaters Franz I. fortführte und die ihm jetzt gebotene Möglichkeit nutzen wollte, neben einer Schwächung der spanisch-habsburgischen Macht in Europa die Erweiterung des eigenen Territoriums auf Kosten des Reiches zu erreichen. Angesichts ihrer begrenzten Machtbasis sahen sich die oppositionellen Reichsstände zu einem Zusammengehen mit Frankreich veranlasst, um die notwendigen finanziellen Mittel zur Kriegführung gegen den Kaiser zu erlangen. Die entscheidenden Absprachen zwischen Moritz und dem Unterhändler des französischen Königs, dem Bischof von Bayonne, Jean de Freese, fanden im Oktober 1551 in Lochau statt. Der dabei ausgehandelte Vertrag, den Heinrich II. am 15. Januar 1552 ratifizierte, sah die

Vertrag von Chambord vom 15. Januar 1552

Bereitstellung von monatlich 70 000 Kronen ab Februar 1552 vor, wobei 240 000 Goldkronen für die ersten drei Monate im voraus gezahlt werden sollten. Diese Finanzoperationen wurden über Basel abgewickelt. Dafür erklärten sich die Reichsfürsten mit der Abtretung der Bistümer Toul, Metz und Verdun sowie von Cambrai an Frankreich einverstanden. Damit waren die Voraussetzungen für einen Kriegszug gegen den Kaiser geschaffen, um die »alten liberteten und freiheiten zu einem solchen viehischen, untreglichen und ewigen servitut wie in Hispania« zu verteidigen.

Vertrag von Chambord zwischen König Heinrich II. von Frankreich und Kurfürst Moritz von Sachsen. Urkunde vom 15. Januar 1552

Bis zum März 1552 gelang es Moritz, den Kaiser über seine wahren Absichten zu täuschen. Auf dem Landtag zu Torgau am 1. März 1552 übertrug er die Regentschaft seinem Bruder August, um sich in Erfüllung seines Versprechens von 1547 in Hessen »einzustellen« und sich in die Gewalt der Söhne des Landgrafen Philipp von Hessen zu begeben. Mitte März ging Moritz nach Thüringen, wo seine Söldnertruppen bei Mühlhausen und Erfurt in den Winterquartieren gelegen hatten. Am 24. März vereinigte er sich bei Bischofsheim mit den Truppen von Landgraf Wilhelm von Hessen-Kassel und kurz darauf bei Rothenburg mit den Truppen von Markgraf Albrecht Alkibiades von Brandenburg-Kulmbach. Gemeinsam marschierte dieses Heer in Eilmärschen über Dinkelsbühl–Nördlingen–Donauwörth nach Augsburg, das sich am 3. April 1552 ergab. Von hier aus machten die Fürsten ihre Kriegsziele gegen den Kaiser bekannt: Sie wollten das Reichsrecht verteidigen sowie Landgraf Philipp von Hessen und Herzog Johann Friedrich den Großmütigen aus kaiserlicher Gefangenschaft befreien. Moritz begann ab 18. April Verhandlungen mit König Ferdinand in Linz, die Erfolg versprechend begannen und in Passau zu Ende geführt werden sollten. Noch vor dem zum 26. Mai vereinbarten Waffenstillstand führte Moritz von Gundelfingen aus ab 10. Mai seinen erfolgreichen Kriegszug gegen den in Innsbruck weilenden Kaiser. Am 18. Mai überwältigten seine Truppen die kaiserlichen Vorposten bei Füssen und Reuthe und erstürmten am 19. Mai die Ehrenberger Klause. Damit war der Weg nach Innsbruck frei, das Karl V. am 20. Mai fluchtartig verließ, um sich nach Villach in Kärnten in Sicherheit zu bringen. Bereits am 19. Mai erlangte der Ernestiner Johann Friedrich seine Freiheit wieder, der Landgraf Philipp von Hessen erst am 3. September 1552. Dazwischen lagen die Verhandlungen von Moritz mit König Ferdinand, in Vertretung des Kaisers, die zum Abschluss des Passauer Vertrages vom 2. August 1552 führten. Der Weg zum Augsburger Religionsfrieden von 1555, der in Passau in seinen Grundzügen vorgeprägt wurde, war nunmehr frei.

Einnahme von Augsburg am 3. April 1552

Erstürmung der Ehrenberger Klause am 19. Mai 1552

Passauer Vertrag vom 2. August 1552

Im Bewusstsein des vollen Sieges entließ Moritz im Lager vor Frankfurt a. M. vom 3. bis 12. August 1552 seine Truppen. Der Kaiser wurde durch die Fürstenopposition unter Führung von Kurfürst Moritz von Sachsen um die Früchte des Schmalkaldischen Krieges gebracht. Der Fortbestand des Protestantismus und damit die dauerhafte Trennung in zwei Konfessionen waren nunmehr anerkannt und die absolutistischen Machtansprüche Karls V. im Reich zurückgewiesen. Kurfürst Moritz und das albertinische Kurfürstentum Sachsen übernahmen im Ergebnis dieser Auseinandersetzungen die Führungsrolle unter den protestantischen Reichsständen.

Die wirtschaftlichen, politischen und militärischen Potenzen Kursachsens setzte Moritz im Rahmen der Reichspolitik ein, um endlich die so dringend benötigte Friedenssicherung im Reich, die abschließende reichsrechtliche Anerkennung des evangelischen Glaubens und die nach 1547 entstandenen territorialen Veränderungen in Mitteldeutschland durchzusetzen. Nur widerwillig hatte Karl V. den Passauer Vertrag ratifiziert. Bereits während der Verhandlungen versuchte er, Moritz von seinen Verbündeten im In- und Ausland zu trennen, einen Bund von Reichsständen gegen ihn zu schmieden, ihn unter Reichsacht zu stellen und mit deren Vollziehung den sächsischen Herzog Johann Friedrich zu beauftragen, dem er die Rückgabe der Kurwürde versprach. Ebenso gewann er für seine Pläne Markgraf Albrecht Alkibiades von Brandenburg-Kulmbach, der sich schon während der Passauer Verhandlungen von der Fürstenopposition getrennt hatte, um sich auf Kosten der Bistümer Bamberg und Würzburg ein eigenes Herzogtum in Franken zu schaffen. An der Seite des Kaisers nahm er an dessen erfolglosem Feldzug gegen Frankreich zur Rückgewinnung von Metz teil.

Im Dezember 1552 kehrte Moritz als oberster Befehlshaber der königlichen Truppen vom Feldzug gegen die Türken zurück. Nun versuchte er als Haupt der nach wie vor bestehenden Opposition der Reichsfürsten gegen den Kaiser, seine Lande vor möglichen Bedrohungen zu sichern. Am 24. März 1553 gelang es ihm, mit seinem ehemaligen Gegner Heinrich von Braunschweig ein Defensivbündnis abzuschließen. Die Assekurationsverhandlungen mit Herzog Johann Friedrich in Weimar gestalteten sich günstig. Mit Kurfürst Friedrich von der Pfalz und den Herzögen von Bayern und Württemberg sprach er ein gemeinsames Vorgehen mit dem Heidelberger Bund gegen Albrecht Alkibiades ab, einig in der Ablehnung der Vorschläge von Karl V. für einen neuen deutschen Reichshofrat, der Aufrichtung eines oberdeutschen Bundes und der Nachfolge von Philipp II. im Reich.

Vorgehen gegen Markgraf Albrecht Alkibiades

Von hessischen und braunschweigischen Truppen in Franken bedrängt, wich Markgraf Albrecht Alkibiades aus und zog über Arnstadt, Erfurt, Heldrungen, Eisleben nach Halberstadt und anschließend ins Herzogtum Braunschweig. Das wurde zum Anlass des Kriegszuges evangelischer Reichsfürsten, einschließlich König Ferdinands von Böhmen, gegen den fränkischen Hohenzollern, »möchten gleich kaiserische, burgundische oder spanische Praktiken dahinter stecken«, wie Moritz seinem Schwiegervater, Landgraf Philipp von Hessen, Mitte Juni schrieb. Am 3. Juli hatten sich die verbündeten Truppen bei Einbeck vereinigt und verlegten dem Kulmbacher im Stift Hildesheim den Rückzug in kursächsisches Gebiet. Die entscheidende Schlacht entwickelte sich

Schlacht von Sievershausen am 9. Juli 1553

am 9. Juli 1553 ab 13.00 Uhr auf einem Gelände zwischen den Dörfern Immensen, Arpke, Sievershausen und Abbensen nordwestlich von Peine. Den 23 Reitergeschwadern mit etwa 7000 Mann und 30 Fähnlein Knechten mit etwa 8000 Mann auf kurfürstlicher Seite standen 14 Reitergeschwader und 50 Fähnlein Knechte mit insgesamt 17000 Mann auf markgräflicher Seite gegenüber. Der bis spät in die Nacht währende Kampf, bei dem zwischen 2000 und 3000 Tote und über 4000 Gefangene gezählt wurden, endete siegreich für den durch einen Schuss »über die lenden« verwundeten Kurfürst Moritz. Dürfte schon während der Schlacht Verrat im Spiel gewesen sein, da der bereits gefangene Hohenzoller wieder entkam, so blieb vor allem das Ableben von Kurfürst Moritz in den Vormittagsstunden des 11. Juli im Feldlager bei Peine undurchsichtig und ist nie überzeugend aufgeklärt worden. Sein Tod kam für viele überraschend, da Augenzeugen unabhängig voneinander berichteten, dass die

Fleischwunde nicht lebensgefährlich gewesen sei: »Doch trosten die wunderzte, es werde seinen churfürstlichen gnaden nicht schaden, dan seine churfurstlichen gnaden redet frisch und unrenklich, so ist er auch nicht weidewund.«

Grabmal des Kurfürsten Moritz von Giovanni Maria Nosseni im Dom zu Freiberg

Mit dem Tod von Moritz im Alter von 32 Jahren endete ein wichtiger Abschnitt sowohl in der Geschichte der Wettiner als auch in der des sächsischen Volkes. Das von ihm in seinem ausgeprägten Machtstreben innerhalb weniger Jahre Erreichte (man wagt gar nicht in Erwägung zu ziehen, welchen Verlauf die sächsische und deutsche Geschichte bei einem längeren Leben von Moritz genommen hätte) sollte durch seinen die Regierung übernehmenden jüngeren Bruder August im Bestand gesichert werden.

Kurfürst August: Persönlichkeit und erste Regierungsjahre

Der am 31. Juli 1526 im Freiberger Schloss Freudenstein geborene August war das letzte Kind seiner Eltern Heinrich und Katharina. Im Alter von zehn Jahren erhielt er den als Humanisten bekannten Rektor der Freiberger Stadtschule Johann Rivius als Lehrer, der ihn in Religion, Geschichte und Latein unterrichtete. 1540 und 1541 hielt er sich mit Rivius und seinem Erzieher Graf Johann von Mansfeld an der Universität Leipzig auf. Im Juni 1542 ging er für ein Jahr an den kaiserlichen Hof nach Wien, später nach Prag. König Ferdinand von Böhmen hatte sich erboten, den jungen Wettiner an seinem Hofe »zu fürstlichen Sitten und Tugenden weisen zu lassen«. Aus jenen Tagen datiert das freundschaftliche Verhältnis zu dem jungen Habsburger Maximilian, das sich später beispielsweise bei der kurfürstlichen Territorialpolitik nach 1570 zugunsten des Wettiners auswirken sollte. Als der Siebzehnjährige im November 1543 nach Dresden zurückkehrte, musste ihn sein regierender Bruder Moritz versorgen. Zu diesem Zweck wurde August zum Administrator des Bistums Merseburg bestimmt. 1544 wurden ihm weiterhin die Einkünfte der Ämter Freiburg, Sangerhausen, Weißensee und Sachsenburg, einiger thüringischer Städte und ehemaliger Klöster überwiesen. Der junge August verwaltete das Bistum wenig erfolgreich, wirtschaftete schlecht und häufte Schulden an. Im November 1545 gab er resigniert seine eigene Hofhaltung in Merseburg auf und kehrte an den Dresdner Hof zurück. Diese Erfahrungen in jungen Jahren haben sicher dazu geführt, dass er später als Kurfürst gewissenhafter mit den Finanzen des Landes umging. Danach fand man August bei Moritz' Kriegszügen vielfach an dessen Seite, so auch im Schmalkaldischen Krieg, in dessen Verlauf er ab April 1547 mit einem Truppenkontingent von 2200 Reitern und 8800 Mann Fußvolk Thüringen besetzte.

Aufenthalt von August in Wien 1542

Administrator des Bistums Merseburg 1543

Nach der Hochzeit Augusts mit der dänischen Königstochter Anna am 7. Oktober 1547 sollten Verträge vom 13. August 1548 und 5. März 1550 seine Einkünfte regeln, doch die Hofhaltungen in Weißenfels und Wolkenstein kosteten viel Geld. Daraus ergaben sich immer wieder Differenzen, die bis an die Grenze politischer Auswirkungen gingen. 1550 trug sich die kursächsische Ritterschaft mit dem Gedanken, Moritz des Landes zu verweisen und an seiner Stelle August einzusetzen. August selbst nahm dazu eine widersprüchliche Haltung ein, über die später wie folgt geurteilt worden ist: »... man hielt August für

Heirat am 7. Oktober 1547

ehrgeizig und zugleich für gewissenlos genug, daß er die Absicht hegen könne, im Einverständnis mit den Ernestinern seinem Bruder Kursachsen zu entreißen und es mit jenen zu teilen.«[8]

Regierungsantritt am 5. August 1553

Augusts Leben war von Fleiß, Energie und Willen geprägt. Bei seinen politischen Unternehmungen ging er mit Überlegung und Beharrlichkeit zu Werke. Die Zeitgenossen nannten ihn »des Römischen Reiches Herz, Auge und Hand«. Zu seinen Charaktereigenschaften gehörten aber auch aufbrausender Jähzorn und Rachsucht, die ihn manch harte Entscheidung gegenüber seinen Räten und seinen Feinden treffen ließ.

Kurfürst August von Sachsen. Gemälde von Lucas Cranach d. J., 1565

Mit dem plötzlichen und für alle unerwarteten Tod von Moritz geriet Kursachsen in den ersten Monaten nach dem 11. Juli 1553 in eine außerordentlich schwierige Situation. Die Kurwürde ging entsprechend eines zwischen den beiden Brüdern am 8. August 1547 geschlossenen Vertrages an August über, der aus diesem Grund bereits am 24. Februar 1548 in Augsburg die Mitbelehnschaft an der Kur Sachsen erhalten hatte. Die Nachricht vom Tod des Bruders erreichte ihn bei seinem Schwiegervater König Christian III. in Dänemark, wo er für Moritz' Politik warb. Am 5. August traf August in Wittenberg ein. Danach erfolgte die Erbhuldigung des Landes an den neuen Kurfürsten, womit die Herrschaftsübernahme vollzogen war.

Die außen- und innenpolitische Situation des erst sechs Jahre existierenden albertinischen Kurfürstentums war außerordentlich bedenklich. Markgraf Albrecht Alkibiades bedrohte weiterhin Kursachsen. An die kursächsische Ritterschaft und allgemeine Landschaft sandte er einen Fehdebrief, dessen Beantwortung durch die Ritterschaft am 23. Juli 1553 recht zweideutig war. Zudem unternahm Herzog Johann Friedrich politische Schritte, um das 1547 Verlorene zurückzugewinnen.

Als Kurfürst August am 21. August 1553 seinen ersten Landtag in Leipzig eröffnete, bestand er in der Proposition auf einer Fortführung des Krieges gegen Albrecht Alkibiades zur Verteidigung der kursächsischen Lande. Deshalb wurden die Söldnertruppen, die monatlich 64 000 Gulden kosteten, nicht entlassen. Ebenso bekannte sich August zu der von Moritz angehäuften Schuldenlast von 1667078 Gulden. Der Kurfürst erhielt die Unterstützung der Landschaft, die eine zusätzliche Steuer zur Bezahlung des Kriegsvolkes bewilligte. Danach gingen August und seine Räte daran, die drei dringendsten Probleme dauerhaft zu lösen: mit dem Kulmbacher einen Friedensschluss zu erreichen, mit den Ernestinern endlich zu beiderseits tragbaren Vereinbarungen in Vollzug der Wittenberger Kapitulation zu gelangen und letztlich die Religionsfrage im Reich reichsrechtlich entsprechend dem Passauer Vertrag festzuschreiben.

Den ersten Schritt vollzog der Kurfürst nach kurzen Verhandlungen unter Vermittlung Dänemarks und Kurbrandenburgs am 11. September 1553 durch den Vertrag mit Markgraf Albrecht Alkibiades über die »Aufhebung aller Feindseligkeiten«. Damit hatte sich am kursächsischen Hof die »Friedenspartei« mit Georg Komerstadt und Ludwig Fachs gegen die »Kriegspartei«, repräsentiert von Carlowitz, Heideck und Mordeisen, durchgesetzt. Selbst König Ferdinand von Böhmen hatte noch am 8. September zur Fortsetzung des Krieges aufgefordert.

Vertrag mit Albrecht Alkibiades vom 11. September 1553

Nachdem so Frieden erreicht war, wandte sich August mit aller Kraft der Lösung des zweiten Problems zu. Die als Assekurationsverhandlungen in die Geschichte eingegangenen langwierigen Gespräche zwischen albertinischen und ernestinischen Räten hatten bereits unter Moritz am 26. Juni 1547 in Zeitz begonnen, um den Ernestinern ein jährliches Einkommen von 50 000 Rheinischen Gulden zu sichern. Dazu sollten die den ernestinischen Herzögen überwiesenen Ämter in ihrem Ertrag abgeschätzt werden. Moritz wurde verpflichtet, einen möglichen Fehlbetrag zu decken respektive weitere Ämter, Städte und Dörfer an die Ernestiner abzugeben. Schon in der ersten Beratungsphase brach Streit aus. Die Ernestiner gingen von einem möglichst niedrigen erreichbaren Einkommen aus, um den zusätzlich von Moritz zu entrichtenden jährlichen Betrag hoch anzusetzen. Im Gegensatz dazu waren die Albertiner darauf bedacht, ein nach Möglichkeit hohes Schätzungsergebnis zu erreichen, um keine zusätzlichen Leistungen erbringen zu müssen. In Geheimverhandlungen zwischen Brück und Fachs 1549 und 1550 und in weiteren Kommissionsverhandlungen 1551 wurde eine Annäherung der Standpunkte, aber noch keine Einigung erzielt. Dann ruhten die Verhandlungen durch die Ereignisse der Fürstenrebellion, bis sie ab 7. Mai 1553 in Eisenberg wieder aufgenommen wurden. Bereits zehn Tage später war man sich einig, konnte aber den Vertrag nicht abschließen, da Kurfürst Moritz erneut Krieg führte. Das schwere Erbe der Assekurationsverhandlungen trat August an und verhandelte unter Vermittlung des dänischen Königs noch einmal. Albertiner und Ernestiner einigten sich dann im Naumburger Vertrag vom 24. Februar 1554. Am 2. März 1554 unterschrieb Johann Friedrich der Großmütige noch den Vertrag. Einen Tag später starb er. Der Naumburger Vertrag, der die Bestimmungen der Wittenberger Kapitulation endgültig festschrieb, wurde von König Ferdinand von Böhmen, König Christian III. von Dänemark, Kurfürst Joachim von Brandenburg, Herzog Wilhelm von Jülich und Landgraf Philipp von Hessen gegengezeichnet. Nunmehr brauchte August nicht mehr unmittelbar zu befürchten, dass die Ernestiner ein Bündnis mit dem Kaiser und Markgraf Albrecht Alkibiades eingingen. Mit dem Vollzug des Naumburger Vertrages traten die Albertiner die Ämter Sachsenburg, Herbisleben (ohne Tennstädt), Eisenberg und Altenburg mit Lucka und Schmölln sowie die Städte Pößneck, Auma, Triptis und Neustadt a. d. Orla an die Ernestiner ab. Dazu erhielten die Ernstiner noch 100 000 Gulden zu zwei Terminen, d. h. zu Weihnachten 1555 und 1556 wurden die Beträge in Leipzig ausgezahlt. Das gemeinschaftliche Archiv aus dem Zeitraum zwischen 1423 und 1485 wurde in Wittenberg untergebracht.

Assekurationsverhandlungen ab 26. Juni 1547

Naumburger Vertrag vom 24. Februar 1554

Danach strebte August als drittes außenpolitisches Ziel die Herstellung des Religionsfriedens im Reich an. Deshalb beteiligte er sich aktiv an dem am 5. Februar 1555 eröffneten Reichstag in Augsburg, auch wenn er und die anderen protestantischen Kurfürsten nicht persönlich anwesend waren. Die kursächsische Position, gestärkt durch den Naumburger Abschied vom 12. März 1555 anlässlich der feierlichen Erneuerung der Erbeinigung zwischen den

Häusern Hessen, Brandenburg und Sachsen, vertrat eine vierköpfige Gesandtschaft, die auf Verlauf und Resultat des Reichstages entscheidenden Einfluss nahm. Sie setzte durch, dass der Religionsfrieden auf der Grundlage des Passauer Vertrages auf dem Reichstag zuerst verhandelt wurde. Schließlich einigten sich katholische und evangelische Reichsstände auf einen Kompromiss in der Glaubensfrage, der Gegenstand des Reichstagsabschieds vom 25. September 1555 wurde. Reichsrechtlich wurde auf Dauer das Nebeneinander von Katholiken und Protestanten der Augsburgischen Konfession geregelt, wobei ausdrücklich alle anderen Bekenntnisse, so auch das der Reformierten, davon ausgenommen wurden. Die Wahl der beiden zugelassenen Konfessionen stand dem Reichsstand zu, nicht dem einzelnen Untertanen. Mit dem ius reformandi musste der Untertan die Religion seiner Obrigkeit annehmen oder er hatte in Vollziehung des ius emigrandi das eingeräumte Recht der Auswanderung wahrzunehmen. Einige Jahrzehnte später wurde dieser staatskirchenrechtliche Grundsatz mit dem Rechtssatz interpretiert: cuius regio, eius religio – Wem das Land gehört, der bestimmt auch die Religion. Kursachsen hatte einen großen Sieg errungen, da der seit 1517 bestehende Gegensatz zwischen Kaiser und Territorialfürsten in der Religionsfrage zugunsten der Territorialfürsten im Sinne ihrer weitgehenden Autonomie in der Glaubensfrage gelöst wurde. Das wirkte sich auf die Präzisierung der Reichsverfassung in der Reichsexekutionsordnung aus, in der exekutive Befugnisse des Kaisers eingeschränkt und auf die in Reichskreisen zusammengefassten Reichsstände übertragen wurden. Im Obersächsischen Reichskreis war der Kurfürst von Sachsen kreisausschreibender Fürst, der auf dem ersten Kreistag im August 1555 in Zerbst zugleich zum Kreisobersten gewählt wurde. Damit hatte Kursachsen ein politisches Übergewicht in diesem Reichskreis. Schließlich brachte der Augsburger Reichstag von 1555 eine dritte wichtige Entscheidung für den sächsischen Kurfürsten, in dem die vor 1552 durchgeführte Säkularisation von Kirchenbesitz reichsrechtlich sanktioniert und als rechtmäßiger Besitz des Landesherrn anerkannt wurde. Sowohl die Erzwingung des Passauer Vertrages durch Moritz 1552 als auch die führende Rolle Kursachsens bei den Reichstagsverhandlungen von 1555 ließen den sächsischen Kurfürsten zum Haupt der Protestanten und das sächsische Kurfürstentum zur Führungsmacht der protestantischen Reichsstände werden.

Augsburger Religionsfrieden vom 25. September 1555

ius reformandi

Obersächsischer Reichskreis

Sanktionierung der Säkularisationen

Ausprägung der mitteldeutschen Grundherrschaft

Der entscheidende Produktions- und Erwerbszweig im 16. und 17. Jahrhundert war und blieb die Landwirtschaft. Geprägt durch die feudale Abhängigkeit der Bauern von ihrem Grundherren, hatten sich im 15. Jahrhundert landwirtschaftliche Produktion und ländliches Siedlungswesen weiterentwickelt. Die Bestrebungen zur Erzeugung landwirtschaftlicher Produkte über den Eigenbedarf hinaus für den städtischen Markt und auch für den Handel über Territorialgrenzen hinweg blieben im Verlauf des 16. Jahrhunderts nicht ohne Auswirkungen auf die von der Geldwirtschaft erfassten ländlichen Zustände. Dazu kam im albertinischen Sachsen verstärkt die Ausdehnung gewerblicher Produktion auf dem Lande. Die wirtschaftlichen Bindungen zwischen Stadt und Land, der steigende Geldbedarf der Grundherren und der Bauern zum Erwerb handwerklicher Erzeugnisse aus der Stadt und zur Bezahlung der Steuern beeinflussten vor allem die soziale Lage der bäuerlichen Bevölkerung. Unter diesen Bedingungen bildeten sich im wettinischen Herrschaftsbereich eigenständige Agrarverfassungsverhältnisse heraus, die als mitteldeutsche Grundherrschaft bezeichnet werden. Dafür waren eine soziale Differenzierung in Hufenbauern, Gärtner und Häusler, die Existenz von relativ kleinen Gutswirtschaften und häufig die Zugehörigkeit eines Dorfes zu mehreren Grundherr-

Merkmale der mitteldeutschen Grundherrschaft

schaften ebenso charakteristisch wie die Bewirtschaftung von Grund und Boden im Rahmen der Dreifelderwirtschaft und die dörfliche Siedlungsanlage. Diese bestand im ganzen Land aus bäuerlichen Ansiedlungen mit Wohn- und Wirtschaftsgebäuden, umgeben von einem Weidezaun, aus Dorfplatz, Kirche, Mühle am Wasserlauf und auch einer Badestube. Am Dorfplatz fehlte vielfach nicht der »Stock«, der Pranger als Zeichen grundherrlicher Gerichtsbarkeit. Diese mitteldeutsche Grundherrschaft unterschied sich von anderen grundherrschaftlichen Agrarverfassungstypen in Deutschland durch fast völliges Fehlen von Elementen persönlicher Unfreiheit, durch an den Grundbesitz gebundene bäuerliche Verpflichtungen, ein sehr günstiges bäuerliches Besitzrecht in Form der freien Vererbbarkeit und ein quantitatives Übergewicht des Bauernlandes gegenüber dem Rittergutsland. Die Grundherrschaften bildeten die ökonomische Grundlage für die bevorrechtete Stellung des Adels. Daneben war der kursächsische Landesherr der größte Grundeigentümer seines Staates. Dieser sich in der zweiten Hälfte des 16. Jahrhunderts ausweitende Besitz, verwaltungsmäßig in Ämter untergliedert, bildete ein festes Fundament der Landesherrschaft. Dazu kamen die Kammergüter, die die eigentlichen landesherrlichen Grundherrschaften darstellten, die von Kurfürst August systematisch ausgebaut wurden und denen seine ganze Aufmerksamkeit galt. Durch Neuerwerbungen und Verkäufe von Gütern wurden weitge-

KAMMERGÜTER ALS MUSTERWIRTSCHAFTEN

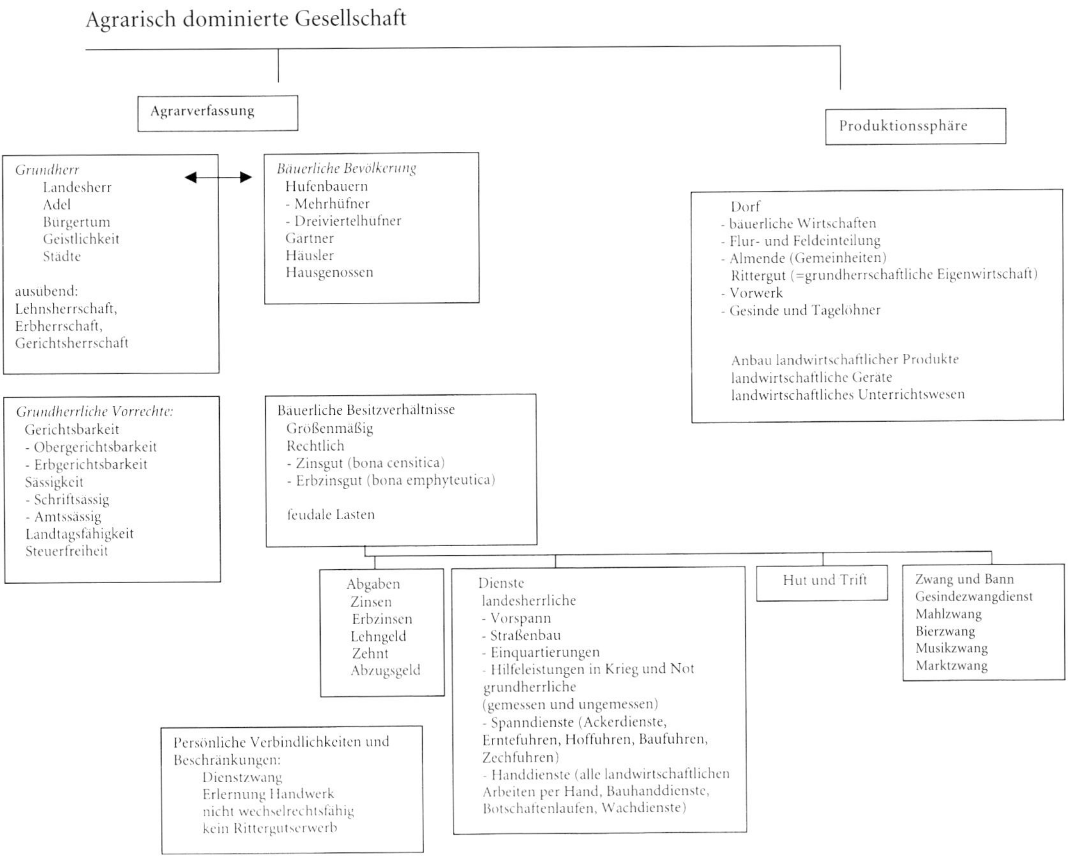

Mitteldeutsche Grundherrschaft (abgelöst durch sächsische Agrarreformgesetzgebung ab 1832) Entwurf: Reiner Groß

hend zusammenhängende Gutskomplexe geschaffen und einige Kammergüter als Musterwirtschaften eingerichtet, so z. B. Ostra, Lohmen und Stolpen.

Neue Viehrassen wurden eingeführt und neuartige Getreidesorten erprobt, der Garten-, Obst- und Weinanbau zu neuer Blüte gebracht, Weidewirtschaft und Fischzucht planmäßig betrieben. Dazu ließ der Kurfürst auf Kammergutsgrund gewerbliche Unternehmungen einrichten, so Walk-, Getreide- und Schneidemühlen, Ziegelscheunen und Ziegelbrennereien. Als der Hofmeister Abraham von Thumshirn im Auftrag des Kurfürsten 1569/70 die »Haushaltung in forwerken« zu Papier brachte, entstand daraus ein beeindruckendes Bild landwirtschaftlicher Produktion in der zweiten Hälfte des 16. Jahrhunderts. Neu war, dass Angehörige des aufstrebenden Bürgertums Rittergüter erwerben konnten. Dagegen verhinderte Kurfürst August die räumliche Ausdehnung der Grundherrschaften auf Kosten des bäuerlichen Bodens durch ein als Bauernschutzgesetzgebung bezeichnetes Vorgehen, wohl auch mit dem Ziel, die volle Steuer- und Leistungsfähigkeit der bäuerlichen Bevölkerung zu erhalten. Trotzdem kam es, wenn auch in geringem Umfang, zu Erscheinungen des Bauernlegens, an denen bezeichnenderweise meist der Kurfürst selbst beteiligt war.

BAUERNSCHUTZGESETZGEBUNG

ZUNEHMENDE SOZIALE DIFFERENZIERUNG

Die wirtschaftliche Entwicklung im Verlauf des 16. Jahrhunderts beeinflusste soziale Differenzierungen und die soziale Lage der ländlichen Bevölkerung. Für 1550 wurden für Kursachen etwa 73 Prozent Bauern, acht Prozent Gärtner und Häusler, 18 Prozent Hausgenossen und ein Prozent Grundherren errechnet, die zahlenmäßig etwa 287 000 Menschen von einer Gesamtbevölkerung von ca. 550 000 Einwohnern ausmachten. Die Bauern unterschieden sich je nach der Größe des Grundbesitzes in Mehrhüfner, Vollhüfner, Halbhüfner, Viertelhüfner, Achtelhüfner und kleinere Bruchteile von hufenbesitzenden Bauern. Die zahlenmäßig ständig zunehmenden Schichten der Gärtner als Kleinstbauern, Häusler und Hausgenossen hatten ihre wirtschaftliche Grundlage in landwirtschaftlicher und handwerklich-gewerblicher Lohnarbeit. Diese Gruppen wurden verstärkt zu Trägern gewerblicher Produktion auf dem Lande und zu einem Reservoir für die Unternehmen im Bergbau und im Hüttenwesen.

Darstellung der Aussaat aus der »Haushaltung in Vorwerken« von Abraham von Thumshirn, um 1570

Die in den feudalen Rechtsverhältnissen begründeten wirtschaftlichen Abhängigkeitsverhältnisse in Form von Abgaben, Diensten, Servituten, Zwangsbefugnissen und Gesindedienstzwang stellten in ihrer Gesamtheit eine Belastung des bäuerlichen Grundbesitzes dar. Der größte Teil der landwirtschaftlichen Nutzfläche wurde von den 1550 vorhandenen etwa 43 000 Bauernstellen in eigener Regie bearbeitet. Es ist bedeutsam, dass vor allem in der zweiten Hälfte des 16. Jahrhunderts wichtige Ansätze für einen Übergang von der Dreifelderwirtschaft zur Fruchtwechselwirtschaft zu erkennen waren, die aber im 17. Jahrhundert wieder verloren gingen.

Wirtschaftliche Entwicklung unter Kurfürst August

Als August die Regierung übernahm, wies die kurfürstliche Kasse nach seinen eigenen Angaben aus dem Jahre 1563 über anderthalb Millionen Gulden Schulden auf. Seinem Sohn Christian I. hinterließ er in der Schatzkammer des Dresdner Schlosses knapp zwei Millionen Gulden an Bargeld, neben Rheinischen Gulden und kursächsischen Silbermünzen auch französische, italienische, spanische, portugiesische, österreichische und ungarische Goldmünzen in größerer Menge.

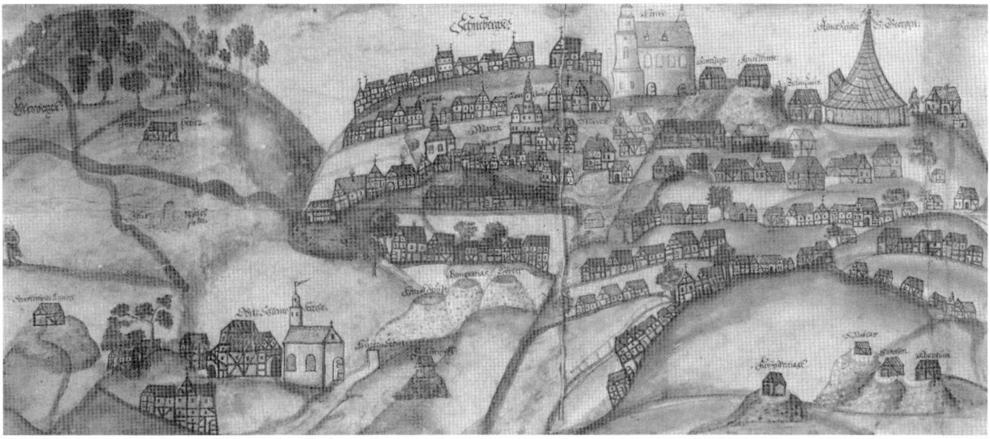

Stadt und Gruben Schneebergs in einem Riss des Bergreviers vom Ende des 16. Jahrhunderts

Erlass von Bergordnungen 1554, 1571 und 1575

Erheblichen Anteil an der darin zum Ausruck kommenden positiven wirtschaftlichen Entwicklung hatte der erzgebirgische Bergbau. Ihm schenkte August von Beginn seiner Regierung an wohl die größte Aufmerksamkeit; er erließ dafür drei Bergordnungen in den Jahren 1554, 1571 und 1575. Die darin enthaltenen Regelungen förderten ebenso den Bergbau wie vielfach gewährte Steuerhilfen für zeitweilig wenig ertragreiche Bergwerke, mehrfache Erhöhungen des Silberpreises, die Abminderung des Zehnten, den Ankauf des ausgebrachten Erzes durch den Kurfürsten in den Erzhäusern zu Freiberg, Marienberg, Wolkenstein, Annaberg und Schneeberg zum Ausschmelzen in eigenen Hütten sowie den Erwerb von Kuxen durch August zum Betrieb eigener Bergwerke. In bedeutendem Maße unterhielt der Kurfürst den Kupferbergbau im Mansfelder Land wie im Erzgebirge. Wo er sich nicht selbst an bergbaulichen Unternehmungen beteiligen wollte, erteilte er Privilegien, die er sich gut bezahlen ließ, und initiierte gewinnversprechende Verlagsgeschäfte. So hielt er es auch mit dem einträglichen Zinnbergbau in Altenberg, Ehrenfriedersdorf, Eibenstock, Geyer und Lauenstein. 1562 hatte August eine Zinnhandelsgesellschaft kurfürstlicher Beamter mit dem Zinnkauf begnadet und ihr ein Zinnhandelsmonopol zuerkannt, bevor nach 1570 die Geschäfte in die Zwitterstocksgewerkschaft überführt wurden. In den letzten zwei Jahrzehnten des 16. Jahrhunderts drang dann auch Augsburger Handelskapital in den Altenberger Zinnbergbau ein. Dagegen brachten die Versuche auf Goldabbau in Kursachsen nicht den gewünschten Erfolg.

Zinnhandelsgesellschaft 1562

Eisenbergbau

Dem Bergbau auf Eisen und den damit verbundenen Hammerwerken als wichtige Grundlage für die Herstellung vielfältiger Gerätschaften für alle Gewerbezweige wurde Aufmerksamkeit gewidmet, zumal Eisenerzeugung und -verarbeitung zu Beginn der Fünfzigerjahre sehr mangelhaft waren. So wurden im mittleren Erzgebirge in Mittweida, Rittersgrün, Breitenbrunn, Raschau, Pöhla, Blauenthal, Schönheide, Muldenhammer und Wolfsgrün neue Eisenhämmer angelegt. Der Hauptstapel- und Handelsplatz für Eisen und Eisenwaren an der von Nord nach Süd führenden Handelsstraße im Elbtal war Pirna, wo eine kurfürstliche Eisenkammer eingerichtet wurde. Zu ihrem Einzugsbereich gehörten die vielen Eisenhämmer im Tal der Gottleuba und ihrer Nebenflüsschen mit der Verarbeitung des Eisenerzes von Berggießhübel und Gottleuba. Dem weiteren Aufschwung der Eisengewinnung dienten gleichfalls kurfürstliche Anordnungen und verschärfte Aufsicht durch die Bergbehörden.

Schmelzhaus neben dem Dresdner Schloss 1554/1555

In gleicher Weise widmete sich der Kurfürst der ständigen Verbesserung und Vervollkommnung der Schmelz- und Hüttenverfahren. So ließ er 1554/55 neben dem Dresdner Schloss ein Schmelzhaus errichten und stellte den Annaberger Bürger Matthes Müller als Schmelzer an, beschäftigte auch Dr. Daniel Keller aus Augsburg, der vorgab, eine neue Schmelzkunst zu beherrschen. Den Steinkohlenabbau im Zwickauer Gebiet privilegierte und überwachte der Kurfürst, den in Potschappel, Döhlen und Burgk nahe Dresden betrieb er zum Teil auf eigene Kosten. Salzquellen, Salzbrunnen und Salzwerke, Gewinnung von Alaun und Vitriol, von Salpeter und Arsenik vervollständigten Umfang und Vielfalt des kursächsischen Bergbaus als der wohl wichtigsten gewerblichen Quelle für die wirtschaftliche Entwicklung des Landes.

Gleichen Gewinn zog man aus dem Münzregal und dem Ausbau des eigenen Münzwesens gegen die kaiserlichen Versuche einer Reichsmünzordnung.

KURFÜRSTLICHE HANDELSPOLITIK

Damit war eine vorteilhafte Handelspolitik für den kursächsischen Staat verbunden. Die Rechte der Leipziger Messen wurden gesichert, die Elbstapelgerechtigkeit bewahrt sowie die Geleite und Zölle, die Sicherheit der Handelswege und der Ausbau des Straßenwesens gewährleistet. Rückschläge waren dabei nicht ausgeschlossen. So endete der Versuch eines monopolisierten Pfeffer- und Gewürzhandels in Leipzig, vorgeschlagen und begonnen durch den Augsburger Unternehmer Konrad Rott, der diese Stadt anstelle Augsburgs zu einem Gewürzhandelszentrum machen wollte, mit einem Misserfolg. Andererseits wurde mit Sorgfalt auf einen ordnungsgemäßen Getreidehandel sowie die Anlegung von Getreidevorräten in großen Magazinen geachtet. Man wollte gegen Teuerung und Spekulation im Gefolge von Missernten gewappnet sein. Ebenso wurden Handwerk und Gewerbe gefördert, vornehmlich Leineweberei und Tuchmacherei, Zwillich- und Damastweberei.

KLÖPPELKUNST IM ERZGEBIRGE

Die vor 1560 im Rahmen von Spitzen- und Bortenhandel bereits im Erzgebirge heimische Klöppelkunst wurde von der Annaberger Unternehmerin Barbara Uttmann mittels des von ihr aufgebauten umfangreichen Verlagssystems zu einem aufblühenden Textilgewerbe. Damit konnten sich die Frauen der Bergarbeiterfamilien bei zurückgehenden Ausbeuteergebnissen und daher geringerem Verdienst der Bergleute eine zusätzliche Erwerbsquelle erschließen.

FORST- UND JAGDWESEN

Einem weiteren volkswirtschaftlichen Bereich galt die ganze landesherrliche Fürsorge: dem Forst- und Jagdwesen. Der Kurfürst sorgte für eine geordnete Forstwirtschaft mit größtmöglicher Schonung der Waldbestände, für einen gesicherten Holzverbrauch in den volkswirtschaftlich bestimmenden Zweigen von Bergbau und Hüttenwesen, für ein geordnetes Floßwesen und für den Ausbau des kurfürstlichen Jagdregals. Mehrfache Holz- und Forstordnungen im Verlauf von Augusts Regierungszeit bildeten dafür die gesetzlichen Grundlagen.

Jagdrevier Hohenheida-Groitzsch mit Eilenburg. Aquarellierte Zeichnung, 16. Jahrhundert

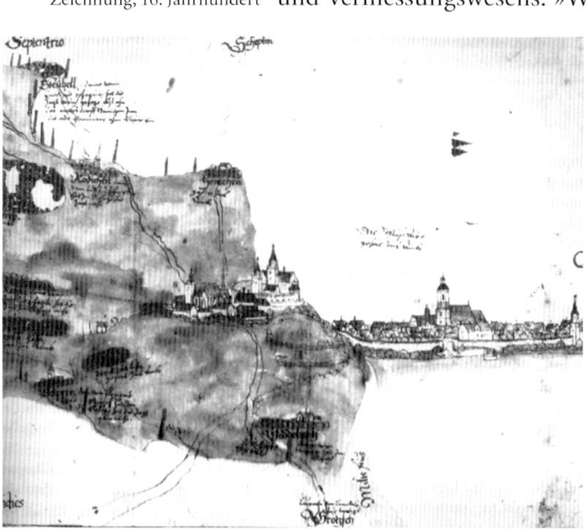

Unter der Regierung von August begann auch die Entwicklung des Karten- und Vermessungswesens. »Wie der Kurfürst überhaupt keine Mühe und Kosten scheute, um von seinen Landen gute und nach damaligem Verhältnis richtige Landkarten zu erhalten, so war er auch bedacht, seine Wälder, die alten wie die neu erworbenen, vermessen und im Aufriß zeichnen zu lassen, wobei er selbst mit dem größten Eifer und anregendem Beispiel vorausging.«[9] 1557 erhielt der Leipziger Mathematiker und Universitätsprofessor Humelius einen Auftrag für die Vermessung der kurfürstlichen Waldungen. Zehn Jahre später wurde der Markscheider Georg Oeder beauftragt, die Wälder und Jagden in den Ämtern Weißenfels und Freyburg sowie den Stiften Naumburg, Zeitz und Merseburg aufzunehmen. Ein Jahr darauf erging ein gleicher Befehl für die kartographische Aufnahme der kursächsischen Ämter an Aegidius Schmidt.

Beginn der Landesvermessung 1557

Gegen Ende des für das kursächsische Territorium so ereignisreichen Jahrhunderts kam es zu neuen dörflichen und städtischen Ansiedlungen sowie zur Begründung neuer wirtschaftlicher Unternehmungen, vor allem in den oberen Regionen des Erzgebirges und des Vogtlandes. So entstand 1591 Klingenthal, das dann nach 1654 mit der Zuwanderung von Exulanten aus dem benachbarten böhmischen Graslitz (Kraslice, Tschechien) ebenso wie Markneukirchen zu einem Zentrum der Instrumentenmacherei wurde. 1596 gründete der gleichfalls aus Böhmen vertriebene Unternehmer Hans Hutzschenreuter Ort und Hammerwerk Morgenröthe, für das er 1618 ein kurfürstliches Privileg erhielt. Die wirtschaftliche Entwicklung wurde von einer starken sozialen Differenzierung und Bevölkerungszunahme begleitet. Dresden und Leipzig waren mit je rund 15 000 Einwohnern die größten kursächsischen Städte. Aber auch in den 177 schrift- und amtssässigen Städten sowie den zu einer Grundherrschaft gehörenden städtischen Ansiedlungen nahmen die Bevölkerungszahlen zu.

Gründung von Klingenthal 1591

Überschaut man die innere Entwicklung Kursachsens seit der Mitte des 16. Jahrhunderts, dann ist die Einschätzung gerechtfertigt, dass das Land zu einem der wirtschaftlich fortschrittlichsten Territorien des Reiches geworden war. Im Ganzen gesehen blieb die Wirtschaftskraft bis in den großen Krieg des 17. Jahrhunderts hinein erhalten, wenn sich nach der Jahrhundertwende auch gewisse Tendenzen eines wirtschaftlichen Rückgangs abzeichneten.

Entwicklung des kursächsischen Staates

Die Regierungszeit von Kurfürst August wurde für den weiteren Ausbau des sächsischen Staates von großer Bedeutung. Grundsätzlich verfolgte er eine auf territoriale Erweiterung ausgerichtete Politik. Dazu gehörte auch die Klärung des Verhältnisses zu den Stiftsgebieten der Bistümer Meißen, Merseburg und Naumburg/Zeitz. Seit Einführung der Reformation strebte der Landesherr danach, in den Bistümern das geistliche vom weltlichen Amt zu trennen und mit der Einsetzung eines Administrators für die weltlichen Angelegenheiten die Verfügungsgewalt über die Stiftsgebiete zu erlangen. Moritz hatte dies erstmals 1544 mit dem Bistum Merseburg versucht, als er seinen Bruder August durch das Domkapitel zum Administrator wählen ließ. August beschritt nach 1555 trotz Passauer Vertrag und Augsburger Religionsfrieden diesen Weg weiter. Das Domkapitel des Bistums Merseburg wählte 1561 und das Domkapitel Naumburg 1564 den 1554 geborenen Alexander, Sohn von Kurfürst August, zum Administrator. Als Alexander am 8. Oktober 1565 starb, ging die Administration auf den Vater über. Zeitlich zunächst bis 1586 bzw. 1588 befristete, danach in der Befristung aufgehobene Verträge sicherten die Einbeziehung dieser Stiftsgebiete in den kursächsischen Staat.

Einbeziehung der Stifte Meissen, Merseburg und Naumburg/Zeitz

Das Ringen um das Stiftsgebiet des Bistums Meißen in Zusammenhang mit der Einführung der Reformation begann 1539, zunächst ohne Erfolg. Nach dem Tod von Bischof Nikolaus II. aus dem Hause von Carlowitz 1555 versuchte der sächsische Kurfürst, Reformation und Säkularisation »auf leisen Sohlen« mit der Wahl des jüngsten Domherrn zum Bischof durchzusetzen. Als der so gewählte Bischof Johann IX. aus dem Hause von Haugwitz die dem Kurfürsten gegebenen Zusagen nicht einhielt, wurde er mit Zustimmung Augusts durch die Familie von Carlowitz mit einer Fehde überzogen, die im September 1558 im so genannten Saukrieg in der Plünderung der Stiftsgebiete um Stolpen, Wurzen und Mügeln kulminierte. Der zur Beilegung der Fehde zwischen Kurfürst August und Bischof Johann IX. von Meißen geschlossene Vertrag von

Ringen um das Stiftsgebiet Meissen

1559 bereitete die vollständige Übernahme des Stiftsgebietes in kurfürstliche Verwaltung vor, die 1581 vollzogen wurde. Am Ende der Regierungszeit von Kurfürst August waren damit die drei geistlichen Territorien in das albertinische Kurfürstentum Sachsen eingegliedert.

Der flächendeckenden Ausdehnung des Staates im Inneren dienten auch die Säkularisation kirchlichen Grundbesitzes und der Ankauf von Herrschaften. Nach Einführung der Reformation im Herzogtum Sachsen 1539 wurde der größte Teil des Kloster- und Stiftsbesitzes an Grund und Boden unmittelbar in landesherrliches Eigentum genommen und in neuen Ämtern verwaltet. So entstanden in kurzer Zeit die Ämter Nossen, Chemnitz, Grünhain, Remse, Wechselburg, Sornzig sowie die Schulämter Grimma und Meißen. Anderer geistlicher Grundbesitz wurde bereits bestehenden Ämtern zugeschlagen. Schließlich kaufte der Kurfürst private Grundherrschaften auf und bildete daraus gleichfalls Ämter, so 1559 Crottendorf, Lauterstein und Stolpen, 1560 Dippoldiswalde, 1561 Lichtenwalde, 1564 Stollberg und Lausnitz, 1567 Rauenstein, 1580 Zabeltitz, 1582/85 Mutzschen, 1609/10 Sachsenburg-Frankenberg. Neben der Aufrichtung neuer Ämter sahen sich nach und nach auch die ämterfreien Gebiete der bevorrechteten Grundherrschaften in die Verwaltungstätigkeit des Staates einbezogen. Zwar wurde noch in Schrift- und Amtsassen unterschieden, aber auch erstere waren am Ende des Jahrhunderts unwiderruflich Teil des frühneuzeitlichen Flächenstaates. Den Abschluss dieses bedeutsamen Entwicklungsprozesses verdeutlicht die Amtsmatrikel von 1606, zu der die Schriftsassen ihre Angaben auf Anforderung an die Amtleute sandten, welche dann die schriftsässigen Orte in die Matrikel aufnahmen.

Säkularisation des geistlichen Besitzes

Ebenso erfolgreich verfolgte Kurfürst August die Vergrößerung seines Kurfürstentums. Ein wichtiger Schritt dazu wurde nach dem erfolgreichen Vollzug der Reichsacht gegen Wilhelm von Grumbach und Herzog Johann Friedrich den Mittleren von Sachsen 1567 getan. Die Ernestiner überließen Kurfürst August für die zu erstattenden Kriegskosten die Ämter Weida, Ziegenrück, Arnshaugk und Sachsenburg als Pfandbesitz. Der Weidaische Abschied vom 19. März 1571 bildete dafür die Rechtsgrundlage. Da dieser Pfandbesitz nicht wieder eingelöst wurde, blieben die Ämter dauerhaft bei Kursachsen und wurden 1660 zu den Erblanden genommen. Die Ämter Weida, Arnshaugk und Ziegenrück bildeten den Neustädter Kreis. Das Amt Sachsenburg wurde dem Thüringischen Kreis zugewiesen.

Weidaischer Abschied 1571

Das gleiche Ziel verfolgte der Wettiner gegenüber dem Vogtland. Dieses Gebiet war durch den Prager Vertrag vom 14. Oktober 1546 zwischen König Ferdinand von Böhmen und Herzog Moritz von Sachsen böhmisches Lehen geworden, das dann Ferdinand 1547 seinem böhmischen Kanzler Heinrich IV. aus der burggräflichen Linie der Vögte von Plauen übereignete. Bereits zu diesem Zeitpunkt wurden Moritz und August mitbelehnt. Nach dem Tod von Heinrich IV. 1554 wurde das Vogtland auf seine drei Söhne verteilt, die durch »üble Wirtschaft« bald eine hohe Schuldenlast angehäuft hatten. Kurfürst August, der zu ihren größten Gläubigern gehörte, sicherte sich im Vertrag von Annaberg 1556 das Vorkaufsrecht am Vogtland. Am 13. Dezember 1559 trat Heinrich VII. zu Plauen dem Annaberger Vertrag bei und verpfändete dem sächsischen Kurfürsten zudem noch die Ämter Voigtsberg, Plauen, Oelsnitz, Adorf, Neukirchen und Schöneck für 60 000 Gulden. Sollte dieser Betrag nicht bis Ostern 1562 zurückgezahlt sein, würden die Ämter bei Kursachsen verbleiben. Dies trat auch ein, da ein Beamter Heinrichs die bereits erhobenen außerordentlichen Steuergelder veruntreute. Am 22. August 1569 verzichtete Heinrich VII. im Vertrag von Dresden endgültig zugunsten der Schuldentilgung auf die Ämter Plauen, Voigtsberg und Pausa. Daraus bildete August 1570 den Vogt-

Erwerbung des Vogtlandes

Vertrag von Annaberg 1556

ländischen Kreis. In der Zwischenzeit hatte er von seinem Jugendfreund Kaiser Maximilian II. 1566 das Versprechen erhalten, dass er ihn mit dem Vogtland belehnen würde. Allerdings musste der Wettiner seinerseits versprechen, dass er keine weiteren böhmischen Lehen erwerben werde. Als Heinrich VII. am 22. Januar 1572 im Alter von 36 Jahren starb, erlosch die ältere Linie der Vögte von Plauen und alles kam an die albertinischen Wettiner. 1575 erlangte Kurfürst August die zugesagte Belehnung durch Maximilian II., womit das Vogtland dauerhaft bei Kursachsen blieb. 1602 bestimmte dann Kurfürst Christian II. Plauen zum Verwaltungssitz des Vogtländischen Kreises.

Bildung des Vogtländischen Kreises 1570

Die von Kurfürst August nach dem Tod des Herzogs Johann Wilhelm von Sachsen am 2. März 1573 übernommene Vormundschaft über dessen unmündige Kinder nutzte der Albertiner aus, um neben den Ernestinern auch selbst Erbansprüche auf die Grafschaft Henneberg geltend zu machen. Auch dies erreichte er dank seiner engen persönlichen Beziehungen zu Kaiser Maximilian II., der am 25. September 1573 einen neuen Expectanzbrief für August ausstellte, in dem den Söhnen von Herzog Johann Wilhelm im Erbfall sieben Zwölftel und August fünf Zwölftel der Grafschaft Henneberg zugestanden wurden. Als mit dem Tod von Graf Georg Ernst von Henneberg am 27. Dezember 1583 das Grafengeschlecht im Mannesstamm erlosch, nahm Kurfürst August für sich und seine Vormünder die Grafschaft in Besitz. Bis 1660 blieb sie in gemeinschaftlicher Verwaltung. Dann erfolgte eine Teilung zwischen Kursachsen, den Herzögen von Sachsen und der Landgrafschaft Hessen-Kassel. Die ehemals hennebergischen Gebiete um Schleusingen kamen dauerhaft zu Kursachsen.

Vormundschaft über die Ernestiner 1573

Übernahme der Grafschaft Henneberg 1583

Schließlich gelang eine Ausdehnung des kursächsischen Staatswesens nach Nordwesten in Richtung des Harzes. Die seit dem 15. Jahrhundert in lehnsrechtlicher Abhängigkeit von den Wettinern stehende Grafschaft Mansfeld wurde wegen großer Schulden des Grafengeschlechts 1570 in Sequestration genommen. Drei Fünftel davon kamen unter die Zwangsverwaltung der Oberlehnsherren Bistum Halberstadt, Erzbistum Magdeburg und Kurfürstentum Sachsen. 1573 bzw. 1579 gingen die Verwaltungsrechte von Halberstadt und Magdeburg auf Kursachsen über. Dafür verzichtete August auf seine Rechte als Burggraf von Magdeburg im Erzstift, behielt aber die vier kleinen Ämter Gommern, Ranis, Elbenau und Plötzkau. 1574 ließ er sich die Schutzvogteirechte über das Stift Quedlinburg nicht nur ausdrücklich bestätigten, sondern übte sie praktisch auch aus.

Sequestration über die Grafschaft Mansfeld 1570

Vogteirechte über Stift Quedlinburg

Für die weitere Konsolidierung des kursächsischen Staates wurde im Bereich der Rechtsprechung die Unabhängigkeit vom Reichskammergericht bedeutsam. Den Kurfürsten des Reiches stand das »privilegium de non appellando et de non evocando« zu. Dieses Privileg ließ gegen ein kurfürstliches Urteil kein Rechtsmittel und damit keine Berufung zu. Nach Einrichtung des Reichskammergerichts 1495 wurde dieses kurfürstliche Recht ausgehöhlt, so dass bereits Moritz 1550 und dann August nach 1555 anstrebten, sich dieses Privileg vom Kaiser neu bestätigen zu lassen. Auf dem Kurfürstentag zu Frankfurt 1558 versprach Kaiser Ferdinand dem Wettiner persönlich die Neubestätigung des Privilegs. »Doch blieb die Sache, wenngleich der kurfürstliche Rat Dr. Kramm (seit dem August 1558) aufs Neue in Wien unterhandelte, insbesondere wegen der Schwierigkeiten, welche der Vizekanzler Dr. Jonas, der nach Kramm's Ausdrucke ›geschmiert‹ sein wollte, machte, bis zum Augsburger Reichstage im Jahre 1559 ausgesetzt.«[10] Nach einem energischen Auftritt Augusts auf dem Augsburger Reichstag im April 1559 wurde dann schließlich am 2. Mai 1559 dieses Privileg für das gesamte sächsische Haus vom Kaiser nochmals bestätigt: alle Rechtsmittel gegen Urteile, Erkenntnisse usw. der Kur-

Privilegium de non appellando

Bestätigung des Privilegs am 2. Mai 1559

und Fürsten zu Sachsen waren künftig verboten und wurden für null und nichtig erklärt. Noch im gleichen Jahr brachte Kurfürst August das Appellationsverfahren in seinem Land in eine feste Ordnung. Das Appellationsgericht als Spruchkollegium mit einem festen Kreis von Räten als Beisitzer wurde in Dresden eingerichtet. Diese hohe Appellationsinstanz war für das gesamte Kurfürstentum zuständig, unabhängig von der verfassungsrechtlichen Stellung der einzelnen Territorialeinheiten im Lande. Damit wurde in entscheidendem Maße die rechtliche Eigenständigkeit des kursächsischen Staates betont.

Einrichtung des Appellationsgerichts 1559

Gleichzeitig kam es zu einer weiteren Ausprägung der Verwaltungsorganisation. Die einzelnen Zweige staatlicher Verwaltungstätigkeit vervollständigten sich zunehmend. Der Kurfürst bildete 1555 die kurfürstliche Kammer mit dem Kammersekretär, die über den die Landesregierung bildenden Kanzler und die Hofräte gestellt wurde. Auf diese Art behielt sich der Kurfürst mit seinen Räten die wichtigsten Angelegenheiten selbst vor und trennte davon die »gemeinen Sachen« ab, von denen sich wenig später nochmals die Justizsachen absonderten. Es gab seit 1555 eine Bergverwaltung mit dem Bergmeister, dem Oberbergamt in Freiberg und den Bergämtern im Gebirge, eine eigenständige Finanzverwaltung mit der Kammer an der Spitze. Das mündete in die Gründung des Geheimen Rates im Jahre 1574 als oberste kollegialisch organisierte Zentralbehörde. Davon abgegrenzt bearbeiteten die in der Landesregierung vereinigten Hofräte die inneren Angelegenheiten und die Rechtsprechung. 1570 konstituierte sich das Obersteuerkollegium für die Oberaufsicht über die von den Landständen bewilligten Steuern, 1573 wurde der Landrentmeister als oberster Beamter der kurfürstlichen Verwaltung eingesetzt. Für die zentralen Behörden errichtete der kurfürstliche Baumeister Hans Irmisch 1565/66 neben dem Dresdner Schloss ein eigenes Gebäude, das Kanzleihaus. Die Auflösung des Geheimen Rates unter Kurfürst Christian I. blieb verwaltungsgeschichtlich eine Episode. 1592 wurde der Geheime Rat als außen- und innenpolitische Oberbehörde wieder gebildet und nahm mit der Ordnung von Kurfürst Christian II. im Jahre 1601 endgültige Gestalt an.

Bildung des Geheimen Rates 1574

Durchbildung der Ämterorganisation

Auf der lokalen Verwaltungsebene gelang die Durchbildung der Ämterorganisation. Die Ämter vereinten die innere und die Finanzverwaltung auf lokaler Ebene und wurden auf diese Weise zur entscheidenden unteren Verwaltungsbehörde des institutionalisierten Staates. Die Ämter als Basis der sich dif-

Verwaltungsaufbau des Kurfürstentums Sachsen in der 2. Hälfte des 16. Jahrhunderts
Entwurf: Reiner Groß

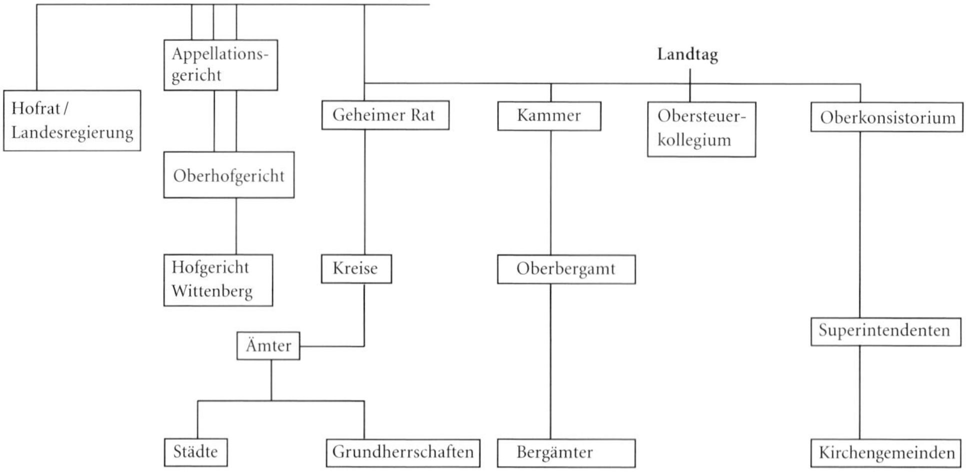

ferenzierenden Behördenorganisation stellten das Verbindungsglied zwischen der Zentralverwaltung und den Ortsobrigkeiten dar. Der Amtmann und der Amtsschösser wurden zu kurfürstlichen Beamten, die in ihrem Amtsbezirk den Landesherrn repräsentierten, seine Anordnungen und Befehle durchsetzten, deren Einhaltung überwachten und die staatlichen Einkünfte verwalteten. Das war mit einer höheren Schriftlichkeit sowohl im Amt als auch im Verkehr mit dem Landesherrn in Dresden verbunden, die sich noch durch die räumliche Ausdehnung der Ämterorganisation, wie bereits dargestellt, erweiterte.

Das Verhältnis zu den Landständen entwickelte sich recht erfreulich. Während Kurfürst Moritz mehrfach versucht hatte, die ständische Mitwirkung an den Regierungsgeschäften auszuschalten, betrieb Kurfürst August weitgehend eine Politik des Einvernehmens mit seinen Ständen. Dabei trafen sich die Interessen des Landesherrn mit denen des Adels und Stadtbürgertums ebenso auf wirtschaftlichem wie auf außenpolitischem Gebiet, so dass rückschauend jene Jahre einmal als die für Sachsen klassische Periode des Ständestaates bezeichnet wurden.

»Grumbach'sche Händel«

Die von Moritz nach 1549 betriebene Annäherung an Frankreich wurde von seinem Nachfolger rückgängig gemacht. Das ging so weit, dass im spanisch-französischen Krieg nach 1556 der sächsische Adel daran gehindert wurde, in französische Dienste zu treten. Das ergab sich aus der nach 1555 vollzogenen Anlehnung an das Haus Habsburg. Neben der politischen Hinwendung zu Österreich wurden vor allem zu Dänemark sehr enge, dauerhafte Beziehungen unterhalten, die durch verwandtschaftliche Bindungen gefestigt waren. Kursachsen und Dänemark verbanden in dieser Zeit gemeinsame Interessen.

Spanisch-französischer Krieg 1556

Der Herzog Franz von Lothringen aus dem Hause Guise, der mit einer Tochter des dänischen Königs Christian II. verheiratet war, meldete nach dessen Tod 1559 Erbansprüche auf den dänischen Thron an. Gleichzeitig war der Franzose mit den Ernestinern verbunden, so dass Lothringen zu einem Sammelplatz der feindlichen Interessen gegen Kursachsen wurde.

Der Konflikt mündete in die so genannten Grumbach'schen Händel. Der fränkische Adelige Wilhelm von Grumbach, Besitzer der Grundherrschaft Rimpar und Untergleichfeld im Bistum Würzburg, war 1545 in einen lehensrechtlichen Konflikt mit dem Würzburger Bischof geraten. Als Markgraf Albrecht Alkibiades den »Markgräflerkrieg« in Franken 1552 begann, wurde Grumbach sein engster Vertrauter und beide flohen 1553 nach Frankreich. 1554 versuchte Grumbach, seine Forderungen gegen den Würzburger Bischof durchzusetzen. Als dies nicht gelang, inszenierte er im Frühjahr 1558 einen Überfall auf das Bistum Würzburg, bei dem am 15. April Bischof Melchior Zobel den Tod fand. Danach floh Grumbach erneut nach Lothringen, wo er sich mit Herzog Johann Friedrich dem Mittleren von Sachsen verbündete und zu dessen engstem Ratgeber wurde. Gemeinsam schmiedeten sie Pläne zur Rückerlangung der Kur für die Ernestiner, ja zur grundlegenden Veränderung der Reichsverfassung. Durch das Bündnis von fränkischem Adel und französisch-lothringischer Politik gegen Kaiser und Reich entstand auch eine akute Gefahr für das albertinische Kurfürstentum Sachsen, die zu Beginn der Sechzigerjahre durch den Ausbruch des Religionskrieges in Frankreich zunächst gebannt schien.

Markgräflerkrieg in Franken 1552

Anna von Sachsen, zweite Frau Wilhelms von Oranien. Kupferstich von Jacobus Houbraken, um 1750

Kurfürst August betrieb dazu selbst eine aktive Außenpolitik, indem er durch Vermittlung eines englisch-dänischen Heiratsprojektes eine politische Front gegen Frankreich aufzubauen versuchte. In gleiche Richtung zielte die Verheiratung von Anna, der Tochter von Kurfürst Moritz, mit Graf Wilhelm von Oranien. Kurfürst August richtete 1561 in Leipzig die prachtvolle Hochzeit aus. Schließlich sicherte er sich die Unterstützung von Kaiser Ferdinand I. durch sein Eintreten für die Wahl von dessen Sohn Maximilian zum römischen König am 24. November 1562.

Achtsmandat vom 13. Oktober 1563

Vollzug der Reichsacht gegen Herzog Johann Friedrich den Mittleren von Sachsen und Wilhelm von Grumbach ab 1565

Belagerung und Einnahme von Gotha 1566/67

In dieser politisch angespannten Situation überfiel Grumbach mit seinen Anhängern am 4. Oktober 1563 das Bistum Würzburg, plünderte die Stadt und erzwang vom Kapitel des Bistums einen Vertrag über seine Besitztümer. Dieses Vorgehen bedeutete Landfriedensbruch und wurde von Kaiser Ferdinand I. sofort mit dem Achtsmandat vom 13. Oktober geahndet. Die so Geächteten fanden in Weimar bei Herzog Johann Friedrich dem Mittleren Aufnahme und Unterstützung. Den wiederholten kaiserlichen Forderungen nach Auslieferung Grumbachs und seiner Gehilfen leistete der Ernestiner keine Folge. Zum besseren Schutz vor militärischen Aktionen des Reiches verlegte Johann Friedrich seine Residenz von Weimar auf den Grimmenstein in Gotha. Auf dem Reichsdeputationstag zu Worms 1565 übertrug Kaiser Ferdinand I. dem sächsischen Kurfürsten den Vollzug der Reichsacht. Zunächst verhinderten das Ableben des Kaisers und Versuche einer gütlichen Einigung die militärische Aktion. Als jedoch im Frühjahr 1566 der Plan eines Mordanschlags auf Kurfürst August sowie militärische Vorbereitungen Frankreichs und Schwedens gegen Dänemark und Kursachsen bekannt wurden, beschloss der Reichstag zu Augsburg im April einen raschen Vollzug der Reichsacht. Nachdem Kaiser Maximilian II. am 12. Dezember 1566 noch die Acht über den ernestinischen Herzog ausgesprochen hatte, begann Kurfürst August die militärischen Aktionen. An der Spitze eines Heeres von 5489 Reitern und 31 Fähnlein Fußvolk begann er am 24. Dezember 1566 die Belagerung von Gotha. Die Hilfeleistungen aus Frankreich, Schweden, den Niederlanden und durch die Reichsritterschaft, auf die Johann Friedrich und Grumbach fest gebaut hatten, blieben aus. Nach einem Aufruhr von Bürgern und Soldaten am 4. April kapitulierte die Stadt am 13. April 1567. Herzog Johann Friedrich der Mittlere ergab sich auf Gnade und Ungnade seinem albertinischen Verwandten; Grumbach, Kanzler Brück und ihre Anhänger wurden ausgeliefert. Noch am gleichen Tag hielt Kurfürst August nach Verhör und Folter über sie Gericht. Am 14. April ließ er Grumbach und Kanzler Brück auf dem Markt zu Gotha vierteilen, drei weitere Verurteilte enthaupten und einen hängen. Die Festung Gotha und der Grimmenstein wurden geschleift. Herzog Johann Friedrich wurde über Meißen und Dresden nach Wien gebracht, wo er bis zu seinem Tod 1595 in Gefangenschaft blieb.

Der erfolgreiche Vollzug der Reichsacht festigte Kursachsens Stellung im Reich in einer bis dahin nicht gekannten Weise. Nach der »Grumbach'schen Fehde« wurden die albertinische Kurwürde und der Naumburger Vertrag seitens der Ernestiner nie wieder in Frage gestellt. Die Reichssouveränität war nachträglich verteidigt worden. Das Landesfürstentum im Reich hatte über die immer mehr an Bedeutung verlierende Reichsritterschaft den Sieg errungen. Der Staatsgedanke im albertinischen Kurfürstentum wurde gestärkt.

Kultur, Wissenschaft und Technik

Reformierung des Bildungswesens ab 1541

Seit den Tagen der Reformation und Luthers Aufruf »An die Ratsherren aller Städte deutschen Lands, daß sie christliche Schulen aufrichten und erhalten sollen« entwickelte sich auf der Grundlage des darin enthaltenen Schulprogramms ein ausgeprägtes und vorbildliches Bildungswesen, vornehmlich in Sachsen. Daran war Philipp Melanchthon mit dem von ihm vertretenen humanistischen Bildungsideal und seinen Bemühungen um ein höheres Schulwesen für das aufstrebende Bürgertum in besonderem Maße beteiligt. Die nach 1541 einsetzende Reformierung des Bildungswesens geschah vor allem zur Heranbildung von befähigten Beamten für eine geordnete Staatsverwaltung.

Philipp Melanchthon. Gemälde aus der Werkstatt Lucas Cranachs d. Ä.

Einrichtung der Fürstenschulen 1543

Zum Vorbild wurden etwa die Schule des Rechenmeisters Adam Ries in Annaberg und die Zwickauer Ratsschule unter den Rektoren Stephan Roth, Georgius Agricola und Leonhard Natter. Die Einrichtung von allgemeinen Landesschulen 1543 durch Herzog Moritz, die den Vorrang vor den bestehenden städtischen Gelehrtenschulen erhielten, war beispielhaft in Deutschland. Diese Schulen wurden zu Vorbereitungsanstalten für das Studium an den Universitäten, an denen durch ausreichende materielle Dotierung aus dem säkularisierten geistlichen Besitz begabte Kinder aus allen sozialen Klassen und Schichten ausgebildet werden konnten. Die Fürstenschulen in Meißen und Pforta nahmen 1543/44 den Unterricht auf. Erstere gewann unter ihrem zweiten Rektor Georg Fabricius aus Chemnitz, einem Schüler von Jacob Sturm in Straßburg, seit 1546 hohe Anerkennung. 1550 wurde dann, zunächst in Merseburg vorgesehen, als dritte Landesschule die Fürstenschule Grimma eingerichtet. Daneben entstanden weitere Schulen in Stadt und Land, unterstützt durch die bemerkenswerte Schulordnung von 1580.

Humanistische Bildungsideale an den Universitäten Leipzig und Wittenberg

Humanistische Ideen und Vorstellungen bestimmten im 16. Jahrhundert maßgeblich das geistige, kulturelle, politische und kirchliche Leben des ernestinischen und albertinischen Machtbereiches der Wettiner. Der Mensch und nicht mehr Gott stand im Zentrum menschlichen Denkens und Handelns. Viele Hochschullehrer, die nach 1547 europäischen Ruhm erlangten, waren im Geiste des Humanismus an den kursächsischen Universitäten erzogen worden und bildeten ihrerseits weitere Generationen in dieser weltanschaulich-geistigen Grundhaltung aus. Im albertinischen Kursachsen wurde dies durch landesherrliche Maßnahmen gefördert, die zu einer Erhöhung des Bildungsniveaus an den Universitäten führten. Das Land besaß nun zwei Hochschulen, neben Leipzig die erst 1502 gegründete Universität Wittenberg. Sie war eine der jüngsten deutschen Hochschuleinrichtungen, die jedoch durch die Lehrtätigkeit der Theologen Martin Luther, Philipp Melanchthon, Justus Jonas und Georg Major, der Juristen Hieronymus Schurff, Benedikt Pauli und Ulrich Mordeisen, des Mathematikers Joachim von Lauchen, genannt Rhaeticus, der zwei Jahre mit dem weltberühmten Astronomen Nikolaus Kopernikus zusammengearbeitet hatte und 1542 an die Leipziger Universität überwechselte, bald Berühmtheit erlangte und große Anziehungskraft über die Landesgrenzen hinweg auf die Studierenden ausübte. Für beide sächsische Universitäten waren die Jahre um die Mitte des 16. Jahrhunderts Jahre der Reform. Beide wurden von Kurfürst Moritz und später Kurfürst August durch bedeutende Zuweisungen von ehemals geistlichem Grundbesitz materiell gesichert. Die Leipziger Universität erhielt neben dem Paulinerkloster in der Stadt fünf Dörfer, die Wittenberger Universität jährlich Einkünfte von insgesamt 4 400 Gulden. Dadurch wurde es möglich, die Anzahl der Professoren und die von ihnen in den Fakultäten vertretenen wissenschaftlichen Disziplinen zu erhöhen und ihnen ein festes Einkommen zu gewähren. Die Universität Leipzig, deren Reformierung mit den von Joachim Camerarius 1559 verfassten Statuten zum Abschluss kam, zeichnete sich durch Gelehrte wie den bereits genannten Mathematiker Rhaeticus sowie den Juristen und späteren kursächsischen Kanzler Mordeisen, den aus Schottland gebürtigen Theologen Alexander Alesius, den Philosophen Wolfgang Meurer, die Theologen Bernhard Ziegler und Nikolaus Selnecker und den 1550 berufenen Mathematiker, Astronomen und ersten kursächsischen Kartographen Johannes Humelius aus.

Joachim Camerarius. Gemälde eines unbekannten Künstlers

Leipziger Universitätsreform 1559

Gelehrte an der Wittenberger Universität

In der zweiten Hälfte des 16. Jahrhunderts wirkten an der Wittenberger Hochschule, deren Theologische Fakultät in den Sechziger- und Siebzigerjahren in den Streit zwischen dem orthodoxen Luthertum und den so genannten Kryptocalvinisten einbezogen war, gleichfalls zahlreiche namhafte Gelehrte:

Kettenflasche aus vergoldetem Silber, Perlmuttplatten und Smaragden von Georg Rühl, um 1600

der Theologe Paul Ebner, der spätere kursächsische Kanzler und Jurist Georg Craco, der aus den Niederlanden stammende Jurist Matthäus Wesenbeck, der Mathematiker, Astronom und Mediziner Kaspar Peucer sowie der Mathematiker Valentin Otto.

Im wissenschaftlich aufblühenden Kursachsen erfreuten sich sowohl die Geisteswissenschaften, z. B. Geschichte und Geschichtsschreibung, etwa durch Petrus Albinus und Matthäus Dresser, als auch die naturwissenschaftlichen Fächer verstärkter Aufmerksamkeit. Mathematik, Physik, Medizin und Arzneikunde standen in hohem Ansehen. Ihre Vertreter, etwa Luthers Sohn als Leibarzt oder Rieses Söhne Abraham und Isaak, genossen das besondere Vertrauen von Kurfürst August. Mit ihnen und vielen anderen Gelehrten stand er in wissenschaftlichem Meinungsaustausch und zog sie bei der ständigen Erweiterung seiner vermutlich 1560 im Dresdner Schloss eingerichteten Kunstkammer ebenso hinzu wie bei den Versuchen und Überlegungen zur allgemeineren praktischen Anwendung daraus entspringender technischer Erkenntnisse.

Einrichtung der Kunstkammer 1560

Dem ersten schriftlichen Inventar der Kunstkammer aus dem Jahre 1587 sind die Sammlungsgegenstände zu entnehmen: Erd- und Himmelsgloben, selbsttätige Datumsanzeiger, immerwährende Kalender, Uhren aller Art, ein Reißtisch mit allen notwendigen Gerätschaften zum technischen Zeichnen und zur Vermessungstechnik, Landkarten, geometrische Instrumente, Kompasse, kunstfertige Behältnisse, kunstvoll geschliffene Edelsteine und Gläser. Diese Kunstkammer, als die zweitälteste ihrer Art nach der 1553 in Wien entstandenen Sammlung, besaß zu ihrer Zeit bereits ebenso europäischen Rang wie die 1557 eingerichtete kurfürstliche Bibliothek. Auch in anderen Bereichen geschah Wesentliches. 1568 nahm die Hofbuchdruckerei in Dresden die Arbeit auf, auswärtige Musiker, Maler, Bildhauer und Architekten wurden nach Dresden berufen, so Matthias le Maistre und Antonio Scandelli als Hofkapellmeister, die Brüder da Tola als Musiker und gleichfalls als Maler, Giovanni Maria Nosseni als Maler, Bildhauer und Architekt.

Italienische Künstler in Dresden

Bemerkenswertes geschah auf dem Gebiet der Architektur und des Bauwesens, Ausdruck der gewachsenen Leistungskraft des Landes im Zeitalter der Renaissance. Herzog Moritz hatte ab 1543 in fieberhafter Eile die Befestigung seiner wichtigsten Städte vorangetrieben: in Dresden mit dem Bau völlig neuer Festungsanlagen unter den Baumeistern Caspar Voigt von Wierandt und Hans Dehn-Rothfelser, in Leipzig mit neuen Bastionen und dem Ausbau der

Ansicht von Dresden mit Schloss, Festungsanlagen und Elbbrücke. Bleistiftzeichnung von Gabriele da Tola, um 1570

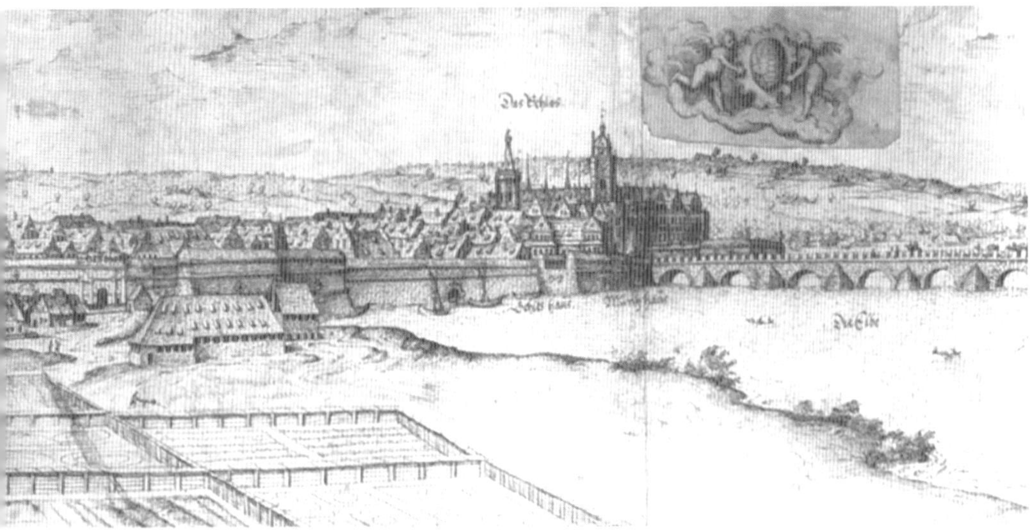

Pleißenburg. Unter seinem Bruder August wurden diese Bauten beendet, zugleich aber neue Arbeiten großen Umfangs weitergeführt bzw. begonnen, so der Schlossbau in Dresden, die Augustusburg von 1568 bis 1573, die Annaburg von 1571 bis 1573 und die Lichtenburg von 1573 bis 1581, das Zeughaus, der Stallhof und der Jägerhof in Dresden sowie Schloss Moritzburg. Dazu kamen zahlreiche Bürgerhäuser, Rathäuser, adelige Schlösser und Kirchen. Die Architekten, zugleich ausführende Baumeister, genießen heute noch Weltruf, z. B. der seit 1559 in Dresden tätige, 1576 als Oberzeugmeister bestallte, aus Nürnberg gebürtige Schraubenmacher Paul Buchner, Graf Rochus von Lynar als Festungsbaumeister von 1569 bis 1578 in Dresden und Baumeister des Zwingerwalles bis zur Elbe sowie der neuen Bastei hinter dem Dresdner Schloss, Hans Irmisch als Schöpfer des Kanzleihauses und des Stallhofes in Dresden sowie des Schlosses Freudenstein in Freiberg, der Leipziger Bürgermeister Hieronymus Lotter als Baumeister des Leipziger Rathauses und der Augustusburg. Die zweite Hälfte des 16. Jahrhunderts bis in die Anfänge des 17. Jahrhunderts hinein war eine Zeit reger Bautätigkeit als Ausdruck von landesherrlicher Repräsentanz im Bewusstsein der eigenen politischen Stellung im Reich und in Europa.

Bauleistungen unter Kurfürst August

Einführung der Constitutiones

Für die weitere Ausgestaltung des kursächsischen Staatswesens erwies sich nach der außenpolitischen Konsolidierung der Bereich der Rechtsprechung und der allgemeinen Normensetzung als besonders wichtig. Insgesamt hatte sich zwar in der Rechtsprechung das römische Recht, auch als kaiserliches Recht bezeichnet, durchgesetzt. Das wurde durch die Juristischen Fakultäten der Universitäten Leipzig und Wittenberg garantiert. Trotzdem fand noch immer »Sachsenrecht« Anwendung. Daraus ergab sich eine uneinheitliche Rechtspraxis. Neben römischem und kanonischem Recht wurden sowohl das landesübliche allgemeine Sachsenrecht als auch ständische Rechtssetzungen angewendet. So beschwerten sich die Stände auf den Landtagen von 1565 bis 1570 über die »ungleichen und widerwärtigen Urtel« und sie rügten Hofgericht, Juristenfakultäten und Schöppenstühle, dass sie »auf die Rechtsfragen und Acten« unterschiedlich erkennen würden. Um diesem Umstand abzuhelfen, beauftragte Kurfürst August 1570 Leipziger und Wittenberger Juristen mit der Ausarbeitung einheitlicher Rechtsnormen. Der 1571 vorgelegte Entwurf bildete 1572 die Grundlage für eine Konferenz in Meißen, an der die Wittenberger Juristen Teuber, von Beust und Wesenbeck, die Leipziger Juristen Thoming, Badehorn und Reifschneider, der kursächsische Kanzler Kiesewetter und die kursächsischen Räte von Berlepsch, von Zeschau, Abraham Bock, von Bernstein und Pfeifer unter Leitung von Georg Craco teilnahmen. Sie erarbeiteten die 172 Constitutionen, die unter dem 21. April 1572 als Gesetz vollzogen und am 28. April 1572 durch kurfürstlichen Befehl bekannt gemacht wurden. Das in vier Teile gegliederte Gesetzbuch regelte das gerichtliche Verfahren, die vertragsrechtlichen Entscheidungen, das Erbrecht und das Strafrecht. Die Rechtssätze zeichneten sich durch inhaltliche Klarheit und eindeutige sprachliche Formulierung aus. Die darauf beruhende einheitliche Rechtsprechung setzte den Gleichheitsgrundsatz der Bürger gegen viele städtische Privilegien durch.

Uneinheitliche Rechtspraxis

Ausarbeitung einheitlicher Rechtsnormen ab 1570

Erlass der Constitutiones am 21. April 1572

So wundert es nicht, wenn sich beispielsweise Leipzig und Freiberg gegen die Einführung der Constitutiones sträubten. Die Einsprüche der Stadträte wurden vom Kurfürsten mit Härte zurückgewiesen. Im kurfürstlichen Auftrag beantwortete Craco den Freiberger Protest mit den Worten: »Etliche Städte hätten ein grob unvernünftig Recht, welches auch gegen die Natur liefe, und eben dieses sollte nun aufgehoben sein; namentlich sei das Freiberger Erbrecht

Haltungen gegen die Constitutiones

grob, viehisch, unmenschlich und unbillig und seines Erachtens, weil es dem Walde nahe, aus Böhmen in diese herrlichen Lande geflohen, derwegen man es ausrotten müsse.«[11] Diese Rechtsetzung hatte Vorbildwirkung über Kursachsen hinaus und blieb noch im 19. Jahrhundert gültig, bis sie durch das Sächsische Bürgerliche Gesetzbuch 1862 abgelöst wurde.

Neben diesem Gesetzeswerk waren es Landesordnungen, die das Leben der Menschen normierten. Der Beseitigung der »Landesgebrechen«, wie sie auf dem Landtag von 1554 vorgetragen wurden, galt die Landesordnung vom 1. Oktober 1555, die in späteren Jahren durch kurfürstliche Mandate erneuert und teilweise ergänzt wurde. Diese Landesordnung war die Grundlage für die Sicherung der »bürgerlichen Wohlfahrt« durch »polizeiliche« Anordnungen im Sinne allgemeiner Verwaltung. Sie galt der Wahrung des Landfriedens, der Verhinderung von fremden Werbungen für ausländische Kriegsdienste, der Verfolgung der Zigeuner, da man sie für Kundschafter der Türken hielt, der Einhaltung der Kleiderordnungen und der Bekämpfung von Luxus und erhöhtem Aufwand. So wurde beispielsweise 1562 den Wittenberger Professoren, den Licentiaten und Ratspersonen verboten, bei Hochzeiten ihrer Kinder mehr als zehn Tafeln zu je zwölf Personen zu besetzen und dabei mehr als sechs Speisen zu reichen.

Landesordnung vom 1. Oktober 1555

Kirchenpolitik, Kryptocalvinismus und orthodoxes Luthertum

Nach Luthers Tod verstärkte sich die Aufspaltung des Protestantismus in verschiedene Strömungen. Flacianer und Philippisten, orthodoxe Lutheraner und Calvinisten meinten, jeder für sich die »reine« protestantische Lehre zu vertreten, warben um Anhänger und bekämpften sich gegenseitig. Dazu traten die Kräfte der Gegenreformation, insbesondere die Jesuiten, die seit Abschluss des Trienter Konzils 1564 versuchten, in den reformierten Gebieten neu Fuß zu fassen und sie für den Katholizismus zurückzugewinnen. Das albertinische Kurfürstentum wurde insbesondere in die kirchenpolitischen und theologischen Kontroversen zwischen dem strengen Luthertum im ernestinischen Herzogtum Sachsen mit Jena als Hochburg und dem von Philipp Melanchthon geprägten Luthertum, dem Philippismus im albertinischen Kurfürstentum, hineingezogen. Dabei war die von Kurfürst August betriebene Kirchenpolitik in den ersten Jahren seiner Regentschaft von Toleranz und Ausgleich bestimmt, wenn er selbst auch Melanchthon zuneigte. Dessen »Loci communes theologici« von 1535 waren für August richtungsweisend und davon war auch das von ihm 1559 erlassene »Corpus doctrinae Misnicum« stark beeinflusst. Diese »Mittelhaltung« in kirchenpolitischen Grundfragen gestattete dem Kurfürsten ein enges und gutes Verhältnis zum katholischen Kaiser sowie Zurückhaltung gegenüber den strengen Lutheranern ebenso wie gegenüber den calvinistischen Kräften mit der reformierten Aktionspolitik des Kurfürsten von der Pfalz. An dieser Haltung scheiterten auch alle Versuche, das Mutterland der Reformation für eine der Seiten zu gewinnen, um so die Machtverhältnisse im Reich zu verändern.

Trienter Konzil 1564

Corpus doctrinae Misnicum 1559

Zu Beginn der Siebzigerjahre wurde diese Konfessionspolitik erschüttert. Am kursächsischen Hof gewann eine Partei an Einfluss, die calvinistische Bahnen beschritt. Dieser »Wittenberger Partei« gehörten der Kanzler Dr. Georg Craco, der Schwiegersohn Melanchthons und Leibarzt des Kurfürsten Dr. Caspar Peucer, Kirchenrat Johann Stössel und Hofprediger Christian Schütz als Hauptrepräsentanten an. Bereits in den Sechzigerjahren hatte der calvinistische Einfluss zugenommen, so dass Kurfürst August ein Mandat erließ, in dem allen kursächsischen Geistlichen eingeschärft wurde, sich streng an das Corpus doctrinae zu halten. Anfang 1571 erschien in Wittenberg ein unter Mitwirkung

Calvinistische Partei am Dresdner Hof 1571

von Peucer verfasster Katechismus, in welchem die Abendmahlslehre nicht eindeutig formuliert war. Dies und die später erschienenen »Wittenberger Grundsätze«, eine Apologie des Katechismus, veranlassten Kurfürst August, im Oktober 1571 einen Konvent in Dresden abzuhalten, auf dem ein eindeutiges Bekenntnis zum Abendmahl verabschiedet und am 10. Oktober 1571 unterschrieben wurde. Trotzdem blieb für die »Wittenberger Partei« eine Auslegung im calvinistischen Sinne offen. Schließlich druckte der Leipziger Buchdrucker Vögelin 1574 eine neue Schrift, in der die calvinistische Abendmahlslehre unverhüllt dargelegt wurde. Dies führte zum Verhör des Buchdruckers, in dessen Verlauf Peucer als Autor der Schrift ermittelt wurde. Das war für die lutherisch-orthodoxe Partei am Dresdner Hof, unterstützt von Kurfürstin Anna, der Anlass, um offensiv gegen die Calvinisten vorzugehen und den Sturz des Kanzlers Craco zu betreiben.

WITTENBERGER KATECHISMUS 1571

Da nun Kurfürst August seine Religionspolitik gefährdet sah und sich von seinen engsten Ratgebern hintergangen fühlte, ging er gegen sie mit aller Härte vor. Im April 1574 ließ er Craco, Peucer, Stössel und Schütz verhaften, verhören, foltern und gefangen setzen. Craco wurde in der Leipziger Pleißenburg eingekerkert, wo er am 16. März 1575 an den Folgen mehrfacher Folterungen starb. Stössel fand am 18. März 1576 im Senftenberger Gefängnis den Tod. Peucer und Schütz überlebten in der Kerkerhaft den Kurfürsten und erlangten nach seinem Tod 1586 ihre Freiheit wieder. Die Anhänger von Craco und Peucer, in erster Linie Geistliche und Professoren der Wittenberger Universität, die dem Calvinismus nicht ausdrücklich abschworen, wurden des Landes verwiesen. Damit fand der Kryptocalvinismus in Kursachsen sein vorläufiges Ende, blieb aber im Geheimen weiter existent. Die Mehrheit des sächsischen Adels und ein großer Teil der Geistlichkeit sowie des einfachen Volkes stand hinter den theologischen und außenpolitischen Maßnahmen des Kurfürsten. In den Städten und an den Universitäten blieb ein verdeckter Widerstand erhalten, den alle Visitationen und alle Verpflichtungen auf die Konkordienformel nicht beseitigen konnten.

VERHAFTUNG VON KANZLER CRACO 1574

Die nach 1574 wesentlich von den orthodoxen Lutheranern vertretene Politik einer Einigung des Luthertums im Reich führte 1577 zur Konkordienformel und drei Jahre später zum Konkordienbuch. Das bedeutete eine Vereinheitlichung des lutherischen Bekenntnisses im Sinne einer orthodoxen Glaubensauslegung. Es war aber auch eine Vertiefung des Gegensatzes zu den Reformierten und den Anhängern der so genannten Zweiten Reformation, z. B. zur Kurpfalz. Nach den Ereignissen von 1574 begab sich Kursachen in seiner Kirchenpolitik auf den Weg des orthodoxen Luthertums.

KONKORDIENFORMEL 1577 UND KONKORDIENBUCH 1580

Zweite Reformation, Kurfürst Christian I. und Kanzler Krell

In den Sechziger- und Siebzigerjahren vollzog sich außerhalb Kursachsens ein gesellschaftlicher Prozess, der als Zweite Reformation bezeichnet worden ist. Es war eine aus der Schweizer Reformation von Zwingli und Calvin hervorgegangene Bewegung zur Abwehr der militanten Gegenreformation nach dem Konzil von Trient 1564. Bald sahen Calvinisten, Philippisten und Humanisten in einem Zusammengehen die einzige Möglichkeit, sich sowohl gegen die lutherische Orthodoxie als auch gegen den regenerierten Katholizismus zu behaupten. Diese Zweite Reformation führte in Deutschland über den Philippismus hinaus und an den Calvinismus heran, ohne allerdings völlig in diesem aufzugehen. Die Bewegung erreichte Kursachsen in der zweiten Hälfte der Achtzigerjahre.

Nach einer fast dreiunddreißigjährigen Regierungszeit verstarb Kurfürst August am 11. Februar 1586 im Alter von 60 Jahren nach einem Schlaganfall,

Tod von Kurfürst August am 11. Februar 1586

den er in Moritzburg erlitten hatte, im Dresdner Schloss. Seine erste Frau, Anna von Dänemark, war ihm 1585 im Tode vorausgegangen. Nur sechs Wochen vor seinem eigenen Tod hatte August am 3. Januar 1586 die erst dreizehnjährige Agnes Hedwig von Anhalt-Dessau geheiratet.

Nachfolger im Kurfürstenamt wurde der 1560 geborene Sohn Christian. Seit 1582 mit Sophie von Brandenburg verheiratet, war er seit 1580 von seinem Vater mit der Regierungsarbeit vertraut gemacht worden. Bis zu seinem 14. Lebensjahr war Christian durch den Hofprediger Schütz im calvinistischen Geist erzogen worden. Nach 1580, vor allem seit der Übernahme des Vorsitzes im Geheimen Rat am 24. Januar 1581, wurde die Zusammenarbeit mit dem aus dem Leipziger Großbürgertum stammenden Juristen Nikolaus Krell entscheidend. Als 1584 Christian weitgehende Befugnisse für die innere Verwaltung des Landes erhielt, wurde ihm Krell, seit 1580 Hofrat in der Dresdner Regierung, persönlich zugeordnet. Zwischen beiden entwickelte sich ein Freundschaftsverhältnis, das Krell größten persönlichen Einfluss auf alle politischen Entscheidungen erlaubte. Mit Regierungsantritt Christians I. begann der Versuch, in Kursachsen die Zweite Reformation einzuführen. Bald galt der Kurfürst außerhalb Sachsens als Calvinist. Der Nuntius am Wiener Kaiserhof schrieb nach Rom, dass Christian »ein erklärter und höchst gefährlicher Calvinist« ist. Englische Vertrauensleute berichteten dies aus Prag nach London ebenso wie Venedigs Vertraute in Prag an den Dogen.

Übernahme des Vorsitzes im Geheimen Rat durch Christian 1581

Zusammengehen von Christian I. und Nikolaus Krell ab 1584

Neben Krell wurde in der fünfjährigen Regierungszeit von Christian I. der 1544 in Braunschweig geborene Andreas Paull die politisch mitbestimmende Kraft. Seit 1584 war er Mitglied des Geheimen Rates und ab 1585 Verbindungsmann zwischen Kurfürst August und der kurprinzlichen, so genannten Kleinen Regierung. Gemeinsam mit Krell bildete er die reformierte Partei am Dresdner Hof, die sich bald gegen die lutherisch-orthodoxe Partei durchsetzte. Die »Zweite Reformation« fand damit in Kursachsen Eingang.

Kurfürst Christian I. Gemälde von Heinrich Göding, um 1590

Die neue Gesinnung wirkte sich umgehend auf die Außenpolitik aus. Die kaisertreue und habsburgfreundliche Haltung wurde aufgegeben; an ihre Stelle trat das Bemühen um Sammlung aller protestantischen Kräfte, das letztlich zur Aussöhnung mit dem Pfalzgrafen bei Rhein, Johann Kasimir, zur Unterstützung der frankreichfreundlichen Politik und zur Hilfeleistung für den französischen König Heinrich IV. von Navarra führte. Im Januar 1591 wurde in Torgau eine protestantische Union als Defensivbündnis verabredet, das Kursachsen nunmehr an die calvinistischen Reichsstände band.

Auf innenpolitischem Gebiet erfolgte eine Reformierung der Universitäten, Fürstenschulen, Konsistorien und höheren Gerichte im Sinne calvinistischer Glaubensauffassung. Die Unterschriftsleistung der Pfarrer, Professoren und Lehrer unter die Konkordienformel wurde praktisch aufgehoben. Eine im Mai 1587 durchgeführte Visitation der Universitäten Leipzig und Wittenberg führte zu einschneidenden personellen Veränderungen. An der Leipziger Universität wurde nahezu die gesamte Professorenschaft der Juristischen Fakultät ausgewechselt. Gleiches geschah an der Universität Wittenberg in der Theologischen Fakultät, aus der die Gegner der Calvinisten, so Johann Mattäus und Polycarp Leyser, entfernt wurden. Neue Ordnungen führten zur rechtlichen Absicherung der procalvinistischen Maßnahmen. Am 25. Februar 1588 trat eine neue Fürstenschulordnung in Kraft, die die kirchliche Kontrolle über die Schulen einschränkte. Die Universitäten und oberen Gerichte erhielten unter dem 24. August 1589 ebenfalls neue Ordnungen, die beim Oberhofgericht, beim Hofgericht in Wittenberg und beim Schöppenstuhl Leipzig personelle Veränderungen zur Folge hatten. Schließlich wurden die Aufgaben der Konsistorien neu geordnet, das Oberkonsistorium in Dresden wurde aufgelöst und als Konsistorium nach Meißen zurückverlegt. Dadurch wurde der Einfluss der orthodoxen Konsitorialräte am Hofe vermindert. Auf Kirchen- und Schulvisitationen wurde gänzlich verzichtet.

Kanzler Nikolaus Krell. Gemälde eines unbekannten Künstlers, um 1600

Personelle Neubesetzungen 1589

Die personellen Veränderungen, vor allem in der Kirche, wurden 1589 konsequent fortgesetzt. Die Superintendentenstellen und das Hopfpredigeramt erfuhren Neubesetzungen. An die Stelle des im Frühjahr 1589 entlassenen Thomaspfarrers und Superintendenten von Leipzig Nikolaus Selnecker trat der militante Calvinist Christoph Gundermann. Gleiches geschah in Dresden, Meißen, Oschatz, Pirna und anderen kursächsischen Städten. Der 1587 angestellte Hofprediger Johann Salmuth verdrängte die Hofprediger Mirus und Beuther und wurde 1589 Erster Hofprediger.

Eine Neuordnung der Geschäftsverteilung im Geheimen Rat nach dem Tod des einflussreichen Kammerrates Hans von Bernstein führte zur faktischen Beseitigung dieser Behörde. Am 27. Juni 1589 bestellte der Kurfürst seinen engsten Ratgeber Krell zum Kanzler. Die Hofräte Andreas Rauchbar aus Quedlinburg und Eberhard von Weyhe aus Niedersachsen wurden seine engsten Mitarbeiter. Auch für sich selbst ernannte der Kurfürst zwei neue Sekretäre: Christoph Kohlreuter als Verwalter des kurfürstlichen Schatzes und Johann Tschammer. Mit diesen Maßnahmen war der ständische Einfluss auf die Außen- und Innenpolitik weitgehend ausgeschaltet.

Untersagung des Exorzismus 1591

Bei der Taufe wurde die von Luther aufgenommene Zeremonie der Beschwörung und Austreibung von Teufel, Dämonen und bösen Geistern ab Frühjahr 1591 untersagt. Die Pfarrer wurden durch Unterschriftsleistung zur Einhaltung der Vorschrift gezwungen. Das erregte allgemein Unruhe und führte zu Widerstandsaktionen. So soll ein Dresdner Fleischer bei der Taufe seines Kindes den Pfarrer mit dem Beil in der Hand zur Anwendung des Exorzismus gezwungen haben. Vom Gedanken einer umfassenden Kirchenreform ebenso geprägt wie vom alttestamentlichen Vorbild verfassten Salmuth, Steinbach, Pierius und Rüdel eine kommentierte Luther-Bibel, die mit dem Pentateuch an der Jahreswende 1590/91 im Druck vorlag. Kurfürst Christian I. und Krell hatten die fertig gestellten Druckbogen selbst durchgesehen. Ein halbes Jahr später sollten die Bücher, jeder Band im Folioformat mit 469 Blatt Umfang, verbrannt oder in Dresden zu Feuerwerkskörpern verarbeitet werden, denn mit dem Tod von Kurfürst Christian I. am 24. September 1591 endete der Versuch, in den kursächsischen Landen ein reformiertes Kirchen- und Staatswesen aufzubauen. Als Krell am 24. Oktober 1591 gemeinsam mit dem Kammersekretär Johann von Tschammer und Kammerdiener Christoph Kohlreuter die Kanzlei verließ, wurden alle drei verhaftet.

Krell-Bibel 1591

Tod von Christian I. am 24. September 1591

Vormundschaft für Christian II. und Verfahren gegen Krell

Als Christian I. nach schwerer Krankheit starb, war sein Sohn Christian gerade acht Jahre alt geworden. Seine Erziehung lag in den Händen von Kurfürstin

Kurfürst Christian II.
Kopf der Bronzebüste
von Adrian de Vries, 1603

Sophie, die sich nach 1591 vorwiegend im Colditzer Schloss aufhielt. Kurfürst Christian II. ist wohl derjenige albertinische Wettiner, der sich überhaupt nicht für das Regentenamt eignete. »In seinen gewaltigen Gliedmaßen wohnte ein matter Geist, der seine eigene Untüchtigkeit zum Regieren fühlte und offenherzig bekannte, daß er seine Jugend zu wenig zum Lernen angewendet habe, weswegen er mit fremdem Auge sehen, mit fremden Ohren hören, mit fremdem Mund reden müsse.«[12] Die Zeitgenossen nannten ihn seiner Gutmütigkeit wegen »das fromme Herz«, aber selbst das Wenige an geistiger Kraft, das er besaß, vernebelte er noch durch das Laster des Trinkens, dem er in einem selbst für diese Zeit ungewöhnlichen Maße ergeben war. Als er am 23. Juni 1611 nach »einem zu raschen Trunke« einen Schlaganfall erlitt und noch am gleichen Tage starb, hinterließ er – in seiner Ehe mit Hedwig von Dänemark kinderlos geblieben – keine Lücke in der Regierung des Kurfürstentums Sachsen. Aber gerade in den zwei Jahrzehnten seiner Regierungszeit wäre eine aktive und die anstehenden Probleme tatkräftig anpackende Persönlichkeit notwendig gewesen. Die schwache Politik des Landesherrn stärkte den Einfluss der Stände im Land.

Vormundschaftsregierung Herzog Friedrich Wilhelms von Sachsen-Altenburg 1591 bis 1601

Im ersten Jahrzehnt seiner Regierungszeit hatte Christian unter der Vormundschaft des ernestinischen Verwandten Herzog Friedrich Wilhelm von Sachsen-Altenburg gestanden. Dieser leitete die Verwaltung des albertinischen Kurfürstentums bis zur Volljährigkeit Christians am 22. September 1601. Für die Administration erhielt Friedrich Wilhelm jährlich 100 000 Gulden aus den kursächsischen Kassen. In dieser Zeit wurden der Prozess gegen Kanzler Krell geführt, die calvinistischen Strömungen im Lande bekämpft und das orthodoxe Luthertum in seiner dominierenden Stellung gefestigt, die Stiftsgebiete für Kursachsen gesichert, weitere Gerechtsame für den Kurstaat erworben, die Hennebergische Sukzessionsangelegenheit zu klären versucht und die Verhältnisse der Ballei Thüringen des Deutschen Ordens geordnet. Der Administrator Friedrich Wilhelm kehrte wieder zur kaisertreuen Politik zurück, versuchte die Durchsetzung der Türkenhilfe für den Kaiser und bezog entschieden gegen die politischen Absichten des jungen Kurfürsten Friedrich IV. von der Pfalz Position.

Krell war nach seiner Verhaftung auf den Königstein gebracht worden. Bald gingen am Dresdner Hofe Schreiben aus Deutschland und Europa ein, die sich für den gestürzten Kanzler einsetzten und seine Freilassung forderten. Landgraf Wilhelm von Hessen, König Heinrich IV. von Frankreich und Königin Elisabeth von England wandten sich in Briefen persönlich nach Dresden. Krells Frau erlangte vom Reichskammergericht einen Freilassungsbefehl für ihren Mann; doch dem folgte die kursächsische Regierung nicht. Im Gegenteil: Man führte einen Inquisitionsprozess gegen Krell durch und unterwarf ihn der Folter. Die Prozessakten wurden beim Reichshofrat in Prag eingereicht, der

Prozesss gegen Krell und seine Hinrichtung am 29. September 1601

daraufhin das Todesurteil sprach. Eine Woche nach dem Ende der Administration und dem Eintritt der Volljährigkeit des Kurfürsten Christian II. wurde Krell schließlich am 29. September 1601 auf dem Dresdner Neumarkt öffentlich mit dem Schwert hingerichtet. Die Kurfürstinmutter sah sich an, wie der Kanzler und Vertraute ihres Mannes enthauptet wurde.

Parallel zur Verhaftung Krells und seiner engsten Mitarbeiter verlief die Bekämpfung der calvinistischen Strömungen im Lande. Auf dem Landtag zu Torgau im Februar 1592 wurde auf Antrag der Landstände die Entfernung aller Calvinisten aus Verwaltungen, Gerichten, Schulen und Kirchen beschlossen

Kirchenvisitation 1592

und dazu eine Kirchenvisitation im Kurfürstentum Sachsen angeordnet, »um das eingeschleppte Gift des Calvinismus aus dem Sachsenlande zu entfernen«. Die aus Theologen, bürgerlichen Räten und Adeligen bestehende Visitationskommission hatte sowohl die Pfarrer, Superintendenten und Theologen an den

Arretierung von Calvinisten 1591 in Leipzig. Kupferstich, 1593

Universitäten als auch die weltlichen Beamten des Kurstaates auf ihre Rechtgläubigkeit hin zu überprüfen. Dafür waren vier Visitationsartikel vom Abendmahl, von der Person Christi, von der Taufe und von der Gnadenwahl formuliert worden, die gemeinsam mit der Konkordienformel als die reine und wahrhafte Lehre der Kirche anzuerkennen und eigenhändig zu unterzeichnen waren. Wer die Unterschrift verweigerte, wurde seines Amtes enthoben. Ab 1595 wurde jede Anstellung von der Unterzeichnung der vier Artikel abhängig gemacht. Diese Praxis kulminierte im Mandat vom 1. August 1602, mit dem der Religionseid auch von kursächsischen Staatsdienern gefordert wurde. Die Überprüfungen von 1592 führten in vielen Städten und Orten zur Entlassung von Pfarrern, Stadträten, Professoren und Richtern.

Einführung des Religionseides am 1. August 1602

Die Verfolgungen aus Glaubensgründen wurden im ganzen Land von Unruhen begleitet, die gegen Anhänger des Calvinismus gerichtet waren. Am 19. und 20. Mai 1593 wurden in Leipzig Häuser von wohlhabenden Bürgern, die als calvinistisch verdächtigt wurden, gestürmt und geplündert. Als sich dieser »Calvinistensturm« zu einem regelrechten Aufstand auszuweiten drohte, ging der Stadtrat mit Waffengewalt gegen die Anführer vor. Von 40 Verhafteten wurden 19 der Folter unterworfen und schließlich vier von ihnen Ende Juni öffentlich hingerichtet. Im Oktober 1593 gab es in Dresden einen Tumult, im November 1593 einen in Torgau. Aus anderen sächsischen Städten wurde über Verfolgung und Steinigung von Calvinisten berichtet.

Calvinistensturm in Leipzig 1593

Politik zwischen Union und Liga

Als Kurfürst Christian II. nach Erreichen des 18. Lebensjahres die Regierung selbst übernahm, sah er sich mit bedeutenden politischen Ereignissen im Reich konfrontiert.

In den drei Jahrzehnten zwischen 1591 und 1618 verstärkte sich – die Differenzen zwischen dem orthodoxen Luthertum und den Reformierten geschickt ausnutzend – die Gegenreformation des Kaisers, der katholischen Reichsstände und der römischen Kirche. Kursachen war darauf bedacht, unter

Wahrung seiner eigenen politischen Ziele zwischen den Parteien zu vermitteln, um auf diese Weise den Frieden zu erhalten. Trotzdem kam es 1608 zum Abbruch des Regensburger Reichstages durch die reformierten Reichsstände und danach zu einer weiteren Polarisierung der Kräfte: im Frühsommer 1608 wurde als Bündnis der evangelischen Reichsstände die Union gegründet und im Sommer 1609, als Zusammenschluss der katholischen Reichsstände, die Liga. Kursachsen trat der Union nicht bei. Es neigte dagegen in den folgenden Jahren in konsequenter Fortführung seiner kaiser- und reichstreuen Politik sogar der katholischen Liga zu und unterstützte im österreichischen Hausstreit Kaiser Rudolf II.

Regensburger Reichstag 1608. Bildung von Union und Liga

Jülichscher Erbfolgestreit nach 1609

Diese Politik wurde kursächsischerseits vor allem durch den im Frühjahr 1609 aufbrechenden Jülischen Erbfolgestreit bestimmt. Nach dem Tod des letzten Herzogs von Jülich, Cleve, Berg und Ravensberg, Wilhelm, am 25. März 1609, erhoben der Kaiser, Kurbrandenburg, Pfalz-Neuburg und Kursachsen Erbansprüche auf diese bedeutenden niederrheinischen Territorien. Das wettinische Gesamthaus gründete seine Ansprüche auf die 1526 erfolgte Heirat von Kurfürst Johann Friedrich von Sachsen und Sibylla von Cleve, Jülich und Berg sowie auf die Tatsache, dass seit 1485 die sächsische Anwartschaft und Eventualbelehnung reichsrechtlich bestand. Nach langwierigen Verhandlungen vor Kaiser und Reichskammergericht wurde schließlich Kurfürst Christian II. am 7. Juli 1610 durch Kaiser Rudolf II. mit den niederrheinischen Territorien belehnt. Unter Hintansetzung dieser Ansprüche und in bewusster Übergehung der kaiserlichen Verlautbarungen besetzten jedoch Brandenburg und der Kurfürst von Pfalz-Neuburg die Herzogtümer und einigten sich über deren reale Teilung im Vergleich von Xanten 1614. Kursachsen ging leer aus.

Kurfürst Johann Georg I. Gemälde von Frans Luycx, nach 1656

Am Vorabend des Dreißigjährigen Krieges

Nach dem Tod von Christian II. folgte sein jüngerer Bruder Johann Georg in der Regentschaft nach. 1585 geboren, war ihm eine strengere Erziehung am Dresdner Hof zuteil geworden. Zum Abschluss seiner Ausbildung unternahm er 1601 eine Kavalierstour nach Italien, die ihn bis nach Neapel führte. Nach seiner zweiten Heirat – die erste Frau aus dem Württemberger Herzogshaus war nach fünfzehnmonatiger Ehe 1606 gestorben – mit der brandenburgischen Markgrafentocher Magdalena Sibylla nahm Johann Georg an den Regierungsgeschäften teil, so dass er bei Übernahme des Kurfürstenamtes 1611 durchaus über Kenntnisse der Verwaltungs- und Regierungspraxis verfügte. 45 Jahre lang regierte er bis zu seinem Tod am 8. Oktober 1656 das Land.

Eine der ersten Regierungshandlungen von Johann Georg I. war die Teilnahme am Kurfürstentag in Nürnberg im Oktober 1611. Dort erhob der junge Kurfürst Klage in der Jülich-Clevischen Erbangelegenheit. Nach dem Tod von Kaiser Rudolf II. am 20. Juni 1612 trat nach 93 Jahren das Reichsvikariat wieder ein. Der sächsische Kurfürst übte es ab Mai 1613 bis zur Wahl von Matthias zum neuen Kaiser auf dem Kurfürstentag zu Frankfurt a. M. aus. Das in diesem Zusammenhang von antihabsburgischen Kreisen mittelbar an Johann Georg gerichtete Angebot der Kaiserkrone lehnte er ab. Dafür spielte Kursachsen bei der Kaiserwahl eine Vermittlerrolle zwischen Liga und Union. Die Bedeutung, die der Haltung des sächsischen Kurfürsten im Reich zukam, wurde im Sommer 1617 sichtbar, als Kaiser Matthias alles daran setzte, Johann Georg I. für die Wahl seines Sohnes Ferdinand zum deutschen König zu gewinnen. Matthias weilte deshalb mit großem Gefolge vom 25. Juli bis 13. August 1617 in Dresden. Mithilfe des Dresdner Oberhofpredigers Hoe von Hoenegg erreichte er sein Ziel. Die Verhandlungen zwischen dem Kaiser und dem Kurfürsten in Dresden waren von großer Repräsentation und glänzenden Festen begleitet. Dazu wurde Heinrich Schütz, der größte deutsche Komponist vor Johann Sebastian Bach und Schöpfer der ersten deutschen Oper »Daphne«, nach Dresden geholt und als kurfürstlich-sächsischer Hofkapellmeister angestellt. Am Ende der Verhandlungen gewann Matthias die sächsische Kurstimme für die Wahl von Ferdinand zum römischen König. Die Wahl selbst kam bis zum Tod von Matthias am 15. Dezember 1618 nicht zustande, aber bei der Kaiserwahl am 28. August 1619 stimmte Kursachsen für Ferdinand.

Besuch von Kaiser Matthias 1617 in Dresden

Nachdem der Kaiser aus Dresden abgereist war, ging man an die Vorbereitung der Feiern zur hundertjährigen Wiederkehr des Beginns der lutherischen Reformation. Kursachsen bestimmte darin seine öffentliche Position. Im kurfürstlichen »Ausschreiben« vom 12. August 1617 wurde die Jubelfeier der Reformation für die Tage vom 31. Oktober bis 2. November 1617 festgesetzt, »weil das Licht des heiligen Evangelii die hundert Jahre hell in unserm Kurfürstentum und Landen geschienen, der Allhöchste auch solches wider alles Wüthen und Toben des höllischen Feindes und seiner Schuppen gemächiglich erhalten«. Im Gegensatz dazu hatte Papst Paul V. zum 10. November 1617 ein Jubeljahr angeordnet. Die theologischen Streitigkeiten wurden in der Öffentlichkeit mit Streitschriften ausgetragen, die mit dazu beitrugen, die politische Stimmung im Reich bei protestantischen und katholischen Reichsständen aufzuheizen. Das Zentrum der Auseinandersetzungen lag zunächst in Böhmen. Kursachsen als unmittelbarer Nachbar mit einer langen gemeinsamen Grenze und mit gleicher Glaubenshaltung im Protestantismus wurde davon unmittelbar betroffen.

100. Jahrestag des Beginns der Reformation 1617

Kursachsen im Dreißigjährigen Krieg

Die bisherige Politik führte dahin, dass Kursachsen nicht auf der Seite der deutschen und böhmischen Protestanten unter Führung von Kurfürst Friedrich V. von der Kurpfalz stand, sondern auf der Seite des Kaisers und seiner Verbündeten. Nach dem Fenstersturz von Prag war der offene Konflikt nicht mehr zu vermeiden. Dabei waren die böhmischen Stände um Sachsen als fürstliche Schutzmacht bemüht. Doch Sachsen verfolgte zunächst eine Neutralitätspolitik, verbunden mit mehrfachen diplomatischen Bemühungen um friedlichen Ausgleich zwischen dem Kaiser und den aufständischen protestantischen Böhmen. Trotzdem erklärte sich Kursachsen bereit, böhmische Auswanderer im Lande aufzunehmen. Nach dem Tod von Kaiser Matthias trugen die böhmischen Stände dem sächsischen Kurfürsten Johann Georg I. die böhmische Königskrone an und ließen den Dresdner Hof über Friedrich Lebzelter wissen, dass man an dem Kurfürsten von Sachsen einen gar gnädigen Herrn haben wollte. Sie erhielten erneut eine Ablehnung. Man kann dies als eine nicht erkannte Chance für die albertinischen Wettiner zu einem weiteren Machtzuwachs im Reich ansehen. Mit der Annahme der böhmischen Krone wäre Kursachsen, das Königreich Böhmen mit den Markgraftümern Nieder- und Ober-

Fenstersturz zu Prag 23. Mai 1618

Angebot der böhmischen Königskrone 1619

lausitz sowie das Herzogtum Schlesien in einer Hand vereinigt gewesen. Es wäre ein Territorialkomplex in der Mitte des Reiches entstanden, der nahezu zwangsläufig zur Wahl des Wettiners zum deutschen König und Kaiser geführt hätte. Die Voraussetzungen dafür bestanden in der Überwindung des Gegensatzes zwischen Lutheranern und Calvinisten, der Ausschaltung der Ständearistokratie in Böhmen und der Eliminierung des Hauses Habsburg als europäischer Macht. Da das nicht zu erreichen war, sollte man wohl nicht vom Auslassen einer Chance, sondern besser vom Erkennen politischer Realitäten sprechen. Das gilt für Johann Georg I. und für seine Räte Caspar von Schönberg, Elias von Brandenstein, Christoph von Loß, Joachim von Loß und Abraham von Sebottendorf für die ganze Zeit des großen Krieges.

1619 wahrte Kursachsen noch die Neutralität. Diese Entscheidung war auf eingehende Geheimberichte aus der kaiserlichen Hofkanzlei in Wien ebenso wie aus anderen Teilen des Reiches gestützt. Auf dem Nürnberger Kurfürstentag im Februar 1620 trat Sachsen dann auf die Seite des Kaisers. Das geschah nicht umsonst, sondern für die kaiserliche Zusicherung, die geistlichen Stifte nicht anzutasten. Im März 1620 erhielt Johann Georg bei Verhandlungen in Mühlhausen auch die Zusage, bei tatkräftiger Hilfe für den Kaiser die militärischen Kosten erstattet zu bekommen. Die Verpfändung der Lausitzen und die Belehnung mit einem ansehnlichen Fürstentum, vermutlich Anhalt, wurden in Aussicht gestellt. Damit trat Kursachsen offen als protestantischer Reichsstand auf die Seite des Kaisers und der katholischen Reichsstände. Die böhmische Sache wurde Reichssache. Nachdem Bayern dem Kaiser mit Waffengewalt in Österreich zu Hilfe gekommen war, rückte am 26. August 1620 Johann Georg mit seinen angeworbenen Söldnertruppen in die Lausitzen ein. Zuvor war der kursächsische Generalkriegskommissar Jacob von Grünthal, der die Aufforderung zur Unterwerfung der Oberlausitzer Stände überbrachte, in Bautzen verhaftet und nach Prag abgeführt worden.

Tag von Nürnberg Februar 1620

Einfall kursächsischer Truppen in die Lausitzen am 26. August 1620

Ende August 1620 begann die Belagerung von Bautzen. Nach mehrfacher Beschießung ergab sich die Stadt am 25. September. 80 Prozent der Stadt waren zerstört, der Schaden wurde auf vier Millionen Taler geschätzt. Danach folgte ohne weitere große Kriegshandlungen die Besetzung der Ober- und Niederlausitz. Wenig später besetzte Johann Georg auch das Herzogtum Schlesien, das sich dem aufständischen Böhmen angeschlossen hatte. Vom 25. Januar bis 2. Februar 1621 führten die Lausitzer Stände in Dresden Verhandlungen, die mit dem Abschluss des so genannten Dresdner Akkords vom 21. Februar endeten. Dieser bildete die Grundlage für die tatsächliche Einbeziehung der Lausitzen als Nebenländer der böhmischen Krone in das Kurfürstentum Sachsen unter Beibehaltung ihrer ständischen Verfassung. Danach gelang es Johann Georg I. durch Taktieren zwischen den kriegführenden Parteien erneut neutral zu bleiben.

Dresdner Akkord vom 21. Februar 1621

Eine entscheidende Wende in der kursächsischen Politik trat ein, als Kaiser Ferdinand II. entgegen Wallensteins Warnungen unter dem 6. März 1629 das Restitutionsedikt erließ. Darin wurde bestimmt, dass der gesamte geistliche Besitz, der nach dem Augsburger Religionsfrieden von 1555 säkularisiert worden war, an die katholische Kirche zurückfallen sollte. Weiterhin sollte nur noch die Augsburgische Konfession geduldet werden. Besonders durch die erste Bestimmung sah sich Johann Georg I. in seinem territorialen Besitzstand mit den Stiftsgebieten der Bistümer Merseburg, Naumburg und Meißen gefährdet. Auch wenn das kaiserliche Edikt zunächst diese drei sächsischen Bistümer von den getroffenen Bestimmungen ausnahm, führte es doch zu einer Abkehr Kursachsens von der kaisertreuen Politik.

Restitutionsedikt vom 6. März 1629

Nach der Landung des Schwedenkönigs Gustav Adolf II. auf der Insel Usedom am 26. Juni 1630 und der baldigen Einnahme des norddeutschen Raumes trat Sachsen auf die Seite des schwedisch-protestantischen Lagers. Aber erst 1631 schloss es, dem Druck der protestantischen Reichsstände und den realen Gegebenheiten nachgebend, ein Bündnis mit dem Schwedenkönig Gustav Adolf, das am 11. September 1631 in Coswig bei Dessau unterzeichnet wurde. Auf dieser Grundlage nahmen sächsische Truppen an der Schlacht von Breitenfeld am 17. September 1631 und der von Lützen am 16. November 1632 teil, in der Gustav Adolf zwar den militärischen Sieg davontrug, aber selbst den Tod fand. Danach verhandelte man sächsischerseits sowohl mit Schweden und Frankreich als auch mit dem Kaiser in Leitmeritz. Unabhängig davon war Wallenstein im Herbst 1633 nach Aufkündigung des zweiten Waffenstillstandes über Schlesien in die Lausitzen gezogen, wo er Görlitz und Bautzen im Oktober besetzte. Die Ermordung Wallensteins am 25. Februar 1634 in Eger führte wiederum zu einer Änderung der kursächsischen Politik. Zunächst rückte Johann Georg erneut in die Oberlausitz ein und eroberte am 4. Mai zum zweiten Mal Bautzen, diesmal eine einzige Brandstätte, da der kaiserliche Oberst von der Goltz beim Abrücken seiner Truppen die Stadt, d. h. was von ihr 1620 noch übrig geblieben war, abbrennen ließ. Vorher hatte er die Brunnen zuschütten lassen.

Bündnis mit Schweden am 11. September 1631

Schlachten von Breitenfeld 1631 und Lützen 1632

Erneute Einnahme von Bautzen durch Johann Georg I. am 4. Mai 1634

Im Mai 1634 begannen in Leitmeritz Verhandlungen zwischen dem Kaiser und Kursachsen, die bald nach Pirna verlegt wurden, um dem Zugriff der schwedischen Armee unter Banér zu entgehen. Diese Verhandlungen, in deren Verlauf den Sachsen der dauernde Besitz der Lausitzen in Aussicht gestellt wurde, führten zur Ausarbeitung des Entwurfs eines Separatfriedens, der am 24. November unterschrieben wurde. Nach langwierigen Beratungen und Auseinandersetzungen mit den kursächsischen Ständen setzte Johann Georg die Annahme des Friedens durch. Am 30. Mai 1635 unterzeichneten die kursächsischen Gesandten auf der Prager Burg den Friedensvertrag mit dem Kaiser, der als Prager Frieden in die Geschichte eingegangen ist. Das Erzbistum Magdeburg wurde Kursachsen zugesprochen und die vier zum Erzstift gehörenden Ämter Querfurt, Jüterbog, Dahme und Burg dem Kurfürsten direkt überlassen. Die Ober- und Niederlausitz verblieben als Lehen bei Kursachsen. Das war ein beachtlicher territorialer Zugewinn.

Friede von Prag 30. Mai 1635

Prager Friedensvertrag zwischen Kaiser Ferdinand II. und Kurfürst Johann Georg I. von Sachsen. Urkunde vom 30. Mai 1635

Trotzdem brachte dieser Frieden dem kursächsischen Territorium mehr Nachteile als Vorteile. Das Land wurde nach 1635 zu einem der Hauptkriegsschauplätze mit vielfachen Plünderungen, Verwüstungen und Drangsalierungen sowohl durch die schwedischen Truppen unter Banér, später durch Torstenson, als auch durch kaiserliche Söldner. Damit gehörte Kursachsen zu den am ärgsten durch die Kriegswirren des Dreißigjährigen Krieges heimgesuchten Gebieten des Reiches.

Die militärische Macht Kursachsens war mit dem von Johann Georg I. ab 1612 aufgebauten Defensionswerk zur Landesverteidigung nicht in der Lage, die Grenzen des Landes ausreichend zu schützen. Das Defensionswerk umfasste an Fußvolk: zwei Regimenter zu je acht Fahnen mit jeweils 520 Mann, einschließlich zehn Befehlshabern und zehn Tambours und dazu ein aus 22 höheren Offizieren bestehendes Offizierskorps; dazu kamen zwei Defensionskompanien zu je 520 Mann und die Defensionskompanie für Dresden mit 304 Mann und drei Hauptleuten. Damit hatte das Defensionsfußvolk eine Gesamtstärke von 9 667 Mann. Dazu kam die Reiterei mit 1 593 Ritterpferden in zwei Regimentern und mit 16 höheren Offizieren. Schließlich gab es noch 1 500 Schanzarbeiter und 504 Knechte für die Heerfahrtswagen und Geschütze. So kam das kursächsische Defensionswerk, das sich aus angesessenen Männern nach Kreisen und Ämtern rekrutierte, auf eine Gesamtstärke von knapp 14 000 Mann. Das war zu jener Zeit die Größe einer mittleren Armee. Ihre Aufgaben bestanden in der Verteidigung fester Plätze, im militärischen Einsatz hinter Stadtmauern und im Schutz der Grenzen. So wurden die Defensioner ab 1619 immer wieder zur Besetzung der Grenzpässe auf dem Erzgebirgskamm nach Böhmen eingesetzt, insbesondere zur Sicherung des Preßnitzer Passes, des Reitzenhainer Passes und des Frauensteiner Passes. Die militärische Wirksamkeit dieser Truppe war jedoch stark eingeschränkt, so dass nach 1631 von Schweden oder Kaiserlichen belagerte sächsische Städte ohne große Gegenwehr aufgegeben wurden. Freiberg bildete mit der erfolgreichen Abwehr von zwei Belagerungen eine rühmliche Ausnahme.

DEFENSIONSWERK

Nachdem Schweden 1641 mit Kurbrandenburg einen Frieden geschlossen hatte, konzentrierte sich die schwedische Armee voll auf Kursachsen. Es sollte

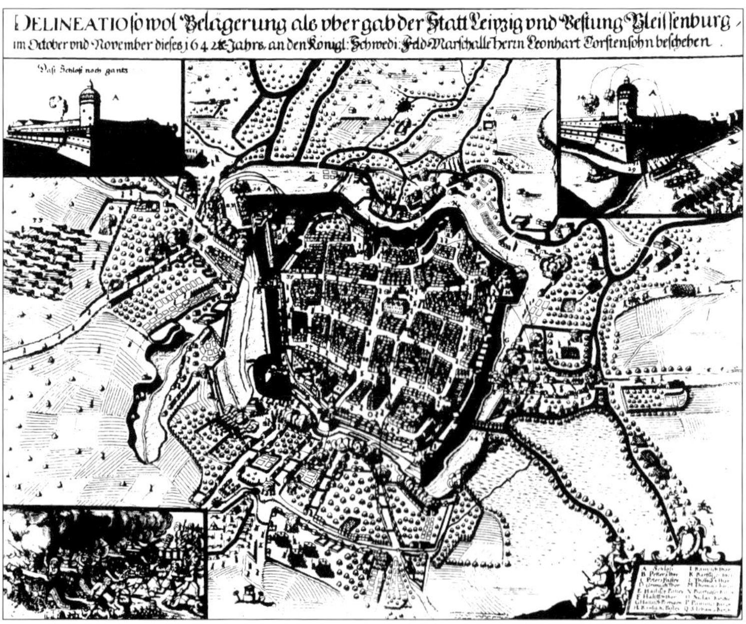

Belagerung von Leipzig durch die Schweden im Oktober und November 1642. Anonymer Kupferstich

ebenso aus der Front der Kriegsgegner herausgebrochen werden. Nach der Schlacht bei Leipzig im November 1642 begannen Verhandlungen, wobei die schwedischen Forderungen in einem festen Elbeplatz, in Kontributionszahlungen und im freien Durchzugsrecht bestanden. Als 1644 die militärische Situation für Kursachsen immer auswegloser wurde und nach der Schlacht bei Jankau im Februar 1645 absolut keine kaiserliche Hilfe mehr zu erwarten war, nahm man im August 1645 zügige Verhandlungen in Cossebaude bei Dresden auf, die zum Waffenstillstand von Kötzschenbroda am 6. September 1645 führten. Kursachsen blieb auf Seiten des Kaisers, gewährte aber den schwedischen Truppen freien Durchzug, zahlte ihnen monatlich 11 000 Taler Kontributionsgeld, verzichtete auf eine Verstärkung seiner Armee und überließ Leipzig und Torgau den Schweden. Über die Verlängerung des auf sechs Monate befristeten Waffenstillstandes wurde ab 20. Februar 1646 in Eilenburg weiter verhandelt. Mit dem am 31. März 1646 unterschriebenen Vertrag schied Kursachsen dann endgültig vorzeitig aus dem Krieg aus.

Schlacht bei Leipzig November 1642

Waffenstillstand von Kötzschenbroda 6. September 1645

Vertrag von Eilenburg 31. März 1646

Der Waffenstillstand von Kötzschenbroda brachte noch nicht die erhoffte Ruhe. Erst der Westfälische Frieden von 1648 stellte die Waffenruhe her. Die Verhandlungen für Kursachsen hatte der 1639 in kursächsische Dienste getretene Geheime Rat Dr. Johannes Leuber gemeinsam mit Hanns Ernst Pistoris in Osnabrück geführt. Die ihnen am 24. März 1646 erteilte Instruktion konnten sie in den schwierigen und langwierigen Verhandlungen durchsetzen. So lagen die Hauptergebnisse des Westfälischen Friedens im Interesse Kursachsens. Es gehörte zu den Gewinnern des Dreißigjährigen Krieges, sowohl was den territorialen Zugewinn betraf, der sich etwa in gleicher Größenordnung wie der von Bayern und Brandenburg bewegte, als auch was die Erhaltung des Reiches, insgesamt seine konstitutionelle Verfassung sowie die Festigung der Rechte der Landesfürsten betraf. Darüber hinaus bestätigte der Westfälische Frieden Kursachsen den Erwerb der Markgraftümer Ober- und Niederlausitz und den Besitz der säkularisierten Stifte. Im Reichstag erhielt Kursachsen den Vorsitz im paritätisch zusammengesetzten Corpus Evangelicorum zugesprochen.

Westfälischer Frieden von Münster und Osnabrück 1648

Die Reichsverfassung mit ihrer föderalen Organisationsstruktur wurde zum Verfassungsprinzip und sicherte den Wiederaufbau des Reiches auf der Grundlage deutscher Territorialstaaten. Anstelle eines glimpflichen Friedens bekam das Reich als einer der ersten europäischen Staaten eine Verfassung, die über 150 Jahre Geltung behielt und in ihren föderalen und institutionellen, rechtsstaatlichen und defensiven Traditionen auch danach die besseren Abschnitte deutscher Geschichte begleitete und bis heute nachwirkt. »Es ist an der Zeit, sich endgültig von den alten Verdikten zu lösen und die frühmoderne Reichsverfassung in die positiven Traditionen der Geschichte einzureihen.«[13]

Es ist noch immer schwer, die von 1630 bis 1648 eingetretenen Kriegsschäden im Kurfürstentum exakt anzugeben. Erst nach dem großen Krieg wurde man sich der schrecklichen Verwüstungen und Verluste voll bewusst. Mehrere Aspekte sind dabei zu beachten. Zum einem waren es die realen Zerstörungen und Schäden, die in den Städten und Dörfern eingetreten waren, so bei der Belagerung und Einnahme von Leipzig, Zwickau, Chemnitz und Freiberg. Städte und Dörfer wurden von kaiserlichen und schwedischen Truppen bei ihren Durchmärschen niedergebrannt, so u. a. am 21. August 1632 Bärenstein und Königswalde, am 8. November 1632 Grünhain, am 4. August 1633 Aue, am 24. Oktober 1634 Glashütte, am 21. November 1634 Zschopau, am 18. März 1639 Walthersdorf und am 11./12. April 1639 Zöblitz. Die Bauerndörfer Skassa bei Großenhain, Meuscha bei Pirna, Tronitz bei Pirna, Bräunsdorf bei Freiberg und Zweenfurth bei Leipzig wurden verwüstet, niedergebrannt und entvölkert.

Kriegsschäden

In Torgau waren zwei Drittel der Häuser, in Eilenburg die Hälfte der Häuser zerstört. In Schneeberg waren von 600 Häusern noch 100 übrig geblieben und Wittenberg hatte neben seinen Vorstädten 167 Häuser in der Innenstadt verloren. Bautzen, 1634 nur noch eine Brandstätte, wurde 1639 ein drittes Mal umkämpft. Bischofswerda erlebte schwere Plünderungen, 1631 durch die Kroaten und 1639 durch die Schweden. Gleiches geschah Görlitz. Löbau wurde wie Bautzen 1620 von Johann Georg belagert und eingenommen. 1632 geschah der Stadt Gleiches. Leipzig, viermal belagert und dreimal eingenommen, galt trotzdem noch als »des Landes bestes Asylum und armer Verjagter, dürftiger und Kranker Apothek und Brotkammer«.

Zum anderen verlangten die durchziehenden Truppen Kontributionen in erheblicher Höhe, die Einquartierungen mussten getragen werden, Häuser und Schlösser wurden geplündert. Damit waren zum Dritten Bevölkerungsverluste verbunden, die vor allem in den Pestjahren 1625, 1626, 1632, 1633, 1637, 1639, 1640 und 1644 entstanden. Die Bevölkerung Kursachsens hatte sich im Vergleich zum Beginn des 17. Jahrhunderts am Ende des Krieges um knapp die Hälfte verringert. Dies allerdings in unterschiedlicher Dichte in den einzelnen Landesteilen. Dabei waren die ländlichen Gebiete im Allgemeinen weniger betroffen als die Städte.

In Dresden, das noch verhältnismäßig wenig vom Krieg berührt worden war, wüteten Seuchen dermaßen, dass bereits 1634 noch kaum jeder fünfzehnte Hauswirt am Leben war. Freiberg konnte 1628 noch 4000 wehrhafte Männer stellen, 1649 nur mehr 500.

Dies alles schlug sich zum Vierten in einem Rückgang der finanziellen Leistungsfähigkeit nieder. Das wird vor allem an den möglichen gangbaren Steuerschocken sichtbar. Im Vergleich der Steuerkataster von 1628 und 1646 ist eine Verminderung der Steuerleistung um elf Prozent in den Ämtern, um 24 Prozent in den Städten und um sechs Prozent in den Grundherrschaften, insgesamt also um 15 Prozent zu registrieren.

IV

Kursachsen 1648 bis 1694. Vom Testament Johann Georgs I. bis zum Tod Johann Georgs IV.

Überwindung der Kriegsfolgen – Unruhen in den Schönburgischen Herrschaften – Wirtschaftliche Entwicklung – Testament von Kurfürst Johann Georg I. und die Bildung von Sekundogenituren – Außenpolitische Verwicklungen – Kurfürst Johann Georg II. und die Ständevertretung – Neue gesetzliche Bestimmungen – Hoffeste als Mittel der Politik – Münzwesen und Bergbau – Kurfürst Johann Georg III. und das stehende Heer – Kurze Regierungszeit von Johann Georg IV. – Architektur, Musik, Literatur, Malerei und Wissenschaft

Kurfürst Johann Georg II.
Gemälde von Samuel Bottschildt

Überwindung der Kriegsfolgen

Die Überwindung der Kriegsschäden geschah im Vergleich zu anderen deutschen Territorialstaaten wohl relativ rasch, dauerte aber doch vor allem bei der Wiederbesiedelung dörflicher Bauernhöfe und städtischer Hausstellen länger als bisher angenommen.

Als Johann Georg II. 1656 mit 43 Jahren die Nachfolge seines Vaters antrat, litt Kursachsen noch immer unter den wirtschaftlichen Folgen des Dreißigjährigen Krieges. Erst in der Regierungszeit seines Sohnes Johann Georg III. konnten Kriegsschäden, wirtschaftlicher Niedergang und soziale Verwahrlosung einigermaßen überwunden werden. Ein erstes Anzeichen dafür war ein wieder zunehmendes Steueraufkommen. Das jährliche Landsteueraufkommen in den Jahren 1652 bis 1659 war um etwa 27000 Gulden höher als das von 1601 bis 1609. Die zwischen 1653 und 1661 endgültig festgelegte Quatembersteuer als eine Pauschalsteuer, die der ständischen Finanzverwaltung unterstand, führte allmählich zu einer wirtschaftlichen Gesundung des Landes.

BEVÖLKERUNGSWACHSTUM

Gleiches kann für die Bevölkerungsentwicklung festgestellt werden. Die für 1650 errechnete Einwohnerzahl von 535 000 Personen stieg bis 1750 auf 1,3 Millionen an. Die durch Kriegseinwirkungen und Seuchen entstandenen Bevölkerungsverluste in Kursachsen konnten zum Teil durch Zuwanderungen aus Böhmen ausgeglichen werden. Nach der militärischen Niederlage der aufständischen böhmischen Stände in der Schlacht am Weißen Berg bei Prag am

VERTREIBUNG EVANGELISCHER GLÄUBIGER AUS BÖHMEN

8. November 1620 ordnete Kaiser Ferdinand II. eine groß angelegte Verfolgung und Vertreibung der sich zum evangelisch-protestantischen Glauben bekennenden Menschen im böhmischen Königreich an. Besonders der Grundbesitz des evangelischen Adels und der Besitz des vermögenden evangelischen Städtebürgertums wurden nach 1622 in großem Umfang konfisziert. Den Repressalien entzogen sich viele Böhmen durch die Auswanderung. Im Laufe des Dreißigjährigen Krieges verließen etwa 150 000 Menschen ihre Heimat. Die

EXULANTEN IN KURSACHSEN

Auswanderer, bald als böhmische Exulanten (Verbannte) bezeichnet, fanden in der Oberlausitz sowie im Erzgebirge, im Vogtland und in zahlreichen sächsischen Städten eine neue Heimat. Etwa die Hälfte der Auswanderer blieb in Kursachsen, die andere Hälfte ging in die Niederlande, nach Brandenburg, in die Schweiz und nach Siebenbürgen. Durften die Exulanten am Anfang noch ihr Besitztum verkaufen und das erlöste Geld mit in das Exil nehmen, so wurden sie später von Haus und Hof vertrieben. Sie erhielten dafür den Exulantenstab, einen zwei Ellen langen vierkantigen Stecken, der auf jeder Fläche Inschriften trug und sie als Unchristen, Ungehorsame und Landesverwiesene

KAISERLICHES EDIKT VOM 31. JULI 1627

kennzeichnete. Nach dem Erlass des kaiserlichen Ediktes vom 31. Juli 1627, das allen nichtkatholischen Personen in Böhmen den Aufenthalt kategorisch untersagte, wurde der Zustrom böhmischer Exulanten besonders stark. Ihre Ansiedlung geschah nachweislich in Gebieten der Oberlausitz und des Erzgebirges, die von den Kriegsfolgen besonders betroffen waren. Schätzungsweise bis zu 80000 Menschen kamen nach Kursachen, u. a. die Tuchmacher und Weber aus dem Bunzlauer und Leitmeritzer Kreis in die Oberlausitz, die Bergleute aus dem böhmischen ins sächsische Erzgebirge und ins Vogtland. Etwa 30 Exulantensiedlungen entstanden, so u. a. Georgenfeld bei Zinnwald, Neuschönberg an der Flöha, Neuwernsdorf und Holzhau.

Aus Platten vertriebene 100 Bergarbeiterfamilien gründeten am Fastenberg eine neue Stadt. Nach einem vom Kurfürsten genehmigten Plan errichteten sie

GRÜNDUNG VON JOHANNGEORGENSTADT 1654

ab Mai 1654 eine Stadtanlage, die zu Ehren des Landesherrn den Namen Johanngeorgenstadt erhielt.

Der weitaus größere Teil der Zuwanderungen ging in etwa 400 Städte und Dörfer des Landes, wo wüst liegende Haus- und Hofstellen mit obrigkeitlicher

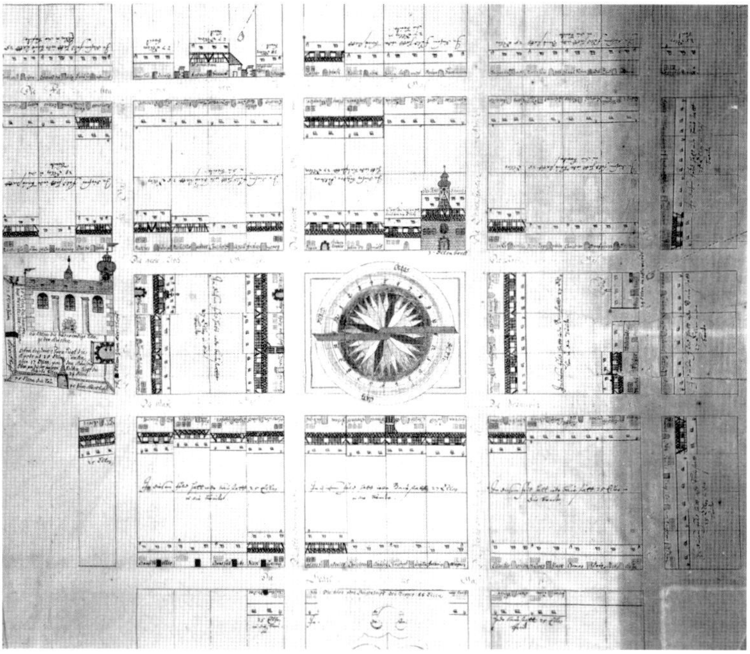

Bauplan von Johanngeorgenstadt, 1653. Er zeigt eine ungewöhnlich regelmäßige Stadtanlage.

Genehmigung erworben werden konnten. Wenn auch ihre Ansiedlung im Kurfürstentum im Allgemeinen recht großzügig gehandhabt wurde, so bedurfte es für eine beabsichtigte Niederlassung vor allem in der Residenzstadt Dresden eines Antrages beim Stadtrat, wobei sich der Kurfürst die letzte Entscheidung vorbehielt. Diese Zuwanderungen wirkten sich positiv auf Landwirtschaft, Gewerbe und Bergbau aus. Eine gezielt vom Staat getragene Kolonisationspolitik hat es dabei wie auch später nicht gegeben, zumal in Kursachsen brachliegende und urbar zu machende zusammenhängende Flächen seit der Kolonisationsbewegung im Hochmittelalter nicht mehr vorhanden waren.

Der ländliche Bereich hatte wohl am schwersten unter dem Krieg zu leiden gehabt. Das größte Problem war der Mangel an Arbeitskräften sowohl für die bäuerlichen Wirtschaften als auch für die Eigenwirtschaften der Grundherren. Die 1651 vom Landesherrn erlassene Gesindedienstordnung führte den zweijährigen Gesindedienstzwang für männliche und weibliche Jugendliche bäuerlicher Herkunft im Alter zwischen 14 und 18 Jahren ein. Damit stand den Grundherren ein überschaubares Arbeitskräftepotenzial zur Verfügung. Für die dadurch zusätzlich belasteten bäuerlichen Wirtschaften wurde der zu leistende Zwangsdienst zumindest planbar. Dies und das Festhalten am grundsätzlichen Verbot des Erwerbs von Bauerngütern durch Grundherren und Personen nichtbäuerlichen Standes verhinderten auch in der zweiten Hälfte des 17. Jahrhunderts ein Bauernlegen größeren Stils, so dass in den schwierigen Jahrzehnten wirtschaftlichen Wiederaufbaus der bäuerliche Besitz in vollem Umfang erhalten blieb. Getreide- und Nutzpflanzenanbau sowie Viehzucht erholten sich bald, so dass in den Sechziger- und Siebzigerjahren die Ernährung der sächsischen Bevölkerung weitgehend gesichert werden konnte. Die zerstörten Höfe und zum Teil auch wüst liegende ganze Dörfer wurden wieder aufgebaut. Dabei blieb es nicht aus, dass die Flur manchmal neu geordnet werden musste oder sich die Besitzgrenzen verschoben. Da wüst liegende Bauerngüter vielfach kostenlos oder für einen ganz geringen Preis erworben werden konnten, gelang auch Häuslern, Gärtnern, Hirten und Schafmeistern der soziale Aufstieg in den Bauernstand.

Gesindedienstordnung 1651

Unruhen in den Schönburgischen Herrschaften

Im Verlauf des wirtschaftlichen Wiederaufbaus gab es Versuche seitens der Landes- und der Grundherren, die Arbeits- und Geldleistungen der bäuerlichen Bevölkerung entgegen altem Herkommen und schriftlich vereinbarten Verträgen zu erhöhen. In den Schönburgischen Herrschaften hatten 1647 in den zum Rittergut Callenberg gehörenden Dörfern Langenberg und Langenchursdorf Auseinandersetzungen wegen der Einführung »ungemessener« Frondienstleistungen von zum Teil sechs Tagen in der Woche begonnen und kulminierten nun in offenem bäuerlichen Widerstand. 1650 und 1651 verweigerten die Bauern beider Dörfer die Getreidefuhren zum Zwickauer Markt sowie die Frondienste. Die 1652 deswegen verhängten Geldstrafen zahlten die Bauern nicht, worauf 39 von ihnen verhaftet und bis zu ihrer Flucht im Mai 1653 eingekerkert wurden. Ein Jahr später weiteten sich die Unruhen auf die anderen Schönburgischen Herrschaften aus. 1653 verweigerten in den Herrschaften Glauchau, Waldenburg, Lichtenstein und Hartenstein die Untertanen Dienste und Abgaben und reichten gegen ihre Grundherren beim Reichskammergericht in Speyer eine Klage ein. 1661 belagerten mehrere hundert mit Äxten und Feuerwaffen bewaffnete Bauern das Lichtensteiner Schloss. Erst als der sächsische Kurfürst auf Bitten von Graf Georg Ernst von Schönburg 20 bewaffnete Reiter nach Lichtenstein entsandte, wurden diese Unruhen beendet. Aber in den anderen Schönburgischen Herrschaften kam es immer wieder zu Frondienstverweigerungen, Nichtzahlung von Steuern und handgreiflichen Auseinandersetzungen. Mitte der Siebzigerjahre erhielt dieser schwelende Widerstand neuen Zündstoff, hervorgerufen von Truppendurchzügen durch Schönburgisches Gebiet und durch die damit verbundenen Einquartierungen im Zusammenhang mit dem 1675 eröffneten Reichskrieg gegen Frankreich. Ihren Höhepunkt fanden die Unruhen in der so genannten Jerisauer Bauernschlacht.

Bäuerliche Unruhen in den Schönburgischen Herrschaften

Jerisauer Bauernschlacht am 26. März 1676

Am Abend des 26. März 1676 hatten sich etwa 400 mit Sensen, Äxten, Dreschflegeln und Mistgabeln bewaffnete Bauern in der Nähe von Jerisau versammelt, um die Einquartierung von zwei Kompanien vom kurbrandenburgischen Regiment Du Hanel zu verhindern. Die Soldaten gingen mit Waffengewalt vor, töteten vier Bauern und nahmen 95 Bauern gefangen. Danach plünderten sie das Dorf. Die Gefangenen mussten sich jeder mit drei Talern freikaufen. Diese Niederlage demoralisierte die Bauern, ihr Widerstand erlahmte zusehends.

Wirtschaftliche Entwicklung

Bergbau, Hüttenwesen, Handwerk in der Stadt und auf dem Land, Handel und Verkehrswesen erholten sich langsam aber stetig. Neue Gewerbe und neue Unternehmen belebten die Wirtschaft. Der Abbau von Eisen, Zinn, Kobalt, Wismut, Blei, Kupfer und Serpentin, nicht mehr von Silber, dominierte zunehmend den erzgebirgischen Bergbau. Hütten und Hämmer wurden schnell wieder aufgebaut oder entstanden neu. 1656 wurde der Frohnauer Hammer als Eisenhammer neu eingerichtet, 1658 folgte der Wiederaufbau des Schmiedeberger Eisenhammers, 1668 schlossen sich zwanzig Hütten zur »Erzgebirgischen Blechkompagnie« zusammen. 1659 bildeten sächsische Blaufarbenwerke die Blaufarbenwerkskompagnie mit Sitz in Leipzig.

Wiederaufbau der Hütten und Hämmer

Zunfthandwerk in den Städten, nichtzünftiges städtisches Handwerk und Dorfhandwerk waren als kleine gewerbliche Warenproduzenten am Aufschwung beteiligt. Die Posamentenherstellung im oberen Erzgebirge, die Strumpfwirkerei im Chemnitzer Umland und die Herstellung leichter Gewebe im Vogtland entwickelten sich besonders erfolgreich. Dazu kamen im letzten Drittel des 17. Jahrhunderts erste Manufakturgründungen als neue Prokuktionsform, die die gestiegene Nachfrage vor allem nach textilen Erzeugnissen besser und schneller befriedigen konnte als die handwerkliche Herstellungsweise. 1674 richtete Johann Daniel Crafft mit ausländischen Spezialisten im Vorwerk Neuostra vor den Toren Dresdens eine Seidenmanufaktur ein, der er 1678 noch eine Wollmanufaktur hinzufügte. Ein Jahr später entstand in Dresden eine städtische Wollmanufaktur, eine Gagenmanufaktur und nach 1686 eine Tuchmanufaktur. Damit begann in Kursachsen das Manufakturzeitalter. Landtag und Landesherr förderten diese Entwicklung, indem sie 1676 die Abgabe eines Reichstalers auf jeden gangbaren Mühlengang zur finanziellen Unterstützung von Manufakturgründungen beschlossen. Der wirtschaftliche Fortschritt brach sich seitdem Bahn und führte zu ersten Standortschwerpunkten um Dresden, Leipzig und Chemnitz.

Seidenmanufaktur in Dresden-Neuostra 1674

Mühlentaler für Manufakturgründungen 1676

In diesem Zusammenhang erholte sich auch der Handel. Die Leipziger Messe gewann als Zentrum zwischen Ost und West, Nord und Süd an Bedeutung. 1667 erweiterte Kaiser Leopold I. die Leipziger Messeprivilegien. Die Leipziger Börse entstand und erhielt 1678 ein eigenes Gebäude. 1681 wurde eine ständige Vertretung der Kaufmannschaft mit der Gesellschaft der »Handlungsdeputierten« ins Leben gerufen. Für die nicht ausbleibenden Streitigkeiten zwischen den Kaufleuten richtete Johann Georg III. 1682 ein Handelsgericht in Leipzig ein und erließ dafür am 21. Dezember 1682 eine Handelsgerichtsordnung. Die Einrichtung täglicher Postverbindungen nach Hamburg, Nürnberg, Berlin, Breslau, Frankfurt a. M. und anderen Orten brachte den Anschluss an das deutsche und europäische Verkehrsnetz. Dresden profitierte beim Elbhandel – noch vor Hamburg – von der Zerstörung Magdeburgs und dem faktischen Zusammenbruch des Stapelrechts der Stadt. In den kursächsischen Mittel- und Kleinstädten wurden zusätzliche Jahrmärkte eingerichtet und vom Landesherrn privilegiert, Zeichen für die allgemeine wirtschaftliche Erholung im Lande. Die Kurfürsten, vor allem Johann Georg II. und Johann Georg III. versuchten, diese Entwicklung durch wirtschaftspolitische Maßnahmen zu fördern. Erneuerung von Landesordnungen, landesherrliche Mandate und Generale regulierten das wirtschaftliche Leben. 1657 schloss Johann Georg II. mit Braunschweig und Brandenburg einen Münzvertrag, der das Geldwesen in diesen Staaten wieder in Ordnung brachte. So wird man noch immer für Kursachsen zu der Feststellung kommen, »daß mit dem Eintritt in das letzte Dezennium des 17. Jahrhunderts die ökonomischen Auswirkungen des Dreißigjährigen Krieges weitgehend überwunden waren.«[14]

Erweiterte Messeprivilegien für Leipzig 1667

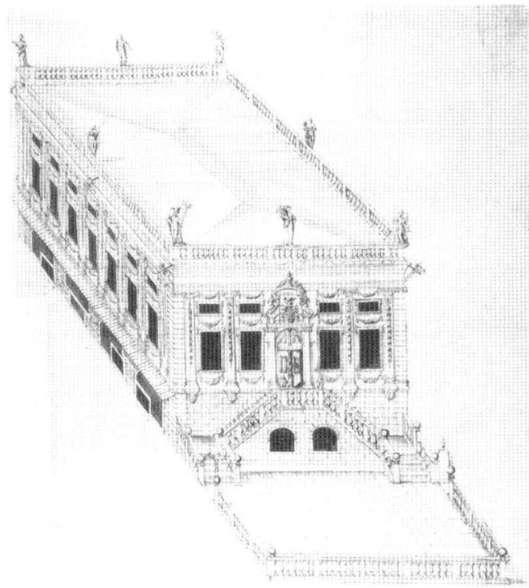

»Alte Handelsbörse« in Leipzig. Zeichnung von 1678

Münzvertrag mit Braunschweig und Brandenburg 1657

Testament von Kurfürst Johann Georg I. und die Bildung von Sekundogenituren

Nach Abschluss des Westfälischen Friedens am 23. Oktober 1648 hatten die schwedischen Truppen Kursachsen nur zögernd verlassen. Der Friedensschluss von Münster und Osnabrück war auf kurfürstlichen Befehl hin am 3. Dezember 1648 von allen Kanzeln verkündet und mit einem festlichen Te Deum begangen worden. Die Schweden blieben aber so lange im Lande, bis die auf 276 600 Taler festgesetzten Kontributionen am 16. Juni 1650 bezahlt waren.

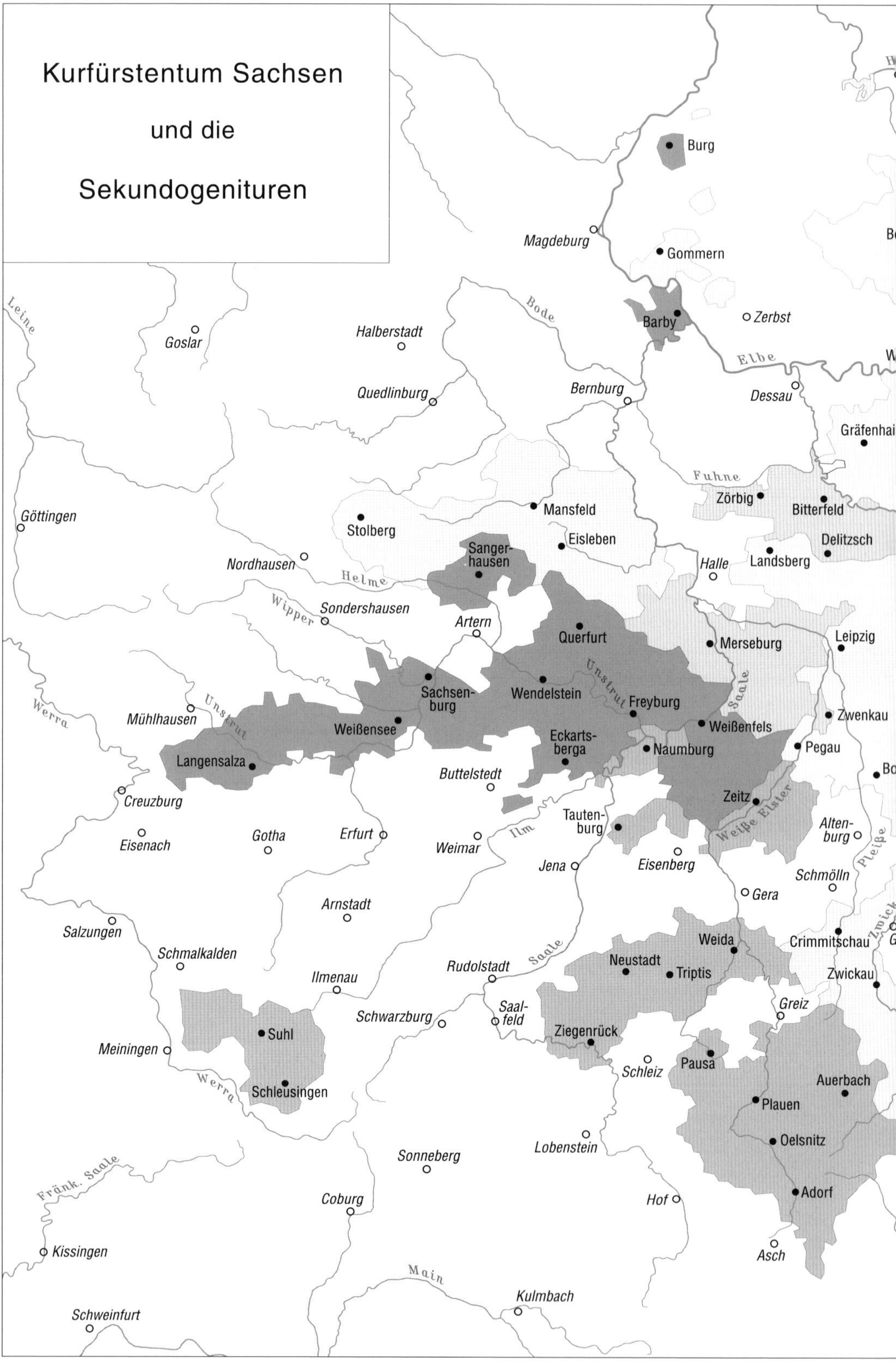

Kurfürstentum Sachsen

und die

Sekundogenituren

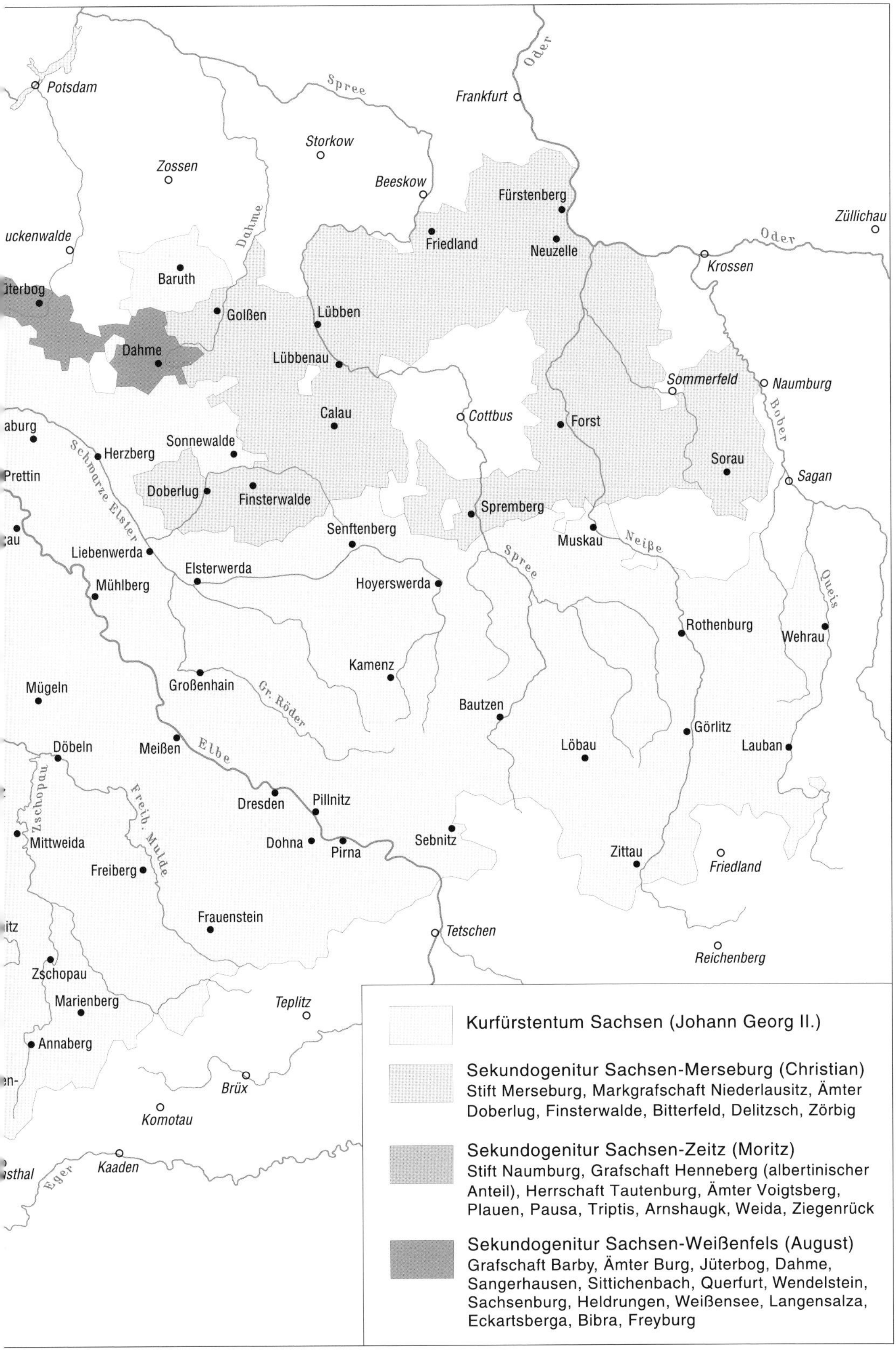
Potsdam
Spree
Oder
Frankfurt
Storkow
Zossen
Beeskow
Fürstenberg
Züllichau
Dahme
Friedland
Neuzelle
Oder
Krossen
Baruth
Golßen
Lübben
Dahme
Lübbenau
Sommerfeld
Naumburg
Bober
Calau
Cottbus
Forst
Herzberg
Sonnewalde
Sorau
Sagan
Schwarze Elster
Prettin
Doberlug
Finsterwalde
Spremberg
Senftenberg
Muskau
Neiße
Liebenwerda
Spree
Elsterwerda
Hoyerswerda
Queis
Mühlberg
Rothenburg
Wehrau
Kamenz
Mügeln
Großenhain
Gr. Röder
Bautzen
Görlitz
Löbau
Lauban
Döbeln
Meißen
Elbe
Zschopau
Freib. Mulde
Dresden
Pillnitz
Mittweida
Dohna
Pirna
Sebnitz
Zittau
Friedland
Freiberg
Frauenstein
Tetschen
Reichenberg
Zschopau
Marienberg
Teplitz
Annaberg
Brüx
Komotau
Kaaden
Eger
Kurfürstentum Sachsen (Johann Georg II.)
Sekundogenitur Sachsen-Merseburg (Christian)
Stift Merseburg, Markgrafschaft Niederlausitz, Ämter Doberlug, Finsterwalde, Bitterfeld, Delitzsch, Zörbig
Sekundogenitur Sachsen-Zeitz (Moritz)
Stift Naumburg, Grafschaft Henneberg (albertinischer Anteil), Herrschaft Tautenburg, Ämter Voigtsberg, Plauen, Pausa, Triptis, Arnshaugk, Weida, Ziegenrück
Sekundogenitur Sachsen-Weißenfels (August)
Grafschaft Barby, Ämter Burg, Jüterbog, Dahme, Sangerhausen, Sittichenbach, Querfurt, Wendelstein, Sachsenburg, Heldrungen, Weißensee, Langensalza, Eckartsberga, Bibra, Freyburg

Schwedische Truppen verlassen Leipzig am 30. Juni 1650

1650 verließen die letzten in Leipzig Stationierten endgültig die Stadt und Kursachsen. Zunehmend normalisierte sich das Leben. Eine der ersten kurfürstlichen Maßnahmen nach dem 1. Juli 1650 war die Entlassung von angeworbenen Söldnern. Die dazu notwendigen Abdankungsgelder in Höhe von etwa 10 000 Talern finanzierte der Kurfürst durch eine Soldaten- und Kontributionssteuer, die er im August 1650 ausschrieb und auch eintrieb, obwohl viele Kommunen um Steuerverschonung oder -reduzierung gebeten hatten.

Testament von Kurfürst Johann Georg I. vom 20. Juli 1652

Den Friedenszustand versuchte Johann Georg I. zu nutzen, um die Verhältnisse im Lande neu zu ordnen. Die wohl eingreifendste Neuregelung, die er traf, war in seinem auf den 20. Juli 1652 datierten Testament enthalten. Doch während man ihm und seinen Räten in den Jahren des Dreißigjährigen Krieges Realitätssinn für politisch Machbares und Erstrebenswertes zuerkennen muss, die ihn neben Maximilian von Bayern und Friedrich Wilhelm von Brandenburg zu den erfolgreich agierenden Reichsfürsten machten, bewies er mit den Verfügungen in seinem Testament, dass er den Blick für die politischen Erfordernisse seiner Zeit verloren hatte. In vielen deutschen Staaten beschritt man den Weg einer weiteren Machtkonzentration in der Hand des Landesfürsten, man bemühte sich um die Vereinheitlichung und Zentralisierung der Verwaltung mit dem Ziel verstärkter Wirtschafts- und Finanzkraft und betrieb eine bewusst auf Erweiterung abzielende Territorialpolitik. Im Gegensatz dazu kehrte Johann Georg I. zum Prinzip der Landesteilung zurück. Er setzte sich über die von seinem Ururgroßvater Albrecht 1499 erlassene Väterliche Ordnung sowie die durch Kurfürst Moritz 1550 erfolgte ausdrückliche Bestätigung hinweg und verfügte im Falle seines Ablebens eine Teilung des Kurfürstentums unter seine vier Söhne Johann Georg, 1613 geboren, August, 1614 geboren, Christian, 1615 geboren, und Moritz, 1619 geboren. Er begründete dies damit, aus väterlicher Gesinnung gegenüber den nachgeborenen Söhnen zu handeln. Unter Beratung des Rechtsgelehrten Benedict Carpzov entstand eine einseitige Willenserklärung des Kurfürsten, die aus bekanntem Grund die kaiserliche Billigung fand, nicht aber mit den Landständen beraten worden war.

Das Kurfürstentum mit allen Nebenlanden wurde in vier Teile aufgegliedert. Den Hauptteil sollte der älteste Sohn Johann Georg erhalten: den Kurkreis (das Herzogtum Sachsen-Wittenberg mit der Kurwürde), den Meißnischen Kreis, den Leipziger Kreis, den Erzgebirgischen Kreis, das Markgraftum Oberlausitz, die Burggrafschaft Magdeburg, die Grafschaft Mansfeld, die Vogtei über Quedlinburg, das Stift Meißen, die Flößen im ganzen Land, das Inventar von Kunstkammer, Zeughaus, Bibliothek, Münze, Stall- und Jägerhaus, alle anstehenden Forderungen, aber auch alle Kammerschulden, alle rückständigen Dienstbesoldungen sowie die Zahlung einer Aussteuer von 12 000 Talern für jede seiner und seiner Brüder Töchter.

Einrichtung von Sekundogenituren in Weissenfels, in Merseburg und in Zeitz

Für Herzog August, den Lieblingssohn des Kurfürsten, waren als Administrator des Erzstifts Magdeburg die vier eximierten Herrschaften Querfurt, Dahme, Burg und Jüterbog sowie die Ämter, Schlösser und Städte Sachsenburg, Eckartsberga, Bibra, Freyburg, Sangerhausen, Langensalza, Weißensee, Sittichenbach, Heldrungen, Wendelstein und Weißenfels vorgesehen. Herzog Christian sollte das Markgraftum Niederlausitz, die Ämter Dobrilug, Finsterwalde, Bitterfeld, Delitzsch und Zörbig sowie das Stift Merseburg erhalten. Für den Jüngsten der Söhne, Moritz, waren das Stift Naumburg, der kursächsische Anteil an der Grafschaft Henneberg, die Herrschaft Tautenburg sowie die vogtländischen Ämter Voigtsberg, Plauen, Pausa, Triptis, Arnshaugk, Weida und Ziegenrück vorbehalten.

Diese aufgeteilten Gebiete sollten mit allen »Nutzungen und Zugehörungen« an die vier Brüder gehen. Die Pflichten des Kurfürsten gegenüber dem

Reich und dem Land sollten beim ältesten der Brüder verbleiben, obwohl die anderen drei ebenfalls »landesfürstliche Obrigkeiten« werden sollten. Ungeteilt und deshalb beim Kurfürsten würden die Lehens- und Anwartschaften, die Universitäten, die Ober- und Hofgerichte, die Archive, die Goldbergwerke, die Jülich'sche Erbfolge, die Beiträge zur Unterhaltung des Reichskammergerichts sowie die Reichs- und Reichskreislasten bleiben. Bei Aussterben einer Linie sollte das Land zu gleichen Teilen unter die Verbliebenen verteilt werden. Sollte die Kurlinie aussterben, dann ginge die Kurwürde auf den Nächstälteren über, dessen bisheriger Landesteil dann zur Hälfte den beiden anderen Linien zufallen würde. Das Testament enthielt aber auch Grundlinien kursächsischer Außen- und Innenpolitik: fester Verbleib bei der Augsburger Konfession, kaisertreue Politik, kein Verkauf oder keine Verpfändung von Landesteilen, keine Verschwendung und Hoffart.

Tod von Kurfürst Johann Georg I. am 8. Oktober 1656

Als Kurfürst Johann Georg I. vier Jahre später am 8. Oktober 1656 im Alter von 71 Jahren starb, wurde sein Testament trotz aller Bedenken vor allem der Stände und Räte in die politische Wirklichkeit umgesetzt. Die drei jüngeren Brüder begründeten Nebenlinien der albertinischen Wettiner mit ihrem Sitz in Weißenfels, in Merseburg und in Zeitz; sie richteten eigene Hofhaltungen und neue Landesverwaltungsbehörden ein und strebten schon bald Eigenständigkeit an. Für den Kurfürsten war dies eine fortwährende Quelle vielfältiger Streitigkeiten. Für das Landesfürstentum bedeutete es insgesamt eine erhebliche Schwächung der wirtschaftlichen und finanziellen Kräfte und damit eine politische Schwächung, auch wenn dagegen in kultureller Hinsicht außerhalb Dresdens und Leipzigs neue Zentren mit Schlossbauten und der Pflege von Musik, Theater und Wissenschaft in Weißenfels, Zeitz und Merseburg entstanden. Die als Sekundogenituren bezeichneten Nebenlinien überdauerten keine 100 Jahre. Sachsen-Zeitz fiel 1718, Sachsen-Merseburg 1738 und Sachsen-Weißenfels 1746 an das Stammland zurück. Die Existenz dieser Sekundogenituren beeinflusste aber die kursächsische Politik zum Teil recht bemerkenswert. Gerade in der zweiten Hälfte des 17. Jahrhunderts wurde die auch in Kursachsen zu absolutistischer Regierungsweise drängende Entwicklung durch die Rücksichtnahme auf die Nebenlinien gehemmt.

Außenpolitische Verwicklungen

Tod von Kaiser Ferdinand III. am 2. April 1657

Außenpolitisch geriet Kursachsen durch die nicht immer konsequent reichstreue und damit habsburgfreundliche Haltung von Kurfürst Johann Georg II. in manche Schwierigkeiten. Das wirkte sich negativ auf die Vertretung kursächsischer Ansprüche aus. Nach dem Tode Kaiser Ferdinands III. am 2. April 1657 trat das Reichsvikariat ein, das von Johann Georg II. wahrgenommen und für mehr als ein Jahr ausgeübt wurde. An dem nach Frankfurt a. M. einberufenen Kurfürstentag im Juli 1658 nahm der sächsische Kurfürst persönlich teil. Er und der brandenburgische Kurfürst widersetzten sich den Bestrebungen Kardinal Mazarins, Ludwig XIV. von Frankreich zum deutschen König zu wählen. Letztlich waren sie es, die am 18. Juli 1658 die Wahl des Habsburgers Leopold zum deutschen König ermöglichten. Wenige Jahre später, als Kursachsen in den Krieg zwischen Schweden und Polen verwickelt wurde, nahm das Land gegenüber der französischen Politik eine schwankende, teils zustimmende und teils ablehnende Haltung ein. 1664 kämpften sächsische Truppen auf der Seite der Habsburger gegen die Türken in Ungarn. Noch im gleichen Jahr erlag Kursachsen den Werbungen Frankreichs und schloss mit Ludwig XIV. am 16. April 1664 einen Vertrag auf vier Jahre. So wurde Sachsen befristet Mitglied der Rheinischen Allianz und ließ auf seinem Gebiet französische Werbungen sowie Truppendurchzüge zu. 1667 verzichtete Kursachsen unter diesem Ein-

Vertrag mit Frankreich vom 16. April 1664

fluss endgültig zugunsten des Mainzer Erzbischofs auf seine Schutz- und Gebietsgerechtigkeit über Erfurt. Gleiches geschah wenig später in Bezug auf Magdeburg, dort zugunsten Brandenburgs. Im Krieg Frankreichs gegen die spanischen Niederlande wurde Johann Georg II. sowohl von Frankreich als auch von Brandenburg umworben. Im März 1673 bezog Sachsen eine kaisertreue Position und beschloss mit anderen Reichsständen am 31. März 1674 den Reichskrieg gegen Frankreich. Im Juni 1675 beteiligten sich kursächsische Regimenter auf brandenburgischer Seite an der Schlacht bei Fehrbellin gegen Schweden. Aber drei Jahre später trat Sachsen für den Reichsstand Schweden ein, schwenkte auf die französische Seite und kämpfte gemeinsam mit Bayern gegen Brandenburg. Frankreich versprach dafür eine monatliche Subsidienzahlung von 30 000 Talern. Das Ende bildete der Frieden von Nijmwegen am 5. Februar 1679 zwischen Kaiser Leopold I. und Frankreich. Kurbrandenburg war, da Kursachsen auf Frankreichs Seite stand, im Frieden von St. Germain der Verlierer im Krieg gegen Schweden.

Schlacht bei Fehrbellin Juni 1675

Friede von Nijmwegen am 5. Februar 1679

Kurfürst Johann Georg II. und die Ständevertretung

Der dreiundvierzigjährige Kurfürst stand bei seinem Regierungsantritt vor der äußerst schwierigen Aufgabe, trotz der Verwirklichung des Testaments seines Vaters das Kurfürstentum Sachsen als Ganzes zu bewahren und ein Auseinanderdriften in letztlich vier eigenständige Territorialstaaten zu verhindern. Den Sekundogenituren musste die Entwicklung zu eigener staatlicher Landeshoheit verbaut werden. So bestand seit Beginn der Regentschaft von Johann Georg II. das generelle Anliegen darin, den Nebenlinien keine eigene Gerichtsbarkeit und keine eigenen Ständeversammlungen zu gestatten. Das war die einhellige Meinung von Kurfürst und Landständen, die seit 1652 immer wieder ihr Unverständnis über das Testament Johann Georgs I. zum Ausdruck gebracht hatten.

Landtag ab 8. Februar 1657

Der erste von Johann Georg II. abgehaltene Landtag, der am 8. Februar 1657 in Dresden eröffnet wurde, war ganz der praktischen Umsetzung des Testaments gewidmet. Das Ergebnis der komplizierten Verhandlungen von Kurfürst und Landschaft mit den drei jüngeren Brüdern bestand in dem am 22. April 1657 abgeschlossenen »Freundbrüderlichen Hauptvergleich«, der später, am 10. Juni 1660, auch die kaiserliche Bestätigung fand. Kurfürst und Landstände setzten durch, dass die schriftsässigen Grundherrschaften mit wenigen Ausnahmen nach wie vor dem Kurfürsten direkt unterstanden. Die Ausschreibung der Land- und Ausschusstage für das Kurfürstentum, einschließlich der Nebenlinien, blieb alleiniges Recht des Kurfürsten, ebenso die Wahrnehmung des Kriegs- und Friedensrechts. Die Beschickung der Reichs-, Kreis-, Probations- und Deputationstage war dem Kurfürsten vorbehalten. Die Zuständigkeit des Appellationsgerichts blieb ebenso unverändert wie die des Oberhofgerichts. Die Universität Leipzig blieb die Gesamtuniversität unter der Aufsicht des Kurfürsten, die geistliche Gerichtsbarkeit wurde in den Gebieten der Nebenlinien vom Konsistorium Leipzig unter der Oberaufsicht des Kirchenrates ausgeübt. Die Verwaltung der Steuern blieb gemeinschaftlich und die jüngeren Brüder sicherten die anteilmäßige Beteiligung an den Reichs- und Kreissteuern, den Reichskammergerichtskosten und den Kosten für wichtige kursächsische Gesandtschaften zu. Bei dem Anfall der Grafschaft Barby 1659 an Sachsen-Weißenfels und der endgültigen Aufteilung der Grafschaft Henneberg zwischen den Ernestinern und den Albertinern 1660 sicherte sich Johann Georg II. die gesamtkurfürstlichen Besitzrechte.

Freundbrüderlicher Hauptvergleich vom 22. April 1657

Der Kurfürst und die Landstände, die durch ihre Steuerbewilligungen im Verlauf des Dreißigjährigen Krieges ihre staatsrechtliche Stellung festigen konnten, verfolgten sowohl in der Innen- als auch in der Außenpolitik gemeinsame Ziele, auch wenn es hin und wieder unterschiedliche Auffassungen und Bestrebungen zu deren Erreichung gab. Das wichtigste Ziel bestand darin, den Staat und seine Stellung im Reich zu festigen und das Kurfürstentum Sachsen in seiner Bedeutung als einen der maßgebendsten Reichsstände zu erhalten.

In diesem Prozess war Kurfürst Johann Georg II. bemüht, eine Konfrontation mit seinen Ständen zu vermeiden. Das führte dazu, dass sich die landständische Verfassung endgültig ausprägte. Die Stiftsstände des Hochstifts Meißen verzichteten nach 1663 auf eigene Stiftstage und gliederten sich in die Landstände ein. In der Kurie der Prälaten, Grafen und Herren mussten die Universitäten ab 1666 gesondert beraten, blieben aber Teil dieser Kurie. Für die Aufnahme in die 2. Kurie, die Ritterschaft, setzte sich insbesondere auf Drängen des »alten« Adels zum Ende des 17. Jahrhunderts die Pflicht des Ahnennachweises durch. Die Landtagsfähigkeit eines Rittergutsbesitzers war demnach gegeben, wenn er persönlich acht adelige Ahnen vorweisen konnte, wenn er ein altschriftsässiges Rittergut besaß und die Grundherrschaft einen Beitrag zu den ritterschaftlichen Leistungen, d. h. zu Ritterpferden und Donativgeldern erbrachte. Nur die Geheimen Räte und die bestallten Oberste in der kursächsischen Armee waren davon befreit. Die Übernahme der Aufenthaltskosten bei Landtagen für die Landstände wurde endgültig geregelt. Ihre Rechte – Steuerbewilligungsrecht, persönliche Teilnahme des Kurfürsten am Landtag, das Recht der Stände auf willkürliche Zusammenkünfte, das Mitspracherecht bei beabsichtigten Verpfändungen und Vertauschungen von Landesportionen sowie bei Landesteilungen auf der Grundlage testamentarischer Bestimmungen – wurden im Landtagsrevers von 1661 vom Kurfürsten nochmals ausdrücklich bestätigt. Die ständische Mitwirkung am Wohl und Wehe des sächsisch-albertinischen Kurstaates war bis dahin noch nie in dieser Weise schriftlich vereinbart worden. Die unter Kurfürst Johann Georg II. erreichte landständische Verfassung sicherte die Rechte der Stände bis zum Übergang zur konstitutionellen Monarchie mit der Annahme der Verfassung am 4. September 1831 durch diese Landstände. Es erscheint aus dieser Sicht das ständische Mitspracherecht in Kursachsen als eine ungebrochene Tradition seit dem 15. Jahrhundert, die im 19. Jahrhundert in moderne parlamentarische Formen übergeleitet wurde.

Landständische Verfassung

Landtagsrevers von 1661

Die Stände nahmen in den relativ regelmäßig stattfindenden Landtagen und Ausschusstagen ihre Rechte wahr. In der zweiten Hälfte des 17. Jahrhunderts fanden 1657, 1660, 1666, 1670, 1673, 1676, 1681, 1687, 1692, 1694 und 1697 (als willkürliche Zusammenkunft) Landtage sowie 1658, 1659, 1661, 1663, 1664, 1667, 1668, 1675, 1676, 1677, 1679, 1680, 1683, 1684, 1685, 1689, 1690, 1694 und 1696 Ausschusstage statt.

Steuerinstruktion vom 8. April 1661

Großen Anteil hatten die Stände an der Reorganisation des kursächsischen Steuerwesens. Die Grundlage dafür bildete die Steuerinstruktion vom 8. April 1661. Die wichtigste Neuerung bestand darin, dass das 1570 eingerichtete Obersteuerkollegium neu geordnet und personell von Kurfürst und Landtag paritätisch besetzt wurde. Die Pflichten der Steuerbeamten wurden bestimmt, die Anlegung neuer Steueranschläge nach der Beschaffenheit der Grundstücke angeordnet und die vollständige Trennung der Steuereinkünfte von der kurfürstlichen Kammerverwaltung herbeigeführt. Das konnte aber Steuererhöhungen in den folgenden Jahren nicht verhindern. 1664 wurden die Milizgelder erhöht, 1666 stieg die Schock- und Quatembersteuer. Die 1670 von Johann Georg II. auf Forderung der Landstände aufgehobene Landakzise führte Johann Georg III. 1681 wieder ein. Dadurch stieg das Steueraufkommen in den Jahren 1681 bis 1687 auf insgesamt 8,5 Millionen Gulden. Trotzdem wuchs der Schuldenberg des Kurfürsten weiter an.

Einführung der Donativgelder

Die kursächsischen Rittergüter, für die eigentlich Steuerfreiheit bestand, waren in der Vergangenheit nicht nur durch die Zahlung der Ritterpferdgelder, sondern auch immer wieder durch die auf den Landtagen beschlossenen Geldzahlungen an den Kurfürsten in das Steueraufkommen des Landes einbezogen worden. Mit den ritterschaftlichen Donativgeldern in Höhe von 60 000 Talern neben den »Ritterdiensten« im kriegerischen Notfall wurde auf den Landtagen 1657 und 1660/61 eine neue Form der Steuerzahlung vereinbart. Später gelang es den Kurfürsten, die Donativsummen zu erhöhen, insbesondere als Kurfürst Johann Georg III. ein stehendes Heer geschaffen hatte.

Neue gesetzliche Bestimmungen

Zu der von Kurfürst und Landständen gemeinsam angestrebten Verbesserung der Verhältnisse im Lande gehörten auch neue gesetzliche Regelungen. Auf dem Gebiet der Rechtsprechung wurden 91 Decisionen zur Erläuterung und Ergänzung der Constitutiones von 1572 in Kraft gesetzt, die zu einer weiteren Vereinheitlichung der in der Praxis zur Anwendung kommenden Rechtsgrundsätze führten. Eine neue, durch die zahlenmäßige Zunahme der Prozesse und das sich immer mehr verlängernde gerichtliche Verfahren dringend notwendig gewordene Prozessordnung kam aber nicht zustande. So wurde am 22. Juni 1661 eine neue Landesordnung in Kirchen-, Konsistorial-, Justiz-, Polizei- und Kammersachen erlassen. Sie brachte u.a. Vorschriften zur Kleiderordnung, zu Beschränkungen bei Festlichkeiten sowie zur Entlohnung von Gesellen und Gesinde.

Landesordnung 22. Juni 1661

Hoffeste als Mittel der Politik

Zu den Bemühungen, das Kurfürstentum auch nach Einrichtung der Sekundogenituren ungeteilt erscheinen zu lassen, gehörte die Repräsentation des kurfürstlichen Hofes nach außen. In die Vergrößerung des Hofstaates, seine Ausstattung und die Festlichkeiten investierte Johann Georg II. viel Geld und knüpfte damit an eine lange Tradition an. Wie man prachtvolle Feste in Dresden abhalten konnte, mit Inventionen, Maskeraden, Aufzügen, Wirtschaften, Feuerwerken, Ringrennen und Jagden, hatte er am väterlichen Hofe erlebt: bei der Doppelhochzeit von Moritz und Christian vom 19. November bis 10. Dezember 1650, bei der Vermählung von Magdalena Sibylla mit Herzog Friedrich Wilhelm von Sachsen-Altenburg im Oktober 1652, beim Besuch von Kurfürst Friedrich Wilhelm von Brandenburg vom 19. bis 24. November 1652 in Dresden und beim dreitägigen Lob- und Dankfest anlässlich der einhundertjährigen Wiederkehr des Augsburger Religionsfriedens im September 1655. Die erste große Festlichkeit richtete Johann Georg II. vom 18. Oktober bis 12. November 1662 anlässlich der Vermählung seiner Tochter Erdmuthe Sophia – damals die schönste Prinzessin in Deutschland – mit Markgraf Christian Ernst von Brandenburg-Kulmbach aus. Altmarkt, Stallhof und Schloss, namentlich der

Einladung zum Ballett im Riesen-Saal des kurfürstlichen Schlosses in Dresden, 11. Februar 1672

CARTEL
Zum
BALLETE.
Welches
Der Durchlauchtigste Hochgebohrne Fürst und Herr
Hr. Johann George
der Dritte/
Chur-Printz/ und Hertzog zu Sachsen/ Jülich/
Cleve/ und Bergk/ rc.
Benebenst
Dessen Hertzvielgeliebtesten Gemahlin/
Ihre Hoheiten.
Der Durchlauchtigsten Fürstin und Frauen/
Fr. Annen Sophien
Gebohrner Erb-Prinzeßin der Königreiche Dennemarck/ und Norwegen etc. Hertzogin zu Sachsen/
Jülich/ Cleve und Berg. etc.
Denen Anwesenden
Chur- und Hoch-Fürstlichen Durchlauchtigkeiten zu Sachsen etc.
Zu sonderbahren Ehren und angenehmer Ergetzung in dem Chur-Fürstl. Schlosse auff dem Riesen-Saale daselbst den
11. Februarii Anno 1672.
Vorgestellet
zu DRESDEN.

Gedruckt durch Melchior Bergens/ Churfl. Sächs. Hof-Buchdr. sel. nachgelassene Wittwe und Erben.

9 oben Blick auf die Augustusburg, erbaut für Kurfürst August durch Hieronymus Lotter in den Jahren 1568 bis 1572/73

10 Altar in der Schlosskapelle der Augustusburg mit der Darstellung der Familie von Kurfürst August. Gemälde von Lucas Cranach d. J., 1571 (s. S. 71 ff.)

11 links oben »Ritter im Turnierkampf«. Gemälde von Heinrich Göding d. Ä., Ende 16. Jahrhundert. Rüstkammer, Dresden

12 rechts oben Kurhut als Würdezeichen der sächsischen Kurfürsten. Er wurde gemeinsam mit dem Kurornat zu Reichstagen, Belehnungen und Huldigungen getragen. Deutsche Werkstatt, 2. Hälfte 17. Jahrhundert. Rüstkammer, Dresden

13 rechts Die Wahl von Kurfürst Friedrich August I. von Sachsen zum König von Polen durch die Wahlversammlung des Sejm auf dem Wahlfeld von Wola im Juni 1697. Gemälde eines unbekannten Künstlers. Nationalmuseum Warschau (s. S. 126 ff.)

14 oben Titelblatt des »Atlas Augusteus Saxonicus« von Adam Friedrich Zürner, um 1730. Sächsisches Hauptstaatsarchiv, Dresden (s. S. 143)

15 Kolbenvakuumpumpe mit schrägliegendem Zylinder, konstruiert und gebaut in Leipzig von dem Mechaniker und Instrumentenbauer Jacob Leupold aus Planitz bei Zwickau, 1709. Mathematisch-Physikalischer Salon, Dresden

16 Allegorie auf den Abschied des Kurprinzen Friedrich August von seinem Vater, König August II. Gemälde von Louis de Silvestre, Gemäldegalerie Alte Meister, Dresden

17 links Teile aus dem Schwanenservice des Grafen Heinrich von Brühl. Meissener Porzellan von Johann Joachim Kändler und Johann Gottfried Eberlein, 1738 bis 1740. Porzellansammlung, Dresden

18 »Der Neumarkt in Dresden von der Moritzstraße aus«. Gemälde von Bernardo Bellotto, genannt Canaletto, 1750. Gemäldegalerie Alte Meister, Dresden

19 Kurprinz Friedrich Christian von Sachsen.
Gemälde von Anton Raphael Mengs, 1750.
Zamek Królewski, Warschau (s. S. 160)

Riesensaal, bildeten die Örtlichkeiten für den Vermählungsakt, für Wettschießen, Ringrennen, Feuerwerk, Quintanrennen und andere Veranstaltungen. Ähnliches vollzog sich vom 31. Dezember 1666 bis 8. Januar 1667 beim Einzug von Kurprinz Johann Georg und seiner Gemahlin Anna Sophia von Dänemark, bei der Überreichung des Hosenbandordens an Johann Georg II. im April 1668 sowie bei Aufenthalten dänischer, russischer und anderer Gesandtschaften in Dresden.

Durchlauchtigste Zusammenkünfte 1672 und 1678

Die herausragendsten Festlichkeiten wurden aber 1672 und 1678 anlässlich der zwei so genannten brüderlichen Zusammenkünfte veranstaltet. Im Januar 1678 verweilten Herzog Moritz, Herzog August und Herzog Christian vier Wochen mit ihren Familien am Hofe ihres ältesten Bruders in Dresden. Dresdens Bürgermeister Gabriel Tzschimmer veröffentlichte darüber auf kurfürstlichen Befehl eine ausführliche und mit vielen Kupferstichen illustrierte Beschreibung, die 1680 in Nürnberg erschien. Auch das Dankfest vom 7. November 1679 mit anschließenden zehntägigen Festlichkeiten anlässlich des Friedens von Nijmwegen gehört in diese Reihe der Beispiele.

Münzwesen und Bergbau

Zinnaer Münzkonvention vom 27. August 1667

Münzvergleich zwischen Kursachsen und Kurbrandenburg am 16. Januar 1690

Die Zerrüttung des Münzwesens wirkte sich besonders negativ auf den wirtschaftlichen Wiederaufbau aus. Die Verbreitung minderwertiger ausländischer Münzsorten in Kursachsen verstärkte dies noch. Kurfürst und Landstände versuchten deshalb gemeinsam eine Neuordnung des Münzwesens herbeizuführen. Die Verpachtung der Münzstätten hatte keine Verbesserung gebracht und wurde, wie auf dem Ausschusstag 1666 festgelegt, aufgegeben und eine strengere Aufsicht über das Münzwesen im Lande eingeführt. Die Münzkonvention mit Brandenburg vom 27. August 1667 in Zinna brachte einen festen Münzfuß mit einer feinen Mark Silber zu 15 Gulden 45 Kreuzern. Auf die Mark kamen neun Zähltaler, wobei ein Taler mit 28 Groschen bestimmt wurde. Da die Zinnaer Münzkonvention die Probleme des kursächsischen Münzwesens nicht vollständig behob, schlossen Kurfürst Johann Georg III. und Kurfürst Friedrich III. von Brandenburg am 16. Januar 1690 in Leipzig einen neuen Vergleich. Eine feine Mark wurde mit zwölf Talern oder 18 Gulden, der Zähltaler mit einem Taler acht Groschen, das entsprach einem Speziestaler, festgelegt. Zur Sicherung dieser Währung wurden 1693 in Leipzig eine Münzkommission und eine eigene Münzstätte eingerichtet. Diese zog die vor allem zu den Leipziger Messen ins Land kommenden schlechten Münzen ein und prägte sie zu guten sächsischen Münzen um. Dies führte dauerhaft zu einer Gesundung des Münzwesens. 1738 wurde dieser Leipziger Münzfuß zum Reichsmünzfuß erhoben.

Technische Neuerungen im Bergbau

Die Maßnahmen zur Verbesserung des kursächsischen Münzwesens wurden möglich, weil die Silberausbeute in den erzgebirgischen Gruben von Freiberg, Schneeberg, Marienberg und Johanngeorgenstadt in der zweiten Hälfte des 17. Jahrhunderts erfreulich zunahmen. Wichtigen Anteil daran hatte die Einführung von technischen Neuerungen, so die Verwendung des Schwarzpulvers als Sprengmittel, von Hunten als Transportmittel und die Anwendung des von Balthasar Rösler 1673 erfundenen Hängekompasses. Weiterhin wurden größere Abbautiefen bis zu etwa 400 Meter angestrebt, trotz des damit verbundenen Problems der Wasserabführung.

Der Wichtigkeit des erzgebirgischen Bergbaus für das Land entsprach auch die Aufmerksamkeit, die man der Bergverwaltung und damit der Aufsicht und Beförderung des Bergbaus widmete. 1606 hatte Kurfürst Christian II. die Bergexpedition innerhalb der Kammer eingerichtet, die 1608 durch das Berggemach ersetzt wurde, und eine neue Bergordnung erlassen. Johann Georg II.

verselbstständigte 1661 die Bergverwaltung als einen eigenen Verwaltungszweig. Sie war ihm direkt unterstellt. Im März 1661 wurde das Bergratskollegium als selbstständige Behörde eingerichtet und aus dem Kammerkollegium ausgegliedert. Erster Bergratsdirektor wurde Wolf von Werthern. Eine Instruktion für die Bergräte vom 8. Januar 1662 regelte die Wirksamkeit dieser neuen zentralen Behörde. Sie hatte den gesamten Bergbau im Lande zu beaufsichtigen und zu fördern, die Hütten und Hämmer zu überwachen, dazu das Münz-, Zehnt-, Holz- und Floßwesen zu lenken und zu leiten. Die Bergbehörden auf regionaler und lokaler Verwaltungsebene wurden dem Bergratskollegium direkt unterstellt und die Bergräte erhielten das Recht des Immediatvortrages beim Kurfürsten. Das Oberbergamt, das ab 1670 von einem Oberberghauptmann geleitet wurde, bekam personelle Verstärkung. Mit kurfürstlichem Reskript vom 3. August 1674 wurde die Bergverwaltung noch einmal geändert und das Bergratskollegium wieder in das Kammerkollegium eingegliedert. Abraham von Schönberg, seit 1676 Oberberghauptmann, war danach die maßgebende Persönlichkeit in der Bergverwaltung. Sein 1693 abgeschlossenes Werk »Ausführliche Berginformation« bestimmte die Entwicklung des sächsischen Bergbaus im 18. Jahrhundert nachhaltig.

Bergratskollegium 1661

Abraham von Schönberg 1676 Oberberghauptmann

Kurfürst Johann Georg III. und das stehende Heer

Die Nachfolge des am 21. August 1680 in Freiberg verstorbenen Kurfürsten Johann Georg II. trat sein am 30. Juni 1647 geborener gleichnamiger Sohn an. Sorgfältige Erziehung, Sprachunterricht ab dem siebten Lebensjahr bei Licentiat Samuel Hunnius und Sprachmeister Antonio del Pozzo, Ausbildung in Kriegskunst und Festungsbau sowie die Teilnahme an der praktischen Verwaltungstätigkeit nach Vollendung des 16. Lebensjahres hatten ihn auf die Regentschaft vorbereitet. 1672 wurde er Landvogt der Oberlausitz, womit er eine selbstständige Verwaltungsaufgabe erhielt. Mit seiner Familie residierte er auf der Ortenburg in Bautzen. In den Siebzigerjahren nahm er aktiv an den Reichskriegen gegen Frankreich teil. 1673 befehligte er das sächsische Kontingent im Reichskrieg gegen König Ludwig XIV. von Frankreich, wobei er 1674 in einem Treffen bei Sinzheim persönlich in Gefahr geriet.

Tod von Kurfürst Johann Georg II. am 21. August 1680

Nach Übernahme der Regierung als Kurfürst setzte Johann Georg III. die Innenpolitik seines Vaters konsequent fort. Eine straffe Verwaltungstätigkeit, ausgehend vom Geheimen Rat, an dessen Sitzungen der Kurfürst häufig persönlich teilnahm, beförderte eine erfolgreiche Wirtschafts- und Finanzpolitik. Noch mehr als sein Vater drängte er die Selbstständigkeitsbestrebungen der Verwandten in den drei Nebenlinien zurück. Die üppige Hofhaltung schränkte er ein, hielt sich mit Margarethe Susanne von Zinzendorf und der italienischen Sängerin Margherita Solicole aber auch Mätressen. In der Außenpolitik kehrte Johann Georg III. zur reichstreuen und habsburgorientierten Politik zurück, indem er den Kaiser im militärischen Ringen mit dem Osmanischen Reich und in den Auseinandersetzungen mit Frankreich aktiv unterstützte.

Kurfürst Johann Georg III. Gemälde von Samuel Bottschildt, 1693 (Kriegsverlust)

Das dazu notwendige Machtinstrument wurde mit dem stehenden Heer in Kursachsen geschaffen. Der Defensionsrezess vom 25. Oktober 1663 bedeutete einen ersten Schritt auf dem Weg vom Defensionswerk zu einem stehenden Heer. Ein aus 3000 Mann bestehendes Korps, das in sechs Fähnlein gegliedert war und in ständiger Bereitschaft gehalten wurde, trat an die Stelle der Defensioner. Die Kosten teilten sich Kurfürst und Stände. Mithilfe der von Johann Georg III. geforderten einen Million Taler, von der die Landstände 1681 700000 Taler genehmigten, baute der Kurfürst ein stehendes Heer auf. Er konnte sich dabei auf die 1681 vom Reichstag beschlossene Reichsdefensionsordnung mit dem Ziel der Reorganisation der Reichsverfassung angesichts der

Bedrohungen aus dem Osten und dem Westen stützen. Die aus etwa 10 000 Mann bestehende und ständig unter Waffen gehaltene kursächsische Armee war 1682 aus fest formierten Infanterie-, Kavallerie- und Artillerieformationen zusammengesetzt. Nachdem Johann Georg III. am 8. April 1681 in Finsterwalde mit Friedrich Wilhelm von Brandenburg ein Verteidigungsbündnis geschlossen hatte, trat er – Bayern, Braunschweig-Lüneburg und Hessen-Kassel folgend – mit dem Ziel der Verteidigung des Reiches am 4. Juni 1683 mit Kaiser Leopold I. in ein Bündnis ein. Bereits kurz danach, ab Juli 1683, belagerte Großwesir Kara Mustapha mit einem großen Heer Wien. Zum Entsatz zogen

Bündnis mit Kaiser Leopold I. am 4. Juni 1683

Angriff des Entsatzheeres auf dem Kahlenberg gegen die türkische Belagerung von Wien. Gemälde eines unbekannten Künstlers, um 1683

der polnische König Johann Sobieski mit 26 000 Mann, Kurfürst Maximilian Emmanuel von Bayern mit 11 000 Mann und Kurfürst Johann Georg III. ebenfalls mit 11 000 Mann sowie andere kleinere Hilfskontingente nach Wien. Am 8. September vereinigte sich die sächsische Streitmacht bei Thul mit den anderen Heeren. Die Durchbrechung des türkischen Belagerungsrings gelang am 12. September. Die sächsischen Truppen zeichneten sich neben den Polen besonders bei der Erstürmung des türkischen Lagers aus. Als Kriegsbeute führte der Kurfürst, der bereits am 15. September mit seinen Truppen den Heimmarsch antrat, einige türkische Zelte, einen Elefanten, sechs metallene Kanonen und einige orientalische Manuskripte mit sich.

Befreiung von Wien am 12. September 1683

Auf der Grundlage eines Subsidienvertrages mit der Republik Venedig, der zwei Jahre lang galt, wurden den Venezianern im Frühjahr 1685 drei sächsische Infanterieregimenter für den Kampf gegen die Türken zur Verfügung gestellt. Von den 3 000 Soldaten kehrte die knappe Hälfte zwei Jahre später nach Kursachsen zurück. Auch in den weiteren Auseinandersetzungen mit dem Osmanischen Reich in Ungarn wurden sächsische Soldaten eingesetzt. Zwei Kavallerie- und drei Infanterieregimenter nahmen an der Erstürmung von Ofen (Buda) am 2. September 1686 erfolgreich teil. Am 6. September 1688 war das 1 500 Mann starke Regiment »Kurprinz« an der Eroberung von Belgrad beteiligt.

Sächsische Soldaten für die Republik Venedig 1685

Erstürmung von Ofen am 2. September 1686

Im gleichen Jahr hatte Ludwig XIV. von Frankreich den mit dem Reich vereinbarten Waffenstillstand gebrochen und war in die Rheinebene einmarschiert. Johann Georg III. zog mit seiner Armee von 14 000 Mann im Oktober 1688 nach Franken. Nach der Erklärung des Reichskrieges gegen Frankreich am 3. April 1689 nahm das kursächsische Heer am 11. September 1689 unter großen Verlusten an der Belagerung und Einnahme von Mainz teil. 1690 und 1691 stand die sächsische Armee als Teil der Reichsarmee, deren Oberbefehl Johann Georg III. im März übertragen worden war, am Rhein. Dieser dritte Feldzug war völlig erfolglos, zumal Seuchen im Heer ausbrachen.

Reichskrieg gegen Frankreich ab 3. April 1689

Johann Georg III. selbst starb am 12. September 1691 in Tübingen. Seine besonderen Verdienste bestanden vor allem im militärischen Bereich, denn er schuf nicht nur das stehende Heer in Kursachsen und vollzog damit wie Kurbrandenburg und Kurbayern den Schritt zur Modernisierung der Militärkraft des Landes, sondern er fügte dem auch eine zentrale Verwaltungs- und Kommandozentrale in Gestalt des Geheimen Kriegsratskollegiums hinzu.

Tod von Kurfürst Johann Georg III. am 12. September 1691

Von den militärischen Aktionen im Ausland brachten die sächsischen Soldaten Lebensgewohnheiten mit, die bald landesweit fest verwurzelt waren, insbesondere durch die Kriegszüge gegen die Türken. Nach 1683 wurde der Kaffee in Sachsen heimisch, in Dresden und Leipzig entfaltete sich das Kaffeehausleben. Der Türke unter dem Kaffeebaum wurde zum Sinnbild des ersten Cafés in Leipzig, »Zum arabischen Coffebaum«. Johann Melchior Dinglinger schuf das »Goldene Kaffeezeug«, Johann Sebastian Bach komponierte die »Kaffeekantate«, in der erzgebirgischen Schnitzkunst fand der Türke als Leuchterfigur Eingang und Bienenstöcke in der Oberlausitz wurden als Türken gestaltet.

Kurze Regierungszeit von Kurfürst Johann Georg IV.

Nach dem frühen Tod des Vaters wurde dessen ältester Sohn Johann Georg IV. mit 23 Jahren neuer Kurfürst von Sachsen. Die aus politischen Gründen 1692 geschlossene Ehe mit der acht Jahre älteren Prinzessin Eleonore Erdmuthe Luise von Sachsen-Eisenach blieb kinderlos. Aus der außerehelichen Beziehung zu Magdalena Sibylla von Neitschütz, die er als seine offizielle Mätresse am Hofe hielt und für deren Erhebung in den Stand einer Reichsgräfin von Rochlitz er 40 000 Taler an Kaiser Leopold I. zahlte, ging eine Tochter hervor.

Kurfürst Johann Georg IV. Reliefmedaillon aus Böttgersteinzeug® nach einem Elfenbeinrelief von Balthasar Permoser

Johann Georg IV. galt als ein befähigter Regent, der, ausgestattet mit »natürlichen Gaben«, als energischer und willensstarker Kurfürst in die Politik eintrat. Die zweieinhalb Jahre seiner Regierung wurden für Kursachsen insofern bedeutsam, als er innen- und außenpolitisch eine bereits bei seinem Vater in Ansätzen erkennbare Entwicklung zum absolutistischen Staatsgedanken bewusst forcierte.

Mit Tatkraft, durchdringendem Verstand und Gewandtheit in den Verwaltungsgeschäften nahm er persönlich die Regierung des Landes in die Hand. Von seinen im Geheimen Rat versammelten Räten, die alten sächsischen Adelsfamilien angehörten, verlangte er, dass sie ihre Gutachten in den wichtigsten Angelegenheiten selbst protokollierten. Er soll sie, wie überliefert ist, examiniert haben und »wo einer etwa geschlegelt, er ihm auf eine so empfindliche Weise durchzuziehen gewußt, daß sich alle vor ihm fürchteten«. Als seinen engsten Berater gewann Johann Georg den ihm seit dem Frankreich-Feldzug 1688 persönlich bekannten brandenburgischen General Hans Adam von Schöning. Der Feldmarschall brachte 1691 interne Kenntnisse vom Regierungssystem des Großen Kurfürsten mit und beriet den sächsischen Kurfürsten dahingehend, auch in Sachsen eine absolutistische Regierungsweise einzuführen. Er vertrat nachdrücklich eine Politik gegen Stände und Adel im Inneren sowie gegen Österreich in den Außenbeziehungen. Das besonders enge Verhältnis zum Kurfürsten wurde ersichtlich, als er bei der Eröffnung des

Hans Adam von Schöning ab 1691 in Dresden

Landtages 1692 links neben ihm seinen Sitzplatz erhielt – alle anderen Anwesenden mussten stehen. Dieser einflussreiche kurfürstliche Berater wurde bald das Opfer eines Ränkespiels des kursächsischen Adels. Während eines Kuraufenthalts im böhmischen Teplitz im Mai 1692 wurde Schöning verhaftet und als kaiserlicher Gefangener nach Brünn gebracht. Das war auch eine Reaktion auf die von ihm vertretene antikaiserliche Politik.

Vertrag mit Kaiser Leopold I. am 2. Februar 1693

Mit dem Vertrag vom 2. Februar 1693 zwischen Kursachsen und Kaiser Leopold I. über die Teilnahme am Reichskrieg gegen Frankreich kehrte Johann Georg IV. zur kaisertreuen Politik zurück. Für die 12000 Soldaten, die Sachsen bereitstellte, erhielt er 200 000 Taler vom Kaiser, 150000 Taler von England und von Holland sowie 50 000 Taler von Brandenburg, Braunschweig und Hessen.

Teilnahme am Feldzug gegen Frankreich 1693

Nachdem Kursachsen dem 1689 geschlossenen Bündnis gegen Frankreich am 10. Mai 1693 beigetreten war, führte Johann Georg IV. die sächsische Armee an den Rhein. Im Ergebnis des erfolgreich verlaufenden Feldzuges mussten sich die Franzosen über den Rhein zurückziehen. Den für 1694 vorbereiteten Feldzug erlebte er dann nicht mehr, da er am 27. April 1694 im Alter von 26 Jahren, wenige Wochen nach seiner Mätresse, an den Blattern verstarb. Das außenpolitische Abenteuer mit Hannover verdeutlicht – trotz des für Sachsen negativen Ausgangs – das Streben Kursachsens nach größerer Selbstständigkeit. Offen muss bleiben, ob es bereits zu diesem Zeitpunkt zwischen Johann Georg IV. und Herzog Ernst August von Hannover eine Absprache über die Erwerbung eines Königsthrones gegeben hat.

Tod von Kurfürst Johann Georg IV. am 27. April 1694

Auf die weitere Konsolidierung der Wirtschaft mit der Förderung von Manufakturunternehmen und der Verbesserung des Münz- und Postwesens ist bereits hingewiesen worden. Der Leipziger Kaufmann und Ratsherr Johann Jacob Kees wurde für ein jährliches Pachtgeld von 5 000 Talern Oberpostmeister. Unter seiner Leitung wurden viele neue Poststellen im Lande eingerichtet, brandenburgische Postbedienstete durch sächsische Mitarbeiter ersetzt und 1693 alle Postbediensteten in Kursachsen dem Oberpostmeister in Leipzig unterstellt. Am 29. Mai 1693 erschien die erste Post- und Taxordnung in Kursachsen.

Leipziger Kaufmann Johann Jacob Kees Oberpostmeister 1693

Mit Nachdruck setzte sich der Kurfürst für den weiteren Ausbau des stehenden Heeres ein. Er scheute sich auch nicht, mit dem Einsatz militärischer Gewalt zu drohen, sollten die Stände die geforderten Gelder für die Vergrößerung des Heeres nach wie vor verweigern. Letztlich einigte man sich auf die finanzielle Sicherstellung der Armee mit 12 000 Mann. Für die Einsatzfähigkeit der militärischen Formationen wurde ein gut ausgebildetes Offizierkorps entscheidend wichtig. Dazu ließ der Kurfürst 1692 die Kadettenschule in Dresden-Neustadt einrichten, an der 165 Kadetten die Offiziersausbildung begannen.

Stehendes Heer

Vergleicht man die nur kurze Regierungszeit Johann Georgs IV. mit der seines Vorgängers und seines Nachfolgers, dann muss man feststellen, dass es nicht nur eine Episode war. Die Politik seines Vaters fortführend, stand er am Beginn einer neuen Politik, die dann von seinem jüngeren Bruder mit größerem Geschick und größerem Erfolg weiterbetrieben worden ist.

Architektur, Musik, Literatur, Malerei und Wissenschaft

Nach den Wirren und Schäden des Dreißigjährigen Krieges hatte unter der Regentschaft von Kurfürst Johann Georg II. die Phase eines allgemeinen kulturellen Aufstiegs begonnen, die vom kurfürstlichen Hof ausging. Die Förderung von Theater, Musik sowie von Kunstsammlungen und prachtvollen Bauten wurde auch von seinem Sohn und seinen Enkeln fortgesetzt und mündete in augusteischer Zeit in eine Blüte von Kunst und Kultur in Kursachsen, die sich mit den Entwicklungen in Italien, Frankreich und Österreich messen konnte.

Das kulturelle und geistige Leben des Landes erfuhr einen neuen Aufschwung. Ansätze für neue Kunstrichtungen zeigten sich allenthalben in der Malerei, in der Architektur, aber auch in der Wissenschaft.

Hatte im Verlauf des Dreißigjährigen Krieges der Festungsbau in Kursachsen Vorrang, so wurden nach dem Friedensschluss zivile Bauvorhaben und bildende Kunst wiederbelebt. Unmittelbar nach dem Krieg errichtete Landbaumeister Ezechiel Eckhardt für den Kurfürsten ein Lusthaus in der Hoflößnitz noch im Stile der Spätrenaissance, ausgestattet mit reich bemalten Holzvertäfelungen. Mit dem Regierungsantritt von Johann Georg II. wurde die Architektur wieder in den Dienst höfischer Prachtentfaltung gestellt. Eine der ersten Berufungen war 1656 die von Wolf Caspar von Klengel auf die seit 1650 vakante Stelle des Oberlandbaumeisters. Vor allem an der italienischen Entwicklung orientiert, gab er für die barocke Architektur bis in das 18. Jahrhundert hinein entscheidende Impulse. Das Dresdner Schloss ließ er den Erfordernissen einer zunehmend barocken Hofhaltung anpassen und dazu zahlreiche Räume repräsentativ ausgestalten. Die Schlosskapelle, jahrzehntelang Wirkungsstätte von Heinrich Schütz, wurde renoviert und zum Teil neu ausgestattet. 1664 musste das 1598 errichtete Ballhaus dem Neubau eines Komödienhauses weichen. Als es am 27. Januar 1667 eröffnet wurde, war nach Wien und München der dritte Theaterbau in Deutschland und der erste große Innenraum des Dresdner Barock entstanden, der durch den aus Zeitz kommenden Maler Johann Oswald Harms prachtvoll ausgemalt worden war. 1668 errichtete Klengel ein neues Ballhaus neben dem Schloss; 1673/74 folgte ein neues Schießhaus anstelle des alten von 1620 und auch das Reithaus wurde 1677/78 durch einen Neubau ersetzt. In den Jahren 1674 bis 1676 wurde der baufällig gewordene Hausmannsturm erneuert und erhöht. Er erhielt mit einem Oktogonkörper, einer kuppeligen Haube mit Laterne und einer schlanken Spitze eine völlig neue Gestalt, die das Stadtbild prägte, zumal der Turm mit ca. 97 Metern das höchste Bauwerk Dresdens war. Zwischen 1676 und 1678 wurde schließlich die Schlossfassade von Johann Oswald Harms aufgefrischt bzw. neu gefasst. In Vorbereitung auf die »Durchlauchtigste Zusammenkunft« 1678 entstand das Reithaus als Zweckbau, dem Klengel eine monumentale Schaufront in Gestalt von Triumpharchitektur voranstellte. Auch außerhalb Dresdens entstand Neues. Von 1661 bis 1672 wurde dem Jagdschloss Moritzburg eine Schlosska-

Wolf Caspar von Klengel. Gemälde von Heinrich Christoph Fehling, um 1680

Residenzschloss in Dresden, Ansicht von der Stadtseite. Kupferstich von Johann Alexander Boener, 1680

pelle angefügt. Nach 1668 wurde die Fürstenkapelle am Meißner Dom restauriert und von 1671 bis 1676 folgte das Meißner Schloss, das mit Abschluss der Restaurierungsmaßnahmen den Namen Albrechtsburg erhielt. 1676 wurden die Grabstätten der wettinischen Meißner Markgrafen von Otto dem Reichen bis zu Friedrich III. (dem Strengen) in Altzella aufgedeckt und mit dem Bau eines Mausoleums begonnen.

Brand von Altendresden 1685 und Klengels Aufbauplan

Die Planungen Klengels für den Wiederaufbau des durch einen verheerenden Brand am 6. April 1685 nahezu völlig zerstörten Altendresden griffen mit drei radial vom Markt ausstrahlenden Straßenachsen das italienische Vorbild von städtebaulichen Maßnahmen in Rom auf. Klengel holte während seiner Amtszeit als Oberlandbaumeister und ab 1672 als Oberinspektor der Zivil- und Militärgebäude in Kursachsen jüngere befähigte Bauleute nach Dresden: ab 1663 Johann Georg Starcke, der 1672 in Nachfolge Klengels als Oberlandbaumeister mit dem Palais im Großen Garten von 1678 bis 1683 das bedeutendste frühbarocke Bauwerk in Dresden schuf. Achtzehnjährig trat 1680 Matthäus Daniel Pöppelmann in das Oberlandbauamt ein und erhielt dort seine Ausbildung zum Baumeister. Michael Planck aus Leipzig übernahm 1680 die Stelle als Landbaumeister und Johann Friedrich Karcher wurde 1684 als Obergärtner in Dresden angestellt. Der spätere Chef des kursächsischen Bauwesens unter August dem Starken, Christoph August Reichsgraf von Wackerbarth, kam 1685 nach Dresden und wurde hier im Bau- und Befestigungswesen unterrichtet. Sie alle verhalfen im »augusteischen Zeitalter« der Baukunst im Kurfürstentum zu überragender Blüte.

Johann Georg Starcke Oberlandbaumeister 1672

Heinrich Schütz Hof-kapellmeister seit 1615

Das Musikleben in Kursachsen wurde im 17. Jahrhundert von dem seit 1615 am Dresdner Hof wirkenden Heinrich Schütz bestimmt. Johann Georg II., selbst komponierend, war ein begeisterter Anhänger italienischer Barockmusik. Bereits als Kurprinz gewann er vor allem ab 1650 italienische Musiker für seine Kapelle. Nach 1656 setzte sich mit Giovanni Andrea Angellini, genannt Bontempi, Vincenzo Albrici und Marco Giuseppe Peranda die italienische Barockmusik in Kursachsen durch. Als 1657 die kurfürstliche und kurprinzli-

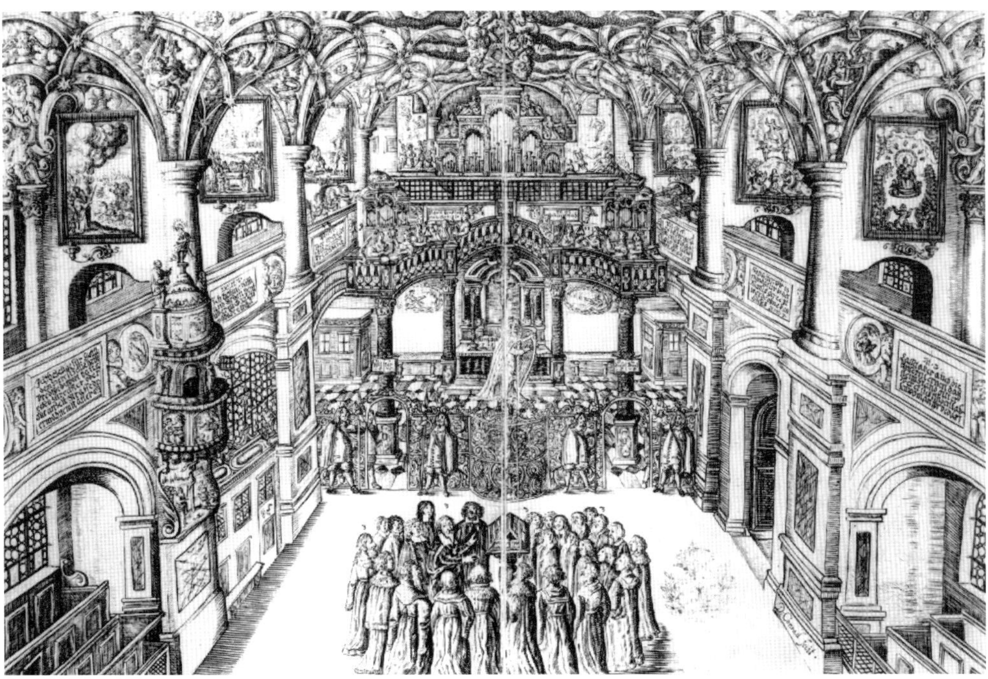

Dresdner Schlosskapelle mit Heinrich Schütz und seiner Kantorei. Kupferstich von David Conrad, 1676

Zuschauerraum des Opern- und Komödienhauses am Taschenberg. Kupferstich von Johann Oswald Harms, um 1700

che Kapelle vereinigt wurden, waren von den 31 Musikern 13 Italiener, und zwar zwei als Kapellmeister, einer als Vizekapellmeister, einer als Organist, einer als Violinist und acht als Sänger, zum Teil als Kastraten. Die italienische Oper wurde in Dresden ebenso heimisch wie die hochbarocke Kirchenmusik. Das 1678 aufgeführte opernähnliche Singballett »Von der Zusammenkunfft und Würckung der 7 Planeten« sowie die Opern »Apollo und Daphne« und »Jupiter und Io« von Bontempi und Peranda bildeten den Höhepunkt des Musikschaffens in der zweiten Hälfte des 17. Jahrhunderts. Der künstlerisch sensible Kurfürst Johann Georg II. hatte an dieser Musikpflege erheblichen persönlichen Anteil.

Literarisches Leben in Dresden

Das literarische Leben gestaltete sich in Dresden dagegen weniger anspruchsvoll. Dichtungen wurden aus Anlass von Karnevalsveranstaltungen am Dresdner Hof, von Beilagern, Hochzeiten, Geburtstagen und Begräbnissen verfasst. Gabriel Tzschimmer, Superintendent Christoph Bulaeus, Oberhofprediger Martin Geier, Bibliothekar David Schirmer, Steuereinnehmer Constantin Christian Dedekind und Dresdens Bürgermeister Christian Brehme bildeten mit ihren Sonetten, Lobpreisungen und Büchern den in Dresden wirkenden Kreis. Christian Weise in Zittau ist noch der bekannteste der literarisch schöpferischen Kursachsen. Zum Ende des Jahrhunderts war es Gottfried Heinrich Zencker, Sohn eines Dresdner Schiffshandelsherrn, der Begebenheiten und Ereignisse des Lebens seiner Familie aufzeichnete und drucken ließ, ein zu dieser Zeit sehr seltenes Zeugnis bürgerlicher Kultur.

Leipzig, Stadt des Buchhandels

In Leipzig als der Stadt des Buchhandels setzte sich sowohl während des Dreißigjährigen Krieges als auch danach das rege literarische Leben fort. Martin Opitz trug ebenso zur weiteren Entwicklung der deutschen Literatur bei wie der Dichterkreis um Paul Flemming. Dazu gehörten Christian Brehme, später Stadtrat in Dresden, und Gottfried Finckelthaus, von dem zahlreiche Liedersammlungen erschienen. Bedeutung erlangten nach 1640 David Schimmel, Verfasser von Gedichtsammlungen, Balletten und Gedichten für den Dresdner Hof, und Johann Georg Schoch. Ab Januar 1660 erschien in Leipzig, herausgegeben von Timotheus Ritzsch, die erste gedruckte Tageszeitung der Welt.

Malerei in Kursachsen

Malerei als Kunst war auch in Kursachsen eine Angelegenheit der Hofmaler. Dabei lag das Land nach dem Westfälischen Frieden in der Randzone des deutschen Kunstlebens. Albert Eckhout und Christoph Paudiß malten bei ihrem mehrjährigen Aufenthalt in Sachsen in niederländischer Manier. Christian Schiebling, 1663 gestorben, und Johann Fink waren gebürtige Sachsen, die, an italienischer Malerei orientiert, die sächsische Malerei bis Mitte der Siebzigerjahre repräsentierten. Für acht Jahre wirkte dann Johann Oswald Harms in Dresden als Gestalter der Fassaden kurfürstlicher Gebäude und als Theatermaler. Von größerer Bedeutung und nachhaltigerer Wirksamkeit wurden ab Mitte der Siebzigerjahre Samuel Bottschildt und sein Neffe Heinrich Christoph Fehling. Beide schufen sowohl Porträts der Kurfürsten und ihrer wichtigsten Ratgeber als auch Monumentalgemälde. In Leipzig bestimmte der aus Pirna stammende Johann Heinrich am Ende die Porträtmalerei und dekorative Malerei, z. B. bei der Ausmalung der Börse.

Johann Melchior Dinglinger. Kupferstich von Johann Georg Wolffgang, 1722

Für die hohe Meisterschaft der sächsischen Goldschmiede und Kunsthandwerker steht die 1678 für Kurfürst Johann Georg II. aus Anlass der »Durchlauchtigsten Zusammenkunft« geschaffene Bergmannsgarnitur. Die Garnitur, laut Inschrift aus sächsischem Silber und sächsischen Edelsteinen – Jaspis, Amethyste, Bergkristall, Granat, Rauch- und Milchquarz – besteht aus Geräten, wie sie für die Arbeit des Bergmanns und die Ausrüstung der Bergbeamten benutzt wurden. Es war eine Leistung künstlerisch-politischer Phantasie, die das von Ludwig XIV. von Frankreich erfundene Prinzip der einheitlich konzipierten Juwelengarnitur als Symbol absolutistischer Staatsgewalt konzentriert auf die Gestalt des Souveräns, nach dem Vorbild orientalischer Herrscher, adaptierte. Dieses Konzept auf sächsische Verhältnisse angewandt zu haben, ist ein Verdienst des Kurfürsten. Die Garnitur repräsentiert seinen Anspruch auf zentrale Regierungsgewalt, ist aber zugleich von beispielloser Originalität. Der Kurfürst repräsentierte den ersten Bergmann seines Landes, er war der Bergherr, der Chef seines wichtigsten Wirtschaftszweiges. In seiner künstlerischen Erscheinungsform weist das Werk in die Zukunft berühmter sächsischer Juwelengarnituren. Der 1693 nach Dresden gekommene Johann Melchior Dinglinger und Johann Jacob Irminger ließen die Residenzstadt zu einer Hochburg der Goldschmiedekunst werden.

PIETISMUS UND FRÜHAUFKLÄRUNG

Auf geisteswissenschaftlichem Gebiet wurde Kursachsen Ausgangspunkt und Zentrum des Pietismus und der deutschen Frühaufklärung. Zunächst konnte sich im Streit zwischen dem Helmstädter Theologen Calixt und den Wittenberger Theologen das orthodoxe Luthertum durchsetzen. Auf Drängen der Landstände verbot Johann Georg II. 1668 und nochmals 1673 die Besuche des katholischen Gottesdienstes des kaiserlichen und des französischen Gesandten in deren Wohnungen. Die regelmäßige, jährliche Feier des Reformationsfestes am 31. Oktober und die Jubelfeier zur Einführung der Konkordienformel wurden im Kurfürstentum eingeführt. Als ein Niederlausitzer Pfarrer wegen calvinistischer Gesinnung seines Amtes enthoben und des Landes verwiesen wurde, wozu Gutachten Leipziger und Wittenberger Theologen aufge-

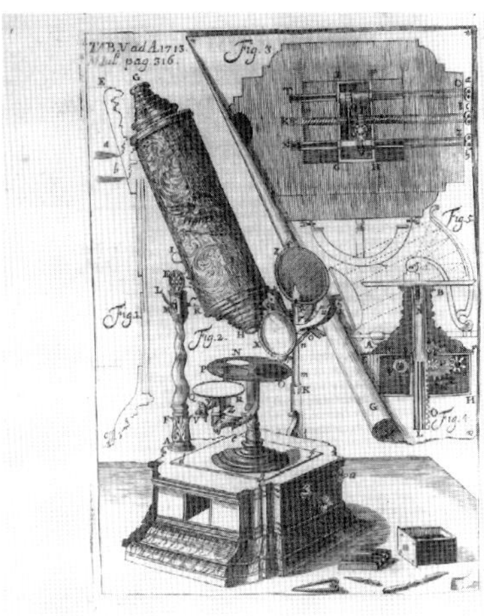

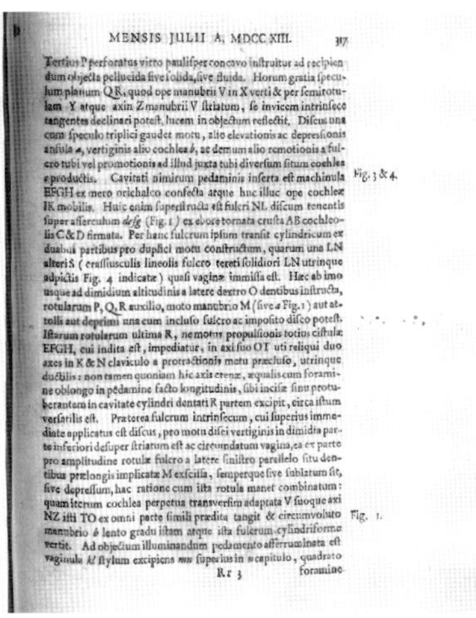

MENSIS JULII A. MDCC XIII. 317

Tertius P perforatus vitro paulisper concavo instruitur ad recipiendum objecta pellucida sive solida, sive fluida. Horum gratia speculum planum QR, quod ope manubrii V in X verti & per semirotulam Y atque axin Z manubrii V striatum, se invicem intrinsece tangentes declinari potest, lucem in objectum reflectit. Discus una cum speculo triplici gaudet motu, alio elevationis ac depressionis ansula *a*, vertiginis alio cochlea *b*, ac demum alio remotionis a fulcro tubi vel promotionis ad illud juxta tubi diversum situm cochlea *e* productis. Cavitati nimirum pedaminis inserta est machinula EFGH ex mero orichalco confecta atque huc illuc ope cochleæ IK mobilis. Huic enim superstructa est fulcri NL discum tenentis super asserculum *defg* (Fig. 1) ex ebore tornata crusta AB cochleolis C & D firmata. Per hanc fulcrum ipsum transit cylindricum ex duabus partibus pro duplici motu constructum, quarum una LN alteri S (crassiusculis lineolis fulcro tereti solidiori LN utrinque adpictis Fig. 4 indicatæ) quasi vaginæ immissa est. Hæc ab imo usque ad dimidium altitudinis a latere dextro O dentibus instructa, rotularum P, Q, R auxilio, moto manubrio M (sive *a* Fig. 1) aut attolli aut deprimi una cum incluso fulcro ac imposito disco potest. Istarum rotularum ultima R, ne motus propulsionis totius cistulæ EFGH, cui indita est, impediatur, in axi suo OT uti reliqui duo axes in K & N claviculo a protractionis motu præcluso, utrinque ductilis: non tamen quoniam hic axis crenæ, æqualis cum foramine oblongo in pedamine facto longitudinis, sibi incisæ sinu protuberantem in cavitate cylindri dentati R partem excipit, circa istum versatilis est. Præterea fulcrum intrinsecum, cui superius immediate applicatus est discus, pro motu disci vertiginis in dimidia parte inferiori desuper striatum est ac circumdatum vagina, ea ex parte pro amplitudine rotulæ fulcro a latere sinistro parallelo situ dentibus prælongis implicatæ M exscissa, semperque sive sublatum sit, sive depressum, hac ratione cum ista rotula manet combinatum: quam iterum cochlea perpetua transversim adaptata V suoque axi NZ isti TO ex omni parte simili prædita tangit & circumvoluto manubrio *b* lento gradu istam atque ista fulcrum cylindriforme vertit. Ad objectum illuminandum pedamento afferruminata est vaginula *kl* stylum excipiens *mn* superius in *n* capitulo, quadrato

Rr 3 foramine

Fig. 3 & 4.

Fig. 1.

Die von Otto Mencke 1682 begründete Gelehrtenzeitschrift »Acta eruditorum« wurde 100 Jahre lang in Leipzig herausgegeben.

Ehrenfried Walther von Tschirnhaus. Kupferstich von Martin Bernigeroth, nach 1708

fordert hatten, verbot im Juni 1662 der Brandenburger Kurfürst seinen Landeskindern den Besuch der Universität Wittenberg. Im Verlauf dieses Religionstreites zwischen Kurbrandenburg und Kursachsen wurden Archidiakon Reinhard und Diakon Paul Gerhardt aus Brandenburg ausgewiesen und in Sachsen aufgenommen. Auch in der Regierungszeit von Johann Georg III. hörten die religiösen Streitigkeiten nicht auf. Der Elsässer Philipp Jacob Spener, Begründer des Pietismus, wurde 1686 von Johann Georg III. als Oberhofprediger nach Dresden berufen. Er führte den Katechismusunterricht ein und versuchte, das geistliche Amt mit der Seelsorge zu verbinden. Von allen, auch von den Fürsten, forderte er Sittenreinheit und praktische Frömmigkeit. Als Spener im Februar 1688 den Kurfürsten schriftlich zu einem besseren Lebenswandel aufforderte, fiel er in Ungnade und wurde 1691 nach Berlin empfohlen. Danach wurden weitere Anhänger der pietistischen Auffassung aus dem Lande gedrängt, so auch August Hermann Francke und Christian Thomasius. Der Weggang dieser Männer wie auch der von Gottfried Wilhelm Leibniz bedeutete einen großen Aderlass für das wissenschaftliche Leben, das gerade in den Siebziger- und Achtzigerjahren sowohl in Leipzig als auch in Wittenberg und Dresden einen Aufschwung erlebt hatte. Ab 1682 gab Otto Mencke in Leipzig die Acta Eruditorum heraus, die erste wissenschaftliche Zeitschrift in Deutschland. Ehrenfried Walther von Tschirnhaus, eine feste Größe am Dresdner Hof, nachdem ihn Kurfürst Johann Georg IV. 1692 zum kurfürstlichen Rat ernannt hatte, wurde zum Mitbegründer der deutschen Frühaufklärung. So nahm in jenem letzten Jahrzehnt des 17. Jahrhunderts Sachsen eine bedeutende Stellung in Deutschland ein.

V

Das »augusteische Zeitalter« 1694 bis 1763. Vom Regierungsantritt Friedrich Augusts I. bis zum Frieden von Hubertusburg

Jugendjahre und Kavalierstour des Prinzen Friedrich August – Kurfürst, Stände und Landtag – Begründung der Personalunion zwischen Kursachsen und dem Königreich Polen – Sächsisch-polnische Union und außenpolitische Verwicklungen – Weitere Ausbildung der Verwaltungsorganisation – Höfische Festkultur und Regierungsalltag – Kursächsische Armee und Heeresreform – Merkantilistische Wirtschaftspolitik – Landwirtschaft und ländliche Gesellschaft – Kunst und Wissenschaft – Kirchliche Verhältnisse – Tod des Kurfürsten von Sachsen und Königs von Polen 1733 in Warschau und die Bedeutung seiner Regierungszeit – Prinz Friedrich August als Thronfolger – Fortsetzung der Politik Augusts des Starken – Brühl und sein Premierministeramt – Territoriale Erweiterung und dynastische Politik – Kursachsen und die zwei Schlesischen Kriege – Diplomatie gegen Preußen – Siebenjähriger Krieg – Frieden von Hubertusburg – Wirtschaftliche Zustände – Religion, Kunst und Wissenschaft

Jugendjahre und Kavalierstour des Prinzen Friedrich August

Geburt von Friedrich August am 12. Mai 1670

Am Himmelfahrtstag des Jahres 1670, dem 12. Mai, wurde im Dresdner Schloss dem kurprinzlichen Paar Johann Georg und Anna Sophia ein Sohn geboren. Es war der zweite in ihrer 1666 geschlossenen Ehe. Das Hoftagebuch der kurprinzlichen Familie weiß zu berichten, dass die Kurprinzessin »gegen halb-viertel uff 9 Uhr noch vor der Frühpredigt ihrer fraulichen Bürden glücklich entbunden und mit einem gesunden wohlgestallten jungen Prinzen gesegnet und erfreuet« wurde. Der Chronist fügte einen Wunsch hinzu: »Der Allerhöchste lasse dieses junge Herrlein an Alter und Gnade bei Gott und den Menschen zunehmen, dem gantzen hochlöblichen Chur- und Fürstlichen Hause zu Sachsen zu hohen Ruhm und Aufnehmen, der christlichen evangelischen Kirchen und den armen Untertanen zum Schutz, Nutz und Gedeihen groß erwachsen, lange leben und mit allen hochfürstlichen Tugenden, mit zeitlichen und himmlischen Segen, Glück und Heil herrlich ausgerüstet werden.«[15] Der Knabe erhielt seine Namen vom dänischen Großvater König Friedrich III. aus dem Hause Schleswig-Holstein-Gottorp und vom albertinischen Vorfahren August. Friedrich Augusts Vater ließ den beiden Söhnen, von seinen eigenen Erfahrungen ausgehend und so die Traditionen des wettinischen Kurhauses fortsetzend, eine angemessene Ausbildung angedeihen. Es war zugleich die übliche Bildung der Zeit, die durch Hauslehrer vermittelt wurde. Theologie, Sprachausbildung in Französisch und Italienisch, Mathematik, Fortifikationswesen, Architektur und ritterliche Künste waren neben Geschichte – vor allem der regierenden Häuser Europas – die wichtigsten Unterrichtsfächer. Einer der Lehrer hat besonders nachhaltige Wirkung hinterlassen, der bereits von Friedrich Augusts Großvater zum Oberlandbaumeister ernannte Wolf Caspar von Klengel, einer der markantesten Vertreter des frühen Barock in Dresden. Von ihm wurde der junge Kurprinz in Architektur, Fortifikationswesen, Hausbauten und Stadtanlagen unterrichtet. Von seinem Hofmeister Christian August von Haxthausen, einem gebürtigen Westfalen, erlernte er Fechten und Reiten. Dazu kamen Schießen, Springen, Fahnenschwingen, Ringel-Reiten, Ballschlagen. Diese Übungen ließen seine angeborene Körperkraft voll zur Entfaltung kommen. Er wuchs mit seinem Bruder bis zum zehnten Lebensjahr am kurfürstlichen Hof seines Großvaters Johann Georg II. auf, wo er vielfältige höfische Fest- und Feierlichkeiten mit Turnieraufzügen und Karnevalsumzügen kennen lernte. Diese Erfahrungen prägten wesentlich die Auffassungen Friedrich Augusts über höfisches Leben.

Erziehung

Erste Reise nach Dänemark 1686

So war er in höfischen Gepflogenheiten, allgemeinem Wissen und körperlicher Ertüchtigung wohl vorbereitet, als er mit sechzehn Jahren seine erste große Reise nach Dänemark antrat, um seine Großeltern zu besuchen. Wenige Tage nach seinem siebzehnten Geburtstag trat Friedrich August die zu jener Zeit in adeligen Kreisen übliche Kavalierstour an. Geplant war eine »Reise auf drey Jahr«. Der »Graf von Leisnig« reiste am 19. Mai 1687 früh um fünf Uhr von Leipzig in Begleitung seines Hofmeisters Haxthausen und vier weiterer Personen. Am 18. April 1689 kehrte er auf Befehl seines Vaters an den Dresdner Hof zurück. Obwohl die Kavalierstour nur zwei Jahre dauerte, hatte Friedrich August Frankreich, Spanien, Portugal, Italien und Österreich bereist und viele neue Eindrücke von den bedeutendsten Höfen Europas gewonnen. In eigenhändigen Briefen hatte der Kurprinz fast regelmäßig an seinen Vater berichtet.

Heirat mit Christiane Eberhardine von Ansbach-Bayreuth 1693

Im Januar 1693 wurde nach längeren Verhandlungen mit dem Hause Hohenzollern die Ehe zwischen Friedrich August und Christiane Eberhardine von Ansbach-Bayreuth geschlossen. Diese Verbindung wurde bald für den dynastischen Fortbestand des Hauses Wettin bedeutsam, da die Ehe seines so früh verstorbenen älteren Bruders Johann Georg IV. mit der ernestinischen Prinzessin Eleonore Erdmuthe Louise von Sachsen-Eisenach kinderlos geblieben war.

Als zweitgeborener Sohn hatte er eigentlich keine Aussichten gehabt, regierender sächsischer Kurfürst zu werden. Doch am 28. April 1694, vierzehn Tage vor seinem 24. Geburtstag, sah sich Prinz Friedrich August vor die Notwendigkeit gestellt, in die politische Verantwortung seines Geschlechtes einzutreten und die Regentschaft als Kurfürst von Sachsen zu übernehmen. Damit begann eine Phase der Entwicklung des kursächsischen Territorialstaates, die in der sächsischen Geschichte von besonderer Bedeutung werden sollte.

Übernahme der Kurwürde durch Friedrich August 1694. Avers der Silbermedaille von Philipp Heinrich Müller

Kurfürst, Stände und Landtag

Die politischen Vorstellungen, Absichten und Ziele des jungen sächsischen Kurfürsten Friedrich August I., genannt August der Starke, mussten zwangsläufig zu Auseinandersetzungen mit dem im Landtag vertretenen Adel, der Geistlichkeit und den Städten führen. Die landesherrlichen Versuche zur Zurückdrängung des ständischen Einflusses hatten bereits in der Regierungszeit von Kurfürst Johann Georg III. in Zusammenhang mit der Errichtung eines stehenden Heeres begonnen. Der Konflikt zwischen Johann Georg IV. und dem engeren Ausschuss des Landtages im Frühjahr 1694 kam nur durch den plötzlichen Tod des Kurfürsten nicht zum Ausbruch. Drei Jahre später war das Aufeinanderprallen der beiden Parteien nach Einsetzung des Generalrevisionskollegiums jedoch nicht mehr vermeidbar. Mit Androhung der Steuerverweigerung brachten die Stände die Tätigkeit dieser Behörde zum Erliegen. Eine einschneidende Änderung der ständischen Befugnisse brachte dann der Landtag von 1711, nachdem bereits 1709 die ständische Landesdeputation beseitigt worden war. Aus dem ständischen Entwurf der Landtagsreversalien 1711 entfernte der Kurfürst das Bewilligungsrecht der Landstände für indirekte Steuern, den Anspruch der Landstände auf Einverständniserklärung zu landesherrlichen Kreditaufnahmen, das Recht der willkürlichen Zusammenkünfte der Landstände und ihr Widerstandsrecht vor allem in Religionsfragen. Zu Letzterem schrieb August der Starke an den Rand: »Die Concipienten haben sich zu scheuen, den Herren solche prejudiciable Dinge vorzutragen, und man ist nicht gesinnt, in der Formundschaft zu verharren, wie es mit den Precedesessores gegangen.« Es dauerte aber noch fast zwei Jahrzehnte, bis August sein Ziel erreicht und den Einfluss der Stände noch weiter zurückgedrängt hatte. Er verhielt sich dabei ebenso wie seine hohenzollernschen Nachbarn in Brandenburg-Preußen, die die ständischen Privilegien nicht abschafften, sondern formell weiterbestehen ließen, sie aber durch viele neue Einrichtungen und Festlegungen wirkungslos machten.

Einsetzung des Generalrevisionskollegiums 1697

Landtag 1711

Am Ende der Regierungszeit von August dem Starken war die ständische Mitbestimmung in Kursachsen nicht völlig beseitigt, aber die politischen Einflussmöglichkeiten der Landstände waren so weit zurückgedrängt, dass das Schwergewicht der Entscheidungen in allen Fragen der inneren und äußeren Politik beim absolutistisch regierenden Landesherrn lag. Dabei ist festzustellen, dass überall dort, wo es bei der Durchsetzung absolutistischer Machtpolitik zu großen Schwierigkeiten kam, der Weg des Kompromisses gesucht wurde. Die dabei gefundenen und praktizierten Lösungen führten letztlich zu politischen Verhältnissen eigener Prägung in Kursachsen.

Landtagsordnung vom 11. März 1728

Das von August dem Starken im Ringen mit den Landständen Erreichte wurde in der Landtagsordnung vom 11. März 1728 schriftlich festgelegt. Zugleich ließ er Struktur, Zusammensetzung und Arbeitsweise der Landstände auf den Landtagen festschreiben.

Landstände

Erbmaschall / Fam. von Löser

1. Kurie	2. Kurie	3. Kurie
Prälaten, Grafen und Herren	Ritterschaft	Städte
	Engerer Ausschuss Erbmarschall 40 Personen	**Engerer Ausschuss** Direktorium Leipzig 8 Städte - 4 vorsitzende - 4 nachsitzende
	Weiterer Ausschuss 2 Direktoren 60 Personen	**Weiterer Ausschuss** Direktorium Annaberg 20 Städte
	Allgemeine Ritterschaft in 7 Kreisen mit je 1 Direktor und 1 Kondirektor	**Allgemeine Städte** 100 Städte in 7 Kreisen mit je 1 Direktor

Landstände der Kur- und Erblande des Kurfürstentums Sachsen (Landtagsordnung vom 11. März 1728)

Das betraf auch die seit 1438 gewachsenen Rechte der Landstände. Das Recht der willkürlichen Zusammenkunft, 1694 bestätigt und auf den Landtagen von 1718 und 1722 erneuert, wurde in der Landtagsordnung 1728 nicht mehr genannt und kam danach außer Gebrauch. Das 1661 in den Landtagsrevers aufgenommene Recht der Mitwirkung der Stände an der Regierungspolitik entfiel weitgehend. Es wurde darauf reduziert, dass die Stände am Ende eines Landtages gegen den Revers des Landesherrn eine Verwahrungsschrift einreichen konnten. Nach 1742 nahm der Kurfürst diese nicht mehr an. Schließlich mussten die Landstände auch bei ihrem Steuerbewilligungsrecht, dem wichtigsten ständischen Recht, erhebliche Abstriche hinnehmen. Die gegen ständischen Widerstand 1702 als indirekte Steuer eingeführte Generalkonsumtionsakzise hatte den Kurfürsten von den Landständen unabhängiger werden lassen. Als vor allem der Adel auf dem Landtag von 1722 die vollständige Aufhebung der Generalkonsumtionsakzise verlangte, erklärte Friedrich August I. im Landtagsabschied vom 14. Juli 1722, dass er sie weiter erheben werde, da diese Steuer alle und jeden Einwohner sowie Fremde im Lande gleichermaßen träfe und deshalb die beste Besteuerungsart sei. Das ständische Bewilligungsrecht für die direkten Steuern war aber unbestritten. All diese Regelungen von 1728 blieben bis 1831 in Kraft.

Landtagsabschied vom 14. Juli 1722

Begründung der Personalunion zwischen Kursachsen und dem Königreich Polen

Eines der vom jungen albertinischen Kurfürsten angestrebten Ziele – von seinen in verschiedene Interessengruppen gespaltenen politischen Ratgebern unterschiedlich – unterstützt bestand darin, im Konzert der europäischen Großmächte eine Stellung einzunehmen, die über den Reichsstand eines Kurfürsten hinaus ging. Er strebte eine Ranggleichheit mit den Habsburgern als den Inhabern der deutschen Königswürde an. Der Erwerb einer Krone war aber nur außerhalb der Grenzen des Heiligen Römischen Reiches deutscher Nation möglich. Das war den Reichsfürsten immer bewusst, den Wittelsbachern ebenso wie den Welfen, Hohenzollern und den Wettinern. Als erstem Reichsfürsten gelang es Friedrich August I., eine günstige europäische Mächtekonstellation zu nutzen. Das war kein Größenwahn und keine Utopie, sondern eine Chance, die er 1696/97 ergriff, so wie sein Vorfahr Moritz beim Erwerb der Kurwürde im Zusammengehen mit Kaiser Karl V. 1546/47. Nach 1697 gelang dieser Schritt auch den Hohenzollern, den Welfen und 1720 den Landgrafen von Hessen-Kassel. Die Welfen und die Hohenzollern schufen dabei Bleibendes, die polnische Königswürde der albertinischen Wettiner hatte nur zwei Generationen Bestand. Letztlich führte die Katastrophe des Siebenjährigen Krieges zum Ende der Union und begründete deren Einschätzung als Abenteuer und Vergeudung von Kräften. 140 Jahre nach der Erlangung der polnischen Königskrone durch den sächsischen Kurfürsten schrieb ein sächsischer Historiker: »Unter den vier Kronen, welche damals binnen 20 Jahren vier deutsche Fürsten erwarben, war die polnische die unruhigste und segensloseste, die preußische die folgenreichste, die britische die glänzendste, die schwedische die machtloseste.«[16]

Tod von Johann III. Sobieski am 17. Juni 1696

Nach dem Tod des polnischen Königs Johann III. Sobieski am 17. Juni 1696 bot sich für Friedrich August die Gelegenheit, die polnische Königskrone zu erwerben. Unterstützt wurden die Bestrebungen des sächsischen Kurfürsten von Kaiser Leopold I. und von Zar Peter I. von Russland wurden sie toleriert.

Wahl des sächsischen Kurfürsten am 27. Juni 1697 zum König von Polen in Warschau

Krönung zum polnischen König August II. am 15. September 1697 in Krakau

Am 26. Juni 1697 fand auf dem Wahlfeld vor Warschau unter Leitung von Primas Radziejowski die Wahlhandlung zur Beendigung des Interregnums im Königreich Polen statt. Vier Tage lang hatte man sich vorher im Wahlsejm um die Kandidaten gestritten. Drei waren in dem diplomatischen Ränkespiel übrig geblieben: der älteste Sohn des verstorbenen Königs, Jakub Sobieski, der Kandidat der französischen Partei, Prinz Conti, und der völlig überraschend kandidierende sächsische Kurfürst Friedrich August I. Als erster scheiterte Jakub Sobieski, für den sich wenige Fähnlein der Wojewodschaft Krakau erklärten. Eine Mehrheit des Sejm schien sich für Conti auszusprechen, als auf energisches Drängen der Minderheit die Wahl auf den folgenden Tag verschoben wurde. »In jener denkwürdigen Nacht vom 26. zum 27. Juni vergaßen Flemming und Przebendowski auch die unter freiem Himmel lagernde Schlachta nicht. Sie begaben sich auf das Wahlfeld, bewirteten die Schlachtschitzen freigebig mit Branntwein und verteilten gegen das Versprechen, die Wahl des Kurfürsten zu unterstützen, pro Kopf einen Taler. Dadurch wuchs noch vor Morgengrauen die sächsische Partei zahlenmäßig ganz bedeutend an.«[17] So kam es am 27. Juni zum eigentlichen Wahlgang, bei dem es ein gewisses Gleichgewicht der Kräfte auf dem Wahlfeld gab. Am Abend jenes Tages wurden zwei polnische Könige ausgerufen: von Primas Radziejowski der französische Prinz Louis François Conti und vom Bischof von Kujavien Damski der sächsische Kurfürst als August II. Nach der Doppelwahl vom 17./27. Juni 1697 besaß der albertinische Wettiner Kurfürst Friedrich August I. die besseren Chancen, sich als König von Polen durchzusetzen, weil er schnell mit seiner Armee in Polen einrückte und sich am 15. September 1697 in Krakau krönen ließ. Der ebenfalls gewählte Conti kam erst Ende September 1697 mit einer kleinen französischen Flotte in der Danziger Bucht an und musste bereits am 7. Oktober fluchtartig den Rückzug antreten.

Krönungsornat Augusts II. von Polen 1697. Figurine

Der Wettiner hatte die Wahl gewonnen, weil diese Personalunion die Interessen anderer europäischer Mächte nicht bedrohte. Dazu hatte Flemming, der

sich durch seine Ehe zum polnischen Adel zählen konnte, zum richtigen Zeitpunkt unter den polnischen Magnaten und Schlachtschitzen die Wahlagitation begonnen, die durch erhebliche finanzielle Zuwendungen an die polnischen Wähler – die allerdings noch unter den Zahlungen Frankreichs blieben – unterstützt wurde. Das Geld beschaffte Friedrich August durch die Verpfändung und Veräußerung kursächsischer Randterritorien wie Quedlinburg und Wettin. Der Erbanspruch auf Sachsen-Lauenburg wurde für 733 333 Taler und sechs Pfennige an Braunschweig-Lüneburg verkauft. Durch den Übertritt zur katholischen Konfession bei seinem Vetter Kardinal Christian August von Sachsen-Zeitz als Bischof von Raab in Baden bei Wien am 1. Juni 1697 hatte er die letzte Hürde für seine Wahl beseitigt.

Übertritt zur katholischen Konfession am 1. Juni 1697

Mit Versprechungen zur Rückgewinnung Livlands für Polen von Schweden und mit der Zusicherung der Annahme der »Articuli Pactorum Conventorum« besiegelte er seine Wahl. Darin stimmte der Kurfürst einer Nichtvererbbarkeit der Königswürde ebenso zu wie er die freie Königswahl anerkannte, sich zum Nichterwerb von erblichen Landgütern verpflichtete, auf eigene Kosten eine aus Polen und Litauern bestehende Garde mit 1200 Mann unterhalten wollte und versicherte, alle Beamtenstellen in Polen durch »Einheimische« zu besetzen und dazu »keine frembde genommen und mitgezogen« werden sollten.

Pacta Conventa

Eine wichtige Aussage, die die sächsische Außenpolitik während des gesamten augusteischen Zeitalters bestimmen sollte, wurde in Artikel 62 getroffen: »... durch Vertauschung eines von den sächsischen Ländern gegen eine nahe an Polen gelegene Provinz und Einverleibung derselben dem Reich die wahrhafte Neigung gegen die Republik zu erweisen.« Als ein solches Tauschobjekt betrachtete man in Dresden die sächsischen Erbansprüche auf die niederrheinischen Herzogtümer Jülich, Kleve und Berg einschließlich der dazugehörigen Grafschaften und Herrschaften, die seit 1610 reichsrechtlich anerkannt waren. Gegen diese Ansprüche wollte man eine Landbrücke zwischen Sachsen und Polen eintauschen, zumal es ja nur reichlich 50 Kilometer waren, die Sachsen und Polen zwischen dem Bober an der Ostgrenze der Niederlausitz und der Westgrenze Polens trennten.

Landbrücke zwischen Sachsen und Polen

August II. wollte das polnische Königreich dauerhaft für sich und seine Nachkommen sichern, aus der Personalunion vielleicht eine Realunion zimmern und auf diese Weise ein neues Staatsgebilde in Europa schaffen. Dieses hätte dann mit Frankreich, England, Schweden, dem habsburgischen Österreich und mit dem russischen Zarenreich konkurrieren können. Solche politischen Träume des sächsischen Kurfürsten schienen durchaus realisierbar. Der gebürtige Sachse Gottfried Wilhelm Leibniz schrieb nach Bekanntwerden der Wahl Friedrich Augusts I. – unter Bezugnahme auf das in Polen geltende Magdeburger Recht – Verse in lateinischer Sprache nieder, die in deutscher Übersetzung auch in Kursachsen die Runde machten:

Leibniz über die Wahl von Friedrich August I.

»Wie das Gesetz einst Sarmatia lehrte Sachsen,
So gibt der König ihm jetzt Sachsen zum Hüter des Rechts,
Gebe der Himmel, dass nun der Kaiser, Zar und der König,
Wider die Barbarei schirmen Europa vereint.«[18]

Die polnische Adelsrepublik reichte von der pommerschen und schlesischen Grenze im Westen bis an die russische Grenze östlich von Dwina und Dnepr, von der Rigaer Bucht im Norden bis an die Grenze des Osmanischen Reiches an Dnestr und Bug im Süden. Es waren fast 754 000 Quadratkilometer. Die Probleme und zu bewältigenden Aufgaben, die damit auf den siebenundzwanzigjährigen albertinischen Wettiner und sein sächsisches Kurfürstentum zukommen würden, dürfte Friedrich August I. im Großen, wenn sicher auch

Denkschrift zu Polen vom Frühjahr 1697

nicht im Detail, wohl erkannt haben. Davon zeugt schon seine im Frühjahr 1697 verfasste Denkschrift, die mit den Worten beginnt »Umb Pohlen in flor und in ansehung gegen seine nachtbarn zu setzen ...«. Seine Minister Beichlingen, Flemming, Hoym, Fürstenberg, Wackerbarth, natürlich später auch Sulkowski und Brühl, dürften in gleicher Weise um die Größe der Aufgaben gewusst haben. Dass seine Minister sie nicht erwogen hätten, ist schwer zu glauben. Die Wichtigkeit der ganzen Angelegenheit für Sachsen resultierte schon allein daraus, dass das Königreich Polen flächenmäßig größer war als Deutschland und das Kurfürstentum Sachsen mehr als einundzwanzigmal darin Platz fand. Dazu kommt, dass die gesellschaftlichen Zustände, die wirtschaftlichen Verhältnisse, die Verfassungs- und Verwaltungszustände, die unterschiedliche Sprache, die unterschiedlichen Traditionen – um nur einiges zu nennen – zwischen beiden Staaten so viele Unterschiede aufwiesen wie bei kaum zwei anderen Ländern. Zudem wirkte sich die fehlende gemeinsame Grenze mehr als hinderlich aus. Die Union war in der sächsischen, deutschen, polnischen und europäischen Geschichte ein großes Experiment, das am Ende an der Interessenlage anderer europäischer Mächte, die das Übergewicht erlangten, zerbrochen ist. »Von 1697 bis zum Tode Augusts III. 1763 währte das sächsische Königtum in Polen sechsundsechzig Jahre lang. Nicht an innerer Unmöglichkeit ging es zugrunde, sondern an Friedrich des Großen preußischer Politik, den Ränken Frankreichs und dem Machthunger Rußlands, Österreichs und Preußens, sowie an der völkischen Zerfahrenheit des Landes selbst.«[19]

Wolf Dietrich von Beichlingen. Gemälde von François de la Croix

Die Wahl des Wettiners zum polnischen König brachte Kursachsen mit Polen tatsächlich in den Rang einer europäischen Großmacht. Im Moment ihrer Entstehung war die sächsisch-polnische Union zwar noch keine Konkurrenz für europäische Großmächte, doch dieser Zustand sollte sich bald ändern. Die Auswirkungen der sächsisch-polnischen Außenpolitik wurden schnell spürbar.

Sächsisch-polnische Union und außenpolitische Verwicklungen

Die engen verwandtschaftlichen Beziehungen der albertinischen Wettiner zu Dänemark und zu Brandenburg-Bayreuth beeinflussten die politischen Überlegungen und Entscheidungen ebenso wie die traditionell freundschaftlichen Beziehungen zu den Habsburgern. Mit Zar Peter I. verbanden Friedrich August seit seiner Krönung als polnischer König 1697 gleiche politische Ziele. Weitere Zeitgenossen, die zum Teil zu entschiedenen politischen Gegnern wurden, waren König Ludwig XIV. von Frankreich, Karl XII. von Schweden als einer seiner ärgsten Widersacher und König Friedrich Wilhelm I. von Preußen, der nördliche Nachbar, mit dem er im Wettstreit um weitergehende politische Macht und größeren Einfluss in Europa lag.

Die sächsisch-polnische Union zog Kursachsen zwangsläufig in die militärischen Auseinandersetzungen auf dem europäischen Kontinent zu Beginn des 18. Jahrhunderts. Das war die eine Seite sächsischer Außenpolitik, die Friedrich August und seine vertrautesten Minister nicht richtig eingeschätzt hatten. Fast gleichzeitig wurde Kursachsen in den Reichskrieg gegen Frankreich unter Ludwig XIV., in die militärischen Auseinandersetzungen mit dem Osmanischen Reich, in den Spanischen Erbfolgekrieg und in den Nordischen Krieg verwickelt. Dem war Sachsen weder mit seinen finanziellen und wirtschaftlichen, geschweige denn mit den militärischen Möglichkeiten und Ressourcen gewachsen.

Zar Peter I. 1698 in Dresden

Auf der Rückreise von Holland über Wien nach Russland weilte Peter I. mit seiner ersten »Großen Gesandtschaft« incognito im Juni 1698 erstmals in Dresden. Da er den Zugang zur Ostsee im Norden seines Reiches erstrebte und

Kurfürstentum Sachsen und Königreich Polen 1697 bis 1763

August der Starke am 14. August 1699 in Warschau einen Vertrag mit den livländischen Ständen über die Rückgewinnung Livlands für das Königreich Polen geschlossen hatte, führte das 1699 zum Bündnis zwischen Russland und Kursachsen/Polen, in das Dänemark einbezogen wurde. Auf diese Weise außenpolitisch vorbereitet, begann 1700 der 21 Jahre dauernde Nordische Krieg gegen Karl XII. von Schweden. Dieser Krieg brachte in seinen ersten Jahren für August vernichtende Niederlagen durch die schwedische Armee: 1702 bei Klissow, 1704 bei Pultusk und im Februar 1706 bei Fraustadt.

Besetzung Sachsens durch die Schweden 1706

Am 1. September 1706 rückte Karl XII. mit seiner aus etwa 23 000 Mann bestehenden, schlecht gekleideten Armee in Kursachsen ein. Am 24. September musste

Friede von Altranstädt am 24. September 1706

August in den Frieden zu Altranstädt einwilligen. Am 15. Juli 1707 verließ Stanislaus Leszczynski, der von Karl XII. 1704 eingesetzte und in seinem Gefolge befindliche polnische König, Sachsen. Am 1. September 1707 folgte der schwedische König mit seiner auf 40 000 Mann erweiterten, in Sachsen neu eingekleideten und bewaffneten Armee. Über 35 Millionen Reichstaler kostete Kursachsen dieser einjährige Aufenthalt der schwedischen Armee.

Bereits 1704 hatte Friedrich August im Ergebnis seiner militärischen Niederlage gegen Schweden auf die polnische Königskrone verzichten müssen, sicher eine der schmerzlichsten Niederlagen in seinem politischen Leben. Der Nordische Krieg, an dem sich Kursachsen auch nach 1707 im Bündnis mit Russland beteiligte und in dem es gemeinsam mit Brandenburg-Preußen bis Ende 1715 Stralsund, Wismar und Rügen besetzte, endete für Kursachsen mit dem geheimen Präliminarvertrag von Stockholm im Dezember 1719. Dazu hatte auch das Bündnis zwischen Kursachsen, Österreich, England und Hannover, die so genannte Wiener Allianz, beigetragen. Einen territorialen Gewinn zogen Sachsen und Polen daraus nicht, im Gegensatz zu Russland und Preußen. Zwar konnte sich der Kurfürst 1709 wieder in den Besitz der polnischen Königskrone setzen, diesmal aber nur mit aktiver Hilfe Russlands, mit Duldung des habsburgischen Österreichs und mit Hilfe niederländischer Kreditzahlungen. Nach diesen leidvollen Erfahrungen war die Politik Augusts des Starken und seiner Minister darauf gerichtet, nicht noch einmal die errungene Stellung in Europa in Gefahr zu bringen. Deshalb folgten zweieinhalb Jahrzehnte intensiver, dem augenblicklichen Vorteil dienender Geheimdiplomatie an den europäischen Höfen und am Vatikan so wie die Herstellung dynastischer Verbindungen der Wettiner mit anderen regierenden Fürstenhäusern. Die diplomatischen Bemühungen sicherten dem kursächsischen Land nach Abzug der Schweden 1707 Frieden bis zu den militärischen Auseinandersetzungen mit Preußen nach 1740.

Präliminarvertrag von Stockholm 1719

Rückgewinnung des polnischen Königsthrons 1709

Kursachsen festigte weiterhin seine Positionen durch die gewissenhafte Erfüllung der Verpflichtungen gegenüber dem Reich, etwa mit den Reichsvikariaten von 1711, von 1741 und von 1742.

Wahrnehmung der Reichsvikariate

Weitere Ausbildung der Verwaltungsorganisation

Friedrich August wurde 1694 Kurfürst eines Staates, dessen Territorium von der Werra im Westen bis zu Oder, Bober und Queis im Osten, von Bad Brambach im Süden bis Belzig, Jüterbog und Dahme im Norden reichte und etwa 900 Quadratmeilen (35 000 Quadratkilometer) umfasste, verfassungs- und verwaltungsrechtlich aber keine Einheit bildete. Sonderrechte und Sonderregelungen, Privilegien der Stände in den Nebenlanden mussten beachtet werden. Deshalb bestand ein wesentliches innenpolitisches Ziel des Kurfürsten darin, die Einheit seines Staates anzustreben. Verfassungsrechtlich erreichte er dieses Ziel nicht, aber auf dem Gebiet der Verwaltung wurde ein wesentlicher Fortschritt erzielt. Es entstanden neue Behörden, die Behördenorganisation in ihrer Über-, Gleich- und Unterordnung wurde vervollständigt. Die drei Verwaltungsebenen wurden ausgebaut und für einzelne spezielle Sachbereiche entstanden zunehmend eigene Verwaltungsbehörden. Das führte letztlich zu absolutistischen Regierungsformen.

Grösse des Kurfürstentums Sachsen

Die Neuorganisation der Zentralverwaltung hatte unter Kurfürst Johann Georg II. mit der Einsetzung eines Kammerpräsidenten für die Finanzverwaltung im Jahre 1658 und die Gründung des Bergratskollegiums 1661 begonnen. Unter Kurfürst Johann Georg III. erhielt sie mit der Errichtung des Geheimen Kriegsratskollegiums neue Impulse. Damit waren für Friedrich August wichtige Entwicklungslinien abgesteckt, die er bewusst fortsetzte. Dazu gehörte letztlich auch ein vom absoluten Herrscher abhängiger, von ihm gelenkter und geleiteter, gut funktionierender Beamtenapparat.

Ausgangspunkt für die weitere Ausprägung absolutistischer Regierungsformen bildete die Wahl Augusts des Starken zum polnischen König. Für die Dauer der Abwesenheit des Kurfürsten wurde das Amt eines Statthalters in Kursachsen eingerichtet. Damit betraute er den zweiundvierzigjährigen, in Schwa-

Amt des Statthalters 1697

ben geborenen Anton Egon Fürst von Fürstenberg, den er 1697 in seine Dienste genommen hatte. Gleichzeitig wurde das Generalrevisionskollegium unter der Leitung des Statthalters errichtet, das die Missstände im Steuerwesen des Landes untersuchen und abstellen sollte. Das Ziel war es, ein pflichtbewusstes und exakt arbeitendes Beamtentum heranzuziehen. Diese Aufgabe wurde nach 1720 noch weit energischer betrieben. Für die Generalkonsumtionsakzise wurde 1703 das Generalakzisekollegium als neue, nur dem Landesherrn verantwortliche oberste Steuerbehörde geschaffen.

GENERALAKZISEKOLLEGIUM 1703

Das markanteste und einschneidendste Ereignis in der Verwaltung des Landes war die Bildung des Geheimen Kabinetts im Zeitraum zwischen 1704 und 1706 als oberster Zentralbehörde des Landes mit je einem Departementsminister für die auswärtigen, die inneren und die militärischen Angelegenheiten. Seit 1697 hatte sich August der Starke von einigen Räten und Sekretären begleiten lassen, an deren Spitze der Wirkliche Geheime Rat Wolf Dietrich von Beichlingen stand und der im Sommer 1700 zum Großkanzler aufstieg. Bald wurde deutlich, dass der Geheime Rat als kollegialisch organisierte zentrale Behörde den neuen Aufgaben nicht mehr gewachsen war. Schon aus dem Jahre 1703 ist ein »Projekt zur Einrichtung eines geheimen Cabinets-Consilii« überliefert, in dem ausgeführt wird: »Wann bey denen Veränderungen des Herrn Interesse und Wille zum Fundament und Endzwecke gesetzt wird, so darf man sich nicht befürchten, daß das gemeine Sprichwort, ›Alle Veränderungen sind gefährlich‹ eintreffe, ... Damit nun solches bey unserer gegenwärtigen Veränderung eintreffen möge, so scheint nichts zuträglicher oder beförderlicher zu sein, als daß nebst anderen guten Staatsverfassungen ein wohlformiertes Consilium bestellet, und nach des Herrn Souverainen Willen von einem gewissen Chef dirigiert werde, worinnen ermelter Chef Ihrer Königlichen Majestät desideria denen anderen Ministris und Subalternen vorzutragen habe, umb daß nach gebührender Überlegung alles nach Ihrer Königlichen Majestät allerhöchster Intention mit blindem Gehorsam und bei Fortsetzung aller anderer privatabsichten expediret werde.«[20] 1704 entstand die Geheime Kabinettsexpedition, die 1706 in das Geheime Kabinett als neuer Zentralbehörde umgebildet wurde. Diese typisch absolutistische Behörde stand vor dem alten, ständisch beeinflussten Geheimen Rat. Der Kurfürst/König regierte nicht mehr mit und unter seinen Geheimen Räten. Er verkündete nunmehr aus dem Kabinett seine unumstößlichen Entscheidungen, die er zuvor nur mit dem jeweiligen Kabinettsminister beraten hatte.

GEHEIMES KABINETT 1704/1706

Es war die erste Behörde dieser Art in den deutschen Territorien überhaupt. In Brandenburg-Preußen entstand als oberste kollegialisch arbeitende Behörde 1723 das General-Finanz-Kriegs-und Domänendirektorium, kurz Generaldirektorium genannt. In Österreich führte Graf Haugwitz unter Maria Theresia entsprechende Verwaltungsreformen durch. In Kursachsen wurden in den Zwanzigerjahren die Minister des Kabinetts zugleich zu Direktoren des Geheimen Rates und zu Kanzlern der Landesregierung ernannt, so dass im Geheimen Kabinett die Chefs der zentralen Kollegien als Quasi-Ministerrat vereint waren. Das stellte eine in die Zukunft weisende Organisationsform zentraler Staatsverwaltung dar.

Weitere Behördenneubildungen für die einzelnen Verwaltungszweige folgten: 1706 das Generalkriegsgericht und 1707 das Oberrechnungskollegium als zentrale Revisionsbehörde aller landesherrlichen Kassen. Das Bauwesen wurde mit der Bildung des Oberlandbauamtes 1718 neu organisiert.

Die neuen Anforderungen, denen sich der Dresdner Hof in außenpolitischen Fragen gegenübersah, führten zu einer wesentlichen Erweiterung der diplomatischen Beziehungen. In ganz Europa wurden ständige Botschaften als

Behörden eingerichtet. Andererseits waren die europäischen Staaten mit Gesandten in Dresden und in Warschau nunmehr ständig vertreten. Sächsische Diplomaten waren in Wien, Kopenhagen, London, Stockholm, Berlin, Paris, Moskau (später Petersburg), Rom, München, Venedig, Madrid, Turin und Konstantinopel anwesend, holten Informationen ein, vertraten die sächsisch-polnischen Interessen. Die diplomatische Korrespondenz lief nach Dresden, wurde im Kabinett ausgewertet und bei politischen Entscheidungen berücksichtigt. Dresden stellte bald einen Kristallisationspunkt europäischer Politik dar. Die hier in Umlauf befindlichen, von den auswärtigen Diplomaten gesammelten und in das Heimatland gesandten Berichte bildeten in London, Paris, Rom und anderswo wieder einen Ausgangspunkt für politisches Handeln.

Ständige diplomatische Vertretungen

Eine Reihe verantwortlicher Posten in unmittelbarer Umgebung des Landesherrn wurden mit Personen besetzt, die mit den einflussreichen sächsischen Adelsfamilien nicht verbunden waren. So kamen Hans Adam von Schöning aus Brandenburg-Preußen, Anton Egon Fürst von Fürstenberg aus Württemberg, Jacob Heinrich Graf von Flemming aus Pommern, August Christoph Graf von Wackerbarth aus Lauenburg, Baron von Löwendahl und Ernst Christoph Graf von Manteuffel aus Preußen und Georg Graf von Werthern aus Thüringen in kursächsische Dienste.

Für das Jahr 1728 erschien in der Weidmannschen Verlagsbuchhandlung in Leipzig erstmals für Kursachsen ein »Königlich Polnischer und Churfürstlich Sächsischer Hof- und Staats-Calender auf das Jahr 1728, worinnen der Königliche und Prinzliche Hofstaat, Collegia und Militärwesen aufs accurateste beschrieben werden«. Neben Österreich, Brandenburg-Preußen gehörte Kursachsen zu den ersten deutschen Territorialstaaten, in denen man Staatshandbücher druckte. Darin wurde am Ende der Regierungszeit von August dem Starken die wohl gegliederte und im Wesentlichen aufeinander abgestimmte Staatsverwaltung öffentlich bekannt gemacht. Die Reihenfolge der Behörden im Staatshandbuch entsprach zugleich ihrer Rangfolge: das Geheime Kabinett als oberste zentrale Landesbehörde, der Geheime Rat für alle inneren Verwaltungsangelegenheiten von zentraler Bedeutung, das Geheime Kriegsratskollegium, das Kammerkollegium für die Finanzverwaltung, die Landesregierung und das Appellationsgericht für den Justizbereich, das Obersteuerkollegium

Verwaltungsaufbau 1728

Schema Behördenorganisation Kursachsens um 1720
Entwurf: Reiner Groß

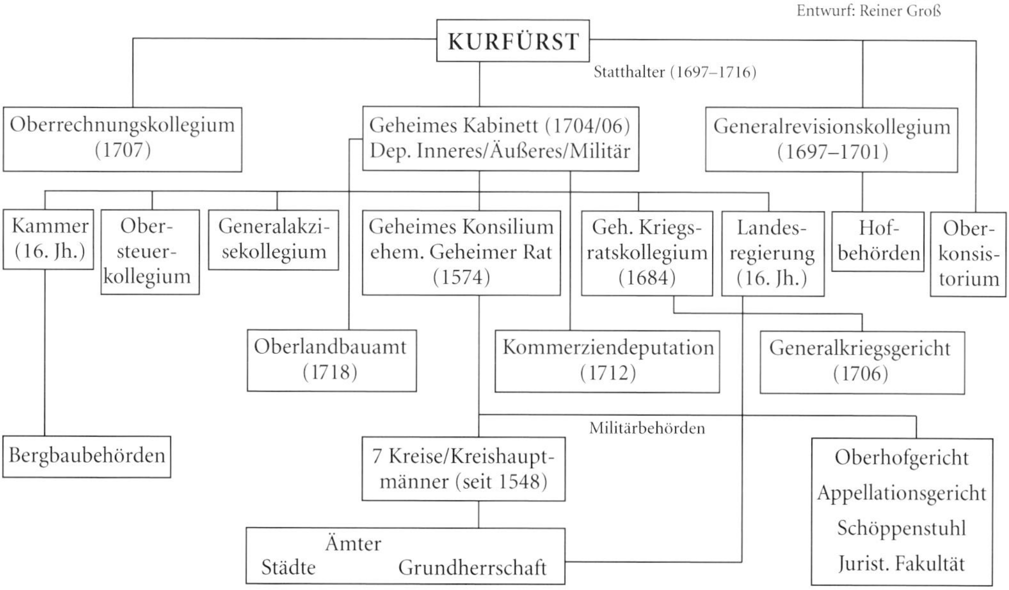

für die Verwaltung der von den Landständen bewilligten Steuern, das Generalakzisekollegium für die indirekten Steuern, das Oberrechnungskollegium, das Oberkonsistorium als kirchliche Oberbehörde, das Bergkollegium für den gesamten Bereich des Berg-, Hütten- und Münzwesens, das Oberbauamt, das Curiositäten-Cabinett, das Geheime Archiv, die Porzellan-, Spiegel- und Glasmanufakturdirektion usw.

Jacob Heinrich von Flemming. Kupferstich von A. B. König, um 1720

Organisation des Finanzwesens

Der Organisation des Finanzwesens, das die Erhebung der Steuern einschloss, wurde besondere Aufmerksamkeit gewidmet. Die kursächsische Finanzpolitik erreichte, dass die erheblich gestiegenen Ausgaben gedeckt und der nach 1697 vorhandene Schuldenberg systematisch abgebaut werden konnte. Als August der Starke starb, belief sich die Schuldenlast auf etwa fünf Millionen Taler, für die Wirtschafts- und Steuerkraft des Landes sicher kein Problem. Aus preußischer Sicht schätzte man das so ein: »Als 1727 der preußische Geheime Rat v. Viebahn nach Dresden kam, war der Eindruck, den er vom sächsischen Beamtenstaat empfing, im wesentlichen ein günstiger. Flemming – berichtete er nach Berlin – gebe mit unermüdlichem Fleiß ein treffliches Vorbild, und er halte alles in Ordnung. Er sorge für getrennte Kassenführung und für Vermeidung irgendwelcher Konfusion. Die Ausgaben für den Hofstaat, für die Erhaltung des Landeskredits, für die Besoldung der Beamten und der Armee seien ganz voneinander getrennt; selbst der König könne über die dafür ausgesetzten Gelder nicht disponieren, und Flemming lege über die Kriegskasse, die ihm allein unterstehe, wie andere Direktoren vor der Oberrechenkammer Rechnung ab. Durch die Kreditkasse seien die Schulden bereits zum größten Teil getilgt und der Landeskredit so groß, daß darauf Gelder zu 2 bis 3 Prozent angeboten würden. In der Kriegskasse lägen etwa 3 Millionen bares Geld.«[21]

Insgesamt ist festzustellen, dass die Verwaltung des kursächsischen Staates zweckmäßig war und den Notwendigkeiten entsprach. Die Installierung des Premierministeramtes unter Kurfürst Friedrich August II. war sicher eine logische Fortführung dieser Entwicklung, fand aber in der Person von Heinrich von Brühl nicht die adäquate Besetzung.

Einführung des Gregorianischen Kalenders zum 1. März 1700

Gesetzgeberische Massnahmen

Die Modernisierung der kursächsischen Verwaltung wurde durch eine Reihe gesetzgeberischer Maßnahmen komplettiert, die ein einheitliches Wirken im Lande ermöglichen sollten. Wichtig wurde dafür die Einführung des Gregorianischen Kalenders zum 1. März 1700 anstelle des Julianischen Kalenders, der in vielen europäischen Staaten bereits 1582 durch die Kalenderreform unter Papst Gregor XIII. außer Kraft gesetzt worden war. Mit zahlreichen Mandaten wurden von 1694 an viele Bereiche des politischen und wirtschaftlichen Lebens neu geregelt, so beispielsweise 1695 die Getreideein- und -ausfuhr, 1698 das Salzwesen, 1699 das Wechselrecht, 1700 das Postwesen, 1702 das Straßenwesen, 1705 die Einrichtung neuer Schocksteuerkataster und die Einführung des Dresdner Kannenmaßes als verbindliches Landesmaß, 1709 die Versorgung der Bergleute bei Unfall und Krankheit, 1710 die Förderung des Obstbaus.

Prozessordnung vom 10. Januar 1724

Ganz Wesentliches konnte im Bereich der Rechtspflege erreicht werden. Ausgehend von der Auffassung, dass die Handhabung der Gerechtigkeit der zweite Hauptpfeiler sei, auf dem das Getriebe einer wohlbestallten Regierung beruhe, wurde in einem langwierigen Beratungsprozess, letztlich gegen den Widerstand der Stände, am 10. Januar 1724 die erläuterte Prozessordnung in Kraft gesetzt. Damit konnten zugleich weitere einzelne Rechtsbereiche neu gefasst werden, wobei es dem Kurfürsten aber nicht gelang, den peinlichen Prozess mit Folter abzuschaffen. Trotzdem existierte am Ende der Regierungszeit von August dem Starken ein wesentlich verbessertes Gerichtswesen, orientiert an der Gleichheit der Menschen vor dem Gesetz.

Höfische Festkultur und Regierungsalltag

Die Regierungszeit Augusts des Starken ist durch die Veranstaltung großer Feste und Feierlichkeiten am kurfürstlichen Hof in Dresden und am königlichen Hof in Warschau gekennzeichnet. Der wachsenden politischen Bedeutung sollte durch pompöses Auftreten Rechnung getragen werden. Der sächsische Kurfürst machte mit seinem Streben nach Prachtentfaltung, Glanz und öffentlicher Repräsentanz keine Ausnahme unter den Fürsten seiner Zeit. Manche Zeitgenossen haben darüber mit größerer Genauigkeit als über die politischen Entwicklungen berichtet. Von Ballettaufführungen, italienischer und französischer Komödie, Hofbällen, Festessen und Maskenbällen bis zu großen Wirtschaften, Schlittenfahrten, Jagden, Ringrennen und Schützenfesten reichten die Vergnügungen, an denen neben dem Hofstaat zum Teil auch die Einwohner der Residenz und des umliegenden Landes Anteil nahmen, als Mitbeteiligte oder Zuschauer bei Aufzügen. Aber auch Hoflieferanten und Lohnarbeiter, die in den Manufakturen und handwerklichen Unternehmungen die vielfältigen Aufträge des Hofes für solche Festlichkeiten zu erledigen hatten, profitierten davon. Die Feste und Feierlichkeiten wurden teilweise über Monate hinweg gründlich vorbereitet, und zwar unter entschiedener persönlicher Einflussnahme des Kurfürsten. Der junge Friedrich August I. knüpfte an die langen Traditionen von großen Hoffesten an und adaptierte gleichzeitig die vielfältigen Anregungen, die er an anderen Residenzen europäischer Staaten vor und nach 1694 gesammelt hatte. Höfische barocke Festkultur wurde dabei zu einem festen Bestandteil augusteischer Regierungspolitik, wie an wichtigen politischen Ereignissen in Kursachsen und Europa ablesbar ist. Dabei ragen die Festlichkeiten der Jahre 1695 zum ersten Karneval seiner Regierungszeit, 1697 anlässlich der Krönung zum polnischen König, 1709 zum Karneval in Anwesenheit von König Friedrich IV. von Dänemark in Dresden, 1719 anlässlich der

Oberer Teil des Oberhofmarschallstabes. 1719. Goldschmiedearbeit von Johann Heinrich Köhler

FESTE ALS BESTANDTEIL DER REGIERUNGSPOLITIK

Festaufzug auf dem Dresdner Altmarkt anlässlich der Vermählungsfeierlichkeiten 1719. Federzeichnung von Reynard

Abendtafeln bei dem Jahrmarkt der Nationen im Zwinger 1719. Kupferstich

Vermählung von Kurprinz Friedrich August mit Maria Josepha von Habsburg, 1727 nach der Genesung von August dem Starken, 1728 anlässlich des Besuches von König Friedrich Wilhelm I. von Preußen und 1730 mit dem Zeithainer Lager besonders heraus. Bei all den höfischen Festen ist zu berücksichtigen, dass von den 365 Tagen eines Jahres nach den Aufzeichnungen im Hoftagebuch 50 bis 60 Tage gefeiert wurden. An den anderen Tagen dürfte politisch gearbeitet, geplant, verwaltet, regiert worden sein – auch am Hofe Augusts des Starken.

In den Jahren des Nordischen Krieges wurden dagegen kaum große Feste oder Karnevalsfeierlichkeiten abgehalten. Selbst während der Anwesenheit des spanischen Königs Karl III. im Jahre 1703 und der Königin Anna Maria von Portugal 1708 in Dresden gab es keine großen Hoffestlichkeiten. Grund dafür waren die politischen und militärischen Niederlagen des Wettiners. So dürfte das landläufige Bild, August der Starke habe sich angesichts solcher Niederlagen in kostspielige Hoffeste gestürzt, der Korrektur bedürfen. Erst als sich ein Sieg Russlands über Karl XII. von Schweden in der Ukraine abzeichnete, feierte August gemeinsam mit Friedrich IV. von Dänemark vom 22. Mai bis 2. Juli 1709 den Karneval. Es ist gewiss, dass das Damenfest, das von Pöppelmann ausgestattete Feuerwerk, das Fußturnier, das Karussell der vier Erdteile, der Götteraufzug mit Nachtring- und Quintanrennen, die Bauernwirtschaft mit acht Nationen, das Vogelschießen und das Nachtschießen den äußeren Rahmen für die ernsthaften politischen Verhandlungen über das weitere Vorgehen gegen Schweden abgaben. In diese Reihe gehören ebenfalls die Aufenthalte des preußischen Königs 1710 in Leipzig sowie von Zar Peter I. 1711 und 1712 in Dresden.

Karneval 1709 mit Friedrich IV. von Dänemark

Anfang des Jahres 1719 betrauerte man auch in Dresden den Tod von König Karl XII. von Schweden mit einer offiziellen Kammer-Trauer, obwohl man sicher froh war, einen der hartnäckigsten politischen Gegner verloren zu haben. Wenige Monate später wurden die Vermählungsfeierlichkeiten von Kurprinz Friedrich August mit der ältesten Tochter Kaiser Josephs I., Maria Josepha von Habsburg, zu einem besonderen Höhepunkt barocker höfischer Festlichkeiten in Dresden. Es war ein politisches Ereignis europäischen Ranges, als am 20. April 1719 in Wien der Heiratsvertrag unterschrieben und die Trauung vollzogen wurde. Vom 2. bis 26. September fanden am Dresdner Hof die Vermählungsfeierlichkeiten statt, die unter der persönlichen Leitung des Kurfürsten standen. Mit dieser Heirat gelangten die Wettiner in den engeren Kreis der Anwärter erblicher Nachfolger auf den Kaiserthron. Nichts zeigt die Verbin-

Tod von Karl XII. von Schweden 1719

Heiratsvertrag für Kurprinz Friedrich August und Erzherzogin Maria Josepha am 20. April 1719

dung von außenpolitischem Machtstreben, innenpolitischer Stabilität des absolutistisch regierten sächsischen Kurstaates und seiner wirtschaftlichen Stärke so deutlich wie die sieben Planetenlustbarkeiten, die am Abend des 26. September mit dem »Berghäuer Fest« im Plauenschen Grund abgeschlossen wurden. Die etwa 1700 Bergbeamte und Freiberger Bergleute, die alle berg- und hüttenmännischen Arbeiten versinnbildlichten, stellten die Wirtschaftskraft des kursächsischen Staates symbolisch dar.

Hohe künstlerische Gestaltung der Hoffestlichkeiten

Es versteht sich nahezu von selbst, dass auf Grund der politischen und gesellschaftlichen Bedeutung, die allen solchen Festen und Feierlichkeiten beizumessen war, eine hohe künstlerische Form angestrebt wurde. Inhalt und Form sollten zu einer Einheit verschmolzen werden. Deshalb wurden für die Ausgestaltung dieser Feste alle verfügbaren Künstler im Lande herangezogen, Architekten und Maler ebenso wie Musiker, Sänger, Tänzer, Dichter, Bildhauer, Gold- und Silberschmiede. Pöppelmann entwarf und baute Lusthäuser und Lustschiffe für Feuerwerke 1709 und 1730, die Gebäude und Zelte für das Zeithainer Lager 1730 und natürlich den Zwinger in Dresden als besonderen architektonischen Rahmen für alle Festlichkeiten. Balthasar Permoser und Alessandro Mauro, Louis de Silvestre, Johann Jakob Irminger, Johann Melchior Dinglinger, Johann Ullrich König, Jean de Bodt, Adam Friedrich Zürner, Alexander Thiele, Benjamin Thomae – sie und viele andere Künstler trugen mit ihrem Schaffen, ihren Ideen und Werken zu einem erheblichen Teil dazu bei, dass Dresden im ersten Drittel des 18. Jahrhunderts auch durch die Hoffeste eine Residenz europäischen Ranges wurde.

Im Zusammenhang mit Hoffestlichkeiten und Hofleben kann eine Seite nicht unerwähnt bleiben – das Verhältnis Augusts des Starken zu seinen Mätressen. Er machte dabei zwar keine Ausnahme von anderen Potentaten seiner Zeit, so von Ludwig XIV. und Ludwig XV., von Peter I. und von Friedrich I. von Preußen. Da er aber die Menschen seiner Umgebung mehr als andere an seinen Affären teilhaben ließ, hat sich das Wissen darüber bis heute erhalten, ja man identifiziert den Wettiner regelrecht damit. Es wird ihm von manchem Historiker auch noch im Nachhinein angekreidet.

Mätressen von Friedrich August I.

Die Stellung der Mätressen verstand sich zu jener Zeit als ein Hofamt. Die erste Frau, die nach dem Regierungsantritt von Friedrich August diese Stelle einnahm, war Aurora von Königsmarck, aus einem alten schwedischen Adelsgeschlecht stammend. Drei Wochen nach der Geburt des Kurprinzen Friedrich August am 17. Oktober 1696 gebar sie am 28. Oktober 1696 Moritz, den der Kurfürst 1710 legitimierte und in den Reichsgrafenstand erheben ließ. Die Türkin Fatima, die er aus einem Feldzug gegen das Osmanische Reich mitgebracht und mit seinem Kammerdiener Spiegel, der bald zum Akziserat avancierte, verheiratet hatte, gebar ihm 1702 den Sohn Friedrich August, der 1724 Graf von Rutowski wurde, und 1706 die Tochter Katharina, die er 1728 mit Graf Michael von Bielinski verheiratete. Von 1700 bis 1706 nahm am Warschauer Hof Ursula Katharina von Boccum Gräfin Lubomirska, Fürstin von Teschen die Stelle einer Mätresse ein. 1704 wurde aus dieser Verbindung Johann Georg, der spätere Chevalier de Saxe geboren. In Dresden war ab 1705 Anna Constantia von Brockdorff, spätere Reichsgräfin von Cosel und zunächst seit 1703 mit dem Generalakzisedirektor Adolph Magnus von Hoym verheiratet, die Mätresse Augusts des Starken. Sie galt als die profilierteste Mätresse am Dresdner Hof und nahm diese Stelle zumindest bis 1712 ein. Mit der Begründung, er dulde keine Mätressenwirtschaft, bemühte sich August um eine Trennung von ihr und ließ sie schließlich auf der Burg Stolpen inhaftieren. Vier Kinder entsprossen dieser Verbindung: 1706 ein tot geborener Sohn, 1708 die Tochter Augusta Constantia, spätere Gräfin von Friesen, 1709 die Tochter Frie-

Anna Constanze Reichsgräfin von Cosel als Diana. Kupferstich (Detail) von S. Valleé

derike Alexandra, verheiratete Gräfin Mosczynska, und 1712 der Sohn Friedrich August Graf von Cosel. In diesen Jahren hatte August der Starke in Warschau zudem eine Liaison mit der französischen Weinwirtin Henriette Renard, die ihm 1707 die Tochter Anna Catharina, spätere Gräfin Orczelska, gebar, die in den Zwanzigerjahren Augusts Lieblingstochter wurde. Danach genoss in Warschau Maria Magdalena Bielinska, Tochter des polnischen Großmarschalls Bielinski und verehelichte Gräfin Dönhoff die Gunst Augusts des Starken. Damit hatte der Kurfürst außer dem Thronfolger noch acht anerkannte außereheliche Kinder, denen er allen eine ausgezeichnete Bildung zukommen ließ, sie gut verheiratete und finanziell absicherte.

Kursächsische Armee und Heeresreform

Oberbefehl über das Reichsheer 1695 und 1696

Seit 1682 verfügte Kursachsen über ein stehendes Heer und damit über ein einsatzbereites und schlagkräftiges Machtinstrument. Dazu hatte Friedrich August I. eine ausreichende militärische Ausbildung erhalten. Als Jugendlicher nahm er an den Feldzügen seines Vaters im Verband des Reichsheeres gegen Frankreich am Oberrhein in den Jahren 1689, 1690 und 1691 teil. 1695 und 1696 erhielt der junge sächsische Kurfürst vom Kaiser den Oberbefehl über das Reichsheer in den Feldzügen gegen das Osmanische Reich in Ungarn. Friedrich August operierte dabei recht erfolgreich, sowohl bei der Belagerung von Temeswar als auch in den Schlachten bei Pantschowa und Dinasch.

Später folgten wenige Erfolge und zahlreiche Niederlagen im Nordischen Krieg. Nach herben Verlusten leitete der Kurfürst organisatorische Maßnahmen ein, um sie schnellstens auszugleichen. Einer ersten zahlenmäßigen Verstärkung der sächsischen Armee 1700/01 folgte 1702 die erste Rekrutenaushebung in Sachsen, 1706 wurde eine Reorganisation der Armee eingeleitet, 1709 das Defensionswerk aufgehoben und die Landmiliz geschaffen, 1712 das Ingenieurkorps gebildet und 1723 die Ritterakademie für die Offiziersausbildung gegründet. Als 1716 die militärischen Auseinandersetzungen in Polen endeten, begann für die sächsische Armee eine über fünfzehnjährige Friedensperiode bis zum Tode Augusts des Starken. In einer weitschauend angelegten Heeresreform hatte er nach 1717 eine gut ausgebildete und modern bewaffnete Armee im Umfang von 30000 Mann geschaffen, um seine außenpolitischen Ziele besser militärisch absichern zu können. Die neue Armee rekrutierte sich im Gegensatz zum preußischen Heer unter Friedrich Wilhelm I. fast ausschließlich aus sächsischen Landeskindern. Dieses neue Machtinstrument wurde im

Zeithainer Lager 1730

Sommer 1730 im Zeithainer Lager der europäischen Öffentlichkeit vorgeführt. Die Generalmusterung der einheitlich bewaffneten, gekleideten und ausgebildeten Armee bildete den Abschluss der augusteischen Heeresreform. »Nur eine Armee, wie er sie sich in der zweiten Hälfte seines Lebens geschaffen hatte und wie er sie nach ihrer Vollendung 1730 in der Mühlberger Ebene vorführte, konnte nach seiner Überzeugung einen solchen Frieden verbürgen.«[22] Dem entsprach das Motto des Schlussfeuerwerkes beim Zeithainer Lager: Sic fulta manebit (sc. pax)! Auf eine solche Armee gestützt wird er dauern, der Friede!

Zeithainer Lager, 1730. Kupferstich

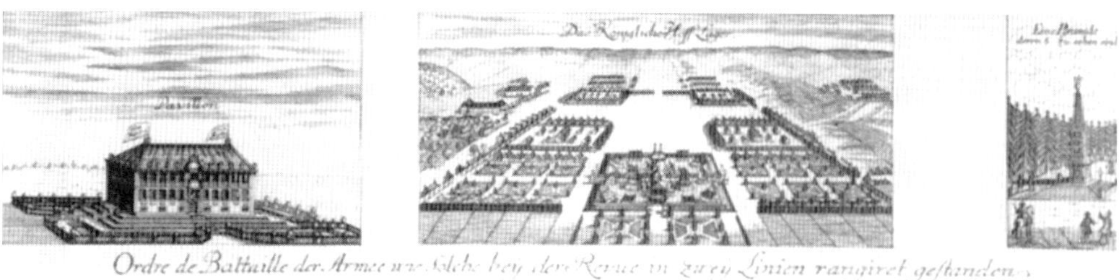

1732 erfolgten die Einteilung dieser Armee in vier Generalkommandos, eine weitere ständige Ausbildung und eine verbesserte Unterbringung der Soldaten in neu erbauten Kasernen. Trotz aller Einschränkungen, denen er in Polen unterlag, reformierte August die polnische Armee und veranstaltete mit ihr 1732 im Lager von Cerniakow ebenfalls eine Generalmusterung.

Merkantilistische Wirtschaftspolitik

Bereits in den Siebziger- und Achtzigerjahren des 17. Jahrhunderts hatten sich Kräfte im Lande geregt, die neue Verhältnisse und Strukturen ankündigten. Das betraf zunächst die manufaktur-kapitalistische Entwicklung. Private Unternehmer, meist Handelskaufleute, und der Landesherr gingen zuerst zur arbeitsteiligen Herstellung gewerblicher Produkte in Form der Manufaktur über. Im kursächsischen Staat trat dazu die Förderung und Unterstützung manufaktureller Unternehmen gegen die althergebrachten Forderungen, Ansprüche und Rechte des innungsgebundenen Handwerks in den Städten. Das wird etwa bei der von Johann Daniel Crafft 1675 in Neuostra bei Dresden »vorm Wilsdruffer Tor« gegründeten Seidenmanufaktur besonders deutlich, nachdem der mit Leibniz befreundete Crafft bereits ein Jahr vorher in Leipzig den Versuch der Gründung einer Woll- und Seidenmanufaktur unternommen hatte. Kurfürst Johann Georg II. hatte das Unternehmen durch die Erteilung der Gewerbefreiheit, die Ausstattung mit kurfürstlichen Privilegien und mit finanziellen Zuwendungen unterstützt. Die Crafft'sche Manufaktur wirkte in Kursachsen bald als Musterbetrieb, auch wenn sie wegen mangelnden Betriebskapitals zu Beginn des 18. Jahrhunderts geschlossen werden musste.

MANUFAKTUREN VON JOHANN DANIEL CRAFFT 1674/1675

Als Friedrich August Kurfürst geworden war, bemühte er sich in Fortführung von bereits Begonnenem um eine planmäßige merkantilistische Wirtschaftspolitik. Im Oktober 1694 ordnete eines seiner ersten Mandate eine landesweite statistische Erfassung der Amtsregalien, Einkünfte und Nutzungen nach einheitlichem Schema an. Die damit gewonnenen Angaben bildeten die Grundlage für wirtschaftsfördernde Maßnahmen, die positiv gewertet werden müssen, auch wenn sie nicht in jedem Fall gegen den Widerstand der Stände dauerhaft durchgesetzt werden konnten. Die Wirtschaft des Landes erhielt dadurch neue Impulse, wirtschaftliches Wachstum wurde angestrebt und das Bürgertum in den Städten als wesentlicher Träger der gewerblich-wirtschaftlichen Entwicklung zu neuen Unternehmen angeregt. Zwischen 1694 und 1733 entstanden im Kurfürstentum 26 Manufakturen, vor allem im Textilgewerbe und in der Metallverarbeitung, aber auch Glas-, Spiegel- und Gewehrmanufakturen. Der Landesherr wurde selbst zum Gründer und Betreiber. Die Erfindung des europäischen Hartporzellans durch Tschirnhaus und Johann Friedrich Böttger in Dresden führte 1710 mit der Gründung der Porzellanmanufaktur in der Albrechtsburg Meißen zur ersten staatlichen Manufaktur in Europa. Der Kurfürst überwachte bis an sein Lebensende persönlich Erzeugnisse, Absatz, Gewinn und Verlust seines Unternehmens.

Tischler. Meissener Porzellanfigur von Johann Joachim Kaendler, um 1750

PORZELLANMANUFAKTUR MEISSEN 1710

Die Manufakturunternehmen konzentrierten sich in den größeren Städten wie Leipzig, Dresden und Chemnitz sowie in dafür landschaftlich besonders geeigneten Gegenden des Erzgebirgsvorlandes und der Oberlausitz. Das 1703 berufene Kommerzienkollegium, zunächst aus Leipziger Bürgern bestehend, war der Ausgangspunkt für die erste zentrale Landesbehörde zur Überwachung und Lenkung des Manufaktur- und Handelswesens. Dies und die Berufung des württembergischen Wirtschaftsfachmannes Paul Jacob Marperger nach Dresden stehen beispielhaft für die merkantilistische Wirtschaftspolitik von Kurfürst Friedrich August und seiner leitenden Beamten. So wurde um 1722 auch ein »Plan der sämtlichen sächsischen Manufacturen« erarbeitet, um einen

KOMMERZIENKOLLEGIUM 1703

exakten Überblick über die vorhandenen Manufakturen zu gewinnen, aber auch um feststellen zu können, welche Manufakturen noch zu gründen wären. Zu diesen Bemühungen gehörten auch die Vorschläge von Gottfried Wilhelm

VORSCHLÄGE VON LEIBNIZ ZUR SEIDENRAUPENZUCHT 1703/04

Leibniz in den Jahren 1703 und 1704 zur Einführung der Seidenraupenzucht in Kursachsen. Dieser Versuch blieb zwar ebenso ohne Erfolg wie auch andere wirtschaftliche Unternehmungen. So musste die 1699 mit einem Anfangskapital in Höhe von zwei Millionen Talern von Friedrich August mitgegründete Depositenbank in Leipzig, die die Neueinrichtung von Wirtschaftsunternehmen finanziell unterstützen sollte, nach wenigen Jahren ihre Tätigkeit wieder einstellen. Die wirtschaftliche Entwicklung insgesamt führte jedoch, vor allem

BESUCH DER LEIPZIGER MESSEN

nach 1697, zu einem verstärkten Handel. Regelmäßige Besuche der Leipziger Oster- und Michaelismessen durch August den Starken und seine Minister dienten nicht nur der Repräsentation, sondern unterstrichen auch die Bedeutung, die der Landesherr diesen Messen beimaß. Vor allem nach der Jahrhundertwende entwickelte sich Leipzig mit seinen Messen nicht nur zum wirtschaftlichen Mittelpunkt Kursachsens, sondern bald zum »Marktplatz Europas«, zu einer europäischen Handelsmetropole und zum Mittler steigender Handelstätigkeit zwischen Ost und West, wesentlich begünstigt durch die sächsisch-polnische Union. Die Leipziger Messen profitierten vom Aufstieg Amsterdams und Hamburgs durch den Handel zwischen Frankreich, Holland und England ebenso wie es durch seine traditionellen Handelsverbindungen nach Polen, Russland und dem südosteuropäischen Raum im Konkurrenzkampf mit Frankfurt a. M. siegreich blieb. Versuche Preußens, den sächsischen Osthandel zu unterbinden und die Handelstätigkeit von Leipzig nach Frankfurt/Oder bzw. nach Breslau zu ziehen, schlugen fehl. Die Leipziger Messen wurden zwar durch die Kriege im 18. Jahrhundert beeinträchtigt, aber sie erholten sich schnell. Dazu trug auch die behördenmäßig organisierte Auf-

MESSRELATIONEN AB 1728

sicht über die Messen bei. Ab 1728 berichtete die Kommerziendeputation in jährlichen Messrelationen an den Landesherrn. So ist beispielsweise dem Verzeichnis der sich in Leipzig aufhaltenden Kaufleute für 1750 zu entnehmen, dass insgesamt 2669 fremde Kaufleute anwesend waren, darunter aus Frankreich, England, Italien, Holland, Polen, Russland, Türkei, Ungarn, Armenien, Griechenland, Dänemark, der Schweiz, Schweden, Österreich und Flandern.

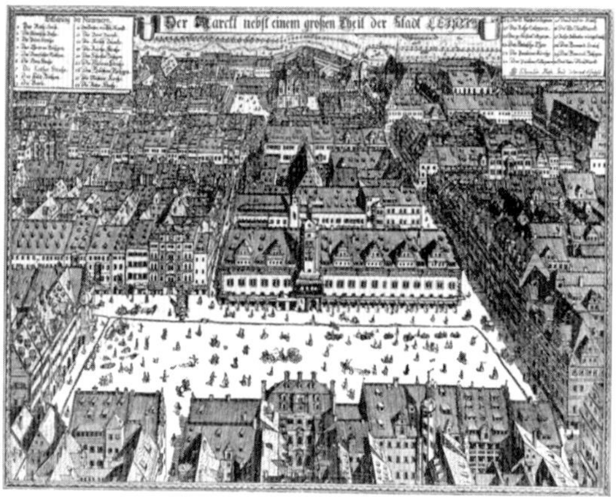

Markt mit einem großen Teil der Stadt Leipzig. Kupferstich von Johann Georg Schreiber, 1712

In seiner Wirtschaftspolitik sah sich Kursachsen mit Brandenburg-

WIRTSCHAFTSKRIEG MIT BRANDENBURG-PREUSSEN

Preußens wirtschaftlichen Interessen konfrontiert, woraus sich bald ein regelrechter Wirtschaftskrieg entwickelte. Der 1668 eröffnete Müllroser Kanal, der die Wasserstraßenverbindung zwischen Oder und Spree für Schiffe bis 120 Tonnen herstellte, wurde bald zur Konkurrenz für den Handelstransport zwischen Ost- und Westeuropa auf der Hohen Straße und führte zur Schädigung der Leipziger Messen, so dass Kursachsen 1727 sogar die gewaltsame Zerstörung dieses Oder-Spree-Kanals in Erwägung zog. Das Verbot der Wollausfuhr durch Brandenburg fügte den kursächsischen Manufakturen ebenso Schaden zu wie die für 1697 nachgewiesene Abwerbung sächsischer Handwerker und Manufakturarbeiter und die 1713 geschehene Abwerbung von Porzellanarbeitern von der Meissner Porzellanmanufaktur. Dies muss so bedeutend gewesen sein, dass Kursachsen 1723 ein Mandat gegen »das Abziehen von Wollarbeitern und Fabrikanten« erließ und preußische Emissäre in Kursachsen verhaftet wurden. Ein 1721 ausgebrochener regelrechter Zollkrieg und Straßenstreitigkeiten verschärften diesen wirtschaftspolitischen Konflikt, der schließlich nach längeren Verhandlungen mit einem am 16. Oktober 1728 geschlossenen Handelsvertrag zwischen Kursachsen und Brandenburg-Preußen beigelegt wurde.

HANDELSVERTRAG MIT PREUSSEN 1728

So wie Brandenburg-Preußen seit der Regierungszeit des Großen Kurfürsten eine aktive, wenn auch im Ganzen betrachtet wenig erfolgreiche Kolonialpolitik betrieb, versuchte auch August der Starke, in Afrika, Asien und Amerika mit kursächsischen Handelsniederlassungen Fuß zu fassen. Diese in den Anfängen allerdings stecken gebliebene überseeische Kolonialpolitik nahm 1698 mit dem Vorschlag von Kapitän Johann Friedrich von Thilon zur Gründung einer sächsisch-polnischen Handelskompanie seinen Anfang. Die Realisierung scheiterte am Nordischen Krieg, und nach dessen Beendigung kam der Kurfürst nicht mehr auf dieses Projekt zurück. Aber er finanzierte die von 1732 bis 1733 dauernde erste wissenschaftliche Afrika-Expedition unter Leitung des Leipziger Gelehrten Johann Ernst Hebenstreit.

VERSUCH EINER KURSÄCHSISCHEN KOLONIALPOLITIK

Landwirtschaft und ländliche Gesellschaft

Auch im 18. Jahrhundert war die Landwirtschaft die Grundlage der territorialstaatlichen Ökonomie. Noch um 1750 lebten 64 Prozent der sächsischen Bevölkerung auf dem Lande. In über 42 000 Bauernstellen zählte man etwa eine Viertelmillion Menschen, die den Grund und Boden bewirtschafteten und mit ihrer Arbeit die Ernährung des Landes und natürlich auch des Hofes gewährleisteten. Dazu kamen noch etwa 310 000 Gärtner und Häusler, d. h. Besitzer kleinbäuerlicher Wirtschaften, und 82 000 so genannte Inwohner, die als Dorfbewohner frei verfügbare Arbeitskräfte darstellten, sowohl für den Bauern als auch für die Grundherren auf ihren Eigenwirtschaften, den Rittergütern, von denen es über 1 000 gab. Das Leben der bäuerlichen Bevölkerung vollzog sich in den Erblanden unverändert in grundherrschaftlich bestimmten Agrarverfassungsverhältnissen, womit die bäuerliche Bevölkerung Kursachsens mit rechtlichen Bindungen der mitteldeutschen Grundherrschaft in relativ günstigen Besitz- und Rechtsverhältnissen lebte. Das war einer der Gründe, dass es bis in das letzte Drittel des 18. Jahrhunderts hinein in Sachsen kaum zu größeren bäuerlichen Widerstandsaktionen kam. Das gilt auch für die gutsherrschaftlichen Verhältnisse in der Ober- und Niederlausitz. Trotzdem darf nicht übersehen werden, dass die Verpflichtungen zu Spann- und Handdiensten für die Rittergüter und die landesherrlichen Kammergüter, vielfältige Abgaben, Gesindezwangsdienst und Gerechtigkeiten, die mit dem Grund und Boden verbunden waren, die wirtschaftliche Freiheit der Bauern beeinträchtigten. Einer Erhöhung der zumindest seit dem 16. Jahrhundert schriftlich fixierten bäuerlichen Leistungen durch die Grundherren wirkte der sächsische Kurfürst entgegen. 1697 befahl Kurfürst Friedrich August I. seinen Beamten, Missbräuchen der Vorspannung »nicht nachzusehen«. 1735 wurde der Gesindezwangsdienst durch Mandat neu geregelt und eingeschränkt. Für Kinder der Bauern wurde er auf den Zeitraum vom 14. Lebensjahr bis zur Verheiratung und auf zwei Jahre eingeschränkt, Entlohnung für das Zwangsgesinde verordnet und Züchtigung verboten. Rechtsbewusstsein und Selbstvertrauen der Bauern in der Dorfgemeinde zeigten sich in vielen Prozessen gegen ihre Herren vor allem vor dem Appellationsgericht in Dresden.

MANDAT ZUM GESINDEZWANGSDIENST 1735

Die Bauern ebenso wie die Rittergüter produzierten in erster Linie landwirtschaftliche Produkte, pflanzliche wie tierische, für die städtischen Märkte. Bei zunehmender Bevölkerungszahl konnte die sächsische Landwirtschaft allein die Bevölkerung nicht in vollem Umfang ernähren. Einfuhren vor allem

LANDWIRTSCHAFTLICHE PRODUKTION

von Getreide waren erforderlich. Die möglichen landwirtschaftlichen Erträge sind erstmals für 1755 statistisch fassbar. Danach wurden im Meißnischen, Erzgebirgischen, Leipziger und Vogtländischen Kreis geerntet: 99 402 Scheffel Roggen, 88 371 Scheffel Weizen, 497455 Scheffel Gerste, 939798 Scheffel Hafer, 30 855 Scheffel Erbsen, 32 261 Scheffel Heidekorn und 144 570 Scheffel Kartoffeln. Das darf als der Stand der Erzeugung landwirtschaftlicher Produkte angenommen werden, wie er sich in dem Jahrhundert seit dem Dreißigjährigen Krieg herausgebildet hatte.

Bauernastronom Johann Georg Palitzsch

Kaffeekanne mit Rechaud und Tablett. Johann Jacob Irminger, 1722

Aus den Reihen der Bauern, die zu einem großen Teil des Lesens und Schreibens kundig waren, kamen namhafte Gelehrte, so u. a. die drei Astronomen und Optiker: Christian Arnold aus Sommerfeld bei Leipzig, der Sorbe Christian Gärtner, der in Tolkewitz bei Dresden um 1700 eine große Weltzeituhr baute, und der als Bauernastronom weithin bekannte Johann Georg Palitzsch aus Prohlis bei Dresden. Für seine Wiederentdeckung des Halley'schen Kometen wurde er in die Akademien von London, Paris und St. Petersburg als Mitglied aufgenommen.

Kirche als kulturelles Zentrum auf dem Lande

Kulturelles Leben auf dem Lande vollzog sich maßgeblich in der Kirche. Die Gemeinden wendeten für deren Bau und Erhaltung recht beachtliche Geldbeträge auf. Es gab im 18. Jahrhundert eine große Zahl neu gebauter, erweiterter und in ihrer Ausstattung vervollkommneter Dorfkirchen. Der sich entwickelnde evangelische Zentralkirchenbau ist nicht nur an der Dresdner Frauenkirche nachzuvollziehen, sondern auch an den erzgebirgischen Dorfkirchen von Carlsfeld, Schmiedeberg und Forchheim. Nahezu jede Kirchgemeinde hatte in ihrer Kirche eine Orgel mit schön verziertem Prospekt. Für 740 Taler ließ sich die Gemeinde Nassau bei Frauenstein eine Orgel von Gottfried Silbermann fertigen.

Kunst und Wissenschaft

Im ausgehenden 17. und in der ersten Hälfte des 18. Jahrhunderts wurden in Kursachsen bemerkenswerte Leistungen auf wissenschaftlichem, geistig-kulturellem und städtebaulichem Gebiet erreicht.

Die Frühaufklärung hatte mit Ehrenfried Walther von Tschirnhaus und Gottfried Wilhelm Leibniz in Sachsen ebenso eine Heimstatt gefunden wie der Pietismus durch das Wirken von Philipp Jakob Spener in Dresden. Führende Kreise des orthodoxen Luthertums konnten zwar Spener und August Hermann Francke zum Verlassen des Landes bringen, aber die allmähliche Verbreitung ihres Ideengutes war ebenso wenig zu verhindern wie die Gründung der Brüdergemeine Herrnhut durch den entschiedenen Pietisten Graf Nikolaus Ludwig von Zinzendorf, der in wenigen Jahren eine weltumspannende missionarische Tätigkeit entfaltete.

Johann Sebastian Bach, Thomaskantor in Leipzig. Gemälde von G. E. Haußmann, 1746

Das kulturelle Leben erreichte vor allem am Dresdner Hof einen erneuten Höhepunkt, wobei wohl nicht übersehen werden kann, dass dies auch Auswirkungen auf das allgemeine kulturelle Niveau im Lande hatte. Zunehmend wurden Künstler an den Dresdner Hof gezogen, die bald weithin einen namhaften Ruf erlangten. Neben den Architekten und Baumeistern Dietze, Karcher, Pöppelmann, Knöffel, de Bodt und Longelune wirkten viele bildende Künstler wie Permoser, Dinglinger, Thomae und Irminger. Die Musik mit der besonderen Pflege der italienischen Oper und des Balletts erlebte durch die Hofkapelle, in der zunehmend wieder befähigte und begabte Musiker angestellt wurden, eine erneute Blütezeit. Dafür stehen beispielhaft Zelenka, Johann Adolf Hasse und Faustina Hasse. Der Thomaskantor Johann Sebastian Bach in Leipzig gehörte wie der Orgelbauer Gottfried Silbermann gleichfalls dazu. Von Kursachsen ging mit dem Wirken der Schauspielerin und Theaterleiterin Friederike Caroline Neuber in Zusammenarbeit mit dem Leipziger Professor Gottsched die Reform des deutschen Theaters aus. Mit dem Namen der Neuberin ist die Verbannung des Hanswurst von der Bühne und die dadurch mögliche Hinwendung zum deutschen Drama hohen Stils verbunden, das mit dem aus Kamenz stammenden, in Meißen und Leipzig ausgebildeten Gotthold Ephraim Lessing seinen ersten großen Meister finden sollte.

Titelblatt zu Lessing-Schriften, Teil 4. Berlin 1754

Das wissenschaftliche Leben ist in Kursachsen vor allem durch das Schaffen von Ehrenfried Walther von Tschirnhaus, aus alteingesessenem Oberlausitzer Adel stammend, charakterisiert. Die von ihm entwickelte Technologie des Glasgießens zur Herstellung großer Brennspiegel und die vielfältigen Bemühungen zur Nutzung einheimischer Rohstoffe im Auftrag des Kurfürsten lassen ihn auch zu den großen Erfindern des 17. und 18. Jahrhunderts gehören.

Eine bis dahin nicht gekannte Vollständigkeit und Genauigkeit in den geographischen Wissenschaften erreichte Adam Friedrich Zürner mit seiner im Auftrag des Landesherrn durchgeführten Landesvermessung, die er im »Atlas Augusteus Saxonicus« zu Papier brachte. An den Landesuniversitäten Leipzig und Wittenberg wirkten für ihre Zeit namhafte Gelehrte, die vor allem auf den Gebieten von Medizin und Recht zum Fortschritt der Wissenschaft beitrugen. Die Erfindung des europäischen Hartporzellans durch Johann Friedrich Böttger und Ehrenfried Walther von Tschirnhaus in Zusammenarbeit mit dem Freiberger Bergrat Pabst von Ohain sowie Freiberger Berg- und Hüttenleuten 1708 war Ausdruck solcher wissenschaftlich-technischer Leistungen.

Kirchliche Verhältnisse

Schließlich bedarf es der Erwähnung, dass Friedrich Augusts Verhältnis insbesondere gegenüber den Religionen im Lande von Toleranz gekennzeichnet war. Nicht nur sein Übertritt zur katholischen Religion als Bedingung zur Erlangung der polnischen Königskrone, sondern auch sein Verhalten zum Glauben seiner Vorväter und des größten Teils seiner Untertanen zeugen davon. Nach Jahrhunderten der Vertreibung konnten Menschen jüdischen Glaubens wieder in der sächsischen Residenz wohnen. Auch die Ansiedlung der böhmischen Brüder aus Mähren durch den sächsischen Hof- und Justizrat Graf von Zinzendorf verhinderte August nicht. Erst nach seinem Tod erfolgte eine erste Ausweisung aus Sachsen. Aus Glaubens- oder Weltanschauungsgründen wurden zur Regierungszeit Augusts des Starken keine Menschen im Kurfürstentum Sachsen verfolgt.

Tod des Kurfürsten von Sachsen und Königs von Polen 1733 in Warschau und die Bedeutung seiner Regierungszeit

Johann Christoph Gottsched, Professor für Poetik an der Universität Leipzig. Kupferstich von Anna Maria Wernerin, um 1755

Nahezu 39 Jahre lang hatte August der Starke sein Kurfürstentum Sachsen regiert, als er am 1. Februar 1733 in Warschau, der Hauptstadt seines zweiten Staates, verstarb. Der Wettiner war trotz eines außerordentlich schlechten Gesundheitszustandes am 10. Januar 1733 in Dresden aufgebrochen, um erneut in seinem polnischen Königreich dringende innere und äußere politische Angelegenheiten zu beraten und zu entscheiden. Alle Warnungen und Bitten seiner engeren Umgebung und seiner Ärzte, die körperlich anstrengende Reise noch nicht anzutreten, schlug er in den Wind. Er soll geäußert haben: »Ich fühle die mir drohende Gefahr, doch bin ich verpflichtet, mehr Bedacht zu nehmen auf meine Völker als auf meine Person.« Auf der Reise nach Warschau, wo er, bereits vom nahenden Tod gezeichnet, am 16. Januar ankam, hatte er in Krossen noch mit dem Abgesandten des preußischen Königs General Friedrich Wilhelm Grumbkow vertrauliche Gespräche geführt. Als der Tod des sächsischen Kurfürsten und polnischen Königs bekannt wurde, pries Gottsched den Verstorbenen »als der deutschen Fürsten Schmuck, die Lust der hal-

Altersbildnis Augusts des Starken. Einseitige Silbermedaille, Fichler zugeschrieben, um 1732

ben Welt, den Vater seiner Untertanen, einen sächsischen Trajan«. Preußens König Friedrich Wilhelm I. nannte August den größten Fürsten, der je geherrscht habe. Sein Nachfolger Friedrich II. von Preußen bezeichnete ihn wenig später als den falschesten Fürsten in der Welt, der weder Ehre noch Treue besitze und dessen einziges Gesetz die Hinterlist sei. Vermutlich dürfte dieses Urteil von herben persönlichen Enttäuschungen geprägt gewesen sein, die Friedrich 1730 in den Tagen des Zeithainer Lagers erlitten hatte.

Zehn Tage lang wurde der Leichnam des polnischen Königs August II. und sächsischen Kurfürsten Friedrich August I. in Warschau aufgebahrt. Nahezu ein Jahr später fand seine feierliche Beisetzung im Beisein seines Sohnes und Thronfolgers sowohl im Kurfürstentum Sachsen als auch im Königreich Polen in der Kathedralkirche des Krakauer Wawel statt. Augusts Herz kam in Erfüllung seines letzten Willens in einer silbernen, innen vergoldeten Kapsel in seine Geburtsstadt am Elbstrom zurück.

In seiner Regierungszeit war es trotz aller Probleme und Rückschläge zu einer progressiven gesellschaftlichen Entwicklung gekommen, dies auch in der Verbindung Kursachsens mit Polen, da diese nicht nur ein Nebeneinander zweier durch eine Dynastie verbundener Staaten war. Seine Regierungszeit ist somit in der sächsischen Geschichte eine Periode von europäischer Bedeutung.

Dreißig Jahre nach Augusts Tod wurden am Ende des Siebenjährigen Krieges und seinen schrecklichen Folgen die Leistungen seiner Regierungszeit besonders deutlich. Treffend brachte der geistige Vater des Retablissements und wirtschaftlichen Wiederaufbaus Kursachsens Thomas von Fritsch in einer Denkschrift vom 23. November 1763 die als außerordentlich bedeutsam zu wertende Einschätzung zu Papier: »Sachsen war die letzten 10 Jahre der Regierung Augusti II. in dem besten Zustande, in welchem es jemahls gewesen und dieses großen Königs onermüdete Arbeit gingen dahin, es noch immer weiter zu bringen. Die Finanzen waren in der besten Ordnung, wie annoch die, auch wegen des Hofaufwandes, unter seiner genauen Aufsicht gefertigten Reglements bezeigen. Alle Collegia waren, jedes unter seinem besonderen Chef, wohl besetzt und mit guten, aber nicht übrigen Subalternen versehen. Bey dieser innerlichen guten Verfassung Sachsens war die Achtung in und außerhalb des Reiches groß und sich auf alle Fälle viel Gutes zu versprechen. Wenn auch nach dem Tode dieses großen Königes die Polnische Wahl Geld und Volk gekostet, so waren die Mersburgischen und Weißenfelsischen Anfälle vermögend, bey der eintretenden Ruhe alles zu ersetzen und die Kräfte zu vermehren.«[23]

Thomas von Fritsch 1763 über die Regierungszeit von August dem Starken

Prinz Friedrich August als Thronfolger

Kurfürst Friedrich August II.

Das einzige eheliche Kind von Kurfürst Friedrich August I. und seiner Frau Christiane Eberhardine, ihr Sohn Friedrich August, wurde nach dem Tod seines Vaters am 1. Februar 1733 als Friedrich August II. neuer Kurfürst von Sachsen. Von klein auf wurde er als Thronfolger sowohl für Sachsen als auch für Polen erzogen. Das Erziehungsprogramm von Kammerherr Alexander von Miltitz und dem Geheimen Archivar Johann Friedrich Reinhardt hatte Physik, Geometrie, Architektur, Fortifikationskunst, Geschichte, Ethik, Künste, Religion, Latein, Russisch und Polnisch neben Sport und Körperertüchtigung zum Inhalt. Der junge Prinz lebte bis zu seinem 14. Lebensjahr bei Mutter und Großmutter in Pretzsch und in Schloss Lichtenburg in Prettin an der Elbe. Am 10. Oktober 1710 wurde er – im evangelisch-lutherischen Glauben erzogen – konfirmiert. Unmittelbar danach schickte ihn sein Vater unter dem Vorwand einer Kavalierstour mit einem kleinen Hofstaat, der vornehmlich aus Menschen katholischer Konfession bestand, außer Landes. Dazu gehörten der livländische Wojewode Oberhofmeister Graf Joseph Kos, der gegenüber dem

Medaille auf die Geburt des Kurprinzen Friedrich August mit Bildnis der Mutter Christiane Eberhardine. Silberarbeit (Avers) von Martin Heinrich Omeis, 1696

Prinzen nur ein Jahr ältere polnische Adelige Alexander Joseph von Sulkowski und der Jesuitenpater Salerno. August der Starke nahm seinen Sohn im Oktober 1711 nach Frankfurt a. M. zur Wahl des deutschen Königs Karl VI. mit. Kaiser Joseph I. war am 17. April 1711 im Alter von 33 Jahren unerwartet ohne männlichen Erben gestorben.

Kavalierstour ab Oktober 1710

Nach dem Wahlakt am 12. Oktober 1711 trat Friedrich August als Graf von Barby seine Auslandsreise an. Wichtige Aufenthaltsorte wurden Augsburg, Mainz, Köln, Düsseldorf, Paris, Versailles, Brest, Dieppes, La Rochelle, Bordeaux, Lyon, Marseille, Venedig, Florenz, Innsbruck und Wien. In diesen mehr als sieben Jahren wurde von Dresden aus der Glaubenswechsel des Prinzen systematisch vorbereitet, mit dem August der Starke drei für ihn wesentliche Ziele anstrebte. Zum einen sollte die Unterstützung Kursachsens/Polens in der Politik gegenüber Schweden und dem Osmanischen Reich nach 1707 durch den Heiligen Stuhl erhalten und zugleich das Versprechen Augusts des Starken bei seiner Konversion erfüllt werden. Zum Zweiten bildete dies die Voraussetzung für die Verwirklichung der Heiratspläne, bei denen eine Vermählung mit einer habsburgischen Kaisertochter im Vordergrund stand, und zum Dritten die für die Thronfolge im Königreich Polen. Diese drei Ziele wurden erreicht. Am 27. November 1712 vollzog der sechzehnjährige Prinz in der Privatkapelle des päpstlichen Legaten Kardinal Cassano in Bologna auf Befehl Augusts des Starken heimlich den Übertritt zum katholischen Glauben. Erst am 11. Oktober 1717, nachdem seine Großmutter Anna Sophia von Dänemark verstorben war, wurde die Nachricht in Wien öffentlich bekannt gegeben; am 30. Oktober, einen Tag vor dem 200. Jahrestag des Beginns der Reformation mit Luthers 95 Thesen, traf sie in Dresden ein. Die öffentliche Bekanntgabe der Konversion stand in unmittelbarem Zusammenhang mit den erfolgreich verlaufenden Verhandlungen in Wien zur Heirat Maria Josephas mit Friedrich August. Zu diesem Zeitpunkt erhielt er aus Dresden die Erlaubnis, von Venedig, wo er sich seit 1716 aufhielt, nach Wien zu reisen. Mit tiefen Eindrücken von Malerei und Bildhauerei, von Theater, Oper und Musik kehrte er aus Italien zurück. Sachkenntnis und Kunstverständnis, die Vorliebe für die italienische Oper, die Übernahme der Art und Weise der Präsentation von Kunstwerken durch die enge Zusammenarbeit mit Francesco Algarotti dominierten bald das Wirken des Kurprinzen und späteren Kurfürsten.

Konversion von Kurprinz Friedrich August 1712

Die langen Verhandlungen zwischen Kursachsen und Österreich um die Eheschließung endeten am 26. Februar 1718 mit der Verlobung von Maria Josepha und Friedrich August, die im März 1718 offiziell bekannt gegeben wurde. Noch ein Jahr hielt sich der junge Wettiner in Wien auf, dann kehrte er im März 1719 nach Dresden zurück. Erst zu diesem Zeitpunkt lernten die Minister Augusts des Starken den erwachsen gewordenen und gereiften Thronfolger kennen. Flemming charakterisierte ihn mit den Worten:

»Ich werde mich nicht bei der Beschreibung seiner Person aufhalten, zumal seine Postur allgemein als sehr anziehend bekannt ist. Er liebt alles Schöne, kostbare Kleider und ist überzeugt von seinem Geschmack. Er ißt gerne, mag gute und teure Weine, jedoch in Maßen. Die italienische Musik schätzt er über alles, und mit Vorliebe frönt er den fürstlichen Neigungen – der Jagd, den Pferden, Hunden. Geht es um Geld, über das er verfügt, wird er geizig, jedoch großzügig, wenn es diejenigen ausgeben, die es zu verantworten haben. Er ist gutmütig und gnädig, ohne es zu übertreiben, gottesfürchtig, ohne bigott zu sein.«[24]

Der am 20. August 1719 am kaiserlichen Hof in Wien vollzogenen Eheschließung maß man nicht nur in Dresden, sondern vor allem in Wien und Rom große Bedeutung bei. Schließlich wurden alle 15 Kinder dieser Ehe katho-

Kinderreiche Ehe

lisch, womit das albertinisch-wettinische Herrscherhaus wieder auf Dauer zur römisch-katholischen Kirche zurückkehrte. Diese Kinder, von denen vier frühzeitig verstarben, sollten in der zweiten Hälfte des 18. Jahrhunderts auf dem Wege des beruflichen Werdegangs und der Heirat einen großen Einfluss auf die europäische Politik ausüben. Friedrich Christian als Kurfürst und Xaver als Administrator bestimmten nach 1762 die kursächsische Politik nachhaltig. Karl nahm als Herzog von Kurland von 1758 bis 1763 ebenso Einfluss auf die europäische Entwicklung wie Albert, mit einer Tochter Maria Theresias verheiratet, als Herzog von Teschen und österreichischer General, Statthalter in Ungarn, Generalgouverneur in den Niederlanden und Oberbefehlshaber der Reichsarmee, sowie Clemens Wenzeslaus als Erzbischof von Trier von 1768 bis 1803. Einige Töchter wurden gut verheiratet, so Maria Amalia mit Karl III. von Spanien, Maria Anna mit Kurfürst Max III. Joseph von Bayern und Maria Josepha mit Ludwig, dem Dauphin von Frankreich. Letztere wurde die Mutter der französischen Könige Ludwig XVI., Ludwig XVIII. und Karl X.

August der III. König von Polen und seine Frau Maria Josepha. Kupferstiche von Jean Daullé 1750, nach Gemälden von Louis de Silvestre

Übernahme der Statthalterschaft bei Augusts Abwesenheit

Bald nach Beendigung der Hochzeitsfeierlichkeiten wurde Friedrich August in die Regierungsgeschäfte eingeführt. Während der immer mehrere Monate dauernden Aufenthalte Augusts des Starken in Polen übertrug er seinem Sohn die Statthalterschaft in Kursachsen. Auch wenn durch unterschiedliche Auffassungen über das Regierungssystem zwischen dem Vater, dem Sohn und den Ministern immer wieder Spannungen auftraten, wurden bei Friedrich August Ansichten geprägt, die nach 1733 die Weiterentwicklung des kursächsischen und auch des polnischen Staatswesens beeinflussten.

Fortsetzung der Politik Augusts des Starken

Einschätzung der Regierungszeit von Friedrich August II.

Die Nachricht vom Tode Augusts des Starken traf am 3. Februar 1733 mit Eilstafette in Dresden ein. Der Thronfolger übernahm als Friedrich August II. das Kurfürstenamt. Er trat ein Erbe an, das im Reich seinesgleichen suchte. Eine konsequente Weiterführung der von August dem Starken nach 1716/17 betriebenen Innen- und Außenpolitik hätte möglicherweise bald, wie im 16. Jahrhundert bei Moritz und August, zu weiteren positiven Ergebnissen in der Entwicklung des kursächsischen Staatswesens geführt.

Die Bilanz, die beim Tode von Kurfürst Friedrich August II. am 5. Oktober 1763, zwei Tage vor seinem 67. Geburtstag, zu ziehen war, wies aus, dass der Erbe Augusts des Starken diese Erwartungen und Hoffnungen wohl nicht erfüllt hatte, denn am Ende des von ihm und seinem Premierminister Reichsgraf Heinrich von Brühl mitverschuldeten Siebenjährigen Krieges lag das Land nicht nur in politischer und wirtschaftlicher Agonie, sondern es hatte auch einen Schuldenberg von etwa 300 Millionen Talern zu tragen. Man wird die Verantwortung für diese Entwicklung weder Friedrich August II. noch Brühl allein geben können, zumal sich Kursachsen nach dem Regierungsantritt von Friedrich II. von Preußen am 1. Juni 1740 mit dessen Annexionspolitik sowie den grundsätzlichen Auseinandersetzungen zwischen Frankreich, England, Russland und Österreich konfrontiert sah. Diese Zeit verlangte eine vorausschauende, über den Alltagsproblemen stehende, feste Ziele anvisierende Politik, gegründet auf eine gesunde Finanz- und Wirtschaftspolitik im Innern des Landes. Dies war, wie die Regierungszeit Friedrich Augusts II. erwiesen hat, in seiner Person nicht gegeben. Insofern ist dem Urteil zuzustimmen: »Bei seiner weichen, empfindsamen Wesensart zeigte er keine Neigung zu eigenen politischen Gedanken und Zielen, von dem lebenssprühenden Willen zur Tat und dem hohen Schwung hatte er nichts geerbt. Es genügte ihm, unter den Verhältnissen weiterzuleben, in die er hineingewachsen war. An der Regierung zeigte er wenig Interesse, war aber umso mehr auf die Darstellung seiner Würde bedacht. In gewisser Hinsicht war er menschenscheu, manche Beobachter hielten ihn für träge und wenig arbeitsam ... In dieser Art hat Friedrich August II. dreißig Jahre lang regiert oder auch nicht regiert, indem er das Regieren dem Premierminister überließ, der sich, ohne jemals eine höhere Bildung genossen zu haben, die Lenkung des Staatsschiffes zutraute.«[25] Eine solche Charakterisierung lässt ihn im Vergleich mit anderen regierenden Potentanten seiner Zeit wie König Friedrich II. von Preußen, Kaiserin Maria Theresia, König Ludwig XV. von Frankreich, Kurfürst Maximilian III. von Bayern oder Zarin Elisabeth von Russland als wenig geeignet für die Bewältigung der Aufgaben seiner Zeit erscheinen.

Kleidung Leipziger Bürger zur Huldigung 1733 vor Kurfürst Friedrich August II. Kolorierter Kupferstich

Schon am 3. Februar 1733 schickte Sulkowski, der Vertraute des neuen Kurfürsten, vorverfasste Briefe an führende polnische Magnaten, in denen die Bitte um Unterstützung bei der Wahl von Kurfürst Friedrich August zum polnischen König ausgesprochen wurde. Nachdem dann Brühl mit dem Nachlass Augusts des Starken am 22. Februar 1733 in Dresden eingetroffen war und auch zur Bewerbung riet, entschloss man sich in Dresden endgültig, um die polnische Thronfolge zu ringen. Als am 24. April 1733 der kursächsische Kabinetts- und Konferenzminister Joseph Anton Gabaleon von Wackerbarth-Salmour dem Primas von Polen, Theodor Potocki, das Bewerbungsschreiben des sächsischen Kurfürsten überreichte, begannen die Auseinandersetzungen um das polnische Erbe, die der Sachse mit militärischer Hilfe Russlands durch eine 20 000 Mann starke Armee unter Peter von Lascy gewann. Das Vorgehen wurde von Österreich toleriert, nachdem im Vertrag zu Wien vom 16. Juli 1733 Kursachsen die Anerkennung der Pragmatischen Sanktion zugesagt und von Maria Josepha ein Verzicht auf alle Erbansprüche in Österreich erklärt worden waren. Der Abschluss dieses Vertrages gab allerdings Frankreich den Anlass, Österreich den Krieg zu erklären. Österreich war wenig erfolgreich, da es seinen militärischen Einfluss in Italien aufgeben musste und Lothringen an Frankreich verlor. Erst mit dem Wiener Vorfrieden von 1735 endete dieser Krieg, Stanislaus I. Leszynski verzichtete auf den polnischen Königsthron und wurde dafür mit Lothringen und Bar, die nach seinem Tode an Frankreich fallen sollten, entschädigt. Die eigentlichen Gewinner waren Russland und Kursachsen, da Kurfürst Friedrich August II. als polnischer König August III. anerkannt wurde.

Bewerbung um den polnischen Thron

Anerkennung der Pragmatischen Sanktion durch Kursachsen 1733

Inzwischen war es 1733 zur Wahlhandlung in Polen gekommen. Der am 12. September 1733 rechtmäßig zum polnischen König gewählte Stanislaus I. Leszynski hatte vor den russischen Truppen am 22. September aus Warschau nach Danzig fliehen müssen, von wo aus er schließlich, vergeblich auf französische Waffenhilfe hoffend, im Juli 1734 nach Königsberg floh und am 7. Januar 1736 auf die polnische Königskrone verzichtete. Inzwischen war am 5. Oktober 1733 Friedrich August zum polnischen König August III. gewählt worden. Er beschwor die »pacta conventa«, ließ am 15. Januar 1734 das Leichenbegängnis seines Vaters stattfinden und wurde am 17. Januar 1734 in Krakau feierlich gekrönt. Aber erst zwei Jahre später brachte der Pazifikationsreichstag von Warschau seine allgemeine Anerkennung. Er blieb polnischer König bis zu seinem Tode am 7. Oktober 1763. Das polnische Königreich garantierte ihm und seinem Hof sowie seinen engsten politischen Ratgebern in den nahezu 30 Jahren der zweiten sächsisch-polnischen Verbindung, vor

Wahl von Friedrich August II. zum polnischen König am 5. Oktober 1733

Krönung zum polnischen König am 17. Januar 1734 in Krakau

Einzug von August III. in Warschau 1734. Gemälde (Ausschnitt) von Johann Samuel Mock

allem in Zeiten der Besetzung Kursachsens, einen durch den militärischen Gegner nicht erreichbaren Aufenthaltsort.

Brühl und sein Premierministeramt

Von Beginn an stützte sich Kurfürst Friedrich August II. auf Rat und Urteil von Vertrauten seiner unmittelbaren persönlichen Umgebung und auf engste Berater seines Vaters, ohne selbst nachweislich besonders aktiv zu werden. Aleksander Joseph von Sulkowski und Heinrich von Brühl bestimmten bis 1738 gemeinsam das Wohl und Wehe Kursachsens. Dann bewirkte Brühl den Sturz seines Konkurrenten Sulkowski, teilte sich danach für zwei Jahre die politische Macht mit Wackerbarth-Salmour, um ab 1740 die alleinige maßgebliche Ministerstellung anzustreben. Dies gelang ihm 1746 mit seiner Ernennung zum Premierminister. In einer bis dahin beispiellosen Weise vereinigte er die Leitung nahezu aller zentralen Behörden in seiner Person. Er war Premierminister, Kabinetts- und Konferenzminister, Wirklicher Geheimer Rat, Oberkämmerer, Kammerpräsident, Generalakzisedirektor, Oberrechnungsdeputationsdirektor, Bergdirektor und Oberinspektor der Meissener Porzellanmanufaktur. Die von August dem Starken geschaffene Behördenorganisation blieb bestehen. Mit der Einrichtung des Premierministeramtes wurde eine dem absolutistischen Staatswesen entsprechende oberste Verwaltungsspitze installiert, da der Monarch nicht unmittelbar selbst die gesamte Verwaltungslast tragen wollte. Die letzte Entscheidung lag aber beim Kurfürsten selbst, zumindest in den grundsätzlichen Fragen. Auch wenn es nach 1763 das Premierministeramt nicht mehr gab, kam man in Kursachsen nach 1800 mit einem leitenden Kabinettsminister auf diese Form der Staatsregierung wieder zurück.

Brühl 1746 Premierminister

Der am 13. August 1700 im thüringischen Gangloffsömmern geborene Heinrich von Brühl war 1718 als Page an den Dresdner Hof gekommen und hatte bald das Vertrauen Augusts des Starken gewonnen. 1727 zum Kammerjunker bestallt, wurde er 1730 Leiter der Lustbarkeiten im Zeithainer Lager und persönlicher Begleiter von Prinz Friedrich von Preußen. Danach begann Brühls sagenhafter Aufstieg. Als er unter Friedrich August II. 1737 noch das Amt des Obersteuerdirektors übernahm, hatte er die alleinige Verfügungsgewalt über die sächsischen Staatsfinanzen. Jährlich kamen etwa sechs Millionen Taler Steuern in die Staatskasse. Davon waren der kostspielige kurfürstli-

Brühls Finanzpolitik

che Hof zu finanzieren und auch die Soldaten und Offiziere zu besolden sowie die etwa 4 500 Beamten. Dazu kamen die kurfürstlichen Bauten und deren Unterhaltung, die diplomatischen Missionen in allen Teilen Europas. Trotzdem blieben schon zu seinen Lebzeiten Vorwürfe über eigene Bereicherung und die Frage nach der Ausfüllung dieses Amtes zum Nutzen des Landes oder zum eigenen Nutzen nicht aus. Mit Gewissheit hat Brühl in seine eigene Tasche gewirtschaftet. Vor allem die Finanzpolitik fand bald einflussreiche Kritiker, die vom Kurprinzen Friedrich Christian über verantwortungsbewusste leitende Mitarbeiter in der Verwaltung, wie Thomas von Fritsch, bis zu einflussreichen Mitgliedern der Landstände, etwa Heinrich von Bünau, reichten. Diese zum Teil öffentlich, zum Teil in privaten Gesprächen geäußerte Kritik richtete sich gegen die Verschwendungssucht des Hofes, gegen die Spekulationen mit sächsischen Steuerschuldscheinen, gegen die Vergabe des Tabakmonopols, die ständig neuen Subsidienverträge, die nicht mehr kontrollierbare Verwendung der Steuergelder. »Eine der Hauptursachen für viele krasse Missstände im sächsischen Regierungssystem sah Friedrich Christian in Brühls Stellung als allmächtiger Minister-Favorit, der 1738 von August III. das Recht des Alleinvortrages im Geheimen Kabinett erlangt hatte. ›Solange Brühl allein das Ohr des Königs hat, werden die Dinge keine Wende zum Guten nehmen‹, erklärte er 1751 dem Grafen Hennicke. Wiederholt deutete der Kurprinz an, dass der Minister seine bedeutende Autorität bei August III. benutzte, um mithilfe einseitiger Berichterstattung, ja vorsätzlicher Täuschung des Königs eigene private Vorteile zu erlangen und seine persönliche Macht auszubauen. ›Es ist offenkundig, daß Brühl dank des Einflusses, den er auf den König hat, diesen alles tun und sagen läßt, was er will.‹ Mit Recht sah der Kurprinz in Brühl vor allem den Höfling Augusts III., der dem König die Illusion selbständiger Machtausübung zu suggerieren verstand. Zur Kennzeichnung der Rolle Brühls hob er hervor, dass z. B. der englische Staatssekretär Lord Newcastle durchaus kein Höfling Georgs II. sei und man ihn trotz seines schlichten, ja im Äußeren fast nachlässigen Auftretens überall achte, während Brühl in London wie an allen Höfen in starken Misskredit stehe.«[26] Es wird jedoch noch weiterer intensiver Forschungen bedürfen, um den eigenen Anteil des Kurfürsten an der Innenpolitik genauer als bisher bestimmen zu können.

Heinrich Graf von Brühl. Kupferstich von Jean Joseph Beledou nach einem Gemälde von Louis de Silvestre, 1750

Territoriale Erweiterung und dynastische Politik

In der Regierungszeit von Kurfürst Friedrich August II. kam es zu territorialstaatlichen Erweiterungen, auch wenn das große Ziel, die Gewinnung eines Landkorridors zwischen Sachsen und Polen, in den drei Schlesischen Kriegen nicht erreicht wurde. Das 1736 im Mannesstamm erloschene Grafengeschlecht von Hanau wurde neben Hessen-Kassel auch von Kursachsen beerbt. Die Ämter Landeck und Frauensee sowie der bis dahin hessische Anteil an der Grafschaft Treffurt kamen an Sachsen. Jedoch bereits 1742 verkaufte es Kursachsen für 50000 Taler an Hessen-Kassel.

Anfall eines Teiles der Grafschaft Hanau

Aussterben der Nebenlinien Sachsen-Merseburg und Sachsen-Weissenfels

In Sachsen-Merseburg war dem 1731 kinderlos verstorbenen Herzog Moritz Wilhelm sein Onkel Heinrich gefolgt, der ebenfalls kinderlos im Jahre 1738 starb. Danach fiel Merseburg mit der Niederlausitz an die Stammlinie zurück. Seit 1736 regierte in Sachsen-Weißenfels Herzog Johann Adolf II., der als kursächsischer Generalfeldmarschall im Dienste seiner Dresdner Verwandten stand. 1739 kam noch die Grafschaft Barby an die Sekundogenitur. Als Johann Adolf II. 1746 verstarb und seine fünf Söhne überlebt hatte, kam Sachsen-Weißenfels mit Querfurt und Barby als letzte der drei 1657 eingerichteten Sekundogenituren an die Kurlinie zurück. Damit war das albertinische Kurfürstentum Sachsen wieder ungeteilt in einer Hand.

Klärung der Lehnsverhältnisse mit Grafengeschlechtern

Mit Verhandlungsgeschick gelang es Brühl, in kurfürstlichem Auftrag die lange schwelenden Streitigkeiten über Lehnsverhältnisse und Lehnshoheiten mit gräflichen Geschlechtern im Kurfürstentum zu regeln: 1738 mit den Grafen von Stolberg-Stolberg und 1755 mit den Grafen von Stolberg-Roßla. Mit dem Fürsten von Schwarzburg verglich man sich wegen der Ämter Kelbra und Heringen. Ganz wichtig war der Erfolg über die Grafen von Schönburg. In dem Haupt- und Nebenrezess vom 4. Mai 1740 erkannten die Reichsgrafen von Schönburg, die seit 1656 die Reichsstandschaft besaßen, die landesfürstliche Oberbotmäßigkeit und die territoriale Oberhoheit des Kurhauses Sachsen über die Grafen und Herren von Schönburg zu Glauchau, Waldenburg und Lichtenstein an. Damit kam man dem Ziel eines einheitlichen Staatsterritoriums wieder ein Stück näher.

Haupt- und Nebenrezess mit den Herren von Schönburg vom 4. Mai 1740

Neben dieser Territorialpolitik betrieb man von Dresden aus bewusst eine Politik dynastischer Verbindungen, um auch auf diese Weise den politischen Einfluss zu erhöhen. Unter anderem kam es zu einer Doppelverbindung zwischen Sachsen und Bayern. Der sächsische Kurprinz Friedrich Christian, am 5. September 1722 geboren, heiratete die Tochter des verstorbenen Kurfürsten von Bayern Karl Albrecht, die 1724 geborene Maria Antonia Walburga. Zum gleichen Zeitpunkt wurde die Kurprinzessin Maria Anna von Sachsen die Gattin des bayerischen Kurfürsten Maximilian III. Joseph. Mit großem Prunk wurde diese Doppelhochzeit im Sommer 1747 in Dresden gefeiert, eröffneten sich doch damit im Verhältnis von Habsburgern, Wettinern und Wittelsbachern interessante Erbfolgemöglichkeiten. Dies sollte aber erst nach 1763 von Bedeutung werden.

Sächsisch-bayerische Doppelhochzeit 1747

Kursachsen und die zwei Schlesischen Kriege

Wie schon gesagt, bestand eines der wohl wichtigsten politischen Ziele darin, eine direkte Landverbindung zwischen Sachsen und Polen zu schaffen. Die Gründe dafür lagen sowohl im Bemühen, die dynastische Verbindung zwischen beiden Staaten für die Wettiner dauerhaft zu gestalten, als auch darin, den ständig enger und umfangreicher werdenden wirtschaftlichen Bedingungen Rechnung zu tragen. Mit diesem Ziel geriet Sachsen-Polen in die Auseinandersetzung zwischen Preußen und Österreich. Für eine dieser Parteien musste sich Sachsen entscheiden, um die angestrebte Landverbindung zu erlangen. Zugleich war Sachsen-Polen für beide Parteien ein wichtiger Partner: als militärisches Vorfeld, als ökonomischer und finanzieller Rückhalt sowie als Rekrutierungsgebiet, aber auch aus grundsätzlichen strategischen Überlegungen heraus. Als König Friedrich II. von Preußen kurz nach seinem Regierungsantritt am 1. Juni 1740 Schlesien ab dem 16. Dezember militärisch besetzte und gegen Österreich den Krieg begann, stand Kursachsen auf preußischer Seite. So waren auch sächsische Truppen an der Erstürmung Prags am 26. November 1741 maßgeblich beteiligt. Danach wurde mit einem Waffenstillstand faktisch der Krieg beendet, aber erst im Juli 1742 der Frieden zu Berlin zwischen Preußen und Österreich geschlossen. Er bescher-

Beteiligung am Ersten Schlesischen Krieg 1741/42 auf preussischer Seite

te Preußen die Zuerkennung des von ihm annektierten Herzogtums Schlesien. Sachsen, das auf die Landverbindung nach Polen gehofft hatte, ging leer aus. Friedrich II., der auf eine Beendigung der sächsisch-polnischen Union hinarbeitete, dachte gar nicht daran, diese durch einen solchen Landkorridor zu stärken.

Beteiligung am Zweiten Schlesischen Krieg 1744/45 auf österreichischer Seite

Die Enttäuschung führte bald zu einer Änderung der Politik gegenüber Preußen und damit die Sachsen an die Seite von Österreich und Russland. Bündnisverträge zwischen diesen Staaten und den so genannten Seemächten gingen dem Zweiten Schlesischen Krieg voraus, der mit dem Einmarsch preußischer Truppen in Böhmen Mitte August 1744 begann. Österreichische und sächsische Truppen in Stärke von 70 000 Mann unter Karl von Lothringen drangen am 3. Juni 1745 nach Schlesien vor. Die sächsische Armee focht an der Seite Österreichs zunächst mit wechselndem Erfolg, musste aber in der Schlacht von Hohenfriedberg am 4. Juni 1745 ebenso eine empfindliche militärische Niederlage hinnehmen, wie sie im November 1745 den Einfall preußischer Truppen nach Sachsen nicht verhindern konnte.

Schlacht von Kesselsdorf am 15. Dezember 1745

Vor diesem politischen und militärischen Hintergrund kam es am 15. Dezember 1745 vor den Toren der kursächsischen Residenz zur Entscheidung. In der als Schlacht von Kesselsdorf in die Kriegsgeschichte eingegangenen militärischen Auseinandersetzung standen sich etwa 30 000 preußische Soldaten unter dem Befehl von Fürst Leopold von Anhalt-Dessau und etwa 31 000 sächsische und österreichische Soldaten unter dem Oberbefehl von Friedrich August Graf von Rutowski gegenüber. Der Kampf war längere Zeit unentschieden, bis schließlich die preußischen Truppen die Oberhand gewannen. Die sächsische Armee, vom österreichischen Hilfskorps unter Karl von Lothringen im Stich gelassen, erlitt eine Niederlage, die weitreichende Folgen hatte. Zwei Tage nach der verlorenen Schlacht, am 17. Dezember 1745, musste Dresden nach den Kapitulationsbedingungen, die der sächsische General Adam Heinrich von Bose am 16. und 17. Dezember mit den siegreichen Preußen ausgehandelt hatte, seine Festungstore öffnen. Friedrich II. zog zum ersten Mal als Sieger in die Residenz seines südlichen Nachbarn und in den Wohnort des ihm seit den Tagen des Zeithainer Lagers 1730 so verhassten Heinrich von Brühl ein.

Letzte Seite der Kapitulationsbedingungen für die Festung Dresden nach der Schlacht von Kesselsdorf mit Randbemerkungen König Friedrichs II. von Preußen, 1745

Frieden von Dresden am 25. Dezember 1745

Vierzehn Tage später wurde nach Verhandlungen zwischen Preußen und Österreich in Dresden eine Verständigung auf der Grundlage der Konvention von Hannover herbeigeführt. In dem am ersten Weihnachtsfeiertag 1745 unterzeichneten Frieden von Dresden erhielt Preußen den Besitz des Herzogtums Schlesien bestätigt, Friedrich II. erkannte den Gemahl Maria Theresias, Franz, als deutschen Kaiser an und Kursachsen musste eine Million Taler Kriegsentschädigung an Preußen zahlen. Diese Niederlage und vor allem der erhebliche Verlust des politischen Ansehens Kursachsens spornten Brühl in den nächsten Jahren an, die antipreußische Politik zu intensivieren. Der Versuch der Korrektur dieses Ereignisses mit politischen und militärischen Mitteln führte elf Jahre später in den Siebenjährigen Krieg und zum Ende der Rolle Sachsen-Polens als einer politischen Macht europäischen Ranges.

Diplomatie gegen Preußen

Der von Friedrich II. erzwungene Frieden von Dresden führte zu einer Vertiefung des sächsisch-preußischen Gegensatzes. In den folgenden Jahren versuchte Kursachsen auf diplomatischem Wege diese Niederlage zu überwinden und die Mächtekonstellation in Europa so zu beeinflussen, dass ein erfolgreicher militärischer Kampf gegen Friedrich II. möglich wurde. Dem diente sowohl die sächsisch-bayerische Doppelhochzeit von 1747 als auch das Zustandebringen der »Großen Koalition« von Österreich, Russland und Frankreich, der beizutreten Sachsen im Sommer 1756 im Begriff stand. Vor dem Hintergrund der militärischen Auseinandersetzungen zwischen Frankreich und England um ihre überseeischen kolonialen Interessen – vor allem in Nordamerika – war zwischen England und Preußen am 16. Januar 1756 die Konvention von Westminster geschlossen worden. Neben der Beteuerung ständigen Friedens und fester Freundschaft garantierten sich beide Staaten die gegenseitige Unterstützung bei einem militärischen Überfall. Darüber hinaus erklärte sich England zur Zahlung von 20 000 Pfund Sterling an Preußen bereit. Da mit der Konvention französische und österreichische Interessen auf dem europäischen Kontinent berührt wurden, kam es im Frühjahr 1756 zu einem Interessenausgleich zwischen diesen beiden Mächten. Der österreichische Staatskanzler Kaunitz griff seinen bereits 1749 verfolgten Plan einer Verständigung mit Frankreich wieder auf. Das Bündnis kam am 1. Mai 1756 in Versailles zum Abschluss. Mit dem Vertrag wurden die seit 1477 zwischen Habsburg und Bourbon bestehenden Feindseligkeiten beendet. Man garantierte den Besitzstand in Europa gegen alle Angriffe, versprach sich gegenseitigen militärischen Beistand und legte im Falle eines Sieges die eventuellen territorialen Erwerbungen gegenseitig fest. Damit hatte das seit 1744 von Brühl betriebene weitgespannte Geheimprojekt einer Annäherung zwischen Österreich und Frankreich zum Erfolg geführt. Es war die Grundlage einer umfassenden europäischen Koalition gegen Preußen. Da durch den Petersburger Traktat vom Mai/Juni 1746 zwischen Österreich und Russland auch Russland diesem Bündnissystem angehörte und Kursachsen immer wieder seinen Beitrittswillen beteuerte, letztlich aber einen erneuten preußischen Einfall nach Sachsen fürchtete und nicht offiziell beitrat, war die antipreußische Allianz nahezu perfekt. Als Kursachsen schließlich dem Versailler Vertrag beitreten wollte, kam ihm Friedrich II. – durch die vom Geheimen Kabinettssekretär Menzel gefertigten Abschriften der geheimen diplomatischen Korrespondenz Brühls wohl unterrichtet – zuvor.

Konvention von Westminster 1756

Grosse Koalition 1756 von Versailles

Siebenjähriger Krieg

Einfall Preussens nach Sachsen am 29. August 1756

Am 29. August 1756 überschritt die preußische Armee mit etwa 70 000 Mann in drei Kolonnen, von denen Friedrich II. die mittlere Kolonne persönlich nach Torgau und von dort über Strehla nach Wilsdruff führte, die kursächsische Grenze. Damit begann nach Spanischem Erbfolgekrieg, Nordischem Krieg, Polnischem Erbfolgekrieg, Erstem und Zweitem Schlesischen Krieg die sechste militärische Auseinandersetzung der Großmächte in Europa; vier von ihnen hatten zu einem erheblichen Teil sächsisches Territorium als kriegerischen Schauplatz. Friedrich II. ließ an diesem 29. August 1756 seinen Gesandten in Dresden, Hans Dietrich Freiherrn von Maltzahn, dem sächsischen Kurfürsten keine Kriegserklärung und keine Aufkündigung des Friedensvertrages von Dresden vom 25. Dezember 1745 überbringen, dafür aber ein Schreiben: die Sicherheit Preußens habe ihn gezwungen, in Sachsen einzurücken, um nicht wie 1744 einem sächsischen Hinterhalt ausgesetzt zu sein; er hege aber gegen den Kurfürsten von Sachsen keine feindlichen Absichten, im Gegenteil, er »wünsche nichts sehnlichster, als dass die glückliche Stunde bald herannahen möge, wo er demselben sein Land als Depot wieder übergeben könne«[27]. Diese Erklärung und auch die von Ewald Friedrich Graf von Hertzberg, dem Archivar und Historiker Friedrichs II., im Oktober 1756 verfertigte Rechtfertigungsschrift »Mémoire raisonné« konnte die völkerrechtswidrige Invasion in Sachsen, die Friedrich bereits im Juli 1756 beschlossen hatte, nicht bemänteln. Die preußischen Truppen befestigten Torgau, setzten hier ein Feldkriegsdirektorium zur Einziehung aller Landeseinkünfte ein, besetzten Leipzig, beschlagnahmten alle Kassen in der Stadt, leerten Zeughaus und Magazine. Brühl und die sächsische Generalität zauderten und setzten auf ein sächsisches Neutralitätsangebot vom 1. September, das am 12. September wiederholt wurde. Zu diesem Zeitpunkt hatte Friedrich II. Dresden besetzt und das sächsische Heer bei Struppen eingeschlossen. Als der österreichische Entsatzversuch am 14. Oktober endgültig scheiterte, kapitulierte Kursachsen am 16. Oktober. Die gesamte sächsische Armee ohne Offiziere, etwa 17000 Mann, wurde in die preußische Armee gepresst. Der Kurfürst-König, sein Premierminister Brühl und der Hof, die sich seit dem 13. September auf dem Königstein aufhielten, bekamen am 20. Oktober 1756 die Erlaubnis, Sachsen zu verlassen und sich nach Polen zu begeben. Bis zum Friedensschluss blieben sie in Warschau. Friedrich II. verließ als letzter preußischer Soldat am 21. März 1763 Kursachsen, sein ärgster Feind Brühl kam mit seinem Kurfürst-König am 30. April 1763 nach Dresden zurück. Von Oktober 1756 bis März 1763 hatte das Kurfürstentum Sachsen unter preußischer Militärverwaltung gestanden. Es war Rekrutierungsreserve, Winterquartierplatz, Finanzquelle für Preußens Armee, Lieferant für Proviant und Ausrüstung.

Sächsisches Neutralitätsangebot an Preussen am 1. September 1756

Kapitulation der sächsischen Armee am 16. Oktober 1756

Der Siebenjährige Krieg brachte für die kursächsischen Lande unsagbares Leid, Verwüstung und finanziellen Ruin. Den Gesamtbetrag der Kriegskosten schätzte man auf 250 bis 300 Millionen Taler. Die Bevölkerung des Landes ging um acht Prozent zurück. Die Beschießung Dresdens durch preußische Truppen zerstörte über 400 Häuser, öffentliche Gebäude und Palais, darunter die Kreuzkirche und das Gewandhaus. Am 29. Oktober 1762 gewannen preußische Truppen die letzte Schlacht des Siebenjährigen Krieges bei Freiberg.

Schlacht bei Freiberg am 29. Oktober 1762

Vergeltungsmaßnahmen und Plünderungen preußischerseits waren an der Tagesordnung. Während der preußische König die kurfürstlich sächsischen Schlösser zunächst unangetastet ließ und nur die Brühl'schen Schlösser, Palais und Gärten der Plünderung und Verwüstung preisgab, ereilte im Frühjahr 1761 auch Hubertusburg dieses Schicksal. Nach der Belagerung von Dresden ab 10. Juli 1760 wurde Friedrich II. durch die Kriegslage am 31. Juli gezwungen, nach Schlesien zu ziehen. Obwohl er dort bei Liegnitz am 15. August 1760 einen Sieg über die Verbündeten erzielte, fiel Berlin in die Hände der Österreicher und Russen. Die im Verband der Österreicher kämpfenden sächsischen Ulanen-Regimenter hausten in Schloss Charlottenburg und in Potsdam wie die Vandalen, »schlugen alles kurz und klein, u. a. die kostbare aus dem Nachlasse des Kardinals Polignac erworbene Antikensammlung«. Als die Nachrichten davon bei Kurprinz Friedrich Christian, der sich seit September 1759 in München aufhielt, eintrafen, missbilligte er dieses Verhalten ausdrücklich. Er konnte aber nicht verhindern, dass Friedrich II. wenig später seinem Freibataillon Quintus Icilius den Befehl gab, Schloss Hubertusburg zu plündern. Das geschah gründlich. Danach verkaufte Friedrich das Schloss an die für ihn so vortrefflich arbeitende Firma Ephraim, Itzig und Comp. für 72 000 Taler. Dies bedeutete das Ende der zweiten Residenz des sächsischen Kurfürsten, die noch August der Starke ab 1721 für seinen Sohn hatte errichten lassen.

Die Ruinen der Pirnaischen Vorstadt in Dresden. Radierung von Bernardo Bellotto, genannt Canaletto, 1766

Bereits 1761 zeichnete sich eine allgemeine Erschöpfung der Kriegsparteien ab, die im Verlauf des Jahres 1762 weiter zunahm. Zudem

Ende des Siebenjährigen Krieges

war Russland am 5. Mai 1762 aus dem Krieg ausgeschieden, am 22. Mai verließ Schweden die antipreußische Allianz. Nachdem am 3. November 1762 England und Frankreich in Fontainebleau Frieden geschlossen hatten, fielen am 7. November 1762 bei Landsberg die letzten Schüsse des Siebenjährigen Krieges. Ein Waffenstillstand zwischen Preußen und Österreich folgte am 24. November. Danach bezog Friedrich II. in Meißen Quartier. Dort suchte ihn Kurprinz Friedrich Christian auf, der mit seiner Familie seit Januar 1762 wieder in Dresden lebte, um in Abstimmung mit dem Warschauer Hof und in Wahrnehmung einer Vermittlerrolle im Auftrag Österreichs die Friedensverhandlungen in Gang zu bringen. Dabei verständigte man sich auf Hubertusburg als Ort der Verhandlungen zwischen Preußen, Österreich und Sachsen. Hubertusburg wurde zum neutralen Ort erklärt. Natürlich mussten die Verhandlungen in einem Nebengebäude geführt werden, weil das Hauptgebäude aus den genannten Gründen dafür nicht mehr benutzbar war.

Vorbereitung der Friedensverhandlungen in Hubertusburg

Thomas von Fritsch als sächsischer Verhandlungsführer

Mit der zerstörten Hubertusburg als Verhandlungsort demütigte Friedrich II. die Sachsen und Österreicher, denn er selbst wohnte im Februar und März 1763 auf Schloss Dahlen, das Graf Heinrich von Bünau, ein erklärter Gegner Brühls namentlich seit dem Landtag von 1749, erbaut hatte. Schließlich bestimmte Friedrich II. auch den sächsischen Verhandlungsführer. Es war Thomas Freiherr von Fritsch, der 1700 in Leipzig geborene Sohn eines Buchhändlers und Verlegers, seit 1726 im sächsischen Staatsdienst, aus dem er auf Betreiben von Konferenzminister Johann Christian von Hennicke und Brühl 1741 ausscheiden musste. Wie Bünau gehörte er zu den entschiedenen Kritikern der brühlschen Innen- und Außenpolitik und stand zu Kurfürst Friedrich Christian in enger Verbindung. Bereits im November 1758 hatte er die Überzeugung geäußert, dass jede weitere Teilnahme Sachsens am Kriege die allgemeine Notlage nur unvertretbar verschlimmern könne. Eine preußenfreundliche Haltung und seine persönliche Bekanntschaft mit Friedrich II. machten Fritsch für die in Aussicht genommenen Friedensverhandlungen besonders geeignet.

Frieden von Hubertusburg

Beginn der Friedensverhandlungen am 31. Dezember 1762

Frieden von Hubertusburg am 15. Februar 1763

Fritsch verhandelte im Auftrag von Friedrich Christian, August III. und Brühl mit Friedrich II. erstmals am 29. November 1762 in Meißen über die Vorbedingungen der Friedensgespräche, dann nochmals am 30. November. Dabei gelang es Fritsch, den König von der Ernsthaftigkeit des Friedenswillens von Maria Theresia zu überzeugen. Wenige Tage später, nachdem Fritsch über Friedrich Christian mit dem Wiener Hof korrespondiert und die preußischen Vorstellungen vorgetragen hatte, reiste er, die Antwort aus Wien im Gepäck, nach Leipzig, wo sich Friedrich II. inzwischen aufhielt. Hier einigte man sich endgültig über die Modalitäten der Friedensverhandlungen, deren Beginn auf den 31. Dezember 1762 in Schloss Hubertusburg festgesetzt wurden. Der Verhandlungsführer Preußens war der Staatsrechtler, Historiker und Archivar Ewald Friedrich Graf von Hertzberg, den Friedrich II. nach den Hubertusburger Verhandlungen als Zeichen seiner Zufriedenheit zum Staatsminister beförderte. Österreich benannte Heinrich Gabriel von Collenbach, den Wirklichen Hofrat in der Wiener Staatskanzlei, als seinen Bevollmächtigten und für Sachsen nahm Fritsch an den sechswöchigen Friedensverhandlungen teil. Am 15. Februar 1763 unterzeichneten sie den Vertrag zwischen Preußen und Österreich. Der Frieden wurde auf der Grundlage des status quo ante geschlossen. Dies wurde in 21 Artikeln, zwei Geheimartikeln und einer preußischen Zusatzerklärung über die französischsprachige Fassung von zwei Vertragsformulierungen vereinbart. Der wesentliche Inhalt bestand darin, dass in Artikel 1 beide Vertragspartner ihre Friedensabsichten bekundeten, in Artikel 2 man sich gegenseitig ewiges Vergessen des Vorgefallenen und Amnestie zusicherte, in Artikel 3 auf alle gegenseitigen Gebietsansprüche verzichtete, Österreich den preußischen Besitz von Schlesien und der Grafschaft Glatz bestätigt, in Artikel 12 die Friedenspräliminarien von Breslau 1742 und der Berliner Friedensvertrag von 1742, die Grenzfestlegungen von 1742 und der Dresdner Friedensvertrag von 1745 erneuert und bestätigt wurden. Kaiserin Maria Theresia ratifizierte den Vertrag in Wien am 24. Februar 1763, König Friedrich II. von Preußen tat dies am 21. Februar 1763 in Dahlen. Die darüber ausgestellten Ratifikationsurkunden wurden Ende Februar 1763 in Hubertusburg ausgetauscht. In den Geheimartikeln sicherte Preußen seine Kurstimme bei der Wahl des österreichischen Erzherzogs Joseph zum Kaiser zu.

Beglaubigungsschreiben für den preußischen Unterhändler bei den Friedensverhandlungen auf Schloss Hubertusburg, 1762

Ebenfalls am 15. Februar 1763 wurde in einem Vertrag zwischen Preußen und Kursachsen der Kriegszustand beendet. In elf Artikeln und drei Separatartikeln wurden dafür die einzelnen Bedingungen formuliert, darunter die Räumung Kursachsens von preußischen Truppen drei Wochen nach der Ratifizierung. Auf den Tag genau am 21. März 1763 verließen die letzten preußischen Truppen Kursachsen. Damit trat nach sieben Jahren Krieg wieder Frieden ein. Aber noch Jahrzehnte später waren die tiefen Wunden des Krieges in Sachsen zu spüren und zu sehen.

Neue politische Gesamtkonzeption

Der Hubertusburger Frieden führte sächsischerseits zu einer neuen politischen Gesamtkonzeption, denn die seit 1745 in die antipreußische Koalition gesetzten Hoffnungen waren eindeutig gescheitert. Gemeinsam mit Kurprinz Friedrich Christian konzipierte Thomas von Fritsch die neue politische Stellung Kursachsens: Frieden mit Preußen – Abkehr vom engen Bündnis mit Österreich – Verzicht auf die polnische Königskrone und damit Verzicht auf den Rang einer europäischen Großmacht – strengste Einschränkung der Staatsausgaben – Verzicht auf eine starke Armee – konsequente schrittweise Abtragung der Staatsschulden – Schaffung eines ordentlichen Staatshaushaltes und Führung eines geordneten Finanzwesens.

Restaurationskommission

Einen wesentlichen Teil dieser konzeptionellen Neuorientierung brachte Fritsch in Hubertusburg zu einem Zeitpunkt in die Verhandlungen ein, als Friedrich August II. und Brühl noch offiziell die sächsische Politik bestimmten. Die Grundlagen dafür legten er und weitere sechs hochrangige sächsische Staatsdiener in der Restaurationskommission, die auf Drängen Friedrich Christians im August 1762 eingesetzt wurde und bis November 1763 tätig war. Im Mittelpunkt der Bemühungen standen wirtschaftlicher Wiederaufbau und Staatsentschuldung. Diese beiden Punkte waren ohne Billigung, zumindest ohne Duldung Preußens nicht zu bewältigen. Deshalb nutzte Fritsch seine Tätigkeit als sächsischer Verhandlungsführer in Hubertusburg und hatte damit Erfolg.

Handelsabkommen mit Preussen

Die eine Bemühung galt dem Abschluss eines Handelsabkommens zwischen Preußen und Sachsen. Fritsch forderte in einem Schreiben an Hertzberg vom 13. Januar 1763 den ungehinderten Warenverkehr zwischen Sachsen und Preußen, worin er eine wichtige Ausgangsbasis für den Wiederaufbau in Sachsen sah. Dabei drohte Fritsch sogar, den Handel mit Polen und Ungarn, der bedeutend war, nicht mehr über Breslau, sondern durch Böhmen und Mähren zu leiten. Friedrich II. reagierte sehr gereizt und meinte in einem Brief an Hertzberg vom 11. Februar 1763, Sachsen führe in Hubertusburg die Sprache des Siegers.

System der Staatsschuldentilgung

Entscheidend wurden die Festlegungen über die Staatsschuldentilgung. Bereits im Juni 1762, acht Monate vor dem Hubertusburger Frieden, forderte Fritsch die Bereitstellung einer jährlichen Summe von 1,1 Millionen Talern aus den künftigen Steuereinnahmen für Zinsen und Amortisation der Steuerschulden und zur Wiederherstellung des Staatskredits. Vor allem der Tilgungsplan, sehr langfristig angelegt, brachte für Kursachsen die Rettung, so dass Fritsch das

Steuerarrangement als »le grand coup« bezeichnete. Fritsch erreichte auch die Zustimmung des preußischen Königs zu zwei Hauptpunkten dieses Staatsschuldentilgungsplans: den Wegfall der während des Siebenjährigen Krieges fällig gewesenen Zinsen und die Herabsetzung des künftig geltenden Zinsfußes auf drei Prozent. Das wurde in Artikel 7 des Friedensvertrages und in Artikel II des Separatabkommens festgeschrieben. Am 10. Oktober 1763 wurde die Steuerkreditkasse in Leipzig gegründet und nach deren Vorbild im Juli 1765 die Kammerkreditkasse eingerichtet. Sie garantierten, dass in den folgenden Jahrzehnten die drückende Schuldenlast abgetragen werden konnte.

Gründung der Steuerkreditkasse am 10. Oktober 1763

Mit dem Hubertusburger Frieden vom 15. Februar 1763 erreichte der Preußenkönig zwar nicht die Eroberung Sachsens, aber das Land wurde im Grunde in eine außenpolitische Bedeutungslosigkeit entlassen, während Brandenburg-Preußen endgültig in die Reihe der europäischen Großmächte aufrückte. Die beiden Repräsentanten kursächsischer Politik des zweiten Drittels des 18. Jahrhunderts, August III. und Brühl, starben noch im Jahre 1763. Die sächsisch-polnische Union ging faktisch mit dem preußisch-russischen Bündnis vom 11. April 1764 zu Ende. Der offizielle Verzicht des Hauses Wettin auf die polnische Krone erfolgte im Oktober 1765. Das »augusteische Zeitalter« hatte damit endgültig sein Ende gefunden.

Wirtschaftliche Zustände

Als der Siebenjährige Krieg ausbrach, sah sich das Kurfürstentum Sachsen innenpolitisch nicht darauf vorbereitet. Kunst, Kultur und Wissenschaft standen in Dresden, Leipzig, Wittenberg und anderen kursächsischen Städten zwar in hoher Blüte, aber die Wirtschaft stagnierte infolge der katastrophalen Finanzpolitik Brühls zunehmend. »Die Entwicklung der sächsischen Manufakturen ist durch ein stetes Ansteigen ihrer Zahl bis etwa zum Jahre 1740 und durch ein von diesem Zeitpunkt an bis zum Ende des Siebenjährigen Krieges erheblich verlangsamtes Tempo von Gründungen sowie durch das Erliegen einer größeren Zahl von ihnen charakterisiert.«[28] An dieser Stagnation konnte auch der Berater des Kurfürsten in Wirtschaftsfragen, der Leipziger Kaufmann Johann Christian Raabe, nichts ändern. Der Leipziger Seidenmanufakturier hatte mit einer Pionierleistung bei der Seidenproduktion allgemeines Aufsehen erregt. In seiner Seidenmanufaktur in Mahlitzsch bei Leipzig arbeitete er mit einer Maschine zum Zwirnen und Doublieren der Seide, die 600-mal produktiver war als ein Handzwirner. 1756 ließ Friedrich II. diese Maschine sofort sicherstellen. Seitdem ist sie verschollen.

Johann Christian Raabe Wirtschaftsberater des Kurfürsten

Handwerk und Handel blieben bei steigenden Bevölkerungszahlen auf dem Ende des ersten Drittels des 18. Jahrhunderts erreichten Niveau. Als wirtschaftliches Zentrum Kursachsens entwickelte sich Leipzig weiter. 64 000 Einwohner zählend, war Leipzig nicht nur Messestadt, sondern beherbergte in ihren Mauern 1756 elf Samt- und Seidenmanufakturen und sieben Gold- und Silberspinnereien, dazu Buchhandelsunternehmen mit Druckereien, die schon vor 1700 Frankfurt a. M. den Rang abgelaufen hatten. Doch auch Leipzig erlitt im Verlauf des Siebenjährigen Krieges außerordentlich schwere Schäden.

Religion, Kunst und Wissenschaft

Auch die Regierungszeit von Kurfürst Friedrich August II. war für Kursachsen eine Zeit der Toleranz. Das betraf nicht nur das Verhältnis zwischen Protestanten und Katholiken, sondern auch das zu Menschen jüdischen Glaubens. Der Kurfürst nahm Einladungen zu Besuchen in den Häusern der Hofjuden wie Jonas Meyers in Dresden an. Die jüdische Bevölkerung wuchs zahlenmä-

Wachstum der jüdischen Bevölkerung

ßig rasch an, so dass sie 1751 das Recht auf einen eigenen Friedhof zugesprochen erhielt. 1738 wurde die Dresdner Loge der Freimaurer gegründet, die zweite in Deutschland nach Hamburg.

Musikpflege

Eine Blütezeit erlebte die Musik in Dresden. In Choraufführungen und Kirchenmusiken hörten die Dresdner Bürger moderne italienische Musik in Vollkommenheit. Zu einer der ersten Amtshandlungen Friedrich Augusts gehörte es, dass er das schon 1731 vorengagierte Ehepaar Hasse definitiv nach Dresden berief. Der neue Kapellmeister Johann Adolf Hasse gab 1734 mit seiner Opern-Sinfonia »alla Camera per il arivo die Sua Maj:a die Polognia« zur Feier der Ankunft des Königs seinen musikalischen Einstand. Hasses Wirken als Kapell- bzw. Oberkapellmeister erhob die Dresdner Hofoper zur damals wohl absolut führenden in Europa. Zum Orchester und den Sängern kam das Gesamtambiente des ästhetisch anspruchsvoll ausgestatteten und akustisch anscheinend idealen Opernhauses am Zwinger, das Pöppelmann gebaut hatte. Mit kostbaren Kostümen und Dekorationen konnten Hasses italienische Drammi per musica aufgeführt und europaweit bewundert werden. Der Eintritt für die Bevölkerung war frei, sofern die Biletts reichten. 1746 und 1747 genehmigte man der wandernden italienischen Operntruppe Mingotti angesichts der Hochzeiten und weiterer Festlichkeiten bei Hofe das Gastieren in Dresden. Sie spielte in einem kleinen Holztheater inmitten des Zwingers. 1747 war dabei der junge Gluck vorübergehend als Kapellmeister tätig und brachte seine »Nozze d'Ercole e d'Ebe« zur Aufführung.

Kostüm für die Oper »Attilio Regolo« mit der Musik von Johann Adolph Hasse

Bau der katholischen Hofkirche

1738 hatte Friedrich August II. trotz aller Widerstände beschlossen, neben dem Schloss in Dresden eine katholische Kirche bauen zu lassen. 1739 wurde der Grundstein gelegt, am 29. Juni 1751 erfolgte die Einweihung und viele Dresdner erlebten erstmals höfische katholische Kirchenmusik. Sie gewann der »fremden« Kirche Zulauf. Neben Hasse wirkten als Hofmusiker Giovanni Alberto Ristori, seit 1717 Leiter der Kleinen Cammer-Musique und Musikmeister der Comici italiani des Hofes, Johann Georg Pisendel, der als Geiger 1712 nach Dresden verpflichtet war und zu einer der bestimmenden Persönlichkeiten des Orchesters wurde, sowie der Violonist und Komponist Jan Dismas Zelenka.

Später kamen der berühmte Nicola Porpora, der in Neapel Hasses Lehrer gewesen war, ebenso hinzu wie der Komponist Johann Georg Schürer, der seine Hoflaufbahn als Präzeptor der evangelischen Sängerknaben begann und als Kirchen-Compositeur beendete. Zu den prominenten Vertretern der schöpferischen Kapellvirtuosen gehörte auch der Flötist Joachim Quantz, der sich aus sächsischen in preußische Dienste abwerben ließ. Zwischen 1733 und 1763 erreichte die spätbarocke Musikentwicklung ihren Höhe- und Schlusspunkt.

Sammlungstätigkeit

Neben der Musik bildete die Sammlungstätigkeit einen Schwerpunkt königlicher Repräsentation und persönlichen Kunstsinns. 1746 wurde die im Johanneum untergebrachte kurfürstliche Gemäldesammlung öffentlich zugänglich gemacht. Es war dies die einzige große Galerie außerhalb Italiens. Die spätere Dresdner Gemäldegalerie, in der ersten Hälfte des 18. Jahrhunderts entstanden, gehört zu den wichtigsten kulturellen Leistungen der »augusteischen Epoche« in Sachsen. Vor 1756 datierten die Erwerbungen, aus denen der Ankauf der hundert besten Bilder der Sammlung des Herzogs von Modena 1745/46 sowie der Erwerb der »Sixtinischen Madonna« 1754 herausragten. Aus Italien, Paris, Amsterdam und Prag gelangten damals Gemälde nach Dresden. Der Premierminister Brühl und sein Sekretär Karl Heinrich von Heinecken lenkten die Erwerbungen, für die auch Minister, Gesandte und Höflinge als Vermittler auftraten.

Karl Heinrich von Heinecken. Kupferstich von Augustin de Saint-Aubin, 1770

Dresden vom rechten Elbufer. Gemälde von Bernardo Bellotto, genannt Canaletto, 1748

Meisterwerke der italienischen Renaissance und des 17. Jahrhunderts sowie holländische und flämische Gemälde des Barock bestimmten Charakter und Qualität der Sammlung. Dürer, Cranach und Holbein wurden als Vertreter deutscher Kunst verehrt.

Architektur und Bauwesen

Auf dem Gebiet der Architektur und des Bauwesens nahm August III. 1736 die Planungen für einen Neubau des Residenzschlosses wieder auf. Als Standort war das Festungsgelände westlich des alten Schlosses in Anschluss an den Zwinger vorgesehen. Jean de Bodt, seit 1728 in der Nachfolge des Grafen Wackerbarth Generalintendant und damit Chef des Militär- und Zivilbauwesens, setzte sich ebenso mit dieser Aufgabe auseinander wie der Oberlandbaumeister Johann Christoph Knöffel, der nach dem Tode Matthäus Daniel Pöppelmanns am 17. Januar 1736 in die Leitung des Oberbauamtes nachgerückt war. Auch der römische Architekt Gaetano Chiaveri, der in Warschau tätig war und 1736 nach Dresden beordert wurde, war mit dem Schlossprojekt und vor allem der Hofkirche befasst. Das heikle Vorhaben, in der Hauptstadt des Mutterlandes der Reformation eine katholische Kirche zu errichten, wurde außerhalb des Oberbauamtes vorbereitet. Chiaveri ging auf die Besonderheit des Standortes ein, indem er seinem Kirchenbau auf sehr unitalienische Weise einen Turm voranstellte, der das im Scheitel des Elbbogens errichtete Bauwerk weit in den Flussraum hineinwirken ließ. In den folgenden anderthalb Jahrzehnten wurden repräsentative königliche Bauplanungen ausschließlich Knöffel übertragen. Obwohl August III. in Dresden nur mit der Hofkirche, der Bildergalerie und dann noch einmal mit der Erweiterung des Taschenbergpalais als Bauherr in Erscheinung trat, wurde doch die gesamte architektonische Entwicklung nachhaltig beeinflusst. Ein neues Baureglement für die Vorstädte von Dresden vom 19. Juli 1736 hob militärisch bedingte Baubeschränkungen auf und gestattete die Errichtung steinerner Gebäude. Nun konnten in den unmittelbar vor der Stadt gelegenen Gärten anspruchsvolle Adels- und Gartenpalais entstehen.

Johann Christoph Knöffel. Kupferstich von Antonius Tischler nach einem Gemälde von Dominicus van der Smissen, um 1750

VI

Die Zeit der Wiederherstellung und der Stagnation 1763 bis 1830. Vom Retablissement und der Staatsreform von 1762/63 in Kursachsen bis zum Ende des ancien regime im Königreich Sachsen

---

Thomas von Fritsch und die Restaurationskommission – Wirtschaftlicher Wiederaufbau – Neue Entwicklungen im Agrarwesen – Modernisierung des Behördenaufbaus – Neue Ausbildungseinrichtungen – Kulturelles und wissenschaftliches Leben – Kursachsen und Preußen nach dem Frieden von Hubertusburg – Auseinandersetzung um die Reichsstandschaft der Schönburgischen Rezessherrschaften – Der Bayerische Erbfolgekrieg – Teschener Friede 1779 und Kursachsen – Zweite Blütezeit des Manufakturwesens in Kursachsen – Beginn des Fabrikzeitalters – Bevölkerungsentwicklung und soziale Verhältnisse – Jagdunruhen in der Sächsischen Schweiz 1790 – Christian Benjamin Geißler und der kursächsische Bauernaufstand 1790 – Landtag 1793 und Broschürenstreit – Frühromantik in Kursachsen – Beteiligung an der Reichspolitik gegen die Republik Frankreich – Auflösung des Alten Reiches – Sachsen als Königreich unter napoleonischer Herrschaft – Sachsen als Schlachtfeld 1813 und die Völkerschlacht bei Leipzig – Generalgouvernement für das Königreich Sachsen – Vertrag von Pressburg und Wiener Kongress – Veränderungen im Verwaltungsaufbau – Karlsbader Beschlüsse in Sachsen – Agrarkrise – Biedermeier und Spätromantik – Neue Bildungsanstalten in Sachsen – Karl Ernst Richter und die »Biene« – Am Vorabend der Staatsreform – Wirtschaftskrise – Kandidatur von Prinz Johann für den griechischen Königsthron

Thomas von Fritsch und die Restaurationskommission

Nach dem Siebenjährigen Krieg musste Kursachsen etwa 65 Prozent seiner jährlichen Steuereinnahmen aufwenden, um Zinsen und Amortisationen für den riesigen Schuldenberg zu begleichen. Dazu kamen beträchtliche Zerstörungen in Städten wie Dresden, Wittenberg und Zittau. Seuchen, Viehsterben, Vernichtung landwirtschaftlicher Gebäude und bäuerlichen Inventars kennzeichneten die trostlose Lage des Landes. Die Bevölkerung hatte sich um schätzungsweise 140 000 Menschen vermindert. Das waren acht Prozent der Gesamtbevölkerung Kursachsens.

Einsetzung der Restaurationskommission

Eine Hofpartei um den im Jahre 1762 von München nach Dresden zurückgekehrten Kurprinzen Friedrich Christian, seine Frau Maria Antonia und maßgebende Vertreter des sächsischen Bürgertums hatte schon vor Ende des Krieges grundlegende Veränderungen angestrebt. Im April 1762 berief Kurfürst Friedrich August II. von Warschau aus die »Restaurationskommission« und wählte Thomas von Fritsch als deren Vorsitzenden. Zu Mitgliedern wurden u. a. der Geheime Rat Hans Heinrich von Heringen sowie die Hof- und Justizräte Friedrich Ludwig Wurmb und Christian Gotthelf Gutschmid ernannt; Gottlieb Wilhelm Rabener, Dichter und Freund Gellerts, wurde Sekretär. Die Kommission hatte die Grundprinzipien des wirtschaftlichen Wiederaufbaus auszuarbeiten und war vom 30. April 1762 bis 5. August 1763 tätig. Sie erstattete ihren Abschlussbericht am 19. November 1763. »Mit den einleitenden Denkschriften Fritschs und den insgesamt 34 Gutachten der Restaurationskommission wurde noch vor dem Regierungsantritt Friedrich Christians (5. Oktober 1763) das außen- und innenpolitische System begründet, das für die Entwicklung Kursachsens nach 1763 bis in das 19. Jahrhundert hinein maßgeblich gewesen ist.«[29] Die Restaurationskommission erfasste in ihren Vorträgen und Denkschriften nahezu alle Bereiche der Gesellschaft, u. a. die Lage der Landwirtschaft und der Städte, die Gleichstellung der französischen Kolonie in Leipzig mit den anderen Kaufleuten der Stadt und den Wiederaufbau der Stadt Leipzig. die Förderung des Handels und der Manufakturen sowie die Verbesserung der Straßen- und Verkehrswege.

Thomas von Fritsch. Gemälde von Anton Graff, 1772

Damit wurde eine Entwicklung eingeleitet, die weit über die Beseitigung der Kriegsschäden hinausging. Von Vorstellungen des aufgeklärten Absolutismus geprägt und in geistiger Verwandtschaft mit den französischen Enzyklopädisten sowie vielfach dem Herrnhuter und Hallischen Pietismus zuneigend, wurden alle Bereiche des gesellschaftlichen Lebens beeinflusst. In diesem Sinne brachte Thomas von Fritsch 1765, zehn Jahre vor seinem Tode, in seinem politischen Testament die möglichen und wünschenswerten Leitlinien kursächsischer Politik zu Papier: innenpolitisch die gegenseitige Achtung und Toleranz in Religionssachen, eine ordentliche Staatshaushaltsführung und keine überzogene Belastung der »Untertanen«, eine geordnete Justiz und Polizei, die man »nicht zur Plackerey werden lässet«, ein den Möglichkeiten des Staates angemessenes Militärwesen. Außenpolitisch u. a. eine gute Einvernahme mit dem Reichsoberhaupt, ein gutes Verhältnis zu Preußen, um davon ausgehend eine »Balanz« zwischen Österreich und Preußen halten zu können, ein gutes Verhältnis zu England wie auch zu Frankreich, ohne sich dabei von letzterem »in seine Händel ziehen (zu) lassen«.

Politisches Testament von Fritsch 1765

Schließlich sollte Kursachsen die polnische Krone »zwar nicht vergessen, doch aber diesen weiten Absichten sein wahres und nahes Interesse nicht aufopfern«.[30]

Wirtschaftlicher Wiederaufbau

Auf der Grundlage der von der Restaurationskommission ausgearbeiteten Grundsätze vollzog sich der Wiederaufbau des Landes, das nach dem Tode von Kurfürst Friedrich Christian am 17. Dezember 1763 unter der Administration seines Bruders Xaver für den noch unmündigen Kurfürst Friedrich August III. regiert wurde. Im Vordergrund stand die Wiederingangsetzung der Wirtschaft, nachweislich orientiert an den Auffassungen des Nationalökonomen Johann Heinrich Gottlob von Justi. Dazu wurde im April 1764 die Landesökonomie-, Manufaktur- und Kommerziendeputation eingerichtet, deren Direktor von 1764 bis 1800 Friedrich Ludwig Wurmb war, einer der fähigsten Mitarbeiter der Restaurationskommission. Diese Behörde, der man allerdings keine unmittelbare Verfügungsgewalt zugestanden hatte, überwachte Bevölkerungsbewegung und Statistik, Erziehung und Unterricht, Agrarwesen, Forstwirtschaft, Jagdwesen, Fischerei, Handel, Manufakturen und Fabriken. Für Erfindungen und Verbesserungen wurden Prämien ausgesetzt. Einzelne Unternehmen erhielten finanzielle Hilfen. Die dafür eingerichtete Prämienkasse gab zwischen 1764 und 1827 den bedeutenden Betrag von zweieinviertel Millionen Talern aus. Vereinigungen von Kaufleuten, Landwirten, Staatsbeamten, Handwerkern, adeligen und bürgerlichen Grundherrschaftsbesitzern auf privater Basis traten bald unterstützend und fördernd hinzu.

Tod von Kurfürst Friedrich Christian am 17. Dezember 1763

Landesökonomie-, Manufaktur- und Kommerziendeputation 1764

1764 bildete sich die Leipziger Ökonomische Sozietät, die eine Verbesserung der landwirtschaftlichen und gewerblichen Produktion mit Hilfe neuer technischer Erkenntnisse und Methoden erstrebte. Fragen der Land- und Forstwirtschaft wurden ebenso behandelt wie solche des Manufakturwesens, der Mineralogie, der Chemie, der Mechanik und der Technologie. Auf landwirtschaftlichem Gebiet wurden Versuche mit verschiedenen Getreidearten angeregt, der Anbau vorteilhafter Futterpflanzen propagiert und zahlreiche Verbesserungen in der Schaf- und Bienenzucht sowie beim Hopfen- und Tabakanbau veröffentlicht. In der engen Zusammenarbeit mit der Kommerziendeputation bei den alljährlich ausgeschriebenen Preisaufgaben, in der Drucklegung von Preisschriften, in den Vorträgen auf den jährlichen Zusammenkünften der Sozietätsmitglieder und in anderen Veröffentlichungen, vor allem in dem von Peter von Hohenthal seit 1763 herausgegebenen »Leipziger Intelligenzblatt für Stadt- und Landwirthe zum Besten des Nahrungsstands«, dokumentiert sich der Wirkungskreis dieser Gesellschaft. Einige Jahre später trat die Ökonomische Gesellschaft in Dresden mit gleichen Zielstellungen hinzu. Mannigfache Beziehungen gerade dieser beiden Sozietäten zu anderen deutschen und außerdeutschen ökonomischen Gesellschaften ermöglichten einen regen Erfahrungsaustausch, vornehmlich in landwirtschaftlichen Fragen, wie überhaupt von dem Wirken der Leipziger Ökonomischen Sozietät und der Ökonomischen Gesellschaft in Dresden fruchtbringende Anregungen für die wirtschaftliche Weiterentwicklung ausgingen.

Leipziger Ökonomische Sozietät 1764

Die wirtschaftlichen Erfolge des Retablissements ließen nicht lange auf sich warten. Nach zehn Jahren erreichte der sächsische Staatshaushalt 1774 erstmals einen Überschuss von 380 000 Talern. Die Steuerscheine der Steuerkredit- und Staatsschuldentilgungskasse erzielten 1775 87 Prozent ihres Nennwertes und stiegen bis 1798 auf 106 Prozent. Das veranlasste den englischen Minister William Pitt den Jüngeren, bei der Tilgung der aus dem amerikanischen Unabhängigkeitskrieg herrührenden englischen Staatsschulden auf dieses Beispiel zurückzugreifen. Angesichts der beeindruckenden wirtschaftlichen Entwick-

Überschuss im Staatshaushalt 1774

lung erhielten einige der führenden Männer Kursachsens verlockende Angebote zum Übertritt in preußische, russische oder englische Dienste, so Kabinettsminister Johann Georg von Einsiedel, Peter von Hohenthal oder Friedrich Anton von Heynitz. Von ihnen folgte der Nationalökonom und Bergfachmann Heynitz dem Ruf nach Preußen. Wohl auch wegen der dort gegebenen größeren Entfaltungsmöglichkeiten übernahm er im September 1777 als Staatsminister die Leitung des Berg- und Hüttendepartements im preußischen Generaldirektorium. Unter seiner Leitung erwarben sich u. a. Freiherr vom Stein, von Hardenberg und Alexander von Humboldt wichtige Kenntnisse und Erfahrungen rationeller Staatslenkung im Sinne des aufgeklärten Absolutismus. Stein veranlasste er zu einem einjährigen Besuch der Bergakademie Freiberg 1782/83. »Die Gedanken und Methoden des sächsischen Retablissements haben auf diese Weise einen direkten Einfluß auf die Urheber der Stein-Hardenberg'schen Reformen, damit aber auch auf die politische und wirtschaftliche Entwicklung Preußens gewonnen.«[31]

FRIEDRICH ANTON VON HEYNITZ PREUSSISCHER STAATSMINISTER 1777

Neue Entwicklungen im Agrarwesen

Noch bis in das erste Drittel des 19. Jahrhunderts hinein lebten etwa zwei Drittel der Bevölkerung auf dem Lande. Aus der zunehmend manufakturmäßig betriebenen gewerblichen Produktion in der Stadt und im Dorf, die mit einer stetigen Bevölkerungszunahme und -ballung verbunden war, stieg die Nachfrage nach allen Arten landwirtschaftlicher Produkte. Wollte man diese Bedürfnisse erfüllen, musste man mehr Getreide, Kartoffeln, Fleisch, Obst und Gemüse erzeugen. Das war aber nur durch einen intensiveren landwirtschaftlichen Betrieb möglich, vor allem in bäuerlichen Wirtschaften, die in den Größenordnungen zwischen fünf und 100 Hektar etwa zwei Drittel ausmachten.

Bald wurden versuchsweise neue Wege beschritten, die zu einer Ertragssteigerung und Zunahme der tierischen Produktion führten: Der ausgedehnte Anbau von Futterpflanzen aller Art, die Einführung der ganzjährigen Stallfütterung, der Übergang zu neuen Anbaumethoden und -systemen sowie die Anwendung verbesserter landwirtschaftlicher Geräte kennzeichneten diese Entwicklung. Zunehmend wurde die von Johann Christian Schubart auf seinem Rittergut Würschnitz bei Zeitz demonstrierte neue Wirtschaftsweise mit der Abschaffung der Hut- und Triftgerechtigkeiten, der verbesserten Dreifelderwirtschaft, der Besömmerung der Brache mit Futterkräutern, vornehmlich Klee, und damit ein intensiverer Ackerbau von den Bauern und Rittergutsbesitzern im Lande nachgeahmt. Dafür sorgte auch Schubart selbst durch eine rege schriftstellerische Tätigkeit in Zusammenarbeit mit dem Leipziger Professor der Ökonomie Nathaniel Gottfried Leske. So schrieb um 1780 ein Bauer aus Reinsdorf bei Zwickau an den Würschnitzer Landwirtschaftsreformer: »Als ich vor 40 Jahren von meinem Vater die Wirtschaft übernommen und ich von hier nach Leipzig reiste, da sah ich an manchen Orten etwas spanischen Klee stehen, nachdem fing ich auch an und säete in die Brache Klee ... Ich hatte schöner Vieh, konnte auch mehr Vieh halten; ... dieser Anbau hat sich bis jetzt sehr verbessert, daß in unserem Dorfe alle Brachen damit besäet sind.«[32]

JOHANN CHRISTIAN SCHUBART VON KLEEFELDE

Um 1800 hatte sich der Anbau von Klee, Luzerne und Esparsette und die damit verbundene ganzjährige Stallfütterung durchgesetzt. Nach 1770 eroberte sich die Futterrübe als Futterpflanze einen ständigen Platz im Feldanbau. Die Grundherren versuchten natürlich, von den Bauern auch für den Anbau solch neuer Pflanzen Frondienste zu fordern. Besonders der Kartoffelanbau weitete sich zusehends aus. Diese Feldfrucht wurde bald zu einem wichtigen Grundnahrungsmittel. Wurden beispielsweise 1755 im Meißnischen, Leipziger, Erzgebirgischen und Vogtländischen Kreis ca. 144 570 Scheffel (= 300 214

ERNTEERGEBNISSE 1755 UND 1791

Zentner) Kartoffeln geerntet, so waren es 1772 bereits 1 597 887 Zentner und 1791 2 654 415 Zentner. Bei der großen Hungersnot von 1771/72, hervorgerufen durch zwei aufeinander folgende Missernten, konnte der Kartoffelanbau noch nicht in vollem Umfang Ernährungsersatz bieten, vor allem in den klimatisch ungünstigen Gebieten des Gebirges. Infolge der dadurch entstandenen Hungersnot ging die Bevölkerung Sachsens im Jahre 1772 um sechs Prozent (ca. 100 000 Menschen) zurück. Sieht man von diesen beiden Misserntejahren ab, stieg auch die Getreideerzeugung beachtlich. Während 1755 5,2 Millionen Zentner geerntet wurden, waren es im Jahre 1791 über zehn Millionen Zentner Roggen, Weizen, Gerste und Hafer. Daneben nahm der Anbau von Handelsgewächsen, so Raps, Hanf, Krapp und Tabak, wieder zu.

Künstliche Düngemittel

Da bei einer derart intensiven Feldbewirtschaftung die ausreichende Düngung der Felder bald zu einem ernsten Problem wurde, unternahm man schon in den Siebzigerjahren Versuche zur Anwendung künstlicher Düngemittel, um die Bodenfruchtbarkeit zu steigern. So führte man um 1770 nachweisbar Düngesalz aus Sachsen-Eisenach und Hessen ein und verwendete das in sächsischen Salinen, u. a. in Bad Kösen, gewonnene Düngesalz.

Der zunehmende Futterpflanzenanbau und die steigenden Getreideerträge führten zu verbesserten und zahlenmäßig wachsenden Tierbeständen. Einen bis dahin nicht gekannten Aufschwung erlebte nach 1763 die Schafzucht. Den Anstoß gab die Einfuhr von 300 spanischen Merinoschafen. Planmäßig betriebene Zucht und Veredelung sicherten der sächsischen Schafzucht bald den ersten Platz in Europa. Für die Grundherren und die kurfürstlichen Kammergüter bedeutete sie ein gewinnbringendes Geschäft, für die bäuerliche Bevölkerung dagegen aber vielfach eine Quelle zusätzlicher Bedrückung und erhöhter Belastung durch die Inanspruchnahme von Hut und Trift über die bäuerlichen Felder.

Ankunft der ersten spanischen Merinoschafe und deren Besichtigung durch die kurfürstliche Familie im Großen Garten zu Dresden, 1765. Gemälde von Th. von Oër

Bei den vielfältigen Bemühungen um einen verbesserten landwirtschaftlichen Betrieb erwiesen sich bald die bestehenden agrarrechtlichen Verhältnisse als hemmend. Die zunehmenden Beschwerden und Prozesse der Bauern gegen ihre Grundherren wurden zum augenscheinlichen Beweis für den unüberbrückbaren Gegensatz. Zu den Männern in Kursachsen, die schon um 1770 die Unhaltbarkeit der herrschenden rechtlichen Bindungen auf dem Lande erkannten und eine Änderung verlangten, gehörte der Dresdner Advokat Johann Leonhard Hauschild. In seiner 1771 in Dresden erschienenen »Juristischen Abhandlung von Bauern und deren Frondiensten, auch der in Rechten gegründeten Vermittlung ihrer natürlichen Freyheit« forderte er in entschiedener Weise die Beseitigung der »Leibeigenschaft« und die Regulierung der Frondienste. Eine auf die Abschwächung dieser Widersprüche gerichtete Politik des kursächsischen Staates führte u. a. dazu, dass die Aufhebung der Rechte der Grundherren zur Mitbenutzung der Gemeindeländereien und zur Trift und Hutung über und auf den Fluren der Bauern angestrebt wurde. Da entsprechende Prämienausschreibungen der Kommerziendeputation ohne spürbaren Erfolg blieben, wurden 1784 die Kreis- und Amtshauptleute angewiesen, auftretende Konflikte gütlich zu regeln. Das alles konnte aber nicht über die sich verschärfenden Widersprüche zwischen Grundherren und Bauern hinwegtäuschen. Dazu trug auch ein höheres Bildungsniveau der bäuerlichen Bevölkerung bei, das in einem erstarkenden Selbstbewusstsein seinen Ausdruck fand. Die deutsche Aufklärung hatte das Recht der freien Persönlichkeit proklamiert

Abhandlung des Dresdner Advokaten Johann Leonhard Hauschild

und den Kampf gegen alle überholten Bindungen aufgenommen. Der sächsische Bauer empfand seine Bindung an die grundherrliche Wirtschaft in steigendem Maße als drückend und als bitteres Unrecht.

Modernisierung des Behördenaufbaus

Für die staatliche Lenkung des Wiederaufbaus wurde die Funktionstüchtigkeit der Behörden besonders wichtig. Der seit 1756 als Professor des Lehnrechts und der Staatswissenschaften in Leipzig und seit 1764 als Erzieher des Kurfürsten Friedrich August tätige Christian Gotthelf von Gutschmid, ein enger Vertrauter von Fritsch, schrieb 1765: »Der Regierungsplan muß das Ganze in sich fassen und alle Teile in ihrem Verhältnis gegen das Ganze und in ihrer Verknüpfung untereinander richtig bestimmen. Alle, die in Regierungsgeschäften gebraucht werden, müssen nach demselben Plan angewiesen und beschieden werden.«[33] Diese Vorstellungen führten dazu, dass seit 1769 ein Finanzplan für Kursachsen aufgestellt wurde, zu dessen konsequenter Durchführung 1773 eine Generalhauptkasse an die Stelle der bis dahin bestehenden mehreren zentralen Landeskassen trat. Das war Teil der Reorganisation der Kammer- und Finanzbehörden, die seit 1782 mit der Bildung des Geheimen Finanzkollegiums als zentrale Behörde für die Kammer-, Berg-, Akzise- und Kommerziensachen, ähnlich dem 1749 in Österreich eingerichteten »Directorium in publicis et cameralibus«, abgeschlossen wurde. Dazu gehörte ebenfalls die 1782 erstmals in Kursachsen vorgenommene Trennung von Justiz- und Finanzverwaltung in den kursächsischen Ämtern in jeweils ein Justizamt und ein Rentamt, allerdings noch unter einheitlicher Leitung des Amtmannes. Auch auf anderen Gebieten staatlicher Beaufsichtigung und Regulierung im Sinne des aufgeklär-

Generalhauptkasse 1773

Geheimes Finanzkollegium 1782

Verwaltungsaufbau des Kurfürstentums Sachsen um 1800
Entwurf: Reiner Groß

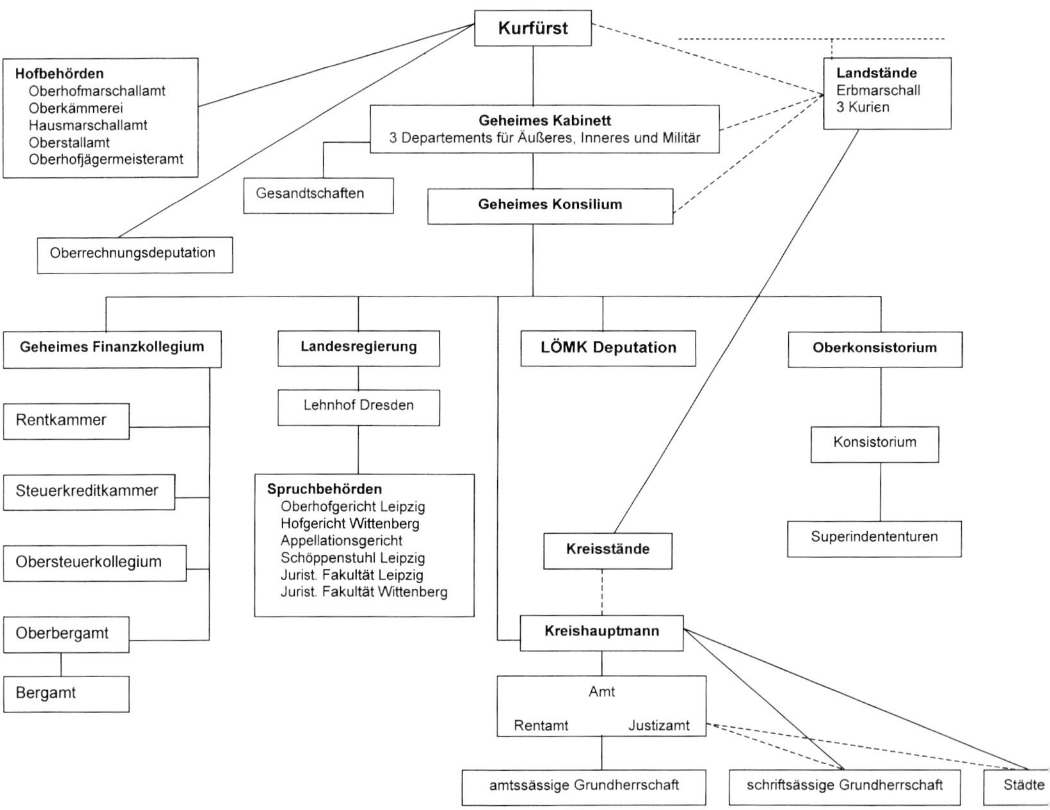

ten Absolutismus wurden neue Behörden geschaffen oder bestehende Verwaltungseinrichtungen mit neuen, erweiterten Aufgaben betraut. So erfolgte 1765 die Einrichtung des Sanitätskollegiums als übergeordnete Medizinalbehörde des Landes, die zusammen mit den medizinischen Fakultäten der Universitäten Leipzig und Wittenberg für die Beaufsichtigung und Verbesserung des Gesundheitswesens ebenso zuständig war wie für die Verhütung und Bekämpfung immer wieder auftretender Seuchen. Im gleichen Jahr nahm die Polizeikommission in Dresden ihre Tätigkeit auf. Seit 1769 wurden die im 16. Jahrhundert geschaffenen mittleren Verwaltungsfunktionen der Kreis- und Amthauptleute aktiviert.

SANITÄTSKOLLEGIUM 1765

Neue Ausbildungseinrichtungen

Die Ausbildungsmöglichkeiten im Lande erfuhren eine beträchtliche Erweiterung. Neben den beiden Universitäten Leipzig und Wittenberg wurden 1765 die Bergakademie Freiberg und 1775 die Bergschule Freiberg zur Ausbildung von Steigern und Werkmeistern eingerichtet, 1764 die Akademie der bildenden Künste in Dresden und die Zeichenschule in Meißen begründet. Aus der 1774 von Dr. Christoph Friedrich Weber eingerichteten Privatschule für Tierarzneikunde entstand als vierte ihrer Art in Europa 1780 die staatliche Tierarzneischule in Dresden. 1778 wurde das erste deutsche Taubstummeninstitut in Leipzig und das erste deutsche Lehrerseminar in Dresden-Friedrichstadt eingerichtet. 1785 entstand in Dresden die erste Realschule. Eine Reihe wissenschaftlicher Gesellschaften, die das geistige Leben des Landes bereicherten, traten hinzu, so 1774 die Jablonowskische Gesellschaft in Leipzig, 1779 die Oberlausitzer Gesellschaft der Wissenschaften in Görlitz, 1784 die Philologische Gesellschaft in Leipzig und 1787 die Naturforschende Gesellschaft.

BERGAKADEMIE FREIBERG

Die
Oberlausizische
Gesellschaft der Wissenschaften
zu Görlitz
durch gegenwärtiges Patent,
Carus

Aufnahme von Carl Gustav Carus in die Oberlausitzische Gesellschaft der Wissenschaften zu Görlitz, 1795. Mitgliedsurkunde von 1802

Kulturelles und wissenschaftliches Leben

Das kulturelle Leben in Sachsen erfuhr in den Jahren nach 1763, bedingt durch die misslichen wirtschaftlichen Verhältnisse, einschneidende Veränderungen. Zwei Tage nach dem Tod Augusts III. wurden der weithin berühmte Kapellmeister und Direktor der italienischen Oper Johann Adolf Hasse samt seiner Frau Faustina entlassen, das große Opernhaus geschlossen sowie die italienische Oper, die Komödie und das Ballett aufgelöst. Andere Künstler verließen das Land, so etwa Canaletto, der nach Warschau ging.

AUFLÖSUNG DER ITALIENISCHEN OPER 1763

Erst Ende der Siebziger- und zu Beginn der Achtzigerjahre wirkten wieder über die Landesgrenzen hinaus bekannte Gelehrte und Künstler in Sachsen. Dazu gehörte der Sprachforscher und Historiker Johann Christoph Adelung, seit 1765 in Leipzig und ab 1787 Oberbibliothekar in Dresden. Der Direktor der Dresdner Kunstakademie Christian Ludwig Hagedorn, zugleich Generaldirektor der Kunstsammlungen, inszenierte jährlich Kunstausstellungen in Dresden. Auf dem Gebiet der bildenden Kunst wirkten der Hofmaler Anton Graff und der Kupferstecher Adrian Zingg.

Das musikalische Leben wurde in Dresden durch den Komponisten und Hofkapellmeister Johann Amadeus Naumann bestimmt. In Leipzig leitete seit 1781 Johann Adam Hiller die bald berühmt werdenden Gewandhauskonzerte.

Johann Christoph Adelung. Kupferstich von Anton Graff, um 1770

Die Architekten und Baumeister waren damit beschäftigt, die baulichen Kriegsschäden in den Städten zu beseitigen, aber ohne zusätzlichen Aufwand und Luxus. Allein in Dresden waren zwischen 1758 und 1760 mehrere hundert Wohnhäuser zerstört worden, auch die Kreuzkirche war im Juli 1760 ein Opfer preußischer Kanonenkugeln geworden. Noch um die Jahrhundertwende hatte man mit dem Wiederaufbau zu tun, wobei die barocken Formen immer mehr dem nüchternen, zweckmäßigen Baustil des heraufziehenden bürgerlichen

Neue Parkanlage im englischen Stil auf den »demolierten« Stadtbefestigungsanlagen von Leipzig. Kolorierter Stich von Schwarz, 1793

Zeitalters wichen, vornehmlich im Schaffen von Friedrich August Krubsacius und seinen Schülern ablesbar. Ein Vierteljahrhundert früher als in der Residenz wurden in der zunehmend wieder an Bedeutung gewinnenden Messestadt Leipzig seit 1776 die Verteidigungswälle und Stadtgräben eingeebnet und an deren Stelle Gärten und Grünanlagen angelegt.

Deutsche Übersetzung von Montesquieus Werk »Vom Geist der Gesetze« 1782

Deutsche Union in Leipzig

Die großen geistigen Bewegungen der Zeit am Vorabend der Französischen Revolution gingen an Kursachsen nicht spurlos vorüber. 1782 erschien in Altenburg die von dem Dresdner August Wilhelm Hauwald verfasste deutsche Übersetzung von Montesquieus Werk »Vom Geist der Gesetze«. Leipzig wurde neben Halle ein Zentrum der radikalen Spätaufklärung mit dem Wirken des Hallenser aufgeklärten Theologen und radikalen Volksaufklärers Carl Friedrich Bahrdt sowie des Leipziger Buchhändlers und Schriftstellers Degenhardt Pott durch die von ihnen gegründete Deutsche Union. Regierung und Bürgertum setzten sich mit dem amerikanischen Unabhängigkeitskrieg auseinander, nahmen für und wider die bürgerliche Bewegung Stellung. Davon zeugen die Berichte in den »Leipziger Zeitungen«, das Erscheinen von Literatur über den nordamerikanischen Kontinent vor allem in Leipzig und Dresden sowie die herausragende Sammlung zeitgenössischer Amerikaliteratur in der Dresdner kurfürstlichen Bibliothek.

Kursachsen und Preußen nach dem Frieden von Hubertusburg

Verzicht auf die polnische Krone 1765

Nach 1763 trat für Kursachsen die Außenpolitik zurück. Der wirtschaftliche Wiederaufbau musste außenpolitisch abgesichert werden. Deshalb versuchte man, auf dem schmalen Grat des Einvernehmens mit dem nördlichen Nachbarn ohne wesentliche Verschlechterung des Verhältnisses zur südlich angrenzenden Großmacht zu wandeln und dem Reichsoberhaupt ein getreuer Reichsstand zu sein. Das bedingte zuerst den Verzicht auf die Krone Polens, zumal sich die polnische Frage für Sachsen bereits mit dem preußisch-russischen Bündnis vom 11. April 1764 erledigt hatte. Der die Regentschaft führende Prinz Xaver leistete gegen den Widerstand der Kurfürstenwitwe Maria Antonia im Oktober 1765 im Vertrag mit Polens neuem König Stanislaus August Poniatowski diesen Verzicht. Der ersten und zweiten polnischen Teilung sah Sachsen unter Berücksichtigung der realen Machtkonstellation deshalb nur zu.

Diese Außenpolitik wurde nach dem Ende der Administration und dem Weggang von Prinz Xaver 1769 nach Frankreich fortgesetzt. Aus handelspolitischen Gründen kam es zu einer weiteren Hinwendung zu Preußen. Andererseits war Friedrich II. aber nicht nur an den Handelsverbindungen zu Sachsen interessiert, sondern an der Einverleibung des Landes selbst. In seinem geheimen politischen Testament von 1768, 18 Jahre vor seinem Tod, schrieb er: »Frage ich nur nach unserem Vorteil, so scheint mir Sachsen das Land, das uns am ersten ansteht. Es würde unser Gebiet abrunden und die Hauptstadt vor österreichischen Einfällen sichern. Es ist durch seine Handelsbeziehungen schon mit uns verknüpft und seine Einverleibung würde unserem Staate die größten Vorteile bringen.«[34]

POLITISCHES TESTAMENT VON FRIEDRICH II. 1768

Auseinandersetzung um die Reichsstandschaft der Schönburgischen Rezessherrschaften

In dem am 4. Mai 1740 geschlossenen Haupt- und Nebenrezess »wegen denen in churfürstl. sächs. Territorio gelegenen Böhmischen Reichs-After-Lehns-Herrschaften Glaucha, Waldenburg und Lichtenstein wie auch der beiden Grafschaften ... Hartenstein und ... Stein« hatten die Herren von Schönburg auf ihre landesherrlichen Rechte und ihre Reichsunmittelbarkeit zugunsten Kursachsens verzichtet, aber die böhmische Lehnshoheit gewahrt. Kursachsen und das Gesamthaus Schönburg hatten es nicht für erforderlich gehalten, eine Einverständniserklärung des Kaisers als König von Böhmen in der Funktion des Lehnsherrn über die Herrschaften Glauchau, Lichtenstein und Waldenburg einzuholen. Daran entzündete sich nach 1768 ein Konflikt, der über innersächsische Bezüge hinauswuchs.

HAUPT- UND NEBENREZESS MIT DEM HAUS SCHÖNBURG 1740

Die Übernahme der Regentschaft durch den mündig gewordenen Friedrich August III. am 23. Dezember 1768 bildete für das Gesamthaus Schönburg den Anlass, den Rezess von 1740 für ungültig zu erklären, da weder Kaiser, Reich noch die Krone Böhmen ihn bestätigt hätten. Drei konkrete Gründe wurden für diesen Schritt in einer Denkschrift von Graf Albert von Schönburg zu Waldenburg vom 10. Juli 1769 genannt. Die Schönburger waren bei der Erbhuldigung für ihre Lehnsherrschaften vom jungen Kurfürsten wie Landadelige behandelt worden, indem sie nicht vor dem Kurfürsten selbst, sondern vor einem seiner Minister den Lehnseid ablegen sollten. Für die Rezessherrschaften als Reichsafterlehen lehnte man grundsätzlich eine Erbhuldigung ab. Schließlich hatte Kursachsen durch die Rekrutierung von Schönburgischen Untertanen den Rezess von 1740 selbst gebrochen. 1768 wurden in Kursachsen 8 000 Rekruten ausgelost, wobei aus den Schönburgischen Rezessherrschaften 60 Rekruten kommen sollten. Als die Grafen von Schönburg dieses Ansinnen ablehnten, marschierte ein 600 Mann starkes Kontingent der kursächsischen Armee in Glauchau ein und zwangsrekrutierte diese 60 Mann.

ÜBERNAHME DER REGENTSCHAFT DURCH KURFÜRST FRIEDRICH AUGUST III. 1768

AUSHEBUNG VON REKRUTEN IN DEN SCHÖNBURGISCHEN HERRSCHAFTEN 1768

In diesem Konflikt stand Preußen auf der Seite Kursachsens, während Österreich die Grafen von Schönburg in Bezug auf Reichsunmittelbarkeit und Reichsstandschaft unterstützte.

Nach längeren Verhandlungen mit Wien erhielten die Schönburger die kaiserliche Zustimmung zur Aufhebung des Rezesses von 1740. Kaiserin Maria Theresia gestattete in einem Dekret vom 2. Juli 1773 den schönburgischen Untertanen, sich von den »ihnen aufgedrungenen chursächsischen Pflichten loß zu zählen und zu entledigen«. Das Dekret wurde an den Rathäusern von Waldenburg, Lichtenstein und Glauchau öffentlich angeschlagen. In der waldenburgischen Schuldangelegenheit durften die Schönburger nicht mehr mit Kursachsen direkt verhandeln, sondern nur noch über die böhmische Lehnskanzlei in Prag. In seiner Haltung bestärkt, lehnte Graf Albrecht Christian Ernst von Schönburg-Hinterglauchau für das Gesamthaus im Dezember 1775 das Ansinnen des sächsischen Kurfürsten ab, dem schönburgischen Regierungsrat von Gärtner für die drei Rezessherrschaften Glauchau, Lichtenstein

Kaiser Joseph II. bestätigt die Reichsstandschaft des Hauses Schönburg 1776

und Waldenburg Verhandlungsvollmacht zum Landtag auszustellen. So wie Maria Theresia teilte auch ihr Sohn Kaiser Joseph II. den Standpunkt der Nichtigkeit des Rezesses von 1740 und bestätigte am 8. Januar 1776 ausdrücklich die Reichsstandschaft der Herren von Schönburg.

Die Streitsache des preußischen Adeligen Graf Friedrich Ludwig Karl von Finkenstein, verheiratet mit der ältesten Tochter von Graf Albrecht Christian Ernst von Schönburg-Hinterglauchau, über die vertraglich vereinbarte Mitgift von über 20 000 Talern führte 1777 zum militärischen Konflikt.

Tod des bayerischen Kurfürsten Maximilian III. Joseph am 30. Dezember 1777

Noch bevor die Verhandlungen über die Beilegung der Streitigkeiten richtig in Gang kamen, starb am 30. Dezember 1777 der bayerische Kurfürst Maximilian III. Joseph kinderlos. Das war der Beginn des Ringens deutscher und europäischer Mächte um das kurbayerische Erbe.

Der Bayerische Erbfolgekrieg

Die Kinderlosigkeit der Ehen der beiden Kurfürsten Maximilian III. Joseph und Karl Theodor von der Pfalz hatte 1774 zu der Vereinbarung geführt, dass der Linie Zweibrücken-Birkenfeld das Erbe zufallen sollte. Diese Festlegung tangierte sowohl die Erbansprüche von Kaiser Joseph II., der in zweiter Ehe mit Maria Josepha, Schwester von Maximilian III. Joseph verheiratet gewesen war, als auch diejenigen der sächsischen Kurfürstenwitwe Maria Antonia, ebenfalls Schwester des bayerischen Kurfürsten. Dazu kam, dass Frankreich geltend machte, dass die Wittelsbacher nur mit Zustimmung des französischen Hofes über ihr Erbe verfügen dürften. Dagegen war Preußen der Meinung, dass den Pfälzern keinerlei Erbrechte auf Bayern zustehen würden.

Anmeldung der kursächsischen Erbansprüche in München im Januar 1778

Für Kursachsen ging es um das bayerische Allodialerbe, d. h. um alle Gebiete und Vermögenswerte, die nicht Reichslehen oder sonstige Lehen waren. Die Ansprüche betrafen auch die 13 Millionen Gulden, die Kurfürst Maximilian III. Joseph für den Erwerb der Oberpfalz an Österreich aufgebracht hatte. Am 3. Januar 1778 wurde der Geheime Rat von Zehmen von Dresden nach München geschickt, um die kursächsischen Ansprüche geltend zu machen. Am gleichen Tag hatte Österreich mit Karl Theodor von der Pfalz einen Vertrag geschlossen, in dem Letzterer alle österreichischen Ansprüche auf Niederbayern und die Oberpfalz anerkannte, wofür Österreich der vereinbarten Erbfolge zustimmte. Danach ließ Joseph II. ab 5. Januar 1778 die von ihm beanspruchten Teile Bayerns besetzen. Die Versuche Zehmens, die kursächsischen Ansprüche durchzusetzen, blieben ohne greifbares Ergebnis.

Österreichische Truppen besetzen bayerische Gebiete ab 5. Januar 1778

Das Vorgehen Österreichs veranlasste Preußen endgültig zum aktiven Handeln. Es galt der Vergrößerung Österreichs im Reich entgegenzuwirken und sich als Interessenwahrer deutscher Reichsstände darzustellen. Dazu nahm Preußen die kursächsischen Interessen nicht nur in Bezug auf die Schönburgischen Herrschaften, sondern auch in Bezug auf die kursächsischen Ansprüche in Bayern wahr. Beide Staaten schlossen am 2. April 1778 eine Konvention zum militärischen Beistand gegen Österreich zur Durchsetzung der sächsischen Allodialansprüche. Preußen erreichte zunächst, dass Herzog Karl II. von Zweibrücken gegen den Wiener Vertrag vom 3. Januar 1778 protestierte und Preußens Vermittlung anrief. Gleichzeitig gewann Maria Anna von Zweibrücken den sächsischen Kurfürsten zu der Erklärung, bei Notwendigkeit militärischen Beistand zu leisten. Für Preußen war die Situation für ein militärisches Vorgehens gegen Österreich noch nie so günstig gewesen, zumal sich Frankreich neutral verhielt und Russland auf Seiten Preußens stand.

Konvention von Kursachsen und Preussen vom 2. April 1778

Zunächst versuchte man jedoch, auf dem Verhandlungswege zu einem befriedigenden Ergebnis zu gelangen. Dabei wurden ernsthaft zwei abenteuerlich anmutende Gebiets- und Herrschaftstauschpläne in Berlin und Wien erörtert. Der neue bayerische Kurfürst Karl Theodor verfolgte den Plan, Bayern an Österreich abzutreten, um dafür die österreichischen Niederlande als Voraussetzung für ein wittelsbachisches Königreich Burgund zu erhalten. Zu den damit verbundenen Möglichkeiten der Verschiebung des europäischen Gleichgewichts zugunsten von Österreich kamen die weitgehenden Forderungen Kursachsens. Letztlich bestand die Gefahr einer Teilung des bayerischen Erbes zwischen Preußen, Österreich und Kursachsen. Im Rahmen der Wahrnehmung der kursächsischen Interessen verfolgte auch Friedrich II. einen Ländertausch – aber zugunsten Preußens –, den er Friedrich August III. schmackhaft machen wollte. In den Berliner Verhandlungen im Frühjahr 1778 unterbreitete Preußens Verhandlungsführer Graf Hertzberg dem österreichischen Gesandten Graf Cobenzl folgenden Vorschlag: Bayern überlässt Österreich entweder einen Teil auf der rechten Seite des Inn oder den an die Oberpfalz angrenzenden Teil hinter der Donau – Österreich tritt dafür das Herzogtum Limburg und einen Teil von Geldern an Bayern ab – Kursachsen bekommt die in Schwaben eröffneten Reichslehen, die Herrschaft Mindelheim und Wiesensteig, einen Teil der Oberpfalz, die Mobiliarverlassenschaft des verstorbenen Kurfürsten Maximilian III. Joseph und eine Geldentschädigung – der Kaiser verzichtet zugunsten Preußens auf Einsprüche gegen eine künftige Vereinigung der Fürstentümer Ansbach und Bayreuth mit Kurbrandenburg sowie gegen einen Tausch dieser beiden Fürstentümer mit den Lausitzen, weshalb der Kaiser auch auf alle lehnsherrlichen Rechte in den Lausitzen, der Oberpfalz, in Sachsen und Bayreuth verzichten sollte. Nach langen Beratungen im Dresdner Geheimen Kabinett waren sich Kurfürst und Minister einig. Friedrich August III. übermittelte dem preußischen Gesandten von Alvensleben, »daß er sich nicht entschließen könne, ihm ergebene und völlig treue Untertanen abzutreten und gegen andere zu vertauschen.«[35] Am 22. Juni 1778 lehnte Kursachsen einen solchen Gebietstausch definitiv ab.

Berliner Verhandlungen im Frühjahr 1778

Während dieser Zeit hatte Österreich, das einen Krieg gegen Preußen wollte, seine Rüstungen abgeschlossen und erklärte am 24. Juni, dass es nur unter Einbeziehung aller von österreichischen Truppen besetzten Länder weiter verhandeln werde. Daraufhin wurden Anfang Juli 1778 die Verhandlungen in Berlin abgebrochen. Am 5. Juli 1778 rückte Friedrich II. über Nachod in Böhmen ein. Kursachsen versuchte neutral zu bleiben, aber die österreichischen Forderungen nach Überlassung des Königsteins für zwei Jahre, freiem Durchmarsch seiner Truppen und der Verringerung der kursächsischen Armee auf 4 000 Mann verhinderten dies. Kursachsen gab seine Neutralität auf und beteiligte sich an der Seite Preußens am Krieg gegen Österreich um das bayerische Erbe. Prinz Heinrich rückte mit einem Teil der preußischen Armee in Sachsen ein, die sächsische Armee mit 22 000 Mann unter General Friedrich Christoph Graf zu Solms vereinigte sich mit den preußischen Truppen und drang am 28. Juli über Rumburg in Böhmen ein. Inzwischen waren österreichische Truppen über den Erzgebirgskamm bis Marienberg, Annaberg, Oberwiesenthal und Olbernhau vorgedrungen, erpressten Kontributionen und nahmen Geiseln, die bis nach Ungarn verschleppt wurden. Als im September 1778 den zwei preußischen Armeekorps und der sächsischen Armee die Lebensmittelvorräte ausgingen, zogen sie sich nach Schlesien und Sachsen zurück. Im Verlauf des Winters 1778/79 kam es zu keinen weiteren entscheidenden Kriegshandlungen, aber durch Vorstöße und Plünderungen ins feindliche Hinterland zehrte man sich gegenseitig die Vorräte auf. Bald sollte dieser Bayerische Erbfolgekrieg die Bezeichnung »Kartoffelkrieg« erhalten. Eine militärische Entscheidung kam nicht zustande. Dafür leitete Maria Theresia mit einem Brief an ihren »Erz-

Einfall preussischer Truppen nach Böhmen am 5. Juli 1778

Sächsische Armee in Böhmen ab 28. Juli 1778

feind« Friedrich II. von Preußen die entscheidenden diplomatischen Verhandlungen ein. Es dauerte aber bis zum 7. März 1779, ehe an diesem Tag in Breslau zwischen Preußen und Sachsen einerseits und Österreich andererseits ein Waffenstillstand geschlossen wurde.

Waffenstillstand von Breslau am 7. März 1779

Teschener Friede 1779 und Kursachsen

Friedenskongress von Teschen ab 10. März 1779

Drei Tage später wurde unter Vermittlung von Frankreich und Russland der Friedenskongress von Teschen eröffnet. Graf Cobenzl für Österreich, Freiherr von Riedesel für Preußen, Graf von Zinzendorf für Kursachsen und Graf von Törring-Seefeld für Kurpfalz und Bayern führten die Verhandlungen, die sich immer wieder verzögerten.

Frieden von Teschen am 13. Mai 1779

Schließlich wurden am 13. Mai 1779 die in über zwei Monaten ausgehandelten Verträge unterzeichnet. Dabei hatte sich das französische Friedensprojekt in seinen wesentlichen Grundzügen durchgesetzt. Einen hohen Stellenwert nahmen die kursächsischen Entschädigungsansprüche ein, nachdem sich Österreich und Preußen grundsätzlich geeinigt hatten. Für Preußen war die Vertretung der kursächsischen Ansprüche eine Prestigefrage, an der man seine Unterstützung für einen Reichsstand und das Eintreten für die Aufrechterhaltung der Reichsverfassung öffentlich demonstrieren konnte. Zudem lehnte Österreich direkte Verhandlungen mit Kursachsen ab, da man es seinem traditionell freundschaftlich verbundenen Partner im Reich verübelte, sich nun mit Preußen liiert zu haben. So kam es zu keinem direkten Vertragsabschluss zwischen Österreich und Kursachsen, sondern zu einem Vertrag zwischen Kurpfalz und Kursachsen. Der Vertrag zwischen Österreich und Kurpfalz beinhaltete die Fortexistenz von Bayern in Verbindung mit Kurpfalz durch die Aufhebung der Konvention vom 3. Januar 1778 unter Abtretung des Innviertels an Österreich. Weiterhin traten die Habsburger als Könige von Böhmen ihre oberlehnsherrlichen Rechte an den Schönburgischen Herrschaften an Kurpfalz ab.

Kursachsen erhält sechs Millionen Gulden aus dem bayerischen Erbe

Dafür verzichtete Kursachsen auf seine bayerischen Allodialansprüche und erhielt eine finanzielle Entschädigung, die nach mehrfachen Reduzierungen dann auf sechs Millionen Gulden festgelegt wurde, eine Summe, die der sächsische Kurfürst letztlich »um des Friedens willen« akzeptierte. Diese Festlegungen wurden schließlich in der Konvention zwischen dem Kurfürsten Karl Theodor von Pfalz-Bayern und Kurfürst Friedrich August III. von Sachsen nochmals vertraglich geregelt. Ab dem 4. Januar 1780 zahlte Bayern in 24 halbjährlichen Terminen jeweils 250 000 Gulden. Dieses Geld wurde sächsischerseits für die Einrichtung einer Sekundogenitur verwendet, aber auch zur Tilgung der hannoverschen Schuld für die Jahre von 1781 bis 1790, wodurch ein erheblicher Teil der jährlichen Steuereinkünfte wieder für eigene Zwecke zur Verfügung stand.

Oberhoheit Kursachsens über die Schönburgischen Herrschaften

Mit der Erlangung der oberlehnsherrlichen Rechte über die Schönburgischen Rezessherrschaften setzte sich Kursachsen endgültig im Kurfürstentum als alleiniger Landesherr durch und konnte damit ein über mehrere Jahrhunderte angestrebtes Ziel erreichen. Dass dies gelang, hatte es dem zeitweiligen Zusammengehen mit Preußen zu verdanken. Für die Grafen von Schönburg brachte der Teschener Frieden den endgültigen Verlust der landeshoheitlichen Rechte, den Verlust der böhmischen Oberlehnshoheit und der Reichsstandschaft. Sie wurden in ihrer lehnsrechtlichen Stellung in das Kurfürstentum Sachsen voll eingegliedert. Dafür erhielten die Schönburger mit ihrer Erhebung in den Reichsfürstenstand 1790 ein kleines Trostpflaster.

Das preußisch-sächsische Zusammengehen in den Siebzigerjahren des 18. Jahrhunderts blieb eine Episode. Nach diesem Konflikt versuchte Kursachsen erneut, seine nach 1763 begonnene Neutralitätspolitik fortzusetzen. Diese die

Achtzigerjahre prägende Politik der sächsischen Minister, auch in dem 1785 geschlossenen Fürstenbund ersichtlich, die weder das Verhältnis zu Russland noch zu Frankreich oder Hannover-England verbessern konnte, machte erneut deutlich: Sachsens Stellung als ein Staat von europäischem Rang war nicht mehr zurückzugewinnen.

Zweite Blütezeit des Manufakturwesens in Kursachsen

Die Wirtschaftspolitik in Kursachsen, nach liberaleren Grundsätzen als in Preußen gestaltet, war auf die freie Konkurrenz und gegen die monopolistische Begünstigung einzelner Unternehmen gerichtet. Durch eine solche, vom wirtschaftlichen Entwicklungsniveau ausgehende und den Bedürfnissen der bürgerlichen Kräfte Rechnung tragende Politik vermochte die sächsische Regierung dem Manufakturkapitalismus einen breiteren Spielraum zu eröffnen, als er in den meisten anderen deutschen Territorien besaß.

Als in England in den Sechzigerjahren des 18. Jahrhunderts der Prozess der industriellen Revolution einsetzte, bemühte man sich in den deutschen Territorien noch um die Überwindung der Folgen des Siebenjährigen Krieges. Dabei kam es in Kursachsen unter den Bedingungen des Retablissements zu einem nochmaligen Aufschwung der Manufakturen, der um die Wende vom 18. zum 19. Jahrhundert in die erste Phase der industriellen Revolution überleitete. Zwischen 1763 und 1800 wurden nicht weniger als 150 Manufakturen gegründet, privilegiert oder erstmals erwähnt, davon 26 in Leipzig und 20 in Dresden, 19 in Chemnitz und 19 vor allem in der südlichen Oberlausitz, 16 in den thüringischen Teilen des sächsischen Kurfürstentums und neun im mittelsächsischen Raum, vornehmlich zwischen Zwickauer Mulde, Zschopau und Freiberger Mulde. Von diesen Manufakturen gehörten 59 der Branche der Leinwand-, Kattun-, Flanell- und Zeugherstellung an, eben jenem Gewerbezweig, der auch in England Ausgangspunkt und Zentrum der industriellen Revolution geworden war. Siebzehn Seidenmanufakturen, 13 Tuchmanufakturen, acht Wollmanufakturen, sechs Berill- und Golgasmanufakturen entstanden in kurzen zeitlichen Abständen. Dazu kamen manufakturmäßig betriebene Unternehmen auf den Gebieten des Musikinstrumentenbaus, der Glas-, Tapeten-, Farben-, Porzellan-, Strumpf- und Wachstuchherstellung. Weitgehend – soweit nicht von menschlicher oder tierischer Arbeitskraft betrieben – noch von der Wasserkraft als wichtigstem Antriebsmittel für Maschinen abhängig, konzentrierten sich diese Betriebsgründungen an größeren Flüssen sowie deren wasserreichen Nebenarmen im Vogtland, im Erzgebirge und seinem Vorland sowie im Zittauer Gebirge.

150 Manufakturgründungen zwischen 1763 und 1800

Auerbachs Hof zur Messezeit. Kupferstich von Johann August Roßmäßler, 1770

Naschmarkt in Leipzig mit der Börse im 18. Jahrhundert. Lithographie von Patzschke

Die mengenmäßig rasch zunehmende Herstellung gewerblicher Erzeugnisse, vor allem auf dem Gebiet der Textilwaren, verlangte lebhafte, umfassende und weitreichende Handelsbeziehungen. Nur auf diese Weise konnten hohe Gewinne erzielt werden, mit denen dann weitere Investitionen finanziert wurden. Träger des Außenhandels war das sächsische Großbürgertum, das vor allem in Leipzig ansässig war. Es wurde in seinen freihändlerischen Intentionen vom sächsischen Staat unterstützt, da dieser seinerseits auf die Einnahmen aus dem Messhandel und den anderen Handelsgeschäften nicht verzichten wollte. Die guten Absatzmöglichkeiten für die Fertigwaren und der preiswerte Einkauf der Rohstoffe ließen in Übersee Nord- und Südamerika sowie Westindien und auf dem europäischen Kontinent Russland, Polen, den Balkan, Italien und Spanien zu den bevorzugten Ländern des sächsischen Außenhandels werden. Die Grundlagen zu seinem weitreichenden Außenhandel hatte sich die sächsische Wirtschaft in der zweiten Hälfte des 18. Jahrhunderts geschaffen.

STEIGENDE HANDELSTÄTIGKEIT

Die in den Siebziger- und Achtzigerjahren des 18. Jahrhunderts von Preußen und Österreich verhängten Handelssperren wirkten sich auf den sächsischen Außenhandel mit entfernteren Ländern fördernd aus und auch die von Napoleon errichtete Kontinentalsperre ließ das sächsische Manufakturwesen nochmals aufleben.

Beginn des Fabrikzeitalters

Der außergewöhnliche Aufschwung fand sein plötzliches Ende, als mit der Niederlage des napoleonischen Frankreich auch die Blockade der englischen Insel und ihrer Waren aufgehoben wurde. In der Folge kam es nach 1815 zu einer Überschwemmung des sächsischen Marktes mit billigen englischen Fabrikwaren. Die im Entstehen begriffenen sächsischen Fabriken stellten ebenfalls billige Erzeugnisse her. Das führte in den Zwanziger- und Dreißigerjahren zum Niedergang des Manufakturwesens in Sachsen. Als das Königreich 1833 dem Zollverein beitrat, war nicht mehr die Manufaktur, sondern schon die Fabrik der Prototyp des wirtschaftlich-technischen Fortschritts.

BEGINN DER INDUSTRIELLEN REVOLUTION IN SACHSEN AB 1800

Die neuen Entwicklungstendenzen begannen sich in der sächsischen Wirtschaft an der Wende vom 18. zum 19. Jahrhundert abzuzeichnen. In dem sich seit etwa 1800 vollziehenden Prozess der industriellen Revolution nahm Sachsen eine Pionierrolle ein, zumal es auf dem Gebiet der Baumwollindustrie, dem Hauptträger der Industrialisierung in dieser ersten Phase, mit einem Anteil von etwa 38 Prozent bei der Spinnerei und 32 Prozent bei der Weberei das mit Abstand führende Gebiet Deutschlands war. So ist Sachsen einmal für jene Jahrzehnte der ersten Hälfte des 19. Jahrhunderts völlig zutreffend als das größte Industriegebiet Deutschlands bezeichnet worden.

MERKMALE DER FABRIK

Für die Fabrik »als arbeitsteilige Kooperation mit nicht vom Menschen angetriebenen, sondern motorisierten Arbeitsmaschinen« wurde vor allem die Ersetzung des Werkzeugs durch die Maschine und deren kombinierter Einsatz in einem Maschinentypus charakteristisch. Das brachte zunehmend qualitative Veränderungen im ökonomischen, sozialen, politischen und kulturell-geistigen Bereich mit sich. Damit war ebenso die Steigerung der Arbeitsproduktivität durch neue Arbeitsinstrumente, Arbeits- und Herstellungsverfahren unter zunehmender Nutzung naturwissenschaftlicher Erkenntnisse verbunden. Als in Zschopau 1780 der Leineweber Friedrich Pfaff eine Krempelmaschine zur Herstellung von Baumwollgarn erfand, die auch in England am Anfang der Mechanisierung gestanden hatte, war das das erste Anzeichen weiterer qualitativer Veränderungen. Der Bedarf an Baumwollgarn für die Strumpfwirkerei im Chemnitzer Raum stieg unaufhörlich. Die Folge waren der Einsatz von Spinnmaschinen und die Gründung von Baumwollspinnereien. Neben der Einfuhr von Jenny-Spinnmaschinen vor allem aus England gewann der Bau von eigenen Spinnmaschinen seit dem Ende der Achtzigerjahre in Kursachsen an Bedeutung. Der Zimmermann Frey baute gemeinsam mit der Firma Gräser in Langensalza eine nach ihm benannte Spinnmaschine, die bald in größerer Anzahl in Chemnitzer und Mittweidaer Unternehmen aufgestellt wurde. Dazu traten nach 1790 die von dem Chemnitzer Werkmeister Irmscher und dem Leinewebermeister Forckel gebauten Maschinen. Das erste mit Spinnmaschinen voll ausgestattete Unternehmen entstand 1791 in Lößnitz. 1798 kaufte Kreyßig in Chemnitz 50 Stück und stellte sie in einem großen Arbeitssaal auf.

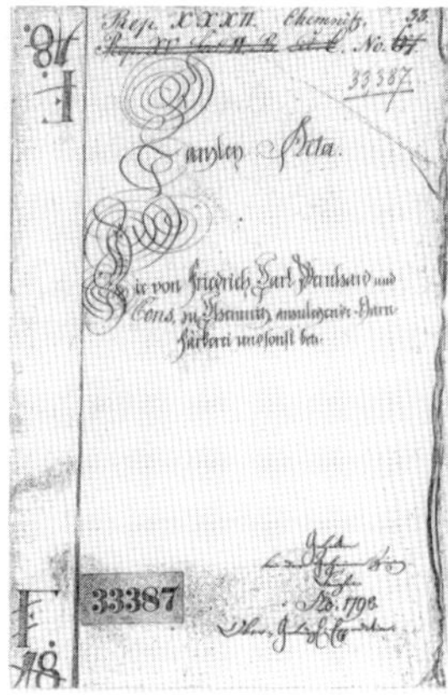

Titelseite der Akte mit der Privilegierung für Carl Friedrich Bernhard in Chemnitz, 1798

Das Fabrikzeitalter in der sächsischen Textilindustrie begann, als Carl Friedrich Bernhard und Johann August von Bugenhagen mit dem von Kurfürst Friedrich August III. ausgestellten »Privilegium exclusivum« vom 6. November 1798 das Recht erhielten, eine komplette englische Baumwollmaschinenspinnerei für feine Garne (Mule-Twist) in Harthau bei Chemnitz zu errichten. Dafür bauten sie ein achtstöckiges Fabrikgebäude. Unter der Leitung des außerordentlich befähigten englischen Spinnmeisters und Maschinenbauers Evan Evans aus Manchester wurde diese Fabrik mit etwa 14970 Spindeln die größte mechanische Spinnerei und galt in ihrer Zeit als ein technisches Wunderwerk. Evans, der »Vater der Baumwollspinnerei« in Sachsen, baute dann selbst 1812 seine Spinnerei in Siebenhöfen bei Geyer, der sich bald auch in Dittersdorf bei Flöha eine Maschinenbauwerkstatt anschloss. Als Antrieb wurden Wasserkraft und Pferdekraft im Göpelbetrieb genutzt.

Privilegium exclusivum für Carl Friedrich Bernhard vom 6. November 1798

1799 errichteten in Chemnitz die Kaufleute Wöhler und Lange gemeinsam mit dem aus England angeworbenen Maschinenbauer Whitfield ein großes Spinnereigebäude, in dem sie zehn englische Waterspinnmaschinen aufstellten. Für die rasante Entwicklung der sächsischen Baumwollindustrie ist die von Jahr zu Jahr wachsende Zahl installierter Spindeln charakteristisch. 1813 liefen in sächsischen Unternehmen bereits knapp 223000 Spindeln.

Spinnerei von Wöhler und Lange in Chemnitz 1799

Am Ende der ersten Phase der industriellen Revolution in Sachsen, die Rudolf Forberger in das Jahr 1830 legte, folgte ein zweiter Höhepunkt im Erfinden und Betreiben von Maschinen der Textilbranche: die Bobinetmaschine und ihr fabrikmäßiger Einsatz 1829 durch den Plauener Mechaniker Wilhelm Schönherr. Daneben kam es zur Mechanisierung der Flachsspinnerei in den Zwanzigerjahren durch die Gebrüder Krause in Wolkenburg. Bereits 1818 war in der Kattunfabrik von Johann Jacob Bodemer in Zschopau ein mechanischer Baumwollwebstuhl aufgestellt worden, der durch einen Pferdegöpel angetrieben wurde.

Bobinetmaschine von Wilhelm Schönherr aus Plauen 1829

In anderen Wirtschaftszweigen vollzogen sich ähnliche Prozesse. Auf metallurgischem Gebiet bestand der bemerkenswerte Fortschritt im Übergang vom Aushämmern der Bleche mit der Hand und vom wassergetriebenen Hammerwerk zum Blechwalzwerk. Das erste sächsische Walzwerk entstand zwischen 1809 und 1812 im Messingwerk Niederauerbach im Vogtland, dem 1816 ein verbessertes Walzwerk im gleichen Unternehmen folgte. Diese Pionierleistung in der sächsischen Metallurgie fand nach 1823 in den erzgebirgischen und vogtländischen Eisenhämmern ihre Nachahmung. 1823 wurde in Pfeilhammer das erste Eisenblechwalzwerk in Betrieb genommen.

Walzwerk in Niederauerbach zwischen 1809 und 1812

Evan Evans. Gemälde eines unbekannten Künstlers in der Kirche von Geyer, um 1840

Gleiche Bedeutung ist der Herstellung von Maschinen durch Maschinen zuzumessen, die bald nach 1800 mit der Einrichtung von Maschinenbauabteilungen in großen Baumwollspinnereien in Gang kam. Neben dem Unternehmen von Evans waren es vor allem die 1811 in Oberdorf bei Thum eröffnete mechanische Maschinenbauwerkstatt von Weibrecht, die 1822 von Haubold in Chemnitz ins Leben gerufene Maschinenbauanstalt und das 1828 von Friedrich Georg Wieck gegründete Maschinenbauunternehmen, denen herausragende Bedeutung zukam. Sie standen am Beginn der sich im Laufe des 19. Jahrhunderts zu großer Blüte entfaltenden sächsischen Maschinenbauindustrie.

Für den Fortgang der industriellen Entwicklung gewann nach 1800 der mögliche Einsatz von technischen Antriebsmitteln zunehmend an Bedeutung. Wasserkraft, tierische und menschliche Arbeitskraft zum Antrieb von leistungsfähigen Maschinen standen nur begrenzt und in ihrem Leistungsvermögen beschränkt zur Verfügung. So wurde neben der Weiterentwicklung etwa der Wassersäulenmaschinen im Erz- und Kohlebergbau durch den sächsischen Maschinenbaudirektor Christian Friedrich Brendel bald die Anwendung der Watt'schen Dampfmaschine in Erwägung gezogen, wobei deren Einsatz im erzgebirgischen Erzbergbau auch die Abbaumöglichkeiten wieder wesentlich erweiterte. Dafür sind die Modellversuche des Maschinenbaudirektors Mende in Freiberg noch vor 1800 beispielgebend. Im Zeitraum zwischen 1800 und 1830 sind 22 Dampfmaschinen in sächsischen Unternehmen nachgewiesen, von denen 15 in Fabriken und acht im Bergbau eingesetzt waren. Diese Dampfmaschinen mussten noch größtenteils aus England eingeführt werden, aber mindestens drei von ihnen waren schon in Sachsen konstruiert und gebaut worden. Von Gewicht erwies sich dabei der Einsatz der Dampfmaschine nach 1820 im Steinkohlenbergbau des Plauenschen Grundes sowie im Zwickauer Revier, da die Förderung von Steinkohle als ein immer wichtiger werdender Brennstoff durch bessere Wasserhaltung und Wetterzuführung im Kohleschacht beträchtlich gesteigert werden konnte.

Watt'sche Dampfmaschine auf dem Steinkohlenbergwerk zu Döhlen und Zauckerode im Plauenschen Grund bei Dresden. Handzeichnung von Carl Wilhelm Flind, 1822

191 Fabriken zwischen 1800 und 1830

Insgesamt entstanden zwischen 1800 und 1830 wenigstens 191 Fabriken mit unterschiedlich hohem technischem Niveau in der Textilindustrie, dem Maschinenbau und der Papierherstellung; für Letztere 1828 erstmals in Sebnitz.

Der Industrialisierungsprozess erfasste in seiner ersten Phase zunächst das Erzgebirge, etwas später auch das Vogtland. Die Ober- und Niederlausitz, das Leipziger Gebiet und der Dresdner Raum blieben davon bis 1830 weitgehend unberührt. Erst in der zweiten Phase der industriellen Revolution in Sachsen nach 1830 wurden auch die anderen Gebiete von der Entwicklung machtvoll erfasst. Ausdruck des Industrialisierungsprozesses war auch die Gründung des Industrievereins für das Königreich Sachsen. Fabrikunternehmer aus Annaberg, Bautzen, Chemnitz, Dresden, Glauchau, Leipzig, Mittweida, Oederan, Plauen, Pulsnitz, Rochlitz, Schneeberg, Schwarzenberg und Zwickau schlossen sich 1829 zu einer Interessensvertretung zusammen, die bald erhebliche Bedeutung für die Entwicklung der sächsischen Wirtschaft und die Vertretung ihrer Interessen gegenüber dem Ausland gewann. Nach 1815 leitete die sächsische Regierung Förderungs- und Unterstützungsmaßnahmen ein; zwar ließen

Gründung des Industrievereins 1829

Baumwollspinnerei von Becker und Schraps in Chemnitz, errichtet 1811. Anonymer Kupferstich

sie kein einheitliches wirtschaftspolitisches Konzept erkennen, doch brachten sie manchen Wirtschaftszweig voran, beispielsweise die Papierfabrikation in Sebnitz. Zumindest bis etwa 1830 bestimmte Sachsen neben der preußischen Rheinprovinz die industrielle Revolution in Deutschland maßgebend mit.

Bevölkerungsentwicklung und soziale Verhältnisse

Die industrielle Revolution wirkte sich zunehmend auf die Bevölkerung, ihre Entwicklung, ihre räumliche Verteilung und soziale Differenzierung aus. Am Beginn des 19. Jahrhunderts hatte das Kurfürstentum Sachsen reichlich zwei Millionen Einwohner. Nach dem Wiener Kongress 1815 zählte man nur noch knapp 1,2 Millionen. Fünfzehn Jahre später war die Bevölkerung schon wieder auf 1,4 Millionen Menschen angewachsen. Das entsprach einer jährlichen Wachstumsrate von 1,3 Prozent.

Die Fabrikarbeiter kamen dabei vornehmlich aus dem eigenen Land. Ihr zahlenmäßiger Anteil an der berufstätigen Bevölkerung war bis 1830 noch gering. Frauen- und Kinderarbeit in den Fabriken und zu Hause, vor allem in der Textilbranche, waren alltäglich. Neuere Untersuchungsergebnisse zur Spitzenklöppelei und Strumpfwirkerei im Erzgebirge und im Vogtland verdeutlichen die sozialen Auswirkungen der beginnenden Industrialisierung mit zum Teil unmenschlichen Abhängigkeits- und Ausbeutungsverhältnissen. Niedrigste Löhne für die Textilarbeiterfamilien zwangen bei einer täglichen Arbeitszeit von zehn bis zwölf Stunden zur Kinderarbeit. Ab dem 14. Lebensjahr mussten die Kinder in die Fabrik gehen. 1814 wird berichtet, dass Kinder im elterlichen Haushalt schon vom 4. und 5. Lebensjahr an zum Klöppeln angehalten wurden. Ihr wöchentlicher Verdienst von vier bis 16 Groschen um 1810 bedeutete für viele Familien eine Existenznotwendigkeit.

KINDERARBEIT

Aus diesen Arbeitsbedingungen resultierten die Wohn- und Lebensverhältnisse. In den Orten des Erzgebirges und des Vogtlandes bewohnten durchschnittlich neun bis 14 Personen ein Häuslergebäude. Diese hohe Belegungsdichte brachte Probleme mit sich, die Eheschließung, Familiengröße, Zusammenleben der Generationen, Verhaltensweisen und Moralnormen prägten. Bei dem entstehenden Textilproletariat begann sich bald die Tendenz zur Bildung von kleineren Familien mit geringerer Kinderzahl in Abhängigkeit von ihrer sozialökonomischen Lage abzuzeichnen.

In dieser Periode vollzog sich eine weitere Konzentration der Bevölkerung in den Ballungszentren der fabrikmäßigen Produktion. Zwischen 1750 und

1840 verdoppelten sich beispielsweise die Einwohnerzahlen in Chemnitz, Hainichen, Kirchberg bei Zwickau, Lößnitz, Meerane, Oederan, Plauen, Werdau und Zwönitz. Dabei ist durchaus zu beachten, dass sich gerade in Sachsen die Industrialisierung in der ersten Hälfte des 19. Jahrhunderts noch weitgehend auf Arbeiter stützte, die freie Lohnarbeiter und gleichzeitig Hausbesitzer waren. Es gilt die Feststellung, dass die industrielle Revolution in Sachsen an das in Jahrhunderten vorher organisch Gewordene anknüpfen konnte, nicht nur in Bezug auf die Standorte der Industrie, sondern auch auf entsprechend vorbereitete Arbeitskräfte.

Jagdunruhen in der Sächsischen Schweiz 1790

Leipziger Zeitung vom 25. Juli 1789 über die Vorgänge in Paris am 14. Juli

Am 25. Juli 1789, einem Sonnabend, berichteten die »Leipziger Zeitungen« erstmals über die revolutionären Vorgänge des 14. Juli in der französischen Hauptstadt: »Die sämmtlichen Barrieren von Paris sind gegenwärtig mit Bürgerwachen besetzt und lassen niemand hinaus ... Die Bürgerschaft begab sich mit einigen Compagnien der Französischen Garden nach der Bastille, um sich der Artillerie und des Pulvers zu bemächtigen ... Man brachte es bald dahin, daß die aufgezogene Brücke herunterfiel, bemächtigte sich des Thores und zog mit den Waffen in der Hand hinein.« Auf diese Weise erreichte die Nachricht von dem weltverändernden Sturm auf die Bastille nach knapp 14 Tagen das Kurfürstentum Sachsen. Große Auswirkungen waren aber zunächst weder in der kursächsischen Residenz noch in den Städten oder auf dem Lande zu spüren. Die meisten Menschen nahmen es mehr oder weniger unbeteiligt zur Kenntnis.

Mit fortschreitender Radikalisierung der revolutionären Ereignisse beschäftigte man sich jedoch zunehmend mit den Vorgängen in Frankreich. Dazu trug eine große Zahl politisch informierender und propagierender Schriften, Flugblätter und Journale bei, die vor allem über Leipzig von Verlegern und Buchhändlern eingeführt und verbreitet wurden. Dagegen halfen weder verschärfte gesetzliche Bestimmungen noch Verbote durch die Bücherkommission in Leipzig oder Beschlagnahmungen und Verhaftungen. Bereits ein Jahr später kam es in Kursachsen zur Erhebung der Bauern, die – neben der Begründung der Mainzer Republik – als ein Höhepunkt der revolutionären Bestrebungen in Deutschland in Auswirkung der Französischen Revolution zu gelten hat.

Vertreibung des Wildes von den Feldern im Mai 1790 in Wehlen

Die seit 1788 durch widrige Naturverhältnisse eingetretene wesentliche Verschlechterung der Lebensbedingungen vor allem der ländlichen Bevölkerung führte im Frühjahr und Sommer 1790, als eine lang anhaltende Dürre die Lage noch verschlimmerte, zu einer Situation, die die bestehenden feudalrechtlichen Bindungen weithin als untragbar erscheinen ließen. Die aufklärerischen Ideen und die revolutionären Ereignisse westwärts des Rheins bewiesen zudem, »daß dasjenige, was an anderen Orten zum Vorteil des Bauernstandes geschehen, auch wohl in Sachsen stattfinden könne«, wie es in einem Bericht aus dem Amt Chemnitz vom 13. Oktober 1790 formuliert ist. Zu ersten Aktionen der Bauern kam es im Mai 1790 in den Amtsdörfern der Sächsischen Schweiz gegen die durch übertriebene kurfürstliche Wildhege entstandene Wildplage. Am Pfingstsonntag 1790 verjagten die Bauern von Wehlen das Wild nicht nur von ihren Feldern, sondern auch aus den angrenzenden landesherrlichen Wäldern oder schossen es selbst ab. Diesem Beispiel folgten 15 weitere Gemeinden in der Wehlener Umgebung. Bald sprengten die Unruhen den lokalen Rahmen. In den Ämtern Stolpen, Dippoldiswalde, Dresden und Radeberg geschah Gleiches, wenig später auch in der Gegend von Oschatz, Torgau, Elsterwerda und Hoyerswerda. Anfang Juli brachte die Regierung die Jagdunruhen im

Wesentlichen zum Stillstand, vor allem durch eine von den kurfürstlichen Jagdbeamten vorgenommene beträchtliche Verminderung des Wildbestandes. Aber der Keim zu weiter ausgreifenden revolutionären Aktionen der Bauern gegen ihre Herren von adeliger oder bürgerlicher Herkunft war gelegt.

Christian Benjamin Geißler und der kursächsische Bauernaufstand

Unter dem Eindruck der Wehlener Jagdunruhen wurde Christian Benjamin Geißler, 1743 im schlesischen Holzkirch geboren und seit 1765 im osterzgebirgischen Liebstadt ansässig, zum Wortführer der Bauern. Er war in pietistisch-herrnhutischem Sinne erzogen und stand in geistiger Verbindung mit dem Döbelner Diakon Johann Gottfried Sillig, der sich im August 1790 gleichfalls an die Spitze der plebejisch-bäuerlichen Bewegung stellte. Darauf basierend verfasste Geißler in bewusster Ausnutzung der von Wieland herausgegebenen Zeitschrift »Teutscher Merkur«, die im Sinne der Aufklärung ausführlich über den Fortgang der Revolution in Frankreich berichtete, im Verlauf von vier Wochen seine programmatischen Schriften: »Wertheste Mitbrüder!«, »Werthe Mitbrüder!«, »Pro Memoria« und »Aller Durchleuchtigster Fürst!« Die darin formulierten klaren politischen Forderungen nach Beseitigung der Adelsprivilegien, Veränderung des Akzisewesens, Abschaffung der Wildhege, Verbesserung der Rechtsprechung und allgemeinen Erleichterungen im Steuerwesen spiegelten entscheidende Interessen bäuerlicher und bürgerlicher Kräfte wider. Das wurde vor allem darin deutlich, dass Geißler die Frage der staatlichen Macht als Kernfrage jeder Revolution mit der Enteignung des Adels und der Schaffung einer Nationalgarde fest in sein Programm aufgenommen hatte. Das Revolutionsprogramm blieb durch einen dilettantischen und abenteuerlichen Versuch der Durchsetzung mittels eines unbewaffneten Marsches nach Pillnitz, der Sommerresidenz des Kurfürsten, und Dresden nach dem Vorbild des Marsches der Pariser Sansculotten am 6. Oktober 1789 auf Versailles, ohne Wirkung. Als Geißler am 8. Juli 1790 mit geborgtem Pferd, Degen und papierener Kokarde Liebstadt verließ, um in den benachbarten Dörfern seine selbstgeschriebenen Aufrufe zu verbreiten (ohne dass revolutionäre Aktionen folgten), war seine baldige Verhaftung abzusehen, die auch am 10. Juli in Liebstadt erfolgte.

Flugschriften von Geissler

Bauern im Handgemenge mit Soldaten während des kursächsischen Bauernaufstandes im August 1790.
Anonyme Lithographie

Seine aufrüttelnden Schriften aber fanden Verbreitung. Am 18. Juli wurde das »Pro Memoria« in Waldheim und in Wechselburg festgestellt, wo am 22. Juli der kursächsische Bauernaufstand seinen Anfang nahm. Ende Juli berief sich der Häusler Böhme aus Krepta bei Churschütz, einer der Wortführer der Bauern, ausdrücklich auf Geißlers Programm.

Beginn des Bauernaufstandes am 22. Juli 1790 in Wechselburg

Mit der Verweigerung der Frondienste durch die Churschützer Bauern am 3. August 1790 brach der Aufstand mit aller Gewalt los. Binnen weniger Tage befanden sich die Bauern der dem Grundherren Friedrich von Zehmen gehörenden Grundherrschaften Schleinitz und Petzschwitz in der Lommatzscher Pflege im Aufstand. Mitte August waren es mehr als 50 Dörfer in 15 Grundherrschaften, die die Frondienste aufgekündigt hatten. Im Aufstandsgebiet stationierte kleinere Einheiten der kursächsischen Armee wurden entwaffnet und die Grundherren zu schriftlichen Verzichtserklärungen auf alle Frondienste und Zinsen gezwungen. Darin wurden die Bauern vielfach von Advokaten unterstützt. Am Abend des 22. August hatten sich fast 1 000 Bauern bei den Katzenhäusern, einer Anhöhe zwischen Nossen und Meißen, versammelt.

Sie wollten ihre vier im Kreisamt Meißen inhaftierten Verhandlungsbeauftragten befreien. In der Nacht zum 23. August wuchs ihre Zahl auf 8000 an, von denen etwa 2 000 mit Sensen, Beilen, Mistgabeln und Hacken bewaffnet vor die Meißner Stadttore zogen. Allein ihr Erscheinen erzwang die Freilassung der Verhafteten.

Zu gleicher Zeit wie im Meißen-Lommatzscher Gebiet entflammte der Bauernaufstand im Amt Chemnitz. Im Verlauf von zwei Wochen war dann nahezu das ganze flache Land erfasst: der Leipziger Kreis ebenso wie das Vogtland, der Neustädter Kreis, der Kurkreis südlich von Wittenberg und die Oberlausitz. Die nun doch machtvolle, wenn auch in viele Einzelaktionen aufgelöste und der einheitlichen zielgerichteten Leitung entbehrende Bewegung veranlasste die Dresdner Regierungsbehörden zu energischen Unterdrückungsmaßnahmen. Unter dem Kommando des Generals Heinrich Adolf von Boblick wurde in Meißen ein aus 5600 Mann bestehendes und mit Artillerie ausgerüstetes Armeekorps zusammengezogen, das ab 24. August im Zentrum des Aufstandsgebietes operierte und bereits eine Woche später Herr der Lage war. Kurze Zeit danach nahm eine unter Vizekanzler von Burgsdorff stehende, mit Sondervollmachten ausgestattete Untersuchungskommission ihre Tätigkeit auf. 158 Bauern und Bürger wurden verhaftet, verhört und zu mehrjährigen Haftstrafen verurteilt. Diese mussten sie im Amtsgefängnis Dresden sowie in den Zuchthäusern Torgau, wo auch Geißler bis zu seiner Flucht im September 1805 eingekerkert war, und Zwickau verbüßen. Die Wortführer der Bauern wurden in Ketten auf den Königstein abgeführt. Das Bürgertum, mit Ausnahme einzelner Advokaten und weniger kleinbürgerlicher Kräfte, sah diesem Geschehen tatenlos zu. So endete der kursächsische Bauernaufstand mit der Niederlage der Bauern. Die rechtlichen Bedingungen, die Abgaben, Dienste und anderweitigen Verpflichtungen blieben unverändert bestehen.

Sächsisches Armeekorps ab 24. August 1790 in Meissen

Mandat wider Tumult und Aufruhr vom 18. Januar 1791

Mit dem am 18. Januar 1791 erlassenen »Mandat wider Tumult und Aufruhr« und den darin enthaltenen Androhungen von Repressalien aller Art bis zur Todesstrafe für neuerliche Aufstandsversuche schuf der kursächsische Staat ein alle weiteren antifeudalen Aktivitäten erstickendes Gesetz. Trotzdem war nicht zu übersehen, dass das grundherrlich-bäuerliche Verhältnis dringend der Reform, ja der Beseitigung bedurfte, zumal sich die Prozessstreitigkeiten zwischen Bauern und Grundherrn nach 1790 mehrten. Dafür wurden 1792 Rechtsgrundsätze in Fron- und Dienstsachen, Hut- und Triftsachen erarbeitet, an denen auch der junge Christian Gottfried Körner mitwirkte, um die Rechtsprechung zu vereinfachen, zu beschleunigen und zu vereinheitlichen. Sie kamen einer allgemein gültigen Festlegung des grundherrlich-bäuerlichen Verhältnisses gleich und enthielten für die Bauern durchaus vorteilhafte Bestimmungen. Obwohl vom Landesherrn nicht genehmigt, wurden sie von den obersten Gerichtsbehörden bei der Rechtsprechung angewendet. Diese bis in die Zwanzigerjahre des 19. Jahrhunderts praktizierte bauernfreundliche Rechtsprechung wurde dann an der Schwelle des bürgerlichen Zeitalters zum Ausgangspunkt neuer Reformvorschläge.

Neben der Erhebung der kursächsischen Bauern waren es Haltungen und schriftliche Äußerungen, die den Geist des revolutionären Frankreich in Kursachsen erkennen ließen. Es entstanden Projekte, mit Zeitschriften die Ideen und Ergebnisse der Französischen Revolution zu verbreiten, die vor allem von fortschrittlichen Kräften der bürgerlichen Intelligenz getragen wurden. So gelangte beispielsweise 1791 das Projekt zur Gründung eines »Journals für Menschenrechte, Volksrechte und Volksglück, den Fürsten geweiht. Germanien 1791« den Landesbehörden zur Kenntnis, die sofort einschritten und ein Veröffentlichungsverbot aussprachen. Viele der illegal verbreiteten Schriften

Journal für Menschenrechte 1791

erreichten aber doch die Menschen in Stadt und Land. Sie trugen zu einer tiefgründigeren Beschäftigung mit Ideen, Zielen, Absichten und Ergebnissen dieser erfolgreichen bürgerlichen Revolution bei. Das blieb in den Jahren nach 1790 nicht ohne Auswirkungen und führte zunehmend zu Aktionen gegen adelige Rittergutsbesitzer sowie deren Gerichtsbeamte, gegen Stadtobrigkeiten und den spätfeudalen Staat. Zittauer Bürger hefteten im November 1794 eine Flugschrift an die Rathaustür, die mit der bildlichen Darstellung einer Guillotine, mit Symbolen der Französischen Revolution und unmissverständlichen Versen ihren Willen zur revolutionären Tat nach dem Vorbild der Jakobinerdiktatur zum Ausdruck brachten. Unter der Überschrift »Vor den Hochedelen Rat zu Zittau bestimmt« konnten die Bürger u. a. lesen: »Hierauf sollen die Herren kommen, die sich soviel Freiheit genommen. Sie machen sich nichts daraus zu spielen mit den Bürgern den Garaus.«

Flugschrift gegen den Zittauer Stadtrat

Landtag 1793 und Broschürenstreit

Während sich in den anderthalb Jahrzehnten zwischen Bauernerhebung und Zusammenbruch des alten Reiches entscheidende politische Entwicklungen in Europa vollzogen, waren der Kurfürst und seine Minister in Sachsen bemüht, alle progressiven Veränderungen in den gesellschaftlichen Zuständen des Landes zu verhindern. Trotzdem war angesichts der wirtschaftlichen Entwicklung eine Reformbedürftigkeit der politischen Verhältnisse nicht zu übersehen. Als auf dem Landtag von 1793 Kritik an den Verfassungszuständen und besonders am Steuerwesen laut geäußert wurde, schien sich doch noch ein Fortschritt anzubahnen. Diese Ansätze blieben aber letztlich in Form des Broschürenstreits von 1793 bis 1806 im Literarischen stecken. Reformfreudige Landtagsabgeordnete griffen auf dem Landtag 1793 die Steuerfreiheit der Rittergüter an und forderten eine gleichmäßigere Verteilung der Steuerlast. Darüber kam es zu einem manchmal sehr heftig geführten öffentlichen Streit in zahlreichen, zum Teil anonymen Druckschriften. Auf dem Höhepunkt des Broschürenstreits 1798/99 standen dafür beispielhaft die vom Konferenzminister Friedrich Ludwig Wurmb verfasste Schrift »Das Grabmahl des Leonidas. Allen chursächsischen Patrioten gewidmet« (1798) zur Verteidigung der bestehenden Verhältnisse und die »Briefe eines Sachsen von der Schweizer Grenze her an einen seiner Landsleute« unter dem Titel »Was hat Chursachsen den Aspecten nach von dem Landtag des Jahres 1799 zu erwarten?« (zwei Teile, 1799) als eine scharf und geistreich vorgetragene Kritik. Darin wurden die kursächsischen Zustände an Natur und Vernunft, an Menschenrecht und Gesellschaftsvertrag gemessen. Zwar führten diese politischen Bestrebungen nicht zu Veränderungen in den gesellschaftlichen Zuständen, da die Regierung, sich immer wieder auf »Historisches Rechtsgefühl« und juristischen Formalismus berufend, alle Reformbestrebungen unterdrückte. Trotzdem bereitete diese öffentliche Bewegung den Boden für weitere Reformbemühungen in napoleonischer Zeit.

Frühromantik in Kursachsen

Die neuen Ideen beeinflussten in den zweieinhalb Jahrzehnten zwischen 1790 und 1815 das geistige und kulturelle Leben wesentlich. Sachsen, das auch eng mit dem Ausklang der klassischen Periode deutscher Literatur verbunden war, wurde mit seiner Residenzstadt ein Zentrum romantischer Dichtkunst, repräsentiert durch Friedrich von Hardenberg, genannt Novalis, und Heinrich von Kleist mit seinem »Phöbus«. Während seines Dresdner Aufenthalts von 1807 bis 1809 vollendete Kleist das »Käthchen von Heilbronn« und schrieb den »Michael Kohlhaas« sowie die »Hermannsschlacht«. Das Haus von Appellationsrat Christian Gottfried Körner in Dresden war ein Mittelpunkt dieses auf

Friedrich Leopold von Hardenberg, genannt Novalis. Kupferstich von Eduard Eichens, um 1800

Johann Gottfried Seume. Anonymer Kupferstich

die deutschen Zustände ausstrahlenden Geisteslebens. Alles, was an prominenten Geistern in der Stadt weilte oder zu Besuch kam, traf sich hier: die Einheimischen Adelung, Graff, Elisa von der Recke ebenso wie die Besucher Goethe, Schiller, die Gebrüder Humboldt, Schlegel, Schelling und Fichte. Ein zweiter Treffpunkt war das Haus von Gerhard Kügelgen in Dresden-Neustadt. Durch seinen Bekannten- und Freundeskreis erreichte er die Verbindung des klassischen Weimar mit dem romantischen Dresden. Hier trafen sich Wieland, Goethe, Schiller, Fernow, dazu Johann Gottfried Seume, Adam Müller und E. T. A. Hoffmann. In den Jahren der napoleonischen Fremdherrschaft wurden die Schlösser Siebeneichen bei Meißen und Räckelwitz in der Oberlausitz zu Sammelpunkten romantischen Geistes, der durch die Belebung des nationalen Befreiungsgedankens in Sachsen und Deutschland entscheidend zum Widerstand gegen das napoleonische System beitrug. Die das erste Drittel des 19. Jahrhunderts bestimmende romantische Malerei fand in den Werken von Caspar David Friedrich, Georg Friedrich Kersting, Johann Christian Clausen Dahl, Ernst Ferdinand Oehme und Carl Gustav Carus bleibenden Ausdruck.

Beteiligung an der Reichspolitik gegen die Republik Frankreich

Pillnitzer Konferenz vom 25. bis 27. August 1791

Die Ereignisse in Frankreich führten in der Außenpolitik dazu, dass Kurfürst Friedrich August III., seine Minister und seine Ratgeber die Neutralitätspolitik zugunsten der Bourbonendynastie aufgaben. Vom 25. bis 27. August 1791 war Sachsen noch neutraler Gastgeber für Kaiser Leopold II., Friedrich Wilhelm II. von Preußen und einige bourbonische Prinzen, die sich in Pillnitz prinzipiell über ein Vorgehen gegen das revolutionäre Frankreich einigten. In der so genannten Pillnitzer Erklärung bekundeten sie nicht nur ihr Interesse an der vollen Wiederherstellung der königlichen Gewalt in Frankreich, sondern auch am Einsatz militärischer Mittel zur Erreichung dieses Zieles.

Ablehnung der polnischen Königskrone 1793

Dem preußisch-österreichischen Bündnis zum Schutz der Bourbonen vom 7. Februar 1792 sowie der Kriegserklärung an Frankreich im April des gleichen Jahres trat Sachsen noch nicht bei. In dem Bemühen, in den sich abzeichnenden europäischen Auseinandersetzungen neutral zu bleiben, lehnte Kurfürst Friedrich August III. die ihm vom polnischen Sejm angetragene polnische Königskrone ab. Kursachsen wollte nicht erneut in machtpolitische Gegensätze zwischen Preußen, Russland, Frankreich und Österreich geraten. Als aber die französische Revolutionsarmee erfolgreich operierte, das Reichsgebiet erreichte und Mainz sowie Frankfurt a. M. besetzte, daraufhin der Regensburger Reichstag den Reichskrieg gegen Frankreich beschloss, da glaubte auch Sachsen, seinen Verpflichtungen gegenüber dem Reich nachkommen zu müssen. Am 19. Oktober 1792 trat es dem Reichskrieg bei und rüstete ein Korps von 6 000 Mann, 3 000 Pferden und zehn Geschützen unter General von Lindt aus. Dieses Korps war als Teil der Reichsarmee an der Niederwerfung der Mainzer Republik, der ersten bürgerlichen Staatsordnung auf deutschem Boden, mit der Einnahme der Stadt am 23. Juli 1793 ebenso beteiligt wie an der Schlacht bei Kaiserslautern im Juli 1794. Als Preußen, bedingt durch die Vorgänge der dritten polnischen Teilung, am 5. Juli 1795 in Basel einen Separatfrieden mit Frankreich schloss, trat Sachsen an die Seite Österreichs und führte die Kampfhandlungen weiter. Schließlich beteiligte man sich an den Waffenstillstands- und Neutralitätsverhandlungen in Erlangen, die in den Rastatter Friedenskongress 1798 mündeten. Sachsen erklärte dort als einer der wenigen Reichsstände öffentlich, keine Gebietserwerbungen anzustreben. Die kursächsischen Politiker glaubten, ihren politischen Einfluss überschätzend, damit dem Schacher um säkularisierte Gebiete als Ersatz für das an Frankreich abgetretene linksrheinische Reichsgebiet ein Ende bereiten zu können.

Teilnahme am Reichskrieg gegen Frankreich ab 19. Oktober 1792

Friedenskongress von Rastatt 1798

Auflösung des Alten Reiches

Nach dem Ende des zweiten Koalitionskrieges gegen Frankreich und mit dem Frieden von Lunéville vom 9. Februar 1801 war die endgültige Auflösung des Reiches nur noch eine Frage der Zeit. Als Ergebnis der machtpolitischen Aufteilung der Interessenssphären zwischen Russland, England und dem Frankreich Napoleon Bonapartes beseitigte der Reichsdeputationshauptschluss vom 25. Februar 1803 den größeren Teil der Reichsstände, vornehmlich die geistlichen. Das führte zu einer Neuverteilung des deutschen Staatsgebietes. 112 Reichsstände verschwanden von der Landkarte, drei Millionen Menschen erhielten ein neues Staatsoberhaupt. Preußen, Württemberg und Baden gingen als Hauptnutznießer daraus hervor. Das war der erste Akt der endgültigen Auflösung des Heiligen Römischen Reiches deutscher Nation. Der zweite Akt folgte 1806, als die unter französischer Vorherrschaft im Rheinbund zusammengeschlossenen Reichsstände am 16. Juli 1806 ihren Austritt aus dem Reich erklärten und daraufhin Kaiser Franz II. am 6. August 1806 die Kaiserkrone niederlegte.

Frieden von Lunéville vom 9. Februar 1801

Reichsdeputationshauptschluss vom 25. Februar 1803

Niederlegung der Kaiserkrone durch Franz II. am 6. August 1806

Sachsen als Königreich unter napoleonischer Herrschaft

Selbst nach dem Reichsdeputationshauptschluss, der Errichtung des Kaisertums Österreich 1804 und dessen Beitritt zur englisch-russischen Offensivallianz gegen das napoleonische Kaiserreich, nach der Hinwendung süddeutscher Staaten zu Napoleon und auch nach der Schlacht bei Austerlitz glaubte Kursachen noch immer, sich aus den weltpolitische Dimensionen annehmenden Auseinandersetzungen auf dem europäischen Kontinent heraushalten zu können. Als sich Sachsen in seinem Festhalten am Reichsgedanken von Österreich und den Habsburgern verlassen sah, lehnte es sich erneut an Preußen an. Das führte den kursächsischen Staat in der grundsätzlichen Auseinandersetzung mit dem napoleonischen Frankreich im Oktober 1806 auf die Schlachtfelder von Jena und Auerstedt, wo die preußisch-sächsische Armee mit 180 000 preußischen und 22 000 sächsischen Soldaten durch die französische Armee mit etwa 195 000 Mann unter Napoleon am 14. Oktober eine katastrophale Niederlage erlitt.

Jena und Auerstedt 14. Oktober 1806

Vom 15. bis 24. Oktober 1806 wurde Kursachsen von französischen Verbänden und Rheinbundtruppen besetzt. Am 25. Oktober rückten 10 000 Bayern in Dresden ein. Die Besetzung Sachsens war noch nicht ganz abgeschlossen, als Napoleon durch ein Dekret vom 23. Oktober 1806 die französische Verwaltungsorganisation im sächsischen Kurfürstentum einführte. Das Land wurde in vier Arrondissements eingeteilt, die auf der kursächsischen Kreiseinteilung beruhten, an Größe und Zusammensetzung aber sehr ungleich waren. Es kam hinzu, dass zwar das sächsische Staatsgebiet links der Elbe erfasst wurde, die Lausitzen aber ebenso wie der kursächsische Anteil der Grafschaft Henneberg im Thüringer Wald davon unberührt blieben. Im ersten Arrondissement wurden der Thüringer Kreis, der Vogtländische Kreis und der Neustädter Kreis sowie die Bistümer Naumburg-Zeitz und Merseburg, das Fürstentum Querfurt, die Grafschaften Mansfeld und Stolberg zusammengefasst; Verwaltungsmittelpunkt wurde Naumburg. Das zweite Arrondissement bestand aus dem Leipziger Kreis mit der Hauptstadt Leipzig. Das dritte Arrondissement bildete der Kurkreis mit Wittenberg als Verwaltungszentrum. Schließlich entstand mit dem Meißnischen und dem Erzgebirgischen Kreis und Dresden als Verwaltungssitz das vierte Arrondissement. Die Arrondissements wurden jeweils von einem Intendanten verwaltet, diese unterstanden ihrerseits dem Generalintendanten im kaiserlichen Hauptquartier. Sie hatten täglich über die Eintreibung der Kontributionen, die Beschlagnahme aller Steuergelder sowie

Besetzung Dresdens durch bayerische Truppen am 25. Oktober 1806

Einteilung Kursachsens in vier Arrondissements

des kurfürstlichen Eigentums und über die Einziehung aller englischen Waren zu berichten. Daneben waren die Intendanten in allen Finanzangelegenheiten dem Inspecteur-en-chef aux revues General Villemancy in Leipzig unterstellt, der die Funktion eines Generaldirektors der Kontributionen, des Generaladministrators der Finanzen und des Generaladministrators der eroberten Länder zwischen Rhein und Elbe in einer Person vereinigte. Sowohl der Inspecteur-en-chef als auch die Intendanten in den vier Arrondissements verfügten über einen großen Mitarbeiterstab. So war jeweils ein Kriegskommissar mit eigenen Beamten für die Versorgung der durchziehenden Truppen, für die Unterhaltung der Lazarette und für die Anlegung von Reservemagazinen der Armee verantwortlich. Zum Rückhalt dieser französischen Verwaltung, die zwar offiziell keine französische Militärverwaltung sein sollte, faktisch aber doch eine war, wurden in Naumburg, Leipzig, Wittenberg und Dresden, dazu in Weißenfels und Merseburg französische Garnisonen eingerichtet.

Wenige Tage nach der Doppelschlacht von Jena und Auerstedt legte Napoleon die Kontributionsleistungen an Frankreich fest. Kursachsen wurde verpflichtet, noch im Laufe des Jahres 1806 über 25 Millionen Francs, das entsprach über sieben Millionen Talern, in drei Terminen an Frankreich zu entrichten. Die von Napoleon am 21. November 1806 in Berlin verhängte Kontinentalsperre hatte auch in Sachsen und Dresden ein zum Teil energisches Vorgehen gegen englische Waren zur Folge. Die gewerbliche Produktion in den Manufakturen, das prosperierende Handwerk, der Handel und die Landwirtschaft hatten in erster Linie die Steuer- und Kontributionszahlungen aufzubringen sowie die sonstigen Kriegslasten zwischen 1806 und 1812 zu tragen.

Die leitenden Minister unter Kurfürst Friedrich August III.

Die Außen- und Innenpolitik wurde bis Oktober 1806 vor allem von dem 1731 geborenen Johann Adolf von Loß, seit 1790 Kabinettsminister des Auswärtigen, und von Low, Kabinettsminister des Innern, bestimmt. Beide mussten im Oktober 1806 zurücktreten, um, wie Flathe schrieb, »den Zorn des Siegers zu beschwichtigen«. An die Stelle von Loß wurde Ferdinand Wilhelm August Karl Graf von Bose berufen, der 1753 in Bayreuth geboren, in Berlin als sächsischer Unterhändler den Posener Friedensvertrag mit Napoleon vorbereitete. Als er im September 1809 starb, trat Friedrich Ludwig Senfft von Pilsach, seit 1806 sächsischer Gesandter in Paris, seine Nachfolge an. Die innere Verwaltung oblag seit 1804 dem Kabinettsminister Georg Wilhelm Graf von Hopffgarten. Schließlich ist noch Camillo Graf Marcolini zu nennen, 1739 in Italien geboren, der 1752 als Silberpage an den sächsischen Hof kam und einer der engsten Vertrauten des Kurfürsten Friedrich August III. war. Der diesen leitenden sächsischen Ministern unterstehende Verwaltungsapparat arbeitete nach der Besetzung Sachsens durch französische Truppen voll weiter, war aber an die Vorgaben Napoleons und der von ihm eingesetzten französischen Verwaltung gebunden.

Vertrag von Posen 11. Dezember 1806

Frieden von Tilsit 1807

Unter diesen Voraussetzungen begannen die Friedensverhandlungen zwischen Frankreich und Sachsen, die zum Abschluss des Vertrages von Posen und zu dessen Unterzeichnung am 11. Dezember 1806 führten. Sachsen trat dem Rheinbund bei, wurde Königreich von Napoleons Gnaden, musste aber auf sein Territorium zwischen Erfurt und dem Eichsfeld zugunsten des geplanten Königreichs Westfalen verzichten und sollte dafür mit dem Cottbuser Kreis, einer preußischen Enklave inmitten der kursächsischen Niederlausitz, entschädigt werden. Kurfürst Friedrich August III. nannte sich nunmehr König Friedrich August I. Diese nach dem Diktatfrieden von Tilsit 1807 wirksam werdende Regelung bescherte dem wettinischen Königshaus in Personalunion das von Napoleon neu geschaffene Herzogtum Warschau.

Sachsens Adel und Teile des Bürgertums begaben sich endgültig in das Fahrwasser französischer Politik. Die Haltung der sächsischen Bevölkerung zu dem Frankreich Napoleons war aber schnellen Wandlungen unterworfen. Einem überschwänglichen Napoleonkult folgte eine differenzierte und distanziertere Betrachtung des Korsen und seiner Großmachtpolitik. Intellektuelle reformwillige Kreise des Adels hatten ebenso wie das sächsische Bürgertum, das sich in seiner wirtschaftlichen Stellung bestätigt fand, die Ergebnisse der Französischen Revolution begrüßt. Das änderte sich unter dem unmittelbaren Eindruck französischer Kontributionsforderungen und Übergriffen der Besatzungstruppen, obwohl vor allem die sächsischen Unternehmer durchaus Gewinne aus der Kontinentalsperre zogen. Diese innenpolitische Situation sowie die Tatsache, dass Kursachsen durch seinen Beitritt zum Rheinbund nicht wie Preußen einen katastrophalen Zusammenbruch erlebt hatte, führten nach 1806 dazu, dass es hier nicht zur Auslösung umfassender Reformen kam. »So blieb es inmitten einer sich verändernden Welt in bezug auf seine Verfassung und Verwaltung auf dem Entwicklungsstand des späten 18. Jahrhunderts stehen und muß in dieser Hinsicht im Vergleich zu anderen deutschen Groß- und Mittelstaaten jener Zeit als besonders rückständig bezeichnet werden.«[36]

Kurfürst Friedrich August III., ab 1806 König Friedrich August I. Gemälde von Anton Graff, 1795

An Reformbestrebungen mangelte es nicht. Die Vorstellungen von einer staatsrechtlichen Vereinheitlichung des Staatsgebiets in Form einer Union der Landesteile, einer einheitlichen Ständevertretung, der Einführung von Fachministerien, der Trennung der Justiz von der Verwaltung blieben erfolglos. Zwischen 1808 und 1815 erschienen nicht weniger als 43 Schriften zum Problem umfassender Reformen in Kursachsen, viele ausdrücklich an französischen, aber auch preußischen Vorbildern orientiert. Der bürgerliche Charakter dieser Bestrebungen ist unverkennbar. Hohenthal, Oppell, Gutschmid, Braun und Justi kamen aus geadelten bürgerlichen Familien. Günther, Just, Hering und Grävell waren Bürgerliche. Viele Reformschriftsteller wie von Schönberg, von Carlowitz oder von Senfft hatten enge freundschaftliche Kontakte zu führenden Vertretern der deutschen Klassik wie auch der Romantik. Ihren Anregungen folgten Kurfürst und Minister ebenso wenig wie den Vorschlägen der 1807 eingesetzten »Wiederaufhelfungs-Kommission«. Doch obwohl all diesen Bemühungen kein Erfolg beschieden war, bildeten sie ein wichtiges Bindeglied zu den nach 1831 durchgeführten Maßnahmen als Teil der bürgerlichen Umwälzung in Sachsen.

Reformbestrebungen nach 1808

Wiederaufhelfungs-Kommission 1807

Nach dem Posener Frieden vom Dezember 1806 musste sich das Königreich Sachsen an den weiteren napoleonischen Eroberungsfeldzügen beteiligen. Im Rahmen des Rheinbundes stellte es bereits im Februar 1807 ein Truppenkontingent im Kampf gegen Preußen und Russland, nahm 1809 am Feldzug gegen Österreich teil und wurde selbst bald Kriegsschauplatz, als am 21. Mai 1809 die Schwarze Schar des Herzogs von Braunschweig-Öls in Zittau einrückte. Auch der Rebellenzug des in Wilmsdorf bei Dresden geborenen preußischen Majors Ferdinand von Schill fand in Sachsen kein nennenswertes Echo.

»Schwarze Schar« am 21. Mai 1809 in Zittau

Theodor Körner. Gemälde von D. Stock, 1813

Schill erschien am frühen Vormittag des 1. Mai vor Wittenberg und forderte die kampflose Übergabe der Stadt, in der seit dem 24. April bedeutende Kriegsvorräte und die Generalhauptkasse mit mehreren Millionen Talern untergebracht waren. Der Festungskommandant von Wittern, der die Stadt in Verteidigungszustand versetzt hatte, lehnte alle Forderungen ab und stimmte lediglich dem Übergang über die Elbbrücke sowie der Übernachtung in Pratau zu. Nach dem Elbübergang des Schill'schen Korps wurde die Brücke von sächsischen Truppen unpassierbar gemacht. Damit war Schill gezwungen, am 2. Mai seinen Marsch nach Dessau anzutreten, um dem von Leipzig nach Wittenberg vorrückenden sächsischen Hilfskorps auszuweichen.

Schills Rebellenzug mit etwa 1300 Freiwilligen endete in der Festung Stralsund. Am 31. Mai 1809 fiel Schill bei der Eroberung der Stadt durch holländische und dänische Soldaten unter französischer Fahne.

So blieb insgesamt die Hoffnung auf eine allgemeine Volkserhebung vergeblich. Erst vier Jahre später nahmen auch sächsische Freiwillige etwa im Lützow'schen Korps am Kampf gegen die napoleonischen Truppen teil, allen voran der »Sänger der Freiheitskriege« Theodor Körner, Sohn des Dresdner Appellationsrates Christian Gottfried Körner, Vertrauter und Freund Schillers.

Bildung von Nationalgarden in den Städten

Da das Land 1809 weitgehend von regulären Truppen entblößt war, wurde im Frühsommer die Bewaffnung der Bürger in den Städten befohlen und daraus im September des gleichen Jahres die den französischen Nationalgarden nachgebildete National- und Bürgergarde formiert. Nach einer umfassenden Reorganisation der sächsischen Armee wurde sie am 15. Februar 1812 für den Kriegszug Napoleons gegen Russland mobil gemacht. Über 21000 Mann unter dem französischen General Reynier bildeten das 7. Korps der Grande armée, das Ende März aus der Niederlausitz nach Osten abmarschierte. Nur wenige tausend Soldaten kehrten im Frühjahr 1813 in ihre Heimat zurück.

Teilnahme der sächsischen Armee am Russlandfeldzug Napoleons 1812

Dresden sah im Mai 1812 den Kaiser der Franzosen am Beginn des Feldzuges gegen Russland in glänzendem Gefolge und im Kreise zahlreicher Potentaten, darunter der österreichische Kaiser und der preußische König. Wilhelm von Kügelgen berichtete: »Zu Anfang Mai erschien Napoleon selbst und empfing, von zahlreichen anderen Vasallenfürsten umgeben, auch die Besuche seiner hohen Verbündeten ... Die Anwesenheit vieler Kriegsheere erfüllte die Stadt mit kriegerischem Pomp; Glocken und Kanonen spielten zum Empfang der Fürsten auf, großartige Paraden und Manoeuvres unterhielten sie, und bei Nacht erstrahlte die Stadt im Zauberglanze tausendfältiger Lampen ... Dabei lagen alle Häuser voll Militär, das fast in allen Zungen Europas durcheinander lachte, sprach und fluchte.«[37]

Sachsen als Schlachtfeld 1813 und die Völkerschlacht bei Leipzig

Am Morgen des 14. Dezember 1812 sah die Elbmetropole Napoleon auf der Flucht nach Frankreich wieder – den Trümmern seiner für unbesiegbar gehaltenen »Armee« vorauseilend. Ein Vierteljahr später wurde das sächsische Territorium im Ringen der Völker Europas um nationale Unabhängigkeit zum Hauptkriegsschauplatz, da die inzwischen verbündeten Mächte Russland und Preußen ihren Hauptstoß auf das Königreich Sachsen richteten, um es auf ihre Seite zu ziehen und auch das Kaiserreich Österreich zum Anschluss an die Koalition zu bewegen. In der ersten großen Schlacht bei Lützen am 2. Mai 1813 besiegte Napoleon die Russen und Preußen, erreichte die erneute Botmäßigkeit des sich in Prag aufhaltenden sächsischen Königs und erzwang die Öffnung der Festung Torgau, in der seit Januar die sächsischen Truppen unter Generalleutnant von Thielmann konzentriert worden waren. Thielmann und sein Generalstabschef Aster begaben sich daraufhin in das russische Haupt-

Schlacht bei Lützen am 2. Mai 1813

quartier in Wurschen bei Bautzen. Die von Napoleon siegreich gestalteten Schlachten von Bautzen am 21. Mai und bei Reichenbach in der Oberlausitz am 22. Mai brachten für ihn taktische Erfolge und konnten über die sich abzeichnende endgültige militärische Niederlage noch einmal hinwegtäuschen. Doch verhindern konnten sie sie nicht mehr, weil sich nach dem Waffenstillstand vom 4. Juni 1813 das militärische Potenzial der Verbündeten ständig zu deren Gunsten veränderte. Nach Ablauf des Waffenstillstands am 11. August 1813, den Napoleon genutzt hatte, um seine militärischen Hauptkräfte in Sachsen zu konzentrieren, eröffneten die französischen Truppen die Kampfhandlungen mit dem Angriff auf die von Blücher geführte Schlesische Armee. Blücher brachte einem französischen Korps an der Katzbach am 26. August eine vernichtende Niederlage bei. In der Schlacht bei Dresden am 26./27. August siegte Napoleon noch einmal über die verbündete Hauptarmee. Dann erlitten die Franzosen in den folgenden drei Wochen eine Reihe von empfindlichen Niederlagen, die mit hohen Verlusten verbunden waren. Mitte Oktober wurde die französische Streitmacht von den Verbündeten bei Leipzig gestellt und in der als Völkerschlacht bei Leipzig in die Weltgeschichte eingegangenen Schlacht vom 16. bis 19. Oktober 1813 vernichtend geschlagen. Von den rund 500 000 auf beiden Seiten eingesetzten Soldaten fielen etwa 126 000 – ein für die damalige Zeit unvorstellbares Völkermorden. Diese entscheidende Schlacht gegen die französische Fremdherrschaft brachte für Leipzig und seine Umgebung starke Verwüstungen und Zerstörungen. In Möckern, Schönefeld und Probstheida gab es nur noch ausgebrannte Ruinen. Über 60 weitere Dörfer trugen die Spuren des mörderischen Kampfes und in Leipzig, einer der reichsten Städte Deutschlands, konnte man selbst für Höchstpreise kein Brot mehr kaufen.

WAFFENSTILLSTAND VOM 4. JUNI 1813

SCHLACHT BEI DRESDEN AM 26./27. AUGUST 1813

VÖLKERSCHLACHT BEI LEIPZIG VOM 16. BIS 19. OKTOBER 1813

Hatten sich vor der Leipziger Völkerschlacht nur wenige junge Sachsen als Freiwillige bei einigen Freikorps am Kampf gegen Napoleon beteiligt, so gingen im Verlauf der Schlacht doch einzelne sächsische Truppenteile zu den Verbündeten über. Schließlich wurde ein Korps von Freiwilligen unter dem Namen »Banner der freiwilligen Sachsen« gebildet, dessen Formierung mit dem Aufruf vom 31. Oktober 1813 begann. Seine Stärke war auf 3000 Mann festgesetzt. Die Meldebüros in Leipzig, Dresden und Meißen registrierten etwa 3300 Bewerber. Nach Aufstellung und Kantonierung des Banners in Sangerhausen wurde es vom russischen Zaren Alexander als Leibgarde angenommen. Ende April 1814 nach Darmstadt verlegt, nahm das Korps, da Paris inzwischen gefallen war, lediglich an der Belagerung und Einnahme von Mainz teil, ehe es Mit-

BANNER DER FREIWILLIGEN SACHSEN 1813

Kampf vor dem Grimmaischen Tor während der Völkerschlacht bei Leipzig. Gemälde von Chrstian Gottfried Heinrich Geißler, 1814

te Juni nach Sachsen zurückverlegt wurde. Am 17. Juli paradierte das Banner in Wurzen nochmals vor dem Zaren. Nach seinem Einzug in Dresden wurde es zum größten Teil beurlaubt.

Generalgouvernement für das Königreich Sachsen

Diese Aktivitäten konnten nicht verhindern, dass das Königreich Sachsen von den Verbündeten als Verlierer behandelt wurde, zumal König Friedrich August I. und seine Minister im Frühjahr 1813 den Angeboten der Verbündeten sowie dem Drängen national gesinnter höherer Offiziere und Beamter nicht gefolgt waren. Der König wurde als Gefangener nach Friedrichsfelde bei Berlin gebracht. Der am 21. Oktober 1813 von den Alliierten neu gebildete Zentralverwaltungsrat für alle nicht rechtzeitig zur Allianz übergetretenen Rheinbundstaaten mit Reichsfreiherr vom und zum Stein an der Spitze errichtete für Sachsen ein Generalgouvernement unter dem russischen Fürsten Repnin-Wolkonski. Der Generalgouvernementsrat residierte zunächst in Leipzig, da die Landeshauptstadt noch durch ein 30 000 Mann starkes französisches Korps besetzt war, das erst am 11. November kapitulierte und das schwer in Mitleidenschaft gezogene Dresden räumte. Die wichtigste Aufgabe des Generalgouvernements, das ab 9. Dezember 1813 seinen Sitz in Dresden hatte, bestand darin, die von den Verbündeten geforderten Kriegskontributionen und Truppenkontingente zu sichern. Fürst Repnin-Wolkonski stützte sich dabei auf liberale und patriotisch gesinnte Kräfte des sächsischen Adels und des Bürgertums. Sie kamen in erster Linie aus dem so genannten Siebeneichener Kreis, einem Freundeskreis um Dietrich von Miltitz, der in den preußischen Reformen und im Wirken Freiherr von Steins ein auch für Sachsen nachahmenswertes Vorbild sah. So verbanden sich in den Monaten des russischen Generalgouvernements bis zum Übergang der Verwaltung Sachsens an das preußische Generalgouvernement unter Reichsfreiherr von der Recke und General Freiherr von Gaudi ab 10. November 1814 die Politik der Verbündeten gegen Napoleon mit den Zielen und Bedürfnissen im Innern des Landes.

König Friedrich August I. als Gefangener in Friedrichsfelde bei Berlin

Generalgouvernement unter Fürst Repnin-Wolkonski vom 21. Oktober 1813 bis 9. November 1814

Preussisches Generalgouvernement ab 10. November 1814

In der am 28. Dezember 1813 ins Leben gerufenen »Hilfs- und Wiederherstellungskommission« und dem Gouvernementsrat mit seinen vier Sektionen (1. Allgemeine Polizei, Kultur, öffentlicher Unterricht, Justiz; 2. Finanzangelegenheiten; 3. Verpflegung fremder Truppen und Lazarettwesen; 4. Kriegsdepartement) konzentrierten sich die reformwilligen Kräfte des Landes, u. a. General Dietrich von Miltitz, Geheimer Finanzrat Hans Georg von Carlowitz, Geheimer Finanzrat Julius Wilhelm von Oppell und General Adolf von Thielmann. Die rein sachlich gegliederte und straff organisierte Behörde, die hinsichtlich Zentralisation, Vereinheitlichung, Vereinfachung der Verwaltung sowie der

Einzug der alliierten Fürsten auf dem Leipziger Markt nach der Völkerschlacht am 19. Oktober 1813. Kolorierter Stich nach der Zeichnung eines Augenzeugen

Beamtenauswahl dem preußischen Fachministerium sehr nahe kam, war auch das Zentrum beachtlicher Reformbemühungen. Zur Erfüllung der Verpflichtungen gegenüber den Verbündeten wurden nach einer Übersicht der Zentral-Steuer-Kommission vom 31. März 1815 im Zeitraum vom 19. Oktober 1813 bis Ende Februar 1815 insgesamt reichlich 15 Millionen Taler aufgebracht, um Lazarette zu unterhalten, die Garnisonen und die im Lande befindlichen und durch das Land ziehenden Truppen der Verbündeten zu verpflegen und, wenn nötig, auch auszurüsten. Dabei muss noch berücksichtigt werden, dass durch persönliches Eintreten von Repnin bei Stein mehrfach Forderungen und Belastungen gemindert werden konnten.

Die zielgerichtete Wirksamkeit des Gouvernementsrates führte bald zu einer Festigung der inneren Verhältnisse, zur Vereinheitlichung des Kassenwesens in Form der Finanzhauptkasse, zur Belebung der sächsischen Wirtschaft einschließlich des Außenhandels, zur Formierung der Landwehr mit 20 000 Mann und zur Reorganisation der sächsischen Armee mit 20 000 Mann Linientruppen sowie zur Errichtung der Kriegsverwaltungskammer als oberster Militärverwaltungsbehörde. Darüber hinaus arbeitete man an einer weiter gehenden Reformierung des sächsischen Staatswesens. Das scheiterte jedoch immer wieder am Widerspruch Steins, der maßgeblich das Ziel verfolgte, Sachsen Preußen einzuverleiben, wofür die Übertragung der preußischen Verfassungs- und Verwaltungseinrichtungen geplant war. Der Kreis um Dietrich von Miltitz stimmte zwar einer Verbindung Sachsens mit Preußen in Personalunion zu, lehnte aber eine Teilung des Landes ab. In diesem Sinne schrieb Thielmann an Oppell am 12. Juli 1814: »Über unser Schicksal ist kein Zweifel, Sachsen wird ungeteilt preußisch, mit Beibehaltung der Verfassung. Ich sehe die Veränderung der Dynastie nicht als Unglück an, jede Teilung aber als schändliche Schmach.«[38]

Vertrag von Pressburg und Wiener Kongress

Die Verhandlungen auf dem Wiener Kongress, die zur nochmaligen Neugestaltung der Landkarte Europas führten, diesmal bestimmt von den politischen Absichten der Großmächte Russland, Preußen, Österreich, England und Frankreich, brachten die Teilung des Landes, nachdem die preußischen Forderungen nach Annektion Sachsens vor allem von Österreich und Frankreich sowie den deutschen Südstaaten abgelehnt worden waren. Schließlich trat auch Russland für die Erhaltung des sächsischen Staates ein. Dabei wurde die sächsische mit der polnischen Frage verbunden. Als man sich schon über den Fortbestand des wettinischen Königreiches in wesentlich verkleinerter Form geeinigt hatte, gab es mit Preußen neue Verhandlungen über die Grenzziehung. Ob Leipzig sächsisch bleiben oder preußisch werden sollte, entschied allein die Tatsache der Vergabe der polnischen Stadt Thorn an Russland oder Preußen – da Thorn zu Preußen kam, verzichtete es auf Leipzig! Die abschließenden Verhandlungen mit dem sächsischen König, die im März 1815 in Pressburg stattfanden, gerieten plötzlich noch unter den Eindruck der Flucht Napoleons von der Insel Elba.

Noch zwei Monate lang wehrten sich die zunehmend wieder politischen Einfluss gewinnenden konservativen Kräfte um Friedrich August I. gegen die Bemühungen von Metternich, Talleyrand und Wellington, sie zu einer Zustimmung zur Landesteilung zu bewegen. Die Einigung erfolgte am 18. Mai 1815; noch am gleichen Tag kam es zur Vertragsschließung zwischen Russland, Preußen und Sachsen. Es war ein für alle Seiten nicht recht befriedigender Kompromiss. Die Landesteilung war das Ergebnis eines Ausgleichs zwischen den Territorialwünschen Preußens, seiner Vereinbarungen mit Russland über

FRIEDE VON PRESSBURG AM 18. MAI 1815

KÖNIGREICH SACHSEN
1806–1815
Braunschweig
Hildesheim
Magdeburg
Gommern
Zerbst
FÜRSTENTUM
Elbe
Leine
Goslar
Halberstadt
Wernigerode
Quedlinburg
Bode
Dessau
Aschersleben
Bernburg
ANHALT
Köthen
Fuhne
Bitterfeld
Göttingen
Mansfeld
Stolberg
Nordhausen
Eisleben
Halle
Sangerhausen
Helme
Wipper
Sondershausen
Querfurt
Leipzig
Merseburg
Unstrut
Freyburg
Saale
Mühlhausen
Werra
Tennstedt
Weißensee
Eckartsberga
Weißenfels
Langensalza
Naumburg
Zeitz
Weiße Elster
Altenburg
Weimar
Ilm
Eisenach
Gotha
Erfurt
Eisenberg
Jena
Pleiße
REUSS
Gera
THÜRINGISCHE
Salzungen
Schmalkalden
Weida
Rudolstadt
Ilmenau
Neustadt
Greiz
Suhl
Saalfeld
Reichenbach
Meiningen
Schleiz
Schleusingen
Plauen
Lobenstein
STAATEN
Sonneberg
Fränk. Saale
Coburg
Hof
Kissingen
Asch
Main
K G R. B A Y E R N

Berlin
Potsdam
Spree
Frankfurt
Dahme
Fürstenberg
Oder
Baruth
rbog
Guben
Lübben
Dahme
Naumburg
Bober
Cottbus
Herzberg
Schwarze Elster
Sagan
Sprem-
berg
au
Neiße
Spree
Queis
Elsterwerda
Hoyerswerda
Großenhain
Kamenz
Gr. Röder
Bautzen
Görlitz
Döbeln
Meißen
Elbe
Lauban
Löbau
Zschopau
Freib. Mulde
Dresden
Pirna
Zittau
Freiberg
nnitz
Tetschen
ÖSTERREICH
Reichenberg
Zschopau
Annaberg
AISERREICH
Eger
Königreich Sachsen:
Territorium 1806
Flächengewinn 1806
Flächenverlust 1806
Flächenverlust 1815 an Preußen und Sachsen-Weimar
Territorium nach 1815
Königreich Preußen 1806
Königreich Westfalen
preußische Verluste an Westfalen

Wiener Kongressakte vom 9. Juni 1815

Polen und den Forderungen des Legitimismus, die Österreich und die Süddeutschen vertreten hatten. In der Wiener Kongressakte vom 9. Juni 1815 wurden diese Vereinbarungen völkerrechtlich bestätigt. Das Königreich Sachsen sank endgültig zu politischer Bedeutungslosigkeit ab und wurde Mitglied des gleichzeitig gegründeten Deutschen Bundes.

Gebietsabtretungen an Preussen

Mit den Unterschriften unter den Pressburger Vertrag vom 18. Mai 1815 kamen zwei Drittel des kursächsischen Territoriums und die knappe Hälfte seiner Gesamtbevölkerung an das Königreich Preußen: die Niederlausitz und der nördliche Teil der Oberlausitz um Görlitz, der Kurkreis mit Gommern und Barby, der Thüringische Kreis und der Neustädter Kreis, Mansfeld, Querfurt, die säkularisierten ehemaligen Stifte Naumburg-Zeitz und Merseburg, die nördlichen Teile des Meißnischen Kreises sowie einige Ämter des Leipziger Kreises. Eine solche einschneidende Veränderung des sächsischen Staatsgebietes hatte es bis dahin nicht gegeben. Die Unterschriften unter den Pressburger Vertrag bildeten letztlich den Schlusspunkt im Wettlauf des preußischen und sächsischen Staates um eine politische Vormachtstellung in Deutschland. Alle historisch gewachsenen Zusammenhänge wurden zerrissen, wirtschaftliche Bindungen willkürlich zerstört. Der Hauptteil des sorbischen Siedlungsraumes kam zu Preußen, wodurch fast 200 000 Sorben, das waren etwa 80 Prozent der sorbischen Bevölkerung, der preußischen Germanisierungspolitik unterworfen wurden.

Revolte sächsischer Truppen am 2. Mai 1815 in Lüttich

Nach den Leiden, Nöten und Belastungen der napoleonischen Herrschaft in Mitteleuropa sowie des nationalen Unabhängigkeitskampfes brachte diese Landesteilung zusätzliche Erschwernisse, obwohl die wichtigsten Zentren der sächsischen Wirtschaft beim Königreich verblieben. Die Festlegungen des Wiener Kongresses fanden im Allgemeinen bei der sächsischen Bevölkerung keine Zustimmung. In Lüttich kam es am 2. Mai 1815 zur Revolte der sächsischen Truppen, die in den Reihen der Verbündeten gegen den von Elba zurückgekehrten Napoleon kämpften, als der Befehl zur Teilung der sächsischen Regimenter erging. Die Meuterei wurde niedergeschlagen, der preußische General Blücher ließ fünf Aufständische exekutieren und die Regimentsfahne verbrennen. Passiver Widerstand wurde seitens der sächsischen Behörden geleistet, als das preußische Generalgouvernement die Teilung der Behördenarchive anordnete, noch bevor in Pressburg der Teilungsvertrag unterschrieben war. Die nach dem Oktober 1813 mit Energie betriebenen polizeilichen Maßregelungen bei jedwedem Aufbegehren sowie die wirtschaftliche und soziale Zerrüttung führten letztlich dazu, dass die Landesteilung insgesamt ohne großen Widerstand hingenommen wurde. Dietrich von Miltitz hatte in Erkenntnis dieser Situation am 14. Oktober 1814 an Stein geschrieben: »Die Sachsen werden die Entscheidung ihres Schicksals mit Ergebung tragen.«[39]

Während sich die »Musspreußen«, wie man die Bewohner der abgetretenen Landesteile bezeichnete, sehr bald mit ihrer neuen staatlichen Zugehörigkeit abfanden, war im Königreich Sachsen, dessen Herrscher am 7. Juni 1815 aus der Gefangenschaft in seine Residenz zurückkehrte, eine wachsende Erbitterung gegen den expansiven nördlichen Nachbarn zu spüren. In den folgenden Jahrzehnten bis zur Gründung des Norddeutschen Bundes unter preußischer Vorherrschaft wurde manche politische Entscheidung Sachsens von diesem Gegensatz bestimmt. Das musste im Zeitalter der industriellen Revolution als Anachronismus wirken.

Veränderungen im Verwaltungsaufbau

Bereits während der Pressburger Verhandlungen vom April 1815 hatten die maßgebenden sächsischen Politiker die nach der Landesteilung anzustrebenden innenpolitischen Maßnahmen beraten und mit dem leitenden Kabinettsminister Detlev Graf von Einsiedel abgestimmt. Es herrschte die einhellige Meinung, dass das verkleinerte Land keiner neuen Verfassung bedürfe und Reformen weitgehend vermieden werden sollten. Man beschränkte sich auf unbedingt notwendige Veränderungen. Die wenigen bei Sachsen verbliebenen Orte der Stifte Naumburg-Zeitz und Merseburg wurden zu den Erblanden gezogen und 1818 die Stiftsregierung Wurzen aufgelöst. Die verfassungsrechtliche Sonderstellung der Oberlausitz, der Schönburgischen Herrschaften entlang der Zwickauer Mulde und der Standesherrschaft Solms-Wildenfels blieb unangetastet. Das nach 1815 eingeführte Sparsamkeitsregime bewirkte innerhalb der Behörden Umgestaltungen und Einschränkungen. Der im 18. Jahrhundert ausgebildete Behördenapparat blieb dennoch bestehen, allerdings mit einer wesentlichen Änderung: Das Geheime Konsilium als bisher oberste kursächsische Verwaltungsbehörde wurde zu einem beratenden Gremium unter der Bezeichnung »Geheimer Rat« umgestaltet und die Verwaltungsbefugnisse gingen auf das Geheime Kabinett über. Diese im Oktober 1817 verfügte Maßnahme rief ebenso den energischen Protest der dadurch in ihren Befugnissen eingeschränkten drei Konferenzminister wie den Widerstand der Landstände auf ihren Landtagen 1817/18 und 1821 hervor. Das Geheime Kabinett bildete nach 1817 die über allen Zentralbehörden stehende Behörde, die sich verfassungsrechtlich jeder ständischen Kontrolle entzog. Die Neuregelung der regionalen Verwaltung erwies sich mit der institutionellen Konstituierung von 16 Amtshauptmannschaften in den vier erbländischen Kreisen als eine für die innere Verwaltung zukunftsträchtige Schöpfung. Insgesamt verhinderte jedoch der Geist der Restauration alle weiter gehenden Veränderungen. Zwischen dieser Haltung und dem sich abzeichnenden Zwang zu grundlegenden gesellschaftlichen Neuerungen, verursacht durch die wirtschaftlichen und sozialen Prozesse der industriellen Revolution, offenbarte sich ein tiefer Abgrund, der am Ende der Zwanzigerjahre ein revolutionäres Potenzial entstehen ließ.

Geheimer Rat und geheimes Kabinett

Einrichtung von 16 Amtshauptmannschaften

Karlsbader Beschlüsse in Sachsen

Der Restaurationsprozess in Europa, der in Österreich und im Deutschen Bund mit dem Wirken des österreichischen Außenministers und Staatskanzlers Fürst von Metternich verbunden ist, wird im Königreich Sachsen durch Detlev Graf von Einsiedel, seit 1813 Kabinettsminister des Innern und bald auch des Äußeren, repräsentiert. Als engster Ratgeber des allen Änderungen abholden Königs Friedrich August I. betrieb er bis zu seinem Sturz im September 1830 eine restaurative Politik. Durch seine herrische Art war er weithin verhasst und machte sich zunehmend Feinde bis in die höchste Beamtenschaft. Mit seiner ganz unzeitgemäß absolutistischen Regierungsweise verhinderte er notwendige Veränderungen. In seinen eigenen bedeutenden Eisenhüttenwerken von Lauchhammer erwies er sich dagegen als weitblickender Unternehmer. Als Pietist nahm er eine führende Position in der sächsischen Erweckungsbewegung ein. So war Kabinettsminister Einsiedel in dem Jahrzehnt vor Beginn der bürgerlichen Umwälzung in Sachsen die Verkörperung des Widerspruchs zwischen dem herrschenden Regime und den aufstrebenden bürgerlichen Kräften.

Kabinettsminister Detlev von Einsiedel

Detlev Graf von Einsiedel. Zeichnung von Carl Vogel von Vogelstein, 1833

Nach den bitteren Erfahrungen der Wiener Kongressverhandlungen und ihrer das Land so einschneidend verändernden Ergebnisse verfielen die Menschen nicht in Agonie. Sie widmeten sich mit allen Kräften dem Nächstliegenden, dem allseitigen wirtschaftlichen Wiederaufbau, nunmehr seit den Tagen des Siebenjährigen Krieges zum zweiten Mal innerhalb eines halben Jahrhunderts. Da die Regierung auf eine groß angelegte eigenständige Außenpolitik verzichtete, ordnete sie sich in die wesentlich von Österreich bestimmte Entwicklung des Deutschen Bundes ein. Die europäische Politik der fünf Großmächte England, Russland, Preußen und Österreich, alle vier zusammengeschlossen in der so genannten Quadrupelallianz, sowie Frankreich zur Schaffung eines politischen Gleichgewichts im Staatensystem der Heiligen Allianz wurde vom sächsischen Kabinett zwar ebenso verfolgt wie die Interventionspolitik in Spanien und der griechische Unabhängigkeitskampf als erste nationalstaatliche Bewegung in Europa. Aber für eine aktive Beteiligung fehlten die materiellen und politischen Mittel, obwohl man insgeheim doch auf eine Revision des Wiener Friedens hoffte.

GEHEIMER KABINETTSRAT FRIEDRICH LUDWIG BREUER

Vor allem der 1786 in einfachen Verhältnissen geborene Friedrich Ludwig Breuer bestimmte als Geheimer Kabinettsrat wesentlich diese Außenpolitik zwischen 1815 und 1830. Er kann dabei als Prototyp des Bürgers der Biedermeierzeit gelten, der neben seinen beruflichen Aufgaben Mitglied des Dresdner Liederkreises war, einer der vielen geselligen kleinen Kreise, in denen man sich beim Schein der Tischlampe zum literarischen Singtee, zur Hausmusik oder zum Dichterabend zusammenfand.

Die sich gegen die Regierung regenden Kräfte wurden unterdrückt, politisch isoliert und bekämpft. Das betraf in Sachsen auch die burschenschaftliche Bewegung, in der sich die Enttäuschungen über die unerfüllt gebliebenen Erwartungen nach nationaler Einheit und bürgerlicher Entwicklung äußerten. Nach 1815 fasste an der Universität Leipzig, der einzigen noch verbliebenen Landesuniversität nach dem Übergang der Wittenberger Hochschule an Preußen, die burschenschaftliche Bewegung, dem Jenaer Beispiel folgend, Fuß.

WARTBURGFEST AM 18. OKTOBER 1817

Vertreter der Leipziger Landsmannschaften beteiligten sich am 18. Oktober 1817 am Wartburgfest. 1818 konstituierte sich die Leipziger Burschenschaft. Sie war ebenso wie die Burschenschaften an anderen Universitäten den Verfolgungen nach dem Erlass der Karlsbader Beschlüsse vom August 1819, die am 20. September 1819 vom Deutschen Bundestag in Frankfurt a. M. einstimmig sanktioniert wurden, ausgesetzt.

KARLSBADER BESCHLÜSSE AB 13. NOVEMBER 1819 IN SACHSEN GÜLTIG

Für das Königreich Sachsen wurden die Beschlüsse durch Mandat vom 13. November 1819 in Kraft gesetzt. Sie brachten die staatliche Aufsicht über die Universität und das Verbot der Burschenschaften, die Einführung der Zensur für Zeitungen, Zeitschriften und alle Druckschriften unter 20 Bogen und die Beteiligung an der in Mainz eingerichteten außerordentlichen Zentral-Untersuchungskommission des Deutschen Bundes. Trotzdem bildeten sich danach an den Universitäten burschenschaftliche Geheimbünde, die 1821 in den so genannten Jünglingsbund einmündeten. Dieser hatte auch an der Universität Leipzig Anhänger, die sich vor allem in der landsmannschaftlichen Verbindung »Mondanea« konzentrierten. Sie waren der Überzeugung, dass die Bewilligung einer repräsentativen Verfassung für das ganze Land von den regierenden Fürsten und der aristokratischen Klasse nicht mehr zu erwarten sei. Es blieb nach ihrer Meinung nur die Herbeiführung eines gewaltsamen Umsturzes, zu dem der Jünglingsbund den Anstoß geben sollte.

GRIECHISCHER FREIHEITSKAMPF UND PHILHELLENISMUS

Einer der Leipziger Studenten, die diesem Geheimbund angehörten und die in ihren Grundhaltungen von jenen Ideen geprägt wurden, war der Jurastudent Bernhard Moßdorf aus Dresden, der, von den revolutionären Bewegungen in Spanien, Italien und Griechenland nachhaltig beeinflusst, 1821 auf den Balkan ging und gemeinsam mit andere Deutschen den Kampf des griechischen Volkes gegen die Türkenherrschaft mit der Waffe in der Hand unterstützte. Gerade in dieser nationalen Unabhängigkeitsbewegung sah das deutsche Bürgertum zugleich einen Kampf für die Rettung des antiken Kulturerbes. Dieser Philhellenismus, der in dem namhaften Leipziger Philosophen und Theologen Wilhelm Traugott Krug seinen ersten und richtungsweisenden Vertreter fand, mobilisierte in Sachsen die öffentliche Meinung für die Unterstützung der Griechen, zumal unter den Vertretern dieser Bewegung so namhafte Persönlichkeiten wie Goethe und Wilhelm Müller in Deutschland, Victor Hugo in Frankreich, Alexander Puschkin in Russland und Lord Byron in England zu finden waren. Das zweite Jahrzehnt des 19. Jahrhunderts wurde für den jungen Moßdorf, dessen Vater das Mandat zur Inkraftsetzung der Karlsbader Beschlüsse für Sachsen gegengezeichnet hatte, ebenso wie für andere kleinbürgerlich-demokratische, liberale und reformwillige Kräfte die Zeit der geistigen Vorbereitung auf die als notwendig erkannten gesellschaftlichen Veränderungen.

Agrarkrise

Der nach 1815 nur langsam vor sich gehende und häufig – vor allem durch die Agrarkrise der Jahre 1817 bis 1820 – unterbrochene Wiederaufbau der Landwirtschaft wurde – wie die Wirtschaft überhaupt – zunehmend von den Ideen des wirtschaftlichen Liberalismus bestimmt. Dabei strahlte das Wirken von Albrecht Thaer nachweisbar nach Sachsen aus. Die Bemühungen sowohl von einzelnen Personen als auch von staatlichen Einrichtungen konzentrierten sich auf die Verbesserung des landwirtschaftlichen Schulwesens, auf weitere Versuche zur Einführung künstlicher Düngemittel, auf die Heranbildung von Landwirtschaftssachverständigen sowie auf die Anwendung moderner und produktiver Landmaschinen. Das führte zu Beginn der Zwanzigerjahre zu durchschnittlichen jährlichen Getreideerträgen in Höhe von rund vier Millionen Scheffel. Bei dem Bemühen um weitere Ertragssteigerungen stießen Bauern und Grundherren auf eigentlich überholte, aber noch gültige rechtliche Bestimmungen. Dementsprechend häuften sich die Rechtsstreitigkeiten und beschäftigten zunehmend die Justizbehörden.

Biedermeier und Spätromantik

Das geisteswissenschaftliche und kulturelle Leben des Landes wurde durch Entwicklungen bestimmt, deren Anfänge bereits an der Jahrhundertwende lagen. Die Spätromantik leitete bald in das Biedermeier über, wie es noch heute in den Bildern Ludwig Richters und Carl Spitzwegs plastisch sichtbar ist. Dazu wurde schließlich die sächsische Residenz und das Land selbst mit der Berufung Carl Maria von Webers 1816 als Leiter der Deutschen Oper zu einem Zentrum der deutschen romantischen Oper, allen Widersachern zum Trotz und gegen die noch vorherrschende italienische Oper. Weber erreichte in Dresden, wo er 1811 nach einem wenig gelungenen Klavierkonzert noch geäußert hatte: »Diese Stadt sieht mich nie wieder«, den Höhepunkt seines musikdramatischen Schaffens. Vor diesem Hintergrund entfaltete sich in Dresden, Leipzig und anderen größeren Städten ein reges Musikleben mit öffentlichen Konzerten, Kammermusikabenden, Musikakademien, einer breiten Liederchorbewegung sowie Freiluft- und Gartenkonzerten.

Carl Maria von Weber in Dresden 1816

Carl Maria von Weber. Gemälde von Ferdinand Schimon

In Dresden lebte seit 1805 der Philosoph Karl Christian Krause, dessen von Kant ausgehende Weltanschauung als »Krausismus« die Grundlage für eine idealistische philosophische Bewegung vor allem in Spanien wurde.

Das literarische Leben wurde von dem seit 1819 in Dresden lebenden Dichter Ludwig Tieck geprägt, dessen »abendliche Vorlesungen in dem Eckhaus an der Kreuzkirche Berühmtheit erlangten«. Zu diesem Kreis gehörten der Dichter Karl August Förster ebenso wie der Hofhistoriograph Karl August Böttiger und der Begründer des Dresdner Kunstvereins Johann Gottlob von Quandt.

Ludwig Tieck und sein Kreis

Leipzig als Zentrum des Buchgewerbes, in dem um 1820 fast ein Drittel aller deutschen Bücher gedruckt wurden, war durch die Verlagsunternehmen Göschen, Teubner, Tauchnitz, Reclam, Peters, Breitkopf und Härtel zu interna-

Blick auf Dresden. Sepiazeichnung von Adrian Zingg, 1815

Bildung des Börsenvereins deutscher Buchhändler in Leipzig 1824

tionalem Ruhm und großer Ausstrahlungskraft gelangt. Die Bildung des Börsenvereins deutscher Buchhändler 1824 machte Leipzig gänzlich zur Zentrale des gesamten deutschen verlegerischen Schaffens. Bei seiner Gründung zählte er 101 Mitglieder. Zum geistigen Leben jener Jahrzehnte gehört schließlich auch der im Vogtland geborene bedeutende Prosaschriftsteller Jean Paul, der wiederum mit Tieck in enger Verbindung stand.

Verändertes Siedlungsbild

Die nach 1800 in Sachsen einsetzende industrielle Revolution führte schließlich zur Umgestaltung des Siedlungsbildes in Stadt und Land. In den Tälern des Erzgebirges und des Vogtlandes, in der Oberlausitz und im Chemnitz-Zwickauer Raum entstanden bis dahin nicht gekannte Fabrikgebäude und -anlagen. Die zunehmende Konzentration der Bevölkerung in den Städten führte zu deren Ausdehnung über die Grenzen der Stadtmauern hinaus. In Dresden wurde die Beseitigung der Stadtbefestigungen 1809 begonnen und – mit einer Unterbrechung zwischen 1812 und 1816 – 1831 beendet. Es war vor allem der Hofbaumeister Thormeyer, der wie kein anderer Architekt die bauliche Entwicklung im ersten Drittel des 19. Jahrhunderts nachhaltig beeinflusste. Besonders sichtbar wird dies noch heute an der Brühlschen Terrasse, die 1814 auf Befehl des Generalgouverneurs Repnin der Öffentlichkeit zugänglich gemacht wurde und für deren Zugang Thormeyer die monumentale Treppe entwarf. Damit erhielt Dresden seine einzigartige Aussichtspromenade, die ihr bald den Namen »Balkon Europas« einbrachte. In unmittelbarer Nähe entstand, symptomatisch für die Zeit, der für viele Jahre charakteristische klassizistische Industriebau der Calberla'schen Zuckersiederei, die 1859 zum Hotel Bellevue umgebaut wurde. Ähnliches vollzog sich in Leipzig, Chemnitz, Plauen, Zwickau und anderen sich zu industriellen Mittelpunkten entwickelnden Städten.

Bauliches Schaffen von Thormeyer

Neue Bildungsanstalten in Sachsen

Gründung von technischen Bildungsanstalten

Das Fortschreiten der industriellen Revolution, der sich in den entstehenden Fabrikunternehmen des Maschinenbaus, der Textilherstellung und anderen Gewerbezweigen herausbildende Bedarf an praktisch wie theoretisch gebildeten Fachkräften sowie die Bemühungen um die Belebung des wirtschaftlichen Lebens führten zur Einrichtung von ersten technischen Unterrichtsanstalten; so entstand 1814 eine Industrieschule auf der Brühlschen Terrasse in Dresden. In Sachsen wirkten in den Zwanzigerjahren die weit über die Landesgrenzen hinaus bekannten Techniker Brendel, Lohrmann, Blochmann und Schubert, von denen, orientiert an den technischen Bildungsanstalten von Prag 1806, Wien 1815, Berlin 1821 und Karlsruhe 1825, mehrfach die Anregung zur Errichtung einer gleichen Anstalt für Sachsen ausging. Die Bemühungen führten schließlich 1828 zur Gründung der Technischen Bildungsanstalt in Dresden. Im gleichen Jahr trat in Schneeberg ein polytechnischer Verein für Sachsen ins Leben.

Landwirtschaftliche Lehranstalt in Tharandt 1829

1829 wurde an der Forstakademie Tharandt, die unter Leitung von Heinrich Cotta 1816 gegründet worden war und bald internationalen Ruhm erlangte, eine Professur für Landwirtschaftswissenschaften eingerichtet. Dafür konnte der bekannte Experte Dr. Albrecht Schweitzer gewonnen werden. Unter seiner Leitung wurde dieser Lehrstuhl noch 1830 zu einem selbstständigen Institut ausgebaut, das der Forstakademie angegliedert war. Gleiche zukunftsträchtige Entwicklungen vollzogen sich, ausgehend von Anregungen des Generalgouvernements, auf medizinischem Gebiet. Bereits am 3. Dezember 1814 war eine provisorische Lehranstalt für Medizin und Chirurgie eingerichtet worden. Sie wurde am 17. Oktober 1815 in die chirurgisch-medizinische Akademie umgebildet. Damit hatte Sachsen neben der Universität Leipzig eine zweite bedeutende medizinische Ausbildungsstätte erhalten, an der so berühmten Ärzte wie Kreysig und Carus lehrten.

Wilhelm Traugott Krug. Lithographie von C. Lutherer, um 1830

Universitätsreform in Leipzig

An der Universität Leipzig, in den Zwanzigerjahren die meistbesuchte Hochschule in Deutschland, wurde unter dem Rektorat von Wilhelm Traugott Krug eine Reform der Universitätsverwaltung und -verfassung durchgeführt, die den Wissenschaftsbetrieb modernisierte. Aber nicht nur die Hochschulbildung wurde gefördert, es verbesserte sich zunehmend auch die berufliche Bildung – von Herders Humanitätsideal ausgehend die allgemeine Entwicklung der bürgerlichen Persönlichkeit fordernd. Diesem Anliegen diente in den Zwanzigerjahren sowohl die Einführung der allgemeinen Schulpflicht mit dem Ausbau des Volksschulwesens als auch die Einrichtung von öffentlichen Bibliotheken. Karl Benjamin Preusker schuf dabei in Großenhain mit der Stadtbibliothek ab 1828 die erste wirkliche Volksbibliothek in Sachsen, der bald weitere in vielen sächsischen Städten und Orten folgten.

Preuskers Volksbibliothek in Grossenhain 1828

Für die kulturell-geistige Entwicklung des Landes wurde die Bildung von Vereinen bedeutsam. 1822 entstand auf Betreiben von Carl Gustav Carus und Lorenz Oken die »Gesellschaft deutscher Naturforscher und Ärzte«, die im September erstmals in Leipzig zusammentrat. Über die Enge biedermeierlicher Geselligkeit hinaus wirkte bald der von Quandt, Sohn einer Leipziger Kaufmannsfamilie, und Böttiger 1828 gegründete Sächsische Kunstverein. In diese Reihe gehört schließlich die Bildung des »Vereins zur Erforschung und Erhaltung Vaterländischer Altertümer« 1825.

Karl Ernst Richter und die »Biene«

Tod von König Friedrich August I. am 5. Mai 1827

Als am 5. Mai 1827 nach vierundsechzigjähriger Regierung Friedrich August I. im Alter von 77 Jahren starb, ging nahezu symbolisch die »alte Zeit« zu Ende. Nach seinem Tode hoffte man »auf einen frischeren Zug in der Regierungspraxis für die Zeit nach seiner von so vielen Wechselfällen begleiteten Regierung«[40]. So war es fast folgerichtig, dass sich nach dem Mai 1827, als zur allgemeinen Enttäuschung der über siebzigjährige Anton, Bruder des verstorbenen Königs, den Thron bestieg und alles beim Alten beließ, vielfältige gesellschaftliche Kräfte regten, die grundlegende Veränderungen anbahnten. Zunächst kamen in Presseveröffentlichungen zunehmend Stimmen vor allem aus bürgerlichen Kreisen zu Wort, die sich kritisch zu den bestehenden Verhältnissen äußerten. Beispielhaft dafür war die seit Anfang 1827 in Zwickau erscheinende

Anton König von Sachsen

»Die Biene« des Karl Ernst Richter in Zwickau

Wochenschrift »Die Biene. Wöchentliche Mitteilungen für Sachsen und angrenzende Länder«, hervorgegangen aus dem vom Vater Robert Schumanns August seit 1807 herausgegebenen Wochenblatt »Der erzgebirgische Bote«. Die vom Diakon der Zwickauer Marienkirche Karl Ernst Richter – seit 1829 von seinem geistlichen Amt entbunden – redigierte und herausgegebene Zeitschrift wurde bald zum Organ oppositioneller bürgerlicher Kräfte in Sachsen. Sie bekämpfte nicht nur örtliche Missstände. Der bald allgemeine Popularität erlangende »Bienenvater« Richter hatte trotz der Karlsbader Beschlüsse den Mut, allgemeine Missstände in Verwaltung, Justizpraxis und die Lage der Bauern anzuprangern. Bis 1830 wurden die von der Zensur gestrichenen und von Richter entsprechend gekennzeichneten Passagen in den zur Veröffentlichung gelangten Artikeln von Jahr zu Jahr mehr.

Am Vorabend der Staatsreform

Nach 1827 wurden wichtige Staatsämter mit jüngeren, befähigten Beamten besetzt, die, intelligent und sachkundig, die Reformbedürftigkeit des sächsischen Staatswesens erkannten. Viele der liberal beeinflussten Regierungskräfte wurden im Sinne der bürgerlichen Umwälzung von 1830 wirksam. Beispielhaft dafür stehen Bernhard August von Lindenau, Adolf von Zezschwitz und Hans Georg von Carlowitz, Mitglieder des Geheimen Rates, und Julius Traugott Jacob von Könneritz, seit 1828 Stellvertreter des allmächtigen Kabinettsministers Einsiedel im Geheimen Kabinett. Das galt auch für hohe Verwaltungsbeamte, so für Karl Friedrich Schaarschmidt, Karl Gustav Gruner und Gustav von Flotow. Die wachsende Unzufriedenheit äußerte sich nach 1827 in mannigfachen Reformvorschlägen, die zum Teil bewusst auf Vorbilder aus der Zeit nach 1800 zurückgriffen. Das betraf etwa die Denkschriften des jüngeren Eduard von Wietersheim, Kreishauptmann von Plauen und später von Zwickau, und die Adresse des Albert von Carlowitz von Mitte 1829, die in der »Biene« veröffentlicht wurde, die Druckschrift des jungen Landesregierungsassessors Otto von Watzdorf zur Veränderung der Verfassungsverhältnisse oder die zahlreichen Anträge auf dem Landtag von 1830.

Berufung der Ablösungskommission am 14. November 1829

Mitteldeutscher Handelsverein 1828

Viele der Reformen nach 1830/31 wurden auf diese Weise gedanklich und teilweise konzeptionell vorgeprägt, beispielsweise die bürgerliche Agrarreform. Die das Ablösungsgesetz vorbereitende Kommission war am 14. November 1829 berufen worden. Die Bildung des Mitteldeutschen Handelsvereins 1828 – der zollpolitische Zusammenschluss Sachsens mit den thüringischen Staaten, mit Hessen-Kassel, Hannover, Braunschweig, Hessen-Homburg, Nassau, Oldenburg, Bremen und Frankfurt – unter Beteiligung von Hans Georg von Carlowitz war seit 1815 die bedeutendste außenpolitische Aktivität Sachsens. Entstanden in der Abwehr der preußischen Handels- und Zollpolitik, war ihm jedoch kein dauerhafter Erfolg beschieden.

Diese gesellschaftspolitischen Zustände um 1830 führten zu einer weite Bevölkerungskreise erfassenden Krisenhaltung. Als Anfang August 1830 die ersten Nachrichten von der französischen Julirevolution in Sachsen eintrafen, war der Boden für weitergehende Veränderungen bereitet. Das Königreich Sachsen stand an der Schwelle einer neuen Epoche der gesellschaftlichen Entwicklung in der Mitte Deutschlands.

Wirtschaftskrise

Huldigungsreise von König Anton 1827

Auch die wirtschaftliche Krisensituation im Lande forderte zu Veränderungen auf. Solchen Wünschen zeigte sich König Anton aufgeschlossen, ja er forderte im Verlauf der Huldigungsreise, die er nach altem Herkommen im Herbst 1827 in die einzelnen Landesteile unternahm, die entstandene Lage umfassender zu

Erbhuldigung der Dresdner Bürger für König Anton auf dem Jüdenhof in Dresden. Anonyme Radierung, 1827

erkunden und mannigfache Vorschläge zu deren Besserung einzuholen. »Mehrere Jahre hindurch stieg die Not des deutschen Gewerbefleißes sowie der Verfall des Handels in beunruhigender Weise, ohne daß etwas Wesentliches geschah, um dem Übel abzuhelfen. Übertriebene Spekulationen aller Art brachten eine furchtbare Reaktion im Handelsverkehr hervor. Hierdurch wurden besonders in den Jahren nach 1825 in Sachsen weitere sehr traurige Katastrophen herbeigeführt, welche die allgemeine Kalamität an manchen Orten auf höchst bedenkliche Weise vermehrten.«[41] Der wirtschaftliche Verfall des sächsischen Manufakturwesens und die Schwierigkeiten für das in den Anfängen stehende Fabrikwesen begannen nach 1815. Friedrich Georg Wieck schrieb 1841 rückblickend auf jene Jahre: »Die Umgestaltungen im Geschäft, die den Befreiungskriegen 1813 bis 1814 folgten, trafen die Weberei niederdrückend. Im Jahre 1820 wurde nicht die Hälfte Waren gefertigt, wie im Jahre 1810.«[42]

Befragung von 14 Chemnitzer Unternehmen 1827

Überall wurde nach neuen fabrikmäßigen Fertigungen, neuen Maschinen und Innovationen gesucht. Dazu benötigte man auch die Unterstützung der sächsischen Regierung. Das tritt in der Befragung von 14 Chemnitzer Manufaktur- und Fabrikunternehmen im November/Dezember 1827 klar zutage. Die erhobenen Klagen über die wirtschaftliche Lage waren weitgehend einhellig: Die Aufhebung der Kontinentalsperre hatte eine Überschwemmung des Marktes mit englischen Waren gebracht, deren Einfuhr durch die Senkung der Zollsätze in Leipzig noch begünstigt wurde; die staatlichen Abgaben auf das Rohmaterial zur Warenfabrikation wurden erhöht; alle an Sachsen angrenzenden Staaten hatten das Zollsystem verstärkt und die Zölle angehoben; der Absatz ging erheblich zurück und die Preise für die sächsischen Waren mussten gesenkt werden, um überhaupt noch einen Absatz zu ermöglichen; der technische Zustand der sächsischen Fabriken war mangelhaft. Die Vorschläge für eine Verbesserung der wirtschaftlichen Situation lauteten übereinstimmend: sofortiges Anstreben technischer Verbesserungen in den Fabriken durch die Gewährung finanzieller Unterstützung für geschickte Maschinenbauer; Ausstellung von Modellmaschinen zur inländischen Belehrung; Senkung der Grenz- und Generalakzise für die Fabrikmaterialien; Handelsverträge mit den süddeutschen Staaten, aber auch mit Preußen und europäischen Ländern; die Einführung des 21-Taler-Fußes als einheitliche Währung, wobei Hessen als Vorbild genannt wurde; Errichtung von Gewerbeschulen in Fabrikorten, eines polytechnischen Instituts eventuell in Freiberg; neueste Maschinen und neu erfundene Artikel sollten schnellstens aus dem Ausland nach Sachsen geholt werden; Gründung eines Industrievereins zur Unterstützung der vorgeschlagenen Maßnahmen. Insgesamt wurden als Voraussetzungen für einen Wirtschaftsaufschwung die Beseitigung der Zollschranken, die Herbeiführung eines einheitlichen deutschen Marktes und die Durchsetzung von liberalen Handelsmaximen im Sinne des Freihandels angesehen. Die sächsische Regierung nahm diese gutachterlichen Äußerungen sehr ernst. Unter König Anton wurde von den in der Kommerziendeputation und in der Landesregierung vertretenen jüngeren Beamten viel getan, um solche Vorschläge in die Tat umzusetzen. Der im Dezember 1827 von sächsischen Unternehmern gestellte Antrag zur Gründung eines Industrievereins für das Königreich Sachsen wurde am 24. April 1828 genehmigt. Damit begann eine erfolgreiche Förderung sächsischen Unternehmertums.

Industrieverein für das Königreich Sachsen vom 24. April 1828

Kandidatur von Prinz Johann für den griechischen Königsthron

1829 hatte sich der von Frankreich, England und Russland unterstützte griechische Unabhängigkeitskampf siegreich gestaltet. Die Neuordnung der staatlichen Verhältnisse Griechenlands hatte Frankreich nach der Besetzung Moreas in die Hand genommen. Im November 1829 ging in Dresden der Wunsch des französischen Königs Karl X. ein, dass der achtundzwanzigjährige Prinz Johann die Kandidatur für den griechischen Königsthron annehmen solle. Frankreich wolle Sachsen wieder zu einem lebendigen Glied des europäischen Staatensystems werden lassen. Das Angebot war für Johann zunächst sehr verlockend. Es konnte ihn, wie er selbst feststellte, die Aussicht auf eine so ruhmvolle Aufgabe nicht gleichgültig lassen. So schwankte er einige Zeit zwischen Annahme und Ablehnung. Nach längeren Beratungen, auch auf diplomatischem Wege mit dem Wiener Hof, lehnte Johann schließlich ab, u. a. mit dem Hinweis auf den gesundheitlichen Zustand des älteren Bruders und die bei ihm und seinem 1828 geborenen Sohn Albert liegende Thronfolge in Sachsen. Johann blieb auch bei seiner Ablehnung, als Karl X. das Angebot wiederholte. Sein Schwiegervater, König Ludwig I. von Bayern, zürnte ihm deswegen, denn so blieb die Thronkandidatur bei Otto von Wittelsbach, der nun, wohl noch weniger befähigt als Johann, den griechischen Königsthron einnahm. Das alles wäre der Öffentlichkeit verborgen geblieben, wenn nicht der preußische Gesandte in Dresden Johann Ludwig von Jordan eine Indiskretion begangen hätte. Diese griechische Thronkandidatur blieb für Sachsen außenpolitisch jedoch eine Episode.

VII

Die Zeit der konstitutionellen Monarchie im Königreich Sachsen 1831 bis 1918. Von der Staatsreform bis zur Novemberrevolution

---

Erste Unruhen und revolutionäre Ereignisse im September 1830 – Maßnahmen zur Wiederherstellung der Ruhe im Lande – Vom Oktober 1830 zum Bürgerverein in Dresden und den Aprilunruhen 1831 – Verfassung vom 4. September 1831 – Parlamentarische Vertretung – Einführung der kommunalen Selbstverwaltung – Agrarreform und Entwicklung der Landwirtschaft – Verwaltungsreform – Justizreform – Militärreform – Schulreform – Polnische Emigranten zwischen 1830 und 1864 in Sachsen – Industrielle Entwicklung und wissenschaftlich-technischer Fortschritt – Vormärzliche Verhältnisse – Landtag im Vormärz – Liberaler Umschwung 1848 und Märzministerium Braun – Von den Wahlen zum Frankfurter Vorparlament bis zum April 1849 – Maiaufstand in Dresden – Beust und die sächsische Politik ab Juni 1849 – König Johann – Ringen um die Möglichkeiten nationaler Einigung und der Frankfurter Fürstentag 1863 – Schleswig-Holstein 1864 und Königgrätz 1866 – Königreich Sachsen im Norddeutschen Bund – Kulturelle Verhältnisse in der Ära Beust – Sachsens Anteil am Deutsch-Französischen Krieg – Veränderte Verfassungszustände für Sachsen – Albert, Georg und Friedrich August III. – Verwaltungsreform – Parteienverhältnisse und Landtagswahlen – Landwirtschaft – Grundzüge der wirtschaftlichen Entwicklung: Industrie und Banken – Verkehrsmittel – Bevölkerungsentwicklung und soziale Verhältnisse – Bildung, Wissenschaft und Kunst – Innenpolitische Entwicklung – Arbeiterbewegung, Sozialistengesetz und »rotes Königreich« – Im Ersten Weltkrieg

Erste Unruhen und revolutionäre Ereignisse im September 1830

Der Sommer des Jahres 1830 brachte in Sachsen erste Unruhen. Der damals sechsundzwanzigjährige Prinz Johann erinnerte sich, dass »der alte Respekt« weg war und »der Wunsch nach Besserung, welchen die Ehrfurcht vor Friedrich August zurückgehalten hatte«, anfing, »im Laufe der Zeit nach und nach ... rege zu werden«[43]. Die beschaulichen biedermeierlichen Zustände vor allem in Dresden waren deutschlandweit sprichwörtlich, so dass der preußische Journalist Moritz Gottlieb Saphir 1828 einmal auf die Frage, was er bei dem bevorstehenden Weltuntergang tun werde, spöttisch geantwortet haben soll: »Ich werde einfach nach Dresden gehen, wo dieses Ereignis, wie so viele andere auch, 30 Jahre später eintreten wird.«[44]

MORITZ GOTTLIEB SAPHIR 1828 ÜBER DRESDEN

Die wachsende Unzufriedenheit mit den Zuständen im Lande war unverkennbar. Die drückenden Steuern, die Verschlechterung der sozialen Lage vor allem bei den Handwerkern, Gesellen, Tagelöhnern und Lohnarbeitern, die politische und gesellschaftliche Zurückstellung des Bürgertums sowie die gesellschaftliche Enge der Lebensverhältnisse ließen Forderungen nach mehr Selbstverwaltung, nach Aufhebung der jahrhundertealten agrarrechtlichen Bindungen der Bauern an ihre Grundherren, nach Maßnahmen zur Belebung des Handels und der Wirtschaft sowie nach Erweiterung der politischen Rechte immer lauter werden. Beispielsweise reichte im Januar 1830 der neunundzwanzigjährige Assessor der Landesregierung Otto Friedrich Heinrich von Watzdorf bei seinem Chef die Schrift »Über die Notwendigkeit einer Veränderung der im Königreich Sachsen dermalen bestehenden ständischen Verfassung« mit dem Ersuchen um Veröffentlichungsgenehmigung ein, die allerdings nicht gewährt wurde. Die Verfassungszustände seien, so Watzdorf, hinter den schnellen Fortschritten der Zivilisation zurückgeblieben. Deshalb müsse nach englischem Vorbild eine Mischung des monarchischen, aristokratischen und demokratischen Prinzips im Rahmen des Repräsentativ-Systems sowie die Durchsetzung des Prinzips der Gewaltenteilung erfolgen. Dazu gehöre auch die Pressefreiheit, durch die eine allgemeine Teilnahme an den Staatsangelegenheiten befördert und die öffentliche Meinung zum Ausdruck gebracht werde.

OTTO VON WATZDORFS SCHRIFT ÜBER EINE VERFASSUNG

UNRUHEN BEI DEN FEIERN ZUM 300. JAHRESTAG DER AUGSBURGISCHEN KONFESSION AM 25./26. JUNI 1830

Im Juni 1830 kam es in der sächsischen Residenz zu ersten Unruhen. Als am 25. und 26. Juni im ganzen Land die 300. Wiederkehr der Augsburgischen Konfession begangen wurde, entstand in Dresden der Eindruck, dass die Behörden Rücksicht auf das katholische Herrscherhaus nahmen. Die Stadt war zwar abends festlich illuminiert, allein die Fenster des Rathauses waren unbeleuchtet. Dies und das Spielen eines Gassenhauers auf der Violine in einem Hause am Altmarkt bei offenem Fenster wurden als eine Verunglimpfung des lutherischen Bekenntnisses aufgefasst. Aufgebrachte Handwerker, Händler und Gesellen brachten ihren Unmut durch Steinewerfen und Missfallensäußerungen gegen den Stadtrat zum Ausdruck. Durch das Einschreiten leichter Infanterie am späten Abend wurden die Unruhen unterdrückt, ein Ausgehverbot verhängt und wichtige Punkte der Stadt durch Militär besetzt.

ENDE DES LANDTAGES AM 8. JULI 1830

Als am 8. Juli 1830 der Landtag vom König geschlossen wurde, ohne dass die allgemein erwarteten Reformmaßnahmen in Angriff genommen waren, wuchs die gegen das einsiedelsche Regierungssystem gerichtete Stimmung. In dieser Situation trafen Anfang August die ersten Nachrichten von den Juliereignissen aus Paris ein.

UNRUHEN IN LEIPZIG VOM 2. BIS 6. SEPTEMBER 1830

Die Leipziger Unruhen vom 2. bis 6. September 1830 standen am Beginn der revolutionären Ereignisse in Sachsen. Es begann am Abend des 2. September, als die Leipziger Polizei lärmende Schmiedegesellen bei einem Polterabend verprügelte. Handwerksgesellen, Manufakturarbeiter, Lehrlinge und Studenten erhoben sich gegen Polizei und Magistrat. Ein Massenauflauf Leipziger Einwohner, die mit den Rufen »Es lebe die Freiheit! Nieder mit der Polizei! Lichter weg à la Paris!« durch die Straßen zogen, Fenster und Häuser in der Innenstadt demolierten, erzwang am 4. September den Rücktritt des Polizeipräsidenten, die Auflösung der städtischen Polizeikompanie und die Entlassung missliebiger Beamter. Die Druckerei von Brockhaus wurde von den Revoltierenden ebenso bedroht wie die Kammgarnspinnerei in Pfaffendorf – als Arbeitsplätze »zerstörende« Sinnbilder. Zum Schutz ihres Eigentums bildeten Leipziger Bürger und Studenten gemeinsam eine Bürgerwehr. Es war die Geburtsstunde der Kommunalgarde in Sachsen. Diese von Leipzig ausgehende revolutionäre Bewegung ergriff nicht nur Sachsen selbst, sondern auch weitere deutsche Klein- und Mittelstaaten wie Hessen, Hannover und Braunschweig.

Sturm auf das Haus des Polizeichefs Jäger am 4. September 1830 in Leipzig. Kolorierter Stich von Georg Emanuel Opitz, 1830

Der 9. September sah die Residenz Dresden in Aufruhr. Dresdner Bürger ließen in der Öffentlichkeit die Leipziger Bürger hochleben. Während des Konzerts einer Militärkapelle im Großen Garten am Nachmittag kulminierte die aufgeregte Stimmung. Junge Leute verlangten von der Kapelle, dass die Marseillaise mehrmals gespielt werde. Danach zogen sie in die Stadt. Gegen 21 Uhr versammelte sich eine größere Menge auf dem Altmarkt, erst vor dem Polizeihaus, dann vor dem Rathaus. Fenster wurden eingeworfen, dann beide Häuser gestürmt, Akten und Mobiliar aus den Fenstern geworfen und schließlich alles in Brand gesteckt. Als die in der Dresdner Neustadt stationierten Kompanien der Leichten Schützenbrigade eingesetzt wurden und auf den Altmarkt vordrangen, wurden sie von den aufgebrachten Menschen mit Steinen beworfen; einige Offiziere wurden verwundet. Daraufhin zogen sich die Soldaten nach Dresden-Neustadt zurück. Zwei Handwerksgesellen waren durch Bajonettstiche getötet und sechs weitere verletzt worden.

Gerichtliche Untersuchungen im Land

Das von Leipzig und Dresden ausgehende Aufbegehren führte im September in weiten Teilen des Landes ebenfalls zu Unruhen, die bald gerichtlich verfolgt wurden. Je eine mit Sondervollmachten ausgestattete Kommission für den Erzgebirgischen und Vogtländischen Kreis sowie eine für den Meißnischen und Leipziger Kreis, unterstützt von sächsischem Militär, führten in den Zentren der Unruhegebiete kriminalgerichtliche Untersuchungen durch. Beide Kommissionen hatten in 179 Untersuchungskomplexen gegen 1 225 Personen ermittelt, 83 waren zu mehrjährigen Zuchthausstrafen, 79 zu mehrjährigen Gefängnisstrafen und 294 zu einigen Wochen Gefängnis verurteilt worden. Gegen 373 Personen wurden Verweise und Verwarnungen ausgesprochen. 396 Verhaftete wurden freigelassen.

Kommission zur Wiederherstellung der Ruhe und Sicherheit am 10. September 1830

Binnen weniger Tage wurden wichtige Entscheidungen herbeigeführt, die die aufgeregten Gemüter beruhigten und notwendige reformerische Schritte einleiteten. Am 10. September setzte König Anton die »Kommission zur Wiederherstellung der Ruhe und Sicherheit« ein, deren Vorsitz der weithin beliebte Prinz Friedrich August übernahm und der u. a. Lindenau und Könneritz angehörten. Die erste Maßnahme der Kommission, die in den nächsten Wochen faktisch die Regierungsgewalt ausübte, war der Abzug der sächsischen Truppen aus der Residenz. Gleichzeitig wurde wie in Leipzig in Dresden und

Bernhard August von Lindenau, sächsischer Innenminister. Lithographie von Ludwig Theodor Zöllner, 1832

in anderen Städten des Landes eine Kommunalgarde gebildet. Nach dem 10. September verfassten zahlreiche Bürgerversammlungen Petitionen an den König und an die Kommission, in denen die Forderungen nachdrücklich formuliert waren: Einführung einer Städteordnung mit der Gewährung von kommunalen Selbstverwaltungsrechten, die Einberufung der Landstände zur Beratung dringender Reformen, die Zulassung von Wahlen für eine ständische Repräsentation, ein gerechteres Abgaben- und Steuersystem, die Vorlage eines Staatshaushaltsplans, die Milderung der Zensur. Unter diesem Eindruck erzwangen am 13. September die Geheimen Räte Nostitz, Zezschwitz, Lindenau und Könneritz bei König Anton in Pillnitz den Rücktritt Einsiedels. Gleichzeitig wurden Prinz Friedrich August zum Mitregenten sowie Lindenau und Minkwitz zu Kabinettsministern ernannt. Eine öffentliche Bekanntmachung der neuen Regierung vom 5. Oktober 1830 versprach tiefgreifende Veränderungen in Verfassung und Verwaltung des Landes. Diese Zugeständnisse beruhigten zunächst die Gemüter. Als aber Reformschritte nicht zu erkennen waren, brachen erneut Unruhen aus.

Vom Oktober 1830 zum Bürgerverein in Dresden und den Aprilunruhen 1831

Anordnung von Wahlen zu Stadtverordnetenversammlungen in Dresden und Leipzig am 1. Oktober 1830

Als ein erstes Zugeständnis an die Bürger von Dresden und Leipzig wurden am 1. Oktober 1830 Wahlen zu den Stadtverordnetenversammlungen für beide Städte angeordnet. Daraufhin wurde vom 14. bis 16. Oktober 1830 in Dresden ein neues Stadtparlament gewählt, das aus 48 ansässigen und 18 unansässigen Stadtverordneten bestand. Da das Wahlrecht an eine Bürgerrechtsgebühr von zwölf Talern gebunden war, wählten von den 69 000 Dresdner Einwohnern nur vier Prozent die Stadtverordnetenversammlung. In Leipzig dürften etwa 2 000 Bürger von 41 000 Einwohnern die 60 Mitglieder der Stadtverordnetenversammlung gewählt haben. Damit begann in beiden Städten die kommunale Selbstverwaltung, noch bevor eine neue Städteordnung für das ganze Land erlassen worden war.

Unruhen bei Auflösung der Nationalgarde in Dresden am 4. Dezember 1830

Im Dezember 1830 kam es zu erneuten Unruhen, als die seit 1809 in Dresden bestehende Nationalgarde aufgelöst bzw. in die Kommunalgarde eingegliedert werden sollte. Das Kommunalgardengesetz vom 29. November 1830 schuf dafür den gesetzlichen Rahmen. Am 4. Dezember 1830 befahl der Gouverneur der Stadt Dresden General von der Gablenz bei einem Appell der Nationalgarde im Ostragehege deren Auflösung. Unter tumultartigen Protesten musste der Gouverneur den Appell verlassen. Danach zogen die Nationalgardisten lärmend, Vivat rufend und die Marseillaise singend zum Dresdner Neumarkt; erst danach gingen sie auseinander. Nach einer Untersuchung wurden schließlich drei von ihnen zu mehrmonatigen Gefängnisstrafen verurteilt.

Bildung des Bürgervereins

Die Auflösung der Nationalgarde wurde zum Anlass für einen Zusammenschluss demokratisch gesinnter Einwohner von Dresden. Zu Beginn des Jahres 1831 formierte sich aus ihnen der Bürgerverein. Man kam regelmäßig im Kaffeehaus Kreutz am Dresdner Altmarkt zusammen und verstand sich als Interessensvertreter der Dresdner Bürgerschaft außerhalb der Kommunrepräsentanten. Das war nicht nur für die sächsische Residenz, sondern auch für alle anderen deutschen Städte etwas völlig Neues und Ungewöhnliches. Zu den fortschrittlichen kleinbürgerlichen Demokraten, die bürgerliche Staatsverhältnisse in Sachsen erzwingen wollten, gehörten der 1802 in Dresden geborene

Bernhard Mossdorf

Bernhard Moßdorf, seit 1827 selbstständig als Advokat tätig, und sein Freund Anton Bertholdy. Im Mittelpunkt der politischen Debatten im Bürgerverein stand die Ausarbeitung einer schriftlich fixierten Verfassung für das Königreich Sachsen. Zwei dazu von Moßdorf verfasste Schriften wurden zum politischen

Programm des Bürgervereins – die Flugschrift »Die Kommunalgarde wie sie ist und wie sie sein soll« und die »Constitution, wie sie das sächsische Volk wünscht«.

In der ersten Schrift, einer Reaktion auf das Kommunalgardengesetz der Regierung, wurde eine Volksbewaffnung gefordert und festgestellt, dass ohne eine Änderung der Machtverhältnisse und damit der Adelsherrschaft keine wirklich fortschrittliche bürgerliche Verfassung entstehen könne. Moßdorf befand sich darin in Übereinstimmung mit Ludwig Börne.

Er hatte vom Bürgerverein den Auftrag erhalten, eine Verfassung auszuarbeiten, da bis September 1830 Monate vergangen waren, ohne dass etwas über den Verfassungsentwurf der Regierung bekannt geworden wäre. Die sieben Abschnitte enthielten grundlegende Prinzipien: das künftige Aufgehen Sachsens in einem deutschen Nationalstaat, Gleichheit aller Bürger vor dem Gesetz, Glaubensfreiheit, Pressefreiheit, Versammlungsfreiheit, Wahrung des Briefgeheimnisses, unentgeltliche Aufhebung aller Feudallasten, Trennung von Staat und Kirche, allgemeines Wahlrecht, Schulgeldfreiheit und allgemeine Volksbewaffnung. Dieser Verfassungsentwurf war der bis dahin demokratischste; er stellte den ersten Versuch in Deutschland dar, der staatlichen Reformpolitik eine bürgerlich-revolutionäre Alternative entgegenzusetzen. Das vorangestellte Motto lautete: »Und wird sie nicht gewährt, so pochen wir mit Flintenkolben an!«

MOSSDORFSCHE VERFASSUNG

Als die Regierung das erste Exemplar des moßdorfschen Verfassungsentwurfs in den Händen hielt, nahm sie es zum Anlass, energisch gegen den Bürgerverein vorzugehen. Am 15. April wurden die Zusammenkünfte seiner Mitglieder im Kaffeehaus Kreutz verboten. Einen Tag später verhaftete die Polizei den Vereinsvorsteher Kaufmann Schramm und das Vereinsmitglied Müller. Beide konnten am 17. April nachmittags relativ leicht befreit werden, da die Wohnung des Ratswachtmeisters Schuster bewusst nicht sorgfältig bewacht worden war. Die Gefangenenbefreiung wurde als provokativer Anlass für ein militärisches Eingreifen genommen. Eine wohlvorbereitete Verhaftungswelle erfasste nahezu alle verantwortlichen und aktiven Vereinsmitglieder. Die trotzdem beginnende Erhebung wurde mit Waffengewalt unterdrückt. Es gab Tote und Verwundete. Die Ausrufung des Ausnahmezustands und die Einsetzung einer Untersuchungskommission vervollständigten die Regierungsmaßnahmen. Die lange Reihe von Zuchthaus- und Gefängnisstrafen wurde mit der Verurteilung von Moßdorf und Bertholdy zu 15 Jahren Festungshaft und ihren Abtransport auf den Königstein am 2. September 1831 abgeschlossen. Damit bestand für die Regierung Lindenau Handlungsfreiheit für das beabsichtigte Reformwerk, das mit der Verfassungsurkunde vom 4. September 1831 begonnen wurde.

VERBOT DES BÜRGERVEREINS AM 15. APRIL 1831

UNRUHEN AM 18. UND 19. APRIL 1831 IN DRESDEN

Verfassung vom 4. September 1831

Watzdorfs Forderung nach einer Verfassung für das Königreich Sachsen wurde im Februar 1830 von Kabinettsminister Einsiedel noch als Unsinn abgetan. Am 5. Oktober 1830 öffentlich zugesagt, wurde kurz danach mit der Ausarbeitung von zwei Verfassungsentwürfen begonnen, ohne die Öffentlichkeit darüber zu unterrichten. Die württembergische und die badische Verfassung dienten als Vorbild, ebenso die Verfassungen von Hannover, Hessen, Kurhessen und den ernestinischen Staaten von Coburg, Gotha und Weimar-Eisenach.

Am 1. März 1831 wurde der im Geheimen Rat erarbeitete gemeinsame Entwurf dem Landtag zugeleitet. Daran schloss sich ein nochmaliger längerer Beratungsprozess an, in dessen Verlauf bis August 1831 vier redaktionelle Fassungen entstanden. Schließlich setzten die Stände noch einige Änderungen durch und gaben anschließend ihre Zustimmung. Daraufhin wurde nach Ge-

ÜBERGABE DES VERFASSUNGSENTWURFS AN DEN LANDTAG AM 1. MÄRZ 1831

Verabschiedung der Verfassung am 4. September 1831

nehmigung durch den König am 4. September 1831 die Verfassungsurkunde feierlich von König und Mitregent unterzeichnet und öffentlich gemacht. An diesem Tage läuteten früh um vier Uhr alle Kirchenglocken Dresdens. Vormittags übergab König Anton im Schloss die Verfassungsurkunde unter Kanonendonner an ständische Deputierte, die sie danach in einem feierlichen Zug in das Landhaus brachten. Abends um neun Uhr wurde auf den Elbwiesen ein großes Feuerwerk abgebrannt, das diesen in der sächsischen Geschichte so bedeutsamen Tag abschloss. Damit trat das Königreich Sachsen in den Kreis jener deutschen Staaten ein, die mit einer schriftlichen Verfassung einen wichtigen Schritt auf dem Weg zum bürgerlichen Verfassungsstaat getan hatten. Für Sachsen begann das Zeitalter der konstitutionellen Monarchie.

Die Verfassung enthielt in acht großen Abschnitten Bestimmungen über das Königreich als einen unteilbaren Staat des Deutschen Bundes und dessen Regierung im Allgemeinen, das Staatsgut und das Vermögen des königlichen Hauses, die Rechte und Pflichten der Untertanen, die Regierung des Landes und den Staatsdienst, die Rechtspflege, die Kirchen und Unterrichtsanstalten sowie die Stiftungen, die Stände und schließlich die Gewähr der Verfassung. Erstmals wurden, wenn auch eingeschränkt, die bürgerlichen Freiheiten verfassungsmäßig garantiert. Das betraf die Freiheit des Eigentums, der Person und der Glaubensausübung, die freie Berufs- und Gewerbewahl sowie die Freiheit der Ausbildung im In- und Ausland. Das Heimat- und Staatsbürgerrecht wurde genannt, jedoch besonderer gesetzlicher Regelung vorbehalten. Die Gesetzgebung war zwischen König und Ständeversammlung so geteilt, dass der Erlass der Gesetze allein dem Souverän zustand, wogegen das Parlament lediglich Antrag auf Erlass von Gesetzen stellen durfte. Die Exekutive lag beim Landesherrn und der von ihm berufenen Regierung. Die Gerichtsbarkeit wurde von ihnen unabhängig. Als Neuerung entstand die Verwaltungsgerichtsbarkeit.

Vertrag mit den Oberlausitzer Landständen am 9. Dezember 1832

Vertrag zwischen Sachsen und Österreich vom 9./21. Mai 1845

Zum ersten Mal in der Geschichte Sachsens hatte man die Einheit des Staatsgebietes festgeschrieben, die Oberlausitz und die Schönburgischen Herrschaften wurden fest eingegliedert, auch wenn es dazu weiterer Verhandlungen und besonderer gesetzlicher Festlegungen bedurfte. Der mit den Oberlausitzer Landständen am 9. Dezember 1832 geschlossene Vertrag wurde nach der Beratung im Landtag 1834 veröffentlicht. Ab sofort galten alle sächsischen Gesetze auch in der Oberlausitz, wobei aber im Gesetzgebungsverfahren die weiter bestehenden Provinzialstände gehört werden mussten. Die einheitliche Behördenorganisation wurde auf die Oberlausitz ausgedehnt, wobei mit der Kreisdirektion Bautzen und dem Appellationsgericht Bautzen eigene Mittelbehörden entstanden. Ebenso wurde die Oberlausitz in die sächsische Steuer– und Staatsschuldenverwaltung voll einbezogen. Die seit 1635 bestehende böhmische Lehnshoheit über die Oberlausitz blieb noch ungeklärt. Erst als es bei der Neubesetzung des Dekans des Domstifts Bautzen zu einem politischen Konflikt zwischen Sachsen und Österreich kam, stand diese offene Frage auf der Tagesordnung. Im Mai 1845 stimmte Österreich der vollen Einbeziehung der Oberlausitz in das Königreich Sachsen zu und verzichtete auf künftige Mitwirkung.

Erläuterungsrezess mit den Fürsten von Schönburg 1835

Mit den Fürsten von Schönburg wurde 1835 ein Erläuterungsrezess abgeschlossen, der zwar noch ein begrenztes Eigenleben der Schönburgischen Herrschaften festschrieb, aber den Prozess der vollen Eingliederung in den sächsischen Staat beschleunigte. Aber erst 1878 war dieser Prozess abgeschlossen. Ebenso wurde, gegen eine finanzielle Entschädigung, die nahezu vollständige Eingliederung der Standesherrschaft Solms-Wildenfels in das sächsische Staatswesen herbeigeführt. Die Hoheitsrechte des Hochstiftes Meißen und des Kollegiatstiftes Wurzen wurden 1859 aufgehoben und 1864 praktisch realisiert. Damit war endlich auch die reale Staatseinheit erreicht.

Parlamentarische Vertretung

Die Verfassung bestimmte in § 78, dass die Stände »das gesetzmäßige Organ der Gesamtheit der Staatsbürger und Untertanen« seien. Es wurde nach englischem Vorbild ein Zweikammernsystem begründet. Nach dem Ständeprinzip zusammengesetzt, bestand die Erste Kammer aus 42 Mitgliedern und die Zweite Kammer aus 75, darunter 25 Abgeordnete des Bauernstandes und erstmals in einem deutschen Landtag fünf Vertreter des Handels und der Industrie. Die nach dieser Ständeeinteilung durch Vermittlung von Wahlmännern gewählte Zweite Kammer der Ständeversammlung trat in Dresden am 22. Januar 1833 zu ihrer Eröffnungssitzung zusammen. Obwohl die Rechte dieses ersten verfassungsmäßig gewählten Landesparlaments begrenzt waren, leistete es bei der Reformierung des sächsischen Staatswesens einen konstruktiven Beitrag, und zwar in beiden Kammern in jeweils vier Ausschüssen: der Verfassungsdeputation, der Finanzdeputation, der Deputation für ständische Petitionen und Beschwerden sowie der Deputation für Petitionen und Beschwerden aus der Bevölkerung.

Erste Sitzung der Ständeversammlung am 22. Januar 1833

Ständeversammlung in Dresden, Sitzung der Ersten und Zweiten Kammer. Anonymer Kupferstich, 1833

Einführung der kommunalen Selbstverwaltung

Nachdem mit der Verfassungsurkunde die rechtliche Grundlage für die Umgestaltung der staatlichen und gesellschaftlichen Verhältnisse gegeben war, wurden zügig die drängendsten Reformmaßnahmen in Angriff genommen. Begonnen wurde mit der Einführung der kommunalen Selbstverwaltung, die für Städte und Landgemeinden getrennt erfolgte. Nach dem Vorbild der preußischen Städteordnung von 1808 und der revidierten preußischen Städteordnung für die preußischen Westgebiete von 1831 erarbeiteten Hof- und Justizrat Dr. Meißner und Geheimer Regierungsrat Dr. Schaarschmidt eine Allgemeine Städteordnung, die am 2. Februar 1832 erlassen wurde. Der Unterschied zwischen schriftsässigen und amtssässigen Städten wurde aufgehoben. Alle gingen zur Selbstverwaltung über. An die Stelle des Stadtrates aus einem festen Kreis vermögender Bürger traten gewählte Stadtverordnete als Vertreter der Bürgerschaft, die ihrerseits den Stadtrat mit besoldeten und unbesoldeten Stadträten wählten. Vermögensverwaltung und Haushaltsführung lagen allein in städtischen Händen.

Allgemeine Städteordnung vom 2. Februar 1832

Für die Dorfgemeinden wurde am 7. November 1838 die Landgemeindeordnung erlassen, die am 1. Mai 1839 in Kraft trat. Das Grundanliegen war, die mit der Agrarreform wirtschaftlich frei gewordenen Bauern in ihrem Verhältnis zur Dorfgemeinde, zur Ortsobrigkeit und zum Staat neu zu bestimmen. In Anlehnung an die Städteordnung wurde auch den Dorfgemeinden die Selbstverwaltung gewährt. Der Gemeinderat setzte sich aus dem gewählten Gemeindevorstand und den Gemeindeältesten sowie aus Gemeindeausschusspersonen zusammen. Damit etablierte sich in Sachsen die ländliche politische Ortsgemeinde. Mit der Landgemeindeordnung setzte auch der Prozess der Eingemeindung kleinerer Dörfer als Ortsteile in größere Orte ein. Staatswald, Staatsgüter, Rittergüter und königliche Schlösser wurden nicht in die Landgemeinden integriert. Sie blieben als Gutsbezirke bzw. Staatsforste eigenständig.

Landgemeindeordnung vom 7. November 1838

Agrarreform und Entwicklung der Landwirtschaft

Nach mehrfachen Ansätzen und langjährigen Bemühungen waren 1829 in Sachsen Agrarreformmaßnahmen in Angriff genommen worden. Sie bildeten eine entscheidende Voraussetzung dafür, dass das Gesetz über Ablösungen und Gemeinheitsteilungen nach dem Übergang zur konstitutionellen Monarchie als drittes der großen Reformgesetze nach der Verfassungsurkunde und der Allgemeinen Städteordnung am 17. März 1832 im Gesetzblatt veröffentlicht werden konnte. Mit diesem Gesetz versuchte die Regierung, die feudalen Agrarverfassungsverhältnisse in der Landwirtschaft zu beseitigen, wie es nach 1807/11 in Preußen und anderen deutschen Staaten geschehen war. Das Negativum einer verzögerten Regulierungsgesetzgebung wollte der sächsische Staat durch ein verbessertes Gesetz ausgleichen, das die Erfahrungen anderer Staaten berücksichtigte.

Am 14. November 1829 war eine aus acht Mitgliedern bestehende Kommission zur Beratung der Ablösungsgesetzgebung berufen worden, deren Aufgaben aus Folgendem bestand: 1. Ausarbeitung eines Gesetzentwurfs über die Teilung der Gemeinheiten; 2. Klärung der Frage, ob die Ablösung der Hutungs-, Fron- und Dienstgerechtigkeiten auf einseitigen Antrag anzuordnen sei; 3. die Ausarbeitung von Gesetzentwürfen für die Ablösung dieser Feudallasten. Am 18. Juni 1830 begann die Kommission in ihrer vierten Sitzung die Beratung des Gesetzentwurfes über die Ablösung der Fronen und Dienste. Im Gesetzentwurf war vorgesehen, dass die Ablösung durch Kapitalzahlung, Rentenzahlung oder Landabtretung geschehen könne. Die Wahl des Ablösungsmittels sollte dem überlassen werden, der zur Auflösung des feudalen Verhältnisses aufgefordert wurde. Das wäre in der Praxis meistens der Grundherr gewesen, womit eine ähnliche Entwicklung wie in den ostelbischen Landesteilen des preußischen Staates eingetreten wäre. Gegen die Landabtretung erhoben zwei Kommissionsmitglieder erfolgreich Einspruch, so dass darauf verzichtet wurde und sie nur noch in geringem Umfang bei Dienstbarkeitsablösungen möglich war. Damit konnten Landabtretungen größeren Stils vermieden und der Bestand des bäuerlichen Grund und Bodens erhalten werden. Die Ablösungsmittel wurden auf die Renten- und Kapitalzahlung beschränkt. Am 26. November 1830 erstattete die Kommission der neuen Regierung unter Lindenau ihren Abschlussbericht über die bis dahin erarbeiteten gesetzlichen Entwürfe. Bis in den Februar 1832 hinein wurde darüber beraten, Gutachten und Gegengutachten entstanden, die unterschiedliche Haltungen zu den Reformen zum Ausdruck brachten. Schließlich konnte das Gesetzeswerk Ende Februar verabschiedet und am 17. März 1832 veröffentlicht werden. Es hatte einen vorsichtig vermittelnden Charakter, gab die Interessen der Grundherren nicht preis, ermöglichte aber der bäuerlichen Bevölkerung Erlösung von den feudalen Lasten.

Gesetz über Ablösungen und Gemeinheitsteilungen vom 17. März 1832

Trotz des einheitlichen Ablösungswerkes waren Teilgebiete bäuerlicher Belastungen unbeachtet bzw. bewusst unbehandelt geblieben, so dass es in den folgenden Jahren mehrfacher Nachtragsgesetze bedurfte. 1833 gab es erste ergänzende Bestimmungen für die Ablösung von Jagdfronen, 1846 solche für die Ablösung von Lehngeldverpflichtungen sowie 1850 und 1851 umfassendere Nachtragsgesetze, die es ermöglichten, bis 1859 alle Reste feudaler Lasten zur Ablösung zu bringen.

Nachtragsgesetze zur Ablösung

Gesamtumfang der Ablösungen

Von den von der Generalkommission für Ablösungen und Gemeinheitsteilungen bearbeiteten 25152 Ablösungsverfahren waren 14,94 Prozent Frondienstablösungen, 27,47 Prozent Naturalabgabenablösungen, 13,76 Prozent Lehngeldablösungen, 27,07 Prozent Geldgefälleablösungen, 10,13 Prozent Hutungsablösungen, 6,04 Prozent Servitutenablösungen und 0,59 Prozent Mahlzwangs- und Bierverlagsablösungen. Die zeitliche Abfolge der Anträge war sehr unterschiedlich. Das Schwergewicht lag anfangs auf den Frondienst- und den Trift- und Hutungsablösungen. Die anderen Feudallasten wurden dann in den Vierzigerjahren und vor allem zwischen 1850 und 1854 abgelöst. Ab etwa

1854/55 kamen nur noch verspätete Auseinandersetzungen zur Erledigung. Die Beendigung der Ablösung ist durch den Schluss der Landrentenbank 1859 gekennzeichnet. Bis dahin konnte die Grundentlastung im Wesentlichen abgeschlossen werden, womit Sachsen beispielgebend für andere deutsche Territorialstaaten wurde.

Die Landrentenbank war eine besonders bedeutsame Einrichtung für die Verwirklichung der Agrarreformmaßnahmen. Man hatte sich für die Kapital- und Rentenzahlung entschieden, um die zu keiner Zeit in Frage gestellte Entschädigung der Rittergutsbesitzer zu ermöglichen. Das schwerwiegendste Problem bei der Kapitalablösung war allerdings die Frage, wo die Bauern das Geld für die Ablösungssummen hernehmen sollten. Als Ausweg wurde letzten Endes ein staatlich garantiertes Kreditinstitut in Vorschlag gebracht, über das man sich nach außerordentlich komplizierten und umfassenden Beratungen über das Für und Wider eines solchen Bankinstituts zur Gewährleistung der Kapitalablösung im Frühjahr 1832 doch noch einigte und die Errichtung der Landrentenbank beschloss. So konnte gleichzeitig mit dem Ablösungsgesetz vom 17. März 1832 das Gesetz über die Landrentenbank veröffentlicht werden.

Errichtung der Landrentenbank 1832

Die Landrentenbank begann ihre Tätigkeit aufgrund der Generalverordnung vom 30. Dezember 1833 am 1. Januar 1834. Sie hatte ihren Sitz in Dresden und stand unter Aufsicht des Finanzministeriums. Sie gab Landrentenbriefe als Inhaberpapiere aus, deren Verzinsung und Tilgung der Staat garantierte. Die Grundherren erhielten die Landrentenbriefe für die ihnen gesetzlich zustehenden Ablösungssummen. Es war ihnen überlassen, die jährlichen Zinsen der Rentenbriefe als Ersatz für die weggefallenen Verpflichtungen der Bauern einzuziehen oder sich durch ihre Veräußerung das Kapital für die Rationalisierung ihrer Wirtschaften zu beschaffen. Die Landrentenbank übernahm dafür die Ablösungsrenten der Verpflichteten.

Ein Beispiel soll dies verdeutlichen. 1833 begann die Fronablösung des Rittergutes Zschieschen/Amt Großenhain mit den frondienstpflichtigen Einwohnern dieses Dorfes. Die bäuerliche Bevölkerung von Zschieschen setzte sich aus vier Hüfnern, einem Dreiviertelhüfner, zwei Halbhüfnern und sieben Gartennahrungsbesitzern (= Gärtner) zusammen. Sie hatten jährlich 460 Spanntage und 84 Handtage an Frondiensten zu verrichten. Hinzu kamen die Naturalzinsen mit jährlichen Abgaben von achteinhalb Hühnern und 333 Eiern. Diese Verpflichtungen entfielen ab 1. Januar 1834 für immer mit der ausdrücklichen Versicherung des Rittergutsbesitzers, »dass diese Dienste und Naturalzinsen zu keiner Zeit, und weder von ihm noch von irgend einem Nachfolger im Besitze des berechtigen Guts jemals wieder gefordert werden sollen«.

Nach der Ausmittlung des Geldwertes dieser Dienste und Abgaben wurden die Ablösungssummen im fünfundzwanzigfachen Betrag dieses Geldwertes festgesetzt. Die Ablösungssummen betrugen: 4 Hüfner je 12 Taler = 300 Taler = 1200 Taler; 1 Dreiviertelhüfner 9 Taler = 225 Taler = 225 Taler; 2 Halbhüfner je 8 Taler = 150 Taler = 300 Taler; 7 Gärtner je 1 Taler 14 Gr. = 39 Taler 14 Gr. = 277 Taler; Gesamtablösungssumme 2 002 Taler.

Dazu traten die Ablösungssummen aus der Naturalzinsablösung mit einem Kapitalwert von 161 Taler 14 Groschen. Legt man der Rentenzahlung die für den Kreisdirektionsbezirk Dresden für die Jahre 1831 bis 1849 errechneten Durchschnittspreise für Weizen und Roggen zugrunde, so mussten die bäuerlichen Grundstücksbesitzer von Zschieschen jährlich ca. 22 Scheffel Weizen oder 33 Scheffel Roggen (1 sächsischer Scheffel = 103,83 kg; 1 Scheffel Weizen zu 4 Talern 13 Groschen) auf dem Markt verkaufen, um diesen Rentenbetrag in barem Geld zu erhalten. Nach der Bestätigung des Antrags bei der Generalkommission vom 22. August 1842 auf Übernahme der Ablösungsrenten durch die Landrentenbank überwiesen die bäuerlichen Grundstücksbesitzer ihre Renten an die Landrentenbank. Der Rittergutsbesitzer erhielt einen Kapitalbetrag von 2000 Talern in Landrentenbriefen und acht Taler zehn Groschen in bar ausbezahlt. Die Bauern zahlten insgesamt für 25 Jahre einen jährlichen Betrag von etwa 80 Talern an die Landrentenbank.

WIRKUNGSWEISE DER LANDRENTENBANK

Die Landrentenbank erfüllte die in sie gesetzten Erwartungen. In den 25 Jahren ihrer Tätigkeit übernahm sie insgesamt 454 716 Landrenten, die einen Nennwert von 427 538,63 Mark hatten. Dem überwiesenen Rentenbetrag entsprach ein Kapital von 85 585 925 Mark, das an die Rittergutsbesitzer zur Auszahlung gekommen war.

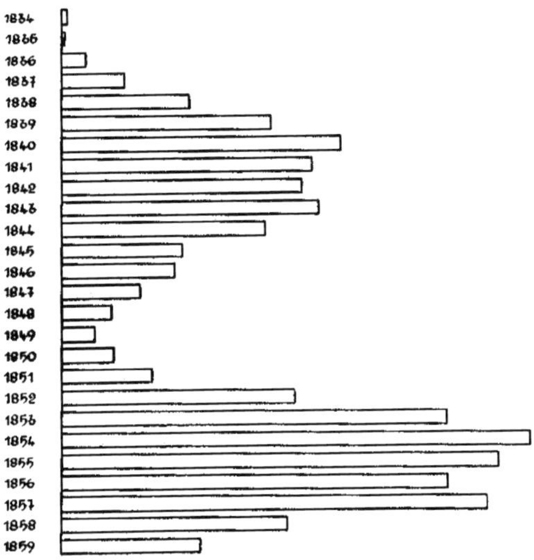

Übernommene Ablösungsrenten durch die Landrentenbank von 1834 bis 1859

Die Tilgung der Landrentenbriefschuld geschah größtenteils durch die Auslosung der Landrentenbriefe. Am 31. Dezember 1913 waren die letzten auf die Landrentenbank übernommenen Renten abgelaufen. Der letzte der uneingelöst gebliebenen Landrentenbriefe, der am 1. April 1901 fällig geworden war, verjährte am 15. Mai 1932. Nach einer fast hundertjährigen Tätigkeit hörte 1932 ein Kreditinstitut auf zu bestehen, das wesentlich zur Grundentlastung des bäuerlichen Besitzes in Sachsen beigetragen hatte und dessen Wirken für den bäuerlichen Grundbesitz wie für den Großgrundbesitz als sehr bedeutsam eingeschätzt werden muss. Nach 1832 wurde dieses Kreditinstitut in vielen deutschen Territorien und in Österreich-Ungarn nachgeahmt.

Die Ablösungs- und Gemeinheitsteilungsgesetzgebung war nur ein Teil der bürgerlichen Agrarreform. Der andere, sich daran anschließende Teil der Reformmaßnahmen bestand in der Landeskulturgesetzgebung. Sie umfasste in Sachsen die Grundstückszusammenlegungen, die 1834 gesetzlich geregelt wurden, das Dismembrationsgesetz von 1843 und die Reorganisation des Hypothekenwesens in den Jahren 1843 und 1844. Daneben trugen die Grundsteuerreform, die 1842/43 zum Abschluss kam, und die Beseitigung der Patrimonialgerichtsbarkeit 1855 ihren Teil zur völligen Beseitigung der letzten Reste feudaler Agrarverfassungsverhältnisse bei.

Betriebsgrößenverhältnisse in Sachsen

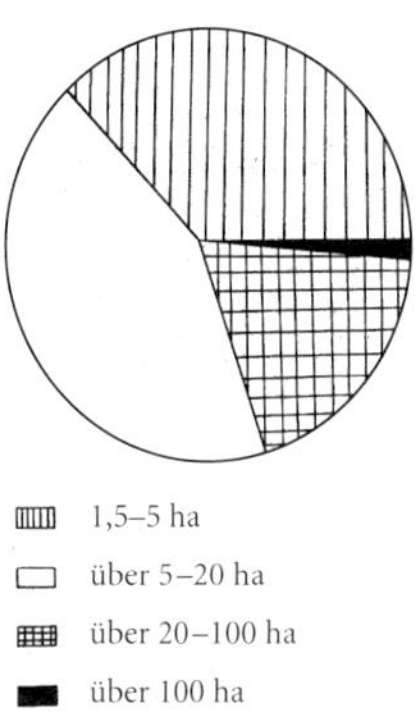

Die Agrarreform in Sachsen setzte wirtschaftliche Kräfte in der Landwirtschaft frei. Die Vergrößerung der landwirtschaftlichen Nutzfläche um etwa 30000 Hektar im Zeitraum zwischen 1838 und 1878, die absolute Zunahme des mittelbäuerlichen Grundbesitzes in der Größenordnung von fünf bis 20 Hektar, die enorme Steigerung der Getreideproduktion von etwa vier Millionen Scheffel 1830 auf rund zwölf Millionen Scheffel im Durchschnitt der Jahre 1856 bis 1860, das Wachstum der Viehbestände zwischen 1834 und 1883, etwa bei Pferden um 65,7 Prozent, bei Rindern um 17,2 Prozent und bei Schweinen um 239,6 Prozent, kennzeichnen diese Entwicklung. Die Einrichtung von Musterwirtschaften, die rasch steigende Verwendung künstlicher Düngemittel, der Einsatz landwirtschaftlicher Maschinen, die Entwicklung des landwirtschaftlichen Vereinswesens und die Anstellung eines Generalsekretärs der landwirtschaftlichen Vereine Sachsens beim Ministerium des Innern trugen zur Steigerung der landwirtschaftlichen Produktion bei. Mit Dr. Theodor Reuning konnte ein außerordentlich verdienstvoller Mann für die sächsische Landwirtschaft gewonnen werden, der bis Ende der Sechzigerjahre wesentlich die Entwicklung beeinflusst hat. Auch die Verbesserung des landwirtschaftlichen Ausbildungs-

20 Erbhuldigung für Kurfürst Friedrich August III. vor dem Leipziger Rathaus 1769. Zeitgenössische kolorierte Federzeichnung (Vorderseite). Stadtarchiv Leipzig (s. S. 167)

21 oben Übergabe der Verfassung für das von Napoleon geschaffene Herzogtum Warschau an die Mitglieder der polnischen Regierungskommission im Dresdner Schloss. Gemälde von Marcello Bacciarelli, 1811. Nationalmuseum Warschau (s. S. 181)

22 Einband für die Verfassungsurkunde des Herzogtums Warschau mit dem angehängten Majestätssiegel von Kaiser Napoleon. Den Prachteinband in blauem Samt mit reicher Goldstickerei zieren das Emblem Napoleons, der Kapitalbuchstabe »N«, und der gekrönte Adler, 1807. Sächsisches Hauptstaatsarchiv, Dresden

23 rechts oben »Grenadiere im Schnee« im Feldzug Napoleons gegen Russland 1812. Gemälde von Ferdinand von Rayski, 1834. Gemäldegalerie Neue Meister, Dresden (s. S. 184)

24 Schlachtenszene aus der Völkerschlacht bei Leipzig vom 16. bis 19. Oktober 1813. Farbradierung von J. L. Rugendas nach einer Zeichnung von J. Wagner, um 1820. Stadtgeschichtliches Museum, Leipzig (s. S. 185)

25 Verfassung des Königreiches Sachsen vom 4. September 1831. Letzte Seite mit den Unterschriften von König Anton und Mitregent Friedrich August sowie angehängtem Siegel mit Siegelkapsel. Sächsisches Hauptstaatsarchiv, Dresden (s. S. 204)

26 »Prinz Johann von Sachsen als Präsident des Geheimen Finanzkollegiums«. Gemälde von Carl Christian Vogel von Vogelstein, 1832. Gemäldegalerie Neue Meister, Dresden (s. S. 230)

27 »Erntearbeiter vor Dresden« bei der Kartoffelernte. Gemälde von Christian Friedrich Gille, 1866. Gemäldegalerie Neue Meister, Dresden

28 »Elbebaggerer« beim Hochstemmen des Flussschlammes und dessen Ablagerung auf einen Elbkahn. Gemälde von Robert Sterl, 1905. Gemäldegalerie Neue Meister, Dresden

29 »Eisenbahnunterführung in Dresden-Löbtau«. Es ist eines von mehreren Stadtmotiven Dresdens, die der Maler als Mitglied der Dresdner Künstlervereinigung »Brücke« zwischen 1905 und 1912 geschaffen hat. Gemälde von Ernst Ludwig Kirchner, 1907. Gemäldegalerie Neue Meister (Privatbesitz) (s. S. 247)

wesens durch die Einrichtung von Ackerbauschulen in allen Teilen des Landes, die Errichtung landwirtschaftlicher Versuchsstationen sowie die Durchführung landwirtschaftlicher Ausstellungen, die nach 1848 im Abstand von fünf Jahren für das ganze Land stattfanden, gehörten dazu.

Verwaltungsreform

Die entscheidende Voraussetzung für die praktische Umsetzung des Reformwerkes war eine grundlegende Verwaltungsreform, die die Regierungs- und Verwaltungsstruktur den neuen Bedürfnissen anpasste. Auf der zentralen Verwaltungsebene wurde in Verwirklichung von § 41 der Verfassung die Ministerialorganisation eingeführt. Das Reskript vom 15. Oktober 1831 löste das Geheime Kabinett und den Geheimen Rat auf und führte zum 1. November 1831 die Fachministerien ein. Am 7. November 1831 erschien die Verordnung über die Einrichtung der Ministerialdepartements, womit die Fachministerien der Justiz, der Finanzen, des Innern, des Krieges, des Kultus und öffentlichen Unterrichts, der auswärtigen Angelegenheiten sowie das Gesamtministerium gebildet wurden.

Bildung der Fachministerien zum 1. November 1831

Diese Ministerien entsprachen denen in Frankreich und in Preußen. Ihre systematische, sachliche Gliederung entsprang dem rationalen Denken der Aufklärung. Die Verfassung legte die Verantwortlichkeit der Minister vor dem Landtag fest; dies bezog sich auch auf Handlungen des Königs, bei denen er durch Gegenzeichnung mitwirkte, oder auf Handlungen des Ministers im Namen und Auftrag des Königs. Die Minister waren in Sachsen gleichberechtigt. Es gab keinen Premierminister, Staatskanzler oder Ministerpräsidenten. Der rangälteste Minister war Vorsitzender des Gesamtministeriums, hatte aber keine Vorrangstellung und keinen Einfluss auf die Auswahl seiner Ministerkollegen. Über wichtige Angelegenheiten berieten die Minister kollegialisch im Gesamtministerium, um so die Einheit der Verwaltung zu wahren. Jeder Minister hatte die Angelegenheiten seines Fachs vor dem Landtag persönlich zu vertreten und erstattete dem König unmittelbar Bericht. Innerhalb der Ministerien beriet der Minister mit den Räten, fasste aber allein den Beschluss.

Das Finanzministerium war das weitaus umfangreichste Departement, das Außenministerium das kleinste. Alle Ministerien bestanden bis 1918 äußerlich unverändert, wurden aber in ihren Aufgaben und in ihrer inneren Struktur vielfältigen Wandlungen unterworfen. Mit der rapiden Zunahme der Bevölkerung und der Ausdehnung der staatlichen Verwaltungsaufgaben hat sich ihr zunächst geringes Personal innerhalb eines Jahrhunderts vervielfacht. Den »Auftrag in Evangelicis«, d. h. die Ausübung des landesherrlichen Kirchenregiments im Auftrag des katholischen Landesherrn, übernahmen zunächst sämtliche evangelischen Minister, ab 1840 die vier Minister der Justiz, der Finanzen, des Innern und des Kultus. Außer dem Gesamtministerium und den sechs Fachministerien gab es ein Ministerium des königlichen Hauses, das die privaten Familien- und Vermögensangelegenheiten des Königs regelte und die Oberaufsicht über die königliche Hofhaltung und das königliche Hausfideikommiss führte. Ein Staatsgerichtshof hatte seit 1834 die Einhaltung der Verfassung zu überwachen. Vor diesem Gericht konnten die Kammern des Landtags die ihnen verantwortlichen Staatsminister förmlich anklagen, wenn sie die Verfassung verletzten. Prozesse gegen die Minister sind aber vor dem Staatsgerichtshof nicht vorgekommen.

Auftrag in Evangelicis

Nach der Bildung der Fachministerien wurde die mittlere Verwaltungsebene reformiert. Die Mittel- und Unterbehörden erhielten viel mehr Entscheidungsfreiheit als zuvor. Diese neuen Mittelbehörden mussten erst geschaffen werden, da die bisherigen Kreishauptleute nur Einzelpersonen mit begrenzten

Julius Traugott Jacob von Könneritz, sächsischer Justizminister. Lithographie von Carl Lutherer, 1850

Aufgaben gewesen waren. Zunächst wurde 1831 die Landesregierung in eine Landesdirektion und in ein Landesjustizkollegium geteilt, um Verwaltung und Justiz ebenso wie in der Zentralinstanz auch in der mittleren Behördenebene voneinander zu trennen. Mit Verordnung vom 6. April 1835 wurden anstelle der Landesdirektion, der Kreishauptleute und der Oberamtsregierung in Bautzen die vier Kreisdirektionen Dresden, Leipzig, Zwickau und Bautzen gebildet. Damit war eine territoriale Neugliederung auf der Grundlage der Kreiseinteilung verbunden. Unregelmäßige Grenzziehungen und Enklaven wurden beseitigt.

KIRCHEN- UND SCHULDEPUTATIONEN

Für die Kirchen- und Schulaufgaben wurde bei jeder Kreisdirektion eine Kirchen- und Schuldeputation als besondere Abteilung geschaffen. Diese bewährten sich nicht, so dass schon bald und besonders während der Revolution von 1848 die Trennung der Kirchenverwaltung von der Staatsverwaltung gefordert wurde, die § 57 der Verfassungsurkunde schon 1831 beabsichtigt hatte. Erst 1873/74 hatten diese Bestrebungen Erfolg: Das evangelisch-lutherische Landeskonsistorium wurde gegründet und die Kirchenangelegenheiten erhielten so eine gesonderte Verwaltung.

AUFHEBUNG DER PATRIMONIALGERICHTSBARKEIT ZUM 1. JANUAR 1856

Auf der unteren Verwaltungsebene bestanden staatliche Ämter und Patrimonialgerichte nebeneinander weiter, die wie bisher Justiz- und Verwaltungsaufgaben verbanden und Amtshauptmannschaften fest zugeordnet wurden. Die Regierung legte dem Landtag zwar einen Plan zur Aufhebung der Patrimonialgerichtsbarkeit vor; er scheiterte jedoch am Widerstand der Ersten Kammer. Seit 1838 konnten allerdings Patrimonialherren ihre Gerichtsbarkeit freiwillig an den Staat abtreten. Erst nach mehr als 20 Jahren wurde mit dem 1855 erlassenen Gesetz über die künftige Einrichtung der Behörden erster Instanz für Rechtspflege und Verwaltung die Patrimonialgerichtsbarkeit allgemein aufgehoben. Ab dem 1. Januar 1856 waren alle Justiz- und Verwaltungsbefugnisse auch auf lokaler Verwaltungsebene verstaatlicht, wonach dann 116 Gerichtsämter und 19 Bezirksgerichte gebildet wurden.

Justizreform

JUSTIZGESETZE 1835

Die Justiz war 1830 nach Aussage des Präsidenten des Appellationsgerichts Freiherr von Teubern in keinem einzigen deutschen Bundesstaat so rückständig und umständlich wie in Sachsen. Es gab kein einheitliches oberstes Gericht, keinen festen Instanzenzug und vor allem keine Trennung der Justiz von der Verwaltung. Die Gerichtsverfahren wurden durch mehrere Entscheidungen in jeder Instanz, durch zahlreiche privilegierte Gerichtsstände, durch unnötige Trennung von Zivilrecht und Strafrecht sowie durch Ämtererhaltung und Nachlässigkeit der Richter uneinheitlich, langwierig und teuer. Auch fehlte es an zusammenhängenden, übersichtlichen Gesetzbüchern. Die Staatsreform brachte auch auf diesem Gebiet grundlegende Veränderungen. 1835 erschienen vier Justizgesetze. Durch das Gesetz A. über Kompetenzverhältnisse zwischen Justiz- und Verwaltungsbehörden wurden Justiz und Verwaltung bei den höheren und mittleren Behörden getrennt. Durch das Gesetz B. trat an die Stelle der bisherigen höchsten Gerichte allein das Oberappellationsgericht. Vier Appellationsgerichte bildeten die mittlere Justizinstanz in den gleichen Bezirken, in denen die Kreisdirektionen als mittlere Verwaltungsbehörden wirkten. Damit wurde ein fester Dreiinstanzenzug von den staatlichen Ämtern bzw. den Patrimonialgerichten über die vier Appellationsgerichte bis zum Oberappellationsgericht eingeführt und die Trennung in Zivilgerichtsbarkeit und Strafgerichtsbarkeit beseitigt. Den neuen Gerichten war die gesamte Rechtspflege in Zivil- und Strafrecht übertragen. Durch das Gesetz C. wurden die bisher sehr vielfältigen privilegierten Gerichtsstände eingeschränkt, aber nicht beseitigt.

Im Gesetz D. wurde die neu geschaffene Verwaltungsgerichtsbarkeit geregelt. Die Herausgabe zusammenhängender Gesetzbücher wurde vorbereitet; ein Kriminalgesetzbuch erschien 1838. Das daraus erarbeitete Strafgesetzbuch sowie die Strafprozessordnung wurden 1855 ebenso vollendet wie das Militärstrafgesetzbuch vom 11. August 1855, ergänzt durch die Militärgerichtsverfassung und Militärstrafprozessordnung vom 23. April 1862. Das 1863 erlassene Bürgerliche Gesetzbuch für Sachsen trat 1865 in Kraft. Damit hatte Sachsen ein modernes Zivilrecht, das die Constitutiones von 1572 ablöste und die Rechtsentwicklung in Deutschland mit beeinflusste.

Ferdinand Zschinsky, sächsischer Justizminister. Lithographie von O. Rafeld, um 1850

Militärreform

Obwohl nicht im Vordergrund stehend, wurden auch in der sächsischen Armee Reformmaßnahmen durchgeführt. So erhielten Bürgerliche die Möglichkeit, in den Offiziersstand aufgenommen zu werden. Mit dem Gesetz über die Erfüllung der Militärpflicht vom 26. Oktober 1834 wurde die allgemeine Wehrpflicht eingeführt, d. h. die männlichen Sachsen ab dem 20. Lebensjahr wurden gemustert und zu sechs Jahren Wehrdienst eingezogen. Körperliche Züchtigungen wie beispielsweise Spießrutenlaufen wurden abgeschafft. Die Militärverwaltung erfuhr eine Neuordnung.

Einführung der allgemeinen Wehrpflicht 1834

Schulreform

Sollte das große Staatsreformwerk in die Zukunft wirken und zu dauerhaften positiven Ergebnissen führen, bedurfte es auch einer Neuordnung des Bildungswesens, besonders im Elementarschulbereich.

Trotz der bereits 1769 in Sachsen eingeführten Schulpflicht gab es weder soziale noch organisatorische, materielle oder schulrechtliche Rahmenbedingungen, um diese auch durchgängig zu gewährleisten. Katecheten- und Kinderlehrschulen, Privatschulen und diskriminierte Winkelschulen, Küster- und Pfarrschulen trugen die Volksbildung. Der geistige Vater der Schulreform, der 1779 geborene und in Hirschfeld bei Zwickau sowie in Werdau aufgewachsene Gottlob Leberecht Schulze hatte in seiner Schrift »Das Volksschulwesen in den Königl. Sächs. Landen von seiner mangelhaftesten und hülfsbedürftigsten Seite dargestellt und den jetzt versammelten Ständen des Königreichs zu ernster Beratung empfohlen« erhebliche Kritik an den Unzulänglichkeiten der 687 Katecheten- und Kinderlehrschulen mit 41 200 Schülern und den 731 Landschulen, an denen etwa 80 000 Schüler sporadisch unterrichtet wurden, geäußert. Unaufgefordert hatte er 1828 einen Gesetzentwurf zur Verbesserung des Schulwesens eingereicht. Die Regierung Lindenau nahm Schulze beim Wort und berief ihn mit dem Auftrag in das Kultusministerium, ein Elementarschulgesetz zu erarbeiten. Sein Gesetzentwurf, unterstützt vom Prinzen Johann, von der Landesregierung und von den unabhängigen Lehrervereinen in Leipzig und Dresden, konnte sich in den wesentlichen Passagen gegen den Widerstand aus Unternehmerkreisen durchsetzen. Letztere sahen ihre Fabrikschulen in Gefahr, die nur für die berufliche Tätigkeit notwendigen Kenntnisse vermittelten. Das in der sächsischen Bildungsgeschichte schulpolitisch und pädagogisch grundlegende »Elementar-Volksschulgesetz« mit seinen 80 Paragraphen wurde am 6. Juni 1835 verabschiedet; am 9. Juni kam die Ausführungsverordnung mit 174 Bestimmungen hinzu. Diese Bildungsgesetzgebung wurde in der Folge immer weiter vervollkommnet. Sie erlangte bald nationale Ausstrahlung. Ideale von Pestalozzi, Ernesti, Reinhard und Dinter fanden aktuelle Fassung in einem fortschrittlich-liberalen Bezug. Das Volksschulgesetz basierte auf der neuhumanistischen Bildungstradition, weil als Ziel der Volksschule die »allgemeine, religiöse und vaterländische« Erziehung

Elementar-Volksschulgesetz 1835

rechtsverbindlich gemacht wurde. Unmittelbare Berufsvorbereitung blieb zugunsten »der Hervorbringung derjenigen Einsichten, Kenntnisse und Fertigkeiten ..., die für jedermann unentbehrlich sind«, ausgeschlossen. Als verbindliche Unterrichtsgegenstände waren festgelegt: »Religion; Sprach- und Leseübungen; Schönschreiben, Rechtschreiben und Aufsatzlehre; Kopf- und Tafelrechnen; Gesangsbildung; Naturkunde; Erdbeschreibung und Geschichte; Formenlehre und Zeichnen nach Ermessen«; für Mädchen sollte zusätzlich Anleitung zu »weiblichen Arbeiten« gegeben werden. Die achtjährige allgemeine Schulpflicht begann mit dem sechsten Lebensjahr.

Einführung der achtjährigen Schulpflicht

Die Schulkinder durften nebenbei in keinem Lehrverhältnis stehen, womit man einen Schutz vor Kinderarbeit erreichen wollte. Sachsen war der erste deutsche Staat mit einer solchen gesetzlichen Fixierung. Die Gemeinden wurden mit dem Gesetz verpflichtet, Schulen zu unterhalten und dafür ausreichend Schulräume einzurichten. Da der Unterricht in Wohnungen untersagt wurde, begann in den sächsischen Dörfern ein reger Schulhausbau. Die Schulpflicht wurde ermöglicht, da kein Schulgeld erhoben werden durfte.

Schließlich erhielten die Lehrer eine feste Anstellung, eine Besoldung und eine feste Wohnung. Als Mindestgehalt der Lehrer an den Volksschulen wurden 120 Taler jährlich festgesetzt, dafür leistete der Staat den Dorfgemeinden finanzielle Unterstützung. Die Ausbildung der Lehrer wurde entscheidend verbessert. Regulative zur Lehrerprüfung vom Juli 1835 und zu den Anstellungs- und Beförderungsprüfungen vom August des gleichen Jahres sowie die Seminarordnung vom November 1840 schufen das bildungsrechtliche Fundament für diese Aufgabe. Die Seminarausbildung wurde auf vier Jahre verlängert. Nach bestandener Kandidatenprüfung hatte sich der Absolvent zwei Jahre lang als Hilfslehrer zu bewähren. Wenn er in der abschließenden Wahlfähigkeitsprüfung erfolgreich war, konnte ihm die Staatsbehörde ein Lehramt übertragen. Dessen Ausübung war an den Untertanen- und Verfassungseid gebunden. Das öffentliche Ansehen des Berufsstandes wuchs. Ein lückenloses System der Schulaufsicht ermöglichte eine bis dahin nicht gekannte Verbindlichkeit im Reformprozess, eine straffe Kontrolle zur Einhaltung der Schulpflicht und den systematischen Abbau der Fabrikschule. Den Sorben sicherte sie die muttersprachliche Kommunikation im Unterricht zu.

Seminarordnung vom November 1840

Polnische Emigranten zwischen 1830 und 1864 in Sachsen

In den Monaten des Umbruchs vom September 1830 bis April 1831 trafen aus Polen, mit dem man seit den Tagen Augusts des Starken mehr oder weniger eng verbunden war, Nachrichten über Volkserhebungen in Sachsen ein. In Warschau, der Hauptstadt von Kongresspolen, erhob sich unter dem Eindruck der französischen Julirevolution die Fähnrichschule. Am Abend des 29. November 1830 besetzten die polnischen Revolutionäre, seit 1828 in einer Verschwörung organisiert, die Schlüsselpositionen der Stadt. Die nationale Erhebung gegen die zaristische Herrschaft endete mit der Kapitulation von Warschau im September 1831. Danach setzte die »Große Emigration« ein, in deren Verlauf über 4000 Aufständische die Grenzen nach Preußen und Österreich überschritten. 1846 scheiterte trotz umfangreicher konspirativer Vorbereitungen erneut der Versuch eines nationalen Aufstands in den von Preußen, Österreich und Russland annektierten polnischen Regionen. Die Versuche der polnischen Befreiungsbewegung von 1848/49, vielschichtig und in ihren politischen Zielstellungen durchaus differenziert angelegt, sowie der im Januar 1863 beginnende, wohl größte und radikalste der polnischen Aufstände, bildeten weitere Kulminationspunkte. Jeder dieser gescheiterten Aufstände führte dazu, dass viele Polen, darunter zahlreiche Angehörige des Adels und des Bildungsbürgertums, ihr Land verlassen mussten. Die meisten von ihnen zogen durch Sachsen – bedingt durch die geographische Lage, aber auch in der Hoffnung auf Unterstützung durch ihre seit vielen Jahrzehnten in Dresden und Leipzig lebenden Landsleute. 1831/32 waren es etwa 4 000, 1846 nur etwa 100, aber 1848/49 trotz aller polizeilichen Restriktionen wieder mehrere hundert und 1864 erneut einige tausend Polen, die diesen Weg nahmen.

Noch während in Kongresspolen im September 1831 die Waffen sprachen, wurde in Dresden öffentlich für einen Sieg der Polen gebetet. Geldsammlungen und andere Unterstützungsaktionen begannen. In vielen sächsischen Städten entstanden Polenvereine, die durch Geldsammlungen den polnischen Emigranten finanzielle Unterstützung gewährten. In der Dresdner Presse wurde zu Spendenaktionen aufgerufen. Der Buchhändler Arnold vertrieb Bücher des polnischen Historikers Lelewel und der Schriftsteller Czynski, Mickiewicz und Mochnacki. In Arnolds »Lesekabinett« sowie in der Konditorei Baldini auf dem Dresdner Altmarkt lagen polnische Zeitungen aus. Zu den im November 1832 in Sachsen weilenden Polen gehörten u. a. Fürst Lubomirski, Fürst Sapieha, Graf Potocki, General Woyczynski und General Szymanowski.

Polenvereine 1831

Im Vormärz und während der Revolution 1848/49 gestalteten sich die Beziehungen zwischen den demokratischen Kräften in Sachsen und den polnischen Emigranten besonders eng. Sachsen, vor allem Dresden, wurde nach 1841 Zentrum einer aktiven deutsch-polnischen Zusammenarbeit. Zwei Dresdner Bürger standen dabei im Vordergrund: der 1808 in Tharandt geborene Hofpostamtssekretär Carl August Martin und der sieben Jahre jüngere Kandidat der Theologie Ludwig Wittig, der nach 1839 als Journalist und Schriftsteller tätig war. Als Mitglied des Kreises um Arnold Ruge wurde er mit Bakunin sowie mit anderen in Dresden ansässigen polnischen Emigranten persönlich bekannt. Er unterhielt enge Verbindungen zu der »Centralisacija« in Paris und stand bald im Ruf eines Polenfreundes. Wittigs enger Kontakt zu Wojcech Lipski, dem Mitglied der »Liga Polska« in Berlin, ließ ihn zu einem wichtigen Bindeglied zwischen der polnischen Freiheitsbewegung und den Demokraten in Sachsen nach 1841 werden.

Hofpostamtssekretär Martin und Ludwig Wittig

Seit März 1846 war Dr. Johann Tyssowski, der Diktator des revolutionären Freistaates Krakau, auf dem Königstein inhaftiert, nachdem er Anfang März während seines Dresdner Aufenthalts von der Stadtpolizeideputation verhaftet worden war. Im Verlauf der Verhöre Tyssowskis durch einen österreichischen Kriminalrat wurde offenbar, dass der königlich-sächsische Hofpostamtssekretär Martin die Zwischenstation einer illegalen Postverbindung zwischen Paris und Polen war. Verbindungen wurden aufgedeckt zu Robert Blum, Julius Mosen, Hoffmann von Fallersleben, Viktor Heltmann, Herrmann Kriege, Mieroslawski, Todt, Gustav Blöde und Heinrich Wuttke. Nach dem Märzumschwung 1848 leitete Wittig in Dresden mit größter Aktivität den Versand von Literatur von und nach Polen und organisierte die Betreuung und Unterstützung durchreisender polnischer Demokraten. Engste Verbindungen hatte er zu den Emissären dieser bedeutenden polnischen illegalen Organisation Viktor Heltmann und Alexander Krzyzanowski, die er zur Gewinnung polnischer Offiziere für den bewaffneten Kampf überreden wollte. Die Niederschlagung des Dresdner Aufstands vom 3. bis 9. Mai 1849 und des Badischen Aufstands im Juni 1849 beendete die Zusammenarbeit mit den polnischen Demokraten in Sachsen. Nun mussten viele sächsische Demokraten selbst in die Emigration gehen.

Johann Tyssowski als Gefangener auf dem Königstein 1846

Industrielle Entwicklung und wissenschaftlich-technischer Fortschritt

Beitritt Sachsens zum Deutschen Zollverein 1833

Vom Beginn der Dreißigerjahre bis zur Mitte der Sechzigerjahre vollzog sich eine radikale Industrialisierung des Landes. Der Beitritt Sachsens zum Deutschen Zollverein am 18. März 1833, der zum 1. Januar 1834 wirksam wurde, förderte diesen Prozess nachhaltig, da sich mit dem erweiterten Absatzmarkt die Chancen für die sächsischen Produkte wesentlich vergrößerten.

Industrialisierung der Textilherstellung

Der Industrialisierungsprozess hatte seinen Schwerpunkt weiterhin in der Textilherstellung. Allein von 1834 bis 1837 stieg die Zahl der mechanischen Baumwollspinnereien von 91 auf 130 Unternehmen. In der Wollspinnerei entstanden von 1834 bis 1839 102 neue Fabriken. 1846 liefen 60 Prozent der Baumwollspindeln des Zollvereins in Sachsen. Der mechanische Webstuhl wurde eingeführt. Es gab neue Produktionsverfahren beim Bleichen, Färben und im Textildruck. Bedeutung hatte nach wie vor die Strumpfwirkerei, da sie ein unbestrittenes Monopol in Deutschland und in Übersee besaß. Die Erzeugnisse der Großschönauer Damastweberei wurden in alle Welt verkauft. 1846 waren drei Viertel der sächsischen Lohnarbeiter in der Textilindustrie tätig. Es liefen 600 000 Feinspindeln und 80 000 Webstühle in den Textilfabriken. Sachsen war damit Mitte des 19. Jahrhunderts das Zentrum der deutschen Textilindustrie.

Einsatz von Dampfmaschinen

Daneben bestimmte zunehmend der Maschinenbau die industrielle Entwicklung. Für den Antrieb wurden Dampfmaschinen mit wachsender Leistungskraft beschleunigt eingeführt. 1830 arbeiteten 24 Dampfmaschinen in sächsischen Unternehmen, 1846 war ihre Zahl auf 197 angewachsen. Das ermöglichte eine Standortverlagerung der Fabriken von den Flussläufen weg in die Nähe der Steinkohlegruben und der wachsenden Städte, wo ein zunehmendes Arbeitskräftepotenzial zur Verfügung stand. Neben Leipzig, Dresden und Chemnitz wurden der Plauensche Grund und Zwickau zu Zentren der Industrie: der Grundstoffindustrie mit dem Eisenwerk von Potschappel, wo 1840 der erste mit Koks betriebene Hochofen angefahren wurde, und mit der Königin-Marien-Hütte in Cainsdorf bei Zwickau, dem modernsten und größten Hüttenwerk in Deutschland, ausgestattet mit Hochöfen und Walzstraßen.

Sächsische Maschinenbau-Compagnie 1836

Dazu trat der Werkzeugmaschinenbau mit der Herstellung von Produktionsmaschinen. Chemnitz entwickelte sich bald zum Zentrum für diesen dann profilbestimmenden Wirtschaftszweig in Sachsen. Neben der von Carl Gottlob Haubold 1836 initiierten Sächsischen Maschinenbau-Compagnie wurde die von Richard Hartmann 1837 eingerichtete Maschinenbauwerkstatt zur bedeutendsten Maschinenfabrik in Sachsen. Von den beispielsweise 1846 in Sachsen gebauten 193 Dampfmaschinen kamen 144 aus acht Chemnitzer Maschinenbaufabriken. In dem hartmannschen Unternehmen stiegen die Beschäftigungszahlen von 40 im Jahre 1839 auf 2000 im Jahre 1857. Neben Dampfmaschinen wurden ab 1847 Lokomotiven, ab 1848 Gewehre, ab 1855 Turbinen, Bergwerksmaschinen und Bohrmaschinen, ab 1857 Werkzeugmaschinen hergestellt.

Ansiedlung neuer Industriezweige

In Sachsen siedelten sich bald neue Industriezweige an. Als Beispiel mag Dresden gelten, das durch seine verkehrsmäßige Erschließung begünstigt war. 1835 verlegte Ludwig Gehe seine chemisch-pharmazeutische Fabrik nach Dresden. Die Dresdner Glashütte der Gebrüder Hans und Friedrich Siemens vollzog mit der Einführung des von Siemens entwickelten Regenerativfeuerungsverfahrens und des Wannenofens 1856 den Übergang von der Manufaktur zur Fabrik. Erstmalig in der Welt wurde Glas industriell hergestellt. Im gleichen Jahr wurden die keramischen Werke von Villeroy & Boch gegründet. 1866 gab es fünf Unternehmen in der Stadt, die Fotopapiere herstellten. 1855 gründete Clemens Müller eine Nähmaschinenfabrik als erste ihrer Art in Deutschland. 14 Jahre später entstand die Nähmaschinenfabrik von Seidel & Naumann; 1867 wurden in Dresden 11000 Nähmaschinen produziert. Als 1862 die »Compagnie Laferme« als erste Zigarettenfabrik Deutschlands ihre Produktion aufnahm, wurde die Zigarettenindustrie in Dresden heimisch.

Die bereits im ersten Drittel des 19. Jahrhunderts in Dresden gegründete Zucker- und Schokoladenherstellung erfuhr ebenso großen Aufschwung wie die Bierbrauerei. Am 26. März 1838 eröffnete die Societätsbrauerei auf dem Waldschlösschen den öffentlichen Ausschank.

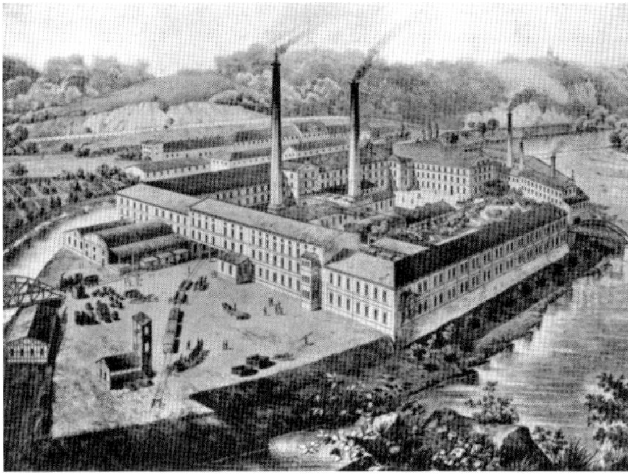

Papierfabrik Golzern, hier nahm Gottlieb Adolf Schroeder 1862 die erste Papiermaschine in Betrieb

In Leipzig war es Rudolf Sack, der um 1850 den ersten eisernen Pflug in Deutschland entwickelte und damit den fabrikmäßigen Bau moderner landwirtschaftlicher Geräte begann. Ferdinand Adolf Lange mit seiner Taschenuhrenherstellung in Glashütte ab 1845, die Erfindung des Holzschliffes für die Papierherstellung durch Friedrich Gottlob Keller in Krippen in der Sächsischen Schweiz sowie die Einrichtung der fabrikmäßigen Brotherstellung durch Gottlieb Traugott Bienert in Plauen bei Dresden stehen beispielhaft für den wirtschaftlich-technischen Fortschritt in jenen Jahrzehnten. Bereits Mitte des 19. Jahrhunderts verdienten mehr als 50 Prozent der sächsischen Bevölkerung ihren Lebensunterhalt im nichtagrarischen Bereich. 1861 bestanden in Sachsen etwa 1 500 Fabriken.

Eisenbahnbau von Leipzig nach Dresden ab 1834

Nach 1830 erfuhren die Verkehrsverbindungen mit dem Eisenbahnbau eine grundlegende Veränderung. Die Reisezeiten verkürzten sich, Städte und Länder rückten näher zueinander. Für Sachsen wurde die Entscheidung, die erste deutsche Fernbahn zwischen der Handelsmetropole Leipzig und der Landeshauptstadt Dresden zu bauen, zum wichtigen Meilenstein. Am 18. Juli 1833 hatte Friedrich List in Leipzig seine Schrift »Über ein sächsisches Eisenbahnsystem als Grundlage eines allgemeinen deutschen Eisenbahnsystems und insbesondere über die Anlegung einer Eisenbahn von Leipzig nach Dresden« veröffentlicht. Leipziger Kaufleute wandten sich am 20. November 1833 mit einer Petition an die sächsische Regierung, um die Zustimmung für den Bau einer solchen Bahn zu erhalten. Im Mai 1834 wurde das Vorhaben des »Comites zur Vorbereitung des Bahnbaus« in Dresden genehmigt. Auf Staatskosten nahm die Kameralvermessungsanstalt in Dresden unter Leitung von Wilhelm Gotthelf Lohrmann die Vermessung der günstigsten Streckenführung vor. Aus mehreren vorgeschlagenen Linienführungen entschied sich das Leipziger Eisenbahnkomitee für den Bau der etwas längeren Strecke von Leipzig über Wurzen und Oschatz nach Riesa und von dort nach Überquerung der Elbe auf rechtselbischer Seite bis nach Dresden-Neustadt. Am 24. April 1837 fuhr erstmals eine Dampflok von Leipzig nach Althen und zurück. Es waren Lokomotiven englischer Fabrikation, die unter den Namen »Edvard Bury« und »Komet« die offenen Eisenbahnwagen zogen. Als am 8. April 1839 der durchgängige Eisenbahnbetrieb eröffnet wurde, konnten die Dresdner auch die erste in Deutschland hergestellte Lokomotive bestaunen. Es war die von Johann Andreas Schubert in der Maschinenbauanstalt Dresden-Übigau entwickelte und nach englischem Vorbild gebaute »Saxonia«, die den Festzügen folgte. Nach drei Stunden trafen die Eisenbahnzüge in Leipzig ein. Wozu man mit der Postkutsche drei Tage benötigte, konnte nunmehr in wenigen Stunden bewältigt werden. 1847 hatte die Leipzig-Dresdner Eisenbahn bereits 26 Lokomotiven in Betrieb, wovon die meisten in der Dresdner Maschinenbauanstalt und in Chemnitz gebaut waren.

Friedrich List. Lithographie von Joseph Kniehuber, 1845

Noch 1835 hatte Lohrmann im Regierungsauftrag die Planungs- und Vermessungsarbeiten an der Riesa-Chemnitzer, der Zwickauer sowie der Dresden-Löbau-Görlitzer Eisenbahn aufgenommen. Innerhalb kurzer Zeit entstanden die Planungsunterlagen für ein erstes landesweites Eisenbahnnetz, das sowohl das Landschaftsbild als auch die wirtschaftlichen und sozialen Lebensverhältnisse, einschließlich des Alltags der Menschen, nachhaltig beeinflussen sollte. Auf der Grundlage dieser Pläne wurde bereits während des Baus der Leipzig-Dresdner Eisenbahn mit der Errichtung weiterer Strecken begonnen. Im Sommer 1844 erfolgte der erste Spatenstich zum Bau der Sächsisch-Schlesischen Eisenbahn in Dresden, deren durchgängiger Streckenbetrieb am 1. September 1847 eröffnet wurde. Mit dem Bau weiterer Eisenbahnstrecken wurde begonnen – die Eisenbahnverbindung von Dresden nach Chemnitz und Zwickau und von dort nach Leipzig, die Chemnitz-Riesaer Bahn, die Sächsisch-Böhmische Eisenbahn entlang des Elbtales. 1852 wurde die Dresdner Marienbrücke eröffnet und verband die Dresden-Leipziger und Sächsisch-Schlesische Eisenbahn mit der Sächsisch-Böhmischen Bahn und mit der später entstehenden Strecke Dresden-Freiberg-Chemnitz. Dresden wurde ebenso wie Leipzig zu einem mitteleuropäischen Eisenbahnknotenpunkt. Bis 1866 war Leipzig auf dem Schienenweg mit Berlin, Stettin, Magdeburg, Hannover, Hamburg, München, Prag, Wien und dem Rheinland verbunden. Mit den Eisenbahnstrecken erlebte der Brückenbau einen ungeheuren Aufschwung. Für die Sächsisch-Bayerische Eisenbahn von Leipzig nach Hof mussten das Elstertal und das Göltzschtal überbrückt werden. Von Mai 1845 bis Juli 1851 entstanden die in Ziegelbauweise errichtete Göltzschtalbrücke, 78 Meter hoch und 574 Meter lang, und die Elstertalbrücke, 68 Meter hoch und 279 Meter lang. Die von Johann Andreas Schubert und den Bauingenieuren Robert Wilke, Ferdinand Dost und Karl Herrmann Kell konstruierten Brücken hielten allen Überprüfungen und gutachtlichen Äußerungen stand. Noch heute sind diese ingenieurtechnischen Meisterleistungen verkehrstüchtig.

Lokomotive »Faust«, Wagenzug der Leipzig-Dresdner Eisenbahn und der Dresdner Bahnhof in Leipzig, 1838. Nach Hahn, Eisenbahnen

Göltzschtal und Elstertalbrücke ab 1845

Göltzschtalbrücke im Bau. Stich, 1850

Zur Revolutionierung des Verkehrswesens trug ebenso die Dampfschifffahrt auf Flüssen und Meeren bei. Der 1836 auf Initiative von Johann Andreas Schubert gegründete »Dresdner-Actien-Maschinenbau-Verein« sah die Herstellung von Dampfmaschinen aller Art, von Schiffsdampfmaschinen, Eisenbahn-Dampfwagen, Dampfkesseln und Spinnmaschinen vor: Auf dem Gelände des Schlosses Übigau entstanden die Werkstätten des Unternehmens. Erster Auftrag war die Ausrüstung des ersten Personendampfbootes auf der Oberelbe mit einer Dampfmaschine. Die »Königin Maria« traf am 30. Juli 1837 von Übigau kommend in Dresden ein.

Beteiligung am Projekt des Suez-Kanals

Selbst an der Vorbereitung, Planung und Finanzierung des Suezkanals beteiligte sich Sachsen. Ziel war es, den Handel mit China und dem Orient über das Mittelmeer nach Triest und durch Österreich nach Deutschland zu leiten. Die Leipziger Großkaufleute und Bankiers Albert Dufour-Feronce, Ludwig Sellier und Gustav Harkort, dazu Robert Georgi aus Mylau und Regierungsrat Thieriot bildeten gemeinsam mit Österreichern die deutsche Gruppe der 1846 gegründeten internationalen Gesellschaft zur Vorbereitung des Kanalbaus. Der sächsische Staat leistete eine Bürgschaft in Höhe von 25000 Francs.

Eine großzügige staatliche Förderung ließ die Universität Leipzig zu einer bedeutenden Lehr- und Forschungsanstalt werden. Philologie, Naturwissenschaften und Medizin erlangten internationalen Ruf. Dies wurde noch durch die Gründung der Sächsischen Gesellschaft der Wissenschaften unterstrichen, die am 1. Juli 1846 ihre Tätigkeit in Leipzig aufnahm.

Blick von der Brühlschen Terrasse auf die Elbschiffe. Lithographie von Hans Anton Williard, um 1860

Die Reform der Universitätsverfassung im Jahre 1830 stand am Beginn dieser wissenschaftlichen Entwicklung. Am 4. Dezember 1831 wurde der Grundstein für ein neues Universitätsgebäude, das Augusteum, am Augustusplatz gelegt, das am 3. August 1836 feierlich eingeweiht werden konnte. Die Anzahl der Professuren wurde von 67 im Jahre 1830 auf 99 im Jahre 1869 erhöht. Die Ausprägung eines neuen Seminarsystems vereinte Lehre und Forschung, das philologische Seminar des Altphilologen Gottfried Hermann wurde dafür Vorbild. Damit wurde der internationale Ruf der Leipziger Philologie begründet. Zu dem Kreis weithin bekannter Gelehrter an der Leipziger Universität gehörten beispielsweise der Archäologe und Religionshistoriker Gustav Seyffahrt, der Neutestamentler Johann Georg Benedikt Winer, der Orientalist Heinrich Leberecht Fleischer, der Germanist Moritz Haupt, der Historiker Wilhelm Wachsmuth, der Anatom und Physiologe Ernst Heinrich Weber, der Mediziner Gustav Theodor Fechner, der Zoologe Eduard Pöppig sowie der Jurist Gustav Ernst Heimbach. Von den »Göttinger Sieben« fanden der Jurist Wilhelm Eduard Albrecht und der Physiker Wilhelm Eduard Weber an der Leipziger Universität eine neue Wirkungsstätte.

Vormärzliche Verhältnisse

Das Jahrzehnt vor der Märzrevolution von 1848 gilt allgemein als »Vormärz«. Diese Zeitspanne wird durch veränderte politische Verhältnisse und das Entstehen einer Opposition gegen die Regierung ebenso charakterisiert wie durch eine zunehmende politische Presse und Publizistik, durch oppositionelle religiöse Bewegungen und durch ein aufblühendes, bürgerlich bestimmtes geistig-kulturelles Leben. Nach den Jahrzehnten des klassischen Weimar mit seiner geistigen Führerschaft in Deutschland und danach Berlin als Zentrum geistiger und künstlerischer Entwicklung übernahm in der Zeit des Vormärz Dresden diese Rolle in Deutschland.

Augusteum am Augustusplatz in Leipzig, 1836 eingeweiht. Anonyme Lithographie, um 1850

Zu einer wichtigen Erscheinungsform im Vormärz entwickelten sich die Vereine. Turn- und Gesangsvereine, Redeübungsvereine und so genannte Gesellschaften, deren Mitglieder sich regelmäßig trafen, wurden zu Gremien bürgerlicher Geselligkeit, aber auch politischer Opposition. In Leipzig war es der von Robert Blum gegründete Redeübungsverein, der zum Forum des Gedankenaustausches kleinbürgerlich-demokratischer Kreise wurde, aus dem schließlich der Vaterlandsverein 1848 entstand.

Merkur schützt das Vereinshaus des Kaufmännischen Vereins. Radierung von Erich Gruner, 1877

Im Belvedere auf der Brühlschen Terrasse in Dresden hatte am 22. Dezember 1844 eine »Besprechung« von Ferdinand Hiller, der sich seit Oktober 1844 in Dresden aufhielt, Carl Krüger, Friedrich Wieck und Robert Schumann stattgefunden. Seit dem 9. Januar 1845 kam man in den Wohnungen der Mitglieder dieses kleinen Kreises von Gleichgesinnten regelmäßig wöchentlich einmal zusammen. Bereits im Februar 1845 schrieben die »Signale für die musikalische Welt«: »Ferd. Hiller, Carl Krüger, F. Kummer, C. M. Schumann, Robert Schumann, Tichatschek und Fr. Wieck haben in Dresden Musikkränzchen errichtet, worin die Clavier-Kammermusik vom Solo zum Quintett – natürlich auf sehr interessante und meisterliche Weise – vertreten ist. Bald kam auch Richard Wagner in diesen Kreis. Dazu traten die Maler Bendemann und Hübner, der Bildhauer Rietschel, der Dichter Reinick. Im Winter 1846/47 erweiterte sich dieser Kreis so sehr, dass man zur Bildung einer regelrechten Gesellschaft schritt. So hob man die Montagsgesellschaft aus der Taufe, da man sich nun regelmäßig montags im Restaurant Engel zusammenfand. Diese Gesellschaft zählte bald alles zu ihren Mitgliedern, was in Dresden an Künstlern und Schriftstellern Rang und Namen hatte.«[45]

Montagsgesellschaft in Dresden

Über die politischen Diskussionen schrieb Friedrich Pecht, selbst Mitglied der Montagsgesellschaft: »Semper, der übrigens selten erschien, war ein entschiedener Republikaner, Richard Wagner auch, doch wollte er das Haus Wettin mit der erblichen Präsidentschaft der Republik betraut sehen, und so gab es bald keine Staatsform, bis auf die reine Anarchie, die nicht ihre Vertreter gefunden hätte.«[46] Zu Gast in der Montagsgesellschaft waren Georg Herwegh, Robert Prutz, Hoffmann von Fallersleben und viele andere. Sie bildete im gesellschaftlichen Leben das geistige Zentrum des Vormärz, in dem bürgerliche Auffassungen von Staat, Kunst und Kultur geprägt wurden.

Sächsischer Kunstverein und Johann Gottlob Quandt

Eine wichtige Persönlichkeit des kulturellen Lebens, die in Sachsen gleichsam die alte und die neue Zeit verband, war Johann Gottlob Quandt, der Kunstkenner, -sammler und -autor, aus einer Leipziger Kaufmannsfamilie stammend. Er gründete gemeinsam mit anderen einflussreichen Bürgern am 7. April 1828 im Hotel »Stadt Wien« in der Dresdner Neustadt anlässlich einer Würdigung Albrecht Dürers zu dessen 300. Todestag den Sächsischen Kunstverein. Quandt wurde an diesem Tag zum Vorsitzenden gewählt und in der ersten Generalversammlung von 70 Mitgliedern am 28. April 1828 bestätigt. Der Kunstverein wurde bis 1833 unter dem Vorsitz von Quandt und danach bis 1842 unter dem Vorsitz von Carl Gustav Carus eine maßgebende und bestimmende Einrichtung des Kulturlebens. Er zählte 1834 über 500 und im Dezember 1845 bereits über 1 050 Mitglieder. Die finanziellen Mittel des Vereins wurden zum Ankauf von Gemälden und Bildhauerarbeiten verwendet. Der Verein veranstaltete Kunstausstellungen, vergab späterhin Auftragswerke und entfaltete in regelmäßigen Abendveranstaltungen eine rege Vortragstätigkeit. Neben den geselligen privaten Vereinigungen von Künstlern wurden nach 1831 staatliche Einrichtungen zu Trägern kulturellen Fortschritts wie z. B. die Kunstakademie in Dresden. Diese Ausbildungsstätte entwickelte sich in den Dreißiger- und Vierzigerjahren zu einem Zentrum deutscher Malerei und Architektur. Zugleich wurde sie zu einem Sammelpunkt fortschrittsbestimmender Künstler wie Gottfried Semper und Ernst Rietschel, Eduard Bendemann und Ernst Julius Hähnel sowie Ludwig Richter. Zum 1. September 1834 war Gottfried Semper im Alter von 31 Jahren von der sächsischen Regierung als Professor für Architektur, erster Vorstand und erster Lehrer an die Bauschule der Akademie berufen worden. Mit Energie und Tatkraft, Ideen und Projekten schuf er innerhalb weniger Jahre von Dresden aus Neues und Beispielgebendes in der Architektur. Er entwickelte die bewusst an die Renaissance anknüpfenden Baufor-

Gottfried Semper. Kupferstich von W. Ungers, 1871

men, die der Realität der bürgerlich-demokratischen Verhältnisse ihren Ausdruck verliehen.

Brühlsche Terasse Dresden mit Blick zu Hofkirche und Sempers erstem Hoftheater. Kolorierter Stich von J. C. A. Richter, 1845

Seit 1832 war der gebürtige Pulsnitzer Ernst Rietschel Professor für Bildhauerkunst an der Kunstakademie. Gemeinsam mit Ernst Julius Hähnel, der 1838 einem Rufe Sempers folgte und nach Dresden zurückkehrte, um an der plastischen Ausgestaltung des ersten Dresdner Hoftheaters mitzuwirken, begründete Rietschel die Dresdner Bildhauerschule der Sechziger- und Siebzigerjahre des 19. Jahrhunderts.

Düsseldorfer Malschule in Dresden

Im Winter 1836/37 fand in Dresden auf Anregung des Sächsischen Kunstvereins eine Ausstellung von Gemälden der Düsseldorfer Schule statt. Mit Gemälden wie dem »Jeremias« von Bendemann und den »Hussiten« von Lessing erregte sie Erstaunen und stellte zugleich neue qualitative Ansprüche an die in Dresden beheimatete Malschule. Es gelang, Bendemann 1838 an die Akademie zu verpflichten. An der Ausmalung von Sempers erstem Hoftheater war er ebenso beteiligt wie an den Wandmalereien im Bankett- und Ballsaal des Dresdner Schlosses.

Blüte des musikalischen Lebens

Musikschaffen und Musikpflege erlebten im Verlauf des zweiten Drittels des 19. Jahrhunderts eine Blütezeit. Es entstanden Einrichtungen, die das Profil der Städte Dresden und Leipzig bestimmten, musikalische Bildungsanstalten, Kammermusik, Chor- und Konzertvereine bzw. -gesellschaften. Abonnementskonzerte wurden eingerichtet, neue Formen der musikalischen Kommunikation erprobt, z. B. Freiluft- und Gartenkonzerte, und größere Konzertsäle gebaut. In der Residenz bestimmten Hofoper und Hofkapelle das Niveau. Nach Webers Tod war 1826 Carl Gottlieb Reißiger als Musikdirektor verpflichtet worden. Ihm war es zu verdanken, dass die Uraufführung von Wagners »Rienzi« am 20. Oktober 1842 in Sempers erstem Hoftheater ein Erfolg wurde. Das von Gottfried Semper geschaffene neue Opernhaus wurde am 12. April 1841 mit der Aufführung von Webers »Freischütz« als der ersten deutschen romantischen Oper eröffnet. Es war damals das schönste und größte europäische Operngebäude. An dieses Haus wurde nach erfolgreichem Probedirigat am 2. Februar 1843 der gebürtige Leipziger Richard Wagner verpflichtet und zum Hofkapellmeister auf Lebenszeit ernannt. Bis zur Revolution von 1849 bestimmte er das Musikleben. Am 2. Januar 1843 wurde die romantische Oper »Der fliegende Holländer« uraufgeführt. Zweieinhalb Jahre später, am 19. Oktober 1845, erlebte »Tannhäuser oder der Sängerkrieg auf der Wartburg« seine erfolgreiche Erstaufführung. Den »Lohengrin« beendete Wagner im April 1848 in Dresden. In jenen Jahren befasste er sich schon mit seinen späteren Opernwerken »Die Meistersinger von Nürnberg«, »Der Ring der Nibelungen« sowie »Tristan und Isolde«. Es entstand auch das Textmanuskript zur Oper »Die Bergwerke zu Falun«, das Wagner nicht mehr vertonen konnte, da es im Mai 1849 in den Papieren seines Freundes August Röckel von der Dresdner Polizei beschlagnahmt worden war.

Aufführung von Wagners »Rienzi« am 20. Oktober 1842 in Dresden

Richard Wagner Hofkapellmeister 1843 in Dresden

Ernst Rietschel. Kupferstich von A. Weger, um 1850

Ein besonderes gesellschaftliches Ereignis im Leben des Landes wurde die Überführung der sterblichen Überreste Carl Maria von Webers von London nach Dresden. Anfang März 1841 hatte sich dafür ein Komitee gebildet, ohne zunächst Erfolg zu haben. Als Richard Wagner im Februar 1843 nach Dresden berufen worden war, griff er den Gedanken der Überführung auf. Dies führte dazu, dass König Friedrich August II. am 22. Mai 1844 das Vorhaben genehmigte. Unter großer Anteilnahme der Bevölkerung wurden Webers sterbliche Überreste am 16. Dezember 1844 in einer würdevollen Begräbnisfeier auf dem

Überführung der sterblichen Überreste Carl Maria von Webers 1844 nach Dresden

katholischen Friedhof in Dresden-Friedrichstadt beigesetzt. Gottfried Semper schuf das Grabmal. Die Trauermusik komponierte Richard Wagner nach zwei Motiven von Webers »Euryanthe«.

Robert Schumann und Clara Wieck

Kurz vorher hatten sich Robert Schumann und seine Frau Clara, von Leipzig kommend, in Dresden niedergelassen. Schnell war das Künstlerehepaar in den Dresdner Kunstkreisen aufgenommen worden. Nicht nur mit Musikern wie Ferdinand Hiller, Carl Gottlieb Reißiger und Kraegen, sondern auch mit den Malern Eduard Bendemann und Julius Hübner, dem Bildhauer Ernst Rietschel und den Dichtern Robert Reinick und Berthold Auerbach hatten sie anregenden Umgang. In dieser Zeit entstand Schumanns C-Dur-Sinfonie, die im Oktober 1846 fertig vorlag und im November im Leipziger Gewandhaus unter der Stabführung von Felix Mendelssohn Bartholdy uraufgeführt wurde. Schumann schuf Klavierkonzerte und Fugen, Liederzyklen und weitere sinfonische Werke. Die Faust-Szenen gewannen an Gestalt und am »Genoveva«-Stoff arbeitete er weiter. Zur Kammermusik trat seine aktive Tätigkeit als »Liedermeister« der »Dresdner Liedertafel« und als Begründer des »Vereins für Chorgesang«. Als Schumanns Freund Ferdinand Hiller im Herbst 1847 einem Ruf nach Düsseldorf als Musikdirektor folgte, übernahm Schumann die Leitung der »Liedertafel«. Dieser Gesangsverein war 1839 gegründet worden und hatte sich unter Leitung von Julius Otto, Richard Wagner und Ferdinand Hiller zu einem der besten Dresdner Chöre entwickelt, der auch bei Konzertabenden Aufgaben zu übernehmen hatte. Im Januar 1848 gründete Schumann selbst den »Verein für Chorgesang«, der am 26. März 1848 erstmals erfolgreich öffentlich auftrat. Robert Schumann und Richard Wagner kannten sich persönlich bereits von ihrem Leipziger Aufenthalt. Wagner hatte für die von Schumann redigierte »Neue Zeitschrift für Musik« Aufsätze verfasst und sich sehr anerkennend über dessen Musik geäußert. Trotz aller Verschiedenheit ihrer charakterlichen Veranlagungen und Auffassungen standen sie in engerem, nach neuesten Feststellungen wohl durchaus freundschaftlichem Verhältnis zueinander. Gerade in Dresden wurden diese Beziehungen intensiviert, man sah sich häufiger bei Spaziergängen im Großen Garten und im Hillerkränzchen, bei Matineen und Konzertveranstaltungen, und sprach über künstlerische und andere Fragen. In den politischen Ansichten über ein deutsches Nationaltheater, über die Vorgänge in Wien im Oktober 1848 oder auch über das Verhältnis der Republik zum Königtum war man sich wohl einig. Bis zum Maiaufstand 1849 bestanden diese persönlichen und künstlerischen Beziehungen. Dann brachen sie durch die Flucht Wagners aus Dresden ab.

Neue
Zeitschrift für Musik.
unter Mitwirkung von Künstlern und Kunstfreunden.
Mit Beiträgen
Leipzig.

Neue Zeitschrift für Musik (begründet von Robert Schumann) 36. Band, Leipzig 1852

Felix Mendelssohn Bartholdy und Albert Lortzing

In Leipzig waren es Felix Mendelssohn Bartholdy, der seit 1835 das Gewandhausorchester leitete, und Albert Lortzing als Schauspieler, Sänger, Kapellmeister und einer der beliebtesten Opernkomponisten des 19. Jahrhunderts, die der Stadt neben Dresden den Ruf einer Hochburg deutscher Musik verschafften.

So wie das musikalische Leben in den Jahren des Vormärz neue Qualität und europäische Dimensionen gewann, gab es auch auf literarischem Gebiet neue Ansätze, die mit der Gründung des »Literarischen Vereins« verbunden waren. Arnold Ruge und Theodor Echtermeyer, die Herausgeber der »Deutschen Jahrbücher«, waren 1841 von Halle nach Dresden umgesiedelt, nachdem die preußische Regierung ihre journalistische Tätigkeit verboten hatte. Der Junghegelianer Ruge hatte sich in der Zwischenzeit der literarischen Opposition in Dresden um Julius Mosen genähert. Dazu gehörte der Publizist Hermann Franck ebenso wie Ernst von Brunnow. An die Traditionen des Arnoldschen Leseinstituts anknüpfend, gründeten Ruge und sein Freund am 1. Oktober 1842 im »Café français« das »Literarische Museum«. Etwa 100 Zeitschriften,

Deutsche Jahrbücher in Dresden

politische Tageszeitungen aus dem In- und Ausland, literarische Wochenschriften und lokale Presseerzeugnisse aus dem gesamten deutschsprachigen Raum lagen in der Lesehalle des Cafés aus. Zu den Lesern dieser Zeitungen und damit den regelmäßig im »Literarischen Museum« verkehrenden Geistesschaffenden gehörten Julius Hübner, Ernst Rietschel und Carl Gottlieb Reißiger ebenso wie Richard Wagner, der Bibliothekar Karl Falkenstein, der ehemalige Archivar des Hauptstaatsarchivs Dresden Eduard Vehse und der russische Anarchist Michail Bakunin. Das »Literarische Museum« und der dort verkehrende Kreis trugen zur Entwicklung der politischen Opposition im Vormärz wesentlich bei. Liberale, demokratische und republikanische, ja revolutionäre Ideen und Positionen wurden diskutiert, Haltungen ausgeprägt und Bewegungen initiiert, die in die Jahre der bürgerlich-demokratischen Revolution mündeten.

Literarisches Museum in Dresden

Zu Beginn der Vierzigerjahre wurde Sachsen und besonders Dresden auch ein Zentrum vormärzlichen literarischen Schaffens in Deutschland. Um Julius Mosen versammelte sich eine neue Generation von Schriftstellern und Dichtern, die den »Liederkreis« von Ludwig Tieck ersetzte.

Julius Mosen und sein Kreis

Bei Mosen verkehrten Karl Gutzkow, Ludwig Uhland, Emanuel Geibel, Georg Herwegh, Michail Bakunin, Hoffmann von Fallersleben, Arnold Ruge und Theodor Echtermeyer. Auch der junge Schriftsteller Friedrich Gerstäcker erlangte mit seinen Abenteuerromanen »Streif- und Jagdzüge durch die Vereinigten Staaten Nordamerikas«, »Die Regulatoren des Arkansas« und »Die Flusspiraten des Mississippi« schnell überregionale Bedeutung; zu Wagner unterhielt er engere persönliche Beziehungen. Das alles überschauend, ist mit Gewissheit das Urteil von Alfred Meißner aus dem Jahre 1882 zutreffend, der Dresden und damit letztlich Sachsen als das geistige Zentrum Deutschlands in den Jahren vor 1848 charakterisierte.

Schnellpressensaal in der Druckerei Breitkopf & Härtel, Leipzig

Oppositionelle Presse und Publizistik fanden in Leipzig ihr nationales Zentrum, begünstigt durch eine recht liberale Handhabung der Zensur seitens des sächsischen Staates. Die Verlage Otto Wigand, Ernst Keil, Philipp Reclam und Heinrich Brockhaus scheuten sich nicht, das liberale und demokratische Schrifttum zu verlegen. Arbeiten von Feuerbach und Engels erschienen ebenso in Leipzig wie österreichische und ungarische politische Zeitschriften und Literatur. Ebenso fand die sorbische nationale Bewegung mit den von Jan Petr Jordan herausgegebenen »Jahrbüchern für slawische Literatur, Kunst und Wissenschaft« eine Heimstatt.

Die vormärzlichen Verhältnisse in Sachsen wurden schließlich durch religiöse Strömungen bestimmt, die bald die politische Meinungsbildung beeinflussten. Die festgefügten kirchlichen Strukturen der evangelisch-lutherischen Landeskirche, innerhalb der es noch immer Spannungen zwischen der rationalistischen Richtung und der pietistisch-herrnhutischen Richtung gab, sowie die kleineren katholischen Gemeinden in Sachsen sahen sich mit religiösen Strömungen konfrontiert, die eine Reformierung der Kirchen anstrebten. Dazu kamen in Sachsen Besorgnisse vor zunehmendem katholischen und vor allem jesuitischem Einfluss. Prinz Johann kam in den Ruf eines katholischen Eiferers. Ungeschicklichkeiten der katholischen Geistlichkeit kamen hinzu und fanden etwa in der Stiftung einer Bruderschaft »zum heiligsten Herzen Maria« in Brauna bei Kamenz, der man jesuitische Tendenzen nachsagte und die nicht

Kirchliche Verhältnisse

sofort verboten wurde, ihren öffentlichen Ausdruck. Als Gegenreaktion auf diese Strömungen fand in Sachsen der Deutsch-Katholizismus eine starke Verbreitung. In Chemnitz, in Leipzig, in Dresden und im Erzgebirge bestanden 1845 22 Gemeinden. Robert Blum in Leipzig, Franz Wigard in Dresden und Franz Xaver Rewitzer in Chemnitz traten an die Spitze dieser Oppositionsbewegung. Diese politisch-religiöse Bewegung der Deutsch-Katholiken sowie der Freien Gemeinden war ein offener Angriff auf die römisch-katholische Kirche mit dem Ziel einer religiösen Erneuerung, die theologisch, national und demokratisch begründet sein sollte. In der protestantischen Kirche traten die Lichtfreunde als Erneuerungsbewegung gegen die Staatskirche auf. Die Verweigerung der Anerkennung beider Bewegungen als Religionsgemeinschaften führte zu einer aufgeregten Stimmung, die während eines Besuches von Prinz Johann als Generalkommandant der Kommunalgarden in Leipzig kulminierte. Eine am 12. August auf dem Leipziger Rossplatz versammelte und gegen Johann protestierende Volksmenge wurde von sächsischem Militär unter Anwendung von Schusswaffen blutig auseinandergetrieben. Acht Leipziger Bürger fanden dabei den Tod. Dies war für die Regierung auch Anlass, alle politischen Vereine und Versammlungen zu verbieten, einige Schriftsteller und Literaten des Landes zu verweisen sowie drei Zeitschriften zu verbieten, darunter die »Sächsischen Vaterlandsblätter« in Leipzig und die »Sonne« in Chemnitz. So standen die politischen Zeichen in Sachsen bald auf Sturm, auch wenn es König und Regierung nicht wahrhaben wollten.

DEUTSCH-KATHOLIKEN UND LICHTFREUNDE

BLUTIGER ZUSAMMENSTOSS AM 12. AUGUST 1845 IN LEIPZIG

Landtag im Vormärz

Der erste gewählte Landtag trat am 22. Januar 1833 zu seiner Eröffnungssitzung zusammen. Danach kam er regelmäßig im Abstand von drei Jahren in jeweils neu bestimmter personeller Zusammensetzung nach Dresden. So wurden 1833, 1836, 1839, 1842 und 1845 ordentliche Landtage durchgeführt. 1847 sah man sich genötigt, zur Beratung der weiteren Gestaltung des Eisenbahnwesens sowie der wirtschaftlichen Krise im Lande einen außerordentlichen Landtag einzuberufen, der am 24. März 1847 seine Arbeit beendete.

Die Debatten in der Zweiten Kammer des Landtages über den hannoverschen Verfassungsbruch von 1837, die geforderte gesetzliche Zusicherung der Pressefreiheit, die Öffentlichkeit und Mündlichkeit des Strafprozessverfahrens sowie die Einführung der Geschworenengerichte ließen die Forderungen nach bürgerlichen Freiheiten ebenso laut werden wie die im Landtag sich vollziehende Parteienbildung von Demokraten und Liberalen neben den Konservativen. Zu der demokratisch und liberal gesinnten Parteigruppierung gehörten u. a. die Landtagsabgeordneten Todt aus Adorf, Oberländer aus Zwickau, Klinger aus Dippoldiswalde, Tzschucke aus Meißen, Braun aus Plauen, Schaffrath aus Neustadt in der Sächsischen Schweiz, Dr. Joseph aus Lindenau bei Leipzig.

Liberaler Umschwung 1848 und Märzministerium Braun

Im Frühjahr 1848 wurden, wenn auch in unterschiedlicher Intensität, nahezu alle Staaten des Deutschen Bundes von einer Welle von Unruhen, Aufständen und demokratischen Bewegungen erfasst, die in ihrer Summe die Bezeichnung »Revolution« rechtfertigen. Es war aber nicht nur eine Revolution der deutschen Bundesstaaten von Mecklenburg, Schleswig und Preußen bis Österreich. Der europäische Kontinent wurde von bewaffneten Aufständen, Regierungswechseln ebenso erfasst wie von nationalen Selbstständigkeitsbestrebungen sowie von sozialistischen und kommunistischen Bewegungen. Man rang in Europa seit den Tagen der Französischen Revolution um liberale oder liberalere Verfassungen, um Menschenrechte, Volkssouveränität, Nation und Nationalität. Neben der verfassungspolitischen und nationalen Seite waren es soziale Missstände, Forderungen nach Mitbestimmung in einem konstitutionellen Staat, ländliche und industrielle Armut, mit dem zeitgenössischen Begriff des »Pauperismus« belegt, die Inhalt und Verlauf der Revolution in Europa bestimmten.

Dies alles vollzog sich mehr oder weniger ausgeprägt vom März 1848 bis zum Mai / Juni 1849 in Sachsen:
– das Ringen um verbesserte Verfassungsverhältnisse mit Vereins- und Versammlungsrecht sowie Pressefreiheit;
– das Ringen um die Anerkennung der Grundrechte des deutschen Volkes;
– das Ringen um ein verbessertes Wahlrecht und größeren Einfluss des Landtags, der sich aus einem Zweikammersystem zu einem Einkammersystem entwickeln sollte;
– das Ringen um die nationalstaatliche Einigung Deutschlands mit der Reichsverfassungskampagne und dem Dresdner Maiaufstand als Höhepunkt, mit Parteienbildung in Gestalt der Vaterlandsvereine, der Deutschen Vereine, der Arbeitervereine, mit im Geheimen wirkenden Gemeinden und einzelnen Mitgliedern des Bundes der Kommunisten, mit ihren revolutionsbegeisterten Intellektuellen, von Gottfried Semper und Richard Wagner, Robert Blum, Karl Biedermann, Johann Andreas Schubert bis Julius Schanz, Stephan Born und Heinrich von Treitschke.

Der Ausgangspunkt für die revolutionären Ereignisse lag in Frankreich. Die Nachrichten vom Sturz Guizots am 23. Februar 1848, von den blutigen Zusammenstößen französischer Truppen mit der Pariser Bevölkerung am 24. Februar, der Flucht des Bürgerkönigs Louis Philipp und schließlich der Ausrufung der Republik in Paris am 28. Februar erreichten Sachsen in Windeseile. Am Vormittag des 27. Februar unterrichtete der französische Gesandte in Dresden Graf Reinhard die sächsische Regierung.

Unterrichtung der Dresdner Regierung über die Pariser Ereignisse am 27. Februar 1848

Zu dieser Zeit hatten die revolutionären Ereignisse bereits auf Deutschland übergegriffen. Am 27. Februar 1848 forderte eine badische Volksversammlung in Mannheim Pressefreiheit, Vereinsfreiheit, Volksbewaffnung und ein deutsches Parlament. Als erste Reaktion darauf hob der Bundestag in Frankfurt a. M. die Pressezensur auf und bestimmte den alten deutschen Reichsadler als Bundeswappen sowie die Farben Schwarz-Rot-Gold als Bundesfarben.

Märzaufstand in Wien und Berlin

Das entscheidende Ereignis im Revolutionsverlauf fand am 13. März 1848 in Wien statt. An diesem Tag wurde der Staatskanzler Fürst Metternich gestürzt. Für Preußen, wo die Unruhen am 6. März mit Revolten in Köln, Magdeburg und Berlin begonnen hatten, war der 18. März entscheidend. An diesem Tag beschloss der Kronrat mit der Einsetzung eines neuen Ministeriums, das unter Camphausen am 29. März seine Tätigkeit aufnahm, und der Ausarbeitung und Verabschiedung einer Verfassung wesentliche Zugeständnisse an die nationale und liberale Bewegung. Am gleichen Tag kam es zu den ersten Straßenkämpfen und Todesopfern unter den protestierenden Menschen. Am 19. März musste sich Preußens König Friedrich Wilhelm IV. vor den im Schlosshof aufgebahrten Leichen der gefallenen Revolutionäre verneigen. Am 20. März kam es zu Unruhen in München.

In Sachsen ging die Revolution wie so oft in der sächsischen Geschichte von Leipzig aus. Robert Blum, der Vertreter der radikal-demokratischen Bewegung und spätere Vizepräsident der Frankfurter Nationalversammlung, Märtyrer der deutschen Revolution, hatte bereits am 1. März eine Petition zur Gewährung der Pressefreiheit an die Regierung in Dresden abgesandt. Am 2. März reiste eine Deputation der Leipziger Stadtverordneten unter Karl Biedermann nach Dresden, um König Friedrich August II. ebenfalls persönlich eine

Petition Robert Blums am 1. März 1848

Petition zu überreichen. Die Audienz war am 3. März auf Mittag 12.00 Uhr angesetzt. Sie verlief »ungnädig«, wie berichtet wird. Friedrich August II. erboste sich über das Ansinnen einer Stadtgemeinde, ihn darüber belehren zu wollen, was dem Wohle des Landes dienlich sei. Am 3. März bot das Ministerium Könneritz dem König geschlossen den Rücktritt an, den dieser allerdings ablehnte.

Rücktritt von Innenminister von Falkenstein am 5. März 1848

Ein erstes Zugeständnis an die Petitionsbewegung aus dem ganzen Land bestand darin, dass der König am 5. März 1848 den Innenminister Johann Paul von Falkenstein entließ. Am 6. März formulierten die Minister eine Ansprache des Königs an seine Sachsen, die aber nicht die Zugeständnisse enthielt, welche man allgemein erwartete. Der Aufruf blieb wirkungslos. Am Abend des 7. März fand eine entscheidende Beratung im Gesamtministerium statt, in der deutlich wurde, dass das Ministerium zurücktreten müsse, um den offenen Ausbruch eines bewaffneten Kampfes und die Proklamierung der Republik zu verhindern. Der bereits am 10. März feststehende Rücktritt des Ministeriums Könneritz wurde am 13. März vollzogen.

Karl Hermann Alexander Braun, sächsischer Justizminister 1848/49. Lithographie von Robert Herzberg, 1847

Am Abend dieses Tages stand das neue Kabinett fest: Dr. Karl Hermann Alexander Braun, Gerichtsdirektor in Plauen, als Justizminister und Vorsitzender des Gesamtministeriums; Ludwig von der Pfordten, Professor des römischen Rechts an der Universität Leipzig und dessen Rektor, als Innenminister, ab dem 25. März als Außenminister; Robert Georgi, Fabrikbesitzer und Bankier in Mylau im Vogtland, als Finanzminister. Am 16. März wurden von Holtzendorff als Kriegsminister und am 23. März Martin Oberländer als Innenminister berufen. Damit war das neue Ministerium, das als Märzministerium in die sächsische Geschichte eingegangen ist, komplett. Ihm gehörten zwei Vogtländer und ein Zwickauer an, drei Bürgerliche standen neben zwei Adeligen. Ein dritter Vogtländer vertrat ab Ende März Sachsen beim Bundestag und der provisorischen Zentralgewalt in Frankfurt a. M.: Karl Gottlob Todt, Bürgermeister von Adorf seit 1832 und Vertreter der linksradikalen Opposition in der Zweiten Kammer der Ständeversammlung.

Berufung des »März ministeriums« am 13. März 1848

Das neue Ministerium mit Männern einer jüngeren Generation stand für neue gesellschaftliche Verhältnisse, die angestrebt werden sollten. Dem entsprach das Programm der Regierung, das am Tage seiner Berufung veröffentlicht wurde. Es enthielt in acht Punkten die wichtigsten Märzforderungen:

Regierungsprogramm vom März 1848

1. Vereidigung des Militärs auf die Verfassung; 2. Aufhebung der Zensur; 3. Reform der Rechtspflege auf Grundlage der Öffentlichkeit und Mündlichkeit, in Strafsachen Geschworenengerichte; 4. Reform des Wahlgesetzes; 5. Anerkennung des Vereinsrechts; 6. Gesetzliche Ordnung der kirchlichen Verhältnisse im Geiste der Duldung und Parität; 7. Revision des Zollvereinstarifs; 8. Aktive Mitwirkung an der Umgestaltung des Deutschen Bundes.

Vieles von diesem Programm wurde in den folgenden Monaten realisiert. Die Radikalisierung der Bewegung schritt aber bald darüber hinweg und führte dazu, dass das liberale Ministerium Braun im Februar 1849 scheiterte.

Von den Wahlen zum Frankfurter Vorparlament bis Ende April 1849

Bildung der Vaterlandsvereine ab 28. März 1848

Nach dem Märzumschwung setzte in Sachsen ein rasanter Prozess der politischen Parteienbildung ein. Von Leipzig ausgehend formierten sich ab dem 28. März in allen Landesteilen Vaterlandsvereine. Im April 1849 existierten in Sachsen davon 280 mit etwa 75 000 Mitgliedern, das waren 16 Prozent der männlichen Bevölkerung. Daneben entstanden die Deutschen Vereine, die Arbeitervereine und auch einzelne kleine Gemeinden des Bundes der Kommunisten. Diese Kräftegruppierungen bestimmten zunehmend das politische Leben und auch die Auseinandersetzungen über die weitere Entwicklung im Land sowie die Stellung Sachsens in den deutschen Angelegenheiten.

Zur Beratung und Verabschiedung neuer Gesetze wurde der Landtag zu einer nochmaligen außerordentlichen Sitzungsperiode einberufen. Hinzu kam, dass das aus Abgeordneten der Landesvertretungen aller Mitgliedsstaaten des Deutschen Bundes gebildete Vorparlament in Frankfurt a. M. am 31. März 1848 seine Tätigkeit aufnahm. Von den 26 Abgeordneten, die die sächsische Ständeversammlung nach Frankfurt gesandt hatte, gehörten 20 zu den so genannten Linken. Es war notwendig, das Mitspracherecht der gewählten Volksvertretung des Landes mehr als in der Vergangenheit zur Wirkung zu bringen sowie im Sinne der bürgerlichen Demokratie und der weiteren Durchsetzung der Gewaltenteilung die verfassungsrechtlichen Verhältnisse in Sachsen zu verbessern. Gemeinsam mit den Wahlen zur Frankfurter Nationalversammlung in der ersten Maihälfte wurden in mehreren Wahlbezirken Ergänzungswahlen zum sächsischen Landtag durchgeführt.

Sächsische Landtagsabgeordnete im Frankfurter Vorparlament ab 31. März 1848

Nach zwei vorbereitenden Sitzungen der Ersten und Zweiten Kammer, in denen in der Ersten Kammer Friedrich Ernst von Schönfels auf Reuth zum Präsidenten und Bürgermeister Ernst Wilhelm Gottschalk aus Plauen zum Vizepräsidenten, in der Zweiten Kammer Stadtrat Franz Xaver Rewitzer aus Chemnitz zum Präsidenten und Bürgermeister Friedrich Wilhelm Pfotenhauer aus Glauchau zum Vizepräsidenten gewählt worden waren, traten beide Kammern am 21. Mai 1848 im Landhaus zur feierlichen Eröffnung des außerordentlichen Landtages zusammen.

Ausserordentlicher Landtag ab 21. Mai 1848

Neben der nachträglichen Zustimmung des Landtages zu den bereits vom Märzministerium verabschiedeten Gesetzen kündigte Minister Braun weitere Gesetzesvorlagen an. Bereits am 22. Mai 1848 wurde dem Landtag ein erster Entwurf des neuen Wahlgesetzes und die deshalb notwendige Änderung der Verfassung von 1831 zugeleitet. Die Beratungen dazu bestimmten im Grunde die weiteren Landtagsverhandlungen. Die Meinungen prallten im Juni und Juli hart aufeinander. Die linken Gruppierungen um Tzschirner, der zugleich als Referent der Ersten Deputation auftrat, forderten ebenso wie viele Petitionen namentlich von Vaterlandsvereinen die Einführung des Einkammersystems als Volksvertretung und das direkte, gleiche und allgemeine Wahlrecht. Da sich schließlich herausstellte, dass der Wahlgesetzentwurf und die damit verbundene Verfassungsänderung in der Zweiten Kammer nicht mehrheitsfähig waren, zog die Regierung am 7. Juli in der 23. öffentlichen Sitzung den Gesetzentwurf zurück. Zugleich erklärte Innenminister Martin Oberländer, das Ministerium werde sofort an die Ausarbeitung eines neues Gesetzentwurfes gehen.

Im September/Oktober 1848 kam es zu einer ersten politischen Krise, denn auch der am 2. September dem Landtag vorliegende und am 4. September 1848 veröffentlichte überarbeitete Wahlgesetzentwurf des Märzministeriums entsprach nicht den Vorstellungen der Demokraten. Die Generalversammlung der sächsischen Vaterlandsvereine lehnte den Entwurf ab und forderte zugleich die Bildung einer neuen Regierung. In der 54. öffentlichen Sitzung des Landtags am 5. September wurde nach längerer kontroverser Diskussion und gegen den Widerstand der Linken unter Wortführung von Tzschirner eine außerordentliche Deputation zur Beratung des Wahlgesetzes mit 39 zu 37 Stimmen eingesetzt. Sie erstattete am 27. September ihren Bericht. Danach folgten in der Zweiten Kammer erneut heftige Debatten. Schließlich nahm die Zweite Kammer am 3. Oktober das Wahlgesetz und die dazu notwendigen Änderungen der Verfassungsurkunde an. Es wurde unter dem 15. November als »Provisorisches Wahlgesetz« veröffentlicht. Danach blieb das Zweikammersystem erhalten, aber für die Zweite Kammer wurde das allgemeine und gleiche Wahlrecht eingeführt.

Überarbeiteter Wahlgesetzentwurf im Landtag am 2. September 1848

Die Debatten um das Wahlgesetz wurden von einer großen Versammlungswelle begleitet. In Chemnitz kam es am 11. und 12. September zu einem sponta-

Martin Oberländer, sächsischer Innenminister. Lithographie von Golde, um 1850

nen Aufstand mit Barrikadenbau und Militäreinsatz. Vom 5. bis 11. Oktober 1848 revoltierte in Zwickau sächsisches Militär. Die Erschießung Robert Blums auf der Brigittenau bei Wien am 9. November ließ die Versammlungsbewegung nochmals aufleben. Dadurch wurden die demokratisch-republikanischen Kräfte im Wahlkampf zum neuen Landtag gestärkt. Die Wahlvorbereitung hatte im Zeichen des Zusammengehens der republikanischen und demokratischen Kräfte gestanden, um den Gegnern der Demokratie eine geschlossene Front entgegenzusetzen. Die Deutschen Vereine und die Vaterlandsvereine waren die zwei großen, sich gegenüberstehenden Parteigruppierungen in Sachsen, die sich um die 75 Abgeordnetenplätze in der Zweiten Kammer und die 50 Abgeordnetensitze der Ersten Kammer bewarben.

Wahlmanifest der Vaterlandsvereine vom 3. Dezember 1848

Auf der Leipziger Generalversammlung der Vaterlandsvereine am 3. Dezember war das Wahlprogramm der sächsischen Demokratie für die Dezemberwahlen angenommen worden. Das dabei verabschiedete Wahlmanifest formulierte Forderungen, die für die Erringung des Wahlsieges entscheidend wurden: die Abschaffung aller Standesvorrechte, die Einführung des Einkammersystems und des allgemeinen Wahlrechts, die Einführung der Volksbewaffnung, die Verminderung der steuerlichen Lasten und die Schaffung eines gerechten Steuersystems, die Mitwirkung der Bürger bei der Wahl der Verwaltungs- und Justizbeamten, die unentgeltliche Aufhebung aller Feudallasten sowie die Einrichtung eines umfassenden Schul- und Erziehungswesens.

Wahlen vom 15. Dezember 1848

Landtag ab 10. Januar 1849

Die Wahlen vom 15. Dezember 1848 brachten einen überwältigenden Sieg für die Demokraten, die in den Vaterlandsvereinen organisiert waren. In der Zweiten Kammer konnten sie 66 Sitze von den 75 erringen. Ähnlich war die Sitzverteilung in der Ersten Kammer. Als der Landtag am 10. Januar 1849 eröffnet wurde, nahmen in der Zweiten Kammer 66 Mitglieder von Vaterlandsvereinen, sieben des Deutschen Vereins und zwei des Konstitutionellen Vereins Platz. Damit hatte Sachsen die fortschrittlichste Volksvertretung, die in den Jahren der Revolution in einem deutschen Bundesstaat gewählt worden war. Stadtrat Hensel aus Zittau wurde zum Präsidenten, Stadtrichter Dr. Schaffrath aus Neustadt bei Stolpen zum 1. Vizepräsidenten und Advokat Tzschirner aus Bautzen zum 2. Vizepräsidenten gewählt. Zu den neuen Landtagsabgeordneten gehörten u. a. Schriftsteller Theodor Jäckel aus Chemnitz, Dr. Bertling und Julius Kell aus Leipzig, Dr. Karl Ernst Richter aus Zwickau sowie von Trützschler, Theodor Kell, Advokat Blöde und der Landtagsarchivar Dr. Wilhelm Herz aus Dresden. Das Wahlergebnis stellte für das liberale Märzministerium eine schmerzliche Niederlage dar, hatte es sich doch öffentlich gegen das Wahlprogramm der Vaterlandsvereine, gegen Einkammernsystem, Vetorecht der Regierung und allgemeines, gleiches, direktes Wahlrecht ausgesprochen. Der Landtag wurde bald als Repräsentant des »souveränen Unverstandes« oder kurz als »Unverstandslandtag« bezeichnet.

Rücktritt des Märzministeriums am 24. Februar 1849

Die deutlich werdenden unüberbrückbaren Gegensätze zwischen dem Landtag und dem Märzministerium, erst bei der Steuerbewilligung und dann bei der geforderten Annahme der »Grundrechte des deutschen Volkes«, führten am 24. Februar 1849 zum Rücktritt des Märzministeriums. An seiner Stelle wurde von König Friedrich August II. ein Beamtenministerium mit Gustav Friedrich Held, Carl Wolf von Ehrenstein, Albert Christian Weinlig, Friedrich Ferdinand von Beust und Bernhard von Rabenhorst berufen. Bereits im März nahmen die Spannungen zwischen dem Landtag und dem neuen Ministerium zu, vor allem als der Wortführer der republikanisch-demokratischen Kräfte, der Bautzner Rechtsanwalt Samuel Erdmann Tzschirner, am 12. März 1849 ein Programm für die Umgestaltung der sächsischen Verfassung vortrug und u. a. die Einführung des Einkammersystems, eine progressive Einkommens- und

Vermögenssteuer, eine allgemeine Gemeindeordnung mit voller Selbstverwaltung, die allgemeine Volksbewaffnung und die Abschaffung des Adels verlangte. Die darüber im Verlauf des März 1849 geführten Auseinandersetzungen, unterstützt auch von den etwa 140 in Sachsen erscheinenden demokratischen Presseorganen, leiteten in die Reichsverfassungskampagne über.

Antrag auf Annahme der Frankfurter Reichsverfassung am 14. April 1849

Das Ringen um die Annahme der von der Frankfurter Nationalversammlung verabschiedeten Reichsverfassung durch das Königreich Sachsen begann in Sachsen am 14. April 1849 mit einem entsprechenden Antrag im Landtag. Der Ablehnung dieses Antrages durch das Beamtenministerium Held folgten am 27. April die Verweigerung der Steuerbewilligung durch den Landtag für den Zeitraum nach dem 1. Mai 1849 und am 28. April das Votum der Zweiten Kammer für die Anerkennung der Reichsverfassung. Noch am gleichen Tag löste der sächsische König die Kammer nach preußischem Vorbild auf. Das führte letztlich zum Dresdner Aufstand vom 3. bis zum 9. Mai 1849.

Maiaufstand in Dresden

Die ohnehin schon erregte Stimmung gegen König und Regierung wurde durch die allgemeine Ansicht gesteigert, dass eine Entscheidung für oder gegen den erstrebten bürgerlichen deutschen Nationalstaat fallen musste. Im Kampf um die Anerkennung der Reichsverfassung hatte sich ein kleiner revolutionärer Kreis um Ludwig Wittig, August Röckel und Michael Bakunin gebildet, dem Richard Wagner und Gottfried Semper ebenso angehörten wie Johann Andreas Schubert. Sie kamen zu vielen geheimen Beratungen im Naumannschen Gartenhaus in der ehemaligen Menagerie in Friedrichstadt sowie im Gartenhäuschen von Wagner im Marcolini-Palais zusammen. Der Ausschuss des Dresdner Vaterlandsvereins tagte in den letzten April- und den ersten Maitagen fast in Permanenz. Sie alle kämpften in letzter Konsequenz mit der Waffe in der Hand für ihre demokratischen Überzeugungen auf der Straße.

Die bewaffnete Erhebung in Dresden war als Teil einer Volkserhebung in Deutschland längerfristig vorbereitet, brach aber spontan aus. Nach der Kammerauflösung am 28. April gab es Versammlungen, Adressen und Petitionen an den König mit der Forderung, die Reichsverfassung anzunehmen. Auch die Kommunalgarden, die für den 3. Mai zu einer großen Parade auf den Dresdner Altmarkt befohlen waren, traten mehrheitlich für die Reichsverfassung ein. In dieser Situation ersuchte Beust Preußen um die Bereitstellung von Truppen. Als dies am 2. Mai in Dresden bekannt wurde, bildete sich am 3. Mai ein »Landes-Verteidigungsausschuss gegen fremde Truppen«. Mittags um 13 Uhr versammelten sich die Kompanien der Dresdner Kommunalgarde zu den Urversammlungen, um in Aufrufen an den König doch noch dessen Zustimmung zur Reichsverfassung zu erlangen. Als er diese ablehnte, tagte der Ausschuss des Vaterlandsvereins im Dresdner Rathaus. Dorthin gelangte bald die Nachricht vom Sturm der Dresdner Bürger auf das Zeughaus, um Waffen zum Kampf gegen die »Invasoren« zu bekommen. Dabei fielen die ersten Dresdner Bürger den Kugeln des sächsischen Militärs zum Opfer.

Barrikadenbau ab 3. Mai in Dresden

Danach begann auf dem Altmarkt und in den umliegenden Straßen der Barrikadenbau. Am 4. Mai war die Innenstadt mit 108 Straßensperren verbarrikadiert, zu deren Bau auch 34 königliche Hof-, Rüst- und Reisewagen sowie Galakaleschen verwendet worden waren, die man frühmorgens aus dem königlichen Wagenhaus geholt hatte. Vom Altmarkt ausgehend wurden alle Straßen und Plätze bis in die Wilsdruffer Vorstadt, die See-Vorstadt und die Pirnaische Vorstadt abgesichert.

Nachdem in den frühen Morgenstunden des 4. Mai 1849 König Friedrich August II. mit seiner Familie und den Ministern auf den Königstein geflüch-

Das Opernhaus und der Zwinger zu Dresden nach dem Maiaufstand 1849. Kolorierte Lithographie von W. Bässler, 1853

Einsetzung der Provisorischen Regierung am 4. Mai 1849

tet war, bildete sich am Vormittag im Dresdner Rathaus eine Provisorische Regierung Sachsens, bestehend aus Otto Leonhard Heubner, Samuel Erdmann Tzschirner und Karl Gottlob Todt. Sie organisierte den militärischen Widerstand gegen das sächsische und das ab dem 5. Mai mit der Eisenbahn eintreffende preußische Militär, setzte dazu einen Generalstab mit Bakunin und zwei Polen ein, organisierte den Barrikadenbau und militärische Zuzüge aus dem ganzen Land. Als am späten Mittag des 5. Mai nach Ablauf eines am 4. Mai ausgehandelten Waffenstillstandes die Kampfhandlungen durch das Militär wieder aufgenommen wurden, standen den etwa 3000 Barrikadenkämpfern insgesamt 2800 sächsische und 2200 preußische Soldaten gegenüber. Die teilweise erbitterten Gefechte, der Kampf um jedes Haus dauerte bis zum frühen Morgen des 9. Mai 1849. Zu diesem Zeitpunkt wurde deutlich, dass die Revolutionäre den Sieg nicht erringen würden.

Rückzug der Barrikadenkämpfer am 9. Mai 1849

Der bereits am 8. Mai von Michail Bakunin und Stephan Born vorbereitete Rückzug geschah am Morgen des 9. Mai. Etwa 2000 Kämpfer gingen nach Freiberg, unter ihnen Tzschirner, Heubner, Bakunin, Wagner und Wittig. August Röckel und viele andere waren in die Hände des Militärs gefallen. Semper, der als Kommandant der Barrikade in der Waisenhausstraße diesen planmäßigen Rückzug gedeckt hatte, fuhr mit dem Zug nach Pirna und verließ wie viele andere Sachsen. In Freiberg löste Born den Verband auf und floh über Böhmen in die Schweiz. Der größere Teil zog nach Chemnitz weiter und ging, in kleinere Gruppen aufgelöst, in die Pfalz.

Abführung der gefangenen Barrikadenkämpfer über die Elbbrücke zu Dresden, Holzschnitt aus der Leipziger Ilustrirten Zeitung, 1849

Am 9. Mai 1849 verhängte die nach Dresden zurückgekehrte Regierung für die Stadt Dresden und deren Umgebung im Umkreis von acht Meilen den Kriegszustand. Alle politischen Klubs und Vereine wurden verboten, die Pressezensur wieder eingeführt. Eine umfassende Verhaftungswelle setzte ein. Eine Reihe von Teilnehmern am Aufstand wurde steckbrieflich verfolgt. Die Stadtpolizei-Deputation erließ am 11. Juni einen gemeinschaftlichen Steckbrief gegen 22 flüchtige Revolutionäre,

die als »Individuen« bezeichnet wurden. Dazu gehörten u. a. Tzschirner, Todt, Köchly, Wittig, Wagner und Semper. Am 22. Juni wurden Wagner und Semper in einem gemeinsamen Dekret des Königs aus dem sächsischen Staatsdienst entlassen.

Beust und die sächsische Politik ab Juni 1849

Nach der militärischen Niederschlagung des Maiaufstandes begann in Sachsen eine Zeit der Reaktion, die als Ära Beust in die sächsische Geschichte eingegangen ist. Sie reicht vom Juni 1849 bis zu der von Bismarck erzwungenen Entlassung Beusts aus dem sächsischen Staatsdienst im Sommer 1866. Neben Friedrich Ferdinand von Beust, der im Februar 1849 das Außenministerium übernahm, waren Justizminister von Zschinsky, Innenminister von Friesen und Kriegsminister von Rabenhorst die bestimmenden politischen Kräfte.

Verbot der Arbeitervereine am 4. Juli 1850

Unmittelbar nach dem 9. Mai – am 8. Mai war der Belagerungszustand ausgerufen worden, der erst am 3. Juni 1850 endete – löste die Regierung die Stadtverordnetenkollegien und die Kommunalgarden auf. Die politischen Vereine und die Presse wurden systematisch eingeschränkt, am 4. Juli 1850 die Arbeiterverbrüderung und die Arbeitervereine verboten. Am 3. Juni 1850 setzte die Regierung die Vereins-, Versammlungs- und Pressefreiheit außer Kraft. Der Landtag von 1846 wurde als fungierender Landtag wieder eingesetzt. In der inneren Entwicklung Sachsens war durch das konsequente Vorgehen gegen die demokratische Bewegung und ihre Anhänger bis Anfang der Sechzigerjahre jede Oppositionsbewegung ausgeschaltet.

Landtagswahlen 1849

Im September 1849 ordnete die Regierung Beust Neuwahlen zum Landtag an, die erneut eine knappe Mehrheit für die Demokraten ergaben. Aus dem »Unverstandslandtag« wurde der »Widerstandslandtag«, denn ab Herbst 1849 kritisierten die Abgeordneten zunehmend und scharf die Regierungspolitik. Am 1. Juni 1850 wurde deshalb auch dieser Landtag vom König aufgelöst, das Wahlgesetz vom 15. November 1848 für ungültig erklärt und die beiden Kammern nach dem Wahlgesetz von 1831 in der Zusammensetzung des außerordentlichen Landtages von 1848 nach Dresden einberufen. Das bedeutete auch auf dem Feld der parlamentarischen Landesvertretung den Beginn der Reaktionszeit und das Ende der zweiten Phase des Parlamentarismus im Sachsen des 19. Jahrhunderts.

Der militärische Sieg löste eine Welle kriminalpolizeilicher und gerichtlicher Untersuchungen, politischer Prozesse und Verurteilungen sowie steckbrieflicher Verfolgungen aus. Todesstrafen, die später in lebenslängliche Zuchthausstrafen umgewandelt wurden, Zuchthaus- und Gefängnisstrafen trafen die im Lande gebliebenen und bald verhafteten Demokraten. Die in die Emigration gegangenen Teilnehmer am Maiaufstand 1849 wurden noch Jahre später von der sächsischen Polizei geheimdienstlich beobachtet. Gegen etwa 6200 Personen wurden gerichtliche Untersuchungen geführt. Ab dem Sommer 1849 lief eine Verfolgungs- und Überwachungskampagne nahezu aller deutschen Einzelstaaten. Die im »Verein von Polizei-Beamten zur Aufrechterhaltung von Ruhe und Ordnung« zusammengeschlossenen Polizeiorgane sammelten Informationen über die revolutionären und demokratischen Bewegungen im Inland wie im Ausland, gaben Wochenberichte heraus, in denen diese Informationen intern verbreitet wurden und überwachten geheimpolizeilich die emigrierten Teilnehmer der bewaffneten Aufstände vom Mai und Juni 1849.

Die Jahre nach der niedergeschlagenen Revolution wurden Jahre des Ringens um die Schaffung eines deutschen Nationalstaates unter österreichischer oder preußischer Führung. Die wirtschaftliche Entwicklung der Fünfziger- und Sechzigerjahre drängte unweigerlich dazu. Zwischen dem Dreikönigsbündnis und

Friedrich Ferdinand von Beust, sächsischer Außenminister. 1868

den Unionsplänen Preußens einerseits sowie der Wiederingangsetzung des Deutschen Bundes unter Österreichs Führung andererseits schwankte die beustsche Politik zunächst, stellte sich dann aber auf österreichische Seite. Die Olmützer Punktation verhinderte einen Krieg zwischen den deutschen Staaten. Im Dezember 1850 wurde Dresden Mittelpunkt der Verhandlungen über die weitere Gestaltung des Deutschen Bundes. Prinz Johann veranlasste dies in seinen Lebenserinnerungen zu den Bemerkungen: »Zu Ende des Jahres traten die in Aussicht gestellten Conferenzen in Dresden zusammen und erregten anfangs ziemlich günstige Erwartungen. Es waren tüchtige Kräfte beisammen. Die beiden dirigierenden Minister von Österreich und Preußen, Fürst Schwarzenberg und Manteuffel wohnten im Palais, ganz nahe beieinander, nur durch eine Treppe getrennt, und schienen sehr einträchtigen Sinnes ... Dem ungeachtet sollte das Resultat ein geringes sein. Der wichtigste Gegenstand, der zur Sprache kam, die Bildung einer kräftigen Executive, scheiterte an dem Widerspruche der Kleinstaaten ...«[47]

Tod von König Friedrich August II. am 9. August 1854

Das Jahr 1854 brachte für das Königreich Sachsen erneut einen Thronwechsel, damit zwar keine Änderung in der Politik, aber doch eine nochmals straffere politische Führung durch das Königshaus. Friedrich August II., seit vielen Jahren zunehmend von Depressionen heimgesucht, verunglückte auf seiner zehnten Tirolreise am frühen Vormittag des 9. August 1854 bei Brennbichl tödlich.

König Johann

Als Johann in der Nacht vom 9. auf den 10. August 1854 auf Schloss Weesenstein durch Minister von Falkenstein über den Tod seines Bruders unterrichtet wurde, wusste er, welche Arbeit und welche Verantwortung nun auf ihn zukamen. Er trat, wie aus allen seinen Äußerungen hervorgeht, gesammelt und mit klarem Willen in die königlichen Pflichten ein. Nahezu am Ende seiner Lebenserinnerungen schrieb er über die von ihm beabsichtigte Politik, dass er in den Regierungsgrundsätzen entschlossen war, seinen persönlichen Einfluss mehr gelten zu lassen. Er übernahm die Führung der Geschäfte des Gesamtministeriums und leitete persönlich regelmäßig, sofern er in Dresden war, die Gesamtministerialsitzungen. Bei allen Entscheidungen der Zentralbehörden musste Johann gefragt und seine Zustimmung eingeholt werden. Besichtigungsreisen in das Land unternahm er in den Jahren von 1855 bis 1872 regelmäßig. Dabei besuchte er zu einem großen Teil Bildungs- und Wohltätigkeitsanstalten, Krankenhäuser, Schulen und Wirtschaftsunternehmen. Ein ebenso wichtiges Zeugnis seiner politischen Ziele sind die Thronreden, die aus den Jahren 1854, 1855, 1857 bis 1860, 1863 bis 1866, 1869, 1871 und 1873 überliefert sind. Die Eigenhändigkeit der Entwürfe offenbart die eigene Leistung des Monarchen in Bezug auf die Politik Sachsens sowie die Regierungsarbeit. Diese dokumentiert sich ganz offensichtlich in den großen Gesetzeswerken, die in Johanns Regierungszeit erarbeitet, beraten und verabschiedet wurden. Ein Überblick, der bei der Fülle der Gesetze ganz unvollständig sein muss, soll die wichtigsten Gesetze nennen: 1855 das Gesetz über die künftige Einrichtung der Behörden erster Instanz für Rechtspflege und Verwaltung sowie das Strafgesetzbuch für das Königreich Sachsen; die dazugehörige Strafprozessordnung; das Militärstrafgesetz; 1856 Handels- und Schifffahrtsvertrag mit der Republik Mexiko; 1857 deutscher Münzvertrag; Landtagsordnung für das Königreich Sachsen; 1858 Gesetz über Vereinheitlichung des Maß- und Gewichtswesens; Gesetz über die Einrichtung einer Altersrentenbank; Gesetz über die Ausübung der Tierheilkunde; 1859 Advokaten- und Notariatsordnung, Postgesetz, Ordnung der evangelischen Schullehrerseminare; Zulassung von Lehrerinnen; 1860 Postvereins-Vertrag; 1861 Gesetz über die Zusammenlegung der Grundstücke; Gesetz

Besichtigungsreisen 1855 bis 1872

König Johann von Sachsen im Arbeitszimmer. Gemälde von Friedrich Gonne, 1858

über die Einführung des Allgemeinen Deutschen Handelsgesetzbuches; 1862 Gesetz über die Militärgerichtsverfassung und Militärprozessordnung; 1863 Bürgerliches Gesetzbuch für das Königreich Sachsen; 1864 Jagdgesetz; 1865 Einrichtung eines Landes-Medicinal-Collegiums; Verordnung über allgemeine Amnestie für die im Mai 1849 begangenen politischen Vergehen; Verträge über die Fortdauer des Deutschen Zoll- und Handelsvereins; 1866 Wahlgesetz über den Reichstag des Norddeutschen Bundes; 1869 Berggesetz.

Gesetzgebung in Johanns Regierungszeit

Eine Reihe dieser Gesetzeswerke brachten das 1830 begonnene Werk der Staatsreform mit dem Ziel einer bürgerlichen Gesellschaft nahezu zum Abschluss. Diese Innenpolitik Sachsens, repräsentiert von König Johann, entsprach im Wesentlichen den Erfordernissen und Entwicklungen seiner Zeit.

Ringen um die Möglichkeiten nationaler Einigung und der Frankfurter Fürstentag 1863

Das Ringen um die Gestaltung des Deutschen Bundes und die damit verbundene Lösung der nationalen Frage waren für Sachsen das außenpolitische Kernproblem. In den staatlichen Verhältnissen des Deutschen Bundes waren Souveränität der Bundesstaaten, aber auch die Zusammengehörigkeit im Bund, die föderalen Prinzipien der Bundesorganisation, die Pflege der verwandtschaftlichen Verbindungen des Herrscherhauses zum kaiserlichen Haus der Habsburger, zu den Wittelsbachern in München und auch zu den Hohenzollern in Berlin feste Begriffe und Eckpunkte eines über Sachsens Grenzen hinausgehenden Politikverständnisses. Die 1840 urplötzlich entstandenen erheblichen Spannungen zwischen Frankreich und dem Deutschen Bund führten an den Rand eines Krieges. Nach 1850/51 war Sachsen am Zustandekommen des Dreikönigsbundes und an den Dresdner Konferenzen beteiligt. Danach fand die Olmützer Punktation mit der Wiederherstellung des Deutschen Bundes unter Österreichs Führung Zustimmung. Der Staatsstreich Napoleons III. 1852, die militärischen Auseinandersetzungen in Oberitalien und der Krimkrieg wurden aufmerksam verfolgt. Die sächsische Außenpolitik versuchte, den Deutschen Bund aus diesem Krieg herauszuhalten und Neutralität zu wahren. Sachsen vermittelte in diesem Sinne zwischen Österreich und Preußen, letztlich doch mit Erfolg. Nach wie vor war der Glaube an den Deutschen Bund und dessen Reformfähigkeit unerschütterlich. Man sah aber in den Fünfziger- und den beginnenden Sechzigerjahren immer klarer, vor allem nachdem Bismarck zum preußischen Ministerpräsidenten avanciert war, dass dieser kein einiges Deutschland anstrebte, sondern ein mächtiges Preußen.

Olmützer Punktation

Als sich Sachsen nach 1850 vom Dreikönigsbündnis zurückzog, äußerte sich Johann über die zwei Wege der künftigen staatlichen Entwicklung in Deutschland. Das von Preußen vertretene zentralisierende Prinzip kam mit dem föderalen Prinzip, dem Johann anhing und das von Beust diplomatisch verfolgt wurde, in immer größeren Gegensatz. Daraus erwuchsen Beusts Bundesreformpläne ab 1860, die von Johann voll inhaltlich getragen und vertreten wurden.

Für die Haltung Sachsens zu den Reformplänen des Deutschen Bundes und zur weiteren Stabilisierung der staatlichen Einheit unter Einbeziehung Österreichs wurden die Vorgänge vor und während des Frankfurter Fürstentages vom August 1863 von entscheidender Bedeutung. Johann überbrachte dem preußischen König Wilhelm I. in Baden die Einladung zum Treffen in Frankfurt, die er in persönlichen Gesprächen nachdrücklich begründete. Er scheiterte an Bismarck, dem es nicht leicht wurde, den preußischen König zum Fernbleiben von Frankfurt zu bewegen. Erst zu mitternächtlicher Stunde gelang es Bismarck, die Unterschrift Wilhelms I. für die Absage an Johann von

Frankfurter Fürstentag August 1863

Sachsen zu erhalten. Der österreichische Entwurf einer Reform der Bundesakte wurde in den Grundgedanken positiv beurteilt, da er den Bedürfnissen Deutschlands mit dem Ziel des Zusammenwirkens und besserer Übereinstimmung der Bundesverfassung mit den Verfassungen der einzelnen Länder gerecht wurde.

Nachdem die Mehrheit der Bundesmitglieder sich mit dem österreichischen Entwurf einverstanden erklärt hatte, hoffte Sachsen noch immer auf die Zustimmung Preußens. Diese Hoffnung zerschlug sich bald. Noch unmittelbar vor Kriegsbeginn 1866 wurde der Erhalt des bundesverfassungsmäßigen Landfriedens und die Beilegung von Streitfragen auf bundesrechtlichem Wege beschworen. Sachsen stand dabei mit Bayern an der Spitze der Mitgliedsstaaten des Deutschen Bundes, die auch militärische Mittel zur Verteidigung dieses Rechtsstandpunktes anwenden wollten. Johann formulierte kurz vor Beginn der preußischen Invasion vor dem außerordentlichen Landtag am 28. Mai 1866: »Wegen dieser Vorkehrungen mit militärischen Maßregeln bedroht, habe ich den Bund in versöhnlichem und friedlichem Sinne um seine Vermittlung angegangen; aber nunmehr auch zugleich mein Heer unter die Waffen gerufen, um von keinem unvorgesehenen Angriffe überrascht werden zu können; denn auch der Mindermächtige würde sich entehren, wenn er unberechtigten Drohungen nicht mit männlichem Mute entgegenträte und ich fühle mich ruhig in dem Bewußtsein, durch keine feindselige Gesinnung herausgefordert zu haben, sondern nur mit Beharrlichkeit für das Recht eines deutschen Volksstammes eingetreten zu sein.«[48]

Schleswig-Holstein 1864 und Königgrätz 1866

1864 nahm ein sächsisches Truppenkontingent unter Führung von Prinz Albert im Rahmen des Bundesheeres erfolgreich am Krieg gegen Dänemark um Schleswig und Holstein teil. Auf der zur Friedensregelung in der Schleswig-Holsteinischen Frage in London abgehaltenen Konferenz versuchte Beust, die Interessen des Deutschen Bundes wahrzunehmen, den Herzog von Augustenburg als Herzog von Schleswig-Holstein einzusetzen und das Land als einen eigenständigen Staat in den Bund einzugliedern. Diese nicht nur von Sachsen vertretene Position scheiterte an Bismarcks Politik. Ihm gelang die Aufteilung der Herzogtümer zwischen Preußen und Österreich, die im Vertrag von Gastein vom 14. August 1865 festgelegt wurde. Damit war das Ringen zwischen Preußen und Österreich um die Vormachtstellung im Bund vertagt, die antipreußische Stimmung nahm zu. Im Frühjahr 1866 neigte sich die österreichische Haltung wieder den Auffassungen der deutschen Mittelstaaten zu. So stand schließlich Sachsen wieder fest an der Seite Habsburgs und des Deutschen Bundes, als sich die Auseinandersetzungen im ersten Halbjahr 1866 weiter zuspitzten. Den preußischen Antrag auf Reform des Bundes unterstützte man noch, die Forderung Preußens, Sachsen solle seine Rüstungen einstellen, lehnte man ebenso ab wie den Anschluss an die bundespolitische Linie Preußens. Die dabei von Sachsen versuchte neutrale Haltung musste bald aufgegeben werden. Die 32 000 Mann starke sächsische Armee wurde unter dem Kommando von Kronprinz Albert im Süden des Landes konzentriert, die österreichische Armee in Böhmen. Nach der Kriegserklärung Preußens am 15. Juni 1866 bezog die sächsische Armee Stellung. Sie ging am 18. Juni nach Böhmen und vereinigte

Vertrag von Gastein vom 14. August 1865

Sächsische Artillerie im Feldzug 1866. Stich

sich am 24. Juni mit einem österreichischem Korps an der Iser. Die Ende des Monats geführten Gefechte mit den preußischen Truppen führten zum Rückzug auf Königgrätz, wo am 3. Juli die entscheidende Schlacht geschlagen wurde. Auf dem linken Flügel der kaiserlichen Armee stehend, kämpften die sächsischen Truppen sehr erfolgreich, konnten die Niederlage der österreichischen Armee aber nicht verhindern. Der regellose Rückzug der kaiserlichen Armee wurde von den Sachsen gedeckt.

Schlacht von Königgrätz am 3. Juli 1866

Seit dem 15. Juni war Sachsen von Preußen besetzt. Eine Landeskommission führte anstelle des nach Prag gegangenen Königs Johann die Landesverwaltung. Sie konnte sich mit Mühe gegenüber den preußischen Besatzungsbehörden behaupten. Das Ende eigener Staatlichkeit zeichnete sich im Auftreten und in den Handlungen der preußischen Beamten und Offiziere deutlich ab. Die militärische Auseinandersetzung wurde für Sachsen mit dem Vorfrieden von Nikolsburg am 26. Juli 1866 beendet. Sachsen blieb in seinen Grenzen von 1815 als Staat erhalten. Dazu hatten österreichische Forderungen und der Standpunkt des Friedensunterhändlers Napoleons III. ebenso beigetragen wie Bismarcks realistische Haltung. Der Preis dafür war der Anschluss an das preußische System deutscher Reichsstaatlichkeit. Das wurde im Friedensvertrag zwischen Preußen und Sachsen am 21. Oktober 1866 in Berlin besiegelt. Die sächsische Armee wurde in das Bundesheer eingegliedert und Sachsen zahlte zehn Millionen Taler Kriegsentschädigung an Preußen.

Vorfriede von Nikolsburg am 26. Juli 1866

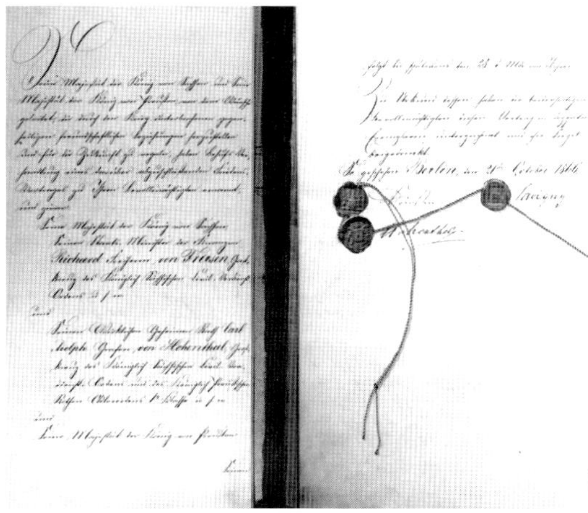

Friedensvertrag von Berlin zwischen Sachsen und Preußen vom 21. Oktober 1866

Königreich Sachsen im Norddeutschen Bund

Als nach der militärischen Niederlage Sachsen dem Norddeutschen Bund unter Führung Preußens beitreten musste, versuchte König Johann, sich in die neuen Verhältnisse zu fügen. Vor dem Landtag formulierte er am 15. November 1866: »So wie es Mein fester Entschluss ist, dem Norddeutschen Bunde, der unter Preußens Leitung sich bildet, und allen eingegangenen Verpflichtungen dieselbe Treue zu bewahren, die Ich dem alten Bunde gehalten habe, so wird es nunmehr unsere gemeinsame Aufgabe sein, diesem neu sich bildenden Verhältnisse mit frischem Mute, mit Offenheit und aller Redlichkeit entgegenzukommen, und für seine günstige Gestaltung auch anderweitige Opfer nicht zu scheuen.« Sachsen bemühte sich, in die Verfassung des entstehenden neuen deutschen Staates föderalistische Vorstellungen einzubringen. Nach Auffassung König Johanns fehlte im Artikel 1 des Entwurfs der Verfassung des Norddeutschen Bundes der allgemeine Grundsatz, dass die Autonomie der einzelnen Länder die Regel bilde. Bei der Gesetzgebung meinte er, dass sie dem Reichstag und dem Bundesrat gemeinschaftlich zustehe.

Verfassung des Norddeutschen Bundes am 17. April 1867

Sachsen konnte jedoch nicht verhindern, dass seine Gesetzgebungsbefugnisse erheblich geschmälert wurden. Die am 17. April 1867 vom konstituierenden Reichstag des Norddeutschen Bundes angenommene und am 1. Juli 1867 in Kraft getretene Verfassung übertrug wesentliche Gesetzgebungskompetenzen auf den Bund. Lediglich Polizei-, Gemeinde-, Schul-, Hochschul- und Staatskirchenrecht blieben allein sächsischen Regelungen vorbehalten. Die sächsischen Behörden wurden verpflichtet, alle Reichsgesetze zu vollziehen. Ebenso wurden die finanziellen Möglichkeiten des Landes eingeschränkt, da nur die Einnahmen aus den direkten Steuern bei Sachsen verblieben. Die schon

Militärkonvention zwischen Preussen und Sachsen vom 7. Februar 1867

am 7. Februar 1867 abgeschlossene Militärkonvention zwischen Preußen und Sachsen gliederte die sächsische Armee als XII. (königlich-sächsisches) Armeekorps in das Reichsheer ein, über das im Kriegsfall der preußische König, nach 1871 der deutsche Kaiser, die Befehlsgewalt ausübte. Außenpolitik, Zollwesen, Post und Telegrafie sowie Eisenbahn gingen auf den Bund über. Insgesamt endete damit die Souveränität des sächsischen Staates.

Die außenpolitischen Vorstellungen König Johanns und seines leitenden Ministers Friedrich Ferdinand von Beust waren an Bismarcks Deutschlandpolitik gescheitert, eine der schmerzlichsten Niederlagen, die Sachsen im zweiten Drittel des 19. Jahrhunderts hinzunehmen hatte.

Kulturelle Verhältnisse in der Ära Beust

Karl Gutzkow in Dresden bis 1862

Nach 1849 sank in Sachsen das geistig-kulturelle Leben zunehmend auf provinzielles Niveau ab. Die Literaturszene wurde durch Karl Gutzkow, Otto Ludwig und Berthold Auerbach bestimmt. Gutzkow gehörte zu jenen, die sich gegen die Abkehr von den politischen und sozialen Fragen der Zeit wandten. Er und andere Schriftsteller vermittelten »reale Bilder der Situation Deutschlands nach 1848«, hielten progressive Ideen des Vormärz lebendig und führten sie in die neue Phase der Volksbewegung in den Sechzigerjahren hinüber.

Gutzkow lebte bis 1861 in Dresden. Seine großen Gesellschaftsromane »Die Ritter vom Geiste« und »Der Zauberer von Rom«, 1859 bis 1861 veröffentlicht, fanden weite Verbreitung. Seine volkstümliche Wochenzeitschrift »Unterhaltungen am häuslichen Herd« hatte eine große Leserschaft. Aus Existenzgründen erstrebte er die Stellung eines Generalsekretärs der Deutschen Schillerstiftung und siedelte 1862 mit seiner Familie nach Weimar über.

Wiederbeleben der Montagsgesellschaft in Dresden

Nach der Revolution unternahmen es in Dresden Pecht und Helbig, die Montagsgesellschaft unter den veränderten Bedingungen wieder zu beleben. Nach dem Weggang von Friedrich Pecht hatten Adolf Peters und Karl Gutzkow den Ton angegeben. Bis 1870 war Helbig der Geschäftsführer des Künstlergremiums. Die Montagsgesellschaft zählte nach 1849 zwischen 50 und 60 Mitglieder, darunter Otto Ludwig, die Maler Friedrich Gille, Ernst Ferdinand Oehme, Ferdinand von Rayski, Johann Heinrich Ramberg, Friedrich Gonne, Friedrich Rudolph Meyer, der Hofschauspieler Bogumil Dawison, der Kreuzschulrektor Julius Klee, der Kammermusiker Moritz Fürstenau, der Komponist Otto Goldschmidt und Kapellmeister Julius Reitz.

Als auswärtige Mitglieder kamen zu den Zusammenkünften aus Leipzig Gustav Freytag, Karl Biedermann und sein Schwager Karl Wilhelm Koch, Bürgermeister von Leipzig. Der dänische Märchendichter Hans Christian Andersen, der junge norwegische Schriftsteller Björnstjerne Björnson und der Mitbegründer des »Bundes der Geächteten« Jakob Venedey waren Gäste der Gesellschaft. Aber ihr Glanz nahm doch immer mehr ab. Als sie sich 1879 auflöste, war ein Stammtisch aus ihr geworden.

Henrik Ibsen in Dresden

Gottfried Keller in Dresden

Josef Ignacy Kraszewski in Dresden

Fjodor Dostojewski 1867 in Dresden

In den Fünfziger- und Sechzigerjahren haben viele berühmte Ausländer Sachsen besucht und es aus ihrer Sicht geschildert. Henrik Ibsen weilte im Sommer 1852 zu einem Studienaufenthalt in Dresden und lebte von Oktober 1868 bis März 1875 in der Stadt. Gottfried Keller besuchte Ende 1855 Hermann Hettner in Dresden. Er wohnte in »Stadt Gotha« in der Schlossstraße. Nach dem polnischen Aufstand von 1863 ließ sich Josef Ignacy Kraszewski in Dresden nieder, wo er die meisten seiner historischen Romane, u. a. über die Gräfin Cosel und den Grafen Brühl, schrieb. Vom 1. Mai bis 3. Juli 1867 weilte Fjodor Dostojewski mit seiner zweiten Frau in Dresden. Sie suchten immer wieder die Gemäldegalerie auf. Fast täglich wandelten sie auf der Brühlschen Terrasse. Das »Cafe Reale« und das »Cafe Français« wurden vornehmlich zum Zeitunglesen aufgesucht. Anna Dostojewskaja bewunderte die Kirchenmusik in der katholischen Hofkirche. Ein Ausflug nach Blasewitz gehörte zum Besuchsprogramm in der Stadt: Im Schillergarten trank man Kaffee, wanderte hinauf zum Weißen Hirsch und kehrte über die Plattleite nach Dresden zurück. Man bewunderte die herrliche Aussicht bei Dampferfahrten nach Loschwitz und Pillnitz. Die Sächsische Schweiz wurde bereist, wo man sich zu Pferde von Wehlen zur Bastei begab.

Das Musik- und Theaterleben ging nach 1849 seinen gewohnten Gang weiter. Allerdings gab es zunächst keine solchen Höhepunkte wie die Uraufführungen von Wagners Musikschöpfungen. Erst im August 1859 wurde der »Lohengrin« in Dresden erstaufgeführt. Dann allerdings nahm sein Opernschaffen wieder einen dominierenden Platz ein.

Sachsens Anteil am Deutsch-Französischen Krieg

Für Bismarck war die Gründung des Norddeutschen Bundes nur ein wichtiger Schritt auf dem Weg zu einem neuen Deutschen Reich. Zielgerichtet arbeitete er am Anschluss der süddeutschen Staaten Bayern, Baden, Württemberg sowie Hessen-Darmstadt, mit denen Preußen 1866 Schutz- und Trutzbündnisse geschlossen hatte. Die von Bismarck bewusst herbeigeführte militärische Auseinandersetzung mit Frankreich vor dem Hintergrund der Thronkandidatur der Hohenzollern in Spanien und seiner »Umredaktion« der Emser Depesche begann mit der Kriegserklärung Frankreichs an Preußen am 19. Juli 1870. Nicht nur der Norddeutsche Bund, sondern auch die süddeutschen Staaten traten in den Krieg ein. Da es Bismarck gelungen war, den Nachbarn des Norddeutschen Bundes eine Neutralitätshaltung für einen solchen Kriegsfall abzuringen, konnte deutscherseits der Krieg relativ unbelastet eröffnet werden.

KRIEGSERKLÄRUNG FRANKREICHS AN PREUSSEN AM 19. JULI 1870

Der Mobilmachung auch der sächsischen Armee und ihrer Verlegung an die deutsch-französische Grenze folgten ab 4. August 1870 die aktiven Kampfhandlungen im Verband der zweiten deutschen Armee, wobei das sächsische Armeekorps von Kronprinz Albert kommandiert wurde. Am 18. August hatte es bei dem Sturm auf St. Privat entscheidenden Anteil am Sieg über die zweite französische Armee, die in Metz eingeschlossen wurde. Danach wurde die Maasarmee als vierte deutsche Armee gebildet und das Armeekommando Kronprinz Albert übertragen. Gemeinsam mit der dritten Armee kämpfte man gegen die Rheinarmee unter Mac Mahon. Am 30. August verhinderten die sächsischen Truppen unter Prinz Georg den weiteren Rückzug der Franzosen auf Paris und erzwangen so am 1. September die Entscheidungsschlacht von Sedan. Albert wurde am 11. Juli 1871 zum preußischen Feldmarschall ernannt und ein größerer Teil der sächsischen Truppenverbände bei der Belagerung von Paris ab 19. September eingesetzt. Erst am 26. Februar 1871 konnte der Vorfrieden von Versailles geschlossen werden, der mit dem Friedensvertrag von Frankfurt a. M. am 10. Mai 1871 endgültig zur Beendigung des Krieges zwischen Frankreich und Deutschland führte. Auch nach dem Februar 1871 blieben sächsische Verbände als Besatzungstruppen in Frankreich, zumal der sächsische Kriegsminister von Fabrice zum Generalgouverneur der besetzten Gebiete ernannt worden war.

STURM AUF ST. PRIVAT AM 18. AUGUST 1870

ENTSCHEIDUNGSSCHLACHT VON SEDAN AM 1. SEPTEMBER 1870

Georg Friedrich Alfred von Fabrice, sächsischer General und Kriegsminister. Radierung von Ludwig Otto, um 1880

Schon im Oktober 1870 hatten die entscheidenden Verhandlungen Bismarcks mit den süddeutschen Staaten um deren Beitritt zum Norddeutschen Bund begonnen. Neben dem preußischen Minister Delbrück war der sächsische Außenminister Richard Freiherr von Friesen an der Seite Bismarcks maßgeblich beteiligt. Mehrfach trat er dabei als Vermittler auf. Das von Sachsen verfolgte Ziel einer Totalrevision der Bundesverfassung im föderalistischen Sinne wurde bei diesen Verhandlungen nicht erreicht. Schließlich schlossen Baden und Hes-

Richard von Friesen, sächsischer Innenminister. Stich, um 1870

sen am 15. November und Bayern am 23. November 1870 Verträge über ihren Beitritt zum Norddeutschen Bund ab. Nach diesen Verfassungsverträgen nahm der Reichstag am 9. Dezember die Namensänderung von »Deutschem Bund« zu »Deutschem Reich« als Verfassungsänderung an. Danach schickte König Ludwig II. von Bayern unter dem 3. Dezember einen von Bismarck entworfenen Brief an den preußischen König Wilhelm I. mit dem Ersuchen um Annahme der Kaiserwürde. Von Versailles aus richtete Wilhelm I. am 17. Januar eine »Proklamation an das deutsche Volk«, in der er erklärte, dass er es als Pflicht gegen das gemeinsame Vaterland betrachte, »diesem Ruf der verbündeten deutschen Fürsten und Städte Folge zu leisten und die deutsche Kaiserwürde anzunehmen«. Einen Tag später erfolgte im Spiegelsaal des Schlosses von Versailles, das als Hauptquartier der Deutschen fungierte, die Ausrufung von König Wilhelm I. von Preußen zum Deutschen Kaiser Wilhelm I. Kronprinz Albert und sein vier Jahre jüngerer Bruder Georg vertraten bei diesem Staatsakt das Königreich Sachsen. Der schon gealterte König Johann hatte über diese sich abzeichnende Entwicklung bereits am 19. Oktober 1870 seinem Staatsminister von Friesen geschrieben: »Der Gedanke, daß gegenwärtig die Teutschen Angelegenheiten ohne unser Zuthun mit den Südteutschen Staaten geordnet werden und dadurch vielleicht der letzte Moment verlohren geht, unser Verhältniß im Nordteutschen Bund besser zu stellen, hat mich gestern viel beschäftigt. Allerdings könnte nur durch eine persönliche Einwirkung hierin etwas geschehen, von der anderen Seite fühle ich, daß ein unberufenes Eindringen dieser Wirksamkeit schaden müßte.«[50]

Proklamierung von König Wilhelm I. von Preussen zum Deutschen Kaiser am 18. Januar 1871 in Versailles

Veränderte Verfassungszustände für Sachsen

Verfassung des Deutschen Kaiserreiches vom 31. Dezember 1870

Der mit den süddeutschen Staaten vereinbarte Verfassungstext des Norddeutschen Bundes wurde am 31. Dezember 1870 in Kraft gesetzt. Damit erfolgte der unspektakuläre Übergang vom Norddeutschen Bund zum Deutschen Kaiserreich. Das Königreich Sachsen wurde nun einer der 25 deutschen Einzelstaaten einschließlich der drei norddeutschen Stadtstaaten. Das Land und seine Menschen hatten sich in den nun nochmals, wenn auch nur geringfügig veränderten neuen Verfassungszuständen zurechtzufinden und einzurichten.

Oberhandelsgericht in Leipzig 1869

Dieser Prozess hatte für Sachsen schon vier Jahre vorher begonnen. Die Mitarbeit an den Rechtsgrundlagen des Norddeutschen Bundes war sowohl von der Regierung als auch von den gewählten Abgeordneten des Bundestages ernst genommen worden. Auf Antrag Sachsens wurde 1869 das Oberhandelsgericht begründet und dessen Sitz nach Leipzig gelegt, auch in Berücksichtigung der Bedeutung der Leipziger Messen für die gesamtnationale Wirtschaftsentwicklung. Die Umordnung der sächsischen Armee nach preußischem Vorbild wie auch die Eingliederung von 50 hannoverschen Offizieren geschah ohne große Probleme. In die Tatsache, dass sächsische Generäle nur in Abstimmung mit Preußen von Sachsen ernannt werden durften, fügte man sich.

Verzicht auf eine eigenständige Aussenpolitik

Dagegen wurde der Verzicht auf eine eigenständige Außenpolitik besonders schmerzlich empfunden. Die sächsischen Gesandtschaften in den europäischen Hauptstädten wurden geschlossen und die Gesandten europäischer Staaten verließen die Landeshauptstadt Dresden. Lediglich die sächsischen Gesandtschaften in Wien und Berlin, Letztere als wichtige Mittler zwischen den Reichsbehörden und der sächsischen Regierung einschließlich des Sächsischen Militärbevollmächtigten, blieben bestehen. Das weltweit existierende sächsische Konsularwesen verschmolz mit dem preußischen zum Reichskonsularwesen. Aber kaum ein sächsischer Diplomat ging in den diplomatischen Dienst des Reiches. Schon aus Opposition zu Preußen traten die führenden sächsischen Diplomaten in österreichische Dienste, zumal Friedrich Ferdinand von Beust, der auf ausdrücklichen Wunsch Bismarcks Sachsen verlassen musste und 1867 österreichischer Außenminister wurde. Sachsen war bemüht, sich an die preußisch dominierten Verhältnisse anzupassen. Zugleich fand die ablehnende Haltung Preußens gegenüber der weiter bestehenden eingeschränkten Selbstständigkeit Sachsens in vielfachen Äußerungen des preußischen Kronprinzen Friedrich Wilhelm öffentlichen Ausdruck.

Stellung Sachsens im Bundesrat

Sachsens Einfluss auf die Reichsentwicklung blieb nicht nur wegen seiner im Verhältnis zu Preußen und dem Reichsganzen geringen territorialen Größe, sondern auch wegen der verfassungsrechtlichen Möglichkeiten beschränkt. In dem erstmals in neuer Zusammensetzung am 20. Februar 1871 zusammentretenden Bundesrat, in dem der Reichskanzler den Vorsitz führte, besaß Sachsen von den insgesamt 58 Stimmen nur vier, Preußen dagegen allein 17. Dies und das Vetorecht Preußens in Finanz- und Militärfragen sowie in allen außenpolitischen Angelegenheiten garantierten eigentlich, dass meistens im Sinne Preußens abgestimmt und die entsprechenden Mehrheitsbeschlüsse gefasst wurden. Nur einmal, als es 1877 um die Reichsjustizreform mit der Vereinheitlichung der Gerichtsorganisation und eines einheitlichen Instanzenzuges von den lokalen bis zu den zentralen Gerichtsbehörden ging, kam eine Mehrheit für Preußen bei der Abstimmung über den Sitz des Reichsgerichtes nicht zustande. Der geschlossenen Opposition unter Einbeziehung aller thüringischen Staaten gelang es am 28. Februar 1877, den Vorschlag Preußens, das Reichsgericht in Berlin zu etablieren, abzulehnen. Dagegen wurde der Antrag der Mittelstaaten, Leipzig zum Sitz des Reichsgerichtes zu bestimmen, angenommen. Die dafür entscheidende Stimme kam von Fürst Heinrich XXII. Reuß ältere Linie, der sein Fürstentum im Bundesrat durch Mecklenburg-Schwerin vertreten und grundsätzlich Anträge Preußens in diesem Gremium ablehnen ließ. Den entsprechenden Bericht aus Schwerin versah er mit der Randbemerkung »Vivat!«

Schlusssteinlegung des Reichsgerichts in Leipzig am 26. Oktober 1895

Sächsische Abgeordnete im Reichstag

Als parlamentarische Vertretung der knapp 41 Millionen Einwohner der Bundesstaaten wurde der Reichstag geschaffen. Mit der kaiserlichen Anordnung vom 23. Januar 1871 zur Wahl des ersten Reichstages, die am 3. März 1871 stattfand, war das Reichsgebiet in 379, ab 1874 durch das Reichsland Elsass-Lothringen in 397 Reichstagswahlkreise eingeteilt worden, aus denen jeweils ein Abgeordneter für den Reichstag zu wählen war. Auf das Königreich Sachsen entfielen 23 Reichstagswahlkreise, die bis 1918 bestehen blieben. Damit stellte Sachsen 23 Reichstagsabgeordnete. Bei der ersten Reichstagswahl kamen neben 13 Nationalliberalen und acht Linksliberalen auch zwei Sozialdemokraten in den Reichstag. Das waren 1871 die einzigen sozialdemokratischen Abgeordneten. 1903 waren es 22 und 1912 19, die das »rote Königreich« im Reichstag vertraten.

Verfassungsrechtliche Stellung im Reich

Die veränderten Verfassungszustände für das Königreich Sachsen ergaben sich aus der Reichsverfassung. Das Reich besaß gegenüber den Ländern staatsrechtliche Herrschaftsgewalt. Die Länder blieben zwar als politische Einheiten bestehen, waren aber der höchsten Gewalt des Gesamtstaates unterworfen. So behielt Sachsen in diesem Rahmen und unter Berücksichtigung der Kompetenzverteilung zwischen Reich und Ländern das Recht auf Besitz und Ausübung der Zuständigkeiten in Gesetzgebung, Rechtsprechung und Verwaltung. Ihm war auch das Recht auf Freiheit von allen Eingriffen des Reiches, die nicht ausdrücklich durch die Reichsverfassung zugelassen waren, zugestanden worden. Dazu hatte es einen ständigen Sitz in den Bundesratsausschüssen für auswärtige Angelegenheiten und für das Landesheer erhalten. Letztlich bestand die Rolle Sachsens, das im Reich seiner Fläche nach an fünfter und der Einwohnerzahl nach an dritter Stelle stand, im verwaltungsmäßigen Vollzug der Gesetze und Bestimmungen des Reiches.

Albert, Georg und Friedrich August III.

König Albert von Sachsen. Gemälde von Moritz Rödig, 1891

Als König Johann am 29. Oktober 1873 in Pillnitz starb, ging die Regierung auf seinen Sohn Albert über, der am 23. April 1829 als zweites Kind von Johann und seiner Frau Amalie Augusta, einer Wittelsbacherin, geboren war. Eine sorgfältige Erziehung und Ausbildung in Sprachen und allen anderen Schulfächern, die am 13. März 1845 zur Ablegung des Abiturs führte, wurden Voraussetzung dafür, dass er im November 1847 ein Studium an der Universität Bonn aufnahm und u. a. Staatsrecht bei Perthes sowie Geschichte und Politikwissenschaft bei Dahlmann studierte. Eine ab dem 11. Lebensjahr begonnene militärische Ausbildung verschafften ihm schon in jungen Jahren die Anerkennung seiner militärischen Leistungen im Reichskrieg gegen Dänemark 1849 und 1866 bei Königgrätz. Seit seiner Kindheit verband ihn eine lebenslange Freundschaft mit dem anderthalb Jahre jüngeren Habsburger Franz Joseph, Sohn von Erzherzog Franz Karl, seit 1848 Kaiser von Österreich, und Sophie Friederike von Bayern. Sie blieb selbst dann bestehen, als Albert das Königreich Sachsen im Deutschen Kaiserreich zu repräsentieren hatte. Auch bei Kaiser Wilhelm I. und Bismarck in hohem Ansehen stehend, trugen seine guten persönlichen Verbindungen zu Kaiser Franz Joseph dazu bei, dass 1879 der Zweibund zwischen dem Deutschen Reich und Österreich geschlossen wurde. 29 Jahre lang trug Albert die Königswürde. Er starb am 19. Juni 1902 im schlesischen Sibyllenort, das die albertinischen Wettiner 1884 von Herzog Wilhelm von Braunschweig-Oels mit Schloss und Herrschaft geerbt hatten und das mit insgesamt 23 000 Hektar Land die wirtschaftliche Grundlage der Familie vor allem von 1918 bis 1945 bildete. Die Ehe von Albert mit Carola Prinzessin von Schweden war kinderlos geblieben. Deshalb ging der Thron an seinen vier Jahre jüngeren Bruder Georg über, der bereits nach zweijähriger Regentschaft am 25. Oktober 1904 verstarb. Die Nachfolge trat dessen 1865 geborener Sohn Friedrich August an, der bis zu seiner Abdankung am 13. November 1918 der letzte König von Sachsen werden sollte. Auch er erhielt eine gründliche Schulbildung, die zur Ablegung des Abiturs führte. Ein Studium der Staats- und Rechtswissenschaften an den Universitäten Straßburg und Leipzig bereiteten ihn auf das Königsamt vor. Zugleich absolvierte er eine militärische Laufbahn, bis er 1898 zum Generalleutnant und 1902 zum kommandierenden General des XII. (sächsischen) Armeekorps avancierte. Trotz der 1903 durch Aufhebung der ehelichen Gemeinschaft gescheiterten Ehe mit Luise, Erzherzogin von Österreich und Prinzessin von Toscana, erreichte Friedrich August eine zunehmende Beliebtheit in der Bevölkerung. Er übte weitgehend die Funktion eines Staats-

Das sächsiche Königshaus im Jahre 1898: vorn die Prinzen Georg und Friedrich Christian; sitzend v. l. König Albert, Prinz Georg, Königin Carola, Prinzessin Mathilde; stehend Prinzessin Luise von Toscana mit Prinz Ernst Heinrich, Kronprinz Friedrich August, Prinz Max, Prinz Albert, Prinzessin Isabella von Württemberg, Prinz Johann Georg

oberhauptes aus, so dass er bald eine nicht zu übersehende Rolle als Bürger-König spielte. Zahlreiche Anekdoten über ihn haben die Zeitläufe bis heute überdauert. Angehörige der Familie der albertinischen Wettiner gingen den Weg in ein bürgerlich bestimmtes Leben. Ein Bruder des Königs, der 1870 geborene Max, wurde katholischer Geistlicher, päpstlicher Hausprälat und Professor für Theologie im schweizerischen Freiburg und wirkte vor und während des Ersten Weltkrieges in der sich entfaltenden internationalen Friedensbewegung. Der 1893 geborene älteste Sohn des Königs, Kronprinz Georg, wurde ebenfalls Priester, trat 1925 in den Jesuitenorden ein, wirkte als Großstadtseelsorger in Berlin, leistete Widerstand gegen das NS-Regime und kam im Mai 1943 unter ungeklärten Umständen im Berliner Wannsee ums Leben.

König Friedrich August III. von Sachsen

Verwaltungsreform

Zu Beginn der Siebzigerjahre war die 1831 begonnene Reformierung der Verwaltungsorganisation noch nicht abgeschlossen. Es mangelte noch immer an der Durchsetzung des Prinzips der strikten Trennung von Justiz und Verwaltung auf lokaler Verwaltungsebene. Man kam nur schrittweise voran. Die generelle Übernahme der Gerichtsbarkeit durch den Staat ab 1. Oktober 1856 hatte zwar zu einheitlichen Behörden in Gestalt der Gerichtsämter, der ihnen übergeordneten Bezirksgerichte sowie der Amtshauptmannschaften als Aufsichts- und Berufungsinstanzen der Justiz und der inneren Verwaltung geführt, aber die Trennung der beiden grundsätzlichen Aufgabengebiete war noch immer nicht erreicht.

Gesetze über die Organisation der Behörden vom 21. April 1873

Dieser längst überfällige Schritt wurde nach mehrjähriger Vorbereitung 1874 vollzogen. Die dafür entscheidende gesetzliche Grundlage bildete das Gesetz über die Organisation der Behörden vom 21. April 1873, das am 1. Januar 1874 in Kraft trat. Den Gerichtsämtern oblag nunmehr allein die Rechtsprechung und die freiwillige Gerichtsbarkeit. Für die Aufgaben der inneren Verwaltung wurden 26 Amtshauptmannschaften eingerichtet.

Rezess mit dem Hause Schönburg vom 29. Oktober 1878

Als dann mit dem Rezess vom 29. Oktober 1878 zwischen dem Königreich Sachsen und dem fürstlichen Hause Schönburg die sächsische Regierung ab dem 1. Dezember 1878 die volle Justiz- und Verwaltungshoheit über die Schönburgischen Rezessherrschaften übernahm und dafür die Amtshauptmannschaft Glauchau als siebenundzwanzigste einrichtete, war der bürgerliche Verfassungsstaat nach mehr als 40 Jahren auch in seinem Verwaltungsaufbau vollendet und blieb danach unverändert. Für neue Aufgaben, die dem sächsischen Staat vor und während des Ersten Weltkrieges übertragen wurden, musste weiteres Personal in die bestehenden Verwaltungsbehörden eingestellt werden. Neue Behörden auf lokaler, regionaler und zentraler Verwaltungsebene entstanden nur noch wenige.

Selbstverwaltung bei den Amtshauptmannschaften und Kreishauptmannschaften

Neu eingeführt wurde die Selbstverwaltung bei den Amtshauptmannschaften, indem Bezirksversammlungen und Bezirksausschüsse konstituiert wurden, die für Krankenpflege, Wege- und Straßenbau sowie Armenversorgung verantwortlich waren. Die Bezirksausschüsse der Amtshauptmannschaften wählten aus ihren Reihen wiederum Vertreter für die Kreisausschüsse bei den zuständigen Kreishauptmannschaften. Auf diese Weise wurde das System der kommunalen Selbstverwaltung von den Gemeinden und Städten auch auf die staatliche innere Verwaltung der lokalen und regionalen Verwaltungsebene ausgedehnt. Mit der Revidierten Städteordnung vom 24. April 1873 sowie der Revidierten Landgemeindeordnung vom gleichen Tag wurden das Mitbestimmungsrecht der Bürger und Gemeindemitglieder erweitert, die Verwaltungsentscheidungen vereinfacht.

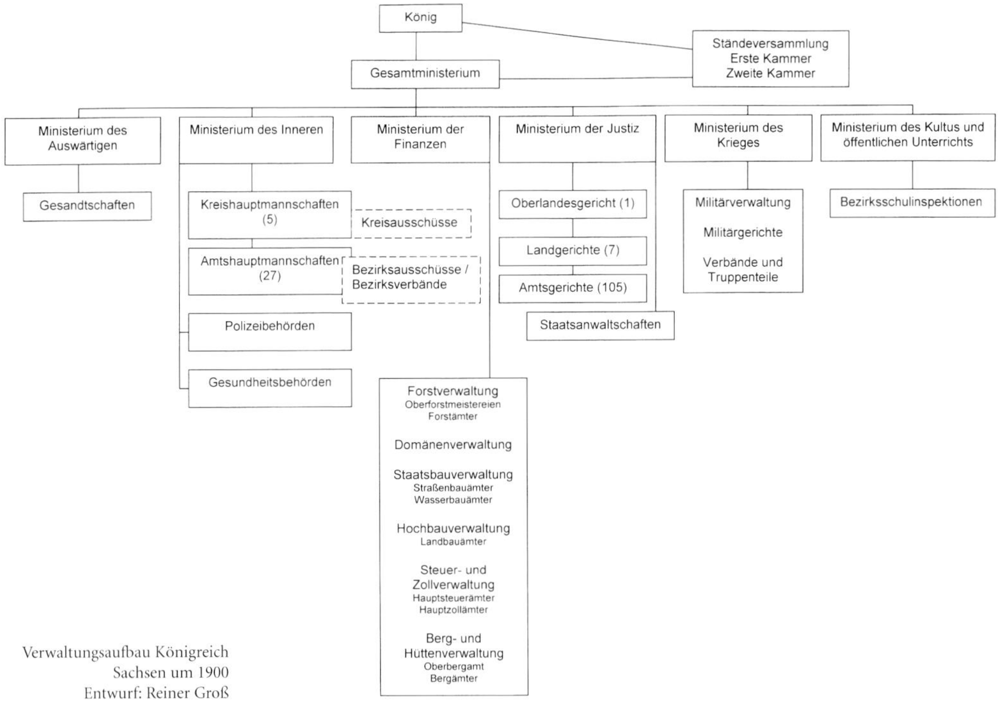

Verwaltungsaufbau Königreich Sachsen um 1900
Entwurf: Reiner Groß

Das Verhältnis zwischen evangelisch-protestantischer Kirche und dem Staat wurde, obwohl noch keine Trennung erfolgte, neu bestimmt. Durch das Konsistorialgesetz vom 15. April 1873 wurde das Landeskonsistorium als eine vom Staat unabhängige oberste Behörde der evangelisch-lutherischen Kirche in Sachsen eingerichtet. Da die Schulverwaltung, die bis dahin von dem Landeskonsistorium alter Prägung ausgeübt worden war, nun allein dem Kultusministerium zustand, wurde der erste Schritt auf dem Weg der Trennung von Staat und Kirche getan. Das Gesetz über das Volksschulwesen vom 16. April 1873 überwies die Schulaufsicht von den Superintendenten und Pfarrern an die Bezirksschulinspektoren, die den Amtshauptmannschaften zugeordnet wurden.

TRENNUNG VON STAAT UND KIRCHE IM SCHULWESEN

NEUE GERICHTSORGANISATION AB 1. OKTOBER 1879

Schließlich wurde zum 1. Oktober 1879 die Gerichtsorganisation in Sachsen auf der Grundlage der Reichsgesetze von 1878 neu geordnet. Ein Oberlandesgericht in Dresden, sieben Landgerichte und 105, später 112 Amtsgerichte unterstanden als sächsische Gerichte dem Justizministerium.

Die zwischen 1873 und 1879 geschaffenen Organisationsstrukturen blieben mit nur wenigen einzelnen Veränderungen bis zum Ende des Königreiches Sachsen, ja unter anderen Behördennamen sogar bis 1952 bestehen.

Parteiverhältnisse und Landtagswahlen

WAHLGESETZ VOM 3. NOVEMBER 1868

Die Eingliederung Sachsens in das Deutsche Reich brachte auch für den Sächsischen Landtag eine Verminderung seiner Bedeutung, da die Gesetzeshoheit durch die Reichsverfassung eingeschränkt war. Durch das veränderte Wahlgesetz vom 3. November 1868, dem Reichstagswahlrecht angenähert, wurde die ständische Gliederung der Zweiten Kammer aufgehoben. In 35 städtischen und 45 ländlichen Wahlkreisen wurde jeweils ein Abgeordneter nach dem direkten und geheimen Wahlrecht gewählt. Die Landtage fanden nunmehr alle zwei statt bisher alle drei Jahre statt. Die direkte Abgeordnetenwahl führte zu einer veränderten sozialen Zusammensetzung.

Mit dem veränderten Wahlrecht gewannen die politischen Parteien größere Bedeutung. In der Zweiten Kammer waren die Nationalliberale Partei, die Deutsche Fortschrittspartei, die Konservative und die Sozialdemokratische Partei, wenige Wahlperioden auch die Deutschfreisinnige Partei sowie die Deutsch-Sozial-Reformer vertreten. Aufgrund der Wahlgesetzbestimmungen gab es zwischen den Reichstags- und den Landtagswahlergebnissen erhebliche Unterschiede.

STÄNDEVERSAMMLUNG

DIREKTORIUM

I. Kammer	II. Kammer
42 Mitglieder	75 Mitglieder / ab 1868: 80 Mitglieder
Präsident	Präsident
Vizepräsident	Vizepräsident
2 Sekretäre	2 Sekretäre
Verfassungsdeputation	Verfassungsdeputation
Finanzdeputation	Finanzdeputation
Deputation für Petitionen und Beschwerden der Stände	Deputation für Petitionen und Beschwerden der Stände
Deputation für Petitionen und Beschwerden der Bevölkerung	Deputation für Petitionen und Beschwerden der Bevölkerung
je 5 Mitglieder	je 7 Mitglieder

1833–1918

50 Landtage
davon
39 ordentliche Landtage
11 außerordentliche Landtage

Erst 1877 zog der Leipziger Rechtsanwalt Otto Freytag als Abgeordneter der Sozialdemokraten in den Sächsischen Landtag ein. Als dann 1893 sogar 14 sozialdemokratische Abgeordnete in der Zweiten Kammer saßen und diese die Einführung des gleichen, allgemeinen und direkten Wahlrechts für alle Staatsangehörigen, auch für Frauen, ab vollendetem 21. Lebensjahr beantragten, reagierte die Staatsregierung mit dem Entwurf eines neues Wahlgesetzes, das von dem Konservativen und Präsidenten der Zweiten Kammer Dr. Paul Mehnert aus Medingen, dem »ungekrönten König von Sachsen«, angeregt worden war. Am 3. Februar 1896 legte Innenminister Karl Georg Levin von Metzsch den Gesetzentwurf vor, am 28. Februar erfolgte in der Zweiten Kammer die zweite Lesung und danach wurde das Gesetz mit 56 gegen 23 Stimmen angenommen. Die Erste Kammer stimmte dem Gesetz ohne Debatte zu. Sachsen verfügte damit über das wohl undemokratischste Wahlsystem in Deutschland. Die Wahlberechtigten, die männlichen sächsischen Staatsbürger ab vollendetem 25. Lebensjahr, wurden entsprechend der Höhe der von ihnen zu entrichtenden Grund- und Einkommenssteuer in drei Klassen eingeteilt. Die Urwähler wählten Wahlmänner und diese wiederum die Abgeordneten. Dementsprechend bildeten etwa 3,5 Prozent der Stimmberechtigten die I. Klasse, etwa 17 Prozent die II. Klasse und etwa 80 Prozent der Urwähler die III. Klasse. Da jede Klasse ein Drittel der Wahlmänner wählte, bestimmten etwa 20 Prozent der Wahlberechtigten über reichlich zwei Drittel der Parlamentsmandate.

Einführung des Dreiklassenwahlrechts 1896

Das Ergebnis bestand darin, dass die Sozialdemokraten bald nicht mehr in der Zweiten Kammer vertreten waren. Bei den Landtagswahlen 1903, 1905 und 1907 bekam die SPD zwar etwa 45 Prozent der abgegebenen Stimmen, aber erst 1905 war sie durch den Redakteur Hermann Goldstein aus Zwickau wieder im Landtag präsent. Die Modifizierung dieses Wahlrechts durch ein neues Wahlgesetz vom 5. Mai 1909 brachte das Pluralwahlrecht. Durch den enormen Anstieg der Bevölkerungszahlen wurde die Anzahl der Wahlkreise auf 43 städtische und 48 ländliche Wahlbezirke erhöht, so dass 91 Abgeordnete in die Zweite Kammer gewählt wurden. Die nach dem Pluralwahlsystem am 21. Oktober 1909 stattfindende Wahl war zugleich die letzte Landtagswahl im Königreich Sachsen. Danach nahmen in der Zweiten Kammer die Sozialdemokraten 25 Sitze, die Konservativen 29, die Nationalliberalen 28 und die Freisinnigen acht Sitze ein. 1915 im Ersten Weltkriegs fielen die Landtagswahlen aus.

Übergang zum Pluralwahlrecht 1909

Neues Landtagsgebäude in Dresden 1907

1907 zogen die Abgeordneten der Ständeversammlung in ein neues Landtagsgebäude in Dresden ein. Der Architekt des Reichstagsgebäudes in Berlin

Paul Wallot war seit 1894 an der Kunstakademie Dresden tätig und hatte 1896 den Auftrag erhalten, ein neues Landtagsgebäude zu entwerfen. In Abkehr von wilhelminischer Prunkarchitektur entstand von 1901 bis 1907 an der Brühlschen Terrasse ein schlicht gehaltener funktionaler Bau, der den Erfordernissen parlamentarischer Arbeit voll entsprach.

Landwirtschaft

Für die sächsische Landwirtschaft bedeuten nach dem offiziellen Abschluss des Ablösungsgeschäfts 1859 die Sechzigerjahre den allgemeinen Übergang zu kapitalistischen Wirtschaftsverhältnissen.

Dabei kam es bei der Verteilung des landwirtschaftlichen Grundbesitzes in Sachsen zu einem merklichen Rückgang der kleinbäuerlichen Besitzer. Bei der Betriebs- und Berufszählung von 1882 gab es 51 345 kleinbäuerliche Besitzungen, 1895 waren es noch 48 926 Wirtschaften. Als Ursachen für diese Entwicklung haben die Erweiterung der Städte mit dem Entstehen neuer Stadtteile auf Kosten vieler Kleinwirtschaften und Häuslerstellen, die Ausdehnung der Verkehrsflächen und die wachsende Verwendung von Grundstücken zu nichtlandwirtschaftlichen Zwecken zu gelten. Dafür nahm die Zahl der mittleren bäuerlichen Güter von fünf bis 20 Hektar beständig zu. Ihr Anteil an der LNF betrug 1895 etwa 40 Prozent und lag damit acht Prozent über dem Reichsdurchschnitt. Die großbäuerlichen Betriebe nahmen ebenso geringfügig ab wie der Großgrundbesitz über 200 Hektar. In dieser Größenklasse lag Sachsen knapp zehn Prozent unter dem Reichsdurchschnitt. Daran wird deutlich, dass sich die Grundbesitzverteilung durch die Ablösung nicht grundsätzlich verändert hat und dass sich die Tendenz zum mittelbäuerlichen Betrieb, der mit familieneigenen Arbeitskräften effektiv wirtschaften konnte, ausprägte. 1907 arbeiteten 282 308 Familienangehörige und nur 108 344 familienfremde Arbeitskräfte in den Landwirtschaftsbetrieben. Das wurde in Sachsen durch die immer schwieriger werdende Beschaffung von Arbeitskräften für die Landwirtschaft gefördert, da es durch die blühende Industrie eine spürbare Abwanderung der Arbeitskräfte vom Lande in die Stadt gab. So änderte sich auch das prozentuale Verhältnis zwischen der in der Landwirtschaft und der in der Industrie tätigen Bevölkerung. Während Letztere 1895 2 178 273 Menschen ausmachte, waren zu dieser Zeit nur noch 565 299 Arbeitskräfte in der Landwirtschaft tätig. Immer weniger Bauern hatten damit eine immer größer werdende landwirtschaftliche Nutzfläche zu bearbeiten.

Die wachsende Bevölkerungszahl stellte erhöhte Anforderungen an die landwirtschaftliche Produktion und schuf im Gegenzug günstige Bedingungen für den Absatz der Produkte. Die steigenden Preise für Getreide und Fleisch regten zu einem weiteren Ausbau der Produktion an. Die vermehrte Düngerproduktion und -verwendung zum Getreide- und Futterbau bewirkten, dass der Ertrag trotz verminderter Anbaufläche erheblich stieg. Dazu kamen die landwirtschaftlichen technischen Nebengewerke wie Spiritusindustrie, Rübenzucker- und Stärkefabrikation. So sind die kapitalistischen Produktionsbedingungen in der sächsischen Landwirtschaft dieser Zeit durch eine über dem Reichsdurchschnitt liegende große Getreideanbaufläche mit 60 bis 62 Prozent der landwirtschaftlichen Nutzfläche sowie eine intensive Viehhaltung charakteri-

Altes Böttcherhaus auf dem »Weißen Hirsch« bei Dresden, um 1850

siert. Doch obwohl 1885 2 806 100 Doppelzentner Getreide produziert wurden, reichte das für eine Bevölkerungszahl von drei Millionen Menschen nicht aus. Die Bevölkerungsdichte in Sachsen lag mit etwa 320 Einwohnern pro Quadratkilometer um 200 über dem Reichsdurchschnitt. So musste die fehlende Menge importiert werden.

»Centralstelle der Wille'schen Milchcuranstalt in Dresden«. Stich von Hertitzsch, um 1855

Neue Anbaumethoden, Einsatz von landwirtschaftlichen Maschinen, Notwendigkeiten umfassenderer ländlicher Bauten und neue Bedingungen des Getreidemarktes und -handels in Sachsen führten jedoch auch zu einer Verschuldung des landwirtschaftlichen Grundbesitzes und machten immer wieder Kreditaufnahmen nötig. Eine zeitgenössische Untersuchung von 1889 weist nach, dass die Verschuldung in den Jahrzehnten zwischen 1830 und 1885 erheblich zugenommen hat. Sie betrug 1875 753 Millionen Mark, das sind 30 Prozent des Verkaufswertes des bäuerlichen Grundbesitzes und stieg bis 1884 auf 982 Millionen Mark, was 39 Prozent des Verkaufswertes entspricht.

Der Kreditbedarf der bäuerlichen Grundbesitzer in Sachsen, das Bedürfnis nach einem gemeinsamen Einkauf landwirtschaftlicher Rohstoffe, die Schwierigkeiten des Getreideabsatzes über Zwischenhändler und das Problem der Milchverwertung als wichtiges landwirtschaftliches Erzeugnis bei steigender Viehhaltung ließ bald den Gedanken genossenschaftlicher Zusammenschlüsse entstehen. So bildeten sich im letzten Drittel des 19. Jahrhunderts, vor allem nach 1880, in Anwendung des Grundsatzes gegenseitiger Bürgschaft zahlreiche landwirtschaftliche Konsumvereine, Kreditgenossenschaften, Bullenhaltungsgenossenschaften, Saatzucht-Verkaufsgenossenschaften und Genossenschaftsmolkereien. Sie stellten den Versuch dar, in einer Zeit, die auch in der Landwirtschaft zum Großbetrieb drängte, den Mittel- und Kleinbetrieb aufrechtzuerhalten. Schließlich entstand 1891 in Dresden der Verband der landwirtschaftlichen Genossenschaften im Königreich Sachsen, dem zunächst sieben Kreditgenossenschaften und drei Molkereigenossenschaften angehörten. Bis zur Jahrhundertwende erhöhte sich die Anzahl dieser Genossenschaften auf 152.

Grundzüge der wirtschaftlichen Entwicklung: Industrie und Banken

Die viereinhalb Jahrzehnte zwischen der Reichsgründung und dem Beginn des Ersten Weltkriegs stellten eine Zeit rasanter wirtschaftlicher Entwicklung dar. Dafür wurden nach 1855 die erforderlichen gesetzlichen Grundlagen geschaffen: am 15. Oktober 1861 das Gesetz über die Gewerbefreiheit, 1867 über die Herstellung der Freizügigkeit, 1869 über die Gewerbeordnung, 1870 über die Aufhebung des Konzessionszwangs für Aktiengesellschaften. Die verbindliche Einführung des metrischen Systems ab 1. Januar 1872 im Deutschen Reich und die Herstellung der Münzeinheit im Reichsgebiet mit dem Übergang zur Markwährung 1873 sowie die Umstellung auf Goldwährung 1874 waren weitere fördernde Maßnahmen auch für die sächsische Wirtschaft, die ebenfalls von den französischen Kriegskontributionen profitierte. »Gründerjahre« und »Gründerkrach« haben die sächsische Wirtschaft zwar beeinflusst, doch Sachsen blieb auch nach 1871 neben dem Rheinland eines der wichtigen deutschen Industriezentren.

Gewerbegesetz vom 15. Oktober 1861

Zwischen 1875 und 1895 wuchs die Anzahl der Betriebe mit über fünf Beschäftigten um 200 Prozent. Textilindustrie und Konfektionsindustrie, Maschinenbau und Metallverarbeitung waren zunächst die bestimmenden Indus-

Der Vertrauenschacht des Erzgebirgischen Steinkohlenaktienvereins zu Schedewitz bei Zwickau

triezweige. Steigender Steinkohleabbau im Zwickau-Oelsnitzer Revier und im Freitaler Becken bildete gemeinsam mit der Eisen- und Stahlerzeugung in Cainsdorf bei Zwickau, in Döhlen im Plauenschen Grund und in Riesa eine wenn auch bescheidene Rohstoffbasis. Als man nach 1843 in Zwickau auf mächtige Steinkohlenflöze von 4 bis 6 Metern stieß, stieg die Förderleistung von 1 727 513 Tonnen im Jahre 1865 auf 2 065 178 Tonnen im Jahre 1871. 1913 waren es 2 571 685 Tonnen Steinkohle, die im Zwickauer Revier gefördert wurden. Die Errichtung großer Kokereien in Zwickau führte neben der Erzeugung von Verhüttungskoks auch zu steigender Gaserzeugung für Industrie und Haushalte.

Bis zum Ersten Weltkrieg wurden nahezu alle Industriezweige heimisch, nicht in Großbetrieben, aber in erfolgreichen mittelständischen Unternehmen: Nahrungsmittelindustrie, Genussmittelindustrie, Papier- und Holzstoffindustrie, Uhrenfabrikation, Kunstblumenherstellung, feinmechanisch-optische Industrie, elektronische Industrie, hygienische und kosmetische Erzeugnisse, Zellulose- und Kunstseideerzeugung, Fahrzeug- und Waggonfabriken. Die Automobilindustrie wurde mit Horch und Audi in Zwickau, mit Wanderer in Chemnitz, mit Hiller in Zittau und mit Schumann in Werdau heimisch. Um die Wende vom 19. zum 20. Jahrhundert begann im Bornaer Revier der maschinell betriebene Braunkohlentagebau, es entstanden Brikettfabriken und Kraftwerke. 1913 wurde die Aktiengesellschaft Sächsische Werke (ASW) gegründet und es begann der Aufbau eines Energieverbundnetzes.

CHEMNITZ ALS ZENTRUM DES MASCHINENBAUS

Chemnitz entwickelte sich zu einer der großen Industriemonopolen des wilhelminischen Kaiserreiches. In über 1 500 Fabriken entstanden Dampfmaschinen, Dampfturbinen, Dampfkessel, Pumpen, Lokomotiven, Werkzeugmaschinen, Fahrräder, Textilmaschinen aller Art, Wasserwerks-, Eis- und Kühlmaschinen, Maschinen für Geschütz- und Geschossfabrikation und Kräne. Annähernd 73000 Beschäftigte, das waren 1912 etwa 24 Prozent der Chemnitzer Bevölkerung, arbeiteten in diesen Fabriken.

Für die Industrieunternehmen wurde eine Finanzierung durch die Banken von enormer Bedeutung. Das Aktiengesetz vom 11. Juni 1870 hatte die Gründung von Aktiengesellschaften und damit auch von Aktienbanken wesentlich erleichtert.

DRESDNER BANK

Allein zwischen 1871 und 1873 wurden in Sachsen 26 Aktienbanken ins Leben gerufen, darunter die Dresdner Bank, die Dresdner Diskontbank, die Leipziger Vereinsbank, die Leipziger Diskontogesellschaft und die Zwickauer Bank. Die Dresdner Bank übernahm 1873 den Sächsischen Bankenverein, 1874 die Dresdner Handelsbank, 1877 die Sächsische Kreditbank, 1878 die Thüringische Bank in Sondershausen und 1891 das Dresdner Privatbankhaus Robert Thode. So wurde die Bank eine der vier großen deutschen D-Banken, richtete 1881 eine Filiale in Berlin ein, verlegte 1884 ihre Zentrale in die Reichshauptstadt und errichtete dort 1888 das Hauptgebäude. Bald wurde neben der Finanzierung sächsischer Unternehmen auch die deutsche Schwerindustrie mit Krupp, die Germania-Werft in Kiel und

Königin-Marien-Hütte in Cainsdorf, um 1855

die Bergwerksgesellschaft Hibernia mitfinanziert. Als eine der großen deutschen Aktienbanken, die bald überregional operierte, beteiligte sie sich am Kapitalexport, finanzierte Eisenbahnbauten in Österreich, in der Türkei, auf dem Balkan sowie große Unternehmen in Russland, Italien, Frankreich und den USA. Sächsisches Kapital begann auf diese Weise weltweit Profit zu machen.

Verkehrsmittel

Nachdem ab 1869 der sächsische Staat den Eisenbahnbau finanziert und 1876 nahezu alle Eisenbahnstrecken in Sachsen in staatliches Eigentum übernommen hatte, kam es zu einer rasanten Ausweitung des Streckennetzes, vor allem der Schmalspurbahnen. Bereits im Jahr der Gründung des Deutschen Kaiserreiches besaß Sachsen das dichteste Eisenbahnnetz unter den deutschen Staaten. Das Streckennetz hatte sich von 1 074 Kilometer im Jahre 1869 auf 2 725 Kilometer im Jahre 1891 erweitert. Zehn Jahre später verfügten die sächsischen Bahnen auf Normalspur und Schmalspur insgesamt über 3 241 Streckenkilometer. Jede Stadt besaß einen Eisenbahnanschluss. Große Bahnhofsneubauten in Dresden, Leipzig und Chemnitz entsprachen den Beförderungs- und Repräsentationsbedürfnissen. 73 Millionen Personen und 28 Millionen Tonnen Güter wurden jährlich befördert. Dazu kam der Elbschifffahrtsverkehr, der mit der Aufnahme der Kettenschleppschifffahrt im Jahre 1869 auf 730 Kilometer Länge von Melnik bis Hamburg ebenfalls einen beachtenswerten Aufschwung erlebte. Es erfolgte auch der Ausbau des elektrisch betriebenen Straßenbahnverkehrs in den größeren Städten. Die ersten in Sachsen stationierten Luftschiffe, voran LZ 17 »Sachsen« in Leipzig, wiesen auf künftige moderne Verkehrsmittel hin.

Sächsische Staatseisenbahn

Kettenschleppschifffahrt auf der Elbe

Bevölkerungsentwicklung und soziale Verhältnisse

Mit dem Wirtschaftswachstum ab der Mitte des 19. Jahrhunderts gingen Bevölkerungszunahme, Ausdehnung städtischer und dörflicher Siedlungen sowie die Entstehung neuer sozialer Probleme einher. Bei der ersten sächsischen Volkszählung von 1834 hatte das Land knapp zwei Millionen Einwohner. In den folgenden 40 Jahren stieg diese Bevölkerungszahl um eine Million und zur Jahrhundertwende hatte Sachsen nahezu fünf Millionen Einwohner. 1910 kamen 320 Einwohner auf einen Quadratkilometer, womit Sachsen den Reichsdurchschnitt um das Zweieinhalbfache übertraf.

Fünf Millionen Einwohner 1900

Dies wirkte sich besonders in zwei Richtungen aus. Zum einen wurden aus vielen Städten große Städte und Großstädte. Leipzig und Dresden wuchsen bis 1910 auf je über eine halbe Million Einwohner, in Chemnitz wohnten über 300 000, in Plauen über 121 000 und in Zwickau über 73 000 Menschen. Diese Städte griffen mit neuen Wohn- und Fabrikvierteln weit in das Umland hinein. Eine erste Eingemeindungswelle nach 1890 trug wesentlich mit dazu bei. Villenareale und Mietskasernenviertel, Citybildung und städtische Verkehrsmittel mit Pferdebahnen und später elektrischen Straßenbahnen prägten das Stadtbild von Dresden, Leipzig, Chemnitz, Plauen und Görlitz. Die durch Dampfkraft und Elektroenergie von Wasserkraft unabhängig gewordenen Fabriken siedelten sich dort an, wo niedrige Bodenpreise und ein ausreichendes Arbeitskräftepotenzial günstige Bedingungen boten. So entstanden die für Sachsen typischen Industriedörfer vor allem im Erzgebirge, seinem Vorland und in der südlichen Oberlausitz. Mit dieser Entwicklung nahm die Zahl der Erwerbstätigen in Industrie und Handwerk enorm zu. 1907 waren es nahezu 1 250 000 Männer und Frauen, rund 56,3 Prozent der sächsischen Bevölkerung, wobei der Reichsdurchschnitt bei 37,2 Prozent lag. Demgegenüber arbeiteten nur noch 11,9 Prozent (im Reich 32,7 Prozent) in der Landwirtschaft.

Ausdehnung der Städte

Maschinenfabrik »Invention« von W. von Pittler, Leipzig

Probleme der Urbanisierung

Mit dem Wachstum der Städte und Gemeinden nahmen die sozialen Probleme erheblich zu. Unbefriedigende hygienische Verhältnisse vor allem in den Arbeiterwohnvierteln, Wohnungsnot, eine zunehmende Zahl von Untermietern und ein hoher Krankheitsstand bestimmten die Lebensverhältnisse. Chemnitz hatte die höchste Säuglings- und Kindersterblichkeitsrate unter den deutschen Großstädten. Dringende Probleme der Trinkwasserversorgung und des Abwasserregimes, des Bestattungswesens und der Seuchenbekämpfung bedurften einer Lösung. Die 1903 in Dresden veranstaltete Deutsche Städteausstellung zeigte all die mit der Urbanisierung verknüpften Probleme auf, wies aber auch auf moderne Lösungen hin. Ein Modell dafür wurden die Gartenstadt Hellerau und die Deutschen Werkstätten Hellerau am Rande der Dresdner Heide. Danach entstanden die Gartensiedlung Leipzig-Marienbrunn und die Arbeiterwohnsiedlung Heidenau.

Deutsche Städteausstellung 1903 in Dresden

Talsperrenbauten sicherten den wachsenden Trinkwasserbedarf vor allem in den Städten. Ein sich ständig vergrößerndes Trinkwassernetz und Kanalisationssystem für die Abwasserbeseitigung, das mit dem Wassergesetz vom 12. März 1909 einen gesetzlichen Rahmen erhielt, gehörte ebenso dazu wie der Bau städtischer Krankenhäuser sowie Feuerbestattungseinrichtungen auf den großen städtischen Friedhöfen und durch die Allgemeinheit nutzbare städtische Badeanstalten, Grünanlagen und Parks. Ein erstes Denkmalschutzgesetz unter dem Titel »Gesetz gegen die Verunstaltung von Stadt und Land« vom 10. März 1909 versuchte, neue Bedürfnisse und Notwendigkeiten mit der Bewahrung von historisch Gewachsenem zu vereinbaren.

Wassergesetz vom 12. März 1909

Erstes Denkmalschutzgesetz vom 10. März 1909

Die nur durch relativ wenige Krisenjahre unterbrochene wirtschaftlich-soziale Entwicklung ließ bei allen Problemen der kinderreichen Familien einen zaghaften Wohlstand zu. Beispielhaft kann dafür das Sparverhalten gelten. Laut Statistik gab es 1905 ein Sparguthaben von 297 Mark pro Kopf und damit lag Sachsen um 90 Mark höher als der Reichsdurchschnitt. Einundsechzig Prozent der sächsischen Bevölkerung legte das Geld vor allem bei den 421 Sparkassen und ihren Filialen an.

Neue öffentliche Bauten

Die gewachsene Wirtschaftskraft des Landes und seiner Menschen fand bis zum Beginn des Ersten Weltkrieges schließlich in einer Vielzahl von öffentlichen Bauten ihren sichtbaren Ausdruck. Dazu zählten neue Verwaltungsgebäude für Amtshauptmannschaften, Kreishauptmannschaften, Landgerichte und Amtsgerichte, Postgebäude und Finanzämter. Die Rathausbauten in Dresden, Leipzig und Chemnitz gehörten ebenso dazu wie die zwei Ministerialgebäude am Neustädter Elbufer in Dresden, Museumsbauten in Chemnitz, Zwickau und Leipzig, das Hauptstaatsarchiv in Dresden und die Deutsche Bücherei in Leipzig, das Schauspielhaus in Dresden, die Universitätsbibliothek und das neue Gewandhaus in Leipzig sowie Kirchenbauten, nicht nur in den wachsenden Städten, sondern auch in den Industriegemeinden.

Bildung, Wissenschaft und Kunst

Reformierung des Schulsystems

Mit dem Volksschulgesetz von 1873 und dem Gesetz über das höhere Schulwesen wurden das Elementarschulwesen sowie das gesamte Schulsystem reformiert. Verbesserte Lehrpläne, neue Unterrichtsfächer, die intensivere Ausbildung der Lehrer an den Lehrerseminaren und die Einführung der Fortbildungspflicht für Jungen von 15 bis 17 Jahren ließen ein in Deutschland vorbildliches Volksschulwesen entstehen. Ebenso wurden die Bildungsinhalte der humanistischen Gymnasien verbessert und Realgymnasien für die verstärkte naturwissenschaftliche Bildung eingerichtet. Realschulen mit einer sechsjährigen Schulzeit vervollständigten das Schulsystem. Am Vorabend des Ersten Weltkrieges bestanden in Sachsen 2 364 Volksschulen, 1 967 Fortbildungsschulen, sechs Handelsschulen, 34 Realschulen, 13 Realgymnasien, 17 humanistische Gymnasien und zwei Fürsten- und Landesschulen. 1912 besuchten 867 613 Schulpflichtige diese Schulen. Sie sicherten die schulischen Grundlagen für die Vorbereitung eines Studiums an der Universität Leipzig, der Technischen Hochschule Dresden, der Bergakademie Freiberg, der Kunstakademie Dresden, der Tierärztlichen Hochschule Dresden, der Handelshochschule Leipzig und der Gewerbeakademie Chemnitz. Ab 1906 erhielten Frauen das Recht, ein Universitätsstudium in Sachsen aufzunehmen. Der 1848 gegründete Sächsische Lehrerverein wirkte für ein fortschrittliches Volksschulwesen ebenso positiv wie der 1897 ins Leben getretene Verein für sächsische Volkskunde für die Geschichts- und Heimatpflege. Der 1908 gegründete Landesverein Sächsischer Heimatschutz stand am Beginn einer aktiven Denkmalpflege und des Naturschutzes.

Karl Lamprecht, Professor für Geschichte und Gründer des Instituts für Kultur- und Universalgeschichte an der Universität Leipzig. Gemälde von E. Urban, 1895

An den sächsischen Hochschulen wirkten weit über Sachsen und Deutschland hinaus bekannte Wissenschaftler. Zu ihnen gehörten Wilhelm Wundt, Wilhelm Ostwald und Karl Lamprecht in Leipzig, Gustav Zeuner, August Toepler und Wilhelm Hallwachs in Dresden und Clemens Winkler in Freiberg. Der sächsische Staat investierte dabei erhebliche finanzielle Mittel, so dass neue Institute, Seminare und Lehrstühle eingerichtet werden konnten, sowohl in den Geisteswissenschaften als auch in den Natur- und Technikwissenschaften. Vor allem für die technisch-naturwissenschaftlichen Disziplinen wurde bald eine enge Zusammenarbeit mit den Industrieunternehmen zur Normalität. Dies wiederum kam der industriellen Entwicklung Sachsens mit einem zunehmenden Absatz sächsischer Erzeugnisse in aller Welt zugute.

Die Ausrichtung von deutschlandweiten Ausstellungen in Dresden und anderen sächsischen Städten spiegelte die Bedeutung Sachsens im Deutschen Kaiserreich ebenso wider wie die Ausrichtung der I. Internationalen Hygieneausstellung in Dresden, die Einrichtung der Deutschen Bücherei in Leipzig 1912 und die I. Weltausstellung für das Buchwesen 1914.

Vom wachsenden Wohlstand profitierte auch die kulturelle und künstlerische Entwicklung. Dresden mit der Hofoper und der Hofkapelle sowie Leipzig mit dem Gewandhausorchester führten den Ruf beider Städte als Zentren europäischer Musikkultur weiter. Ernst von Schuch in Dresden und Arthur Nikisch in Leipzig dominierten das Musikleben. Kreuzchor und Thomanerchor erlebten eine Blütezeit. In Chemnitz war es Richard Tauber, der Oper und Schauspiel zu künstlerischer Bedeutung führte. Die Uraufführung der Werke von Richard Strauß erlangten Weltruhm. Aber auch die Pflege der Hausmusik und eine breitgefächerte Chorgesangbewegung mit Sängerfesten zeugten von kultureller Betätigung.

Plakatwerbung zur Eröffnung der »Bugra« 1914 in Leipzig

Nach langen Jahren der Stagnation entwickelte sich auf dem Gebiet der bildenden Kunst mit der »Brücke« in Dresden ab 1905 eine Künstlergemeinschaft, deren Werke bald internationale Anerkennung fanden. Max Pechstein, Emil Nolde und Karl Schmidt-Rottluff trugen wesentlich zur Ausprägung des deutschen Expressionismus bei. Gotthard Kuehl verhalf dem Impressionismus in der Dresdner Kunstakademie zum Durchbruch. In Leipzig erlangte Max Klinger mit seinen Graphiken, Bildhauerarbeiten und Wandgemälden große Aufmerksamkeit. Der Geschichtsmaler Hermann Prell, der Landschaftsmaler Eugen Bracht und der Bildhauer Georg Wrba, der 1907 die Nachfolge von Johannes Schilling an der Kunstakademie antrat, schufen beachtenswerte Werke. Im literarischen Leben waren es der Pole Jozef Ignaz Kraszewski, Wilhelm Polenz, Emil Rosenow mit seinem Volksstück »Kater Lampe« und Karl May, die überregionale Bedeutung erlangten. Neben den Theatern in vielen sächsischen Städten zeichnete sich mit den Anfängen des Kino- und Filmwesens eine

Wandgemälde von Max Klinger in der Aula des neuen Augusteums von Roßbach in Leipzig

neue Form allgemeiner öffentlicher Unterhaltung ab. 1904 gab es in Dresden erste Filmvorführungen.

Innenpolitische Entwicklung

Die allgemeine innenpolitische Entwicklung wurde nach 1871 durch eine konservative Grundhaltung dominiert. Von 1871 bis 1876 hatte Richard Freiherr von Friesen als Vorsitzender des Gesamtministeriums die politischen Verhältnisse bestimmt. Als er 1876 wegen Bismarcks Plänen zu einer Verstaatlichung der Eisenbahnen und deren Zusammenfassung zu einer Reichseisenbahn zurücktrat, wurde der General und Kriegsminister Georg Friedrich Alfred von Fabrice dessen Nachfolger. Ab 1882 vereinigte er bis zu seinem Tode 1891 das Amt des Vorsitzenden im Gesamtministerium, des Kriegsministers und des Außenministers in einer Person. Als Kriegsminister bestimmte er den weiteren Aufbau der sächsischen Armee und ihrer ständigen personellen Erweiterung, als Außenminister war er das entscheidende Bindeglied zwischen dem Reich und Sachsen. Von den nachfolgenden leitenden Ministern hatten noch Karl Georg Levin von Metzsch-Reichenbach sowie Konrad Wilhelm Rüger größeren Einfluss. Höhepunkte in der innenpolitischen Entwicklung waren das 800-jährige Jubiläum des Beginns der Herrschaftsausübung des Hauses Wettin im Raum zwischen Saale und Elbe. In zahlreichen wissenschaftlichen Publikationen wurde die Geschichte des Herrschaftshauses aufgearbeitet, vor allem durch den Archivar am Sächsischen Hauptstaatsarchiv in Dresden Dr. Otto Posse. Höhepunkt der Feierlichkeiten war ein großer Festumzug, der wenig später in einer repräsentativen Bildmappe für die Nachwelt dokumentiert wurde. Ähnliches vollzog sich ein Vierteljahrhundert später, als der 100. Wiederkehr der Völkerschlacht bei Leipzig gedacht wurde. Das monumentale Völkerschlachtdenkmal wurde am 13. Oktober 1913 in Anwesenheit von Kaiser Wilhelm II., Zar Nikolaus II. von Russland und König Friedrich August III. eingeweiht.

WETTIN-JUBILÄUM 1889

Festzug zum 800-jährigen Jubiläum der Herrschaft der Wettiner am 19. Juni 1889 auf dem Dresdner Neumarkt. Aquarell

In jenen Jahrhunderten wurde Sachsen auch von Antisemitismus nicht verschont. Die »Deutsche Reformpartei« als Vertreter antisemitischer Auffassungen gewann zu Beginn der Neunzigerjahre sechs Reichstagsmandate. Später jedoch ging dieser Einfluss wieder zurück.

Schließlich wurde die innenpolitische Entwicklung auch in Sachsen durch die kaiserlich-deutsche Rüstungspolitik mitbestimmt. Sachsen leistete seinen anteilmäßigen Beitrag an der

Vergrößerung sowohl der Landstreitkräfte als auch der kaiserlichen Kriegsmarine. Zudem nahmen sächsische Offiziere ihren Dienst in den deutschen Kolonien in Afrika, Ozeanien und China auf. Bestand die sächsische Armee im Jahre 1870 als XII. (sächsisches) Armeekorps aus 29 Infanterie-Bataillonen, 24 Eskadronen Kavallerie, einer Artilleriebrigade und 16 Feldlazaretten, so war 1899 zusätzlich das XIX. (sächsische) Armeekorps mit dem Standort Leipzig gebildet worden. Die sächsische Armee bestand nunmehr aus 82 Infanterie-Bataillonen, 24 Eskadronen Kavallerie, acht Feldartillerieregimentern, Pioniereinheiten, Scheinwerfereinheiten, Minenwerfereinheiten, Nachrichteneinheiten und Transporteinheiten. Im Offizierskorps der sächsischen Armee fand zunehmend das gehobene Bürgertum Aufnahme. Der sächsische Adel wurde dadurch immer weiter zurückgedrängt.

Einweihung des Völkerschlachtdenkmals in Leipzig am 13. Oktober 1913

Arbeiterbewegung, Sozialistengesetz und »rotes Königreich«

Die zweite Hälfte des 19. Jahrhunderts stand vor allem in Sachsen im Zeichen des Wiederauflebens der Arbeiterbewegung, ihrer parteilichen Organisierung und ihrer zunehmenden Einflussnahme auf die gesellschaftliche Entwicklung. Das 1851 ausgesprochene Verbot der Arbeitervereine und die politische Verfolgung der Mitglieder des Bundes der Kommunisten konnte nicht verhindern, dass in den Sechzigerjahren die Arbeiterbewegung wieder auflebte. In Deutschland wurde Sachsen zum Ausgangspunkt dieses Prozesses und Leipzig die Wiege der deutschen Sozialdemokratie. Ferdinand Lassalle gründete hier am 23. Mai 1863 den Allgemeinen Deutschen Arbeiterverein als erste deutsche Arbeiterpartei. Ab Dezember 1864 erschien der »Sozialdemokrat« als Presseorgan des ADAV, der im Gegensatz zur »I. Internationale« von Karl Marx und Friedrich Engels stand.

Ferdinand Lassalle und die Gründung des ADAV am 23. Mai 1863 in Leipzig

Aus den neben dem ADAV existierenden zahlreichen Arbeiterbildungsvereinen entstand der zweite Ansatzpunkt der sozialdemokratischen Bewegung. Der seit 1861 in Leipzig wohnende Drechslergeselle August Bebel und der 1865 nach Leipzig gekommene Redakteur Wilhelm Liebknecht traten an die Spitze dieser Bewegung, gründeten den Verband Deutscher Arbeitervereine und wurden zu Initiatoren der Gründung der Sozialdemokratischen Arbeiterpartei, die schließlich auf einem Kongress vom 7. bis 9. August 1869 in Eisenach erfolgte. Aus der Vereinigung von ADAV und SDAP entstand im Mai 1875 in Gotha die Sozialdemokratische Arbeiterpartei Deutschlands, die sich auf einem Parteitag in Halle 1890 in Sozialdemokratische Partei Deutschlands umbenannte. Damit war, von Sachsen ausgehend, die einheitliche Arbeiterpartei entstanden, die bald wieder polizeilichen Verfolgungen, gerichtlichen Untersuchungen und Verurteilungen ausgesetzt war.

August Bebel und Wilhelm Liebknecht

Gründung der Sozialdemokratischen Arbeiterpartei in Eisenach 1869

Nach 1869 entwickelte sich ein sozialdemokratisches Pressewesen, das zur Propagierung sozialistischer Ideen beitrug. In Leipzig erschien »Der Volksstaat« als zentrales Parteiorgan, redigiert von August Bebel, Wilhelm Liebknecht und Adolf Hepner. Der »Crimmitschauer Bürger- und Bauernfreund« in der Redaktion von Julius Vahlteich, der »Dresdner Volksbote« mit August Otto Walster als Redakteur und die »Chemnitzer Freie Presse« unter der Leitung von Johann Most hatten bald viele tausend Abonnenten. Für das offene Auftreten gegen die Besetzung von Elsass-Lothringen 1871, für die Pariser Kommunarden und das Bekenntnis zur I. Internationale wurden Bebel, Liebknecht und Hepner im Leipziger Hochverratsprozess 1872 zu Festungshaft verurteilt, die sie in Hubertusburg, Königstein und Zwickau verbüßten. Trotz solcher Verfolgungsmaßnahmen wurden Sozialdemokraten in den Reichstag, in Kommunalparlamente und 1877 erstmals in ein Landesparlament gewählt. Seit 1876 erschien in Leipzig der »Vorwärts« als zentrales Presseorgan der deutschen Sozialdemokratie.

Sozialdemokratisches Pressewesen

Leipziger Hochverratsprozess 1872

Sozialistengesetz ab 21. Oktober 1878

Als am 21. Oktober 1878 das vom Reichstag angenommene »Gesetz gegen die gemeingefährlichen Bestrebungen der Sozialdemokratie« in Kraft trat, traf dies die Sozialdemokraten in Sachsen in besonderem Maße. 156 Vereine und Zeitungen wurden in den ersten Monaten des Sozialistengesetzes in Sachsen verboten. Die Sozialdemokratische Partei ging in die Illegalität, illegale Parteiorganisationen wurden gegründet und neue Vereine entstanden als Foren öffentlichen Zusammenkommens. In Leipzig entstand ein Unterstützungsbüro, das Bebel leitete. Auch die Verhängung des kleinen Belagerungszustandes über Leipzig 1881 und die daraufhin vorgenommenen Ausweisungen von 164 Sozialdemokraten konnten nicht verhindern, dass bei den Reichstags- und Landtagswahlen Sozialdemokraten als Abgeordnete gewählt wurden. Mit dem so genannten Freiberger Geheimbundprozess vor dem Landgericht Freiberg gegen August Bebel, Ignaz Auer, Karl Franz Frohme, Karl Theodor Ulrich, Louis Viereck und Georg Heinrich von Vollmar im Sommer 1886 wegen ihrer nachgewiesenen Teilnahme an den sozialdemokratischen Parteitagen 1880 und 1884 wurde versucht, die Sozialdemokratie in Deutschland weiter zu bekämpfen. Das alles blieb letztlich ohne Erfolg, denn bei den Reichstagswahlen von 1890 wurden in Sachsen 42,1 Prozent aller Stimmen für die Sozialdemokraten abgegeben und fünf Sozialdemokraten in Chemnitz, Mittweida, Glauchau-Meerane, Zwickau und Stollberg in den Reichstag gewählt.

Freiberger Geheimbundprozess 1886

Feiern zum 1. Mai 1890

Der 1. Mai 1890 wurde in den großen sächsischen Städten erstmals mit Versammlungen und Ausflügen begangen. Nach der Aufhebung des Sozialistengesetzes zum 30. September 1890 hatte es die Sozialdemokratie wieder leichter, für ihre Ziele einzutreten. Zu den führenden Sozialdemokraten in Sachsen gehörte der in Großenhain geborene August Kaden, der von 1890 bis 1910 die Sächsische Arbeiter-Zeitung verlegte und sowohl Landtags- als auch Reichstagsabgeordneter war; außerdem Carl Julius Fräßdorf, seit 1909 Mitglied des sächsischen Landtages und sozialdemokratischer Staatsminister der letzten sächsischen Regierung 1918, Wilhelm Stolle aus Frankenhausen bei Crimmitschau und Georg von Vollmar, seit 1879 Chefredakteur des »Sozialdemokrat«. 1913 gab es in Sachsen etwa 180 000 Parteimitglieder. Um 1900 wurde es als »rotes Königreich« bezeichnet. Hier hatte sich der Typ Arbeiterbewegung herausgebildet, der der II. Internationale als Modell diente und bis heute in der europäischen Arbeiterbewegung erkennbar ist. »Die sächsische Sozialdemokratie in der Wilhelminischen Gesellschaft – das war eine moderne Massenbewegung, deren politische Organisation sich gemäß ihres politischen und sozialen Profils als klassenorientierte Partei des ›Volkes‹, mithin der gelernten Industriearbeiter, aber auch der ›kleinen‹ Leute vorstellte, und die von einem an Umfang beständig zunehmenden Stamm organisatorisch begabter jüngerer Funktionäre in vier Parteibezirken geführt wurde. Um diese Parteibezirke – Leipzig, Dresden, Chemnitz und Zwickau – gruppierten sich eine außergewöhnlich starke, sozialdemokratisch orientierte Gewerkschaftsbewegung, ein dichtes Genossenschaftswesen und eine stattliche Arbeitersportbewegung sowie eine ausgeprägte Arbeiterbewegungskultur.«[51] Die SPD profilierte sich als Partei gegen den preußisch-deutschen Obrigkeitsstaat. Dazu gehörte auch die erfolgreich betriebene sozialdemokratische Kommunalpolitik. 1914 gab es 2 094 Sozialdemokraten in den Gemeindevertretungen und 332 Sozialdemokraten in den Stadtverordnetenversammlungen.

Maipostkarte von 1900

»Rotes Königreich« 1900

Zu einer Kraftprobe zwischen Gewerkschaften und Unternehmern entwickelte sich zum Anfang des 20. Jahrhunderts der Crimmitschauer Textilarbeiterstreik. Am 22. August 1903 legten knapp 8000 Fabrikarbeiter und 1500 Heimarbeiter in den Textilunternehmen von Crimmitschau die Arbeit nieder. Sie forderten den Zehnstunden-Arbeitstag und eine zehnprozentige Lohnerhöhung. Es sollte der zeitlich längste Streik werden, den Deutschland bis dahin erlebt hatte. Aus allen Teilen Deutschlands und aus europäischen Staaten wurde aktive Solidarität mit den Streikenden geübt. Umfangreiche Geld-, Lebensmittel- und Sachspenden erreichten Crimmitschau. Über eine Million Mark spendeten die Arbeiter für die Streikkasse. Während des Streiks wurde von der sächsischen Regierung schließlich am 4. Dezember 1903 der Kleine Belagerungszustand über Crimmitschau verhängt. Dies trug mit dazu bei, dass nach der 22. Streikwoche im Januar 1904 der Streik beendet wurde, ohne dass sich die Gewerkschaft mit ihren Forderungen durchsetzen konnte. Zu einem Ergebnis führte der Streik jedoch: Auf Initiative Gustav Stresemanns schlossen sich die Unternehmer im Verband Sächsischer Industrieller fester zusammen. Das verhinderte aber nicht, dass die Arbeiter auch nach 1903 Streikaktionen durchführten. So gab es 1906 in Sachsen 311 Streiks mit 24 250 Streikenden und 1912 259 Streiks mit 27 064 Streikenden.

Streik der Crimmitschauer Textilarbeiter 1903

Im Ersten Weltkrieg

Die zunehmenden Differenzen zwischen Frankreich, England und Russland einerseits sowie Deutschland und Österreich andererseits wurden auch in Sachsen wahrgenommen. Als am 28. Juni 1914 der österreichische Thronfolger Franz Ferdinand und seine Frau in Sarajewo ermordet wurden, war der Anlass zu einem Kriegsausbruch gegeben. Mit der Kriegserklärung Österreichs an Serbien am 28. Juli 1914 begann die Eigengesetzlichkeit der »Kriegsmaschinerie«, die am 1. August zur Mobilmachung in Deutschland und zu Kriegserklärungen an Russland am 1. und Frankreich am 3. August führte. Sachsen unterschied sich mit der »großen vaterländischen Begeisterung« in den ersten Augusttagen nicht von den anderen deutschen Regionen. Die drei sächsischen Armeekorps bildeten die 3. Armee unter dem Befehl des sächsischen Kriegsministers Freiherr Max Klemens von Hausen, die sich zunächst in der Eifel sammelte und als eine von fünf deutschen Armeen unter Verletzung der Neutralität Belgiens nach Nordfrankreich vorstieß. Als die Armee nach der glücklos verlaufenden Marneschlacht zum Stellungskrieg übergehen musste, wurde Hausen der Kommandogewalt enthoben und an seiner Stelle der preußische General von Einem ernannt. Im Verlauf des Krieges kämpften sächsische Truppen an der Westfront und an der Ostfront. Von den dabei eingesetzten 750 000 sächsischen Soldaten bei einer Bevölkerung von etwa fünf Millionen Einwohnern fielen 210 000 Soldaten und 19000 Soldaten galten als vermisst. Auf 100 sächsische Soldaten kamen 28 Tote, 44 Verwundete und 5,6 Gefangene.

Drei sächsische Armeekorps als 3. Armee in der Eifel

Die anfängliche Kriegsbegeisterung wich nach und nach kritischer Betrachtung, Zurückhaltung, Skepsis und Ablehnung. Bald griffen die Auswirkungen des Krieges auf das Binnenland über. In der Wirtschaft trat Rohstoffmangel ein. Altstoffsammlungen gehörten ebenso zum Alltag wie das Aufspüren von Ersatzstoffen für kriegswichtige Produkte. Das »Hindenburgprogramm« von 1916 mit der Konzentration auf die Rüstungsproduktion traf Sachsens Industrie sehr schwer. Nur die Metallindustrie profitierte von den Rüstungsaufträgen. Als Beispiel sei Chemnitz genannt. In den metallverarbeitenden Betrieben arbeiteten etwa 70000 Männer und zunehmend Frauen für die Rüstung. Nicht nur in den Verwaltungen, bei der Post und im öffentlichen

Verkehrswesen nahmen die Frauen die Stellen der Männer ein, auch beim Granatendrehen und anderen Tätigkeiten wurden weibliche Arbeitskräfte eingesetzt.

Schwierige Lebensmittelversorgung

Immer schwieriger wurde auch die Lebensmittelversorgung. Trotz Rationierung konnte 1916 nur ein Teil dieser festgelegten Rationen an die Bevölkerung ausgegeben werden. Besonders berüchtigt wurde der so genannte Kohlrübenwinter von 1916/17. Schon 1915 hatten die Mangelerscheinungen zur zentralen Bewirtschaftung im Reich geführt, zu deren Durchführung Bezugskarten und Bezugsscheine ausgegeben wurden: am 8. Dezember 1915 für Butter und Fett, am 16. Dezember 1915 für Kuchen, Süßigkeiten und Schokolade, am 28. August 1916 für Fleisch. Das Schlangestehen vor den Lebensmittelläden gehörte vor allem in den Städten bald zum täglichen Bild.

Streiks und Demonstrationen ab 1915

Diese außerordentlich angespannte wirtschaftliche und soziale Lage führte in Sachsen ab 1915 zu Protesten, Streiks, politischer Radikalisierung und neuen Parteibildungen. Friedensdemonstrationen am 1. Mai 1915 in Pirna, Dresden und Leipzig bildeten den Auftakt für Streiks und Demonstrationen in Leipzig, Chemnitz und Dresden. Nach den revolutionären Ereignissen in Russland im Februar und Oktober 1917 nahmen die Protestaktionen weiter zu. Der Januarstreik 1918 erfasste auch die sächsischen Industriegebiete.

Verhandlungen über eine Änderung der Verfassung von 1831

Die sächsische Regierung versuchte dieser Situation seit 1917 mit einer parlamentarischen Reform Herr zu werden. Im Frühjahr 1917 verhandelte sie in der Ersten und Zweiten Kammer der Ständeversammlung über eine Verfassungsänderung. Die Erste Kammer sollte zu einer berufsständischen Vertretung umgebildet werden, das Schwergewicht der parlamentarischen Arbeit bei der Zweiten Kammer liegen. Ein Ministerpräsident sollte für die Leitung der Regierungsgeschäfte eingesetzt werden. Dies alles kam im Herbst 1918 nicht mehr zum Tragen. Am 25. und 26. Oktober 1918 traten die noch im Amt befindlichen Minister zurück. Der bis dahin als Justizminister wirkende Rudolf Heinze übernahm auf Vorschlag der Mehrheitsparteien die Führung der Regierung. Ende Oktober wurde ein Staatsrat einberufen, dem die Minister sowie je sieben Abgeordnete der Ersten und Zweiten Kammer angehörten. Dieser Staatsrat setzte vier parlamentarische Minister ohne Amtsbereich ein, darunter die Sozialdemokraten Max Heldt und Carl Julius Fräßdorf. Aber diese Maßnahmen und das Reformprogramm der Regierung Heinze konnten den Verlauf der zur Revolution drängenden Bewegung, von der USPD am 1. November gefordert, nicht mehr aufhalten. Eine Woche später erreichte die Novemberrevolution das Königreich Sachsen.

Feier der Revolution am 10. November 1918 auf dem Leipziger Augustusplatz

VIII

Der Freistaat Sachsen 1918 bis 1945. Von der Bildung des Vereinigten Arbeiter- und Soldatenrates im November 1918 bis zur bedingungslosen Kapitulation am 8. Mai 1945

Novemberrevolution in Sachsen – Bildung des Freistaates und Verfassungsgebung – Landtagswahlen und Regierungen – Innenpolitische Probleme – Verwaltungsreformbestrebungen – Inflation – Wirtschaftlicher Aufschwung – Kirchliche Verhältnisse – Kunst, Wissenschaft und Alltagskultur – Arbeitslosigkeit und Notstandsprogramme – Politische Radikalisierung – Reichstags- und Landtagswahlen in Sachsen 1930 bis 1932 – Machtergreifung durch die NSDAP – Auflösung des Landtages – Gleichschaltung des Freistaates mit dem Reich – Rüstungswirtschaft und Kriegsproduktion – Grenzland in der Kriegsvorbereitung – NS-Unterdrückungsstrukturen in Sachsen – Verfolgung und Widerstand von Gegnern des NS-Regimes – Verbrechen gegen die Menschlichkeit: Zwangssterilisation und Euthanasie – Auswirkungen des Zweiten Weltkrieges auf Wirtschaft und Bevölkerung – Kampfgebiet am Ende des Krieges und Besetzung durch die Alliierten

Novemberrevolution in Sachsen

Bereits am 25. Oktober 1918 rief der in Pirna beheimatete Spartakist und Reichstagsabgeordnete Otto Rühle für die »Internationalen Kommunisten Deutschlands« (IKP) zur bewaffneten Revolution in Deutschland auf. Sie ließ mit Beginn des Matrosenaufstands in Kiel am 3. November auch in Sachsen nicht mehr lange auf sich warten. Dabei war eine Vorbildwirkung der Vorgänge im Verlauf der russischen Revolution unverkennbar. Bald bildeten sich Sol-

Dresden mit Blick auf Schlossplatz und Theaterplatz. Luftbildaufnahme, 1925

Soldatenrat in Grossenhain am 6. November 1918

datenräte, Arbeiterräte und gemeinsame Arbeiter- und Soldatenräte. Am 6. November wählten etwa 3000 Soldaten der Fliegerkaserne in Großenhain den ersten Soldatenrat in Sachsen. Der 8. November brachte dann in Leipzig, Chemnitz, Dresden und anderen sächsischen Städten revolutionäre Aktionen der meuternden Soldaten und der Arbeiter. Abgesandte der Kieler Matrosen sicherten sich in Leipzigs Kasernen die Macht. In Chemnitzer Kasernen erhoben sich die Soldaten und nahmen abends auf dem Theaterplatz an einer Massenkundgebung teil. Alfred Fellisch sprach sich im Namen der SPD für eine deutsche Republik aus, Alfred Kliem und Ephraim Reif forderten für die USPD und die Spartakusgruppe die sozialistische Republik. Das zeigte bereits zu Beginn der Revolution die Gegensätze in einer der Grundfragen der künftigen Entwicklung.

Bericht des Innenministeriums über den 8./9. November in Dresden

Die für Sachsen entscheidenden Ereignisse vollzogen sich in der Landeshauptstadt. Das sächsische Innenministerium berichtete am 9. November 1918: »Gestern abend in Dresden Unruhen von Massen meuternder Soldaten. Hauptwache, Generalkommando, Schützenkaserne, Hauptbahnhof besetzt. Menge setzte Entlassung der wegen leichter Straftaten Verhafteten durch. Ein Waffenladen wurde geplündert. Im Hotel Deutscher Hof Türen eingeschlagen, um nach Offizieren zu suchen, denen Achselstücke abgerissen und Waffen abgenommen wurden. Unruhen dauerten bis 4 Uhr früh. Heute Gruppen meuternder Soldaten an den Haltestellen der Straßenbahnen, um Offiziere herauszuholen und zu entwaffnen. Blut ist nicht geflossen, da Sr. Majestät der König Waffenanwendung untersagt hat. Heute vormittag Sitzung des Generalkommandos mit Soldatenrat. Nachmittags halten die Regierungssozialisten auf Theaterplatz Versammlung ab, um den Unabhängigen das Wasser möglichst abzugraben und ihre Leute in den Arbeiterrat zu bringen. Für nachmittag 6 Uhr hat sich Soldatenrat im Ministerium des Innern angesagt.«[52] An diesem Tag konstituierte sich ein Arbeiter- und Soldatenrat, dem die SPD-Mitglieder und Gewerkschaftler Georg Gradnauer, Johann Wilhelm Buck, Julius Fräßdorf, Max Heldt und Albert Schwarz angehörten. Parallel dazu entstand der Revolutionäre Arbeiter- und Soldatenrat mit USPD-Mitgliedern und Spartakusanhängern. Beide Räte schlossen sich auf einer Versammlung im Zirkus Sarrasani in Dresden am 10. November zum »Vereinigten revolutionären Arbeiter- und Soldatenrat von Groß-Dresden« zusammen. Zu Vorsitzenden wurden Otto Rühle und Albert Schwarz berufen. Beide enthoben kurz danach die Minister ihres Amtes, baten sie aber, die Geschäfte amtierend weiterzu-

VEREINIGTER ARBEITER- UND SOLDATENRAT AM 10. NOVEMBER

Carolaplatz mit Zirkus Sarrasani und den Ministerialgebäuden in Dresden-Neustadt. Luftbildaufnahme, 1925

führen. Für Sachsen wurde die Republik ausgerufen. Als Zeichen des Sieges der Revolution hissten nach dieser Kundgebung 19 Arbeiter und Soldaten eine rote Fahne auf dem Turm des Dresdner Schlosses. Ein Eintrag in das Hofjournal König Friedrich Augusts III. dokumentierte dies für die Nachwelt. Am 13. November verzichtete der Wettiner von seinem Fluchtort Guteborn aus auf den sächsischen Königsthron. Führende Mitglieder der Arbeiter- und Soldatenräte von Chemnitz, Dresden und Leipzig formulierten am 14. November eine »Proklamation an das sächsische Volk«, in der die Ziele der Revolution festgeschrieben wurden: Umwandlung der kapitalistischen in gesellschaftliche Produktion; Enteignung des Privateigentums an Grund und Boden, von Berg- und Hüttenwerken, Rohstoffen, Banken, Maschinen und Verkehrsmitteln; völlige Überwindung der herrschenden bürgerlichen Klasse; absolute Herrschaft des Willens der Arbeiterklasse; allgemeine Volksbewaffnung; Trennung von Kirche und Staat; Liquidierung des sächsischen Staates zugunsten einer einheitlichen sozialistischen Republik.

VERZICHT VON FRIEDRICH AUGUST III. AUF DEN THRON AM 13. NOVEMBER 1918

Am 14. November wurde mit dem »Rat der Volksbeauftragten« eine »Revolutionsregierung« eingesetzt. Jeweils drei Angehörige der Mehrheitssozialdemokraten (Georg Gradnauer, Albert Schwarz, Johann Wilhelm Buck) und der Unabhängigen Sozialdemokraten (Richard Lipinski, Hermann Fleißner, Friedrich Geyer) bildeten die Übergangsregierung bis zu den Wahlen zu einem neuen Landtag und der daran anschließenden Regierungsbildung. Da die radikalen Linken Fritz Heckert und Otto Rühle eine Mitarbeit in dieser Regierung ablehnten, zeigte sich bald eine Abkehr von den linkssozialistischen Forderungen des 14. November. Die Volksbeauftragten, die als Gesamtministerium fungierten, erließen am 16. November eine »Bekanntmachung über die Weiterführung der Dienstgeschäfte«, in der das Fortbestehen der gesamten Verwaltungsorganisation erklärt wurde. Die Behörden und deren Beamte forderte man auf, ihre amtliche Tätigkeit fortzusetzen. »Die politische Gesinnung und ihre Betätigung«, so hieß es, »ist für die Beamten frei. Ein Gewissenszwang

Letzter Eintrag im Hofjournal König Friedrich Augusts III. von Sachsen vom 10. November 1918

wird nicht ausgeübt werden, insbesondere sind keine ehrenwörtlichen Erklärungen über Betätigung einer bestimmten politischen Gesinnung zu fordern.«[53] Die Regierungserklärung vom 18. November enthielt dann auch die Sicherstellung der demokratischen Errungenschaften, die Erhaltung des sächsischen Staates und die wirtschaftliche Umgestaltung, aber keine Enteignungen. Sachsen beschritt den Weg der parlamentarischen Demokratie.

Bildung des Freistaates und Verfassungsgebung

Kommunalwahlen im Januar 1919

Einen ersten wichtigen Schritt zur Normalisierung stellten die Kommunalwahlen im Januar 1919 dar, die durch die Bekanntmachung des Gesamtministeriums vom 28. November 1918 angekündigt wurden. Dazu erfolgte die Einführung des allgemeinen, gleichen, geheimen und direkten Wahlrechts für Männer und Frauen, die das 20. Lebensjahr vollendet hatten. Die Wählbarkeit aller Wahlberechtigten und die Listenwahl nach dem Verhältniswahlrecht vervollständigten dieses moderne Wahlrecht, mit dem für die künftigen Landtags- und Reichstagswahlen Maßstäbe gesetzt wurden. Die Weichen für die parlamentarische Demokratie in Sachsen wurden endgültig gestellt, als bei den Wahlen zu den Arbeiter- und Soldatenräten Ende November und Anfang Dezember 1918 die Mehrheits-SPD (MSPD) siegte und zur staatstragenden Partei wurde. Von den 30 Mitgliedern des Arbeiter- und Soldatenrates gehörten 28 der MSPD und nur zwei der USPD an. Damit war auch die Frage nach dem künftigen Regierungs- und Parlamentssystem zugunsten der parlamentarischen Demokratie entschieden.

Mehrheits-SPD staatstragende Partei

Die Landesversammlung der sächsischen Arbeiter- und Soldatenräte am 27. Dezember 1918 beschloss die Wahlen zu Landtag und Reichstag für Anfang 1919. Noch Ende Dezember verabschiedeten die Volksbeauftragten die »Verordnung über die Wahlen zur Volkskammer der Republik Sachsen«. Nach den Wahlen zum Reichstag am 19. Januar 1919, bei denen in Sachsen die MSPD die meisten Reichstagsabgeordneten stellte, fanden am 2. Februar 1919 die Wahlen zur sächsischen Volkskammer statt. Von den 96 Volkskammerabgeordneten wurden 42 MSPD-Mitglieder, 15 USPD-Mitglieder, 22 Mitglieder der DDP, 13 Mitglieder der DNVP und vier Mitglieder der DVP gewählt. Die MSPD verfehlte zwar ihr Ziel der absoluten Mehrheit, erreichte diese aber gemeinsam mit der USPD. Insgesamt zogen 57 sozialdemokratische und 39 Abgeordnete bürgerlicher Parteien in die Volkskammer ein. Auf der konstituierenden Sitzung am 25. Februar wurden der Sozialdemokrat Julius Fräßdorf zum Präsidenten, der USPD-Politiker Richard Lipinski und der Demokrat Dr. Dietel zu Vizepräsidenten der Volkskammer gewählt. Die Volkskammer beschloss drei Tage später das »Vorläufige Grundgesetz für den Freistaat Sachsen«, womit auch die neue Staatsbezeichnung ihre verfassungsrechtliche Grundlage erhielt. Eine von der USPD-Fraktion formulierte »Entschließung« zum vorläufigen Grundgesetz als programmatische Erklärung für die künftige Entwicklung Sachsens als »demokratisch-sozialistischer Freistaat« fand auch die Zustimmung der MSPD-Fraktion, aber das von der USPD geforderte »Zweikammersystem« mit Parlament und Arbeiter- und Soldatenrat wurde abgelehnt. Deshalb kam es auch zu keiner gemeinsamen Regierung, sondern zu einer Minderheitsregierung der MSPD, in der Georg Gradnauer das Amt des Ministerpräsidenten übernahm. Der Prozess der Normalisierung wurde noch einmal unterbrochen, als Kriegsminister Gustav Neuring am 12. April 1919 von Demonstranten aus seinen Diensträumen im Dresdner Blockhaus geholt, misshandelt und in die Elbe gestürzt wurde. Einen Tag danach verhängte die Regierung Gradnauer den Belagerungszustand über Sachsen. Freikorps, Grenzjäger-Kommandos und Regierungstruppen unter dem Befehl von General Maerker erzwangen die Ruhe

Wahlen zur Volkskammer am 2. Februar 1919

Vorläufiges Grundgesetz für den Freistaat Sachsen vom 28. Februar 1919

Ermordung von Kriegsminister Neuring am 12. April 1919

im Freistaat und lösten auch die USPD-»Räterepublik« Leipzig auf.

Die erste Regierung des Freistaates Sachsen hatte zwei grundlegende Aufgaben zu erfüllen: wichtige Gesetze zur Neuregelung der gesellschaftlichen Zustände in Sachsen zu schaffen und dem Land eine neue Verfassung zu geben. Auf wirtschaftspolitischem Gebiet wurde an der Enteignung des Privateigentums und der Einführung einer zentralen Wirtschaftsplanung gearbeitet. Da durch das Reichsgesetz vom 23. März 1919 die Sozialisierungsfrage in die Kompetenz des Reiches fiel, brach man diese Gesetzesvorbereitung in Sachsen ab. Dagegen wurden auf den Gebieten von Volksbildung, Kirchenwesen und der inneren Verwaltung wichtige Gesetzesvorhaben realisiert. Das höhere Schulwesen wurde ebenso reformiert wie das Volksschulwesen. Dazu gehörten Freiwilligkeit bei der Teilnahme am Religionsunterricht, Neuregelung des Unterrichts in sorbischer Sprache, Begrenzung der Schulklassenstärke und Selbstverwaltung der Schulen. Das »Kirchenaustrittsgesetz« gestattete den unbürokratischen Kirchenaustritt für alle Jugendlichen ab vollendetem 14. Lebensjahr.

Neuring-Mord am 12. April 1919 in Dresden. Federzeichnung von Bruno Liebscher

Kirchenaustrittsgesetz

Im Bereich der inneren Verwaltung wurden die selbstständigen Gutsbezirke aufgehoben und in die angrenzenden Gemeinden eingegliedert. Eine Verordnung vom 4. April 1919 über die Beamten schuf die Rechtsgrundlage für die Neubesetzung wichtiger Verwaltungsstellen vor allem in der inneren Verwaltung, der Polizei und der Justiz. Aber erst nach 1921 wurde davon mehr Gebrauch gemacht. Auch dies führte dazu, dass Gradnauer Ende April 1920 als Ministerpräsident zurücktrat. Unter seinem Nachfolger Wilhelm Buck wurde die zweite sächsische Verfassung erarbeitet. Am 19. April 1920 legte die Regierung ihren Verfassungsentwurf vor, wozu am 12. Mai 1920 die erste Lesung in der Volkskammer stattfand. In 19 Sitzungen wurde der Entwurf behandelt und am 20. Oktober 1920 erstattete der Verfassungsausschuss Bericht. Die Volkskammer nahm daraufhin in ihrer Sitzung am 26. Oktober 1920 die Verfassung einstimmig an. Diese trat am 1. November 1920 in Kraft. In 56 Artikeln wurden die staatlichen Verhältnisse Sachsens neu geregelt, wozu in Artikel 53 die Verfassung vom 4. September 1831, das vorläufige Grundgesetz vom 28. Februar 1919 und die Volkskammerordnung vom 11. Februar 1920 aufgehoben wurden. Artikel 1 bestimmte Sachsen als einen Freistaat im Deutschen Reich, womit man den Vorgaben der Reichsverfassung vom 11. August 1919 entsprach. Die Verfassung regelte die Ausübung der Staatsgewalt, die Aufgaben und Rechte des Landtages, die Regierung und die Rechte und Pflichten des Ministerpräsidenten, die Gesetzgebung sowie das Finanzwesen.

Verfassung des Freistaates Sachsen vom 26. Oktober 1920

Mit der Verfassung vom Oktober 1920 waren auch Überlegungen und Forderungen nach einer Wiederherstellung Sachsens in den Grenzen von vor 1815, die nach dem November 1918 im Zusammenhang mit der künftigen verfassungsmäßigen und staatlichen Organisation des Reiches als Einheits- oder Bundesstaat aufkamen, zunächst erledigt. Damit wurde auch der in einer geheimen Denkschrift von Anfang Januar 1919 enthaltene Plan zur Schaffung eines Bundesstaates Obersachsen mit reichlich 41 000 Quadratkilometer und über acht Millionen Einwohnern, in den die preußische Oberlausitz und die Niederlausitz, die thüringischen Gebiete nördlich des Thüringer Waldes – einschließlich der preußischen Enklaven – und die Gebiete der Provinz Sachsen südlich von Anhalt einbezogen werden sollten, gegenstandslos. Dies wurde

Vorstellungen für einen Bundesstaat Obersachsen

deutlich, als sich die thüringischen Staaten mit Ausnahme von Sachsen-Coburg per 1. Januar 1920 zum Land Thüringen zusammenschlossen.

Vor allem Bayern und Sachsen erhoben im Verfassungsausschuss der Weimarer Nationalversammlung energisch Einspruch gegen die Beschneidung der Selbstständigkeit der Länder und forderten die Beseitigung der Gesetzgebungshoheit des Reiches bei Landesabgaben sowie die Beibehaltung der Gesetzgebungskompetenz der Länder. Trotzdem konnte mit der Annahme der Reichsverfassung eine starke Einbuße an Selbstständigkeit und Herrschaftsgewalt nicht verhindert werden, aber die Länder blieben als ein wichtiges konstitutives Element deutscher Staatlichkeit erhalten.

Landtagswahlen und Regierungen

Landtagswahl vom 14. November 1920

Auf der Grundlage der Verfassung des Freistaates Sachsen wurde 1920 der Sächsische Landtag mit 96 Abgeordneten als die oberste Volksvertretung Sachsens in allgemeinen, gleichen, freien und geheimen Wahlen nach dem Verhältniswahlsystem gewählt. Nach der Landtagswahl vom 14. November 1920 waren sieben Parteien im Parlament vertreten: 27 Abgeordnete der SPD, 20 der Deutsch-Nationalen Volkspartei, 18 der Deutschen Volkspartei, 13 der Unabhängigen Sozialdemokratischen Partei, neun der Kommunistischen Partei Deutschlands, einschließlich der linken USPD, acht der Demokratischen Partei und ein Abgeordneter der Zentrumspartei. Auch in den folgenden Landtagswahlen vom 5. November 1922, 31. Oktober 1926 und 12. Mai 1929 konnte keine der Parteien die absolute Mehrheit erringen. Die Bildung von Koalitionsregierungen bzw. Minderheitsregierungen unter den sozialdemokratischen Ministerpräsidenten Wilhelm Buck, Erich Zeigner und Max Heldt waren bis 1929 die Folge. Danach stellten die Deutsche Volkspartei mit Wilhelm Bünger und die Deutschnationale Volkspartei mit Walther Schieck bis zur Machtergreifung der NSDAP je einen Regierungschef.

NSDAP im Landtag 1926

Die Nationalsozialistische Deutsche Arbeiterpartei zog erstmals nach der Landtagswahl vom 31. Oktober 1926 mit zwei Abgeordneten in den Sächsischen Landtag ein. Da diese Wahl vom Staatsgerichtshof für das Deutsche Reich für ungültig erklärt wurde, kam es am 12. Mai 1929 zu einer Wiederholungswahl, bei der dann fünf Nationalsozialisten im Landtag saßen.

Letzte freie Landtagswahl am 22. Juni 1930

Die letzte freie Landtagswahl in Sachsen fand am 22. Juni 1930 statt. Danach waren die SPD mit 32, die NSDAP mit 14, die KPD mit 13, die Wirtschaftspartei mit zehn und die Deutsche Volkspartei mit acht Abgeordneten vertreten. Hinzu kamen Mitglieder weiterer kleinerer Parteien.

Innenpolitische Probleme

Die sich nach dem November 1918 entwickelnden demokratischen Verhältnisse waren zum ersten Mal ernsthaft gefährdet, als am 13. März 1920 die Marinebrigade Ehrhardt sowie Freikorps unter dem Befehl von General von Lüttwitz das Berliner Regierungsviertel besetzten und den ostpreußischen Generallandschaftsdirektor Wolfgang Kapp zum Reichskanzler ausriefen.

Reichspräsident und Reichsregierung in Dresden am 13. März 1920

Noch am gleichen Tag flohen Reichspräsident Ebert und die Reichsregierung mit Reichskanzler Gustav Bauer nach Dresden und richteten von dort aus einen Aufruf an das deutsche Volk, bevor sie nach Stuttgart weiterreisten. In Sachsen waren es Freiwilligenverbände und Einwohnerwehren, die den Putsch unterstützten und versuchten, gemeinsam mit illoyalen Beamten und der in Sachsen stationierten Reichswehr des Wehrkreises IV unter dem Kommando von General Maerker die Macht zu übernehmen. In Dresden, Leipzig, Chemnitz und vielen anderen sächsischen Städten bildeten sich Arbeiterräte und Aktionsausschüsse, die den Widerstand gegen die Putschisten organisierten. Die Gewerkschaften riefen zum Generalstreik auf, der auch in Sachsen das öffentliche Leben lahm

Barrikade an der Schützenstraße in Leipzig während des Kapp-Putsches, 19. März 1920

legte. In Chemnitz war es den Sozialdemokraten und Kommunisten bereits am 14. März gelungen, die Macht zu übernehmen und militärische Auseinandersetzungen zu verhindern. In Dresden und Leipzig dagegen kam es bei Massendemonstrationen zu gewaltsamen Zusammenstößen mit Reichswehr und Freiwilligenverbänden. In Dresden wurden am 15. März bei einer Demonstration auf dem Postplatz über 50 Menschen getötet und 200 verletzt. Auch in Leipzig gab es bei Demonstrationen Tote und Verwundete. Als nach vier Tagen am 17. März 1920 der Putsch zusammenbrach, normalisierte sich auch in Sachsen wieder das Leben. Das Vogtland jedoch blieb noch einige Wochen durch die Aktionen von Max Hoelz und seinen bewaffneten Anhängern ein unruhiges Gebiet. Die Besetzung des Plauener Rathauses am 3. April und des Amtsgerichtes Falkenstein mit anschließender Aktenverbrennung auf dem Marktplatz als Beispiele dieser Aktionen endeten erst, als Hoelz vor Reichswehrtruppen in die Tschechoslowakische Republik floh und dort festgesetzt wurde. Die Regierung Buck löste schließlich mit Gesetz vom 21. Juni 1920 alle Arbeiterräte in Sachsen auf. Die staatlichen und kommunalen Behörden übernahmen wieder allein die öffentliche Gewalt.

Max Hoelz im Vogtland

Noch einmal trat eine Entwicklung ein, die in Sachsen zu einer linkssozialistischen Politik und zur Konfrontation mit dem Reich führte. Das Jahr 1923 sollte zu einem der schwierigsten für die Weimarer Republik werden. Im Januar besetzten französische Truppen das Ruhrgebiet und lösten damit die Ruhrkämpfe aus, die im August abgebrochen wurden. Inflation und Wirtschaftskrise grassierten in allen Teilen des Reiches. Auch in Sachsen entstand eine sehr schwierige innenpolitische Situation: Durch den Ende September 1922 herbeigeführten Zusammenschluss von Mehrheits-SPD und Unabhängiger-SPD zur Vereinigten-SPD wurde diese bei der Landtagswahl am 5. November mit 40 Mandaten die stärkste Fraktion und erreichte mit den zehn Abgeordneten der KPD die absolute Mehrheit im Landtag. Einer der führenden sächsischen Sozialdemokraten, der diesen Prozess aktiv gestaltete, war der Chemnitzer Alfred Fellisch. Da eine Regierung mit den Kommunisten aber an deren Forderungen scheiterte, bildete die SPD mit Ministerpräsident Wilhelm Buck Ende November eine Minderheitsregierung, die allerdings bereits Ende Januar 1923 am Misstrauensvotum von KPD und bürgerlichen Parteien scheiterte.

Landtagswahl am 5. November 1922

Danach wurde kontrovers um eine neue Regierungsbildung gerungen, mit und ohne KPD sowie mit bürgerlichen Parteien. So übernahm am 21. März 1923 schließlich erneut eine sozialdemokratische Minderheitsregierung unter Ministerpräsident Erich Zeigner die Regierungsgeschäfte. Damit begann eine Phase linkssozialistischer Politik, die von der KPD und ihrem sächsischen Vorsitzenden Paul Böttcher auf der Grundlage eines Tolerierungsabkommens unterstützt wurde. Die Einheitsfrontpolitik der KPD zeigte mit der Einrichtung außerparlamentarischer Organisationen erste Erfolge einer sozialistischen Umgestaltung Sachsens. Die Gemeindeordnung vom 1. August 1923 als ein Schwerpunkt der Reformpolitik des Kabinetts Zeigner stärkte die basisdemokratischen Elemente in der Kommunalverwaltung, schuf die Einwohnergemeinde und galt für Städte und Landgemeinden in gleicher Weise. »Revolutionäre Betriebsräte« wurden berufen, Kontrollausschüsse zur Überwachung der Lebensmittelversorgung eingesetzt und bewaffnete proletarische Hundertschaften zur »Abwehr des Faschismus« gebildet.

Minderheitsregierung unter Erich Zeigner ab 21. März 1923

Gemeindeordnung vom 1. August 1923

Der Konflikt mit dem Reich war vor diesem Hintergrund absehbar, wobei die Vorgänge in Bayern und die sich daraus entwickelnde politische Gegnerschaft zwischen beiden Freistaaten die Probleme noch verschärften. Dazu kamen die Verschlechterung der Beziehungen der Zeigner-Regierung zur Reichswehr und ihrem Wehrkreiskommando IV in Dresden sowie die Personalpolitik der Regierung, die hohe Regierungsstellen wie beispielsweise Kreishauptleute und Amtshauptleute mit ihren Parteigängern besetzte. Die Lage spitzte sich in Sachsen weiter zu, als sich die KPD nach mehrwöchigen Beratungen der KPD-Spitzenfunktionäre mit der Komintern in Moskau bereit erklärte, in die sächsische Regierung einzutreten. Daraufhin bildete Ministerpräsident Zeigner am 10. Oktober 1923 sein zweites Kabinett, dem die KPD-Mitglieder Paul Böttcher als Finanzminister, Fritz Heckert als Wirtschaftsminister und Heinrich Brandler als Leiter der Staatskanzlei angehörten. Sie hatten die Aufgabe, in Sachsen einen »roten Oktober« zu organisieren, der auf das Reich übergreifen und damit die proletarische Revolution auslösen sollte. Zudem verlegte die KPD ihre Zentrale nach Dresden. Die illegale Bewaffnung der proletarischen Hundertschaften begann kurz danach. Bereits ab dem 12. Oktober versuchten Reichspräsident, Reichsregierung und Reichswehr, der »Arbeiterregierung Zeigner« die Exekutivbefugnisse zu entziehen. Am 13. Oktober verbot der Befehlshaber des Wehrkreises IV, General Müller, die proletarischen Hundertschaften und am 17. Oktober unterstellte er, ermöglicht durch den seit dem 26. September im Reich herrschenden Ausnahmezustand, die sächsische Landespolizei seinem Kommando.

Eintritt von Kommunisten in das zweite Kabinett Zeigner am 10. Oktober 1923

Da im Sächsischen Landtag zwei Misstrauensvoten gegen die Zeigner-Regierung scheiterten und Pläne für einen allgemeinen Aufstand in Deutschland konkretere Gestalt annahmen, beschloss die Reichsregierung unter Kanzler Stresemann die Reichsexekution gegen Sachsen. Am 21. Oktober 1923 begann der Reichswehreinmarsch, der bei Protesten der Arbeiter in einigen Städten, u. a. Freiberg, zu zahlreichen Toten und Verwundeten führte. Da die Zeigner-Regierung ein Ultimatum Stresemanns vom 27. Oktober zum Rücktritt nicht einhielt, erfolgte mit Erlass des Reichspräsidenten Ebert am 29. Oktober ihre Absetzung; der Reichstagsabgeordnete Rudolf Heinze wurde zum Reichskommissar für den Freistaat Sachsen ernannt. Der am gleichen Tag ausgerufene Generalstreik wurde nur in wenigen Orten befolgt und blieb ohne Wirkung. Am 30. Oktober trat Zeigner als Ministerpräsident zurück. Die Regierungsgewalt übernahm ab 1. November eine von Alfred Fellisch gebildete Übergangsregierung. Damit war der Versuch eines »roten Sachsens« gescheitert.

Reichsexekution gegen Sachsen ab 21. Oktober 1923

Rücktritt Zeigners am 30. Oktober 1923

Verwaltungsreformbestrebungen

Eine für den Freistaat Sachsen seit 1919 wichtige Aufgabe war die Verwaltungsreform. Bei der Verfassungsgebung von 1920 hatte man bewusst die alte Verwaltungsorganisation belassen. Sie war auf zentraler Verwaltungsebene durch die Bildung eines Arbeitsministeriums, eines Wirtschaftsministeriums und der Staatskanzlei ergänzt worden, beruhte aber noch immer auf der Verordnung vom 7. November 1831 über die »Einrichtung der Ministerialdepartements«. Aber bereits im Aufruf des Gesamtministeriums »An das sächsische Volk« vom 18. November 1918 hatten die sechs Volksbeauftragten erklärt, dass man sich »Verwaltungsreformen grundsätzlicher Art« vorbehalte. Am 3. März 1920 bekannte sich Ministerpräsident Gradnauer zu einem weniger kostenintensiven Verwaltungsapparat und zu einer Verminderung der Zahl der Ministerien. Nach 1924 waren es dann wirtschaftliche und finanzielle Aspekte, die die deutschen Länderregierungen, nicht nur die sächsische, zu Überlegungen drängten, den ständig steigenden Staatsausgaben Einhalt zu gebieten, um bei geringeren

Beibehaltung der Verwaltungsorganisation nach 1919

Steuereinnahmen die Staatsverschuldung in erträglichen Grenzen zu halten, zumal die Reparationszahlungen zusätzlich belasteten.

Als ein mögliches Mittel zur Geldeinsparung im Staatshaushalt sah man in Sachsen, aber auch in Bayern, Braunschweig und Württemberg, eine Verwaltungsreform an. Eine möglichst einfache Gestaltung der Staatsorganisation sowie die Übertragung von Aufgaben, die nicht unbedingt vom Staat erfüllt werden mussten, an nichtstaatliche Stellen stellten die grundlegenden Ziele dar. Dazu sollten Behörden zusammengefasst und vereinheitlicht werden. Nach mehrfachen Anläufen und Verzögerungen ab Mitte 1926 beauftragte schließlich die sozialdemokratische Regierung Max Heldt am 28. Juli 1927 den Präsidenten des sächsischen Staatsrechnungshofes Walter Schieck mit der Ausarbeitung von Vorschlägen für eine grundsätzliche Reformierung der sächsischen Staatsverwaltung.

DENKSCHRIFT VON SCHIECK VOM 21. DEZEMBER 1927

Die am 21. Dezember 1927 vorliegende Denkschrift von Schieck verlangte zum einen eine Neuabgrenzung der Verwaltungsbezirke in enger Zusammenarbeit von innerer Verwaltung, Justizverwaltung und Finanzverwaltung unter Berücksichtigung der wirtschaftlichen Beziehungen und der Verkehrsverbindungen. Zum anderen sollten Behörden zusammengelegt, der Rechtsmittelzug vereinfacht und der Bürobetrieb reformiert werden. Die Kreis- und Amtshauptmannschaften sollten wieder zu Behörden der allgemeinen Staatsverwal-

Behördenschema 1920,
Entwurf: Reiner Groß

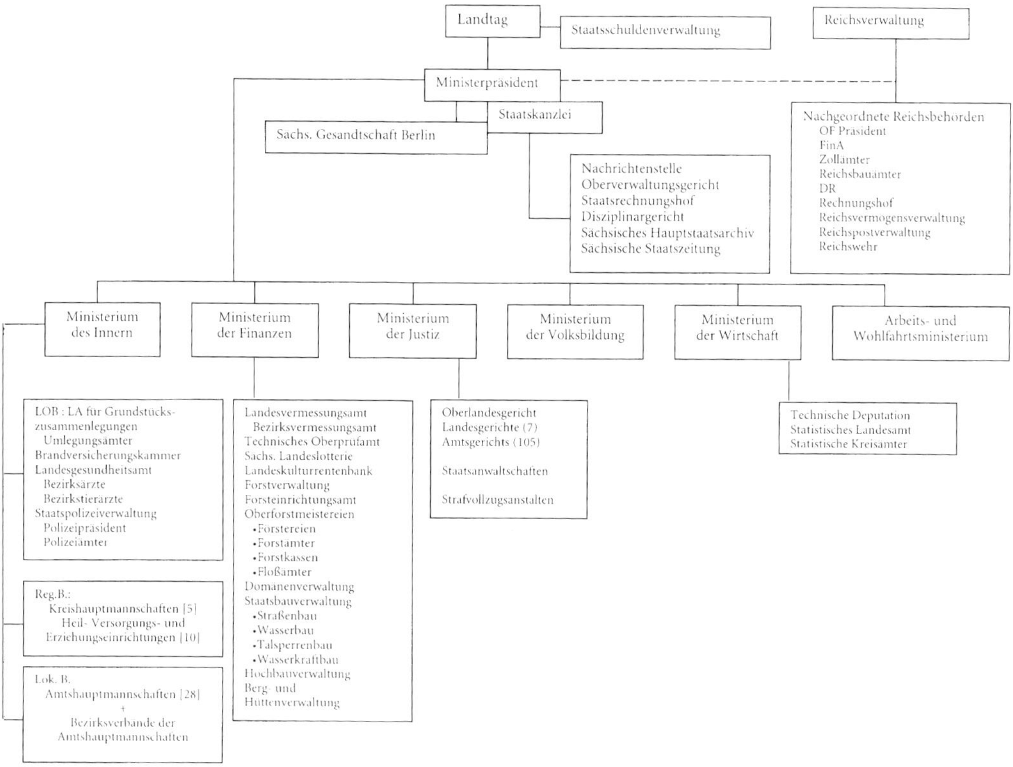

tung, zwei von den fünf Kreishauptmannschaften sowie wenigstens vier der 28 Amtshauptmannschaften aufgelöst werden. Die sieben Ministerien wollte man auf fünf reduzieren und die bewilligten Haushaltsmittel ohne Mitwirkung des Finanzministeriums ausgeben. Die Regierung machte sich diese Vorschläge in ihren Grundzügen zu Eigen und orientierte zudem auf eine Verminderung der Zahl der Landtagsabgeordneten sowie auf eine Beschränkung der Lehrerstellen. Realisiert wurde davon zunächst nichts. Als dann Walter Schieck im Som-

SPARMASSNAHMEN

mer 1929 zum Ministerpräsidenten gewählt wurde, unternahm er den zweiten Anlauf für eine Verwaltungsreform. Ein im Mai 1932 von der Staatskanzlei vorgelegter Organisationsplan zeigte nicht das gewünschte Resultat, wie die nachstehende Tabelle mit den nur geringfügig einzusparenden Stellen ausweist.

Organisationsplan vom Mai 1932

Ministerium	Gesamtbestand 1931	Gesamtzahl der einzusparenden Stellen	in % vom Gesamtbestand
Staatskanzlei und Ministerium der auswärtigen Angelegenheiten	44	- 2	- 4,5
Ministerium der Justiz	102	- 1	- 1
Ministerium des Inneren	237	- 21	- 9
Arbeits- und Wohlfahrtsministerium	95	- 5	- 5
Wirtschaftsministerium	53	- 4	- 7,5
Finanzministerium	223	- 27	- 12
Ministerium für Volksbildung	140	- 5	- 3,5
Gesamt	894	- 65	- 5,8

Schließlich erfolgte 1932 doch noch ein Eingriff in die bestehende Behördenorganisation. Von den 105 bestehenden Amtsgerichten wurden sechs aufgelöst, im Bereich der Forstverwaltung, der Straßen- und Wasserbauverwaltung sowie der staatlichen Bauverwaltung einige wenige Behörden mit anderen gleichartigen Behörden vereinigt. Ab 1. Juli 1932 wurde die Kreishauptmannschaft Bautzen mit der Kreishauptmannschaft Dresden zusammengelegt. Letztlich aber blieb die 1927 mit Elan begonnene und 1929 nochmals in Angriff genommene grundsätzliche Verwaltungsreform in Sachsen ohne einschneidende Auswirkungen.

Zusammenlegung der Kreishauptmannschaft Bautzen mit der Kreishauptmannschaft Dresden ab 1. Juli 1932

Im kommunalen Bereich kam es zu einer Reihe von Stadtrechtsverleihungen und Eingemeindungen. 1919 erhielten Klingenthal, 1921 Freital und 1923 Radebeul das Stadtrecht; 1924 kamen sieben weitere Industrieorte hinzu. Am Ende dieser Entwicklung gab es 1928 im Freistaat Sachsen 154 Städte und 2812 Landgemeinden.

Inflation

Die wirtschaftliche und soziale Situation war nach dem Ende des Ersten Weltkrieges außerordentlich schwierig, ja katastrophal. Die Wirtschaft musste wieder auf Friedensverhältnisse umgestellt werden. Die Rüstungsproduktion konnte nicht sofort ausreichend durch andere Produkte ersetzt werden. Das hatte Arbeitslosigkeit, Verarmung und soziales Elend zur Folge. Zudem setzte eine schleichende Geldentwertung ein, die nicht nur die Arbeiter, sondern auch Kleinunternehmer, Akademiker, Beamte und Rentner traf. Trotz Lohnerhöhungen lagen die realen Löhne unter dem Vorkriegsniveau. Dazu stiegen die Preise für Lebensmittel stetig an. Im März 1920 kosteten beispielsweise ein Kilogramm Brot 3,65 Mark, ein Kilogramm Fleisch 16 Mark und ein Kilogramm Kartoffeln 60 Pfennige. Als dann die Reparationszahlungen Anfang Februar 1921 festgelegt wurden, beschleunigte sich die inflationistische Entwicklung. Die Sparkonten der Menschen verloren ebenso ihren Wert wie die auf Boden- und Sachwerten liegenden Schuldverpflichtungen gegenstandslos

Inflation 1923

wurden. Der Wert der Mark sank stetig, so dass im Januar 1923 ein Dollar 1800 Mark und am Ende der Inflation im November 1923 4,2 Billionen Mark entsprach. Erst die am 15. November 1923 von der Reichsregierung geschaffene Rentenbank und die Einführung der Rentenmark im Tauschverhältnis von einer Rentenmark zu einer Billion Papiermark brachten das Ende der Inflation.

Menschenschlange vor einem Lebensmittelgeschäft während der Inflation 1923 in Leipzig

Wirtschaftlicher Aufschwung

Danach erholte sich auch in Sachsen langsam die Wirtschaft. Es begann eine Phase des wirtschaftlichen Aufschwungs und der Stabilisierung. Der Industrialisierungsgrad nahm weiter zu. 1925 waren 61 Prozent der Beschäftigten in Industrie und Handwerk tätig. Dies wurde durch die vom Staat betriebene Elektrifizierung erheblich gefördert. Bald versorgte die »Aktiengesellschaft Sächsische Werke« als Industriekonzern Betriebe und Haushalte in allen Teilen des Landes. Großkraftwerke auf Braunkohlenbasis in Böhlen und Hirschfelde gehörten ebenso dazu wie die Landesgasversorgung AG in Leipzig und die Sächsische Luftverkehrsgesellschaft AG in Dresden. Flughäfen in Chemnitz, Leipzig und Dresden gewährleisteten den Anschluss an das wachsende deutsche und europäische Luftverkehrsnetz. Die staatliche Kraftverkehrsgesellschaft (KVG) Sachsen dominierte die Güter- und Personalbeförderung auf der Straße. Während die Grundstoffindustrie in Sachsen wegen der Rohstofflage keine herausragende Rolle spielte, wurde die Verarbeitungsindustrie zum Schwerpunkt der Unternehmen, wobei die Standorte unverändert erhalten blieben. Mehr als die Hälfte der Beschäftigten arbeitete in diesen kleinen und größeren Betrieben. Der Kraftfahrzeugbau erlebte mit der Gründung der Auto-Union 1932 einen weiteren Aufschwung. Sachsen war zum dritten deutschen Zentrum des Automobilbaus geworden. 1928 verließen 7563 Personenkraftwagen, 254 Omnibusse und 2492 Lastkraftwagen die sächsischen Automobilfabriken. Der von Rasmussen entwickelte Zweitaktmotor führte in Zschopau zur damals weltgrößten Motorradfabrik sowie zum Einsatz dieses Motors im Pkw-Bau. In Sachsen gab es 1925 12,8 Prozent aller deutschen Gewerbebetriebe und der darin Beschäftigten bei einem Bevölkerungsanteil von 8 Prozent und 3,2 Prozent des Territoriums des Reiches.

Gründung der Auto-Union 1932

Die Besitzverhältnisse in der sächsischen Landwirtschaft blieben in ihrer Aufteilung in kleinbäuerlichen, mittelbäuerlichen, großbäuerlichen und Großgrundbesitz grundsätzlich erhalten, wobei eine Tendenz zur Vergrößerung der bäuerlichen Betriebe auf Kosten des kleinbäuerlichen Besitzes nicht zu verkennen war. Die in Sachsen intensiv betriebene landwirtschaftliche Produktion stand mit an der Spitze im Reich. 1924 wurden je Hektar 24,2 Doppelzentner Weizen bei einem Reichsdurchschnitt von 16,6 Doppelzentner geerntet. Etwa siebzig Prozent der in der Landwirtschaft Beschäftigten waren Familienangehörige. Trotz der steigenden Erträge konnte die Versorgung der Bevölkerung mit landwirtschaftlichen Produkten aus eigener Produktion nach wie vor nicht gewährleistet werden.

Kirchliche Verhältnisse

Der Übergang von der Monarchie zur Republik unter sozialdemokratischen Vorzeichen führte zur endgültigen Trennung von Staat und Kirche. Das am 11. Juli 1919 verabschiedete Volksschulgesetz beseitigte den obligatorischen Religionsunterricht an der Schule. Zwei Jahre später wurde die Trennung des Kir-

Volksschulgesetz vom 11. Juli 1919

Volksschulklassenzimmer

chendienstes vom Schuldienst der Volksschullehrer verordnet. Am 17. Juli 1922 erschien eine Verordnung, die die Freistellung von Lehrern und Schülern für religiöse Veranstaltungen an nicht gesetzlichen Feiertagen untersagte. Von erheblicher Bedeutung wurde auch das »Kirchenaustrittsgesetz«, das bereits den Vierzehnjährigen den Austritt aus einer Religionsgemeinschaft zugestand. Damit wurde es im Mutterland der evangelisch-protestantischen Kirche möglich, dass sich die Anzahl der Mitglieder der sächsischen Landeskirche, die Mitte der Zwanzigerjahre noch 89 Prozent der Bevölkerung betrug, weiter verringerte.

Evangelische Landessynode Mai 1919

Auch auf organisatorischem Gebiet erfolgte die Trennung. Die Landessynode der evangelischen Landeskirche Sachsens vom Mai 1919 vollzog endgültig diesen Schritt, indem sie das Landeskonsistorium zu einer vom Staat unabhängigen Körperschaft des öffentlichen Rechts postulierte und wenig später in das Landeskirchenamt umwandelte, das fortan als oberste kirchliche Verwaltungsbehörde im Lande fungierte. Ein von der Landessynode gewählter Landesbischof wurde geistliches Oberhaupt der sächsischen Landeskirche. Damit war eine dauerhafte Form der evangelischen Kirchenorganisation in Sachsen gefunden. 1922 beschloss die Landessynode eine neue Kirchenverfassung, die nach längeren Verhandlungen mit der Regierung schließlich 1926 in Kraft trat. Anstelle der Kircheninspektionen wurden die Bezirkskirchenämter als regionale kirchliche Aufsichtsbehörden eingerichtet. In jene stürmischen Jahre nach der Novemberrevolution fällt auch die Entstehung der christlichen Friedensbewegung, die in dem Theologen Johannes Herz ihren Organisator fand.

Christliche Friedensbewegung

Wiedererrichtung des Bistums Meissen 1921

Die Wiederbegründung des Bistums Meißen mit dem Sitz in Bautzen 1921 durch den Vatikan war auch ein Gradmesser dafür, dass der Anteil von Katholiken an der Bevölkerung doch erheblich gestiegen war.

Kunst, Wissenschaft und Alltagskultur

Unbeeindruckt von den politischen Auseinandersetzungen und unterschiedlichen Formen staatlichen und parteilichen Lebens entfalteten sich wissenschaftliche Lehre und Forschung in Sachsen. Die Universität Leipzig und die sächsischen Hochschulen, aber auch die Fachschulen waren Wirkungsstätten bedeutender, über die Region hinaus bekannter und geachteter Wissenschaftler. Zu ihnen gehörten in Leipzig der Physiker Werner Heisenberg und der Germanist Theodor Frings, der Literaturwissenschaftler Hermann August Korff und der Kirchenhistoriker Heinrich Boehmer, der Chirurg Erwin Payr und der Röntgenologe Wilhelm Eduard Baensch, an der Technischen Hochschule Dresden der Schwachstromtechniker Heinrich Barkhausen und der Schöpfer des Pumpspeicherwerkes Niederwartha Kurt Beyer. Den praktischen Erfordernissen folgend wurden neue Institute, Laboratorien und Lehrstühle eingerichtet. Durch die Eingliederung der Tierärztlichen Hochschule in die Leipziger Universität entstand 1923 die Veterinärmedizinische Fakultät.

Werner Heisenberg, Nobelpreisträger für Physik 1932, von 1927 bis 1942 an der Universität Leipzig tätig

Für die weitere qualitative Verbesserung der Schulbildung entsprach man den Forderungen des sächsischen Lehrervereins nach Verlegung der Lehrerausbildung an die Hochschulen. Die Lehrerseminare wurden aufgelöst. Die Lehrerstudenten bezogen die Universität Leipzig und die Technische Hochschule Dresden. Die mit den Auswirkungen der Weltwirtschaftskrise entstandenen finanziellen Notlagen führten dann zu Beginn der Dreißigerjahre auch im Hochschulbereich zu Einschränkungen, ohne allerdings Forschung und Lehre entscheidend negativ zu beeinflussen. Insgesamt ist nicht zu übersehen, dass in den Jahren der Weimarer Republik gerade auch in Sachsen die Grundlagen für die wissenschaftliche Entwicklung der folgenden Jahrzehnte mit der Heranbildung des wissenschaftlichen Nachwuchses auf allen Gebieten gelegt worden sind.

Gleiches gilt für das künstlerische Schaffen. Die Maler Robert Sterl und Otto Dix an der Dresdner Kunstakademie schufen ebenso bleibende Werke wie Ludwig von Hofmann, der die Deutsche Bücherei in Leipzig ausmalte. Zunehmend erwarben sich Dresden und Leipzig den Ruf als Kunststädte von internationaler Bedeutung. Die Uraufführungen der Werke von Richard Strauß, Paul Hindemith und Kurt Weill an der Dresdner Semperoper unter Fritz Busch brachten den Glanz der »Schuch-Ära« in das Dresdner Musikleben zurück. In Leipzig waren es Wilhelm Furtwängler und Bruno Walter, die mit dem Leipziger Gewandhausorchester weit über Sachsens Grenzen hinaus das Konzertleben bestimmten. Theaterleben gab es aber auch in Städten wie Plauen, Zwickau, Freiberg und Bautzen. Kreuzchor und Thomanerchor widmeten sich nicht nur dem reformatorischen Kirchengesang, sondern auch dem deutschen Liedgut allgemein und stehen beispielhaft für die Pflege auch des Laienchorgesangs. Die Jahre der Weimarer Republik brachten auf kulturellem Gebiet Museumsneubauten und Museumsgründungen. Das Deutsche Hygiene-Museum in Dresden und das Grassimuseum in Leipzig öffneten 1930 ihre Pforten. Das Karl-May-Museum in Radebeul erfreute sich bald großer Beliebtheit bei Jung und Alt. Für die Belange der Denkmalpflege und der Volkskunde traten immer mehr Interessierte ein. Das Vereinsleben, das in Sachsen seit der Mitte des 19. Jahrhunderts ausgeprägt war, wurde hierzu in besonderer Weise genutzt. Dazu gehörten der Landesverein Sächsischer Heimatschutz ebenso wie der Verein für Sächsische Volkskunde, der Sächsische Altertumsverein und die Geschichtsvereine in den Städten und Regionen. Von ihren Mitgliedern getragene Zeitschriften und Veröffentlichungen dokumentierten die Forschungsergebnisse und trugen in ihrer spezifischen Weise nicht nur zur allgemeinen Kultur, sondern auch zum Erkenntnisfortschritt bei.

Opernhaus

Sonnabend, am 15. Oktober 1938, Anfang 6 Uhr

Außer Anrecht

Uraufführung

Daphne

Bukolische Tragödie in einem Aufzug von Joseph Gregor

Musik von Richard Strauß

Musikalische Leitung: Karl Böhm

Inszenierung: Max Hofmüller

Personen:

Peneios	Sven Nilsson
Gaea	Helene Jung
Daphne	Margarete Teschemacher
Leukippos	Martin Kremer
Apollo	Torsten Ralf
Erster Schäfer Adrast	Arno Schellenberg
Zweiter Schäfer Kleontes	Heinrich Teßmer
Dritter Schäfer	Hans Löbel
Vierter Schäfer	Erich Händel
Erste Magd	Angela Kolniak
Zweite Magd	Marta Rohs

Schäfer, Maskierte des bacchischen Aufzugs, Mägde

Ort: Bei der Hütte des Peneios am Flusse dieses Namens

Chöre: Karl Maria Pembaur

Tänze: Valeria Kratina

Programmzettel zur Uraufführung der Oper »Daphne« von Richard Strauß am 15. Oktober 1938 im Opernhaus Dresden

Museumsneubauten

Neue Medien

Die Alltagskultur der Menschen wurde nach 1920 auch durch neue Medien bestimmt. Nicht mehr nur das eigene persönliche kreative Mitwirken an Theater, Musik und Unterhaltung charakterisierte das kulturelle Leben, sondern zunehmend die Rezeption kultureller Produkte durch Rundfunk, Film und Presse. Mit dem Tonfilm schossen die Filmtheater wie Pilze aus dem Boden. Die Schauspieler der UFA-Filme wurden zu Idolen vor allem junger Menschen. Varietés und Kabaretts erlebten ebenso eine Blüte wie öffentliche Tanzveranstaltungen in den Sälen der Gasthöfe, bei Vereins- und Volksfesten.

Arbeitslosigkeit und Notstandsprogramme

Bereits 1928 zeichnete sich in der sächsischen Wirtschaft erneut eine krisenhafte Entwicklung ab. Die Zahl der Erwerbslosen nahm infolge von Produktionseinschränkungen, Kurzarbeit und letztlich Entlassungen merklich zu. In Sachsen kamen zum 31. August 1928 auf 1 000 Einwohner 11,5 Hauptunterstützungsempfänger. Ein Jahr später waren es bereits 21. Die Wirtschaft versuchte, die Krisenerscheinungen mit den Mitteln des Lohnstopps und der Umgehung des Schlichtungswesens bei Lohnverhandlungen der Tarifpartner zu bekämpfen. Der Staat richtete bereits 1928 Arbeitsämter ein, um dem Problem der wachsenden Arbeitslosigkeit zu begegnen. Die Arbeiterschaft, vor allem in der Textilindustrie, reagierte auf die Maßnahmen der Arbeitgeber mit Streikaktionen, die am 7. Januar 1929 in Mittweida und Chemnitz begannen. Die 1929 einsetzende Weltwirtschaftskrise traf Sachsens Wirtschaft besonders hart. Sie verfiel zunehmend in einen Zustand lähmender Depression. Konkurse von Unternehmen und kleinen Banken waren an der Tagesordnung. Es gab die höchsten Umsatzeinbrüche, die mit minus 55 Prozent erheblich über dem Reichsdurchschnitt lagen. Dementsprechend hoch waren die Arbeitslosenzahlen. Im November 1931 gab es in Sachsen 589 000 Arbeitslose. Das war, gerech-

Einrichtung von Arbeitsämtern 1928

Hohe Arbeitslosenrate 1931

Websaal einer Crimmitschauer Tuchfabrik, um 1926

net auf 1 000 Einwohner, die höchste Arbeitslosenzahl in den deutschen Ländern. Der Abbau ging nur langsam vonstatten; noch Ende 1935 waren in Sachsen 339 374 Erwerbspersonen arbeitslos. Dagegen wirkte die sächsische Regierung ab 1929 mit Notstandsprogrammen im Wohnungsbau sowie im Straßen- und Wegebau, vor allem über die Bezirksverbände der Amtshauptmannschaften. Die SPD hatte im Landtag am 24. Oktober 1929 ein mit dem ADGB in Sachsen abgestimmtes arbeitsmarkt- und wirtschaftspolitisches Programm eingebracht, das eine Reihe von Arbeitsbeschaffungsmaßnahmen vorsah. Das am 26. November 1929 vom Landtag angenommene Programm brachte mit dem Bau von 30 000 Wohnungen pro Jahr, den Flussregulierungen an Mandau, Spree, Neiße, Chemnitz, Pleiße und Mulde, den Meliorationen bei Großenhain sowie Klinik- und Brückenbauten Entspannung. Dazu wurden Kredite und Fördermittel bereitgestellt. Doch diese Programme schufen zwar befristet Arbeitsplätze, führten aber in der sächsischen Wirtschaft, die wegen ihrer Struktur besonders anfällig war, nicht zu einer dauerhaften Überwindung der Krise.

Notstandsprogramme gegen Arbeitslosigkeit

Politische Radikalisierung

Die Jahre der Weimarer Republik brachten auch im Freistaat Sachsen eine Radikalisierung und Polarisierung der politischen Anschauungen. Nach der Gründung der KPD Ende Dezember 1918 in Berlin entstanden in Sachsen bald feste Parteiuntergliederungen. Die Bezirke Erzgebirge/Vogtland, Mitteldeutschland und Ostsachsen, Ende 1920 kam Westsachsen hinzu, zählten zu den mitgliederstärksten KPD-Organisationen, die allerdings bei weitem nicht die organisierten SPD-Mitglieder mit etwa 170 000 Personen nach 1922 erreichten. Führende KPD-Funktionäre kamen aus Sachsen, so u. a. Fritz Heckert, Georg Schumann, Walter Ulbricht und Otto Rühle. Als die innerparteilichen Auseinandersetzungen Mitte der Zwanzigerjahre beendet waren, gewann die KPD wieder mehr an politischem Einfluss. Die KPD-Landtagsfraktion bestand ab 1926 aus 14 Abgeordneten. Nach 1929 vertrat die KPD unter dem Motto einer Einheitsfront eine gegen die SPD gerichtete Politik, die ein tatsächliches Zusammengehen von SPD und KPD verhinderte. Dies stärkte die rechten Kräfte im Lande, die zum Teil durch Entscheidungen der KPD-Führung begünstigt wurden, etwa bei gemeinsamen Abstimmungen im Landtag gegen die von der SPD getragenen Regierungen.

Starke KPD-Organisationen

So wie die KPD als linke politische Kraft zur Radikalisierung der gesellschaftlichen Zustände in Sachsen beitrug, so etablierte sich auch zunehmend der Rechtsradikalismus in Gestalt der nationalsozialistischen Bewegung in Sachsen. In Zwickau hatte am 11. Oktober 1921 Fritz Tittmann eine NSDAP-Gruppe gebildet. Es war die erste Gruppe, die außerhalb Bayerns entstand. Von Zwickau breitete sich die Partei mit ihren militanten Sturmabteilungen über ganz Sachsen aus. Das am 18. November 1923 im Ergebnis des Hitler-Putsches in München ausgesprochene Verbot der NSDAP in Sachsen war 1925 wieder aufgehoben worden. Danach beteiligte sich die Partei erstmals an den Landtagswahlen im Oktober 1926 und gewann sofort zwei Abgeordnetenmandate. Der zunehmende Widerhall, den die NSDAP bei der sächsischen Bevölkerung fand, zeigte sich bald in steigenden Mitgliederzahlen, in groß angelegten Spendenaktionen und in finanziellen Unterstützungen durch die sächsische Industrie.

Erste NSDAP-Gruppe in Zwickau im Oktober 1921 gegründet

1932 soll es nach Angaben des »Völkischen Beobachters« in der NSDAP in Sachsen 70 000 Mitglieder gegeben haben. SA und RFB begannen, die Kundgebungen und Versammlungen der anderen Partei zu stören, Schlägereien zu provozieren und regelrechte Saalschlachten zu initiieren. Krieger- und Militärvereine, der »Stahlhelm« als Bund der Frontsoldaten und andere militante Zusammenschlüsse trugen mit ihren Versammlungen, Aufmärschen und Kundgebungen zusätzlich zu einem Bild bei, das von antirepublikanischen und antidemokratischen Tendenzen geprägt war. Die Sozialdemokratie und die liberalen bürgerlichen Kräfte sahen sich dem gegenüber zunehmend in der Defensive.

Reichstags- und Landtagswahlen in Sachsen 1930 bis 1932

Die Radikalisierung der politischen Ansichten schlug sich in den Reichstagswahlen und den Landtagswahlen 1930 nieder. An dem sensationellen Erfolg der NSDAP bei den Reichstagswahlen vom 14. September 1930 mit einem Gewinn von 107 Mandaten war Sachsen mit beteiligt. Bei den Reichstagswahlen vom 31. Juli 1931 erreichte die NSDAP 37,8 Prozent der abgegebenen Stimmen und stellte danach mit 230 von 608 Reichstagsabgeordneten die stärkste Fraktion. In den sächsischen Reichstagswahlkreisen hatten 37 Prozent der Wähler NSDAP-Abgeordnete gewählt. Die Landtagswahlen in Sachsen, die vergleichsweise am 12. Mai 1929 und am 22. Juni 1930 stattfanden, zeigten eine ähnliche Entwicklung für die NSDAP, die 1929 fünf Landtagsabgeordnete und ein Jahr später 14 Landtagsabgeordnete stellte und damit im Sächsischen Landtag die zweitstärkste Fraktion wurde. Dem standen aber noch immer 32 Abgeordnete der SPD und 13 Abgeordnete der KPD gegenüber, die bei einem Zusammengehen auch mit den Abgeordneten liberaler bürgerlicher Parteien der wachsenden Gefahr einer nationalsozialistischen Regierung und damit einem sich abzeichnenden diktatorischen Regime hätten begegnen können. Ein solches Bündnis kam aber auch nach der Landtagswahl von 1930 nicht zustande. Ein Minderheitskabinett unter dem Deutsch-Nationalen Walther Schieck fand gegen die aufkeimende Gefahr keine wirksamen demokratischen Abwehrmittel.

NSDAP 1930 zweitstärkste Landestagsfraktion

Machtergreifung durch die NSDAP

Das Ende der parlamentarischen Demokratie wurde im Freistaat Sachsen – wie in den anderen deutschen Ländern – am 30. Januar 1933 mit der Vereidigung Adolf Hitlers als Reichskanzler an der Spitze einer Koalitionsregierung des »Nationalen Zusammenschlusses« eingeleitet. Vor dem Hintergrund der wirtschaftlichen und sozialen Wirkungen der Weltwirtschaftskrise sowie der politischen Parteienverhältnisse in der Weimarer Republik führte der machtpolitische Weg auf Reichsebene von der parlamentarischen Demokratie zur Diktatur von rechts wie vorprogrammiert: Am 1. Februar 1933 erfolgten die Auflösung des am 6. November 1932 gewählten Reichstages und die Ausschreibung von Neuwahlen für den 5. März 1933. Während des Wahlkampfes kam es am 27. Februar 1933 zum Reichstagsbrand, woraufhin die Reichsregierung einen Tag später auf der Grundlage von Artikel 48 der Weimarer Verfassung zwei Verordnungen erließ – die »Verordnung zum Schutz von Volk und Staat« und die »Verordnung gegen Verrat am deutschen Volk und hochverräterische Umtriebe«. Damit waren im Prinzip die in der Weimarer Verfassung verbürgten Grundrechte aufgehoben. Auf dieser Grundlage wurde eine Partei nach der anderen durch Gesetz, Verordnung, Polizeigewalt und Terror aus dem öffentlichen Leben eliminiert, zuerst die Kommunistische Partei, dann die Sozialistische Arbeiterpartei und im Juni 1933 die Sozialdemokratische Partei. Liberale und konservative bürgerliche Parteien lösten sich selbst auf.

Kundgebung von SA und Stahlhelm für Hindenburg und Hitler am 1. Februar 1933 vor dem Neuen Rathaus in Dresden

Im Freistaat Sachsen verlief diese für das Reich skizzierte Entwicklung natürlich synchron. Der Prozess der Machtübernahme durch die NSDAP in Sachsen und die »Gleichschaltung« des Landes mit dem Reich erfolgten zum einen durch die konsequente Ausschaltung aller oppositionellen Gruppierungen und Parteien, zum anderen mit der Durchdringung und personellen Umstrukturierung der staatlichen Verwaltung. Der am 6. Mai 1930 zum Ministerpräsidenten des Freistaates Sachsen gewählte Walther Schieck wurde am 10. März 1933 aufgrund der »Verordnung zum Schutz von Volk und Staat« vom Reichskanzler Hitler seines Amtes enthoben. Dies galt gleichermaßen für die gesamte Regierung. Bereits am 8. März war der Kapitänleutnant a. D. und Obergruppenführer der SA Manfred von Killinger zum Reichsbeauftragten für Ordnung und Sicherheit in Sachsen ernannt worden. Er trat am 10. März an die Stelle des Ministerpräsidenten; ab 6. Mai 1933 trug er dann auch diese Amtsbezeichnung. Killinger stand dabei in harter Konkurrenz mit dem Gauleiter der NSDAP Martin Mutschmann, der von der Reichsregierung auf der Grundlage des Gleichschaltungsgesetzes am 5. Mai 1933 zum Reichsstatthalter in Sachsen ernannt worden war. Mutschmann und nicht Killinger bildete am 6. Mai 1933 eine neue Regierung, unter anderem mit dem stellvertretenden NSDAP-Gauleiter Dr. Karl Fritsch als Innenminister, dem Gauwirtschaftsberater Georg Lenk, Spitzen- und Wäschefabrikant aus Plauen, als Wirtschaftsminister, dem Gauredner Rudolf Kamps aus Leipzig als Finanzminister und ab 1935 mit dem Gauamtsleiter des Nationalsozialistischen Lehrerbundes Arthur Göpfert als Volksbildungsminister. Diese Regierung blieb bis Anfang Mai 1945 im Amt. Ihre Aufgabe bestand nunmehr darin, die zentralen Weisungen, Gesetze, Erlasse und Verordnungen unwidersprochen umzusetzen. Nach dem »Zweiten Reichsstatthaltergesetz« vom 30. Januar 1935 übernahm Mutschmann neben seinem Amt als Reichsstatthalter auch das des Ministerpräsidenten. Killinger ging in den diplomatischen Dienst des Reiches. Sachsen war in diesem Umgestaltungsprozess im Reich eines der wenigen deutschen Länder, bei denen die Landesgrenzen mit den Grenzen des NSDAP-Gaus übereinstimmten. Das führte dazu, dass der Freistaat Sachsen faktisch zum faschistischen Gau wurde, auch wenn die Staatsbezeichnung noch bis 1939 häufig Anwendung fand.

Amtsenthebung von Ministerpräsident Schieck am 10. März 1933

Nationalsozialistische Landesregierung unter Mutschmann ab 6. Mai 1933

Joseph Goebbels und Martin Mutschmann während einer Veranstaltung in Dresden im Oktober 1933

Auflösung des Landtags

Der nächste und damit auch letzte Schritt zur Beseitigung der parlamentarischen Demokratie war die Auflösung des Parlaments. Auf der Grundlage des Ermächtigungsgesetzes vom 23. März 1933 erließ die Reichsregierung ein »Vorläufiges Gesetz zur Gleichschaltung der Länder mit dem Reich«. Danach waren die Landesregierungen ermächtigt, ebenfalls Landesgesetze ohne parlamentarische Zustimmung zu erlassen. Zugleich wurden die Landtage aufgelöst und deren Neubildung nach den Ergebnissen der Reichstagswahl vom 5. März 1933 angeordnet. Bei dieser Reichstagswahl hatte es bei den 647 Reichstagssitzen folgende Sitzverteilung gegeben: 288 Sitze für die NSDAP, 52 Sitze für die Deutsch-Nationalen, 120 Sitze für die SPD, 81 Sitze für die KPD, die diese überhaupt nicht mehr wahrnehmen konnte, sowie 196 Sitze für die übrigen bürgerlichen Parteien. In Sachsen entfielen bei dieser letzten Reichstagswahl von 3 376 247 abgegebenen gültigen Stimmen auf die NSDAP 1 517 852, auf die SPD 886 283, auf die KPD 556 862, auf das Zentrum 41 472, auf die Kampffront Schwarz-weiß-rot 220 281, auf die Deutsche Volkspartei 59 886 und auf andere kleinere Parteien und Wahlvereinigungen insgesamt 93 611 Stimmen.

Neubildung des Landtages nach den Ergebnissen der Reichstagswahl vom 5. März 1933

Dieses Stimmenverhältnis wurde bei der Zusammensetzung des nunmehr nach Verordnung vom 4. April 1933 neu zu bildenden Sächsischen Landtages zugrunde gelegt, nachdem der am 22. Juni 1930 gewählte Landtag aufgelöst worden war. Bei dem 1930 gewählten Landtag waren von den insgesamt 96 Abgeordneten 32 auf die SPD, 14 auf die NSDAP, 13 auf die KPD, zehn auf die Mittelstandspartei, acht auf die Deutsche Volkspartei, vier auf die Deutsch-Nationale Volkspartei, fünf auf das Sächsische Landvolk, zwei auf den Christlich-Sozialen Volksdienst, zwei auf die Volksrechtspartei, drei auf die Deutsche Demokratische Partei, zwei auf die Volksnationale Reichsvereinigung und eine auf die Konservative Volkspartei entfallen. Regierungstragende Mehrheitsverhältnisse waren damit nicht zu erreichen, so dass seit diesem Zeitpunkt ein Beamtenministerium den Freistaat regierte. Bei der Neubildung des Landtages entsprechend der Verordnung vom 4. April 1933 ergab sich ein ganz anderes Bild, das nunmehr auch in Sachsen die herbeigeführten machtpolitischen Veränderungen widerspiegelte. In den nicht gewählten, sondern bestimmten Landtag zogen 38 Abgeordnete der NSDAP, 22 der SPD, sechs der Deutsch Nationalen Front, zwei von der Deutschen Volkspartei und je ein Abgeordneter vom Christlich-Sozialen Volksdienst, von der Deutschen Staatspartei und der Deutschen Zentrumspartei ein, die beiden letzteren schlossen sich der NSDAP-Fraktion an.

Zusammensetzung des Sächsischen Landtages 1930 und 1933

	Reichstagswahl 5. 3. 1933 (Reichstag: 647 Sitze)		Landtagswahl 1930 (Landtag: 96 Sitze)	Neubildung Landtag April 1933
Partei	**Stimmen**	**Sitze**	**Sitze**	**Sitze**
NSDAP	1 517 852	288	14	38
DNP		52	4	6
SPD	886 283	120	32	22
KPD	556 862	81	13	(25)
übrige Parteien		106	33	5

Der so zusammengesetzte Sächsische Landtag mit nur noch 71 Abgeordneten wurde am 16. Mai 1933 zur Eröffnungssitzung einberufen. Zu diesem Zeitpunkt konnten aber bereits auch schon SPD-Abgeordnete nicht mehr erscheinen, da sie sich ebenfalls wie die KPD-Abgeordneten in Haft befanden. Der auf diese Weise zu eindeutigen Mehrheitsverhältnissen zugunsten der NSDAP »geschrumpfte« Sächsische Landtag beschloss am 27. Mai auf seiner zweiten Sitzung das Ermächtigungsgesetz für den Freistaat Sachsen. Am 22. August 1933 trat er zu seiner dritten und zugleich letzten Sitzung zusammen, denn die Auflösung des Reichstages am 14. Oktober hatte nach § 11 des Vorläufigen Gleichschaltungsgesetzes vom 31. März 1933 die Auflösung des Landtages zur Folge. Damit war auch die Einrichtung beseitigt, die die parlamentarische Demokratie im öffentlichen Leben verkörperte.

Eröffnungssitzung am 16. Mai 1933

Ermächtigungsgesetz für den Freistaat Sachsen am 27. Mai 1933

Auflösung des Landtages am 14. Oktober 1933

Zwischen März und August 1933 lagen Tage und Wochen, in denen mit Rechtsbeugung, gewaltsamen Eingriffen in die verfassungsmäßig garantierte Autonomie des Landtages, Repressalien gegen einzelne Landtagsabgeordnete und ganze Fraktionen systematisch die verfassungsmäßig bestimmte Stellung des Parlamentes demontiert wurde. Es hatte damit begonnen, dass am 2. März

Bücherverbrennung auf dem Wettiner Platz in Dresden

1933 die Räume der KPD-Fraktion im Landtag von Polizei und SA durchsucht und Unterlagen beschlagnahmt worden waren. Am 7. März sollte auf dem Landtagsgebäude die Hakenkreuzfahne gehisst werden. Dies geschah am Nachmittag gegen den ausdrücklichen Protest des Landtagspräsidenten Dr. Eckhardt aus Zwickau, so dass an diesem Tag die sächsische Landesflagge, die Schwarz-weiß-rote Flagge und die Hakenkreuzfahne auf dem Turm des Landtagsgebäudes zu sehen waren. Am 9. März wurde der Landtagsabgeordnete Fischer aus Plauen von der Deutschsozialistischen Partei durch SA-Leute im Landtagsgebäude gejagt. Am gleichen Tag nahm die Polizei im Landtag den KPD-Abgeordneten Kurt Sindermann und die Sekretärin der KPD-Fraktion Grimmer in Schutzhaft. Die Vorgänge vom 4. März im Landtagsgebäude gaben dem Reichskommissar für Sicherheit und Ordnung in Sachsen Manfred von Killinger den Anlass, nun die Einberufung von Landtagssitzungen zu verbieten.

Gleichschaltung des Freistaates mit dem Reich

Gesetz über den Neuaufbau des Reiches vom 30. Januar 1934

Mit den schon mehrfach genannten zwei Reichsgesetzen zur »Gleichschaltung der Länder mit dem Reich« wurde der föderale Staatsaufbau beseitigt. Das »Gesetz über den Neuaufbau des Reiches« vom 30. Januar 1934 vollendete diesen Prozess. Die Länder wurden als Träger staatlicher Hoheit aufgehoben, blieben aber als öffentlich-rechtliche Gebietskörperschaften mit dem Recht der Selbstverwaltung bestehen. In einer auf diesem Gesetz fußenden Verordnung vom 2. Februar 1934 wurde dann den Landesbehörden, nicht den Ländern, die Wahrnehmung von Hoheitsrechten des Reiches übertragen. Daraus ergab sich, dass auch die Landesbeamten vom »Führer und Reichskanzler« ernannte wurden. Damit wurden letztlich die Landesbehörden zu Reichsbehörden, die die Reichsgesetze im Lande ausführten. Das betraf 1935 zunächst die Luftüberwachung, die Justiz, das Bergwesen, die Wetterbeobachtung und die Wettermeldung sowie die Sozialversicherung. Später folgten alle anderen Verwaltungszweige, vor allem die der inneren Verwaltung und der Polizei.

Die Landesregierung Sachsen wurde in eine Landeszentralbehörde (Gauregierung) umbenannt, deren Aufgaben in der allgemeinen Überwachung der gesamten öffentlichen Verwaltung, der Ausübung der staatshoheitlichen Befugnisse über die evangelisch-lutherische Landeskirche und ihre Kirchenbehörden sowie über die Religionsgemeinschaften, in der Aufsicht über den Gauverband, die Kreisverbände und Gemeinden sowie der Mitwirkung bei der Berufung der Bürgermeister und Beigeordneten bestanden. Letztlich wurden die Behördenbezeichnungen durch die Verordnung vom 1. Januar 1939 reichseinheitlich geregelt: die Kreishauptmannschaften in Regierungsbezirke und die Amtshauptmannschaften in Landkreise umbenannt. Aus dem Kreishauptmann wurde der Regierungspräsident, aus dem Amtshauptmann der Landrat. Auf diese Weise waren die letzten sächsischen Verwaltungstraditionen aus dem öffentlichen Leben verbannt. Damit waren die von der NSDAP vertretenen Vorstellungen eines absoluten Einheitsstaates verwirklicht. Der Vorgang wurde in Sachsen durch die Neubildung von nachgeordneten Reichsbehörden komplettiert, so im Bereich der Justiz mit dem Sondergericht Freiberg und im Bereich der Polizei mit dem Landesabwehramt, aus dem die Gestapo-Behörden in Sachsen hervorgingen. Dazu trat die Verquickung von staatlichen Behörden mit Dienststellen der NSDAP.

Umbenennung der Kreis- und Amtshauptmannschaften zum 1. Januar 1939

Von erheblicher Bedeutung für die Durchsetzung der nationalsozialistischen Doktrinen in allen Bereichen wurde schließlich die Personalpolitik. Seit Anfang März 1933 lief eine Entlassungswelle von der KPD und SAP angehörenden Beamten, Angestellten und Arbeitern aus dem Staatsdienst. Einen Monat später begann diese für SPD-Mitglieder, für Bürger »nichtarischer« Herkunft und für andere Gegner der nationalsozialistischen Ideen. Lehrer, kommunale Angestellte, Arbeiter und Landesbeamte verloren ihre Anstellung oder wurden vorzeitig pensioniert. Parallel dazu wurden die »Alten Kämpfer« der NSDAP im Staatsdienst angestellt. Als solche galten Mitglieder der NSDAP und deren Gliederungen sowie die des Stahlhelms, die vor dem 30. Januar 1933 beigetreten waren. Bis Ende Februar 1936 waren etwa 38 000 »Alte Kämpfer« im sächsischen Staatsdienst untergebracht worden. Bei der Wiederbesetzung von Stellen im Schuldienst, in den kommunalen Verwaltungen und in den staatlichen Behörden achtete man zunehmend auf die Mitgliedschaft in der NSDAP; sie wurde ein wesentliches Kriterium. Unter den im Staatsdienst verbliebenen Personen wurde für die Mitgliedschaft in der NSDAP erfolgreich geworben.

Nationalsozialistische Personalpolitik

Die »Verreichlichung« führte zwangsläufig zu einem überspannten Zentralismus in der Verwaltung, der durch das Nebeneinander von staatlichen und parteilichen Dienststellen verstärkt wurde. In einer vertraulichen Verordnung des Reichsstatthalters Mutschmann an die Minister vom 5. Oktober 1938 hieß es: »Es ist allgemein bekannt, daß in fast allen Zweigen der Verwaltung durch das Einschalten allzu vieler Organe das Verfahren in steigendem Maße verkompliziert und der Geschäftsgang immer mehr verlangsamt wird. Die Folge hiervon ist ein stetes Anschwellen des gesamten Verwaltungsapparates, erhöhter Personalaufwand und ein unerhört hoher Papierverschleiß. Dieser Entwicklung muss unter allen Umständen ... dauernd entgegengewirkt werden ...«[54] Eine Besserung der Zustände trat aber nicht ein.

Im Verlauf des Zweiten Weltkriegs, vor allem nach Verkündigung des totalen Krieges, erfolgten allerdings auch spürbare Eingriffe in die Verwaltungstätigkeit. Ab Februar 1942 wurden Beamte und Angestellte zur Wehrmacht eingezogen und Verwaltungsaufgaben bis auf die zur Versorgung der Bevölkerung und zur Aufrechterhaltung des öffentlichen Lebens notwendigen Funktionen eingeschränkt. Anfang Mai 1945 kam schließlich jegliche Verwaltungstätigkeit zum Erliegen.

Rüstungswirtschaft und Kriegsproduktion

Noch bis in die Mitte der Dreißigerjahre hatte die sächsische Wirtschaft unter den Auswirkungen der Weltwirtschaftskrise zu leiden, zumal die exportorientierte sächsische Wirtschaft mit der nationalsozialistischen Wirtschaftspolitik kollidierte und die stark entwickelten Wirtschaftszweige der Textil- und Fertigwarenproduktion unter dem Aspekt der Kriegsrüstung von Berlin aus nicht als förderungswürdig eingestuft waren. Erst die Aufnahme der Flugzeugproduktion in der Leipziger Maschinenfabrik ATG, Rüstungsaufträge an das Stahl- und Walzwerk Gröditz sowie der Aufbau eines Nitrierwerkes in Böhlen waren der Beginn der Einbeziehung der sächsischen Wirtschaft in das Rüstungsprogramm des NS-Staates. Dazu gehörte auch die Beteiligung Sachsens an den »Reinhardt-Gesetzen« zur Arbeitsbeschaffung durch die Finanzierung von Straßen- und Tiefbauarbeiten. Der 1936 in Kraft getretene Vierjahresplan von Göring brachte dann für Sachsen den Wandel und die volle Einbeziehung in die Aufrüstungspläne. In der Maschinenbau-, Fahrzeug- und Stahlindustrie stiegen die Beschäftigtenzahlen bis 1939 um 21 Prozent, in der Hütten- und Gießereiindustrie um 24,6 Prozent, in der chemischen und feinmechanisch-optischen Industrie um 37,3 Prozent. Besondere Förderung erfuhr die Grund-

Beteiligung an der Aufrüstung

Wirkungen des Vierjahresplanes

stoffindustrie mit erheblichen Investitionen in der Braunkohlenförderung, der -verarbeitung und -veredlung. Bald wurden in Sachsen 61 Prozent der deutschen Teerproduktion erzeugt. Neue und rekonstruierte Großschwelereien in Espenhain, Regis und Deutzen steigerten die synthetische Benzinherstellung bedeutend. Der 1913 eingestellte Erzbergbau auf Zinn, Wolfram, Kobalt, Blei, Silber und Wismut wurde im Erzgebirge wieder aufgenommen. Der Kraftfahrzeugbau erlebte durch Heeresaufträge eine Hochkonjunktur. Allein in den Werken der Auto-Union wurden 1937 ein Viertel der deutschen Autos und ein Drittel der deutschen Motorräder hergestellt. Forschung und Entwicklung liefen auf Hochtouren, wobei die Rennabteilung von Horch dafür das internationale Aushängeschild bildete. Rennwagen der Auto-Union mit Hans Stuck und Bernd Rosemeyer am Lenkrad feierten bei den europäischen Grand-Prix-Rennen ebenso Erfolge wie die Luxuslimousinen von Horch der Repräsentation des Führers und der Führungsschicht des Dritten Reiches dienten.

Wiederaufnahme des Erzbergbaus

Das alles trug dazu bei, dass die Arbeitslosenzahlen rapide sanken. Zu Beginn des Herbstes 1939 gab es in Sachsen nur noch 69 000 registrierte Arbeitslose. Bald wurden nach Beginn des Zweiten Weltkrieges Arbeitskräfte zunehmend gesucht, mussten Frauen in allen Wirtschaftszweigen in den Produktionsprozess eingegliedert werden. Zur Beseitigung der Arbeitslosigkeit trug auch bei, dass in anderen deutschen Regionen neue Industriewerke mit sächsischen Arbeitskräften errichtet wurden, so beispielsweise das Volkswagenwerk in Wolfsburg mit Chemnitzer und Zwickauer Kfz-Ingenieuren, Arbeitern und leitenden Angestellten. Die Beschäftigten erhielten eine bessere Vergütung, für sie wurden Eigenheim-Siedlungen errichtet und es wurde ihnen ein weiterer beruflicher Aufstieg unter günstigen Bedingungen ermöglicht.

Schalterhalle einer Bank

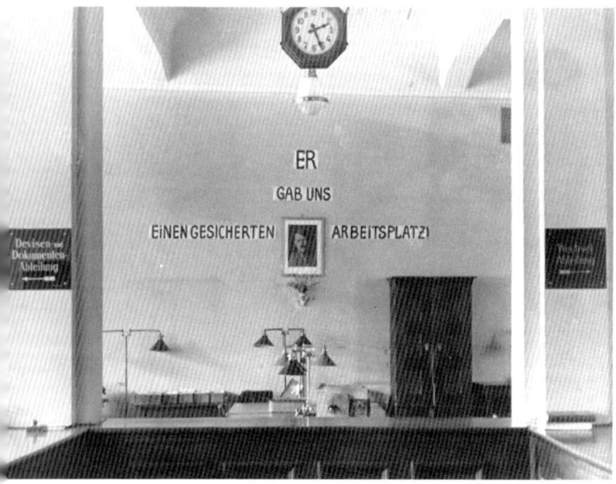

Die wirtschaftliche Entwicklung mit der Orientierung auf Konzernunternehmen brachte für die sächsische Wirtschaft eine gewisse Umstrukturierung mit sich. Die Anzahl der Unternehmen mit über 1000 Beschäftigten nahm von 1933 bis 1939 um mehr als die Hälfte zu, und zwar von 48 auf 127 Großbetriebe. Neben dem Flick-Konzern waren es die IG Farben, die als Konzern in der sächsischen Großindustrie bestimmend wurden. Bei der Finanzierung der sächsischen Unternehmen gewann die Deutsche Bank größeres Gewicht.

Grenzland in der Kriegsvorbereitung

Der Zerfall der Habsburgermonarchie am Ende des Ersten Weltkrieges und das damit verbundene Entstehen selbstständiger Nationalstaaten zwischen Balkan, Adria und Erzgebirge schufen in der Mitte Europas völlig andere staatliche Verhältnisse. Die Gründung der Tschechoslowakischen Republik hatte den Freistaat Sachsen noch 1919 zu einem Grenzland werden lassen. Der Erzgebirgskamm, die Sächsische Schweiz und das Zittauer Gebirge waren zwar auch vor 1918 Grenzgebiet gewesen, aber das hatte im wilhelminischen Kaiserreich, das mit dem österreichischen Kaiserreich freundschaftlich verbunden war, keine außenpolitische Bedeutung gehabt. Nun hatte sich mit dem Inkrafttreten des Versailler Vertrags am 28. Juni 1919 die Situation grundsätzlich geändert. Die neu entstandene Tschechoslowakei zählte sich zu den Siegermächten, woraus ein gespanntes Verhältnis zu Deutschland entstand. Die familiären und gutnachbarlichen Beziehungen der Deutschen beiderseits der Staatsgrenze blieben allerdings erhalten.

30 »Flandern«. Vom 21. September bis 20. Oktober 1915 tobte in Flandern und der Champagne die große Herbstschlacht, die mit einem dreitägigen Trommelfeuer auf die deutschen Stellungen begann. Es war eine der blutigsten und verlustreichsten Schlachten des Ersten Weltkrieges. Otto Dix hat erst Jahre nach dem Kriegsende seine Eindrücke künstlerisch verarbeiten können. Gemälde von Otto Dix, 1924. Nationalgalerie zu Berlin (s. S. 251)

KUNGLIGA SVENSKA
VETENSKAPS-AKADEMIEN

har vid sin sammankomst den 9 November 1909 i enlighet med föreskrifterna i det af

ALFRED NOBEL

den 27 November 1895 upprättade testamente beslutat att öfverlemna det pris som detta år bortgifves åt den som har gjort den viktigaste kemiska upptäckt eller förbättring till

WILHELM
OSTWALD

såsom ett erkännande åt hans arbeten öfver katalys jämte hans härför grundläggande undersökningar öfver kemiska jämviktsförhållanden och reaktionshastigheter.

Stockholm den 10 December 1909

Kungl. Vet. Akad:s preses.

Kungl. Vet. Ak:s sekreterare.

31 Urkunde über die Verleihung des Nobelpreises an den Chemiker Wilhelm Ostwald für seine grundlegenden Arbeiten über die Katalyse. Stockholm, 10. Dezember 1909. Akademie der Wissenschaften

32 Der Physiologe, Psychologe und Philosoph Wilhelm Wundt, Begründer des ersten experimental-psychologischen Laboratoriums der Welt 1879 an der Universität Leipzig. Gemälde von Heinz Wagner, 1980. Kunstsammlungen der Universität Leipzig

33 links »Der Tod von Dresden«. Unter dem unmittelbaren Eindruck des verheerenden Bombenangriffs der Alliierten malte der gebürtige Dresdner, Schüler von Otto Dix, sein größtes Bild. Gemälde von Wilhelm Lachnit, 1945. Gemäldegalerie Neue Meister, Dresden

34 Der Ethnologe und Rechtssoziologe Julius Ernst Lips, von 1949 bis 1950 Rektor der Universität Leipzig. Gemälde von Heinz Wagner, 1981. Kunstsammlungen der Universität Leipzig

35 »Gruppenbild«.
Gemälde von Werner Tübke, 1972.
Gemäldegalerie Neue Meister, Dresden

36 »Leipzig«.
Gemälde von Wolfgang Mattheuer, 1971.
Museum der bildenden Künste, Leipzig

37 »Sucher«, Gemälde von Neo Rauch, 1997, Privatbesitz Berlin

Nach dem 30. Januar 1933 gewann das Grenzland Sachsen auch für das Eindringen der nationalsozialistischen Bewegung nach Böhmen erhebliche Bedeutung. Bis zum 31. August 1938 waren etwa 50 000 Sudetendeutsche in sächsischen Unternehmen beschäftigt. Die sudetendeutsche Henlein-Bewegung mit ihren zunehmenden Forderungen nach einem Anschluss an Deutschland sowie die von ihr provozierten Auseinandersetzungen mit der tschechischen Bevölkerung wurden auch von Sachsen aus unterstützt und gesteuert. Sachsen wurde zum Aufmarschgebiet der deutschen Wehrmacht, als Hitler am 5. November 1937 seine Absicht bekundete, die Tschechoslowakei militärisch zu zerschlagen.

SUDENTENDEUTSCHE HENLEIN-BEWEGUNG

Nach dem »Anschluss« Österreichs am 13. März 1938 wurde diese Absicht in exakte militärische Planung umgesetzt. Der »Fall Grün« sah militärische Aktionen frühestens ab 1. Oktober 1938 vor. Die Sudetendeutsche Partei (SdP) und ihr »Freiwilliger deutscher Schutzdienst« (FS) provozierten im September 1938 zunehmend bewaffnete Zwischenfälle mit tschechischen Behörden und der Polizei, die in den Aufstandsversuch in Westböhmen vom 13. bis 17. September 1938 mündeten. Nach der Niederschlagung des Putsches flüchteten Sudetendeutsche über die Grenze nach Deutschland. Ab dem 18. September wurde das Sudetendeutsche Freikorps aufgestellt und von der deutschen Wehrmacht bewaffnet. Das in Kompanien und Bataillone gegliederte Korps, das am 22. September bereits 26 000 Mann zählte, hatte in Dresden einen seiner Kommandostäbe installiert. Die Kompanien des SFK wurden auch entlang der sächsisch-böhmischen Grenze in grenznahen Städten und Dörfern stationiert. Von Zittau bis Asch waren am 27. September schließlich 45 Kompanien disloziert. Diese sächsische SFK-Gruppe wuchs bis zum 1. Oktober 1938 auf 71 Kompanien mit über 13000 Mann, gegliedert in 14 Bataillone, an. Der sächsische Grenzabschnitt, kommandiert von Franz May, hatte das dichteste Netz von Kompaniestützpunkten. Von hier aus überschritten Angehörige des FSK ab 19. September immer wieder die Grenze und verübten auf tschechische Zollämter, Grenzwachen und öffentliche Gebäude Feuerüberfälle. Die Attacken auf das tschechische Territorium wurden auch nicht eingestellt, als die Regierung der ČSR ihren Widerstand durch das Ultimatum der Westmächte am 21. September einstellte und ihre Armee vom Grenzgebiet mehr in das Innere des Landes zurückzog. Auch die von der neuen tschechischen Regierung am 23. September verkündete allgemeine Mobilmachung führte zu keiner Änderung dieses Zustandes. In der Zwischenzeit war Sachsen neben Schlesien und Bayern das Aufmarschgebiet der deutschen Wehrmacht zur Durchführung des »Falles Grün« geworden. Zehn Infanteriedivisionen, eine Gebirgsjägerdivision und eine Panzerdivision waren dafür vorgesehen, sieben von ihnen erhielten am 27. September den Befehl zum Aufmarsch an der Grenze zur ČSR. Nach den Verhandlungen in München besetzten die deutschen Truppen ab 1. Oktober 1938 das Sudetenland. Damit war die Rolle Sachsens als »Grenzland« beendet. Es wurde danach ein Territorium für die Gewährleistung von Verwaltung, Organisation und Transport im Sudetenland. Sächsische Beamte, Angestellte und Facharbeiter wurden dorthin abgeordnet.

»FALL GRÜN«

AUFSTAND IN WESTBÖHMEN VOM 13. BIS 17. SEPTEMBER 1938

SUDETENDEUTSCHES FREIKORPS IN SACHSEN

BESETZUNG DES SUDETENLANDES AB 1. OKTOBER 1938

NS-Unterdrückungsstrukturen in Sachsen

Mit dem sächsischen Gesetz vom 27. Juni 1921 war die Kriminalpolizei insgesamt auf den Freistaat übergegangen und die Ordnungs- und Kriminalpolizei wurde durch eine Verordnung vom 14. September 1922 zu einer Angelegenheit des Staates. Die neu geschaffenen Polizeibehörden in Dresden, Leipzig, Chemnitz, Zwickau und Plauen unterhielten jeweils eine politische Abteilung, die für die Überwachung des öffentlichen Lebens zuständig war. Bereits im März 1933 wurde durch Verordnung des sächsischen Innenministeriums ein Landesabwehramt gebildet, aus dem im April 1933 die »Zentrale für Umsturzbekämpfung« entstand.

Im Verlauf der Neuordnung der politischen Polizei im Reich durch die Nationalsozialisten ab April 1933 wurde am 5. Juli 1933 für Sachsen das Geheime Staatspolizeiamt Dresden eingerichtet, das die Zentralleitung der politischen Polizei im Gau Sachsen ausübte und in das die bis dahin bestehende "Zentralpolizeileitstelle Sachsen« und die »Zentrale für Umsturzbekämpfung« eingegliedert wurden. Ab Januar 1934 übernahm Heinrich Himmler die Leitung des Geheimen Staatspolizeiamtes Dresden und mit dem so genannten Dritten Gestapogesetz vom 10. Februar 1936 erfolgte die direkte Unterstellung unter die Berliner Gestapozentrale. Aus dem Gestapoamt Dresden wurde die Gestapoleitstelle Dresden mit Gestapostellen in Dresden, Leipzig, Chemnitz und Zwickau/Plauen. Nach Ausbruch des Zweiten Weltkrieges änderte sich nochmals die Struktur, die eine organisatorische Straffung dieses polizeilichen Unterdrückungsapparates bedeutete. Etwa ab 1940 bis zum Mai 1945 bestanden die Gestapoleitstelle Dresden mit ihrer Außendienststelle Bautzen, nachgeordnet die Gestapostellen Leipzig und Chemnitz sowie die Außendienststellen Plauen und Zwickau. Bei der Überwachung und Verfolgung politischer Gegner in Sachsen hatte die Gestapo eine Rangfolge aufgestellt: 1. aktive Mitglieder der verbotenen SPD und KPD – 2. liberal und monarchistisch eingestellte Personengruppen – 3. oppositionelle Kräfte der evangelischen Kirche und anderer Glaubensgemeinschaften – 4. oppositionelle »nationale« Gruppen und Personen. Die Gestapo arbeitete dabei mit dem Sicherheitsdienst (SD) - Oberabschnitt Elbe der SS eng zusammen.

Gestapo Sachsen

Die von der Gestapo Verhafteten wurden entweder in »Schutzhaft« genommen und in Konzentrationslager eingewiesen oder sie wurden wegen »staatsfeindlicher Betätigung« an Sondergerichte übergeben. In Sachsen wurde für den Oberlandesgerichtsbezirk Dresden in Ausführung einer Reichsverordnung vom 21. März 1933 beim Landgericht Freiberg ein Sondergericht eingesetzt. Die im Reich eingerichteten 22 Sondergerichte waren für die schnellste Aburteilung u. a. für Hochverrat, Attentate, Aufruhr und Landfriedensbruch zuständig. Mit Kriegsbeginn 1939 wurde die Zuständigkeit der Sondergerichte auf Sabotage, Schwarzhändler, »Schiebergeschäfte«, Diebstahl und Umgang mit Kriegsgefangenen ausgedehnt. Durch diesen Aufgabenzuwachs mussten neue Sondergerichte geschaffen werden. So erfolgte im März 1940 die Auflösung des Sondergerichts Freiberg. Dafür wurden neue Sondergerichte in Leipzig und Dresden installiert. In Leipzig gab es dann ab 1943 drei dieser Sondergerichte. Schließlich wurde im Oktober 1942 noch ein Sondergericht Chemnitz gebildet. Diese Gerichte, die auch vielfach Todesurteile aussprachen, arbeiteten bis zum Ende des Zweiten Weltkrieges.

Sondergerichte

Carl Goerdeler, bis 1933 Oberbürgermeister von Leipzig, als Angeklagter vor Hitlers Volksgerichtshof

Verfolgung und Widerstand von Gegnern des NS-Regimes

Von Beginn der faschistischen Herrschaft an waren alle Bestrebungen des NS-Regimes darauf gerichtet, jede politische und geistige Opposition zu bekämpfen und jedweden Widerstand mit allen Mitteln bis hin zur Menschenvernichtung zu beseitigen. Bereits in den ersten Wochen der Reichskanzlerschaft Hitlers begann der noch nicht legalisierte Terror gegen kommunistische und sozialdemokratische Arbeiterfunktionäre. Besonders im Raum Zwickau und im Raum Plauen, wo die NSDAP viele Mitglieder hatte, fanden brutale Verfolgungen von Andersdenkenden statt. Am 27. Februar 1933 wurden alle öffentlichen Sammlungen und Spendenaktionen der KPD verboten, ab 1. März bei allen KPD-Funktionären Haussuchungen durchgeführt und viele von ihnen in Haft genommen. Das Reichsbanner, die Wehrorganisation der SPD, wurde am 13. März, die Sozialistische Arbeiterpartei (SAP) am 17. März verboten. Die Gewerkschaftshäuser wurden von der SA besetzt. Weitere Verbote folgten: 7. April Sozialistischer Ärztebund, 18. April Ernste Bibelforscher, 28. April Internationale Arbeiterhilfe (IAH), Kommunistischer Jugendverband, Rote Hilfe Deutschlands und Arbeiter-Turn-und-Sportbund. Die SPD wurde in Sachsen am 23. Juni verboten.

Boykottaktion gegen jüdische Geschäfte 1933 in Dresden

Einrichtung erster Schutzhaftlager

Mit Beginn der Verfolgung politischer Gegner richtete die SA »wilde« Konzentrationslager ein, in denen geschlagen, gefoltert und getötet wurde. Für den Zwickau-Plauen-Chemnitzer Raum entstand ein solches auf der Sachsenburg bei Frankenberg, für den Leipziger Raum auf Schloss Colditz und für den Dresden-Bautzener Raum auf der Jugendburg Hohnstein in der Sächsischen Schweiz. Als dann Terror und Verfolgung gesetzlich abgesichert waren, konnten neben diesen Konzentrationslagern auch die Gefängnisse und Zuchthäuser in Sachsen genutzt werden. Bald erlangten die Strafanstalten in Waldheim, Zwickau und Bautzen traurige Berühmtheit. Die übergroße Mehrheit auch der sächsischen Bevölkerung sah diesem Terror tatenlos zu, ein geringer Prozentsatz war sogar aktiv daran beteiligt.

Erst allmählich regte sich Widerstand, zunächst von den in die Illegalität gegangenen beiden Arbeiterparteien SPD und KPD. Auch dafür bildete Sachsen bis 1938 ein wichtiges territoriales Verbindungsglied zu den in der ČSR, besonders in Prag etablierten Parteileitungsgremien. Zwischenfälle an der Grenze, wie der von der Schneise 31 bei Altenberg oder in der Sächsischen Schweiz beim Schmuggeln von Flugblättern und anderem Propagandamaterial, waren an der Tagesordnung. Mit Kriegsbeginn dehnte sich die Widerstandshaltung und -bewegung auf alle Kreise der Bevölkerung aus: von den Angehörigen der Bekennenden Kirche in Sachsen über leitende Personen in der Wirtschaft und ehemals führende Staatsbeamte bis hin zu hohen Offizieren der Wehrmacht. Beispielhaft dafür stehen in Sachsen Carl Goerdeler, Walter Cramer und General Olbricht. Der Widerstand erstreckte sich dabei von der organisierten Tätigkeit mit dem Ziel des Sturzes der nationalsozialistischen Diktatur über Sabotageakte vor allem in der Rüstungsindustrie, Solidarität mit Gefangenen und Verfolgten, Abhören ausländischer Sender und Verbreitung dieser Nachrichten, Verbreitung von Spottgedichten und politischen Witzen und Fahnenflucht bis hin zu verbalen ablehnenden Äußerungen des Herrschaftssystems. Sondergerichte in Freiberg und Leipzig ahndeten all diese Aktionen mit hohen Haftstrafen und anschließender Einweisung in ein Konzentrationslager bis hin zu Todesurteilen. Viele der zum Tode Verurteilten wurden im Hof des Landgerichts Dresden am Münchner Platz bis zum Februar 1945 mit dem Fallbeil hingerichtet, darunter die Kommunisten Georg Schumann aus Leipzig und Kurt Schlosser aus Dresden. Dieser breit gefächerte und nicht an Parteien gebundene antifaschistische Widerstand war, auch wenn er letztlich nur wenig bewirkte, ein nicht zu übersehendes Zeugnis für das andere Deutschland.

Judenverfolgungen

Ein besonders schmerzliches Kapitel auch der sächsischen Geschichte wurde die Verfolgung der jüdischen Menschen. In Sachsen lebten zu Beginn der Dreißigerjahre etwa 23000 Menschen jüdischer Abstammung, davon allein etwa 15000 in Leipzig, die anderen 8000 vor allem in Dresden und Chemnitz. Es begann 1933 mit dem Boykott jüdischer Geschäfte und endete für die jüdische Bevölkerung mit dem Weg in die Gaskammern. Dazwischen lagen gesetzliche und außergesetzliche Schritte des nationalsozialistischen Regimes zur Ausgrenzung, Verfolgung und Vertreibung. 1938 folgten der öffentliche Pogrom und die Vorbereitung zur Endlösung der Judenfrage. Gauleiter Mutschmann forderte auf einer Massenkundgebung in Bad Weißer Hirsch die »Freimachung von der jüdischen Weltpest«. Ab 28. Februar überrollte eine antisemitische Propagandawelle unter dem Schlagwort »Aufklärungsfeldzug Völkerfrieden oder Judendiktatur« ganz Sachsen. Mit der Verordnung vom 26. April 1938 begann über die Anmeldung des Vermögens der Juden die Arisierung der jüdischen Unternehmen. Auf der Grundlage der vom Reichsführer SS und Chef der deutschen Polizei am 27. Oktober 1938 verfügten »Ausweisung der Juden polnischer Staatsangehörigkeit« wurden noch am Abend jenes Tages jüdische Bürger von der Polizei verhaftet und in den folgenden Tagen nach Polen deportiert. Aus dem Regierungsbezirk Dresden waren es allein 724 Menschen, aus ganz Sachsen insgesamt 2 804. Ab dem 7. November lief eine weitere Propagandawelle, die in die »Reichskristallnacht« am 9./10. November 1938 mündete. In Sachsen brannten alle Synagogen. Die von Gottfried Semper errichtete Dresdner Synagoge wurde noch im November gesprengt und abgebrochen. Die Trümmer wurden zum Straßenbau in Dresden-Briesnitz verwendet. Die Angehörigen der Dresdner jüdischen Gemeinde mussten Abbruch und Transport selbst besorgen und bezahlen.

Reichskristallnacht am 9./10. November 1938

Abtransport der Juden aus Sachsen

Ab Herbst 1939 wurden die jüdischen Bürger in so genannten Judenhäusern zusammengelegt und mit Beginn des Jahres 1942 in das Ghetto von Riga und weiter nach Auschwitz-Birkenau transportiert. Den gleichen Weg mussten auch die Bewohner des »Judenlagers Hellerberge« von Dresden gehen, andere jüdische Bürger aus Sachsen wurden nach Theresienstadt verbracht. Diese Schicksale jüdischer Menschen in Sachsen schildern aus eigenem Erleben mit literarischer Meisterschaft Stefan Heym aus Chemnitz in seinem autobiografischen Werk »Nachruf« und Victor Klemperer aus Dresden in seinen erst jetzt edierten Tagebüchern.

Verbrechen gegen die Menschlichkeit: Zwangssterilisation und Euthanasie

Zwangssterilisation

Zum 1. Januar 1934 trat das von der nationalsozialistischen Regierung erlassene »Gesetz zur Verhütung erbkranken Nachwuchses« in Kraft. Damit war es legal möglich, durch einen operativen Eingriff Menschen, die an körperlichen oder geistigen Krankheiten litten, zu sterilisieren, d. h. unfruchtbar zu machen. Damit begann die praktische Umsetzung der rassepolitischen Anschauungen der nationalsozialistischen Führungseliten. Zunächst waren die in Heil- und Pflegeanstalten untergebrachten Kranken die ersten Personen, an denen die Sterilisation vorgenommen wurde. Das betraf auch die in der Heil- und Pflegeanstalt Sonnenstein in Pirna befindlichen Kranken. Diese Anstalt, 1811 als erste bedeutende staatliche psychiatrische Einrichtung in Deutschland gegründet, wurde zu einer Einrichtung des systematischen Krankenmordes. Aus der Heil- und Pflegeanstalt wurde nach Abschluss der Sterilisationsmaßnahmen ab Frühjahr 1940 eine Tötungsanstalt, die den fabrikmäßigen Mord an den europäischen Juden und an Sinti und Roma vorbereitete.

Euthanasieanstalt

Offiziell am 9. Oktober 1939 geschlossen und dann zum Teil bis Mai 1940 als Lazarett genutzt, wurde ab Frühjahr 1940 ein Teil der Landesanstalt als Tötungseinrichtung ausgebaut. Vier Gebäude wurden mit Mauer und Bretterzaun umgeben und im Keller eines der Gebäude entstanden eine Gaskammer sowie ein Krematorium. Ende Juni 1940 wurden die ersten 10 Männer aus der Landesanstalt Waldheim auf dem Sonnenstein mit Kohlenmonoxid ermordet. Ein Arzt betätigte den Gashahn und beobachtete den mehrere Minuten dauernden qualvollen Todeskampf. Innerhalb der »Aktion T 4« wurden 13 720

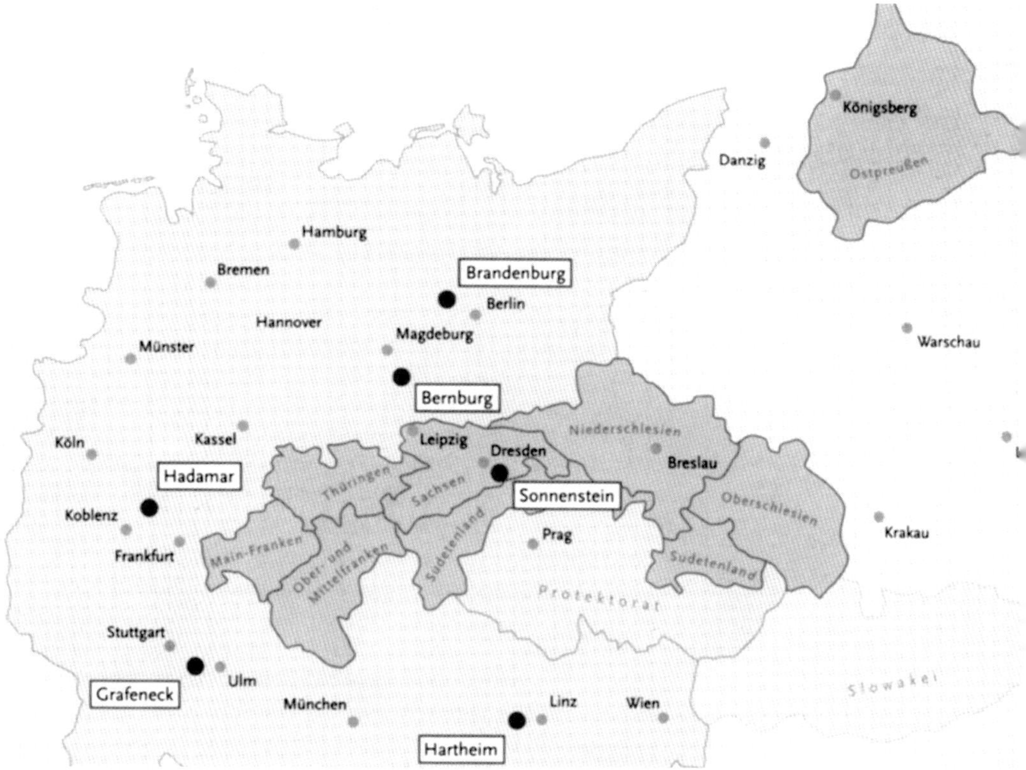

Euthanasie-Tötungsanstalten im Großdeutschen Reich 1940

Menschen, darunter Hunderte Kinder, auf dem Sonnenstein umgebracht. Die Euthanasieanstalt Sonnenstein war eine von sechs solcher Tötungseinrichtungen im Reich.

Bis zu ihrer endgültigen Schließung im Sommer 1942 fanden in der Sonnensteiner Gaskammer mindestens auch 1 031 KZ-Häftlinge aus Auschwitz, Buchenwald und Sachsenhausen den Tod. Danach wurde ein Teil des Personals in die Vernichtungslager Belzec, Sobibor und Treblinka abkommandiert. Der langjährige Leiter der Sonnensteiner Anstalt Prof. Hermann Paul Nitsche, der ab 1941 medizinischer Leiter der »Aktion T 4« war, ordnete 1943 die Tötung von Patienten durch eine Überdosierung von Medikamenten an. So wurden bis Kriegsende allein in der Landesanstalt Großschweidnitz über 5 000 Patienten ermordet. Einige der Mitarbeiter und leitenden Ärzte der Sonnensteiner Anstalt wurden 1947 im Dresdner »Euthanasie«-Prozess hart bestraft, darunter Prof. Nitsche mit dem Tode. Die meisten Euthanasie-Täter blieben aber ungeschoren und praktizierten als niedergelassene Ärzte im Westen Deutschlands.

Auswirkung des Zweiten Weltkrieges auf Wirtschaft und Bevölkerung

Rationierung der Lebensmittel ab 27. August 1939

Als am 27. August die Rationierung der Lebensmittel und anderer wichtiger Versorgungsgüter wie Kohle und Seife bekannt gegeben wurde, war wohl den meisten Deutschen klar, dass Deutschland mit aller Gewalt auf einen neuen Krieg zusteuerte. Die Erinnerungen an die Jahre des Ersten Weltkriegs ließen jegliche Kriegsbegeisterung versiegen. Als am frühen Morgen des 1. September 1939 deutsche Truppen die Grenze nach Polen überschritten, der »Fall Weiß« verwirklicht und damit der Zweite Weltkrieg ausgelöst wurde, blieben spontane Begeisterungskundgebungen aus. Propaganda, Einschüchterung und Terror ließen aber auch keine Protestaktionen aufkommen. In Sachsen, das den Wehrkreis IV bildete, übernahm Reichsstatthalter Mutschmann die Funktion

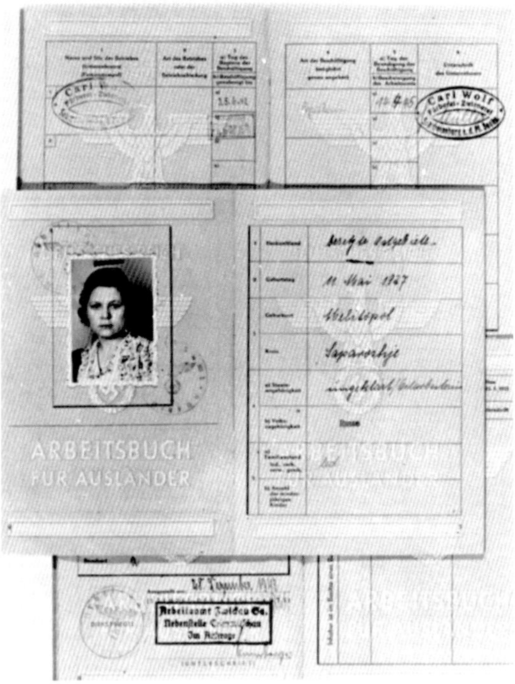

Arbeitsbücher für Zwangsarbeiter

des Reichsverteidigungskommissars. Die Verantwortung für die zivile Verteidigung lag nun beim Reichsstatthalter und Gauleiter.

Im Verlauf des ersten Kriegsjahres stieg die Bedeutung Sachsens für die Kriegsproduktion immer deutlicher. Das Land lag nun strategisch günstig, war zunächst für feindliche Bomberverbände nicht erreichbar und verfügte durchaus über kriegswichtige Rohstoffe, auch wenn diese nur mit erhöhtem Aufwand abgebaut werden konnten. In Riesa, Freital und Gröditz produzierte der Flick-Konzern Stahl für Panzer, gepanzerte Kraftfahrzeuge und andere kriegswichtige Erzeugnisse; in Leipzig und anderen Teilen des Landes wurden Flugzeugteile produziert, in Zwickau entstand ein Flugzeugreparaturwerk; die Automobilwerke in Chemnitz, Zwickau, Werdau und Zittau liefen auf Hochtouren; die Treibstoffherstellung aus Braunkohle wurde durch erhebliche Investitionen enorm gesteigert. Das Zschopauer Motorradwerk wurde zum Ausgangspunkt der Gründung der Erla-Flugzeugwerke, die in den letzten Kriegsjahren an der Raketenherstellung beteiligt waren. Es gab schließlich kaum einen Betrieb, ob ein kleines, mittelständisches oder größeres Unternehmen, das nicht für den Kriegsbedarf produzierte, von Munitionskisten über Militärbekleidung bis hin zu Waffen und Transportmitteln unterschiedlichster Art. Da die zunehmende Knappheit an Rohstoffen auch nicht durch Ersatzstoffe ausgeglichen werden konnte, wurden nicht kriegswichtige Betriebe stillgelegt und deren Arbeitskräfte in Rüstungsbetriebe umgesetzt. Als ab 1942/43 der Luftkrieg auf die westlichen Industriegebiete Deutschlands übergriff, wurden zunehmend Betriebe nach Sachsen verlagert, in die Täler des Erzgebirges und seines Vorlandes, da dieses Gebiet zunächst noch von Luftangriffen verschont blieb. So konnte die Produktion von Kriegsmaterial bis zuletzt aufrecht erhalten werden.

Bei den hohen Anforderungen an die Leistungen der Wirtschaft wurde vor allem die Arbeitskräftefrage ein Problem. Mit zunehmender Kriegsdauer und dem Einsatz fast aller männlichen Reserven im Kriegsdienst wurde der Anteil der Frauen im Arbeitsprozess immer größer. Um dies zu ermöglichen, wurden die Anzahl der Kindertagesstätten vor allem in den Städten und Industriegemeinden erhöht, die Arbeitszeiten vor allem in den Rüstungsbetrieben auf elf bis zwölf Stunden verlängert sowie Feiertags- und Nachtarbeit eingeführt. Der Leistungsbereitschaft der Bevölkerung kam zugute, dass die Versorgung mit Nahrungsmitteln und anderen Verbrauchsgütern bis zuletzt in die letzten Kriegstage in Sachsen relativ stabil blieb.

Ankunft gefangener französischer Offiziere auf dem Bahnhof Königstein, 1941

Schließlich wurden zunehmend Kriegsgefangene und Zwangsarbeiter aus allen von der Wehrmacht besetzten Ländern West-, Südost- und Osteuropas sowie KZ-Häftlinge in der Rüstungsindustrie und in der Landwirtschaft als billige Arbeitskräfte eingesetzt. Auf oder unmittelbar neben dem Betriebsgelände entstanden Baracken und Barackenlager. Ein dichtes Netz von KZ-Außenlagern überzog das sächsische Land. Während die kriegsgefangenen Soldaten, vor allem die der Sowjetarmee, zu vielfältigen Arbeiten eingesetzt wurden, gab es in Sachsen für gefangen genommene Generäle und höhere Offiziere der alliierten Westmächte zwei besondere Gefangenenlager: auf Schloss Colditz und auf der Festung Königstein. Die viel schlechtere Versorgung der Zwangsarbeiter und Kriegsgefangenen führte durch Unterernährung und Krankheiten zu zahlreichen Todesfällen. Ihre Bestattung auf städtischen und dörflichen Friedhöfen blieb der Bevölkerung nicht verborgen. Manche einem Kriegsgefangenen unter eigener persönlicher Gefahr der Denunziation und Verhaftung zugesteckte Brotschnitte konnte den Hunger nur für einen Moment lindern.

Einsatz von Kriegsgefangenen und Zwangsarbeitern

Kampfgebiet am Ende des Krieges und Besetzung durch die Alliierten

Sachsen wurde ab 1942 nicht nur ein Gebiet für die Verlagerung von Rüstungsbetrieben, sondern auch ein Land für die Aufnahme von Kindern aus dem Ruhrgebiet und anderen west- und norddeutschen Regionen, die ständig unter den englischen und amerikanischen Bombenangriffen zu leiden hatten. Viele sächsische Familien nahmen die Kinder für mehrere Monate auf. Gegen Ende des Kriegsjahres 1943 wurden dann auch sächsische Städte unmittelbar mit dem Luftkrieg konfrontiert. Am 4. Dezember 1943 war Leipzig das Angriffsziel von Bomberverbänden. Es gab beträchtliche Schäden an den Gebäuden der Innenstadt sowie Tote und Verletzte. Die größten Angriffe erlebten die sächsischen Städte in den ersten vier Monaten des Jahres 1945. Die Bombardierung Dresdens am 13., 14. und 15. Februar mit der Zerstörung der gesamten Innenstadt und vermutlich 35 000 Toten, die von Chemnitz am 2. und 5. März und von Plauen am 19. März und 8. April waren die schwersten Bombenangriffe kurz vor Kriegsende. Das Vordringen der alliierten Streitkräfte von Westen, Süden und Osten mit dem Ziel der Besetzung ganz Deutschlands machte Sachsen Mitte April 1945 dann auch zu einem der letzten Kampfgebiete im Reich.

Luftangriffe auf sächsische Städte ab 1943

Einheiten der 3. US-Armee erreichten am 12. April bei Crimmitschau erstmals sächsisches Gebiet. Glauchau und Meerane wurden am 13. April besetzt; am 14. April überschritten die amerikanischen Verbände die Mulde bei Rochlitz und stießen bis Mittweida vor. Am 16. April erreichten sie Chemnitz und stießen entlang der Autobahn am 17. April bis Nossen vor, wobei es bei Hainichen zu Gefechten mit deutschen Einheiten kam. Zu gleicher Zeit wurde fast kampflos das westliche Vogtland genommen. Am 17. April wurde Zwickau besetzt. Bei ihrem weiteren Vordringen nach Süden stießen die amerikanischen Einheiten bei Cunnersdorf, Weißbach, Stangengrün, Hartenstein und Kirchberg auf ernsthaften Widerstand von SS-Einheiten. Bei Artillerieduellen wurden in Kirchberg etwa 350 Gebäude zerstört, einschließlich Schloss Hartenstein. Erst am 6. Mai war das Westerzgebirge bis zur westlichen Grenze des Kreises Schwarzenberg besetzt.

Amerikanische Einheiten am 12. April 1945 erstmals auf sächsischem Boden

Zerstörung der Dresdner Altstadt beim Bombenangriff der Alliierten am 13./14. Februar 1945

Aus dem Raum Halle begann die 1. US-Armee ihren Angriff auf Nordwestsachsen, wo sie zunächst auf größeren militärischen Widerstand von Einheiten der 12. Armee unter General Wenck traf. Leipzig konnte am 19. April besetzt werden. Die im Völkerschlachtdenkmal verschanzten deutschen Soldaten kapitulierten am 20. April. Erst als die Einheiten der 12. deutschen Armee am 23. April zum Entsatz von

Berlin abgezogen wurden, überschritten die Amerikaner auch bei Wurzen die Mulde. Die Mulde bildete dann die östliche Grenze des von den Amerikanern besetzten sächsischen Gebietes. Der Raum bis zur Elbe blieb auch nach dem ersten Zusammentreffen von amerikanischen und sowjetischen Soldaten am 25. April bei Strehla und am 26. April an der Elbbrücke von Torgau bis zum 3. Mai eine Art »Niemandsland«. Die Prager Operation der Roten Armee führte dann zur Besetzung dieses Gebietes bis zur Mulde und ab dem 6. Mai zur Einnahme des Osterzgebirges und des Mittleren Erzgebirges.

Weitaus komplizierter und opferreicher gestaltete sich die Besetzung des östlichen Sachsen durch die Rote Armee. Entlang der Lausitzer Neiße hatten die Verbände der 4. deutschen Panzerarmee ein aus drei Verteidigungsstreifen bestehendes Stellungssystem errichtet. Die Hauptkampflinie »Mathildelinie« reichte entlang des Weißen Schöps bis Görlitz und wurde durch die dritte Sperrlinie entlang der Spree bis Bautzen vervollständigt. Am 16. April begann die 1. Ukrainische Front unter dem Befehl von Marschall Konew den Angriff auf diese Verteidigungsstellungen, die nur unter schwersten Kämpfen teilweise überwunden werden konnten. Es wurde um Hoyerswerda und Niesky gerungen. Um Bautzen entbrannten vom 18. bis 21. April heftige Kämpfe, die in einer Gegenoffensive deutscher Panzerverbände zunächst abflauten und die 52. sowjetische Armee und die 2. polnische Armee von ihren Nachschublinien abschnitten. Ab dem 24. April zogen sie sich in Richtung Norden zurück und gaben Bautzen auf. Die deutsche Gegenoffensive in der Lausitz war das letzte erfolgreiche Offensivunternehmen der deutschen Wehrmacht im Zweiten Weltkrieg. Über 3000 gefallene Rotarmisten, 4000 polnische Soldaten, etwa 1300 deutsche Soldaten und Volkssturmmänner stehen für die verlustreichen Kämpfe auf sächsischem Boden.

Schlacht um Bautzen ab 18. April 1945

Nach dem erfolgreichen Abschluss der Schlacht um Berlin konzentrierte sich die sowjetische Militärführung auf die so genannte Prager Operation, die letzte große militärische Aktion der Roten Armee im Zweiten Weltkrieg, deren Ziel die Zerschlagung der in Böhmen und Mähren unter dem Befehl von Generalfeldmarschall Schörner stehenden Heeresgruppe Mitte war. Im Rahmen dieser Prager Operation besetzten Verbände der 1. Ukrainischen Front bis zum 8. Mai das sächsische Territorium östlich der Mulde. Dresden wurde ab dem 7. Mai eingenommen. Den Erzgebirgskamm bei Zinnwald überschritten die Soldaten am Morgen des 8. Mai. Auch auf dem Weg von Dresden dorthin kam es im Raum Schmiedeberg zu verlustreichen Gefechten. Mit der deutschen Kapitulation am 8. Mai 1945 war für die sächsische Bevölkerung der Zweite Weltkrieg offiziell beendet. Am 10. Mai 1945 war Sachsen bis auf den Raum Schwarzenberg von den Truppen der alliierten Mächte besetzt.

Endgültige Besetzung Ost- und Mittelsachsens durch die Rote Armee im Rahmen der Prager Operation bis 8. Mai 1945

Die Kämpfe um Sachsen kosteten bis zu 100 amerikanischen Soldaten das Leben. 18000 bis 20000 Rotarmisten und polnische Soldaten und bis zu 8 000 deutsche Soldaten wurden Opfer des Zweiten Weltkrieges auf sächsischem Boden. Zusammen mit den in Sachsen verstorbenen deutschen Soldaten in Lazaretten und den verstorbenen Kriegsgefangenen in sächsischen Lagern wird die Gesamtzahl der Kriegstoten auf sächsischem Territorium auf etwa 250 000 geschätzt.

IX

Das Land Sachsen und die drei sächsischen Bezirke 1945 bis 1989. Von der Bildung des Landes Sachsen in der Sowjetischen Besatzungszone Deutschlands bis zum Ende der DDR

Die ersten Wochen nach dem 8. Mai 1945 – Bildung politischer Parteien und Massenorganisationen – Wiederaufbau der Verwaltungsorganisation – Reparationsleistungen – Durchführung der Bodenreform – Volksentscheid – Entnazifizierung – Zusammenschluss von KPD und SPD zur SED – Verfolgung von Sozialdemokraten und »Parteisäuberungen« – Wahlen im Herbst 1946 – Verfassung 1947 – Organisation der volkseigenen Wirtschaft – Wirtschaftskrise und Aktivistenbewegung – Problem der Erhaltung der Einheit Deutschlands – Alltag der Menschen – Gründung der DDR – Waldheimer Prozesse – Politische Strafjustiz und Strafvollzug – Beseitigung Sachsens als staatliche Einheit – Bildung der Bezirke und neuer Kreise – Sächsische Bezirke in einem zentralistischen Staatswesen – Wirtschaftliche Entwicklung in den drei sächsischen Bezirken – Kollektivierung der Landwirtschaft – Volksaufstand vom 17. Juni 1953 – Traditionelles Erbe – Herbst 1989 – Übergangsjahr 1990

Die ersten Wochen nach dem 8. Mai 1945

Bedingungslose Kapitulation am 7./9. Mai 1945

Mit der Kapitulation der deutschen Wehrmacht am 7. Mai 1945 im US-Hauptquartier in Reims durch General Jodl und am 9. Mai 1945 im sowjetischen Hauptquartier in Berlin-Karlshorst durch General Keitel endete der NS-Staat in allen Lebensbereichen. Dieses Ende war total und bedingungslos.

Nach dem Einmarsch der alliierten Truppen wurden die Bürgermeister, die der NSDAP angehört hatten, ebenso wie die Landräte und die anderen Behördenleiter von den Besatzungsmächten ihrer Ämter enthoben und vielfach verhaftet, sofern sie nicht vor dem Truppeneinmarsch die Flucht ergriffen oder Selbstmord begangen hatten. Das öffentliche Leben kam zum Erliegen. Für die Menschen ging es in den folgenden Wochen um das tagtägliche Überleben. Nahrungsvorräte wurden aufgebraucht, Speicher und Vorratslager vor allem in den Städten ebenso geplündert wie liegen gebliebene Güterzüge mit Lebensmitteln, Bekleidung und anderen Gegenständen in Bahnhöfen und auf Eisenbahnstrecken.

Enttrümmerung am Augustusplatz in Leipzig

Die Regelung lebensnotwendiger Maßnahmen wie Lebensmittel-, Strom- und Wasserversorgung sowie Aufrechterhaltung der öffentlichen Ordnung und Sicherheit übernahmen die Besatzungsmächte. Dies war in den von den amerikanischen Truppen ab 17. April besetzten sächsischen Gebieten ebenso der Fall wie in den ab 6./7. Mai von der Sowjetarmee besetzten Teilen Sachsens.

Befehl Nr. 1 der sowjetischen Ortskommandanten

Die Übernahme der öffentlichen Gewalt in den Städten und Gemeinden durch Stadt- und Ortskommandanten wurde der Bevölkerung in einem Befehl Nr. 1 für jede Stadt und jede Gemeinde bekannt gemacht. Der als Formular ausgefertigte Vordruck in deutscher und russischer Sprache wurde von den eingesetzten Kommandanten mit Ortsnamen, Datum, Sitz der Kommandantur sowie Unterschrift handschriftlich vervollständigt und damit in Kraft gesetzt. Danach hatten alle Betriebe ihre Arbeit fortzusetzen; alle Waffen, Munition, Fahrzeuge der Wehrmacht, jegliches Heeresgut und alle Archive und Dokumente, ebenso Radioapparate und Sondereinrichtungen waren innerhalb von drei Tagen abzugeben. Alle Druckereien, Vervielfältigungsapparate und Schreibmaschinen mussten zur Registrierung gemeldet werden. Eine nächtliche Ausgangssperre wurde verhängt. Nach den Ortskommandanturen folgte wenig später auch die Einsetzung der Kreiskommandanten zur Koordinierung der Befehle und zur Überwachung ihrer Einhaltung.

Die Menschen in Sachsen sahen sich bei Kriegsende einer nahezu ausweglosen Lage gegenüber. Die Stadtzentren der sächsischen Großstädte waren zerbomt. 683 Groß- und Mittelbetriebe waren fast völlig zerstört, 800 schwer oder mittelschwer beschädigt, 8000 Kleinbetriebe ebenso.

Erst nach und nach kam das öffentliche Leben wieder in Gang. Zunächst wurden die territorialen Strukturen, wie sie bis zum 8. Mai bestanden hatten, unverändert belassen. Ehemalige Landtagsabgeordnete der 1933 verbotenen Parteien und aus den Konzentrationslagern und Zuchthäusern in ihre Heimatorte zurückgekehrte Sozialdemokraten und Kommunisten wurden von der Besatzungsmacht als Bürgermeister und Landräte eingesetzt. Dazu kamen aufbauwillige Kräfte, die sich dem nationalsozialistischen Regime bewusst verweigert hatten. Gemeinsam ging man daran, die Kriegsfolgen zu überwinden und die Nachkriegsgeschichte zu gestalten.

An Polen abgetretene sächsische Gebiete

Die Vier-Mächte-Erklärung von Berlin vom 5. Juni 1945 brachte für Sachsen die endgültige Klärung der Zugehörigkeit zur sowjetischen Besatzungszone (SBZ), in der der Militärgouverneur Marschall Shukow die oberste Gewalt ausübte. Im Verlauf des Juni nahmen die Truppen der Siegermächte die festgelegten Besatzungszonen ein. Bis Mitte Juni hatten sich die amerikanischen Verbände auf die Zwickauer Mulde, bis Ende Juni auf die bayerisch-sächsische und hessisch-thüringische Grenze zurückgezogen. Die Truppen der sowjetischen Armee folgten unmittelbar den zurückgehenden amerikanischen Soldaten. Anfang Juli war ganz Sachsen von der Roten Armee besetzt. Die östliche Grenze Sachsens zu Polen bildete noch vor der Potsdamer Konferenz die Lausitzer Neiße. Am 22. Juni 1945 wurden ca. 25 000 Deutsche aus den östlich der Neiße gelegenen Orten der Amtshauptmannschaft Zittau vertrieben. Sachsen verlor 152 Quadratkilometer seines Territoriums an Polen.

Potsdamer Abkommen vom 2. August 1945

Auf der Potsdamer Konferenz vom 17. Juli bis 2. August vereinbarten die Siegermächte die Grundsätze ihrer Besatzungspolitik: Wiederherstellung des politischen Lebens auf demokratischer Grundlage; Ausübung der obersten Gewalt durch die vier Oberbefehlshaber und Bildung eines Alliierten Kontrollrates, dem deutsche zentrale Verwaltungsabteilungen zu unterstellen waren; Dezentralisierung der deutschen Wirtschaft und ihre Beaufsichtigung durch die Alliierten; Ausbau der Landwirtschaft als künftig wichtigsten Wirtschaftszweig; Entmilitarisierung und Entnazifizierung Deutschlands; Realisierung der Reparationsleistungen für die Sowjetunion in Höhe von 20 Milliarden Dollar, u. a. durch Entnahme aus der Sowjetischen Besatzungszone.

Von diesen vereinbarten Prinzipien ausgehend, entwickelte die UdSSR in ihrer Besatzungszone eine eigenständige Politik zur Bildung eines deutschen Staates nach sowjetischem Vorbild. Das Ziel aller Maßnahmen war die Errichtung der Diktatur des Proletariats, auch wenn dies in den ersten Jahren nach 1945 nicht so offen propagiert wurde. Auch diese »Diktatur der Mehrheit über die Minderheit« trug bald totalitäre Züge. Das bedeutete für viele Deutsche, vor allem für die nach 1930 geborenen, den nahtlosen Übergang von einem totalitären System ins nächste, ohne die parlamentarische Demokratie bewusst erlebt zu haben. In diesem Prozess verloren sich in der SBZ und dann in der DDR zunehmend die länderspezifischen Möglichkeiten und Gegebenheiten der Entwicklung, ohne allerdings ganz aus dem Bewusstsein der Menschen zu verschwinden. Das sollte in den Achtzigerjahren deutlich werden.

Hermann Matern, leitender Funktionär der KPD in Sachsen

Im Verband der auf deutschem Boden nach Westen vorrückenden Sowjetarmee befanden sich so genannte Initiativgruppen der KPD, deren Aufgabe in der Kontaktaufnahme mit Widerstandskämpfern, Mitgliedern des Nationalkomitees Freies Deutschland und Antifaschisten in den befreiten deutschen

Initiativgruppe der KPD in Sachsen

Gebieten bestand. In Abstimmung mit den sowjetischen Militärbehörden sollte von vornherein der Einfluss der Kommunisten gewährleistet werden. Neben der »Gruppe Ulbricht«, die am 30. April in Berlin ankam, gab es die nördliche Initiativgruppe unter Leitung von Gustav Sobottka und eine südliche Initiativgruppe unter Leitung von Anton Ackermann, die insbesondere in Sachsen tätig wurde. Sie war der 1. Ukrainischen Front zugeordnet, kam am 1. Mai nach Deutschland und traf am 8. Mai in Dresden ein. Ihr gehörten u. a. Hermann Matern, Kurt Fischer und Georg Wolff an. Sie sicherten den entscheidenden Einfluss der KPD auf die künftige Entwicklung in Sachsen.

Bildung politischer Parteien und Massenorganisationen

Das zeigte sich bereits bei der organisatorischen Wiederbegründung der Parteienlandschaft. Der Befehl Nr. 2 der Sowjetischen Militäradministration (SMAD) vom 10. Juni 1945 gestattete die Zulassung demokratischer Parteien und Massenorganisationen. Noch am gleichen Tag fand auf Schloss Wackerbarth bei Radebeul eine Beratung hoher sowjetischer Offiziere mit Mitgliedern der KPD-Initiativgruppe für Sachsen und weiteren Kommunisten, u. a. Anton Ackermann, Egon Dreger, Erich Glaser, Fred Oelßner, Max Opitz, Walter Weidauer und Herbert Welz statt, in deren Mittelpunkt der am nächsten Tag veröffentlichte Aufruf der KPD und die weiteren Schritte des Aufbaus der politischen Macht standen. In Moskau vorbereitet, enthielt der Aufruf vom 11. Juni 1945 das Programm der angestrebten politischen Neuordnung der Verhältnisse, in die Sachsen als Teil der SBZ eingebunden war. In zehn Punkten wurden die grundsätzlichen Aufgaben formuliert: die vollständige Liquidierung der Überreste des NS-Regimes und der NSDAP, einschließlich der Aburteilung der Kriegsverbrecher; Kampf gegen Hunger, Arbeitslosigkeit und Obdachlosigkeit durch ungehinderte Entfaltung des freien Handels und der privaten Unternehmerinitiative auf der Grundlage des Privateigentums, Wiederaufbau der zerstörten Gebäude, strenge Sparsamkeit in der Verwaltung und Einführung eines gerechten Steuersystems; Herstellung der demokratischen Rechte und Freiheiten des Volkes; Wiederaufrichtung der Selbstverwaltungsorgane auf Gemeinde-, Kreis- und Bezirksebene sowie der Landesverwaltungen und der Landtage; Schutz der »Werktätigen« gegen Unternehmerwillkür und unbotmäßige Ausbeutung; Enteignung des gesamten Vermögens der »Nazibonzen« und Kriegsverbrecher; Beseitigung des Großgrundbesitzes, der großen Güter des Adels und Übergabe von Grund und Boden, einschließlich des toten und lebenden Inventars, an die Landesverwaltungen zur Verteilung an die besitzlos gewordenen Bauern; Übergabe der für die öffentlichen Bedürfnisse lebensnotwendigen Betriebe sowie der von ihren Besitzern verlassenen Unternehmen in kommunales und staatliches Eigentum; friedliches und gutnachbarliches Zusammenleben mit den anderen Völkern; Anerkennung zur Pflicht der Wiedergutmachung der durch die Kriegshandlungen entstandenen Schäden in den von Deutschland okkupierten Ländern.

Aufruf der KPD vom 11. Juni 1945

Otto Buchwitz, Präsident des Sächsischen Landtages von 1946 bis 1952

Die noch in Moskau residierende Parteiführung der KPD setzte am 12. Juni 1945 Hermann Matern als Politischen Sekretär der Bezirksleitung Sachsen der KPD ein. Damit begann der organisatorische Aufbau der kommunistischen Partei in dem von der Sowjetarmee besetzten Teil Sachsens, der dann nach dem Abzug der amerikanischen Streitkräfte aus Westsachsen ab Juli auf ganz Sachsen ausgedehnt wurde. Eine erste Funktionärskonferenz der KPD in Dresden-Omsewitz am 13. Juni stand am Beginn dieser Entwicklung. Bereits Ende Juni 1945 gab es in Ostsachsen 40000 registrierte KPD-Mitglieder.

Ebenso organisierte sich die Sozialdemokratische Partei Deutschlands wieder. In Berlin hatte am 15. Juni der Zentralausschuss unter Führung von Otto

Grotewohl und Max Fechner einen Aufruf zur Wiederbegründung der SPD veröffentlicht. Der Sozialdemokrat Otto Buchwitz, am 27. April 1945 aus dem Zuchthaus Brandenburg-Görden befreit und seit dem 3. Juni in Dresden, bereitete die Gründung der SPD in Sachsen vor, die mit einer Versammlung ehemaliger SPD-Funktionäre in der Dresdner »Tonhalle« am 26. Juni vollzogen wurde. Der Landesausschuss, dem u. a. Arno Wendt, Arno Hennig, Felix Kaden, F. Heinicke und Arno Haufe angehörten, wählte am 9. Juni Otto Buchwitz zum Sekretär und Vorsitzenden des Landesvorstandes Sachsen der SPD.

Gründung der SPD in Sachsen am 26. Juni 1945

Neben diesen beiden Arbeiterparteien entstanden neue demokratische Parteien. Am 2. Juli 1945 gründeten Hermann Kastner, Johannes Dieckmann, Emil Menke-Glückert, Walter Thürmer und Scheiding in Dresden die Demokratische Partei Deutschlands, die sich wenig später in die am 5. Juli in Berlin entstandene Liberal-Demokratische Partei integrierte. Gleiches geschah mit der in Dresden am 21. Juli gegründeten Christlich-Sozialen Volkspartei mit Professor Hickmann als Vorsitzenden, die im August der CDU beitrat. Damit war die Parteienlandschaft entstanden, die sich auch in Sachsen zum Block der antifaschistisch-demokratischen Parteien zusammenschloss und einen Landesausschuss bildete, der am 14. August 1945 in Dresden zu seiner ersten Sitzung zusammentrat. Am 20. August 1945 wurde schließlich in Dresden die Einheitsfront der antifaschistisch-demokratischen Parteien gebildet. Der Freie Deutsche Gewerkschaftsbund (FDGB) entstand in Sachsen am 11. Juli 1945 mit der Gründungsversammlung im Dresdner Filmtheater Schauburg.

Gründung der LDP und CDU in Sachsen

Wiederaufbau der Verwaltungsorganisation

Der Wiederaufbau der staatlichen Verwaltung erfolgte bis Anfang Juli 1945 von unten nach oben, von den Gemeinden und Städten mit neuen Bürgermeistern bis zur Einsetzung von neuen Landräten in den unverändert fortbestehenden Kreisen. In den von der US-Armee besetzten sächsischen Gebieten wurden Antifa-Ausschüsse als Pendant zu den Gemeinde- und Stadtverwaltungen östlich der Mulde gebildet.

Bildung der Landesverwaltung Sachsen am 4. Juli 1945

Noch bevor ganz Sachsen von sowjetischen Truppen besetzt war, wurde die Bildung einer Landesverwaltung für Sachsen vorbereitet. Ab 18. Juni wurde unter Leitung der Besatzungsbehörden eine erste Vorschlagsliste für das Präsidium der Landesverwaltung erarbeitet. Diese Landesverwaltung mit Rudolf Friedrichs als Präsident, Kurt Fischer als 1. Vizepräsident (Inneres, Volksbildung, Post- und Fernmeldewesen) sowie Richard Woldt (Wirtschaft und Arbeit), Wilhelm Leonhardt (Land- und Forstwirtschaft, Handel, Versorgung und Verkehr), Reinhard Uhle (Justiz und Gesundheitswesen) und Gerhard Rohner (Finanzen und Steuern) als weitere Vizepräsidenten nahm am 4. Juli die Tätigkeit auf. Am 18. Juli 1945 fand die feierliche Amtseinführung statt. Damit war der erste Abschnitt des Verwaltungsaufbaus abgeschlossen. Zugleich hatte die KPD die Schlüsselfunktionen besetzt, um ihre Personalpolitik auf allen Verwaltungsebenen durchzusetzen. Das war die Voraussetzung, um die im Aufruf der KPD vom 11. Juni 1945 festgeschriebenen grundlegenden Veränderungen zu verwirklichen.

Rudolf Friedrichs, Präsident der Sächsischen Landesverwaltung 1945 bis 1947

Reparationsleistungen

Die unmittelbar nach der Besetzung des Landes begonnenen Reparationsleistungen waren dreigeteilt. Sie begannen mit Nahrungsmittellieferungen und Viehbeschlagnahmungen, bis sich die Lieferungen zur Versorgung der Sowjettruppen als regelmäßige Leistungen eingepegelt hatten. Nach dem Potsdamer Abkommen begann die zweite Etappe zur Leistung der Reparationen, die Demontage, die noch bis etwa 1947 mit aller Konsequenz durchgeführt wurde.

Demontage von Betrieben

Bau der Trinkwassertalsperre Sosa

Intakte Produktionsanlagen wurden abgebaut und in die Sowjetunion verbracht. Das betraf den Fahrzeugbau und die Flugzeugindustrie nahezu komplett. Insgesamt wurden ca. 1000 Betriebe in Sachsen vollständig oder teilweise demontiert. Wo und ob die Maschinen je ankommen und arbeiten würden, wusste keiner. Als die Besatzungsmacht merkte, dass durch die Demontagen die gewünschten Reparationsaufträge von den Betrieben nicht erbracht werden konnten, wurden sie eingeschränkt, aber bis 1949 fortgesetzt. Zum Teil kam es in den betroffenen Betrieben zu Widerstand. Der Abbau des zweiten Eisenbahngleises auf den Strecken der Deutschen Reichsbahn wurde aber zu Ende geführt.

SAG-Betriebe

Durch den SMAD-Befehl Nr. 167 vom 5. Juni 1946 wurden insgesamt 213 Unternehmen in der SBZ »aus dem deutschen Eigentum herausgenommen«, viele davon in Sachsen, und in das Eigentum der Sowjetunion überführt, um auf diese Weise die Reparationsansprüche der Siegermacht besser zu erfüllen. 635 Betriebe in Sachsen wurden in Sowjetische Aktiengesellschaften umgewandelt. Dazu zählten Unternehmen des Werkzeug-, Fahrzeug- und Maschinenbaus in Chemnitz, Leipzig, Dresden und Zwickau, das Sachsenwerk in Dresden-Niedersedlitz ebenso wie das in Radeberg, die Waggonfabriken in Bautzen und Görlitz, das Karbidwerk Hirschfelde und die Braunkohleveredlungsanlagen in Böhlen und Espenhain. Der 1946 mit großer Kraftanstrengung begonnene Uranerzabbau im Erzgebirge in Form einer Aktiengesellschaft, der SAG Wismut, mit all seinen fatalen Folgen für soziale und wirtschaftliche Verhältnisse sowie für die Umwelt lief gleichfalls als Reparationsleistung, wobei sich dieser Umstand in keiner offiziellen Statistik niederschlug. Nach vorsichtigen Schätzungen, abschließende Untersuchungen liegen noch nicht vor, wurden in Sachsen 1947 für über 914 Millionen Reichsmark Waren gefertigt, wovon für 653 Millionen Reichsmark Erzeugnisse aus der Textilbranche, Lederwaren, chemische Erzeugnisse, Elektro-, Glas- und Keramikprodukte, Maschinen und Fahrzeuge bis zu Steinen und Erden als Reparationsleistungen von der UdSSR abgenommen wurden. Für das Jahr 1949 ergab sich für die SAG-Betriebe, die zentral verwalteten volkseigenen Betriebe und die landesgeleiteten Unternehmen ein Lieferumfang von über vier Milliarden Mark.

Durchführung der Bodenreform

Verordnung vom 10. September 1945

Bereits ab September 1945 wurde der agrarische Wirtschaftsbereich von tief greifenden Besitzänderungen und dadurch bedingten Strukturwandlungen erfasst. In praktischer Umsetzung von Punkt 7 des Aufrufes der KPD vom 11. Juni 1945 veröffentlichte die KPD im August 1945 eine Bodenreformdirektive, die wenige Wochen danach von den Landes- bzw. Provinzialverwaltungen in der SBZ auf dem Verordnungswege realisiert wurde. Das Land Brandenburg bekam am 2. September 1945 seine Bodenreformverordnung. In den nächsten Tagen folgten Sachsen-Anhalt, Mecklenburg und Thüringen. Die Landesverwaltung Sachsen war die letzte der Länderverwaltungen in der SBZ, die am 10. September die Verordnung über die Bodenreform beschloss. Der entschädigungslosen Enteignung mit anschließender Überführung in den so genannten Bodenfonds unterlagen die Güter über 100 Hektar, die Güter von Nazi- und Kriegsverbrechern, dazu zählten auch die Ortsbauernführer der NSDAP unter 100 Hektar, sowie der staatliche Landwirtschaftsbesitz. Von der Enteignung

Demonstration zur Bodenreform auf dem Rittergut Helfenberg bei Dresden

ausgenommen war der Grundbesitz der Kirchen und Religionsgemeinschaften. Dieser Grund und Boden einschließlich Wäldern, Forsten, Teichen usw. war für eine Verteilung vor allem an kleine bäuerliche Wirtschaften vorgesehen; es sollten auch neue Bauernwirtschaften eingerichtet werden. Schlösser, Herrenhäuser, Burgen und darin untergebrachte Kunstsammlungen, Bibliotheken und Archive wurden Landeseigentum. Über die Enteignung und Aufteilung des Grund und Bodens entschieden Gemeinde- und Kreisbodenkommissionen. Eine Landesbodenkommission bildete die letzte, die Enteignungen bestätigende Instanz. In Sachsen wurden im Verlauf der Bodenreform 1 525 Güter enteignet, darunter 934 Güter mit mehr als 100 Hektar. Es wurden 287 521 Hektar landwirtschaftliche Nutzfläche aufgeteilt, 20 000 Bauernwirtschaften für Landarbeiter und Vertriebene neu eingerichtet sowie etwa 29 000 kleinbäuerliche Wirtschaften durch Bodenreformland vergrößert. Damit veränderten sich die Größenverhältnisse zugunsten des klein- und mittelbäuerlichen Besitzes. Während die Bauernwirtschaften mit über 50 Hektar zu einer Restgröße schrumpften und auch die bäuerlichen Wirtschaften von 20 bis 50 Hektar um ein Viertel weniger wurden, nahmen der kleinbäuerliche Besitz bis fünf Hektar und der mittelbäuerliche Besitz von fünf bis 20 Hektar so zu, dass sie nunmehr als landwirtschaftliche Betriebsgrößen in Sachsen dominierten. Die ehemaligen Eigentümer der fast 1 000 Güter über 100 Hektar – insbesondere Angehörige des sächsischen Adels – wurden noch im Herbst 1945 zwangsweise auf der Insel Rügen interniert. In den enteigneten Schlössern und Herrenhäusern erhielten Flüchtlinge und Vertriebene Unterkunft. Bis 1949 wurden in Sachsen etwa 7 000 Neubauernanwesen gebaut; zur Gewinnung von Baumaterial ließ die Landesregierung Herrenhäuser abreißen, wodurch wertvolle denkmalgeschützte Bauten vernichtet wurden.

Volksentscheid

Befehle 124/126 der SMAD

Die zweite Maßnahme zur grundsätzlichen Änderung der Eigentumsverhältnisse bildete der Volksentscheid zur Enteignung der Nazi- und Kriegsverbrecher. Auf der Grundlage der Befehle 124 und 126 der SMAD wurden in Sachsen ab Ende 1945 etwa 4 700 Unternehmen beschlagnahmt und der Kontrolle der SMAD unterstellt. Kommissionen in den Kreisen und Stadtkreisen, bestehend aus Vertretern der Parteien und des FDGB, überprüften diese Betriebe und erfassten sie in zwei Listen. Die A-Liste zählte die Rüstungsbetriebe auf und nannte am Ende dieser Maßnahmen 1883 Unternehmen. Die B-Liste bestand aus 2 200 Unternehmen, die bedingt an der Rüstung beteiligt waren. Die Betriebe der A- und B-Liste wurden am 21. Mai 1946 von der SMAD an die Landesverwaltung übergeben. Nach längeren Beratungen, die in der Landesverwaltung Sachsen seit April geführt wurden, verabschiedete man am 26. Mai 1946 das »Gesetz über die Übergabe von Betrieben von Nazi- und Kriegsverbrechern in das Eigentum des Volkes«. Der darin festgeschriebene Volksentscheid, der wie eine Wahl propagandistisch vorbereitet wurde, fand am 30. Juni 1946 statt. Von 3 693 511 stimmberechtigten Sachsen, so die von Präsident Friedrichs unterzeichnete offizielle Bekanntmachung, gaben 3 461 065 ihre Stimme ab. Davon waren 201 567 Stimmzettel ungültig, 573 021 Sachsen stimmten mit Nein und 2 686 477 mit Ja. Damit waren 1 007 034 Stimmberechtigte gegen die Überführung der Unternehmen in das Volkseigentum. Das waren immerhin

Propagandistische Vorbereitung des Volksentscheids am 30. Juni 1946 in Dresden

27,27 Prozent. Als Kriegs- und Naziverbrecher waren 14 228 Personen von der Abstimmung ausgeschlossen gewesen. Bei der praktischen Umsetzung kam es zu Gesetzesinterpretationen, die zu ungerechtfertigten Enteignungen führten. Proteste einzelner Landespolitiker, so von Hugo Hickmann (CDU) und Hermann Kastner (LDP), blieben ergebnislos und hatten für sie nachteilige Folgen. Der von allen in der SBZ zugelassenen Parteien getragene Volksentscheid bildete die Grundlage für die Betriebsenteignungen, die im März 1948 mit den endgültigen A- und B-Listen durch den Befehl 64/68 der SMAD rechtskräftige Bestätigung erlangten. Damit wurden in Sachsen 2 297 Unternehmen nach der A-Liste ab 1. April 1948 Volkseigentum. Dazu kamen 5 627 Enteignungsverfahren nach der A-Liste »Sonstiges Vermögen«, die zum 15. April 1948 rechtskräftig wurden. Aber auch nach dem offiziellen Abschluss des Sequesterverfahrens wurden die Enteignungen fortgesetzt, so dass es im Sächsischen Landtag wiederholt zu Auseinandersetzungen zwischen der diese Maßnahmen veranlassenden SED und den Parteien CDU und LDP kam. Für die anderen Länder der SBZ hatte der Volksentscheid in Sachsen Vorbildwirkung. Danach wurden die Enteignungen ohne Volksabstimmungen auf dem Verordnungswege vorgenommen. So enteignete die Provinzialverwaltung Sachsen-Anhalt am 26. Juli 1946 2396 Betriebe. Nachdem bereits durch Befehl Nr. 123 der SMAD die Banken enteignet und dafür in Sachsen die Sächsische Landesbank als staatliche Bank gegründet worden war, erfolgte mit dem Gesetz vom 8. Mai 1947 die Überführung aller Bergwerke und Bodenschätze in das Eigentum des Landes Sachsen.

Befehle 64/68 des SMAD

Uranbergbau

Anfänge 1945

Ein besonderes Kapitel sächsischer Wirtschaftsentwicklung nach dem Zweiten Weltkrieg stellt der Uranbergbau im sächsischen Erzgebirge dar. In keiner anderen europäischen Region fand ein derartiger Aufschwung eines Wirtschaftszweiges statt wie im Gebiet zwischen Aue und Marienberg. Die UdSSR, die zur Realisierung ihres Atombombenprogramms dringend Uranerz benötigte, richtete nach Auswertung aller verfügbaren geologischen Unterlagen in Sachsen ein großes Sperrgebiet ein, in dem ab Herbst 1945 rigoros mit dem Uranerzabbau begonnen wurde.

SAG Wismut

Im Mai 1947 wurde die Staatliche Aktiengesellschaft (SAG) »Wismut« gegründet, die ihren Sitz in Aue hatte. Das als »Mittelfeld« bezeichnete Gebiet im Erzgebirge wurde militärisch abgesichert, Arbeiter zwangsverpflichtet, Schächte ohne ausreichende Sicherung abgeteuft, Dörfer und Städte zerstört, die Landschaft deformiert. Ohne Rücksicht auf die gesundheitlichen Folgen für Mensch und Natur wurde der Uranbergbau betrieben. Mehr als 20 000 Bergleute erkrankten an Silikose und Lungenkrebs. Tödliche Unfälle Unter- und Übertage waren an der Tagesordnung. Im Sommer 1950 waren in der Wismut über 200 000 Arbeitskräfte tätig. Selbst als im August 1953 als Auswirkung des Volksaufstandes vom Juni 1953 die UdSSR auf noch offene Reparationsforderungen in Höhe von ca. 3 Milliarden Dollar verzichtete und die letzten SAG-Betriebe in deutsche Hand gab, blieb die SAG Wismut unerwähnt.

SDAG Wismut

Dafür wurde ab Januar 1954 die Sowjetisch-Deutsche Aktiengesellschaft (SDAG) gebildet. Nunmehr beteiligte sich die Sowjetunion an den Produktionskosten des Wismut-Bergbaus, der aber nach wie vor ein Zuschussunternehmen blieb. Bis zur Stilllegung der SDAG Wismut 1991 wurden etwa 20 Milliarden Mark an Subventionen aus dem Staatshaushalt der DDR bezahlt. Die von der UdSSR geleisteten Subventionsbeträge sind unbekannt. Ab Mitte der Fünfzigerjahre ging die Zeit des Raubbaus zu Ende. Ein planmäßig betriebener Abbau und eine Konzentration auf große Objekte (Niederschlema, Ronneburg und Königstein) verringerten die damit verbundenen Gefahren. Die Sicherungsmaßnahmen wurden nunmehr auf die Bergbaueinrichtungen selbst beschränkt und das noch immer größte Wirtschaftsunternehmen in Sachsen mit ca. 50 000 Beschäftigten blieb ein »Staat im Staate«. Er hatte mit Wirtschaftsleitung, eigener SED-Parteiorganisation mit dem Status einer Bezirksleitung sowie mit gleichrangigen Staatssicherheitsorganen, Gewerkschaftsleitungen, Kultureinrichtungen usw. seinen Sitz in Karl-Marx-Stadt/Siegmar.

Entnazifizierung

Die auf der Potsdamer Konferenz im Juli 1945 beschlossene Entnazifizierung, die auch in Sachsen durchzuführen war, gehört sicherlich zu den schwierigsten und schmerzlichsten Seiten der Nachkriegsentwicklung. Eine der ersten Maßnahmen des Präsidiums der Landesverwaltung war die »Verordnung über den personellen Neuaufbau« vom 17. August 1945. Detaillierte Bestimmungen regelten die Neueinstellung auch von solchen Mitarbeitern, die bereits vor 1945 im Staatsdienst gestanden hatten. Entnazifizierungskommissionen nahmen in den Gemeinden, Städten, Kreisen und auf Landesebene ihre Tätigkeit auf. Fragebögen waren auszufüllen und Zeugen für eine antifaschistische Tätigkeit beizubringen. Das betraf nicht nur die Verwaltungen, sondern auch den gesamten Bereich der Volksbildung, Hochschulen, kulturellen Einrichtungen und natürlich auch der Wirtschaft. Innerhalb eines halben Jahres wurden 1945 in Sachsen 96 000 ehemalige NSDAP-Mitglieder entlassen. Dazu kamen viele Tausende, die in den ersten Wochen und Monaten von der Besatzungsmacht verhaftet und in Lager verbracht wurden, z. B. in die Zuchthäuser Bautzen und Waldheim sowie in das Kriegsgefangenenlager nach Mühlberg, sofern nicht ein Abtransport in die UdSSR erfolgte. Nur relativ wenige Mitarbeiter der Behörden und Dienststellen wurden weiter beschäftigt, vornehmlich spezialisierte Wissenschaftler und Verwaltungsbeamte, auf deren Tätigkeit man nicht verzichten konnte. Bei den aus den Antifa-Lagern zurückkehrenden Soldaten und Offizieren wurden, da sie umerzogen waren, nicht die allgemein üblichen strengen Regeln der Überprüfung angelegt. Das betraf vor allem auch den bald beginnenden Aufbau von bewaffneten Polizeikräften. Besonders radikal erfolgte die Entnazifizierung im sächsischen Schulwesen. Am Anfang stand die Beratung der kommunistischen Lehrer Sachsens vom 18. bis 20. August 1945 in Döbeln. Wilhelm Schneller und Hans Riesner, der letzte sächsische Volksbildungsminister und ab August 1952 Erster Sekretär der SED-Bezirksleitung Dresden, waren die Verfechter dieser Personalpolitik. Im November 1945 wurden schließlich auf Befehl der SMAD alle Lehrerinnen und Lehrer entlassen, die der NSDAP, dem Nationalsozialistischen Lehrerbund oder einer anderen NS-Organisation angehört hatten. Nahezu alle noch vorhandenen Lehrkräfte mussten damit ihren Beruf aufgeben. Erst nach und nach traten Neulehrer an ihre Stelle. Bildungsdefizite waren bald feststellbar.

Verordnung über den personellen Neuaufbau vom 17. August 1945

Erich Zeigner, Oberbürgermeister von Leipzig 1945 bis 1949

Zusammenschluss von KPD und SPD zur SED

Seit dem Abkommen zwischen KPD und SPD am 3. Juli 1945, in dem die Überzeugung ausgesprochen worden war, »die unglückselige Spaltung der Arbeiterklasse im Interesse unseres ganzen Volkes endgültig zu überwinden«, wurde in den beiden Parteien sowie zwischen ihnen um Notwendigkeit, Richtigkeit, Zeitpunkt und personelle Konsequenzen dieses Schrittes gerungen. In der SPD mehrten sich ablehnende Stimmen, die nach der Konferenz der westzonalen SPD in Wernigsen bei Hannover im Oktober 1945 zunahmen. Nur unter großen Schwierigkeiten konnte Otto Buchwitz im Landesvorstand der SPD

Abkommen zwischen KPD und SPD vom 3. Juli 1945

Parteitag zum Zusammenschluss von KPD und SPD zur SED am 7. April 1946 im Kurhaus Dresden-Bühlau

gegen die Vorstandsmitglieder Arno Hennig und Arno Wendt das organisatorische Zusammengehen mit der KPD erreichen. Ab Februar/März 1946 schlossen sich in vielen sächsischen Gemeinden und vor allem in den Städten die SPD- und KPD-Mitglieder zu einheitlichen Parteiorganisationen zusammen. In Plauen, Zwickau, Chemnitz, Döbeln, Borna und vielen anderen Orten entstanden daraus Grundorganisationen der Sozialistischen Einheitspartei Deutschlands. Nachdem am 6. April 1946 im Saal des SVZ-Hauses in Dresden die letzte Landeskonferenz der KPD und in »Donaths Neue Welt« in Dresden-Laubegast die der SPD stattgefunden hatten, kamen am 7. April 1946 im Kurhaus Dresden-Bühlau die von etwa 400 000 Mitgliedern von SPD und KPD bestimmten Delegierten zusammen und beschlossen den Zusammenschluss der beiden Arbeiterparteien in Sachsen zur Sozialistischen Einheitspartei. Otto Buchwitz und Wilhelm Koenen wurden zu gleichberechtigten Vorsitzenden gewählt. Auch das am 7. April gewählte SED-Landessekretariat war zunächst paritätisch zusammengesetzt. Am 13. April 1946 erschien erstmals die »Sächsische Zeitung« als Presseorgan der SED im Land Sachsen. In diesem Fusionsprozess war ein von der sowjetischen Militäradministration ausgeübter massiver Druck nicht zu verkennen. So wurden Gegner des Zusammenschlusses mit Redeverboten belegt, Opponenten in die Flucht getrieben oder vom NKWD verhaftet.

Verfolgung von Sozialdemokraten und »Parteisäuberungen«

Noch im Herbst 1946 begann dann die systematische Verdrängung ehemaliger SPD-Mitglieder aus führenden Funktionen in der SED, bis 1948 die paritätisch besetzten SED-Vorstände abgeschafft und die nicht die stalinistischen Parteiprinzipien vertretenden Parteimitglieder ausgeschlossen wurden. Es entstand die SED als eine »Partei neuen Typs«, eine Kaderpartei. Mit Methoden stalinistischer Säuberungen wurden Sozialdemokraten als politische Gegner denunziert, kriminalisiert und in »Speziallager« der SMAD inhaftiert. Darunter befanden sich selbst Verfolgte des Naziregimes, so der SPD-Funktionär Karl Franke aus Crimmitschau, der Gewerkschaftsfunktionär Hermann Meise aus Görlitz und der SPD-Funktionär Karl Rudolf aus Chemnitz.

Arno Wendt

Das gleiche Schicksal teilte auch der ehemalige SPD-Funktionär Arno Wendt, der im April 1946 im Sekretariat des SED-Landesvorstandes Sachsen tätig war, im November 1947 aus der SED ausgeschlossen, dann verhaftet, im April 1948 zu 25 Jahren Zwangsarbeit verurteilt wurde und zur Strafverbüßung in das berüchtigte sowjetische Arbeitslager Workuta kam.

»Säuberung« 1950/51

Im Zuge der Stalinisierung der SED wurde 1948 die Zentrale Parteikontrollkommission (ZPKK) geschaffen, die auf Landes- und später auf Bezirksebene sowie auf Kreisebene die parteiinternen Überprüfungs- und Säuberungsmaßnahmen durchführte. Eine große Säuberungswelle in der SED fand 1950/51 statt. Allein in Dresden wurden 234 Parteimitglieder aus politischen Gründen ausgeschlossen, darunter viele ehemalige SPD-Mitglieder. Solche Säuberungsaktionen machten selbst vor ehemaligen KPD-Mitgliedern und führenden SED-Funktionären nicht halt. So wurde der Vorsitzende der SED-Landesleitung Sachsen Ernst Lohagen wegen »mangelnder Kritik und Selbstkritik« 1952 aus dem ZK der SED ausgeschlossen und seiner Parteifunktionen enthoben. Auch nach Stalins Tod fanden Parteisäuberungen und Geheimprozesse statt, die bis auf Bezirks- und Kreisebene einschneidende personelle Konsequenzen hatten.

Landesregierung Sachsen nach der Landtagswahl vom 15. Oktober 1950; in der Mitte Ministerpräsident Max Seydewitz

Wahlen im Herbst 1946

Einen weiteren wichtigen Schritt auf dem Weg zu einer Normalisierung des Lebens stellten die Wahlen im Herbst 1946 auf Gemeinde-, Stadt- und Landesebene dar. Der bereits im Jahr vorher festzustellende Zulauf zur SPD aus allen Teilen der Bevölkerung hatte deren Landesvorstand veranlasst, auf baldige Kommunal-, Kreis- und Landtagswahlen im Frühjahr 1946 – vor einem Zusammenschluss mit der KPD – zu drängen, zumal für die SPD die besten Aussichten bestanden, bei diesen Wahlen stärkste Partei zu werden. Aus dem gleichen Grund betrieb die KPD, von der SMAD bestärkt, das Ziel einer organisatorischen Vereinigung mit der SPD vor den Wahlen. Damit setzte sie sich durch, so dass in Sachsen die ersten noch freien Wahlen auf der Gemeinde- und Stadtebene am 1. September 1946 stattfanden. In mehreren großen Städten, u. a. in Plauen, gelang es der SED nicht, die stärkste Partei zu werden oder gar die absolute Mehrheit zu erringen. Bürgermeister von CDU oder LDP traten an die Spitze der Gemeindeverwaltungen. Dies war für die SED Anlass, die Kandidatenaufstellungen für die am 20. Oktober 1946 festgesetzten Kreistags- und Landtagswahlen immer wieder zu ändern, so dass etwa für die Landtagswahl eine nach kommunistischen Gesichtspunkten aufgestellte Landesliste der SED zustande kam. Bei den erstmals seit dem 22. Juni 1930 in Sachsen stattfindenden relativ freien und geheimen Wahlen entfielen auf die SED 49,1, die LDP 24,7, die CDU 23,3, die VdgB 1,7 und den Kulturbund 0,7 Prozent der abgegebenen Stimmen. Dementsprechend kamen von den 120 Abgeordnetensitzen des sächsischen Landtages 59 auf die SED, 30 auf die LDP, 28 auf die CDU, zwei auf die VdgB und einer auf den Kulturbund. Da die drei letztgenannten Abgeordneten mit der SED-Fraktion stimmten, war die absolute Mehrheit der SED gegeben. Gleiches galt für die Kreistagswahlen in den sechs Stadtkreisen und den 29 Landkreisen. Dazu kam die konsequent von der SED verfolgte Blockpolitik, die dazu führte, dass bei allen folgenden Wahlen nach einer gemeinsamen Liste der Nationalen Front abgestimmt wurde. Damit war für die Zukunft jegliche Form parlamentarisch-demokratischer Wahlen auf allen staatlichen Ebenen abgeschafft.

Kommunalwahl am 1. September 1946

Kreis- und Landtagswahl am 20. Oktober 1946

Der am 20. Oktober 1946 gewählte Landtag trat am 22. November 1946 in Dresden im Gebäude des ehemaligen Soldatenheims in der Königsbrücker Straße 84 zu seiner konstituierenden Sitzung zusammen. Zum Präsidenten des Landtages wurde Otto Buchwitz gewählt. Am 11. Dezember 1946 erfolgte im Landtag die Wahl des bisherigen Präsidenten der Landesverwaltung Dr. Rudolf Friedrichs zum Ministerpräsidenten; nach dessen Tod übernahm Max Seydewitz am 30. Juni 1947 das Amt. In dieser ersten Legislaturperiode, die durch die Gründung der DDR um ein Jahr verlängert wurde, trat der Landtag zu 77 Plenarsitzungen zusammen. Präsidium, Ältestenrat und 18 Landtagsausschüsse versuchten vor allem die Gesetzgebung voranzubringen. Die am 15. Oktober 1950 durchgeführten Landtagswahlen für die zweite Legislaturperiode erfolgten nunmehr auf der Grundlage einer von der »Nationalen Front des demokratischen Deutschlands« verantworteten gemeinsamen Wahlvorschlagsliste von SED, Blockparteien und gesellschaftlichen Organisationen. Die Einheitslis-

Bildung der Landesregierung Sachsen am 11. Dezember 1946

Landtagswahl am 15. Oktober 1950

tenwahl ließ den sächsischen Bürgern keine Wahl. Bei einer Wahlbeteiligung von 98,12 Prozent stimmten 99,77 für die gesamte Kandidatenliste. Damit setzte sich der zweite sächsische Landtag nunmehr aus 27 Abgeordneten der SED, 18 der CDU, 17 der LDP, neun der NDPD, neun der DBD, zwölf des FDGB, zwei der Konsumgenossenschaften, fünf der VVN und zwei der VdgB zusammen. Diese zweite Landtagswahl war für die kommenden vier Jahrzehnte zugleich die letzte. Damit waren auch in diesem Bereich der Gesellschaft die politischen Verhältnisse der Sowjetunion adaptiert.

Verfassung 1947

Verfassung vom Februar 1947

Während in den Ländern der westlichen Besatzungszonen bereits Ende 1945 auf Weisung der amerikanischen und britischen Besatzungsmacht die Ausarbeitung von Länderverfassungen, ihre Beratung und schließlich 1946 die Annahme erfolgten und danach die Wahlen zu den Landesparlamenten mit anschließender Regierungsbildung durchgeführt wurden, fand dieser Prozess in Sachsen und den andern Ländern der SBZ in umgekehrter Reihenfolge statt. Ab 13. Dezember 1946 debattierte der Sächsische Landtag über zwei Verfassungsentwürfe der SED und Abänderungsvorschläge von LDP und CDU sowie über einen Konstitutionsentwurf der CDU. Schließlich wurde die Verfassung in der 13. Plenarsitzung am 28. Februar 1947 abschließend beraten und nach der zweiten Lesung einstimmig angenommen. Es war die nun dritte Verfassung nach denen von 1831 und 1920, die für das Land Sachsen in Kraft trat. Erstmals gab es neben dem Grundrechte- und Grundpflichtenkatalog, dem Gleichberechtigungsgebot für Mann und Frau, dem Recht auf Arbeit und auf Bildung für alle Bürger auch verfassungsmäßige Bestimmungen für die Wirtschaftsplanung durch die Regierung sowie zum Verbot aller privaten Monopolorganisationen. Damit wurde auch sozialdemokratische Programmatik zur Verfassungswirklichkeit. Die Sicherung der Bodenreform und der Ergebnisse des Volksentscheides sowie der Entnazifizierung gehörten ebenso dazu wie der Verzicht auf das Prinzip der Gewaltenteilung. Die Postulierung der Gewalteneinheit bereitete den Weg zum demokratischen Zentralismus und damit zu sozialistischen Verhältnissen, auch wenn diese nicht ausdrücklich genannt wurden. Die Verfassung wurde auch bei der Beseitigung des Landes 1952 nicht per Gesetz außer Kraft gesetzt. In zwölf Kapiteln mit insgesamt 98 Artikeln war die Verfassung vom 28. Februar 1947 das Grundgesetz für den sächsischen Staat als Teil einer »deutschen demokratischen Republik«, das aber immer unwirksamer wurde, vor allem mit dem Beginn des Kalten Krieges in dem für Deutschland so schicksalsschweren Jahr 1948.

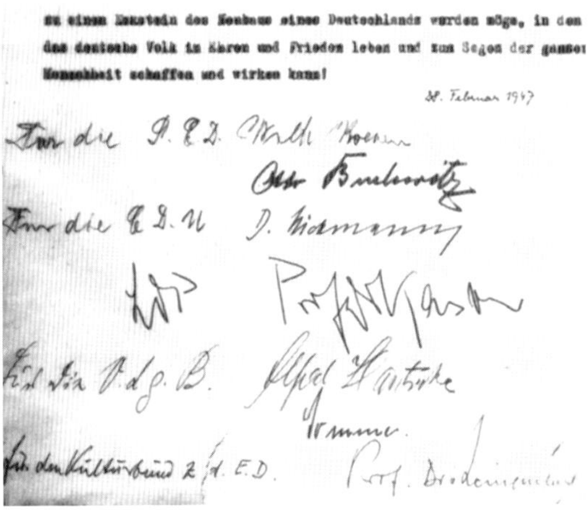
zu einem Baustein des Neubaus eines Deutschlands werden möge, in dem das deutsche Volk in Ehren und Frieden leben und zum Segen der ganzen Menschheit schaffen und wirken kann!

28. Februar 1947

Unterschriften von SED, LDP, CDU u.a. demokratischen Organisationen unter die Gemeinschaftserklärung zur Verfassung Sachsens vom 28. Februar 1947. Maschinenschriftlicher Durchschlag

Organisation der volkseigenen Wirtschaft

Nach dem Volksentscheid vom Juni 1946 und den danach durchgeführten Betriebsenteignungen wurde die Organisationsstruktur für den verstaatlichten Wirtschaftssektor zu einer ganz wichtigen Frage, zumal in Sachsen nahezu 50 Prozent der Industriekapazität der SBZ konzentriert waren. Von den enteigneten 1862 Betrieben wurden 1002 Unternehmen in Landeseigentum genommen, 380 wurden verkauft und 480 wurden kommunale bzw. genossenschaftliche Unternehmen. Für diese Betriebe galt Artikel 72 der Verfassung mit der grundlegenden Aufgabe der Wirtschaftsplanung zur Steigerung ihrer Leistungsfähigkeit sowie Artikel 75 mit der Festlegung, dass landeseigene Betriebe der Kontrolle der Regierung unterstehen und nach wirtschaftlichen Gesichtspunkten zusammengelegt werden können. Dies geschah mit den Industrieverwaltungen, die branchenmäßig die Betriebe regional zusammenfassten und leiteten. Es wurden 63 dieser Industrieverwaltungen in Sachsen gebildet, die jeweils von einem Direktorium geleitet und von einem Verwaltungsrat begleitet wurden. Sie alle unterstanden der Hauptverwaltung der landeseigenen/volkseigenen Betriebe des Ministeriums für Wirtschaft und Wirtschaftsplanung. Als durch den Befehl Nr. 76 der SMAD vom 23. April 1948 die zentralgeleiteten Vereinigungen volkseigener Betriebe (VVB[Z]) zum 1. Juli gebildet, ihnen die wichtigsten Betriebe in der SBZ zugeordnet und der Deutschen Wirtschaftskommission unterstellt wurden, verblieben die weniger bedeutenden Betriebe beim Land und wurden zu landesgeleiteten Vereinigungen volkseigener Betriebe (VVB[L]) zusammengefasst und einem neu geschaffenen Amt für volkseigene Betriebe (VEB) des Landes Sachsen unterstellt. Es waren 14 VVB [L] mit 748 VEB, während 700 VEB in die zentralgeleitete Wirtschaft in der SBZ übergingen. Diese Änderung der wirtschaftsleitenden Organisationsstruktur war ein weiterer Schritt zur Verwirklichung einer sozialistischen Gesellschaft nach sowjetischem Vorbild mit einem zentralistischen Staatswesen. Schließlich wurde die Kompetenz der Länder auf dem Wirtschaftssektor faktisch beseitigt, als durch Verordnung vom 22. Dezember 1950 die landesgeleiteten VVB aufgelöst und die Betriebe entweder in die VVB[Z] eingegliedert oder den Kommunen unterstellt wurden.

Bildung von Industrieverwaltungen 1946

Befehl Nr. 76 der SMAD vom 23. April 1948

Verordnung vom 22. Dezember 1950 über die Auflösung der VVB[L]

Mit den organisatorischen Änderungen von 1948 und 1950 waren die verwaltungsmäßigen Grundlagen für die sozialistische Planwirtschaft geschaffen, die mit dem Halbjahresplan von 1948 und dem Zweijahresplan 1949/50 in vollem Umfang durchgesetzt wurden. Die von Professor Hickmann im Namen der sächsischen CDU mehrfach erhobenen Forderungen zur Einführung der Marktwirtschaft wurden ignoriert oder als kapitalistische Propaganda abgelehnt, ebenso alle Versuche sächsischer Unternehmer, wieder Unternehmerorganisationen und Fachverbände zu gründen. Einzig eine Industrie- und Handelskammer wurde zugelassen, mehr als Kontroll- und Koordinierungsinstanz für die privaten Wirtschaftsunternehmen denn als Interessenvertretung.

Wirtschaftskrise und Aktivistenbewegung

Die wirtschaftliche Nachkriegsentwicklung, mühsam in Gang gebracht und von der Kriegs- auf Friedensproduktion umgestellt, wurde in Sachsen 1947 von krisenhaften Erscheinungen erfasst. Anfang 1947 führte eine Energiekrise mit Stromabschaltungen zu erheblichen Produktionsausfällen. Mangelnder Steinkohlen- und Braunkohlenabbau, fehlende Kraftwerke und die beginnende Abspaltung von den Ressourcen der Westzonen veranlassten den sächsischen Wirtschaftsminister Fritz Selbmann, auf einer Vollversammlung der volkseigenen Betriebe am 16. Dezember 1947 in Chemnitz von einer außerordentlich stark gesunkenen Arbeitsproduktivität zu sprechen. Da hatte auch der SMAD-Befehl Nr. 234 vom 9. Oktober 1947 als Programm »zur Überwindung der deutschen Not aus den eigenen Mitteln des deutschen Volkes« mit einer Umgestaltung der Lohn- und Arbeitspolitik und mit Einführung eines Normensystems nach sozialistischem Muster zunächst keinen Erfolg. Nach der Währungsreform vom 1. Juli 1948 in den Westzonen wurde die Situation für die sächsische Wirtschaft durch zunehmende Rohstoffknappheit bei zurückgehendem Interzonenhandel noch schwieriger.

Währungsreform vom 1. Juli 1948

Der Bergmann Adolf Hennecke (rechts) bei seiner Hochleistungsschicht im Steinkohlenschacht »Karl Liebknecht« am 13. Oktober 1948

Die SED versuchte, diesem Stillstand, ja Rückgang mit erhöhten Arbeitsleistungen durch die Initiierung der Aktivistenbewegung zu begegnen, zumal die Arbeitsproduktivität im Herbst 1948 im Vergleich zu 1936 nur etwa 60 Prozent betrug. Kreiskonferenzen zur Aktivistenbewegung und Landesaktivistenkonferenzen sollten der Wettbewerbsbewegung zum Durchbruch verhelfen. Da auch bei diesen Maßnahmen nicht das erhoffte Ergebnis eintrat, bereitete die SED im Steinkohlenschacht »Karl Liebknecht« in Oelsnitz eine so genannte Höchstleistungsschicht eines Hauers vor, die die Aktivistenbewegung neu beleben sollte. Am 13. Oktober 1948 unternahm der in Westfalen geborene dreiundvierzigjährige Bergmann Adolf Hennecke, seit 1948 als Arbeitsinstrukteur tätig, eine arbeitsorganisatorisch wohldurchdachte Schicht, in der er die Norm mit 380 Prozent übererfüllte. Das war die Geburtsstunde der »Hennecke-Bewegung«, die propagandistisch ausgewertet wurde und nun doch nach und nach alle Industriezweige, aber auch als Wettbewerbsbewegung den Handel, die Landwirtschaft, den Verkehr, ja selbst die Verwaltung erfasste. Insgesamt führte dies Ende 1948, Anfang 1949 zur Überwindung der krisenhaften Erscheinungen. Das zeigte sich auch auf der Leipziger Messe, die im Mai 1946 wieder ihre Tore geöffnet hatte. 1949 hatte sich die Ausstellungsfläche gegenüber 1946 vervierfacht.

Problem der Erhaltung der Einheit Deutschlands

Die Aufteilung Deutschlands in Besatzungszonen und die diametrale Besatzungspolitik der Westmächte und der Sowjetunion ließen die Gräben zwischen den Westzonen und der SBZ immer tiefer werden. Dabei war die Erhaltung der staatlichen Einheit Deutschlands durch die Wirtschaftsstruktur des Landes, durch den Interzonenhandel, die gemeinsame Verantwortung vor der Geschichte, die Lösung der Vertriebenenfrage und die überall überschreitbare Demarkationslinie eigentlich geboten. So gab es notwendigerweise ab Herbst 1945 mehrfache gesamtdeutsche Initiativen auf föderalistischer Grundlage, die auch in Sachsen Befürworter fanden. Einen letzten Versuch zur Verhinderung der drohenden Spaltung Deutschlands unternahm im Frühjahr 1947 Bayerns Ministerpräsident Hans Ehard. Am 7. Mai lud er alle deutschen Ministerpräsidenten zu einem Treffen für den 6. und 7. Juni 1947 nach München ein, auf dem vor allem Wirtschaftsfragen beraten werden sollten. Diese Einladung wurde kurzfristig auf die Tagesordnung der Klausurtagung des Zentralsekretariats der SED am 10. und 11. Mai in Schierke/Harz gesetzt. Die Auffassungen der Gegner einer solchen Beratung, die die Interessen der sowjetischen Deutschlandpolitik vertraten, und die der Befürworter dieser Initiative prallten hart aufeinander. Schließlich setzte sich der sozialdemokratische Flügel des Zentralsekretariats der SED gemeinsam mit den der SED angehörenden Ministerpräsidenten durch. Die Annahme der Einladung wurde beschlossen, der sächsische Ministerpräsident Rudolf Friedrichs zum Verhandlungsführer bestimmt und ein erster Entwurf eines Antwortschreibens formuliert, dies alles ohne Billigung der SMAD. In dem Antwortschreiben wurden die Forderungen nach Bildung einer deutschen Zentralverwaltung, nach Anerkennung der SED durch zentrale Besprechungen aller deutschen Parteien und nach Erweiterung des Teilnehmerkreises der Münchner Konferenz durch die Landtagspräsidenten sowie Partei- und Gewerkschaftsvertreter erhoben. Am 12. Mai beriet Friedrichs in Halle den Brief mit dem Ministerpräsidenten von Sachsen-Anhalt Erhard Hübener, der dem Inhalt voll zustimmte. Als Friedrichs am Abend wieder in Dresden angekommen war, fand er die Aufforderung Walter Ulbrichts vor, das Antwortschreiben nicht nach München, sondern nach Berlin zu senden und die Entscheidung der SMAD abzuwarten. Bald wurde klar,

Ministerpräsidenten-Konferenz in München am 6. und 7. Juni 1948

dass diese eine Teilnahme der Ministerpräsidenten aus der SBZ nicht wünschte. Trotzdem stimmten die Mitglieder des Zentralsekretariats der SED am 16. Mai mehrheitlich einer Teilnahme ebenso zu wie der Zentrale Block der Parteien und Massenorganisationen. Schließlich erhielt Friedrichs am 19. Mai einen im Zentralsekretariat der SED veränderten Antwortbrief an den bayerischen Ministerpräsidenten, in dem für diesen unannehmbare Forderungen enthalten waren. Um doch noch eine Beteiligung der SBZ-Ministerpräsidenten zu ermöglichen, vermittelte der thüringische Ministerpräsident Paul ein Treffen zwischen Friedrichs und Ehard, das am 23. Mai in Hof stattfand. Danach wurde ein dritter Entwurf des Antwortschreibens verfasst, der nach Zustimmung durch die fünf Länder-Ministerpräsidenten am 28. Mai nach München geschickt wurde. Friedrichs wollte die gemeinsame Teilnahme an der Münchner Konferenz weiter vorbereiten und berief für den 3. Juni eine Beratung der Ministerpräsidenten der Länder der SBZ ein, die aber von der SMAD untersagt wurde. Da sich Friedrichs den Forderungen der SMAD bei einer Besprechung am 2. Juni in Karlshorst nicht beugte und auf einer Teilnahme in München beharrte, verbot die SMA kurzerhand die Reise nach München und verlangte die sofortige Krankmeldung Friedrichs'. Nach seinem Herzanfall, dem einen Tag später ein Herzinfarkt folgte, geschah dies auch.

An seine Stelle trat sein Widersacher, der stellvertretende Ministerpräsident und Innenminister Kurt Fischer, der nun die politischen Vorgaben von SMAD und Ulbricht umsetzte. Die Ministerpräsidenten der SBZ trafen am Abend des 5. Juni am Verhandlungsort ein. Sie erklärten bei dem folgenden Vorgespräch, dass nur bei Annahme ihres Antrags, als ersten Tagesordnungspunkt die Bildung einer deutschen Zentralverwaltung zu behandeln, ihre weitere Teilnahme möglich sei. Da dies erwartungsgemäß von den Ministerpräsidenten der Westzonen abgelehnt wurde, verließen die Ministerpräsidenten der SBZ abrupt die Konferenz; Fischer und der Ministerpräsident Mecklenburgs Höcker reisten schon am Morgen des 6. Juni aus München ab. So führte die sowjetische Deutschlandpolitik durch überhöhte Forderungen und ein bloßes Lippenbekenntnis zur Einheit Deutschlands zum Scheitern der Konferenz. Dieser Versuch schlug auch deshalb fehl, weil für die SBZ in Gestalt der Deutschen Wirtschaftskommission bereits eine eigenständige, zentralistisch organisierte Verwaltung im Entstehen begriffen war, und zwar auch als Keim eines selbstständigen ostdeutschen Staatswesens. Immer mehr wurden die föderativen Elemente in der SBZ zurückgedrängt. Die Spaltung Deutschlands nahm ihren Lauf.

Tod von Ministerpräsident Dr. Rudolf Friedrichs am 13. Juni 1947

Für Sachsen bedeutete dafür wohl der Tod von Ministerpräsident Friedrichs am 13. Juni 1947 den entscheidenden Einschnitt. Vor dem Hintergrund der politischen Auseinandersetzungen zwischen Friedrichs und Fischer kursierten in Dresden und im Lande bald Gerüchte über »äußerst mysteriöse Todesumstände«, die sich bis heute gehalten haben, aber nicht endgültig geklärt werden konnten. »Der Tod Friedrichs' machte in Sachsen endgültig den Weg frei für die Ersetzung pragmatisch orientierter Verantwortungsträger durch ideologisch konforme Politiker und das Zurückdrängen ehemaliger Sozialdemokraten zugunsten ehemaliger KPD-Mitglieder in der SED. Auch die eher konstruktive, wenn auch keinesfalls konfliktfreie Kooperation Friedrichs' mit den Vertretern von CDU und LDP, die diese nach seinem Tod mehrfach ausdrücklich würdigten, ging mit dem Wechsel im Amt des Ministerpräsidenten zuende.«[55] Mit der Wahl von Max Seydewitz, nicht von Erich Zeigner, am 30. Juli 1947 zum sächsischen Ministerpräsidenten endeten die Auseinandersetzungen innerhalb der Landesregierung sowie der Landes-SED um den künftigen Entwicklungsweg des Landes.

Wahl von Max Seydewitz zum Sächsischen Ministerpräsidenten am 30. Juli 1947

Lastkraftwagen mit Holzgasantrieb in der Leipziger Katharinenstraße, 1948

Alltag der Menschen

Für die übergroße Mehrheit der Menschen stand in den ersten Jahren nach 1945 nicht so sehr die große Politik, sondern die Sicherung des täglichen Lebens im Mittelpunkt. Die aus westlicher und östlicher Kriegsgefangenschaft zurückkehrenden ehemaligen Wehrmachtsangehörigen mussten in den Arbeitsprozess eingegliedert werden. Gleiches galt für die Flüchtlinge und Vertriebenen, die in Sachsen blieben. Am 1. April 1947 waren 17 Prozent der Gesamtbevölkerung Sachsens Evakuierte, Flüchtlinge, Vertriebene und Ausländer. Die etwa 5,8 Millionen Menschen mussten ernährt werden. Dazu gab es ein gestaffeltes Lebensmittelkartensystem, das die Erhaltung des Lebens einigermaßen gewährleistete. Durch »Hamsterfahrten« der städtischen Bevölkerung in landwirtschaftliche Gebiete versuchten vor allem Frauen, die Ernährungslage der Familie zu verbessern. Ährenlesen in der Erntezeit und das Stoppeln der abgeernteten Kartoffelfelder gehörten ebenfalls dazu. Felddiebstahl und schwarzer Markt waren weitere Erscheinungen der Mangelwirtschaft. Auch das Überschreiten der Demarkationslinie von Ost nach West und umgekehrt gehörte zu den täglichen Lebensumständen. Nach der Währungsreform vom 1. Juli 1948 und der Einführung der DM in den Westzonen erhöhte sich bald die Zahl der in die Westzonen abwandernden Menschen. Trotzdem normalisierte sich der Alltag auch in Sachsen immer weiter. Das kulturelle Leben mit Theater, Kino und Konzerten nahm Gestalt an. Für die junge Generation gab es in den Ballsälen der Städte und den Dorfgasthöfen sonnabends wieder Tanzveranstaltungen. Dagegen wurde das in Sachsen vor 1933 ausgeprägte vielfältige Vereinsleben von der Besatzungsmacht nicht gestattet. An die Stelle der Vereine trat vor allem der Kulturbund mit seinen Arbeitsgemeinschaften, Gruppen und Klubs. Für Kinder und Jugendliche wurden mit den Jungen Pionieren und der Freien Deutschen Jugend (FDJ) einheitliche Organisationen gegründet, die sich mit blauem Halstuch und Hemd bzw. Bluse erneut uniformierten. Die Älteren mochten das mit Verwunderung, auch Ablehnung und Resignation zur Kenntnis genommen haben, für die Jugendlichen war es sicher eine willkommene Möglichkeit des Kommunizierens und des Verbringens gemeinschaftlicher Nachmittage bei Spiel, Spaß und Unterhaltung.

HAMSTERFAHRTEN UND SCHWARZER MARKT

Eröffnung des Hauses der Sowjetkultur in Dresden am 8. November 1947

Gründung der DDR

Nach dem gescheiterten Versuch eines weiteren Zusammengehens der deutschen Länder in den vier Besatzungszonen im Juni 1947 verselbstständigte sich die folgende Entwicklung in den beiden Teilen Deutschlands. In der SBZ wurde im September 1947 die Volkskongressbewegung für Einheit und gerechten Frieden ins Leben gerufen. Am 1. Deutschen Volkskongress am 6. und 7. Dezember 1947 in Berlin nahmen 265 Vertreter von Parteien und Massenorganisationen aus Sachsen teil. Eine Woche später fand dann am 15. Dezember in Dresden der sächsische Landeskongress dieser Bewegung statt. Diese von der

1. DEUTSCHER VOLKSKONGRESS AM 6. UND 7. DEZEMBER 1947 IN BERLIN

SED organisierte Bewegung bereitete die Gründung eines selbstständigen ostdeutschen Staates vor, eine Entwicklung, die auch von Sachsen mitgetragen wurde. Der auf dem 2. Deutschen Volkskongress im März 1948 gewählte deutsche Volksrat führte bis zur Wahl zum 3. Deutschen Volkskongress im Mai 1949, der schließlich am 30. Mai den Entwurf der Verfassung einer deutschen demokratischen Republik annahm. Als sich am 7. September 1949 in Bonn Bundestag und Bundesrat der Bundesrepublik Deutschland konstituiert hatten, wurde am 7. Oktober in Berlin die Gründung der Deutschen Demokratischen Republik bekannt gegeben. Der deutsche Volksrat erklärte sich zur Provisorischen Volkskammer, die Provisorische Regierung der DDR und die Provisorische Länderkammer wurden gebildet, Wilhelm Pieck zum Präsidenten der DDR gewählt. Für Sachsen brachte diese Staatsgründung eine weitere Verminderung eigenständiger Kompetenzen und nicht nur den Weggang verantwortlicher Politiker nach Berlin, sondern auch den Verlust zahlreicher ministerieller Mitarbeiter. Der sächsische Justizminister Johannes Dieckmann wurde beispielsweise Präsident der Volkskammer, Fritz Selbmann Wirtschaftsminister und Kurt Fischer Innenminister. Diese geschwächte Position des sächsischen Staates zeigte sich auch bei der Landtagswahl vom 15. Oktober 1950, die nach der Einheitsliste der »Nationalen Front des demokratischen Deutschlands« vorgenommen wurde, und den verringerten Kompetenzen dieses zweiten Landtages. Es wurden kaum noch eigenständig Gesetze erarbeitet und verabschiedet, sondern stattdessen zunehmend Stellungnahmen abgegeben und DDR-Gesetze auf Sachsen übertragen.

Wilhelm Pieck, erster Präsident der DDR, mit Wilhelm Koenen und Otto Buchwitz, 1947 in Dresden

Waldheimer Prozesse

Eine Auswirkung der Gründung der DDR auf das Land Sachsen waren die so genannten Waldheimer Prozesse, eines der traurigsten und schmerzlichsten Kapitel jüngster sächsischer Landesgeschichte. Im Zusammenhang mit der Übertragung der Verwaltungshoheit von der SMAD auf die Regierung der DDR und deren diplomatischer Anerkennung stellte die UdSSR die juristische Verfolgung und Aburteilung von Kriegsverbrechern ein und übertrug diese Aufgabe in Ergänzung von Befehl Nr. 201 vom 16. August 1947 Anfang 1950 den DDR-Justizbehörden. Die sowjetischen Internierungslager Buchenwald, Sachsenhausen und Bautzen wurden durch Beschluss der Regierung der UdSSR im Januar 1950 aufgelöst und 10 513 Personen dem Ministerium des Innern der DDR zur weiteren Verbüßung der von sowjetischen Militärtribunalen verhängten Strafen übergeben. Darüber hinaus wurden 3442 Internierte »zur Untersuchung ihrer verbrecherischen Tätigkeiten und Aburteilung« zugestellt. Sie kamen zur Untersuchungshaft in die Strafvollzugsanstalt Waldheim, die der Volkspolizei unterstellt war. Zur Durchführung der Strafprozesse gegen diesen Personenkreis wurden zwölf große und acht kleine Strafkammern des Landgerichts Chemnitz gebildet, in dessen Sprengel der Gerichtsbezirk Waldheim lag. Die vom Ministerium der Justiz der DDR in diese Strafkammern berufenen Juristen kamen aus allen Teilen der DDR, gehörten sämtlich der SED an und waren in ihren Urteilssprüchen an grundsätzliche politische Vorgaben des Sekretariats des Parteivorstands der SED gebunden. Vom 26. April bis 14. Juli 1950 fanden in Waldheim 3 324 Prozesse statt, wovon nur zehn aus Propagandagründen öffentlich geführt wurden. 32 Häftlinge wurden zum Tode verur-

Auflösung sowjetischer Internierungslager im Januar 1950

Waldheimer Prozesse vom 26. April bis 14. Juli 1950

teilt, von denen 31 Gnadengesuche einreichten. Fünf der zum Tode Verurteilen wurden begnadigt, einer starb am 2. November, einer wurde an die Tschechoslowakei überstellt und 24 sind am 4. November 1950 in der Waldheimer Strafanstalt hingerichtet worden. Von den 3 324 Häftlingen kamen lediglich sechs Gefangene frei, weil sie mit der Internierungszeit ihre Strafe bereits verbüßt hatten. Überprüfungsverfahren und Strafminderungen zwischen 1952 und 1955 führten dazu, dass zahlreiche Verurteilte ihre Freiheit wiedererhielten. Der letzte in den Waldheimer Prozessen Verurteilte wurde 1964 freigelassen. Bei der Bestätigung der Todesurteile und der Festlegung der Zuständigkeit zur Entscheidung über die Gnadengesuche war es zwischen der Regierung der DDR und der sächsischen Landesregierung zu erheblichen Meinungsverschiedenheiten gekommen. Zunächst lehnte Dresden eine Kompetenz ab, beugte sich aber dann dem Druck aus Berlin und entschied entsprechend den Wünschen der DDR-Regierung im Gesamtministerium über die Gnadengesuche. Justizminister Johannes Dieckmann und Gesundheitsminister Walter Thürmer gaben dazu aber am 10. November 1950 eine separate Stellungnahme ab, in der sie aus weltanschaulichen Gründen eine Todesstrafe grundsätzlich ablehnten.

Politische Strafjustiz und Strafvollzug

Nach dem Ende der nationalsozialistischen Diktatur fiel der Strafvollzug einschließlich der Verfolgung politischer Delikte in die Verantwortung der Besatzungsmächte. Dazu führte die sowjetische Militärverwaltung in der SBZ die hier befindlichen Haftanstalten und Konzentrationslager weiter. In Sachsen betraf dies die Strafvollzugsanstalten in Bautzen, Waldheim und Zwickau sowie die kleinen Strafanstalten bei den Landgerichten. Es gehörte zu der Übertragung des stalinistischen Systems auf die Verhältnisse in der SBZ, dass bald die Strafjustiz zu einem Instrument wurde, politische Maximen durchzusetzen. Dafür standen in Sachsen bis zum Ende der DDR die Strafanstalten Bautzen und Waldheim. Von 1945 bis 1950 erfolgten Internierung und Strafvollzug in sowjetischer Verantwortung. In diesen fünf Jahren waren insgesamt ca. 27 000 Menschen unter unwürdigen und unmenschlichen Bedingungen inhaftiert, zum Teil nach Verurteilung durch ein sowjetisches Militärgericht, zu

Speziallager Nr. 4 Bautzen

einem großen Teil aber ohne Gerichtsurteil. Bautzen wurde das Speziallager Nr. 4, 1949 in Nr. 3 umnummeriert. Im Februar/März 1950 wurde es an die Regierung der DDR übergeben, während die Speziallager Buchenwald und Sachsenhausen (ehemals Konzentrationslager) aufgelöst wurden. Der Strafvollzug ging aus der Verantwortung der Justizorgane in die des Ministeriums des Innern und damit der Deutschen Volkspolizei über. Dies blieb bis 1990 so,

»Bautzen II«

wobei ein Teil der Strafanstalt, der als »Bautzen II «bekannt wurde, der direkten Verantwortung des Ministeriums für Staatssicherheit zugeordnet war. In dieser Sondervollzugsanstalt waren beispielsweise Rudolf Bahro, Dr. Helmut Brandt, Georg Dertinger, Wolfgang Harich, Walter Janka, Erich Loest und Erich Zeidler inhaftiert. Die politische Strafjustiz wurde neben dem SED-Parteiapparat, der Staatssicherheit und dem Staatsapparat eine wichtige Stütze zur Sicherung der politischen Herrschaft der SED. Die Strafjustizeinrichtungen auf sächsischem Territorium waren ein wesentlicher Teil dieses Herrschaftssystems.

Beseitigung Sachsens als staatliche Einheit

Nach der Gründung der DDR wurden die föderativen Elemente in Gestalt der Länder immer weiter zurückgedrängt, obwohl in der Verfassung der DDR vom 7. Oktober 1949 sowohl in Artikel 1 Absatz 1 als auch in den Artikeln 109 bis

116 die Länder rechtlich festgeschrieben waren. Gebietsänderungen bei den Ländern und die Neubildung von Ländern waren darin durch die Möglichkeit verfassungsändernder Gesetze geregelt, ihre Aufhebung oder Auflösung war aber nicht vorgesehen. Bald erwiesen sich die Länder, vornehmlich das Land Sachsen mit seinen industrialisierten Regionen und einem entscheidenden Wirtschaftspotenzial, als Hemmnis bei der Verwirklichung eines zentralistisch regierten sozialistischen Einheitsstaates. Zudem übernahmen die DDR-Ministerien schrittweise Kompetenzen der Landesregierungen, so dass die Beseitigung der Länder eigentlich nur eine Frage der Zeit war. 1952 hielt der Parteivorstand der SED den richtigen Zeitpunkt für gekommen.

Auf dem Wege eines verfassungsrechtlich wohl als Staatsstreich zu bezeichnenden Gesetzgebungs- und Verwaltungsaktes wurde die Beseitigung der Länder durchgesetzt. Auf der 2. Parteikonferenz der SED vom 9. bis 12. Juli 1952 in Berlin war die planmäßige Schaffung der Grundlagen des Sozialismus in allen Bereichen beschlossen worden. Für die Verwaltungsstruktur bildete die Formulierung der Aufgabe, »die sozialistische Demokratie und die sozialistische Gesetzlichkeit« weiter zu entwickeln und dazu die bestehende Verwaltungsorganisation neu zu organisieren den entscheidenden Anstoß für grundlegende Veränderungen mit dem Ziel der Verwirklichung des »Prinzips des demokratischen Zentralismus«. Die notwendigen Maßnahmen waren dafür schon vorbereitet, wobei die Argumentation für eine solche einschneidende Maßnahme darin bestand, die Verwaltungsstruktur »mit den Erfordernissen des sozialistischen Aufbaus in Einklang« bringen zu müssen. Elf Tage nach dem Ende der 2. Parteikonferenz der SED verabschiedete die Volkskammer der DDR, einer Empfehlung der Konferenz folgend, am 23. Juli 1952 das »Gesetz über die weitere Demokratisierung des Aufbaus und der Arbeitsweise der staatlichen Organe«. Es verfügte die Auflösung der Länder und Kreise in der DDR und setzte an deren Stelle Bezirke und neue Kreise. Statt der Länder Brandenburg, Mecklenburg-Vorpommern, Sachsen-Anhalt, Sachsen und Thüringen gab es nunmehr 14 Bezirke und an die Stelle der alten 132 Kreise traten 217 neue. Dies alles geschah ohne Änderung der Verfassung der DDR und ohne vorherige Beratung mit den Landesparlamenten und deren Regierungen. Die Länderkammer als Vertretung der Länder bei der Volkskammer der DDR blieb bis 1958 bestehen und die Räte der Bezirke führten noch bis in die Sechzigerjahre in ihrer offiziellen Bezeichnung das Land im Namen, so z. B. »Rat des Bezirkes Dresden (Land Sachsen)«. Erst die Verfassung der DDR vom 6. April 1968 brachte in den Artikeln 82 bis 85 die verfassungsrechtliche Absicherung der Neugliederung von 1952, ohne allerdings auf die ehemaligen Länder Bezug zu nehmen.

2. Parteikonferenz der SED vom 9. bis 12. Juli 1952

Gesetz über die weitere Demokratisierung des Aufbaus und der Arbeitsweise der staatlichen Organe vom 23. Juli 1952

Bildung der Bezirke und neuen Kreise

Am 25. Juli 1952 trat mitten in der Ferienzeit der Sächsische Landtag zu seiner 28., außerordentlichen Sitzung zusammen, die nur 80 Minuten dauerte. Es sollte die letzte für fast vier Jahrzehnte sein. Landtagspräsident Otto Buchwitz verbrachte zu diesem Zeitpunkt seinen Jahresurlaub in der Sowjetunion und unterbrach ihn nicht, trotz der vorprogrammierten Auflösung »seines« Landtags. So leitete Vizepräsident Magnus Dedek diese Landtagssitzung, auf der als einziger Tagesordnungspunkt die erste und zweite Lesung des eiligst entworfenen »Gesetzes über die weitere Demokratisierung, den Aufbau und die Arbeitsweise der staatlichen Organe des Landes Sachsen« stand. Es wurde ohne Diskussion und ohne Widerspruch einstimmig angenommen. Damit löste sich das Land mit der beschlossenen verwaltungsmäßigen Neueinteilung in die Bezirke Chemnitz, Dresden und Leipzig selbst auf. Die Landtagsabgeordneten wurden so wie das Territorium auf die drei neu gebildeten Bezirkstage aufgeteilt. Glei-

Letzte Sitzung des Sächsischen Landtags am 25. Juli 1952

Gesetz vom 25. Juli 1952 über die Bildung der Bezirke Chemnitz, Dresden und Leipzig

Ringbauten am Rossplatz in Leipzig im typischen Stil der Stalinzeit

ches geschah auf der Kreisebene. An die Stelle der 29 Landkreise und acht Stadtkreise traten nunmehr 52 Landkreise und acht Stadtkreise. Sie wurden dann den drei sächsischen Bezirken zugeordnet. Im Prinzip blieb diese veränderte verwaltungsmäßige Gliederung bis zum 3. Oktober 1990 bzw. 1. August 1994 bestehen. Damit existierte das Land Sachsen als politisches und verwaltungsmäßiges Ganzes nicht mehr. Bei der Abgrenzung der Bezirke und neuen Kreise wurden die jahrhundertelang traditionell gewachsenen historischen Landes- und Kreisgrenzen teilweise bewusst nicht berücksichtigt. Das war der Abschluss der Konstituierung eines sozialistischen Staatswesens nach sowjetischem Vorbild: ohne Gewaltenteilung, zentralistisch aufgebaut in praktischer Umsetzung des »Prinzips des demokratischen Zentralismus«, ohne tatsächliche geheime, freie und gleiche Wahlen, in allen Entscheidungen an Beschlüsse und Festlegungen der SED auch auf Bezirks-, Kreis-, Stadt und Gemeindeebene gebunden.

Einheitlicher und zentralistischer Verwaltungsaufbau

Die neue Bezeichnung »Rat des Kreises«, bereits durch Verordnung vom 11. August 1951 eingeführt, war nicht nur ein Namenswechsel, sondern zugleich eine wesentliche inhaltliche Änderung. Die Gewaltenteilung wurde ebenso aufgehoben wie die kommunale Selbstverwaltung. Die bis dahin selbstständigen, der Landesregierung direkt unterstellten Fachverwaltungsbehörden wie das Finanzamt, das Gesundheitsamt und die Bauämter waren in den Rat des Kreises als Abteilungen eingegliedert. Die neuen Verwaltungsorgane ordneten sich voll in die strenge Hierarchie des Verwaltungsaufbaus der DDR ein. Die Räte der Gemeinden, der Städte, der Kreise und der Bezirke wurden weitgehend ausführende Organe der zentralen Vorgaben.

Sächsische Bezirke in einem zentralistischen Staatswesen

Für die folgenden 40 Jahre gab es nun staatliche Strukturen im aufgelösten Land Sachsen, an die sich die Menschen erst gewöhnen mussten. Der Bezirk Dresden umfasste 6 740 Quadratkilometer mit zwei Stadtkreisen und 15 Landkreisen. Am Ausgang der Fünfzigerjahre lebten 1 893 219 Einwohner in diesem Territorium. Der Bezirk Karl-Marx-Stadt hatte eine Fläche von 6 009 Quadratkilometern mit drei Stadtkreisen und 21 Landkreisen, in denen 2 112 057 Menschen lebten. Die größten territorialen Veränderungen gab es im Bezirk Leipzig mit 4 962 Quadratkilometern und 1 509 610 Einwohnern. In diesem Bezirk waren neben den nordwestsächsischen Gebieten auch zwei Kreise aus dem aufgelösten Land Thüringen und drei Kreise aus dem Land Sachsen-Anhalt zusammengefasst. Der Bezirk Leipzig hatte einen Stadtkreis und zwölf Landkreise, womit er der kleinste der sächsischen Bezirke war. Durch diese Neustrukturierung weitete sich das sächsische Territorium auf 17 711 Quadratkilometer im Verhältnis zum Stand von 1945 mit 15 000 Quadratkilometern aus.

In praktischer Umsetzung der vom Politbüro der SED in Berlin sowie vom Ministerrat der DDR gefassten Beschlüsse regierten in den drei Bezirken die SED-Bezirksleitungen sowie die Räte der Bezirke. Die ersten Sekretäre der Bezirksleitungen waren die eigentlich bestimmenden Personen, die in ihrer Funktion immer als Mitglieder dem Zentralkomitee und in wenigen Fällen auch als Mitglieder dem Politbüro des ZK der SED angehörten. Sie waren dem Politbüro verantwortlich, wurden von dort eingesetzt und abberufen. Im Zeitraum zwischen 1952 und März 1990 waren dies:

Chemnitz/Karl-Marx-Stadt
1952 – 1959 Walter Buchheim
1960 – 1963 Rolf Weihs
1963 – 1976 Paul Roscher
1976 – 1989 Siegfried Lorenz
1989 – 1990 Norbert Kertscher
Dresden
1952 – 1957 Hans Riesner
1957 – 1960 Fritz Reuter
1960 – 1973 Werner Krolikowski
1973 – 1989 Hans Modrow
1989 – 1990 Hans-Joachim Hahn
Leipzig
1952 Karl Schirdewan
1952 – 1970 Paul Fröhlich
1970 – 1989 Horst Schumann
1989 – 1990 Roland Wötzel

Dazu kam für das Gebiet der SDAG Wismut eine eigene SED-Gebietsleitung im Range einer Bezirksleitung, die ihren Sitz ebenfalls in Karl-Marx-Stadt/Siegmar hatte. Die ersten Sekretäre der SED-Gebietsleitung Wismut waren:

1952 – 1953 Horst Dohlus
1953 – 1954 Günther Röder
1954 – 1958 Alois Bräutigam
1958 – 1960 Rolf Weihs
1960 – 1971 Kurt Kiess
1971 – 1989 Alfred Rohde

Auf staatlicher Verwaltungsebene hatten die Räte der Bezirke, geleitet von einem ebenfalls von Berlin aus bestimmten Vorsitzenden, die Parteibeschlüsse durchzusetzen. Deshalb gehörte jeder Ratsvorsitzende zur jeweiligen SED-Bezirksleitung. Die Vorsitzenden der drei sächsischen Bezirke waren:

Chemnitz/Karl-Marx-Stadt
1952 – 1960 Max Müller
1960 – 1963 Werner Felfe
1963 – 1981 Heinz Arnold
1981 – 1990 Lothar Fichtner

Dresden	
1952 – 1958	Rudolf Jahn
1958 – 1961	Walter Weidauer
1961 – 1963	Günter Witteck
1963 – 1982	Manfred Scheler
1982 – 1990	Günter Witteck
1990	Michael Kunze
Leipzig	
1952 – 1959	Karl Adolphs
1959 – 1974	Erich Grützner
1974 – 1989	Rolf Opitz
1990	Joachim Draber

Analog zu diesem Verwaltungsaufbau des Partei- und Staatsapparates führte man die Strukturierung der staatlichen behördlichen Zweige durch, die aus besonderen Gründen nicht in die Bezirks- und Kreisverwaltungen einbezogen wurden. Das Ministerium des Inneren unterhielt Bezirksbehörden und Volkspolizeikreisämter, das Ministerium für Staatssicherheit Bezirks- und Kreisdienststellen und die Justiz Bezirksgerichte, Bezirksstaatsanwaltschaften, Kreisgerichte und Kreisstaatsanwaltschaften. Die Parteien unterhielten Bezirks- und Kreisleitungen bzw. Bezirks- und Kreisvorstände, ebenso die gesellschaftlichen Organisationen DSF, FDGB, FDJ, GST, DTSB usw. Zentral von der DDR-Regierung erlassene Ordnungen für die Räte der Kreise, Städte und Gemeinden regelten einheitlich Aufgaben und Arbeitsweisen dieser offiziell als örtliche Organe der Staatsmacht bezeichneten Behörden. Bezirkstage, Kreistage, Stadtverordneten- und Gemeindeverordnetenversammlungen als Volksvertretungen, im Abstand von vier Jahren auf der Grundlage der einheitlichen Wahlliste der Nationalen Front in ihrer personellen Zusammensetzung immer wieder neu bestimmt, waren als Bestandteil »sozialistischer Demokratie« den staatlichen Organen zugeordnet. Sie bildeten Kommissionen, die die Verwaltung unterstützen sollten. In dieser letztlich die meisten Verwaltungszweige zusammenfassenden und damit überschaubaren, aber personell außerordentlich aufgeblähten Struktur wurden für 38 Jahre die DDR und ihre Menschen verwaltet.

Wirtschaftliche Entwicklung in den drei sächsischen Bezirken

Die drei Bezirke Chemnitz (1953 in Karl-Marx-Stadt umbenannt), Dresden und Leipzig wurden unter Berücksichtigung wirtschaftlicher Strukturen, Bevölkerungsballungen und verwaltungsmäßiger Zweckmäßigkeit zusammengefügt. So wie Sachsen in der SBZ das politisch und wirtschaftlich bedeutendste Land war, bildeten nach wie vor die drei sächsischen Bezirke in der DDR ein bestimmendes Potential an Wirtschafts- und Geisteskraft. Die Einwohner der drei Bezirke machten 30 Prozent der DDR-Bevölkerung aus, die trotz immer schlechter werdender Produktionsbedingungen und zunehmender Verletzung allgemein anerkannter Wirtschaftsprinzipien und menschlicher Vernunft etwa ein Drittel der industriellen Bruttoproduktion erreichten. In den drei Ballungsgebieten Leipzig, Chemnitz-Zwickau sowie zwischen Pirna und Riesa – geprägt von der industriellen Revolution des 19. Jahrhunderts – hatten in den Achtzigerjahren von 129 zentral geleiteten Kombinaten der DDR 50 ihren Hauptsitz. Traditionelle Produktionszweige wurden durch die Ansiedlung neuer Industriezweige ergänzt.

INDUSTRIELLE BALLUNGSGEBIETE

Zu Beginn der Fünfzigerjahre wurde zunächst der Ausbau der Grundstoffindustrie gefördert. Die Gewinnung von Rohbraunkohle und die Briketterzeugung wurden ganz erheblich erweitert und neue Tagebaue im Leipziger-

Bornaer Revier und in der Lausitz aufgeschlossen. Diesen Aktivitäten fielen allerdings viele Dörfer zum Opfer. Die metallurgische Basis wurde vor allem durch die Erweiterung und Modernisierung des Stahl- und Walzwerks Riesa, des Werks in Gröditz und des Edelstahlwerks Freital verbreitert. Da die Ballungsgebiete der Industrie vor allem in Sachsen lagen, wurden im Zuge des territorialen Ausgleichs zahlreiche Betriebe, bisweilen ganze Industriezweige in bis dahin weniger entwickelte Gebiete verlagert.

Traktoren vom Typ »Pionier« aus dem IFA-Werk Horch, Zwickau

Trotzdem kamen aus dem Bezirk Karl-Marx-Stadt über 13 Prozent der Industrieproduktion der DDR. Das galt für den Maschinenbau und die Metallverarbeitung wie für die Konsumgütererzeugung; mehr als die Hälfte der Textilindustrie war im Bezirk Karl-Marx-Stadt zu Hause. Dazu wurden als neue Industriezweige die Mikroelektronik und der Flugzeugbau in Dresden angesiedelt. Insgesamt entstand schließlich eine Industriestruktur, die das gesamte Spektrum der industriellen Produktion abdeckte und den Wünschen und Forderungen der Sowjetunion entsprach.

Diese Industrie war im sächsischen Territorium flächenhaft ausgedehnt und reichte mit einem Eisenbahn- und Straßennetz bis in die kleinsten Orte des Erzgebirgskammes, des Vogtlandes und der Oberlausitz. Aus der Flut der Industrieerzeugnisse ragten polygraphische Maschinen, Chemie- und Gießereianlagen, Kräne, Kohleförderanlagen und Werkzeugmaschinen, Güter- und Personenzugwagen, Last- und Personenkraftwagen, Landmaschinen, Kameras und Uhren heraus.

Krisenerscheinungen in den Achtzigerjahren

Rückblickend wird aber die Feststellung zu gelten haben, dass 45 Jahre sozialistische Wirtschaftspolitik, mehr an Ideologie als an Rentabilität und schon gar nicht an der Marktwirtschaft orientiert, dem Fetisch von sozialistischer Integration im »Rat für gegenseitige Wirtschaftshilfe« (RGW) folgend und dem Export unter allen Bedingungen nachjagend, um DM, Dollar, Schweizer Franken oder andere »westliche« Währung zu erlangen, dem Lande Sachsen schweren Schaden zugefügt haben.

1993 hat ein aus Sachsen stammender Wirtschaftsgeograph diesen wirtschaftlichen Entwicklungsprozess gültig zusammengefasst: »In vier Jahrzehnten kommunistischer Herrschaft nach dem Zweiten Weltkrieg hat jener industrielle Ursprungsraum auf dem europäischen Festland seine ökonomische Spitzenposition verloren und zudem in seiner geographischen Realität unübersehbare Schäden erlitten. Radikale Enteignungen zerstörten die überkommenen Eigentumsverhältnisse und die rigorose Planwirtschaft veränderte nachteilig die in langen Epochen gewachsene Eigenart der sächsischen Wirtschaftsräume; sie behinderte, ja zerschnitt deren funktionale Beziehungen untereinander wie nach außen und zerstörte vielerorts die Umwelt in einem Maße, daß dies die Menschen gefährdete, die Wirtschaftstätigkeit beeinträchtigte.«[56]

Kampagne zur Überführung privater und halbstaatlicher Betriebe in Volkseigentum 1972

Für die noch bis zur Mitte der Fünfzigerjahre bestehenden zahlreichen Privatbetriebe, die einen großen Teil der Zulieferungen für die Großbetriebe und die Konsumgüterherstellung abdeckten, wurde ab 1956 die Möglichkeit der staatlichen Beteiligung geschaffen, um auf diese Weise die Privatwirtschaft in die Planwirtschaft einzubeziehen. Ausgehend vom VIII. Parteitag der SED 1971 setzte 1972 eine große Kampagne zur Überführung der Privatbetriebe, halbstaatlichen Unternehmen und Produktionsgenossenschaften des Handwerks in Volkseigentum ein. Etwa 11 000 Unternehmen wurden durch Kauf seitens des

Staates volkseigen, manche der ehemaligen Besitzer wurden als Betriebsleiter eingesetzt. Die Planungsbehörden weiteten sich dadurch weiter aus und bald wirkte sich das alles negativ aus. Alle Betriebe ähnlicher Produktionsstrukturen wurden zu wirtschaftlichen Großeinheiten, zu Kombinaten, zusammengeschlossen, die Industrieministerien unterstellt waren. Dort traf man die Entscheidungen über Investitionen, Rohstoffzuteilung und Produktionsprofile. Die Mittel- und Kleinbetriebe mit Produktionssortimenten von lokaler Bedeutung wurden ebenfalls zusammengefasst und den Wirtschaftsräten der Bezirke und Kreise unterstellt. Der Versuch, durch eine solche zentralistische Wirtschaftsleitung eine Produktionssteigerung zu erreichen, schlug schon bald in das Gegenteil um.

Rüstungsindustrie

Weitgehend unbemerkt von der Öffentlichkeit entstand in den drei sächsischen Bezirken wieder eine Rüstungsindustrie, nachdem sie nach dem 8. Mai 1945 rigoros demontiert worden war. Sie wurde in den Siebziger- und Achtzigerjahren zu einem wichtigen Wirtschaftsfaktor, da sie auch in das Exportgeschäft eingebunden war. Es ging dabei um die Produktion von Infanteriewaffen und der dazugehörigen Munition sowie um die Wartung und Instandsetzung von Militärtechnik. Fahrzeugbau und Zulieferungen für den Schiffsbau waren in erheblichem Maße an der Lieferung von Motorfahrzeugen und Kriegsschiffen beteiligt. 1970 wurde durch die Zusammenlegung mehrerer kleiner Betriebe das Gerätebaukombinat Königswartha gebildet. 1971 entstand durch den Zusammenschluss der Flugzeugwerft Dresden mit Betrieben in Ludwigsfelde, Pinnow und Mittenwalde das Kombinat Spezialtechnik Dresden, das ab 1979 zum wichtigsten Produzenten von Rüstungsgütern in der DDR wurde. Darüber hinaus waren in Sachsen ansässige Betriebe der Elektrotechnik/Elektronik sowie der Feinmechanik/Optik, u. a. das Kombinat Robotron Dresden und der VEB Messelektronik Pockau, wichtige Zulieferer auch für die sowjetische Rüstungsindustrie.

Kollektivierung der Landwirtschaft

Landwirtschaftliche Produktion

Aus den drei sächsischen Bezirken kamen ebenfalls mehr als ein Viertel der landwirtschaftlichen Erzeugnisse. Als zu Beginn der Fünfzigerjahre die landwirtschaftliche Produktion stagnierte und die bäuerliche Einzelwirtschaft an die Grenzen ihrer Leistungsfähigkeit gekommen war, wurde der Weg der Kollektivierung beschritten. Damit sollte eine Steigerung der Agrarproduktion und zugleich eine Freisetzung von Arbeitskräften für die Industrie erreicht werden. So wurde sieben Jahre nach der Bodenreform die »sozialistische Umgestaltung der Landwirtschaft« in Angriff genommen, um auf dem Weg des genossenschaftlichen Zusammenschlusses den Übergang zum Großbetrieb zu ermöglichen.

Gründung von LPGs

Die erste Landwirtschaftliche Produktionsgenossenschaft (LPG) gründeten Bauern von Cranzahl bei Annaberg am 25. Juli 1952. Im Leipziger Raum entstanden im gleichen Monat 15 LPGs. Mitte Oktober waren es 130, in denen sich mehr als 1100 bäuerliche Betriebe vereinigten. Dann stagnierte die Entwicklung und war nach 1953 sogar rückläufig. Die Aktionen »Industriearbeiter aufs Land«, der Ausbau der Maschinen- und Traktorenstationen (MTS) und die ständigen Erntehilfen brachten keine Abhilfe. Schließlich kam es nach der ersten Konferenz der LPG-Vorsitzenden im Februar 1959 in Leipzig zu einer von der SED initiierten großen Kampagne zur Gründung von LPGs. Im Verlauf des Jahres 1959 wurden einige Gemeinden in den drei sächsischen Bezirken vollgenossenschaftlich gemeldet. Der erste vollgenossenschaftliche Kreis der DDR war im Dezember 1959 der Kreis Eilenburg. Anfang 1960 kam es auf teils freiwilliger und teils erzwungener Basis zum Masseneintritt der Bauern in die

Kollektivierung der Landwirtschaft

LPGs. Mitte April meldete sich der Bezirk Karl-Marx-Stadt als Letzter in der DDR vollgenossenschaftlich. Zum Jahresende 1961 existierten in den sächsischen Bezirken 4 533 Genossenschaften aller drei Typen, in denen etwa 135 000 bäuerliche Wirtschaften zusammengeschlossen waren. Bald setzte eine Arbeitsteilung zwischen Pflanzenbau und Tierproduktion ein, die zu einer Verringerung der landwirtschaftlichen Betriebe und einer flächenmäßigen Vergrößerung der LPG-Pflanzenproduktion führte. Damit veränderte sich das Flur- und Siedlungsbild. Die Felder wurden zu riesigen Schlägen zusammengelegt. Der alte Dreiseithof diente neben der individuellen Wirtschaft vorwiegend nur noch zu Wohnzwecken. Der Neubau von großen Stallgebäuden für die Rinder- und Schweinehaltung sowie Siloanlagen, aber auch Wohnneubauten wie in der Stadt wurden für das Landschaftsbild charakteristisch. Letztlich gelang es auch, die Getreideerträge im Vergleich zu 1952 zu verdoppeln, das Aufkommen an Schlachtvieh und Milch bis etwa 1985 auf das 3,5fache zu erhöhen.

Der Bezirk Leipzig nahm bald den ersten Platz in der Getreideerzeugung ein. Auf seinen Feldern und in der Viehwirtschaft wurden etwa sieben Prozent der gesamten landwirtschaftlichen Produktion der DDR erarbeitet. Die Spitzenerträge für Getreide lagen 1985 bei 70 Dezitonnen je Hektar. Die beiden anderen Bezirke folgten auf dem dritten und vierten Platz. In der Landwirtschaft des Karl-Marx-Städter Raumes wurden Rinderhaltung und Milchviehwirtschaft ausgeprägt, so dass der Bestand an Rindern je 100 Hektar landwirtschaftlicher Nutzfläche 1985 mit 133 um fast 40 Prozent höher lag als im Durchschnitt der DDR.

Nimmt man die drei sächsischen Bezirke zusammen, so hatte die sächsische Landwirtschaft am Ende der DDR-Zeit ihre Spitzenposition in der pflanzlichen und tierischen Erzeugung behauptet. 1990 erntete man in Sachsen 61,2 Doppelzentner Winterweizen je Hektar (DDR: 55,4, BRD: 66,6). Hier gab es mit 119,2 Rindern je 100 Hektar landwirtschaftlicher Nutzfläche auch den höchsten Rinderbestand der DDR. Das alles hatte aber mit dem steigenden Einsatz von künstlichen Düngemitteln, Schädlingsbekämpfungsmitteln und gewaltigem Gülleanfall auch erhebliche negative Auswirkungen auf Natur, Umwelt und Wasserqualität usw. Das wurde, nachdem sich die sächsischen Unternehmen der Marktwirtschaft zu stellen hatten, schmerzlich sichtbar.

Volksaufstand vom 17. Juni 1953

Ein erster Versuch, die Verhältnisse zu ändern, scheiterte bereits mit der Niederschlagung des Volksaufstandes vom 17. Juni 1953 durch sowjetische Panzer und Soldaten. Tausende von Menschen waren auch in sächsischen Städten auf die Straße gegangen. Anlass für die Unruhen gaben neue Arbeitsnormen in den Betrieben und neue Betriebskollektivverträge, die die soziale Lage der Arbeiter außerordentlich negativ beeinflussten. In den ersten Junitagen häuften sich Arbeitsniederlegungen und Kurzstreiks in den Betrieben. Von Berlin aus, wo am 16. Juni die Bauarbeiter der Stalin-Allee zum Generalstreik aufgerufen hatten, breitete sich die Streikbewegung am 17. Juni nach Sachsen aus. Schwerpunkte der Streiks und Demonstrationen waren Leipzig und Dresden, dazu Görlitz und Niesky im Bezirk Dresden. Am frühen Morgen des 17. Juni begann im Sachsenwerk Niedersedlitz spontan der Streik, der sich im Laufe des Vormittags auf andere Großbetriebe ausdehnte. Wilhelm Grothaus, ein Opfer des Faschismus, ehemaliger leitender Mitarbeiter der Landesregierung Sachsen bis zu seiner Maßregelung 1950 und seiner Versetzung in die Produktion, wurde in Dresden zum Sprecher der Streikenden, später zum Vorsitzenden des Streikkomitees gewählt. Gegen 13 Uhr hatten sich etwa 100 000 Streikende in der Dresdner Innenstadt versammelt. Die wichtigsten Forderungen der Streiken-

Volksaufstand vom 17. Juni 1953

Wilhelm Grothaus, Aufstandsführer des 17. Juni 1953 in Dresden

den waren Sturz der Regierung und des kommunistischen Systems, Freilassung aller politischen Gefangenen, freie und geheime Wahlen, Beseitigung der Normerhöhung. Am Nachmittag wurde überall in Sachsen von den sowjetischen Stadtkommandanten der Ausnahmezustand erklärt. Danach gingen Sowjetarmee und kasernierte Volkspolizei mit Gewalt gegen die Aufständischen vor. Noch in der Nacht vom 17. zum 18. Juni 1953 setzte landesweit eine große Verhaftungswelle ein. Im Bezirk Dresden wurden 237 Personen in Haft genommen, davon 131 angeklagt und zu mehrjährigen Haftstrafen verurteilt, darunter auch Wilhelm Grothaus zu 15 Jahren Zuchthaus.

Nach dem 17. Juni 1953 wurden Verfolgung und Unterdrückung Andersdenkender und oppositioneller Kräfte auch innerhalb der SED und der Blockparteien immer perfektionistischer ausgebaut. In Sachsen bildeten dafür die Strafanstalten Bautzen, Zwickau und Waldheim mit ihren politischen Häftlingen ein trauriges Beispiel. Die Diktatur des Proletariats entwickelte sich zu einer stalinistisch geprägten Diktatur einer Partei. Trotzdem ist nicht zu übersehen, dass viele der in den drei sächsischen Bezirken wohnenden Menschen ihre Arbeit nach bestem Wissen und Gewissen verrichteten, denn nicht alle der über fünf Millionen Einwohner konnten und wollten ihr angestammtes sächsisches Heimatland verlassen.

Wegzug, »Republikflucht« und Ausreise

Der Weggang vieler zehntausender Menschen aus Sachsen war aber dennoch eine »Abstimmung mit den Füßen«. Seit Gründung der DDR bis zur Öffnung der Mauer 1989 hatten 3,4 Millionen Personen die DDR verlassen: bis 1961 über die grüne Grenze und Berlin, nach dem 13. August 1961 mit dem Bau der Mauer in Berlin und der Errichtung der so genannten Grenzsicherungsanlagen entlang der Grenze zur Bundesrepublik vielfach über das Ausland und dann in den Achtzigerjahren vor allem durch die Ausreiseanträge. Schließlich gingen viele Tausende im August und September 1989 über Ungarn und Prag in den Westen.

Unter den 960 000 Menschen, die seit dem Bau der Mauer flüchteten und den 344 000, die der DDR allein 1989 den Rücken kehrten, waren auch viele Sachsen. Zum 31. Dezember 1988 lebten nach den statistischen Angaben noch 4 977 811 Personen in den drei sächsischen Bezirken, das waren im Vergleich zu 1987 18 139 und zu 1948 knapp zwei Millionen Menschen weniger.

Traditionelles Erbe

Wenn auch die staatliche Organisationsform des Landes seit Sommer 1952 nicht mehr gegeben war, so blieb das Bewusstsein, in Sachsen zu leben und

Erbe- und Traditionspflege

Sachse zu sein, in vielfältigen Formen und manchen Traditionen erhalten. Dies war nicht zu verhindern, im Gegenteil, es wurde beispielsweise im künstlerischen Volksschaffen und in musealen Ausstellungsvorhaben nicht nur geduldet, sondern auch gefördert. Die Pflege des kulturellen Erbes wurde für einen großen Teil der Bevölkerung nahezu zu einer Selbstverständlichkeit. Dafür sprechen die künstlerischen Leistungen der Städtischen Theater in Leipzig und Karl-Marx-Stadt, der Landesbühnen Sachsens, der Bühnen der Stadt Zwickau, des Staatstheaters und der Staatsoper Dresden. Die Musikpflege in Leipzig und Dresden mit dem Leipziger Gewandhausorchester, der Staatskapelle Dresden und der Dresdner Philharmonie, dem Chorgesang an vielen Orten, den Orgelkonzerten vor allem an den Silbermann-Orgeln in sächsischen Kirchen gaben dem geistig-kulturellen Leben ein unverwechselbares Gepräge, ebenso wie die jährlichen Musikfestspiele in Dresden, der Robert-Schumann-Wettbewerb in Zwickau sowie die Konzerte des Thomaner-Chores Leipzig und des Dresdner Kreuzchores im In- und Ausland. Für die Erforschung und Pflege des Werkes von Johann Sebastian Bach wurde eine Forschungs- und Gedenkstätte im Leipziger Bosehaus eingerichtet, das anlässlich seines 300. Geburtstages restauriert

Willi Stoph, Erich Honecker, Hans Modrow und Egon Krenz auf der Kundgebung zur Eröffnung der restaurierten Semperoper 1985 in Dresden

wurde. 1988 waren 235 Museen in Sachsen beheimatet, allen voran die Staatlichen Kunstsammlungen in Dresden mit ihren Schätzen der Weltkultur. Dazu gehörten ebenso die Kreis-, Stadt- und Heimatmuseen sowie die technischen Denkmale, z. B. die Schachtanlage »Alte Elisabeth« in Freiberg oder der Frohnauer Hammer bei Annaberg als Erinnerungsstätten des erzgebirgischen Bergbaus, der Karl-Liebknecht-Schacht in Oelsnitz, das Kalkwerk in Lengefeld und die Schauanlage in Altenberg. Auch die erzgebirgische Schnitz- und Klöppelkunst hat die DDR-Zeit überlebt, ebenso die vogtländische Spitzen- und Bortenherstellung, der Blaudruck in der Oberlausitz und die künstlerisch gestalteten Ostereier der Sorben. Auch im Namengut blieb Sachsen erhalten, so in der Sächsischen Landesbibliothek, Sächsischen Akademie der Wissenschaften, den Sächsischen Heimatblättern. Als 1987 für Berlin die 750-Jahrfeier der urkundlichen Ersterwähnung mit großem Aufwand vorbereitet wurde, brach der schon lange schwelende Gegensatz zwischen Sachsen und Berlin als Sinnbild für Preußen auch im Sozialismus auf. Trabants und Wartburgs mit polizeilichen Kennzeichen für Dresden fuhren mit dem Aufkleber »Dresden 781 Jahre« auf den DDR-Straßen.

Herbst 1989

Seit Mitte der Achtzigerjahre wurde mit einer spürbaren Verschlechterung der Lebensverhältnisse, mit zunehmend sichtbarer werdenden Umweltproblemen, einer sinnlosen Sicherheitsdoktrin, Starrsinnigkeit der verantwortlichen Politiker und verschärften Repressalien sowie mit zahlenmäßig wachsenden Ausreiseanträgen eine Situation erreicht, die von innen heraus auf Veränderung drängte. Leipzig mit den Montagsdemonstrationen, ausgehend von den Friedensgebeten in der Nikolaikirche, wurde, wie schon oft in der sächsischen Geschichte, zum Ausgangspunkt revolutionärer Umgestaltung, diesmal in Form der friedlichen Revolution des Herbstes 1989. Hunderttausende demonstrierten ab September auf Leipzigs Straßen, nicht nur Leipziger, sondern auch Menschen aus den umliegenden Städten und Dörfern. Nachdem am 25. September die erste Ring-Demonstration stattgefunden hatte, an der über 1 000 Personen teilnahmen, erweiterte sich das Friedensgebet nicht nur in der Nikolaikirche, sondern es breitete sich auf andere Kirchen aus, wobei die Zahl der Demonstranten auf ca. 25 000 stieg. Am 3. Oktober begannen die »Sieben Tage im Oktober« in Dresden mit den Ereignissen auf dem Hauptbahnhof und der »Gruppe der 20«, am 4. Oktober kam es zur Konfrontation auf dem Karl-Marx-Städter Hauptbahnhof. Am 7. Oktober fanden in allen größeren Städten Sachsens Demonstrationen statt und der 9. Oktober brachte die Friedensgebete in fünf Leipziger Kirchen, den Aufruf der Leipziger Sechs und dann die Kundgebung der 100 000 auf dem Karl-Marx-Platz. Am 12. Oktober begannen Gespräche zwischen Kirchen-, Staats- und Stadtvertretern und den Leipziger Gruppen des Neuen Forums, und nachdem am 16. Oktober wiederum Friedensgebete in fünf Kirchen stattgefunden hatten, musste sich der Oberbürgermeister am 17. Oktober bereit er-

Festveranstaltung am 3. Oktober 1989 im Leipziger Opernhaus zum 40. Jahrestag der DDR

Volkspolizistenkette sperrt die Nikolaistraße in Leipzig, um Besucher der Friedensgebete von der Nikolaikirche fernzuhalten

klären, mit den Kirchenvertretern zu verhandeln. Die brennende Kerze wurde zum sichtbaren Symbol der Absicht, die Forderungen nach Demokratie und grundlegenden Reformen, später nach Herstellung der Einheit Deutschlands, friedlich durchzusetzen. Überall bildeten sich basisdemokratische Gruppen und neue Parteien, die am so genannten Runden Tisch mit den in Auflösung befindlichen Staatsorganen verhandelten, zunehmend selbst auf bezirklicher, kreislicher und kommunaler Ebene legislative und administrative Aufgaben übernahmen. In Dresden trat der Runde Tisch des Bezirkes, nachdem auf Einladung der SED-Bezirksleitung zwei Vorgespräche am 30. November und 8. Dezember stattgefunden hatten, am 15. Dezember 1989 zu seiner ersten Sitzung zusammen. Zwei Schwerpunktthemen standen bei allen Zusammenkünften im Mittelpunkt: die Auflösung der Bezirksverwaltung des Ministeriums für Staatssicherheit und die Wiedererrichtung des Landes Sachsen; letztgenannter Punkt war eine Forderung bei den Dresdner Massendemonstrationen ab Anfang November. Erste weiß-grüne Fahnen waren sichtbarer Ausdruck des Wunsches nach staatlichen Formen der eigenen Identität.

Übergangsjahr 1990

Sammelband über die Ereignisse von 1989

Die Monate vom November/Dezember 1989 bis Oktober 1990 wurden zu einem in der sächsischen Geschichte bedeutsamen Zeitraum, in dem Altes dem Neuen, diktatorische Strukturen den demokratischen Grundüberzeugungen gegenüberstanden, bis sich letztendlich die demokratischen Kräfte durchsetzen konnten. Einen wichtigen Schritt auf diesem Wege stellten die ersten freien Wahlen zur Volkskammer der DDR am 18. März 1990 dar. Der Sieg der demokratischen Kräfte führte zur Bildung der Regierung de Maizière. Anstelle von Vorsitzenden der Räte der Bezirke für Dresden, Karl-Marx-Stadt (ab 1990 wieder Chemnitz) und Leipzig wurden Regierungsbevollmächtigte eingesetzt: für Dresden Siegfried Ballschuh, für Chemnitz Albrecht Buttolo und für Leipzig Rudolf Krause. Die Berücksichtigung der Ergebnisse der Volkskammerwahl vom 18. März 1990 bei der Neuzusammensetzung der Runden Tische auf Bezirksebene führte zur weiteren Durchsetzung der neuen demokratischen Kräfte. Nach längeren Auseinandersetzungen über die Schritte zur Länderbildung und die dabei Verantwortung tragenden politischen Kräfte wurde im Mai 1990 ein Landeskoordinierungsausschuss unter Leitung von Arnold Vaatz, einem Mitglied der »Gruppe der 20«, gebildet, der in eigenständigen Arbeitsgruppen die Länderbildung vorbereitete. Länderbildung, erste freie, geheime, demokratische Wahlen zur Volkskammer der DDR und zu den Kommunalvertretungen waren dann auch bezirksübergreifend bestimmend für diesen Entwicklungsprozess, der zum Beitritt der DDR zur Bundesrepublik Deutschland und damit zur staatlichen Einheit nach 45 Jahren der Trennung führte. Es ist deutsche, europäische und Weltgeschichte, die sich vom September 1989 bis Oktober 1990 vollzog, nicht sächsische Landesgeschichte, obwohl von Leipzig und Dresden entscheidende Impulse ausgingen.

Landeskoordinierungsausschuss Mai 1990

X

Freistaat Sachsen ab Oktober 1990. Ein Ausblick

Wiedergeburt des Freistaates Sachsen – Landtagswahlen – Aufbau handlungsfähiger Verwaltungsbehörden – Verfassung vom 27. Mai 1992 – Gemeinde- und Kreisgebietsreform – Neuorganisation des Bildungswesens – Bevölkerungsentwicklung – Die Sorben und die Oberlausitz – Übergang zur sozialen Marktwirtschaft und neue wirtschaftliche Strukturen – Hochwasserflut 2002 – Aufblühen des öffentlichen Lebens

Wiedergeburt des Freistaates Sachsen

Im Ergebnis der grundlegenden gesellschaftlichen Veränderungen 1989/90 wurde der Ruf nach der Wiedergeburt des Landes Sachsen laut. An den Runden Tischen der Bezirke Leipzig, Karl-Marx-Stadt und Dresden heftig diskutiert, führte dies mit der Bildung eines Landeskoordinierungsausschusses Sachsen vom politischen Denken zum politischen Wollen und politischen Handeln. Verfassungs- und Verwaltungsstrukturen waren so – hilfreich von Baden-Württemberg und Bayern unterstützt – in ersten Entwürfen vorbereitet, als das Ländereinführungsgesetz vom 22. Juli 1990 die Länderbildung für den Zeitpunkt des Beitritts der DDR zur Bundesrepublik gesetzlich fixierte. Mit einer Feier auf der Albrechtsburg Meißen am 3. Oktober 1990 wurde am Ausgangspunkt sächsischer Geschichte der sächsische Staat neu begründet. Dieses neue sächsische Staatswesen entstand aus den drei Bezirken Chemnitz, Dresden und Leipzig, wobei Grenzkreise zu Thüringen, Sachsen-Anhalt und Brandenburg die Chance erhielten, über ihre künftige Länderzugehörigkeit abzustimmen. Die Kreise Altenburg und Schmölln schlossen sich wieder Thüringen an. Nach langwierigen Verhandlungen wurde 1992 zwischen Sachsen und Thüringen ein Staatsvertrag geschlossen, mit dem die Städte Elsterberg, Pausa und Mühltroff in den sächsischen Staatsverband zurückkehrten. Die Kreise Hoyerswerda und Weißwasser entschieden sich für Sachsen. Delitzsch, Eilenburg und Torgau verblieben bei Sachsen. Damit wurde der Preßburger Vertrag von 1815 nachträglich zugunsten Sachsens korrigiert. Der Freistaat Sachsen ist heute flächenmäßig größer, als er bei seiner Auflösung im Jahre 1952 war. Hatte das Land nach 1815 eine flächenmäßige Größe von 14 993 Quadratkilometern, so waren es 1952 17 000, da ihm 1947 die Gebiete der ehemaligen preußischen Oberlausitz angegliedert worden waren. Die drei sächsischen Bezirke besaßen zum 31. Dezember 1988 einen Umfang von 17 713 Quadratkilometern. Nach der Wiederbegründung des Freistaates hatte das sächsische Territorium am 31. Dezember 1990 eine Fläche von 18 341 Quadratkilometern, d. h. 5,1 Prozent der bundesdeutschen Gesamtfläche. Zu diesem Zeitpunkt lebten 4,76 Millionen Menschen im Freistaat, das waren sechs Prozent der bundesrepublikanischen Gesamtbevölkerung. Es stand mit 260 Einwohnern je Quadratkilometer an achter Stelle der Bundesländer.

LÄNDEREINFÜHRUNGSGESETZ VOM 22. JULI 1990

Feier anlässlich der Wiedergründung des Freistaates Sachsen am 3. Oktober 1990 auf der Albrechtsburg in Meißen

Landtagswahlen

LANDTAGSWAHL VOM 14. OKTOBER 1990

Verfassungsrechtlich trat der sächsische Staat mit den Landtagswahlen vom 14. Oktober 1990 wieder in das politische Leben ein. Nach den Wahlen zur Volkskammer der DDR vom 18. März 1990, in denen die CDU in den drei sächsischen Bezirken mit 43,4 Prozent der abgegebenen Stimmen bereits stärkste Partei geworden war, und den Kommunalwahlen vom 6. Mai 1990, wo sie mit 41,2 Prozent gewann, bildete die Wahl zum sächsischen Landtag einen wichtigen Meilenstein auf dem Weg zur weiteren Durchsetzung der parlamentarischen Demokratie. »Durch dieses Parlament sollen wieder sichtbar und überschaubar für alle die politischen Strömungen und die sie tragenden Kräfte des Landes erkennbar werden. Ziel dieser unserer Arbeit soll sein, daß die vielfältigen Probleme der Gesellschaft über Parteistrukturen in den politisch-demokratischen Meinungsstreit des Parlamentes eingebracht werden. Das Volk als Träger der Staatsgewalt muß seinen Willen in der geleisteten Arbeit des Parlamentes wiederfinden können.«[57] Die CDU errang auch bei der Landtagswahl einen überwältigenden Wahlsieg. Bei einer Wahlbeteiligung von 72,7 Prozent erhielt die CDU 54,1 Prozent der abgegebenen Stimmen und zog mit 92 Abgeordneten in den 160 Sitze umfassenden Landtag ein. Der absoluten Mehrheit der CDU standen die Oppositionsparteien SPD mit 32, PDS mit 17, FDP mit neun und das Neue Forum mit zehn Abgeordneten gegenüber. Am 27. Oktober 1990 trat nach 38 Jahren wieder ein Sächsischer Landtag zu seiner konstituierenden Sitzung zusammen. Da das von Paul Wallot entworfene und von 1901 bis 1907 erbaute Parlamentsgebäude als Teilruine nicht zur Verfügung stand, kam man in der wieder errichteten Dreikönigskirche in Dresden-Neustadt zusammen. Für drei Jahre wurde sie das Domizil des Landtages, bevor der von dem Architekten Peter Kulka entworfene neue Plenarsaal im neuen Landtagsgebäude am 3. Jahrestag der Deutschen Einheit am 3. Oktober 1993 bezogen werden konnte.

Neuer Plenarsaal im Neubau des Landtages in Dresden, eröffnet am 3. Oktober 1993

Konstituierung des Landtages am 27. Oktober 1990

Das Land Sachsen, das sich auf Beschluss des Sächsischen Landtages auf seiner konstituierenden Sitzung am 27. Oktober 1990 in bewusster Anknüpfung an demokratische Traditionen den Namen »Freistaat Sachsen« gab, wurde ein neues Bundesland der Bundesrepublik Deutschland. So stand am Beginn einer neuen demokratischen Entwicklung die Rückbesinnung auf föderalistische Traditionen, die seit dem hohen Mittelalter über die Ausprägung der Landesherrschaft, das bewusste Wirken als ein Reichsstand im Heiligen Römischen Reich deutscher Nation, als Bundesstaat im Deutschen Bund bis zum Freistaat in der Weimarer Republik sich auch in Sachsen entwickelt und Land sowie Menschen mit geprägt hatten. Der Landtag nahm an diesem Tag auch das »Gesetz zur Herstellung der Arbeitsfähigkeit des Sächsischen Landtages und der Sächsischen Landesregierung (Vorschaltgesetz)« an.

Landtagswahl am 11. September 1994

Die erste Wahlperiode endete am 6. Oktober 1994. Die am 11. September 1994 durchgeführten Landtagswahlen brachten für die CDU erneut die absolute Mehrheit. In dem auf 120 Abgeordnete verkleinerten Landtag nahmen 77 Abgeordnete der CDU Platz. Die SPD errang 22 und die PDS 21 Abgeordnetensitze, während die anderen Parteien die Fünf-Prozent-Hürde nicht überwinden konnten. Diese zweite Wahlperiode endete am 13. Oktober 1999. Auch der neue Sächsische Landtag für die dritte Wahlperiode wies mit 76 Abgeordneten eine absolute Mehrheit für die CDU aus. Die stärkste Fraktion in der Opposition stellte nun aber die PDS mit 30 Abgeordneten, die SPD verfügte nur noch über 14 Abgeordnete. Auch bei dieser dritten Landtagswahl am 19. September 1999 konnten die anderen Parteien, beispielsweise die FDP und die Grünen, die Fünf-Prozent-Hürde nicht überspringen.

Landtagswahl am 19. September 1999

Landtagswahl am 19. September 2004

Die Wahlen zur vierten Wahlperiode am 19. September 2004 erbrachten eine etwas veränderte politische Landschaft. Die CDU, nunmehr unter dem Landesvorsitzenden und Ministerpräsidenten (seit 2002) Georg Milbradt, verlor die absolute Mehrheit. Die bis dahin geringste Wahlbeteiligung der wahlberechtigten sächsischen Bevölkerung mit 59,6 Prozent führte dazu, dass die CDU gegenüber 1999 15,8 Prozent der Stimmen verlor und nur noch 55 Abgeordnete im Landtag hatte. Auch die SPD verlor knapp 1 Prozent und zog mit 13 Abgeordneten in den Landtag ein. Zweitstärkste Fraktion wurde die PDS mit 31 Landtagsabgeordneten. Auch die FDP mit 5,9 Prozent und Bündnis 90/Die

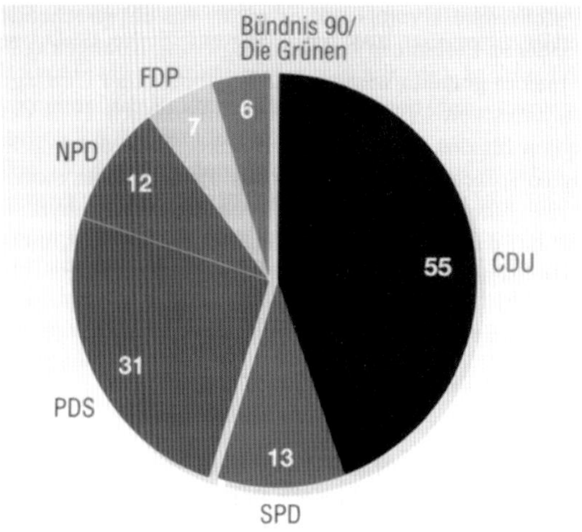

Sitzverteilung im Sächsichen Landtag ab September 2004

Grünen mit 5,1 Prozent übertrafen erstmals seit 1994 wieder die Fünf-Prozent-Hürde und sind mit sieben bzw. sechs Abgeordneten im Landtag vertreten. Bei dieser vierten Landtagswahl nach der friedlichen Revolution von 1989 errang die rechtsextremistische NPD, 1990 auch in Sachsen gegründet und mit etwa 100 Mitgliedern im Jahre 2005 die zweitkleinste im Landtag vertretene Partei, 9,2 Prozent der abgegebenen Stimmen und zog mit zwölf Abgeordneten in den sächsischen Landtag ein. Damit gelang den Rechtsextremisten erstmals seit 1968 in der Bundesrepublik Deutschland der Einzug in ein Landesparlament. Damit war ein Sechsparteiensystem im Landtag entstanden, das im Vergleich mit den westdeutschen und anderen ostdeutschen Landesparlamenten ein Novum darstellt. Diese im September 2004 entstandene politische Konstellation stellt einen beachtenswerten Einschnitt dar, da nunmehr eine Koalitionsregierung gebildet werden musste.

Professor Dr. Georg Milbradt, Ministerpräsident seit 2002

Etwa in der Mitte von Biedenkopfs dritter Ministerpräsidentschaft legte dieser 2002 nach einer vorausgegangenen Kabinettsumbildung und der Entlassung des sächsischen Finanzministers Milbradt das Amt des Ministerpräsidenten sowie den Landesvorsitz in der sächsischen CDU nieder. Zu seinem Nachfolger wurde, gegen den erklärten Willen des scheidenden sächsischen Ministerpräsidenten Kurt Biedenkopf, Prof. Dr. Georg Milbradt gewählt. Zu diesem Zeitpunkt hatte die CDU im Sächsischen Landtag noch die absolute Mehrheit. Bei den Landtagswahlen 2004 ging diese verloren. Die CDU blieb zwar mit 55 Abgeordneten die stärkste Fraktion im Landtag, zur Regierungsbildung musste sie jedoch einen Koalitionspartner gewinnen, den sie in der SPD fand.

Koalitionsregierung 2004

Seit Oktober 2004 wird der Freistaat Sachsen von Georg Milbradt als Ministerpräsident, sieben Staatsministern aus den Reihen der CDU und zwei Staatsministern von der SPD regiert. Das ist seit 1990 ein Novum in Sachsen.

Aufbau handlungsfähiger Verwaltungsbehörden

Neuaufbau der Verwaltungsstrukturen

Eine wichtige Grundlage für das Funktionieren staatlichen Wirkens für die Zeit nach dem Beitritt der DDR zur Bundesrepublik Deutschland war ein zu den anderen Bundesländern adäquater Verwaltungsaufbau mit entsprechender Behördenstruktur. Die Vorbereitung darauf begann bereits im Frühjahr 1990, als sich der Beitritt abzeichnete. Im Landeskoordinierungsausschuss wurden dafür mit aktiver Unterstützung von Baden-Württemberg die konkreten Maßnahmen bedacht und geplant, von der Staatsregierung mit Staatskanzlei und Ministerien über die mittlere Verwaltungsebene in Gestalt der Regierungspräsidien bis zur kommunalen Verwaltungsebene der Kreise, Städte und Gemeinden. Die Ausarbeitung der inneren Behördenstrukturen, die Kompetenzverteilungen und Aufgabenfestlegungen bis hin zu Stellenplänen, Finanz- und Materialbedarf, auch räumliche Unterbringung und Ausstattung der Dienstzimmer gehörten dazu. Das erklärte Ziel bestand in einem »schlanken« Staat. Die Wahl von Kurt Biedenkopf zum Ministerpräsidenten des Freistaates Sachsen sowie die von Erich Iltgen, dem Moderator des Runden Tisches des Bezirkes Dresden, am 27. Oktober 1990 zum Präsidenten des Landtages leiteten die Realisierung des Behördenaufbaues ein. Die zehn Minister, einschließlich des Leiters der Staatskanzlei, waren bald ernannt. Acht von ihnen kamen aus der Bürgerrechtsbewegung der DDR. Der personelle Aufbau der Ministerien und der ihnen nachge-

Personeller Neuaufbau und Leihbeamte

ordneten Bereiche nahm jedoch mehrere Jahre in Anspruch. Es ging auch nicht ohne Gewinnung und Abordnung vor allem von baden-württembergischen und bayerischen Beamten ab. Schwerpunkte bildeten dabei die Finanzverwaltung, der Bereich der Polizei und der Justiz, allein in der Tatsache der Übernahme der bundesrepublikanischen Rechtsetzung begründet. Es war dies insgesamt nicht nur ein schwieriger, sondern auch für manchen bisherigen Angestellten der Volkspolizei, der Bezirks- und Kreisgerichte, der Bezirks-, Kreis- und Stadtverwaltungen ein schmerzlicher Prozess, der nach Bewerbung und Überprüfung auf der Grundlage des Einigungsvertrages oft genug nicht mit einer Übernahme in den Staatsdienst des Freistaates Sachsen endete. Anders als nach 1918 entstanden auch personell völlig neu zusammengesetzte Verwaltungsorgane. So entwickelte sich über einen längeren Zeitraum hinweg auch in Sachsen ein demokratischer und sozialer Rechtsstaat, der auf den Prinzipien der Gewaltenteilung basierte. Die ab 27. Oktober 1990 eingeführte Verwaltungsorganisation ist in ihrer Grundstruktur erhalten geblieben. Allerdings sind sowohl Änderungen in der Ministerialstruktur als auch im Bereich der Kommunalverwaltung vorgenommen worden.

Vereidigung des Ministerpräsidenten Professor Dr. Kurt Biedenkopf am 27. Oktober 1990

Behördenstruktur

Der Verwaltungsaufbau ist nach wie vor dreistufig. An der Spitze der Exekutive steht der Ministerpräsident, dem die Staatskanzlei zur Erfüllung seiner Aufgaben direkt zuarbeitet, insbesondere zur Durchsetzung der Richtlinienkompetenz. Neben der Staatskanzlei bestehen acht Ministerien als oberste Landesbehörden. Die mittlere Verwaltungsebene wird von drei Regierungsbezirken (Chemnitz, Dresden, Leipzig) gebildet. Die lokale Verwaltungsinstanz besteht aus sieben kreisfreien Städten und 22 Landkreisen. Dazu kommen für einzelne Bereiche staatliche Sonderbehörden, die Staatsministerien zugeordnet sind. Im Zuge von Bemühungen zur Verwaltungsvereinfachung ist man auch zu einem zweistufigen Verwaltungsaufbau übergegangen, z. B. bei der sächsischen Polizei.

Feierliche Unterzeichnung der sächsischen Verfassung durch Landtagspräsident Erich Iltgen und Ministerpräsident Professor Dr. Kurt Biedenkopf am 27. Mai 1992

Verfassung vom 27. Mai 1992

Neben der Ausarbeitung der neuen Verwaltungsstrukturen des sächsischen Staates galt die besondere Aufmerksamkeit der Vorbereitung eines Verfassungstextes. Seit Februar 1990 wurden von einer Arbeitsgruppe im Auftrag des Bezirkstages Dresden in Abstimmung mit dem Runden Tisch, von der »Gruppe der 20«, von Leipziger Hochschullehrern, von der Arbeitsgruppe Landesverfassung als Teil der Fachgruppe 11 der gemischten Kommission Baden-Württemberg/Sachsen mehrere Verfassungsentwürfe erarbeitet. Die Vorlage der letztgenannten Arbeitsgruppe, am 5. August 1990 als »Gohrischer Entwurf« vorgestellt, wurde nach ihrer Überar-

B e h ö r d e n

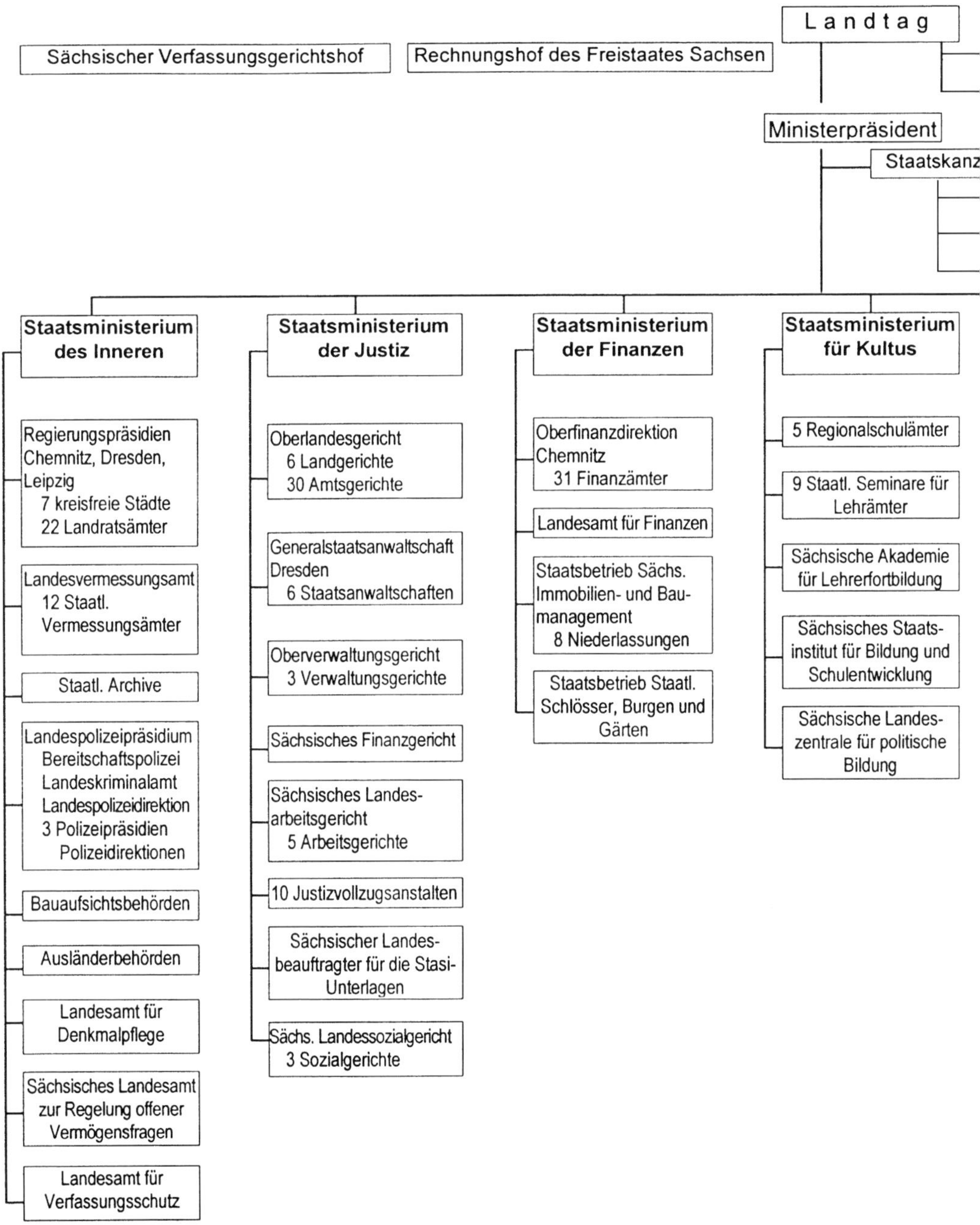
Landtag
Sächsischer Verfassungsgerichtshof
Rechnungshof des Freistaates Sachsen
Ministerpräsident
Staatskanz
Staatsministerium des Inneren
Regierungspräsidien Chemnitz, Dresden, Leipzig
7 kreisfreie Städte
22 Landratsämter
Landesvermessungsamt
12 Staatl. Vermessungsämter
Staatl. Archive
Landespolizeipräsidium
Bereitschaftspolizei
Landeskriminalamt
Landespolizeidirektion
3 Polizeipräsidien
Polizeidirektionen
Bauaufsichtsbehörden
Ausländerbehörden
Landesamt für Denkmalpflege
Sächsisches Landesamt zur Regelung offener Vermögensfragen
Landesamt für Verfassungsschutz
Staatsministerium der Justiz
Oberlandesgericht
6 Landgerichte
30 Amtsgerichte
Generalstaatsanwaltschaft Dresden
6 Staatsanwaltschaften
Oberverwaltungsgericht
3 Verwaltungsgerichte
Sächsisches Finanzgericht
Sächsisches Landesarbeitsgericht
5 Arbeitsgerichte
10 Justizvollzugsanstalten
Sächsischer Landesbeauftragter für die Stasi-Unterlagen
Sächs. Landessozialgericht
3 Sozialgerichte
Staatsministerium der Finanzen
Oberfinanzdirektion Chemnitz
31 Finanzämter
Landesamt für Finanzen
Staatsbetrieb Sächs. Immobilien- und Baumanagement
8 Niederlassungen
Staatsbetrieb Staatl. Schlösser, Burgen und Gärten
Staatsministerium für Kultus
5 Regionalschulämter
9 Staatl. Seminare für Lehrämter
Sächsische Akademie für Lehrerfortbildung
Sächsisches Staatsinstitut für Bildung und Schulentwicklung
Sächsische Landeszentrale für politische Bildung

schema 2004

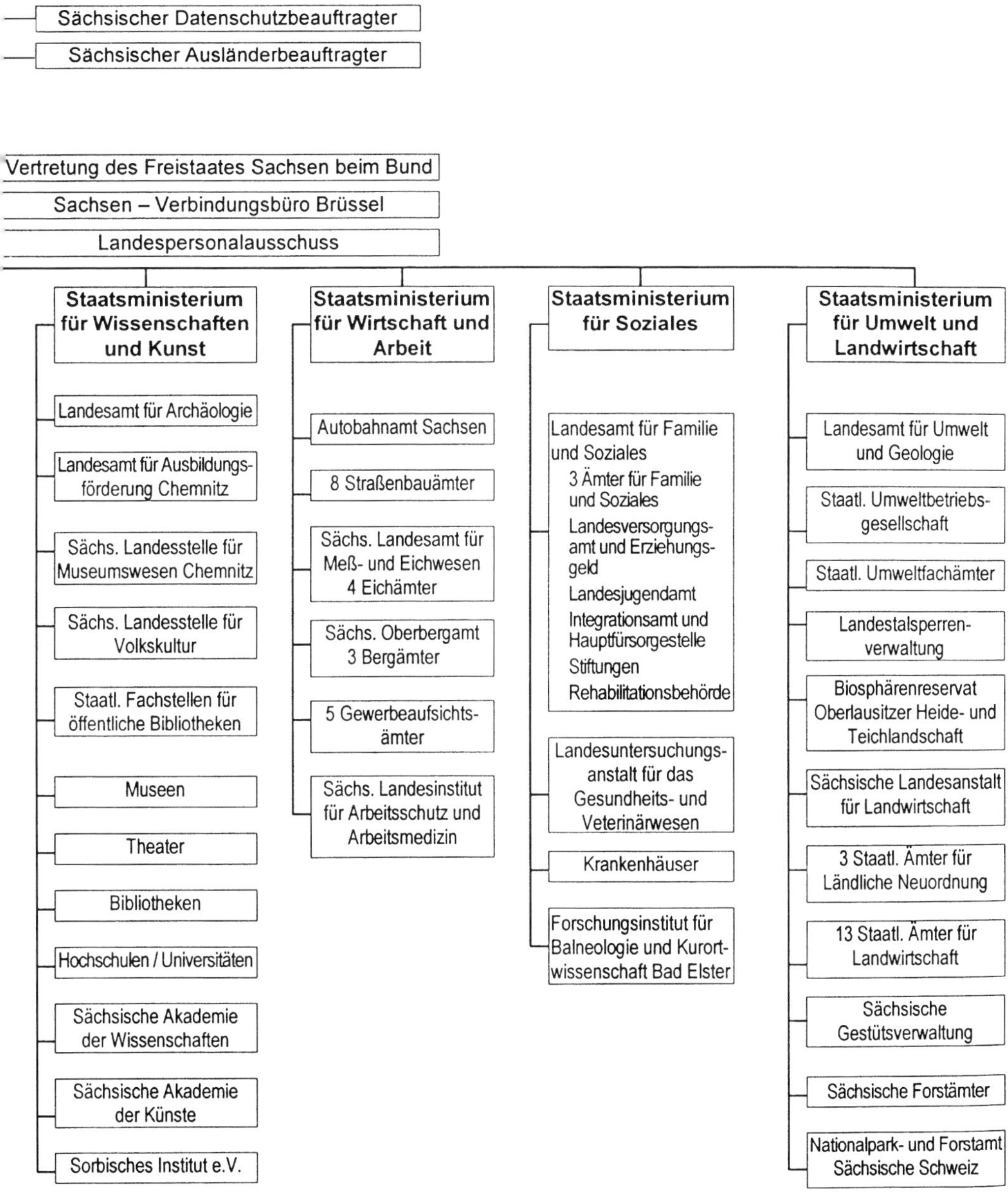

Entwurf: Reiner Groß, 2006

»Gohrischer Entwurf« vom 5. August 1990

beitung am 11. und 12. Oktober 1990 am 23. Oktober 1990 veröffentlicht und als Verfassungsentwurf der CDU- und FDP-Fraktion im neu gewählten Landtag eingebracht. Die SPD-Fraktion verzichtete auf einen eigenen Verfassungsentwurf, da sie den »Gohrischen Entwurf« als eine geeignete Diskussionsgrundlage betrachtete. Die weiteren Beratungen zur Verfassung fanden zunächst in einer ersten Phase im Verfassungs- und Rechtsausschuss von Dezember 1990 bis Mai 1991 statt. »Wie zuvor der Gohrische Entwurf wurde dieser Text im Sommer 1991 der Bevölkerung zur Stellungnahme vorgelegt. Gleichzeitig erfolgten im Verfassungs- und Rechtsausschuss Anhörungen von Sachverständigen und Verbänden zu insgesamt neun Themenkomplexen. Die Ergebnisse wurden in vier weiteren, von Januar bis April 1992 fortgesetzten Klausurtagungen berücksichtigt. Dabei waren die Beratungen geprägt von dem Bestreben, einen möglichst breiten Konsens herbeizuführen. In der Schlussabstimmung am 13. Mai 1992 wurde dieses Ziel erreicht: Es stimmten elf Abgeordnete für den Entwurf bei einer Gegenstimme und zwei Enthaltungen. Der Landtag nahm den Entwurf ohne Änderungen an und verabschiedete die Verfassung am 26. Mai 1992 mit 132 gegen 15 Stimmen bei vier Enthaltungen. Einen Tag später folgte die Ausfertigung durch den Landtagspräsidenten und am 5. Juni 1992 die Verkündung durch den Ministerpräsidenten.«[58] Der Freistaat Sachsen hatte damit die vierte schriftliche Verfassung in seiner jüngeren Geschichte erhalten.

Beratung im Verfassungs- und Rechtsausschuss

Gemeinde- und Kreisgebietsreform

Ein ebenso wichtiges und dringendes Reformprojekt bestand in der prinzipiellen Rückführung zumindest der lokalen Verwaltungsebene auf den Zustand von vor 1952, wie er seit dem letzten Drittel des 19. Jahrhunderts bestanden hatte. Dies bedeutete eine Verminderung der Kreise und eine Zusammenlegung von Gemeinden zu Großgemeinden und Gemeindeverbänden. Im Sommer 1992 begannen im Innenausschuss des Landtages die Beratungen über die Gemeindeordnung für den Freistaat Sachsen und das »Sächsische Gesetz zur Kreisgebietsreform«. Nach längeren Beratungen im Lande, in der Staatsregierung und im Landtag wurde schließlich am 25. Mai 1993 das Gesetz zur Kreisgebietsreform vom Landtag angenommen und am 24. Juni 1993 verkündet. Es trat mit dem 1. August 1994 in Kraft. Sieben kreisfreie Städte und 22 Landkreise bilden seitdem die lokale Verwaltungsebene. Mit der Kreisgebietsreform wurden zwar die 1952 willkürlich geschaffenen Kreisstrukturen wieder beseitigt, man ging aber nicht auf die im Grunde bewährte Gliederung nach Amtshauptmannschaften zurück. Den Ausschlag für die neue Gliederung gaben, wie im Innenausschuss des Landtages festgestellt, flächenmäßige Ausdehnung und Bevölkerungsdichte im Verhältnis zur Arbeitsmarktsituation und zu der zu erwartenden wirtschaftlichen Entwicklung. Aber auch diese so gefundene Gliederung sollte, wie sich bereits mit dem Ersten und Zweiten Gesetz zur Änderung des Kreisgebietsreformgesetzes vom 6. September 1995 abzeichnete, keinen dauernden Bestand haben. Demografische, wirtschaftliche, politische Entwicklungen führen mit Gewissheit, wie zu allen Zeiten in der Vergangenheit, zu Veränderungen. Diese Situation war im Frühjahr 2006 eingetreten. Im Zusammenhang mit einer grundsätzlichen Verwaltungsreform auf allen Verwaltungsebenen, die eine Reduzierung von Behörden, eine veränderte Aufgabenzuordnung und eine Verminderung der Personalstellen zum Ziele hat, soll es auch zu einer erneuten Zusammenlegung von Landkreisen kommen. Alle Maßnahmen zielen auf eine Straffung der Staatsverwaltung ab, die durch Personalverlagerungen auf mittlere Behörden und die Kommunen begleitet wird. Das alles ist noch in Diskussion und wird voraussichtlich nach Abschluss des Gesetzge-

Gesetz zur Kreisgebietsreform vom 25. Mai 1993

Administrative Gliederung am 31. Dezember 2004

bungsverfahrens im Jahre 2008 in dieser oder doch in einer weiter veränderten Form Wirklichkeit werden.

Gemeindegebietsreform

Die Gemeindegebietsreform von 1994 führte zu einer erheblichen Verminderung der Zahl der Gemeinden in Sachsen. Gab es in den drei sächsischen Bezirken 1960 noch 2 156 selbstständige Gemeinden, so war deren Zahl 1989 schon auf 1 623 geschrumpft. 1997 hatte der Freistaat Sachsen noch 787 selbstständige Gemeinden, 328 im Regierungsbezirk Chemnitz, 304 im Regierungsbezirk Dresden und 155 im Regierungsbezirk Leipzig. In den folgenden Jahren nahm durch Zusammenschlüsse und Eingemeindungen die Anzahl der sächsischen Gemeinden weiter ab. Zum 30. Juni 2004 existierten noch 513 Gemeinden. Am 18. März 2003 war die sächsische Gemeindeordnung neu bekannt gemacht worden. Der für fünf Jahre gewählte Gemeinderat ist das politische Entscheidungsorgan der Gemeinde, während der auf sieben Jahre direkt gewählte Bürgermeister die Verwaltungsaufgaben der Gemeinde in eigener Verantwortung zu erfüllen hat.

Neuorganisation des Bildungswesens

Von gleicher Bedeutung, weil grundsätzlich die künftige Entwicklung bestimmend, wurde die Neuorganisation des sächsischen Bildungswesens. Am Beginn stand die Verabschiedung des sächsischen Schulgesetzes. Grundlage dafür bildete ein Gesetzentwurf des Kultusministeriums, der nach längeren, zum Teil kontroversen Diskussionen in der Öffentlichkeit vom Landtag mit 80 gegen 49 Stimmen bei acht Enthaltungen im Juni 1991 angenommen wurde. Am 3. Juli 1991 erschien das Schulgesetz für den Freistaat Sachsen im Gesetzblatt. Die Vielzahl der Schultypen von der Grundschule über die Mittelschule bis zum Gymnasium und die Schulen in freier Trägerschaft sind dafür ebenso signifikant wie die Beibehaltung des Abiturs nach einem zwölfjährigen Schulbesuch. Das sächsische Schulgesetz bildete auch die Grundlage für die Entscheidung über die Weiterbeschäftigung der Lehrer im sächsischen Schuldienst.

Sächsisches Schulgesetz vom 3. Juli 1991

In gleicher Weise kam es zur Neustrukturierung der sächsischen Hochschullandschaft. Von den drei dem Parlament vorliegenden Gesetzentwürfen wurde schließlich der von der Staatsregierung eingebrachte Entwurf mehrheitlich angenommen. Am 25. Juli 1991 erschien das Sächsische Hochschulerneuerungsgesetz. Danach gab es künftig vier Universitäten in Sachsen, Leipzig und Dresden als Volluniversitäten, Chemnitz und Freiberg als Technische Universitäten. Die Pädagogischen Hochschulen wurden aufgelöst und die Lehrerausbildung an die Universitäten Chemnitz, Dresden und Leipzig verwiesen. Die auf sächsischem Gebiet befindlichen Fachschulen, Ingenieurschulen und Hochschulen wurden zum überwiegenden Teil zu Fachhochschulen umgebildet. Durch die Neuausschreibung der Lehrstühle an allen Universitäten und Hochschulen wurde ebenfalls eine personelle Neubesetzung erreicht, ein Vorgang, der in der Öffentlichkeit äußerst kontrovers diskutiert worden ist. Die wachsende Attraktivität der sächsischen hohen Schulen und ihre zunehmenden Studentenzahlen weisen auf die Richtigkeit der zwischen 1991 und 1994 durchgeführten Maßnahmen hin. Daran ändern auch die inzwischen von der Staatsregierung angestrebten Personaleinsparungen nichts. Im Jahr 2005 waren an den 25 sächsischen Hochschulen insgesamt 107 792 Studierende eingeschrieben.

Sächsisches Hochschulerneuerungsgesetz vom 25. Juli 1991

Bevölkerungsentwicklung

Nach 1990 hat die Abnahme der Bevölkerung Sachsens angehalten. Zurückgehende Geburtenraten und Wegzüge haben diese Entwicklung bestimmt. 1990 wohnten im Freistaat Sachsen auf 18 338 Quadratkilometern Fläche 4 764 301 Personen, das waren 260 Menschen auf einen Quadratkilometer. 1999 war die Bevölkerung auf 4 460 000 Personen zurückgegangen. In diesem Jahr standen 67 000 Zuzügen 78 000 Fortzüge gegenüber. Zwar stieg seit 1994 die Geburtenrate von 23 000 Lebendgeborenen auf 32 000 Lebendgeborene 1999 an, konnte aber die Sterberate mit 52 000 Gestorbenen 1999 bei weitem nicht ausgleichen.

Bevölkerungszahl 1999

Seit dem Jahr 2000 hat sich der Bevölkerungsrückgang zwar verlangsamt, hält aber immer noch an. Nach wie vor liegt die Sterberate über der Geburtenrate und die Zahl der Abwanderungen aus wirtschaftlichen Gründen über der der Zuwanderungen. So hat sich die Bevölkerung Sachsens mit dem Stand von Ende 2005 auf 4 273 754 Menschen vermindert. Das bedeutet im Vergleich zu 1990 einen Bevölkerungsrückgang von mehr als 10 Prozent. Die stärksten Rückgänge haben dabei die kreisfreien Städte Chemnitz, Zwickau, Görlitz und Hoyerswerda zu verzeichnen. Trotzdem liegt der Freistaat mit 233 Einwohnern je Quadratkilometer mit zwei Einwohnern über dem Durchschnitt der Bevölkerungsdichte in Deutschland. Der Bevölkerungsrückgang ist ein Problem, das in Zukunft mit Sicherheit Auswirkungen auf viele Bereiche des Lebens, von der Wirtschaft, den Steuereinnahmen bis hin zum Bildungssystem und zum Städtebau haben wird, zumal Prognoseberechnungen davon ausgehen, dass es im Jahre 2020 nur noch eine Bevölkerungszahl von 3,7 bis 3,8 Millionen geben wird.

Die Sorben und die Oberlausitz

Seit langem bilden die Lausitzer Sorben ein besonderes Element sächsischer Geschichte und Identität. Mit dem Frieden von Prag vom 30. Mai 1635 waren die bis dahin der Krone Böhmen unterstehenden Nebenländer Markgraftum Niederlausitz und Markgraftum Oberlausitz dem sächsischen Kurfürsten Johann Georg I. zugesprochen worden. Die kaiserliche Belehnung des Wettiners mit den beiden Lausitzen am 16. August 1638 war der reichsrechtlich formale Übergang dieser Länder an das Kurfürstentum Sachsen. Damit kam die in der Nieder- und Oberlausitz siedelnde sorbische Bevölkerung unter sächsische

Oberhoheit. Das änderte sich erst 1815 mit der Abtretung der Niederlausitz und des nördlichen Teils der Oberlausitz, bald als preußische Oberlausitz bezeichnet, an Preußen. Um die Mitte des 19. Jahrhunderts lebten etwa 73 000 Sorben in der sächsischen Oberlausitz. 2003 wurden noch 23 000 Personen gezählt, die die nationale Minderheit der Sorben im Freistaat Sachsen bilden. Ihr kulturelles Zentrum ist Bautzen. Sprache, Kunst und Kultur der Sorben stehen entsprechend der sächsischen Verfassung unter dem ausdrücklichen Schutz des Staates. Die Domowina ist die Dachorganisation sorbischer Vereine und Verbände. Sorbische Schulen, zweisprachige Orts- und Straßenschilder, sorbisches Theater, eine »Stiftung für das Sorbische Volk« und das Sorbische Institut in Bautzen sind wesentliche Teile des Bemühens, das Fortbestehen des sorbischen Volkes zu sichern.

Übergang zur sozialen Marktwirtschaft und neue wirtschaftliche Strukturen

Im Herbst 1989 bildeten die drei sächsischen Bezirke das wohl wichtigste Industriezentrum der DDR mit einer großen Branchenvielfalt und überdurchschnittlichen Anteilen an der Industrieproduktion der DDR.

Industriezweig	Anteil an der industriellen Bruttoproduktion der DDR je Industriezweig
Energie- und Brennstoffindustrie	32,5 Prozent
Chemische Industrie	17,6 Prozent
Metallurgie	25,9 Prozent
Baumaterialienindustrie	30,4 Prozent
Wasserwirtschaft	29,8 Prozent
Maschinen- und Fahrzeugbau	39,3 Prozent
Elektrotechnik/Elektronik/Gerätebau	33,0 Prozent
Leichtindustrie (ohne Textilindustrie)	38,8 Prozent
Textilindustrie	75,2 Prozent
Lebensmittelindustrie	23,9 Prozent

Industrielle Bruttoproduktion 1988

Einzelnen, besonders geförderten Kombinatsbetrieben wie beispielsweise dem Stammbetrieb des Werkzeugmaschinenkombinates »Fritz Heckert« in Karl-Marx-Stadt, dem Sachsenring-Werk in Zwickau, dem Kombinat Robotron in Dresden und dem polygrafischen Maschinenbau »Planeta« in Radebeul stand die Mehrzahl der volkseigenen Betriebe mit einem veralteten Maschinenpark, uneffektiven und sanierungsbedürftigen Betriebsgebäuden gegenüber. Auf diese Wirtschaft, die eine durchnittliche Produktivitätsrate von nur etwa 30 Prozent der alten Bundesländer aufwies, hatten 1990 die Auflösung des Rates für gegenseitige Wirtschaftshilfe (RGW), die Währungsunion zum 1. Juli und die staatliche Wiedervereinigung zum 3. Oktober verheerende Auswirkungen. Der Kauf von sächsischen Waren ging rapide zurück. Die Verträge mit den RGW-Partnern und mit Handelspartnern in den westlichen Ländern waren über Nacht null und nichtig. Die Produktion wurde drastisch reduziert. Arbeiter und Angestellte mussten bald entlassen werden. Sprunghaft stiegen die Arbeitslosenzahlen an. Technisch veraltete Betriebe wurden abgewickelt und demontiert. Aus den bestehenden Produktions- und Verwaltungsgebäuden, wenn sie nicht gleich abgerissen wurden, entstanden Ruinen. Zum Teil überhastete Privatisierungen durch die Treuhandanstalt in Berlin und ihre Außenstellen in Sachsen führten bald zu Insolvenzverfahren, die ebenfalls weiteren Arbeitskräfteabbau und Betriebsstillegungen zur Folge hatten.

Wirtschaftlicher Rückgang

Große Hoffnungen setzten die davon betroffenen Städte und Gemeinden auf die Anlegung von Gewerbeparks und Gewerbegebieten auf der grünen Wiese mit der gewünschten Ansiedlung mittelständischer Betriebe. Millionen von Fördergeldern flossen in die logistische Erschließung dieser Territorien, von denen noch heute manche öde daliegen. Insgesamt hat Sachsen in diesem wirtschaftlichen Strukturwandel erhebliche Verluste hinnehmen müssen. In wichtigen Industriegebieten wie im Chemnitz-Zwickauer Raum und in Dresden und Leipzig sind aber bereits wieder wettbewerbsfähige Strukturen entstanden, die auf eine positive Wirtschaftsentwicklung hindeuten. Die VW-Werke in Mosel und Chemnitz, die Sachsenring AG, die Siemens-Fabrik und das AMD-Werk in Dresden, das Kraftwerk Lippendorf bei Leipzig und die CBS-Werke in Espenhain sind Beispiele für neue innovative und hochproduktive Unternehmen. Hinzu treten hochspezialisierte traditionsreiche Manufakturen wie die Uhrenbetriebe in Glashütte, die Porzellan-Manufaktur Meissen und die Gläserne VW-Manufaktur in Dresden. Insgesamt wurden nachhaltige Veränderungen in den Firmen und Branchenstrukturen ausgeprägt und ein Umbau von enormer Breite und Tiefe vollzogen. Es hat sich in Sachsen auch ein breit strukturierter Mittelstand ausgebildet. Trotzdem liegt die gesamtwirtschaftliche Produktivität noch immer hinter den Altbundesländern. Je Erwerbstätigen wurde 2003 ein Bruttoinlandsprodukt von 40 337 Euro erwirtschaftet. Damit erreichte die Wirtschaftsleitung ca. 69 Prozent des westdeutschen Produktivitätsniveaus.

NEUE UNTERNEHMEN

Der Übergang zu marktwirtschaftlichen Strukturen mit dem damit verbundenen wirtschaftlichen Umstrukturierungsprozess hatte in der Beschäftigungsstruktur enorme negative Auswirkungen. Die Zahl der Erwerbstätigen ging von 1990 bis 1993 um etwa ein Drittel zurück. Dementsprechend hoch ist die Arbeitslosenquote, die im Jahresdurchschnitt 2004 bei 19,4 Prozent lag. Trotz Kurzarbeit, arbeitspolitischer Maßnahmen und Regelungen für ältere Arbeitnehmer gab es 2003 insgesamt 495 000 Menschen im arbeitsfähigen Alter, die von einer Gesamtarbeitslosigkeit betroffen waren.

ARBEITSMARKT

Eng verknüpft mit den Veränderungen in der Industrie erfolgte die Umstrukturierung der Landwirtschaft. Die Umbildung der LPGs in Agrargenossenschaftliche GmbHs und Neueinrichter sollen im Rahmen der EU eine wirtschaftlich und ökologisch wettbewerbsfähige Agrarstruktur entstehen lassen. Wesentliches ist auf diesem Gebiet bereits geschehen. Allein im Regierungsbezirk Chemnitz entstanden bis 2000 insgesamt 4 422 landwirtschaftliche Unternehmen neu, davon 800 Betriebe mit etwa 100 Hektar und 220 Gemeinschaftsunternehmen mit jeweils etwa 1000 Hektar. Ein umweltgerechter und ökologischer Landbau findet immer weitere Verbreitung.

UMSTRUKTURIERUNG DER LANDWIRTSCHAFT

Im letzten Jahrzehnt des 20. Jahrhunderts setzte in Sachsen eine umfangreiche Sanierung von Gebäuden ebenso ein wie der Neubau von Wohnungen und Eigenheimen. Städte und Dörfer verloren den Ausdruck des Verfalls. Rekonstruierte, zum Teil denkmalgerecht renovierte Häuser prägen zunehmend das Siedlungsbild. Erhebliche Investitionen in den Straßen- und Wegebau erleichtern den Verkehr spürbar. Der Ausbau der A 4 und deren Fortführung bis zur polnischen Grenze, der Anschluss über die A 72 an das bayerische Autobahnnetz, die Rekonstruktion der A13 und der A14 sowie der Bau der A17 mit der Anbindung an das tschechische Autobahnnetz verbesserten die Verkehrsführung in Sachsen und prägten seine Rolle als ein Transitland weiter aus.

WOHNUNGSBAU

STRASSEN- UND AUTOBAHNBAU

Im Ergebnis von 40 Jahren DDR mit einer gegen die Kirchen gerichteten Politik der SED und einer atheistisch ausgerichteten Bildungspolitik ist der Anteil der bekennenden Christen im Mutterland der Reformation drastisch zurückgegangen. Nur noch knapp 22 Prozent der sächsischen Bevölkerung

KIRCHLICHE VERHÄLTNISSE

gehörte 2003 den evangelischen Kirchen an, d. h. 934 529 Personen. Der Anteil der Einwohner mit römisch-katholischer Konfession betrug 3,6 Prozent, d. h. 155 719 Menschen. Bemerkenswert sind die drei schnell wachsenden jüdischen Gemeinden mit 2055 Mitgliedern im Jahre 2003. Die Jüdische Gemeinde Dresden hat 63 Jahre nach der Zerstörung der Semperschen Synagoge am 9. November 2001 ein neues Gottes- und Gemeindehaus erhalten.

Hochwasserflut 2002

Die insgesamt positive Entwicklung im Freistaat Sachsen wurde im Sommer 2002 durch eine bis dahin nicht gekannte Hochwasserkatastrophe unterbrochen. Ein großer Teil von zwölf Jahren »Aufbau Ost« im öffentlichen und privaten Bereich wurde in kurzer Zeit einfach weggespült, verursacht durch mehrere Tage anhaltende Starkregenfälle im Böhmischen Becken und im Erzgebirge. Ab dem 12. August wurden die Rote und die Wilde Weißeritz, ab Hainsberg als vereinigte Weißeritz weiterfließend, die Müglitz, die Triebisch, die Freiberger und die Zwickauer Mulde zu reißenden Strömen. Im Einzugsgebiet der Weißeritz fielen innerhalb weniger Stunden 300 Liter Niederschlag pro Quadratmeter. Felder, Wiesen, Dörfer und Städte wurden überflutet, Straßen, Brücken, Eisenbahntrassen und Häuser zerstört. Die Weißeritz suchte sich in Dresden ihr altes Flussbett wieder, floss durch den Hauptbahnhof und setzte die Altstadt unter Wasser.

HOCHWASSER IM AUGUST 2002

Insgesamt waren in Sachsen 16 Kreise und vier kreisfreie Städte direkt von der Flut betroffen. Zentren der Zerstörung waren Grimma, Weesenstein, Döbeln, Glashütte und viele an den Flussläufen liegende Gemeinden. Zahlreiche Häuser wurden weggespült, viele beschädigte Häuser mussten abgerissen werden. 16 Tote und 26 Vermisste waren zu beklagen.

Dem folgte das bis dahin höchste Hochwasser der Elbe. Der Dresdner Elbepegel erreichte am 17. August einen Stand von 9,40 Meter. Das war erheblich höher als das bis dahin gewaltigste Hochwasser vom März 1845. Eine große

Hochwasser am 14. August 2002: Ort und Schloss Weesenstein von Norden gesehen

Solidaritätsbewegung in ganz Deutschland, erhebliche Geld- und Sachspenden sowie ein Hilfsprogramm der Bundesregierung mit ca. 7 Milliarden Euro trugen entscheidend zur Bewältigung dieser Hochwasserkatastrophe bei. Es waren etwa 700 Kilometer Straßen und 180 Brücken zerstört, die Deutsche Bahn registrierte etwa 660 Millionen Euro Schaden und die Landwirtschaft etwa 200 Millionen Euro im Freistaat Sachsen.

Aufblühen des öffentlichen Lebens

Auf vielen Gebieten ist seit 1990 Positives erreicht worden. Das betrifft den aktiven Umweltschutz, die zunehmende erkennbare Verbesserung der Wasserqualität der Flüsse durch enorme Investitionen in die Abwasserentsorgung, die Altlastenbeseitigung, aber auch die Wald- und Forstwirtschaft.

Das reichhaltige sächsische Erbe erfreut sich eines erhöhten Interesses. An die Stelle des Kulturbundes mit seinen Arbeitsgruppen ist wieder das rege Vereinsleben getreten. Sächsischer Heimatschutz, Verein für Sächsische Landesgeschichte und Erzgebirgsverein mit seinen Sektionen sind ebenso wieder entstanden wie die städtischen Geschichtsvereine, die Heimat- und Wander-, Kultur-, Kunst-, Naturschutz- und Umweltvereine. Gesangs- und Theatervereine, Fördervereine und Stiftungen begleiten das Wirken der Theater, Museen und Bibliotheken. Dieses breite Bewahren des Erbes und die Pflege der Traditionen wird auch in Zukunft immer wieder neue Kräfte freisetzen für ein weiteres Aufblühen des sächsischen Landes. Dies gilt in zunehmendem Maße auch für die Wirtschaft. Der nach 1990 mit dem Übergang von der Plan- zur Marktwirtschaft eingetretene Strukturwandel führt zu neuen Wirtschaftsstrukturen in Sachsen, verbunden mit wachsender Bruttoproduktion und zurückgehenden Arbeitslosenzahlen. Die Wachstumsraten beim Export von Fertigwaren sind beachtlich. So zeichnet sich insgesamt eine weitere erfolgreiche Entwicklung des Freistaates Sachsen ab.

Anmerkungen

1. Ratzel, Friedrich: Deutschland. Einführung in die Heimatkunde. 2. Aufl. Leipzig 1907, S. 229.
2. Deutschland. Die natürlichen Grundlagen seiner Kultur. Hrsg. von der Kaiserlich Leopoldinischen Deutschen Akademie der Naturforscher zu Halle. Leipzig 1928, S. V.
3. Widukind: Sächsische Geschichte. Erstes Buch, Kapitel 35 (= Die Geschichtsquellen der deutschen Vorzeit. Bd. 33). 5. Aufl. Leipzig 1931, S. 50.
4. Thietmar von Merseburg: Chronik. Buch I, Abschnitt 16. Neu übertragen und erläutert von Werner Trillmich. Berlin 1958, S. 23.
5. Sante, Georg Wilhelm: Allgemeine Geschichte und Landesgeschichte – Zentrale und föderative Potenzen in der Reichsverfassung. In: Geschichte der deutschen Länder. »Territorien-Ploetz«. Bd. 1. Würzburg 1964, S. 25 f.
6. Politische Korrespondenz des Herzogs und Kurfürsten Moritz von Sachsen. Dritter Band. 1. Januar 1547– 25. Mai 1548. Bearb. v. Johannes Herrmann und Günther Wartenberg. Berlin 1978, S. 513 ff.
7. Kötzschke, Rudolf: Die Landesverwaltungsreform im Kurstaat Sachsen unter Kurfürst Moritz 1547/48. In: Zeitschrift des Vereins für Thüringische Geschichte und Altertumskunde. Neue Folge. Bd. 34. 1940, S. 203.
8. Joél, F.: Herzog August von Sachsen bis zur Erlangung der Kurwürde. In: Neues Archiv für Sächsische Geschichte. Bd. 19. 1898, S. 116 ff.
9. Falke, Johannes: Die Geschichte des Kurfürsten August von Sachsen in volkswirtschaftlicher Bedeutung. Leipzig 1868, S. 145.
10. Böttiger, Carl Wilhelm; Flathe Theodor: Geschichte des Kurstaates und Königreiches Sachsen. Bd. 2. 2. Aufl. Gotha 1870, S. 64.
11. Ebd., S. 67.
12. Ebd., Bd. 2, S. 113.
13. Burkhardt, Johannes: Der Dreißigjährige Krieg – Einfluß der sächsischen Politik auf die deutsche Geschichte. In: Dresdner Hefte. 16. Jahrgang. Heft 56. 1998, S. 11.
14. Bräuer, Helmut: Zur wirtschaftlichen Entwicklung Sachsens nach dem Dreißigjährigen Krieg. In: Dresdner Hefte. 11. Jahrgang. Heft 33/1993, S. 23.
15. Sächs. HStA: Oberhofmarschallamt. Hoftagebücher.
16. Böttiger, Carl Wilhelm: Geschichte des Kurstaates und Königreiches Sachsen. Bd. 2. Leipzig 1836, S. 221.
17. Piwarski, Kazimierz: Das Interregnum 1696/97 in Polen und die politische Lage in Europa. In: Um die polnische Krone. Sachsen und Polen während des Nordischen Krieges 1700–1721. Berlin (1962), S. 41.
18. Gurlitt, Cornelius: August der Starke. Bd. 1. Leipzig 1924, S. 112.
19. Ebd., S. 120.
20. Sächs. HStA: Geheimer Rat: Loc.
21. Haake, Paul: Jacob Heinrich von Flemming. In: Sächsische Lebensbilder. Bd. 2. Leipzig 1938, S. 153–154.
22. Beschorner, Hans: Das Zeithainer Lager von 1730. In: NASG. Bd. 28. 1907, S. 82 f.
23. Schlechte, Horst: Die Staatsreform in Kursachsen 1762/63. Berlin 1958, S. 251.
24. Staszewski, Jacek: August III. Kurfürst von Sachsen und König von Polen. Eine Biographie. Berlin 1996, S. 95.
25. Blaschke, Karlheinz: Der Fürstenzug zu Dresden. Leipzig, Jena, Berlin 1991, S. 186.
26. Schlechte, Horst: Das geheime Tagebuch des Kurprinzen Friedrich Christian 1751 bis 1757. Weimar 1992. S. 31.
27. Böttiger, Carl Wilhelm; Flathe Theodor: Geschichte des Kurstaates und Königreiches Sachsen. Bd. 2. 2. Aufl. Gotha 1870, S. 466.
28. Froberger, Rudolf: Die sächsische Manufaktur in der Ära Augusts des Starken. In: Böttger-Katalog. Dresden 1982, S. 40.
29. Schlechte, Horst, Staatsreform, a. a. O., S. 26.
30. Ebd., S. 550 f.
31. Ebd., S. 122.
32. Schmiedecke, Alfred: Johann Christian Schubert, Edler von Kleefeld, ein bedeutender Förderer der Landwirtschaft und der Bauernbefreiung. Zeitz 1956, S. 20.
33. Sächs. HStA: Grundherrschaftsarchiv Seehausen Nr. 5, Grundriß der Staatsklugheit für Kurfürst Friedrich August. 1765/1766.
34. Politische Testamente der Hohenzollern. Hrsg. v. Richard Dietrich. Köln, München 1981.
35. Gretschel, Carl; Bülau Friedrich: Geschichte des sächsischen Volkes und Staates. 2. Ausg. Bd. 3. Leipzig 1873, S. 208.
36. Blaschke, Karlheinz: § 7 Königreich Sachsen und thüringische Staaten. In: Deutsche Verwaltungsgeschichte. Bd. 2: Vom Reichsdeputationshauptschluß bis zur Auflösung des Deutschen Bundes. Stuttgart 1983, S. 609.
37. Kügelgen, Wilhelm von: Jugenderinnerungen eines alten Mannes. 16. Aufl. Berlin 1894, S. 109–110.
38. Kohlschmidt, Wilhelm: Die sächsische Frage auf dem Wiener Kongreß und die sächsische Diplomatie dieser Zeit. Dresden 1930. S. 33.
39. Hüth, E.: Das Verhalten der Bevölkerung der 1815 von Sachsen abgetrennten Gebiete bei der Teilung. Leipzig 1933, S. 87.
40. Kötzschke, Rudolf; Kretzschmar Hellmut: Sächsische Geschichte. [2. Aufl.] Frankfurt a. M. 1965, S. 315.
41. Pönicke, Herbert: Wirtschaftskrise in Sachsen vor hundert Jahren. Herrnhut 1933, S. 14.
42. Wieck, Friedrich Georg: Sachsen in Bildern. Chemnitz 1841/42. Reprint Leipzig 1990, S. 29.
43. Lebenserinnerungen des Königs Johann von Sachsen. Eigene Aufzeichnungen des Königs über die Jahre 1801 bis 1854. Hrsg. v. Hellmut Kretzschmar. Göttingen 1958, S. 88.
44. Zitiert nach Stegmann, H.: Die Dresdner Montagsgesellschaft. Dresden 1929, S. 14.
45. Signale für die musikalische Welt. Leipzig 1845, Nr. 6, S. 45.
46. Zitiert nach Haenel, Erich; Kalkschmidt Eugen, Das alte Dresden, S. 225.
47. Lebenserinnerungen König Johanns, a. a. O., S. 244 f.
48. Sächs. HStA: Nachlaß Johann Nr. 15.
49. Landtags-Mitteilungen 1866. Nr. I., S. 9.
50. Kretzschmar, Hellmut: Die Zeit König Johanns von Sachsen 1854–1873. Berlin 1960, S. 150.
51. Rudolph, Karsten: Das »rote Königreich«. Die sächsische Sozialdemokratie im Wilhelminischen Deutschland. In: Sachsen im Kaiserreich. Hrsg. v. S. Lässig und H. Pohl. Dresden 1997, S. 93.
52. Sächs. HStA: Gesandtschaft Berlin Nr. 375, Bl. 95.
53. Gesetz- und Verordnungsblatt 1918, S. 362.
54. Sächs. HStA: Ministerium des Innern Nr. 9299, Neuordnung der Verwaltung 1938–1941, Bl. 1.
55. Richter, Michael; Schmeitzner Mike: »Einer von beiden muß so bald wie möglich entfernt werden« Leipzig 1998, S. 248.
56. Gerlach, Siegfried: Sachsen, ein wirtschafts- und sozialgeographischer Überblick. In: Sachsen. Eine politische Landeskunde. Stuttgart, Berlin, Köln 1993, S. 21.
57. Iltgen, Erich: Vom Runden Tisch zum ersten freigewählten Landtag nach der friedlichen Revolution. In: Zehn Jahre Sächsischer Landtag. Dresden 2000, S. 30.
58. Drehwald, Suzanne: Die Verfassung des Freistaates Sachsen vom 27. Mai 1992. In: S. Drehwald und Chr. Jestaedt: Sachsen als Verfassungsstaat. Hrsg. v. Th. Pfeiffer. Leipzig 1998, S. 76.

Literaturverzeichnis

Vorbemerkung

In das Verzeichnis wurden vor allem seit 1990 im Druck vorgelegte selbstständige Veröffentlichungen aufgenommen. Die bis dahin erschienene Literatur ist sowohl in der Gesamtdarstellung von Kötzschke/Kretzschmar, »Sächsische Geschichte«, in der von Czok herausgegebenen »Geschichte Sachsens« sowie in der »Geschichte Sachsens im Mittelalter« von Blaschke als auch in den zahlreichen Bänden der nunmehr vollständig vorliegenden »Bibliographie der sächsischen Geschichte« enthalten, und zwar:

Bemmann Rudolf; Jatzwauk Jakob: Bibliographie der Sächsischen Geschichte. Bd. 1,1–4,2. Leipzig 1918–1932, Nachdr. Leipzig 1970 (Schriften der Sächsischen Kommission für Geschichte). – 1,1: Landesgeschichte (Allgemeines, Historische Landeskunde, Allgemeine politische Fürstengeschichte). 1918, XI, 512 S. (letztes Berichtsjahr: 1910). – 1,2: Landesgeschichte (Verfassung, Recht und Verwaltung, Wirtschaftliche Verhältnisse, Geistiges Leben, Kirche, Unterrichtswesen, Heerwesen). 1921, XVII, 614 S. (letztes Berichtsjahr: 1918). – 2: Geschichte der Landesteile (1. »Kurkreis«, 2. Leipziger Kreis mit Oster- und Pleißenland, 3. Meißner Kreis (Sächsische Schweiz), 4. Erzgebirge, 5. Die Schönburgischen Herrschaften, 6. Vogtland, 7. Die gesamte Lausitz und Oberlausitz, 8. Die Niederlausitz, 9. Thüringen und seine Nachbargebiete). 1923, XI, 195 S. (letztes Berichtsjahr: 1921). – 3,1: Ortsgeschichte (Allgemeines, Die einzelnen Orte: A–L (außer Chemnitz, Dresden und Leipzig)). 1928, 349 S. (letztes Berichtsjahr: 1925). – 3,2: Ortsgeschichte (Die einzelnen Orte: M–Z). 1932, 371 S. (letztes Berichtsjahr: 1929). – 4,1: Verfasserregister, Geographisches Register, Personenregister. Bearb. von Dorothee Denecke. Dresden 1974, 397 S.

Sächsische Bibliographie. Regionalbibliographie für die Bezirke Dresden, Karl-Marx-Stadt, Leipzig. Berichtsjahre 1945 bis 1960. Zusammengestellt von Reinhardt Eigenwill unter Mitarb. von Gabriele Kasten, Sigrid Stein, Folke Stimmel und Christian Zühlke. Bd. 1–2. Dresden 1989–1990.

Bibliographie zur Geschichte der Stadt Chemnitz. Bearb. von Eberhard Stimmel und Hans-Joachim Müller. Dresden 1991, XV, 651 S.

Bibliographie zur Geschichte der Stadt Dresden. Bd. 1–5, Dresden 1981–1984 (Schriften der Historischen Kommission der Sächsischen Akademie der Wissenschaften zu Leipzig).

Bibliographie zur Geschichte der Stadt Leipzig. Hauptbd. 1–2 [nebst] Reg.-Bd. Weimar 1971–1977. – Sonderbd. 1–4, Leipzig 1957–1967 (Schriften der Historischen Kommission der Sächsischen Akademie der Wissenschaften zu Leipzig).

»Sächsische Bibliographie«. Erscheint seit 1962 jährlich, beginnend mit dem Berichtsjahr 1961. Bisher liegen bis zum Berichtsjahr 2000 insgesamt 40 Bde., davon sechs Fünfjahrregister, vor. Ab Berichtsjahr 2001 online: http:\\saebi.slub-dresden.de.

Auf einen bibliographischen Nachweis von wissenschaftlichen Aufsätzen wurde ebenfalls bewusst verzichtet. Dafür wurden seit 1990 veröffentlichte Sammelbände sowie die wichtigsten wissenschaftlichen Zeitschriften zur sächsischen Geschichte aufgenommen.

GESAMTDARSTELLUNGEN

Überblicksdarstellungen

Blaschke, Karlheinz: Geschichte Sachsens im Mittelalter. Berlin 1990.

Böttiger, Carl Wilhelm; Flathe, Theodor: Geschichte des Kurstaates und Königreiches Sachsen. 2. Aufl. 3 Bde. Gotha 1867–1873.

Geschichte Sachsens. Hrsg. von Karl Czok. Weimar 1989.

Gretschel, Carl; Bülau, Friedrich: Geschichte des Sächsischen Volkes und Staates. 3 Bde. Leipzig 1843–1853.

Kämmel, Otto: Sächsische Geschichte. Dresden 1899. Neudruck mit einem Nachwort von A. Kobuch. 2., durchgesehene Aufl. Dresden 1991.

Keller, Katrin: Landesgeschichte Sachsen. Stuttgart 2002.

Kötzschke, Rudolf; Kretzschmar, Hellmut: Sächsische Geschichte. Werden und Wandlungen eines Deutschen Stammes und seiner Heimat im Rahmen der Deutschen Geschichte. 2 Bde. Dresden 1935. Nachdruck 1 Bd. Frankfurt a. M. 1965.

Naumann, Günter: Sächsische Geschichte in Daten. 3., überarbeitete Aufl. München 1998.

Oschlies, Wolf: Die Sorben – ein slawisches Volk im Osten Deutschlands. Bonn, Bad Godesberg 1990.

Sachsen. Eine politische Landeskunde. Hrsg. von Siegfried Gerlach. Stuttgart 1993.

Sachsen. Die Fakten. Hrsg. von der Sächsischen Staatskanzlei. Dresden 2006.

Schmale, Wolfgang: Historische Komparatistik und Kulturtransfer. Europageschichtliche Perspektiven für die Landesgeschichte. Eine Einführung unter besonderer Berücksichtigung der Sächsischen Landesgeschichte. Bochum 1998.

Sturmhoefel, Konrad: Illustrierte Geschichte der sächsischen Lande und ihrer Herrscher. Mit besonderer Berücksichtigung der Kulturgeschichte. 2 Bde. in je 2 Teilen. Leipzig 1898–1909.

EINZELNE BEREICHE

Biografisches

Albert Prinz von Sachsen, Herzog zu Sachsen. Die Albertinischen Wettiner. Geschichte des Sächsischen Königshauses 1763–1932. Bamberg 1989.

Albert Herzog zu Sachsen. Die Wettiner in Lebensbildern. Graz, Wien, Köln 1995.

Blaschke, Karlheinz: Der Fürstenzug zu Dresden. Denkmal und Geschichte des Hauses Wettin. Leipzig, Jena, Berlin 1991.

Die Herrscher Sachsens. Markgrafen, Kurfürsten, Könige 1089–1918. Hrsg. von Frank-Lothar Kroll. München 2004.

Posse, Otto: Die Siegel des Adels der Wettiner Lande bis zum Jahr 1500. Reprint, mit einem Nachwort von Eckart Leisering und Wolfhard Vahl. Arnstadt 1994.

Posse, Otto: Die Wettiner. Genealogie des Gesamthauses Wettin. Reprint mit Berichtigungen und Ergänzungen der Stammtafeln bis 1993 von M. Kobuch. Leipzig 1994.

Rogge, Jörg: Die Wettiner. Aufstieg einer Dynastie im Mittelalter. Ostfildern 2005.

Wirtschaft

Bräuer, Helmut: Handwerk im Alten Chemnitz. Chemnitz 1992.

Forberger, Rudolf: Die Manufaktur in Sachsen vom Ende des 16. Jahrhunderts bis zum Anfang des 19. Jahrhunderts. Berlin 1958.

Karlsch, Rainer; Schäfer, Michael: Wirtschaftsgeschichte Sachsens im Industriezeitalter. Leipzig 2006.

Wirtschaftsatlas Sachsen. Hrsg. von den Industrie- und Handelskammern Dresden, Leipzig, Chemnitz-Plauen-Zwickau. Dresden 2005. Sonderausgabe.

Bevölkerung

Blaschke, Karlheinz: Bevölkerungsgeschichte von Sachsen bis zur Industriellen Revolution. Weimar 1967.

Judaica Lipsiensia. Zur Geschichte der Juden in Leipzig. Leipzig 1994.

Weiss, Volkmar: Bevölkerung und soziale Mobilität, Sachsen 1550–1880. Berlin 1993.

Verwaltung

Blaschke, Karlheinz: Kap. VII, § 7: Königreich Sachsen und thüringische Staaten (S. 608–645). – Kap. XI, § 5: Die Verwaltung in Sachsen und in Thüringen (S. 778–797). – Kap. XIII, § 5: Sachsen und Thüringen (S. 586–603). In: Deutsche Verwaltungsgeschichte. Bd.2–Bd. 4. Stuttgart 1983–1985.

Blaschke, Karlheinz: Beiträge zur Verfassungs- und Verwaltungsgeschichte Sachsens. Ausgewählte Aufsätze. Leipzig 2002.

Grundriß zur deutschen Verwaltungsgeschichte 1815–1945. Reihe B. Hrsg. von Thomas Klein. Bd. 14: Sachsen. Bearb. von Thomas Klein. Marburg/Lahn 1982.

Kunst und Kultur

Koschmal, Walter: Grundzüge sorbischer Kultur. Eine typologische Betrachtung. Bautzen 1995.

Menzhausen, Joachim: Kulturlandschaft Sachsen. Ein Jahrtausend Geschichte und Kunst. Dresden 1999.

Unter einer Krone. Kunst und Kultur der sächsisch-polnischen Union. Ausstellungskatalog. Leipzig 1997.

Namen- und Siedlungskunde

Billig, Gerhard; Müller, Heinz: Burgen – Zeugen sächsischer Geschichte. Neustadt a. d. Aisch. 1998.

Walther, Hans: Zur Namenkunde und Siedlungsgeschichte Sachsens und Thüringens. Ausgewählte Beiträge 1953–1991. Reprint. Leipzig 1993.

Kirchen

Frühe Kirchen in Sachsen. Ergebnisse archäologischer und baugeschichtlicher Untersuchungen. Hrsg. von Judith Oexle (=Veröffentlichungen des Landesamtes für Archäologie, Bd. 23). Stuttgart 1994.

750 Jahre Kloster St. Marienstern. Festschrift. Hrsg. von Karlheinz Blaschke, Heinrich Magirius und Siegfried Seifert. Halle 1998.

Wießner, Heinz: Das Bistum Naumburg. Bd. 1, 1–2: Die Diözese. Berlin, New York 1997 und 1998 (= Germania Sacra N.F., Bd. 35, 2: Die Bistümer der Kirchenprovinz Magdeburg).

Städte

Bräuer, Helmut: Chemnitz zwischen 1450 und 1650. Menschen in ihren Kontexten. Chemnitz 2005.

Geschichte der Stadt Dresden. 3 Bde. Hrsg. von Karlheinz Blaschke, Reiner Groß, Holger Starke. Stuttgart 2005/2006.

Groß, Reiner: Dresden. Mit Fotografien von Werner Lieberknecht. 3., aktual. Aufl. Leipzig 2006.

Bildungswesen

Die sächsischen Fürsten- und Landesschulen. Interaktion von lutherisch-humanistischem Erziehungsideal und Eliten-Bildung. Hrsg. von Jonas Flöter und Günther Wartenberg. Leipzig 2004.

Luther, Stephan: Von der Kgl. Gewerbeschule zur Technischen Universität. Die Entwicklung der höheren technischen Bildung in Chemnitz 1836–2003. Chemnitz 2003.

Pommerin, Reiner: Geschichte der TU Dresden 1828–2003. 2 Bde. Köln, Weimar, Wien. 2003

Landesteile

Beck, Lorenz Friedrich: Herrschaft und Territorium der Herzöge von Sachsen-Wittenberge (1212–1422). Potsdam 2000.

Billig, Gerhard: Pleißenland – Vogtland. Das Reich und die Vögte. Untersuchungen zur Herrschaftsorganisation und Landesverfassung während des Mittelalters unter dem Aspekt der Periodisierung. Plauen 2002.

Blaschke, Karlheinz: Beiträge zur Geschichte der Oberlausitz. Gesammelte Aufsätze. Görlitz, Zittau 2000.

Brückner, Jörg: Zwischen Reichsstandschaft und Standesherrschaft. Die Grafen zu Stolberg und ihr Verhältnis zu den Landgrafen von Thüringen und späteren Herzögen, Kurfürsten bzw. Königen von Sachsen (1210–1815). Dößel 2005.

Hartstock, Erhard: Teichwirtschaft in der Oberlausitz. Abriß der Geschichte von den Anfängen bis 1945. Bautzen 2004.

SAMMELBÄNDE UND ZEITSCHRIFTEN

Sammelbände

Bayern und Sachsen in der Geschichte – Wege und Begegnungen in archivalischen Dokumenten. Ausstellungskatalog. Hrsg. von Hermann Rumschöttel und Reiner Groß. München 1994.

Das Jahrhundert der Reformation in Sachsen. Hrsg. von Helmar Junghans. 2. Aufl. Leipzig 2005.

Geschichte des sächsischen Adels. Hrsg. von Katrin Keller und Josef Matzerath. Köln, Weimar, Wien 1997.

Kretzschmar, Hellmut: Vom Anteil Sachsens an der neueren deutschen Geschichte. Ausgewählte Aufsätze. Hrsg. von Reiner Groß und Manfred Kobuch. Stuttgart 1999.

Landesgeschichte als Herausforderung und Programm. Karlheinz Blaschke zum 70. Geburtstag. Hrsg. von Uwe John und Josef Matzerath. Stuttgart 1997.

Landesgeschichte in Sachsen. Tradition und Innovation. Hrsg. von Rainer Aurig, Steffen Herzog und Simone Lässig. Bielefeld 1997.

Landesgeschichte und Archivwesen. Festschrift für Reiner Groß zum 65. Geburtstag. Hrsg. von Renate Wißuwa, Gabriele Viertel, Nina Krüger. Dresden 2002.

Leipzig, Mitteldeutschland und Europa. Festgabe für Manfred Straube und Manfred Unger zum 70. Geburtstag. Hrsg. von Hartmut Zwahr, Uwe Schirmer und Henning Steinführer. Beucha 2000.

Sachsen und Lateinamerika. Begegnungen in vier Jahrhunderten. Hrsg. von Michael Zeuske, Bernd Schröter und Jörg Ludwig. Frankfurt a. M. 1995.

Sächsische Biografie. online-Lexikon zur sächsischen Geschichte. Bearb. und hrsg. vom Institut für sächsische Geschichte und Volkskunde e. V.: www.isgv.de/saebi.

Sächsische Lebensbilder. Bd. 1–3. Hrsg. von der Sächsischen Kommission für Geschichte. Dresden, Leipzig 1930, 1938, 1942. Bd. 4. Hrsg. von der Sächsischen Akademie der Wissenschaften zu Leipzig. Stuttgart 1999. Bd. 5. Hrsg. von Gerald Wiemers. Leipzig, Stuttgart 2003.

Stadtlexikon Dresden A–Z. Dresden. Basel 1994.

Zeitschriften

Dresdner Hefte. Hrsg. vom Dresdner Geschichtsverein e. V. Dresden 1982 ff.

Jahrbuch für Regionalgeschichte. Hrsg. von der Historischen Kommission der Sächsischen Akademie der Wissenschaften. Weimar 1965–1990. Leipzig 1990 ff.

Mitteilungen des Landesvereins Sächsischer Heimatschutz. Hrsg. vom Landesverein Sächsischer Heimatschutz. Dresden 1995 ff.

Neues Archiv für Sächsische Geschichte. Hrsg. von Karlheinz Blaschke. Weimar 1993 ff.

Sächsische Heimatblätter. Hrsg. vom Kulturbund e. V., Landesverband Sachsen. Dresden 1955 ff.

Saxonia. Schriftenreihe des Vereins für Sächsische Landesgeschichte e.V. Dresden 1995 ff.

EINZELDARSTELLUNGEN UND SAMMELBÄNDE ZU ZEITABSCHNITTEN

Mittelalter

Altzelle. Zisterzienserabtei in Mitteldeutschland und Hauskloster der Wettiner. Hrsg. von Martina Schattkowsky und André Thieme. Leipzig 2002.

Lück, Heiner: Die kursächsische Gerichtsverfassung 1423–1550. Köln, Weimar, Wien 1997.

Pätzold, Stefan: Die frühen Wettiner. Adelsfamilie und Hausüberlieferung bis 1221. Köln, Weimar, Wien 1997.

Regesten Kaiser Friedrich III. (1440–1493) nach Archiven und Bibliotheken geordnet. Hrsg. von Heinrich Koller und Paul-Joachim Heinig. Heft 11: Die Urkunden und Briefe aus den Archiven und Bibliotheken des Freistaates Sachsen. Bearb. von Elfie-Marita Eibl. Köln, Weimar, Wien 1998.

Rübsamen, Dieter: Kleine Herrschaftsträger im Pleißenland. Studien zur Geschichte des mitteldeutschen Adels im 13. Jahrhundert. Köln, Wien 1987.

Rupp, Gabriele: Die Ekkehardiner, Markgrafen von Meißen und ihre Beziehungen zum Reich und zu den Piasten. Frankfurt a. M. 1996.

Streich, Brigitte: Zwischen Reichsherrschaft und Residenzbildung. Der wettinische Hof im späten Mittelalter. Köln, Wien 1989.

Thieme, André: Die Burggrafschaft Altenburg. Studien zu Amt und Herrschaft im Übergang vom hohen zum späten Mittelalter. Leipzig 2001.

Wiprecht – Beiträge zur Geschichte des Osterlandes im Hochmittelalter. Beucha 1998.

Neuzeit

Briefe und Akten zur Geschichte des Dreißigjährigen Krieges. Neue Folge: Die Politik Maximilians I. von Bayern und seiner Verbündeten 1618–1651. 4. Teilbde. Teil II, Bd. 10: Der Prager Frieden von 1635. Bearb. von Katrin Bierther. München, Wien 1997.

Buschmann, Mirko: Zwischen Bündnis und Integration. Sachsens militärpolitischer Eintritt in den Norddeutschen Bund 1866/67. Köln, Weimar, Wien 2004.

Dietrich, Richard: Untersuchungen zum Frühkapitalismus im mitteldeutschen Erzbergbau und Metallhandel. Reprint. Hildesheim 1991.

Döring, Detlef: Der junge Leibniz und Leipzig. Ausstellungskatalog. Berlin 1996.

Drehwald, Suzanne; Jestaedt, Christoph: Sachsen als Verfassungsstaat. Leipzig 1998.

Die Dresdner Konferenz und die Wiederherstellung des Deutschen Bundes 1850/51. Bearb. von J. Müller. München 1996.

Die Dresdner Konferenz 1850/51. Föderalisierung des Deutschen Bundes versus Machtinteressen der Einzelstaaten. Hrsg. von Jonas Flöter und Günther Wartenberg. Leipzig 2002.

Dresdner Maiaufstand und Reichsverfassung 1849. Revolutionäres Nachbeben oder demokratische politische Kultur? Hrsg. von Martina Schattkowsky. Leipzig 2000.

Forberger, Rudolf: Die industrielle Revolution in Sachsen 1800–1861. Bd. 1: Die Revolution der Produktivkräfte in Sachsen 1800–1830. Berlin 1982. Bd. 2: Die Revolution der Produktivkräfte in Sachsen 1831–1861. Stuttgart 1999.

Frackowiak, Johannes: Soziale Demokratie als Ideal. Die Verfassungsdiskussion in Sachsen nach 1918 und 1945. Köln, Weimar, Wien 2004.

Friedrich Christian von Sachsen. Das geheime politische Tagebuch des Kurprinzen Friedrich Christian 1751 bis 1757. Bearb. und eingel. von Horst Schlechte. Weimar 1992.

Glaube und Macht. Sachsen im Europa der Reformationszeit. 2. Sächsische Landesausstellung. Aufsatzband und Katalogband. Dresden 2004.

Groß, Reiner: Die bürgerliche Agrarreform in Sachsen in der ersten Hälfte des 19. Jahrhunderts. Weimar 1968.

Hammer, Michael: Volksbewegung und Obrigkeit. Revolution in Sachsen 1830/31. Köln, Weimar, Wien 1997.

Held, Wieland: 1547. Die Schlacht bei Mühlberg/Elbe. Entscheidung auf dem Wege zum albertinischen Kurfürstentum Sachsen. Beucha 1997.

Held, Wieland: Der Adel und August der Starke. Konflikt und Konfliktaustrag zwischen 1694 und 1707 in Kursachsen. Köln, Weimar, Wien 1999.

Herrmann, Johannes: Moritz von Sachsen (1521–1553). Landes-, Reichs- und Friedensfürst. Beucha 2003.

Höfer, Ernst: Das Ende des Dreißigjährigen Krieges. Strategie und Kriegsbild. Köln, Wien 1997.

Justiz, Juristen und politische Polizei in Sachsen 1933 bis 1945. Gehorsam und Vorbehalte. Dresden 1996.

Kiesewetter, Hubert: Industrialisierung und Landwirtschaft. Sachsens Stellung im regionalen Industrialisierungsprozeß im 19. Jahrhundert. Köln, Wien 1988.

Klimpel, Volker: Das Dresdner Collegium medico-chirurgicum (1748–1813). Frankfurt a. M. 1995.

Knüpfer, Volker: Presse und Liberalismus in Sachsen. Position der bürgerlichen Presse im frühen 19. Jahrhundert. Köln, Weimar, Wien 1996.

Krell, Hartmut: Das Verfahren gegen den 1601 hingerichteten kursächsischen Kanzler Dr. Nicolaus Krell. Frankfurt a. M. 2006.

Lässig, Simone: Wahlrechtskampf und Wahlreform in Sachsen (1895–1909). Köln, Weimar, Wien 1996.

Ludwig, Jörg: Amerikanische Kolonialwaren in Sachsen 1700–1850. Leipzig 1994.

Ludwig, Jörg: Der Handel Sachsens nach Spanien und Lateinamerika. Leipzig 1994.

Middell, Katharina: Hugenotten in Leipzig. Streifzug durch Alltag und Kultur. Leipzig 1998.

Müller, Frank: Kursachsen und der Böhmische Aufstand 1618–1622. Münster 1997.

Politische Korrespondenz des Herzogs und Kurfürsten Moritz von Sachsen.
Bd. 1: Bis zum Ende des Jahres 1543. Leipzig 1910. Reprint. Berlin 1982.
Bd. 2: Bis zum Ende des Jahres 1546. Leipzig 1904. Reprint. Berlin 1983.
Bd. 3: 1. Januar 1547–25. Mai 1548. Berlin 1978.
Bd. 4: 26. Mai 1548–8. Januar 1551. Berlin 1992.
Bd. 5: 9. Januar 1551–1. Mai 1552. Berlin 1998.
Hrsg. von der Sächsischen Akademie der Wissenschaften zu Leipzig. Bearb. von E. Brandenburg, J. Herrmann, Georg Wartenberg, C. Winter.

Rudolph, Karsten: Die sächsische Sozialdemokratie vom Kaiserreich zur Republik 1871–1923. Köln, Weimar, Wien 1995.

Sachsen im 17. Jahrhundert. Krise, Krieg und Neubeginn. Hrsg. von Uwe Schirmer. Beucha 1998.

Sachsen im Kaiserreich. Politik, Wirtschaft und Gesellschaft im Umbruch. Hrsg. von Simone Lässig und Karl Heinrich Pohl. Köln, Weimar, Wien 1997.

Schirmer, Uwe: Das Amt Grimma 1485–1518. Demographische, wirtschaftliche und soziale Verhältnisse in einem kursächsischen Amt am Ende des Mittelalters und zu Beginn der Neuzeit.

Beucha 1996.
Schmidt, Gerhard: Die Staatsreform in Sachsen in der ersten Hälfte des 19. Jahrhunderts. Weimar 1966.
Staszewski, Jacek: August III. Kurfürst von Sachsen und König von Polen. Eine Biographie. Berlin 1996.
Von der Elbe bis an die Seine. Kulturtransfer zwischen Sachsen und Frankreich im 18. und 19. Jahrhundert. Hrsg. von Michel Espagne und Matthias Middell. Leipzig 1993.
Wagner, Andreas: »Machtergreifung« in Sachsen. NSDAP und staatliche Verwaltung 1930–1935. Köln, Weimar, Wien 2004.
Welt – Macht – Geist. Das Haus Habsburg und die Oberlausitz 1526–1635. Hrsg. von Joachim Bahlcke und Volker Dudeck. Görlitz, Zittau 2002.
Wilde, Manfred: Die Zauberei- und Hexenprozesse in Kursachsen. Köln, Weimar, Wien 2003.
Witwenschaft in der Frühen Neuzeit. Fürstliche und Adelige Witwen zwischen Fremd- und Selbstbestimmung. Hrsg. von Martina Schattkowsky. Leipzig 2003.
Zimmer, Frank: Bismarcks Kampf gegen Kaiser Franz Joseph. Königgrätz und seine Folgen. Graz 1996.
Zwahr, Hartmut: Revolution in Sachsen. Beiträge zur Sozial- und Kulturgeschichte. Köln, Weimar, Wien 1996.
Zwischen Tradition und Modernität. König Johann von Sachsen (1801–1873). Hrsg. von Winfried Müller und Martina Schattkowsky. Leipzig 2004.

Neueste Zeit

Beier, Peter: Missionarische Gemeinde in sozialistischer Umwelt. Die Kirchentagskongreßarbeit in Sachsen im Kontext der SED-Kirchenpolitik (1968–1975). Göttingen 1999.
Diktaturdurchsetzung in Sachsen. Studien zur Genese der Kommunistischen Herrschaft 1945–1952. Hrsg. von Rainer Behring und Mike Schmeitzner. Köln, Weimar, Wien 2003.
Donth, Stefan; Schmeitzner, Mike: Die Partei der Diktaturdurchsetzung. KPD/SED in Sachsen 1945–1952. Köln, Weimar, Wien 2002.
Dresden unterm Hakenkreuz. Hrsg. von Reiner Pommerin. Köln, Weimar, Wien 1998.
Eisert, Wolfgang: Die Waldheimer Prozesse. Der stalinistische Terror 1950. Ein dunkles Kapitel der DDR-Justiz. Esslingen, München 1993.
Entnazifizierungspolitik der KPD/SED 1945–1948. Dokumente und Materialien. Hrsg. von Ruth Kristin Rößler. Goldbach 1994.
Fricke, Karl Wilhelm: Humaner Strafvollzug und politischer Mißbrauch. Zur Geschichte der Strafvollzugsanstalten in Bautzen 1904 bis 2000. Dresden 1999.
Haritonow, Alexander: Sowjetische Hochschulpolitik in Sachsen 1945–1949. Köln, Weimar, Wien 1995.
Heidenreich, Frank: Arbeiterkulturbewegung und Sozialdemokratie in Sachsen vor 1933. Köln, Weimar, Wien 1995.
Von Macht und Ohnmacht, Sächsische Ministerpräsidenten im Zeitalter der Extreme 1919–1952. Hrsg. von Mike Schmeitzner und Andreas Wagner. Beucha, Dresden 2006.
Kilian, Achim: Einzuweisen zur völligen Isolierung. NKWD-Speziallager Mühlberg/Elbe 1945–1948. Leipzig 1994.
Malycha, Andreas: Auf dem Weg zur SED. Die Sozialdemokratie und die Bildung einer Einheitspartei in den Ländern der SBZ. Eine Quellenedition. Bonn 1996.
Naimak, Norman M.: The Russians in Germany. A History of the Soviet Zone of Occupation 1945–1949. London 1995.
Parteien in Sachsen. Hrsg. von Christian Demeth und Jakob Lempp. Dresden, Berlin 2006.
Richter, Michael; Schmeitzner, Mike: »Einer von beiden muß so bald wie möglich entfernt werden«. Der Tod des sächsischen Ministerpräsidenten Rudolf Friedrichs. Leipzig 1998.
Richter, Michael: Die Bildung des Freistaates Sachsen. Friedliche Revolution, Föderalisierung, deutsche Einheit 1989/90. Göttingen 2004.
Roth, Heidi: Der 17. Juni 1953 in Sachsen. Köln, Weimar, Wien 1999.
Sachsen und Mitteldeutschland. Politische, wirtschaftliche und soziale Wandlungen im 20. Jahrhundert. Hrsg. von Werner Bramke und Ulrich Heß. Köln, Weimar, Wien 1995.
Sächsische Justiz in der sowjetischen Besatzungszone und der frühen DDR 1945 bis 1957. Dresden 1998.
Schicksalsbuch des sächsisch-thüringischen Adels 1945. Bearb. von Adam von Watzdorf a. d. H. Störmthal. Limburg 1994.
Schmeitzner, Mike; Rudloff, Michael: Geschichte der Sozialdemokratie im Sächsischen Landtag. Darstellung und Dokumentation 1877–1997. Dresden 1997.
Schmeitzner, Mike: Alfred Fellisch 1884–1973. Eine politische Biographie. Köln, Weimar, Wien 2000.
Schurmann, Peter: Die sorbische Bewegung 1945–1948 zwischen Selbstbehauptung und Anerkennung. Bautzen 1998.
Seidel, Matthias: Zehn Jahre Widerspruch. Max Seydewitz und die Zwickauer SPD 1921 bis 1931. Frankfurt a. M. 1994.
Sowjetische Speziallager in Deutschland 1945 bis 1950. Hrsg. von Sergej Mironenko, Lutz Niethammer und Alexander von Plato. Bd. 1, 2: Berlin 1998.
»Strahlende Vergangenheit« - Studien zur Geschichte des Uranbergbaus der Wismut. Hrsg. von Rainer Karlsch und Harm Schröter. St. Katharinen 1996.
Studentischer Widerstand an der Universität Leipzig 1945–1955. Leipzig 1997.
Studentischer Widerstand an den mitteldeutschen Universitäten 1945 bis 1955. 2., durchgesehene und ergänzte Auflage. Hrsg. von Jens Blecher und Gerald Wiemers. Leipzig 2005.
Die Region Südwestsachsen an der Schwelle zum 21. Jahrhundert. Eine Bestandsaufnahme zur Jahrhundertwende. Hrsg. von Paul-Willy Heilmann und Peter Jurczek. Chemnitz 1999.
Das Torgau-Tabu. Wehrmachtsstrafsystem, NKWD-Speziallager, DDR-Strafvollzug. Hrsg. von Norbert Haase und Brigitte Oleschinski. Leipzig 1993.
Die politische »Wende« 1989/90 in Sachsen. Rückblick und Zwischenbilanz. Hrsg. von Alexander Fischer und Günther Heydemann. Köln, Weimar, Wien 1995.
Winter, Christian: Gewalt gegen Geschichte. Der Weg zur Sprengung der Universitätskirche Leipzig. Leipzig 1998.
Wirtschaft und Gesellschaft in Sachsen im 20. Jahrhundert. Hrsg. von Werner Bramke und Ulrich Heß. Leipzig 1998.
Wirtschaft. Innovation. Bildung. Beiträge zur Darstellung von 100 Jahren Industrie- und Wirtschaftsentwicklung in Sachsen. Hrsg. vom Bildungswerk der Sächsischen Wirtschaft e. V. Chemnitz 2000.
Wismut - »Erz für den Frieden«. Hrsg. von K. Beyer, M. Kaden, E. Raasch und W. Schuppan. Marienberg 1995.
Zwahr, Hartmut: Ende einer Selbstzerstörung. Leipzig und die Revolution in der DDR. Göttingen 1993.

Ortsregister

Personenregister

Abkürzungen:

Bf.	Bischof
Bg.	Burggraf
dt.	deutsch
F.	Fürst
Gf.	Graf
Hz.	Herzog
Hzn.	Herzogin
Kf.	Kurfürst
Kfn.	Kurfürstin
Kg.	König
Kgn.	Königin
Ks.	Kaiser
Lgf.	Landgraf
Mgf.	Markgraf
röm.	römisch

Bildnachweis

Archiv des Autors: S. 268 oben, unten, 270, 274, 275, 278 oben, 279, 286 unten, 287, 290, 296 oben, unten, 297, 303, 305; (Standort Sächsisches Hauptstaatsarchiv Dresden): S. 17, 19 unten, 21 oben, 25, 31, 40, 42, 44, 61, 69, 76, 77, 78, 97, 103, 150, 155, 173, 230 unten, 233, 245, 251, 255 unten, 262, 263, 266; (Standort Sächsisches Staatsarchiv Leipzig): S. 105, 245, 272
Archiv Festung Königstein: S. 278 unten
Beyer, Constantin, Weimar: oberes Umschlagmotiv
Bildarchiv Ernst Hirsch, Dresden: S. 242
Color-Foto-Service Kotte, Meißen: S. 28
Dresdner Bilderdienst (Foto: E. Höhn): S. 283 unten, 285, 291 oben, unten
Gäbler, Gerhard: S. 308 oben
Hannah-Arend-Institut für Totalitarismusforschung e. V.: S. 310
Lieberknecht, Werner, Dresden: S. 311
Naumann, Martin: S. 307 unten
Sächsische Landes- und Universitätsbibliothek, Deutsche Fotothek Dresden: S. 19 oben, 22 oben, unten, 26, 39, 43, 71, 91, 119, 129, 148, 202, 211, 216 unten, 219 oben, 226, 228 unten, 236, 238 unten, 239, 248 unten, 254, 255 oben, 257, 265, 268 oben, 284, 286 oben, 289, 294
Sächsische Landeszentrale für politische Bildung, Dresden: S. 277, 283, 292, 312, 316
Sächsische Zeitung (Foto: Marion Gröning): S. 307 oben
Sächsischer Landtag, Abt. Öffentlichkeitsarbeit (Foto: Klaus Thiese): S. 313 oben, unten
Schloßmuseum Wesenstein, (Foto: Herbert Boswank, Dresden) S. ((321))
Staatlicher Schloßbetrieb Burg Gnandstein: S. 21
Verlagsarchiv: S. 24, 41, 45, 49, 50, 60, 62, 85 unten, 93, 98, 112, 114, 118 unten, 121 unten, 140, 143 oben, 147 (Foto: G. Vogel), 157 unten, 160, 165 oben, unten, 166, 171, 172, 173, 174 oben, unten, 175, 177, 179, 180, 184, 185, 186, 193, 195, 201, 215 oben (Foto: S. G. Müller), unten, 217 unten, 218 oben, 219 unten, 220, 221 (Fotos: S. G. Müller), 232, 248 oben, 252, 259, 264 oben (Foto: Karin Rodig, Coswig), unten, 270, 282, 300, 308 unten (Foto: S. G. Müller); (Standort Deutsche Bücherei Leipzig): S. 247 unten (Foto: S. G. Müller); (Standort Heeresgeschichtliches Museum der Stadt Wien): S. 115; (Standort Museum für Geschichte der Stadt Dresden): S. 86, 197, 205, 238 oben; (Standort Staatliche Kunstsammlungen Dresden): S. 37, 48, 54, 67, 72, 83, 85 oben, 86 oben, 90, 92, 94, 102, 116, 118 oben, 120, 121 oben, 122, 127, 134, 135 oben, unten, 137, 139, 142 oben, 143 unten, 144 oben, unten, 146, 149, 153, 157 oben, 158 oben, unten, 183, 191, 194, 210, 217 oben, 224, 228 oben, 230 oben, 235; (Standort Sächsisches Hauptstaatsarchiv Dresden): S. 125, 136, 138; (Standort Stadtgeschichtliches Museum Leipzig): S. 142 unten, 237, 249, 250
Reproduktionen aus:
Bilderatlas...: S. 163, 216 oben, 244 oben
Gartenlaube 1883, S. 605: S. 243
Salewski, W.: Mitteldeutsche Eisenwerke in alter Zeit. Holzminden o.J., Tafel XXVIII: S. 244 unten